中国经济学名家文集（多卷本）系列

汪海波文集

第二卷

经济管理出版社
ECONOMY & MANAGEMENT PUBLISHING HOUSE

图书在版编目（CIP）数据

汪海波文集/汪海波著. —北京：经济管理出版社，2011.2
ISBN 978-7-5096-1291-0

Ⅰ. ①汪…　Ⅱ. ①汪…　Ⅲ. ①经济—文集　Ⅳ. ①F-53

中国版本图书馆 CIP 数据核字（2011）第 040496 号

出版发行：经济管理出版社
地　　址：北京市海淀区北蜂窝 8 号中雅大厦 11 层
邮　　编：100038
电　　话：(010) 51915602
印　　刷：三河市海波印务有限公司
经　　销：新华书店
责任编辑：申桂萍　勇　生
责任印制：黄　铄
责任校对：蒋　方

720mm×1000mm/16　　　　350.75 印张　5406 千字
2011 年 6 月第 1 版　　　2011 年 6 月第 1 次印刷
定　　价：980.00 元（全十卷）
书　　号：ISBN 978-7-5096-1291-0

作者像

目　录

社会主义的脑力劳动和体力劳动 *

---

* 本著由广东人民出版社 1980 年 2 月出版。

第一章 探讨这个问题的重要意义

一、有助于学习和掌握马列主义、毛泽东思想

"**马克思主义**是马克思的观点和学说的体系。"[1]它包括哲学、政治经济学和科学社会主义三个组成部分。马克思主义政治经济学既是他的哲学理论"最深刻、最全面、最详细的证明和运用",[2]又同哲学一起共同构成科学社会主义的理论基础,成为"马克思主义的主要内容"。[3]马克思主义政治经济学的社会主义部分是他的全部政治经济学的一个最重要方面。这一部分是以社会主义生产关系作为研究对象的。而社会主义制度下的脑力劳动者和体力劳动者之间的关系,正是这种生产关系的一项极重要的内容。所以,探讨社会主义制度下脑力劳动者和体力劳动者之间的关系,就成为学习和掌握马克思主义政治经济学,乃至整个的马克思列宁主义、毛泽东思想的一个不能忽视的重要方面。

二、有助于加速实现社会主义现代化

马克思主义认为,无产阶级在取得了国家政权,建立了无产阶级专

---

[1][3] 列宁:《卡尔·马克思》,《列宁选集》第2卷,第580页。
[2] 列宁:《卡尔·马克思》,《列宁选集》第2卷,第588页。

政以后，就必须把经济建设提到首要地位。早在建国初期，特别是在生产资料所有制的社会主义改造基本完成以后，毛泽东同志就再三教导我们，要把工作重心转移到经济方面和技术革命方面来。在党中央和毛泽东同志、周恩来同志的领导下，我们党在胜利地开展生产资料所有制的社会主义改造、思想政治战线上的社会主义革命和农村社会主义教育运动的同时，在社会主义现代化建设方面也做了大量的工作，取得了重大的成就，建立了比较完整的工业体系。但在后来，由于林彪、"四人帮"的极左路线进行了长达10年的干扰，使得我国社会主义现代化事业遭到了中断和严重的破坏。此外，由于我们对于社会主义建设缺乏经验，工作指导上发生了一些缺点和错误，这就妨碍了党的工作重心转移的完成。

但是，在华国锋同志为首的党中央领导下，我们党一举粉碎了"四人帮"反党集团，并进行了两年多的揭批林彪、"四人帮"的群众运动。现在这个运动已经基本胜利完成。我们基本上摧毁了"四人帮"这股反革命政治势力，调整和充实了各级领导班子，党、政、军的领导权基本上掌握在人民可以信赖的干部手中，党、政、军各方面的工作也已基本上恢复了正常秩序。在这期间，还对林彪、"四人帮"推行的反革命路线，从各个方面进行了比较深入的批判，党的一系列无产阶级政策已经并正在得到落实，社会主义民主正在发扬，社会主义法制正在健全。这样，我们就摆脱了林彪、"四人帮"所造成的长期动乱，初步实现了安定团结、生动活泼的政治局面。这是我国社会主义现代化事业必须具备的基本的政治前提。在这期间，由于批判了林彪、"四人帮"的极左路线，我国的国民经济和科学、文化、教育事业也得到了迅速的恢复和发展。两年多来，我们党还进行了大量的外交工作，为实现社会主义现代化事业创造了一个良好的国际环境。正如华国锋同志所总结的那样："总之，经过粉碎'四人帮'以来两年多的努力，我国各条战线，包括军事、外交战线，都取得了巨大的胜利，整个国家的形势已经发生了根本的变化。中国共产党第十一次全国代表大会和第五届全国人民代表大会第一次会议提出全国人民在新时期的总任务，预告了全党全国的工作着重点将要转移到社会主义现代化建设上来。现在，由于全国人民团结一致的积极努力，实现这个伟大的历史性转变的时机已经成熟了。"①

　　在这个伟大的历史性转变时期，探讨社会主义制度下脑力劳动者和体力劳动者的关系，具有重大的现实意义。因为要实现党在新时期的总任务，就必须充分调动全体劳动者（包括体力劳动者和脑力劳动者）的社会主义积极性，就必须巩固和加强体力劳动者和脑力劳动者的团结。为此，就必须正确地认识和处理脑力劳动者和体力劳动者的关系。就是说，一方面要充分认识社会主义制度下脑力劳动者和体力劳动者的关系是社会主义的互助合作关系，要调动全体劳动者的社会主义积极性，就必须充分发挥社会主义经济制度在这方面的巨大优越性；另一方面也必须看到：在我国社会主义建设的现阶段，这种社会主义的互助合作关系又是不完整的。就是说，在脑力劳动者和体力劳动者之间，社会主义的互助合作关系是占了主要地位的；但在某些脑力劳动者和体力劳动者之间又程度不同地存在着一些旧的经济关系的残余。华国锋同志说过："我们的上层建筑和生产关系的许多方面还不完善，我们的政治制度和经济制度的许多环节还有缺陷，这些同实现四个现代化的要求是不相适应的，是束缚生产力，阻碍生产力的发展的。"②那些旧的经济关系的残余，就是生产关系不完善的一个方面。这个方面也是束缚劳动者的积极性的，是阻碍生产力发展的。所以，为了加速实现四个现代化，为了充分调动劳动者的社会主义积极性，也必须逐步克服这种旧的经济关系的残余，以逐步完善社会主义的生产关系。

三、有助于肃清林彪、"四人帮"的流毒

　　我们说揭批林彪、"四人帮"的群众运动已经取得了伟大的胜利，但这绝不意味着林彪、"四人帮"散布的流毒已经完全肃清了。事实表明：对这种流毒仍然不能低估。当前我国社会上存在着两种错误思潮：一种思潮是从右的方面公开地怀疑或反对我们党一贯坚持的四项基本原则，

　　① 华国锋：《政府工作报告》，人民出版社 1979 年版，第 5 页。
　　② 华国锋：《在全国财贸学大庆学大寨会议上的讲话》，《人民日报》1978 年 7 月 12 日第 1 版。

即社会主义道路、无产阶级专政、共产党的领导和马列主义、毛泽东思想，一种思潮是从"左"的方面怀疑或者反对党中央在粉碎"四人帮"以来，特别是党的十一届三中全会以来所实行的一系列的方针政策。这实际上也是怀疑或者反对党所坚持的四项基本原则，因为党的十一届三中全会所采取的政策正是基于四项基本原则的，正是四项基本原则的具体运用。这两种错误思潮是意识形态领域内阶级斗争的表现，它们的产生同林彪、"四人帮"的流毒都有直接的联系。因为林彪、"四人帮"在一个长时期内搞乱了理论是非、路线是非和政策是非，他们把党的马克思主义的理论、路线和政策恶毒地诬蔑为修正主义的东西，而把他们自己的修正主义的一套无耻地吹嘘为马克思主义的理论、路线和政策。打倒"四人帮"以后，我们从理论上到实践上都批判了"四人帮"那种以极左面目出现的、主张普遍贫穷的假社会主义，粉碎了他们推行的封建法西斯专政，坚持了科学社会主义，坚持了生产资料的社会主义公有制和按劳分配原则，坚持了无产阶级专政和社会主义民主。这就必然会激起那些深受林彪、"四人帮"极左路线毒害的人们以及为数极少的"四人帮"的某些残余的怀疑和反对。同时也应看到：林彪、"四人帮"本质上都是四项基本原则的最凶恶的敌人。所以，上述"左"的和右的反对四项基本原则的思潮，是林彪、"四人帮"的反动思想体系的孪生兄弟。

显然，这两股错误思潮都是阻碍党的工作重点的转移的，都是不利于社会主义现代化建设事业的。但那股右的思潮是公开地反对四项基本原则的，反动性比较明显，欺骗性比较小。而那股"左"的思潮却装得比谁都"革命"，好像只有他们才是一贯坚持马克思主义的四项基本原则的，因而欺骗性较大。还要考虑到，长期以来，特别是林彪、"四人帮"横行的 10 年形成的宁"左"勿右、"左"比右好等错误思想，还没有从人们的头脑中完全清除掉。从这些方面来看，那股"左"的思潮比右的思潮更具有危险性。因此，当前要同上述两种错误思潮作斗争，而对那股成为主要危险的"左"的思潮尤其要注意。

但无论是哪一种错误思潮，绝大多数都是属于人民内部的思想认识问题，属于敌我矛盾的只是极少数。对阶级敌人需要揭露和打击，对人民需要进行思想政治教育。但无论是对敌人的斗争，还是对人民的教育，都需要掌握马列主义、毛泽东思想的武器。

从这方面来说，探讨社会主义制度下脑力劳动者和体力劳动者的关系，也具有重要的战斗意义。因为通过这种探讨，可以阐明脑力劳动者和体力劳动者的关系的社会主义的互助合作性质，可以从这个重要方面阐明社会主义经济制度对于资本主义经济制度的巨大优越性，可以阐明粉碎"四人帮"以来党所采取的一系列政策（其中包括干部政策和知识分子政策）的正确性。这就既有利于同"左"的错误思潮作斗争，也有利于同右的错误思潮作斗争，而归根结底还有利于清除林彪、"四人帮"的流毒。这里需要着重指出一点：鉴于林彪、"四人帮"的流毒还是存在的，并且是加速实现社会主义现代化的严重障碍，因而本书批判的主要锋芒是针对林彪、"四人帮"极左路线的。

四、有助于将来实现共产主义

按照马克思和列宁的科学说明：社会主义社会是共产主义社会的第一阶段（或低级阶段），共产主义社会是它的第二阶段（或高级阶段），[①]社会主义社会同共产主义社会是有区别的，"它在各方面，在经济、道德和精神方面都还带着它脱胎出来的那个旧社会的痕迹"。[②]社会主义社会存在着脑力劳动与体力劳动的分工，是它区别于共产主义社会的一个重要方面。显然，要实现共产主义，就必须消灭脑力劳动和体力劳动的分工。所以，探讨社会主义制度下脑力劳动和体力劳动分工的发展和消灭的趋势，对于将来实现共产主义社会也是完全必要的。

总结以上的分析，我们可以清楚地看到：探讨社会主义制度下脑力劳动者和体力劳动者的关系，对于学习和掌握马列主义、毛泽东思想，对于充分调动他们的社会主义积极性和巩固他们的团结，以加速实现社会主义现代化建设，对于肃清林彪、"四人帮"的流毒，对于将来实现共产主义，都是具有重要意义的。

---

① 参见马克思《哥达纲领批判》和列宁《国家与革命》第5章。这里顺便说明一下，马克思在《哥达纲领批判》中，只是使用了"共产主义社会第一阶段"的概念，还没有使用"社会主义阶段"的概念。列宁在《国家与革命》中，不仅使用了"共产主义社会的'第一'阶段或低级阶段"的概念，而且使用了"社会主义"阶段的概念。

② 马克思：《哥达纲领批判》，《马克思恩格斯选集》第3卷，第10页。

第二章　历史的和抽象的研究方法与本书的结构

一、历史的研究方法

我们在前一章说明了为什么要探讨社会主义制度下脑力劳动者和体力劳动者之间的关系。现在我们来说明怎样探讨这个问题，以及与这个研究方法相适应的本书的结构。

列宁在讲到与无产阶级革命和无产阶级专政有着极为密切联系的国家问题时，曾经阐述了"历史的考察"方法的重要性以及这个方法的内容。他说："未必找得到第二个问题，会像国家问题那样，被资产阶级的科学家、哲学家、法学家、政治经济学家和政论家有意无意地弄得这样混乱不堪。"① "要最科学地来看这个问题，至少应该对国家的产生和发展情况做一个概括的历史的考察。为了解决社会科学问题，为了真正获得正确处理这个问题的本领而不被一大堆细节或各种争执意见所迷惑，为了用科学眼光观察这个问题，最可靠、最必需、最重要的就是不要忘记基本的历史联系，考察每个问题都要看某种现象在历史上怎样产生，在发展中经过了哪些主要阶段，并根据它的这种发展去考察这一事物现在是怎样的。"②

---

① 列宁：《论国家》，《列宁选集》第 4 卷，第 42 页。
② 列宁：《论国家》，《列宁选集》第 4 卷，第 43 页。

　　现在，我们要正确地认识社会主义制度下脑力劳动者和体力劳动者之间的关系，也必须对脑力劳动和体力劳动的分工做一番历史的考察，看看它在历史上是怎样产生的，在发展中经过了哪些主要阶段，然后再根据这种发展并结合社会主义的实际来进行探讨。因为长期以来，我国存在着一种小生产的传统观念，把社会主义物质生产领域中的脑力劳动者（包括科学技术人员、工程技术人员和企业生产的管理人员）看做是非生产人员，否认他们是生产劳动者。"四人帮"正是利用了这一点，把问题推到一个极端，把社会主义物质生产领域中的脑力劳动者和体力劳动者的关系歪曲为资产阶级和无产阶级的对立关系。这样，他们就把这种关系弄得极为混乱。为了科学地解决这个问题，为了不致为"四人帮"的谬论和小生产的传统观念所迷惑，就必须采用这种历史的考察方法。

二、抽象的研究方法

　　要正确地认识社会主义制度下脑力劳动者和体力劳动者的关系，还必须采用马克思、列宁和毛泽东同志一贯倡导的抽象法。抽象法是马克思提出的。他在不朽的巨著《资本论》第一版序言中明确指出："分析经济形式，既不能用显微镜，也不能用化学试剂。二者都必须用抽象力来代替。"[1]马克思在《资本论》中，后来列宁在他的作为《资本论》的继续的《帝国主义是资本主义的最高阶段》中，都成功地运用了科学的抽象法。毛泽东同志也曾指出：社会科学主要搞抽象法嘛！[2]

　　社会主义社会中脑力劳动者和体力劳动者的关系，像其他一切社会现象一样，也是"一个混沌的关于整体的表象"。[3]我们只有以这个"表象"为起点，运用马克思主义的抽象法，运用经济学研究中这把"解剖刀"，对这个"混沌的整体"进行科学的分析，才能分清它所包含的各种问题的不同性质。第一，在我国社会主义建设的现阶段，作为阶级的地主、资产阶级已经消灭，但还有极少数的没有改造好的旧的剥削阶级的

---

　　① 马克思：《资本论》，《马克思恩格斯全集》第23卷，第8页。
　　② 转引自《关于按劳分配问题》，三联书店1978年版，第148页。
　　③ 马克思：《〈政治经济学批判〉导言》，《马克思恩格斯选集》第2卷，第103页。

某些残余、新剥削分子和反革命分子。因此，绝大多数脑力劳动者和体力劳动者之间的关系是社会主义的互助合作关系，但在他们之间也存在着极少数的敌我关系。第二，即使就绝大多数的脑力劳动者和体力劳动者之间的关系来看，也要分清两种根本不同的情况：一方面在他们之间存在着社会主义的互助合作关系，这是主要的方面；另一方面在某些脑力劳动者和体力劳动者之间也程度不同地存在着一些旧的经济关系的残余，这当然是次要的方面。可见，如果不使用抽象法进行科学的分析，就分不清上述各种关系的性质，就很容易把这些性质不同的关系混淆起来。

正是基于这种抽象法所做的分析以及本书的任务，我们在考察社会主义制度下脑力劳动者和体力劳动者之间的关系时，就舍弃了为数极少的敌我关系，只考察了绝大多数的社会主义的互助合作关系。而在做这种考察时又依次分析了两方面的内容：首先着重说明了他们之间的社会主义互助合作关系，接着又阐述了他们之间的某些旧的经济关系的残余。

这里还需进一步指出：我们在考察社会主义制度下物质生产领域中脑力劳动者和体力劳动者的社会主义互助合作关系时，也是分做两步走的，首先说明他们之间的关系是生产劳动者之间的关系，然后再进一步说明他们之间的关系是生产劳动者之间的社会主义互助合作关系。这同样是抽象法的运用。

马克思在《资本论》中，对一个包含着复杂因素的经济问题的研究，往往先抛开其他因素，而只是先对其中一个基本因素进行分析，在对这个基本因素分析清楚了以后，再把舍象掉的因素引进来做进一步分析，以求得对问题全貌的认识。马克思在《资本论》第二卷中，对社会总资本的再生产和流通的研究，就是一个最好的例证。大家知道，同资本主义以前的各个社会经济形态相比，资本主义再生产基本上是一种扩大再生产的类型。所以，马克思说过："在资本主义基础上，没有任何积累或规模扩大的再生产，是一种奇怪的假定。"[1]但是，马克思在分析资本主义再生产时还是首先分析了资本主义简单再生产。这是为什么呢？按照马克思的解释："只要有积累，简单再生产总是积累的一部分……它是积累的一

---

① 马克思：《资本论》，《马克思恩格斯全集》第24卷，第438页。

个现实因素。"①就是说，资本主义扩大再生产是由两个部分构成的：一部分是简单再生产，一部分是再生产的扩大部分。而且，对于资本主义扩大再生产的研究，困难在于说明前一部分，而不在于说明后一部分。正是由于这些原因，马克思首先集中力量揭示了资本主义简单再生产的实现条件，然后再把生产的扩大部分的因素引进来，顺利地揭示了资本主义扩大再生产的实现条件；而在揭明前一种实现条件时用的篇幅比揭明后一种实现条件要大得多。

我们这里也有类似的情况。在社会主义制度下，物质生产领域中脑力劳动者和体力劳动者作为生产劳动者的平等对待，显然是他们之间的社会主义互助合作关系的一个必要前提。而且理论上的困难，也不在于说明他们之间的社会主义互助合作关系，而是在于说明他们之间的生产劳动者的关系。所以，我们在考察脑力劳动者和体力劳动者的关系时，首先也需要把社会主义生产关系这个因素舍象掉，着重说明他们是生产劳动者之间的关系。在说清楚了这一点之后，再把社会主义生产关系这个因素引进来，他们之间的社会主义互助合作关系也就不难说明了。为此，我们在后面也用了较大的篇幅来说明他们之间的关系是一种生产劳动者之间的关系。为了用历史的方法说明这一点，还用了很大的篇幅说明资本主义企业中一般的科学技术人员、工程技术人员和生产管理人员也是生产劳动者。

三、本书的结构

根据上述的历史的和抽象的方法，我们对本书的结构做了如下的安排：除了第一章（探讨这个问题的重要意义）和第二章（历史的和抽象的研究方法与本书的结构）以外，接下去的六章是：第三章，在原始公社经济制度下，原始的脑力劳动和体力劳动是结合在一起的；第四章，脑力劳动与体力劳动的分工在历史上的产生和发展；第五章，社会主义

---

① 马克思：《资本论》，《马克思恩格斯全集》第 24 卷，第 438 页。需要说明一下，马克思在这里用的"积累"概念，不是就积累是剩余价值资本化，从而是资本主义扩大再生产的泉源的意义上说的，而是把它当作资本主义扩大再生产的同义语使用的。

生产中脑力劳动者和体力劳动者的关系，是生产劳动者之间的关系；第六章，社会主义生产中脑力劳动者和体力劳动者的关系，是生产劳动者之间的社会主义互助合作关系；第七章，现阶段脑力劳动者和体力劳动者的社会主义互助合作关系，是不完整的。最后一章，即第八章，社会主义制度下脑力劳动与体力劳动分工的发展和消灭。乍看起来，似乎第三、四章同本书的内容是无关的，但在实际上，它正是运用历史的考察方法，来为说明本书的中心问题服务的。我们对第三、四章内容所做的分析，主要也就是限制在这个范围以内的。

这里还要说明一点，本书主要是考察社会主义制度下物质生产领域中脑力劳动者和体力劳动者的关系，非物质生产领域中的脑力劳动者和体力劳动者的关系，是不在本书的考察范围以内的。

第三章 在原始公社经济制度下，原始的脑力劳动和体力劳动是结合在一起的

一、二者结合的原因

我们探讨社会主义制度下脑力劳动者和体力劳动者的关系，之所以首先要分析原始公社中原始的脑力劳动与体力劳动相结合的情况，那不仅是从一般意义上说，这是历史的考察方法的需要，而且从特殊意义上说，这种脑力劳动和体力劳动相结合的情况，非常清楚地表明作为物质生产的必要因素的脑力劳动是一种生产劳动。这对于我们认识社会主义制度下物质生产领域中脑力劳动者的劳动性质，从而认识他们和体力劳动者的关系，是有重要作用的。

马克思说过："我们首先应当确定一切人类生存的第一个前提也就是一切历史的第一个前提，这个前提就是：人们为了能够'创造历史'，必须能够生活。但是为了生活，首先就需要衣、食、住以及其他东西。因此第一个历史活动就是生产满足这些需要的资料，即生产物质生活本身。"[1]对于原始公社来说，自然也必须进行物质资料的生产。

但在原始公社的物质资料的生产中，原始的脑力劳动和体力劳动是

---

[1] 马克思、恩格斯：《费尔巴哈》，《马克思恩格斯选集》第 1 卷，第 32 页。

结合在一起的，而不是分离的。这是因为在人类社会发展的初期，人们使用的劳动工具主要是极为简陋的石器，人们的劳动技能也十分低下，社会生产力的发展水平极低，生产发展速度也极为缓慢。这样，在一个极为漫长的时期内，劳动者的劳动产品只够维持本身的极为低下的生活，没有或者几乎没有什么剩余。因而不可能发生一部分人从体力劳动中分离出来，去专门从事脑力劳动，不可能产生脑力劳动和体力劳动的分工。

二、二者结合的若干表现

　　马克思在抽象地考察人类历史上各个社会经济形态的劳动过程的共同特点时指出：劳动过程的简单要素，是劳动本身、劳动对象和劳动资料。劳动是人类区别于动物的一个根本特点，它本身是"有目的的活动"。就是说，劳动者在劳动过程开始之前，就已经根据对自然界的认识，在头脑中做出了关于产品以及生产产品的活动形式和方法的设计。然后根据这种设计进行生产。"蜜蜂建筑蜂房的本领使人间的许多建筑师感到惭愧。但是，最蹩脚的建筑师从一开始就比最灵巧的蜜蜂高明的地方，是他在用蜂蜡建筑蜂房以前，已经在自己的头脑中把它建成了。"所以，劳动者在劳动中"不仅使自然物发生形式变化，同时他还在自然物中实现自己的目的"。[①]这样，"正如在自然机体中头和手组成一体一样，劳动过程把脑力劳动和体力劳动结合在一起了"。[②]所以，马克思把劳动力"理解为人的身体即活的人体中存在的、每当人生产某种使用价值时就运用的体力和智力的总和"。[③]尽管原始公社还只存在原始状态或萌芽状态的脑力劳动，但对它来说，劳动过程也是把脑力劳动和体力劳动结合在一起的。

　　"劳动资料的使用和创造，虽然就其萌芽状态来说已为某几种动物所固有，但是这毕竟是人类劳动过程独有的特征。"[④]而生产工具的使用和制造就是一种有目的的活动。原始公社劳动过程中脑力劳动的一个重要表

---

　　① 马克思：《资本论》，《马克思恩格斯全集》第23卷，第202页。
　　② 马克思：《资本论》，《马克思恩格斯全集》第23卷，第555页。
　　③ 马克思：《资本论》，《马克思恩格斯全集》第23卷，第190页。
　　④ 马克思：《资本论》，《马克思恩格斯全集》第23卷，第204页。

现，就是在原始公社极为漫长、极为缓慢的生产发展过程中，劳动者依据对自然现象和生产过程的直接观察，获得了某些处于萌芽状态的自然科学的知识，并且依据这种知识逐渐地改进了生产工具。应该指出：这种生产实践是自然科学知识最基本的来源。所以，毛泽东同志曾经指出："中国自有人类生活以来都要吃饭，要吃饭就要进行生产，就有自然科学的萌芽。"①当时人们为了改进生产工具也开始了某些原始的科学实验活动。这种活动也有助于获得某些原始的自然科学知识。自然科学的研究，按照制造工具和武器的材料，把人类的史前时期"划分为石器时代、青铜时代和铁器时代"。②在原始社会整个发展过程中，生产工具的这种改进，是劳动者掌握的处于萌芽状态的自然科学知识在生产中运用的成果。比如，由于原始社会劳动者经过长期的生产经验的积累，逐渐懂得铜和锡的冶炼知识，因而才有铜锡合金——青铜器的生产。此外，原始人对于火的发现和利用，从采集向原始种植业的过渡，从狩猎向原始畜牧业的过渡，等等，都是他们掌握和运用这些处于萌芽状态的自然科学知识的表现，是运用这些知识于生产的成果。

在原始公社中，与体力劳动结合在一起的脑力劳动，还表现在氏族酋长的管理劳动上。

马克思在讲到人类社会各个发展阶段上劳动过程的共同特点时指出："凡是有许多人进行协作的劳动，过程的联系和统一都必然要表现在一个指挥的意志上，表现在各种与局部劳动无关而与工场全部活动有关的职能上，就像一个乐队要有一个指挥一样。这是一种生产劳动，是每一种结合的生产方式中必须进行的劳动。"③

原始公社也需要这种作为生产劳动的管理。因为原始人的劳动也是一种集体劳动，因而"或多或少地需要指挥"。④恩格斯曾经说过："能计划怎样劳动的头脑在社会发展的初期阶段（例如，在原始的家庭中），已经能不通过自己的手而是通过别人的手来执行它所计划好的劳动了。"⑤恩

---

① 毛泽东：《在边区自然科学研究会成立大会上的讲话》，《新中华报》1940 年 3 月 15 日第 3 版。
② 马克思：《资本论》，《马克思恩格斯全集》第 23 卷，第 204 页注（5a）。
③ 马克思：《资本论》，《马克思恩格斯全集》第 25 卷，第 431 页。
④ 马克思：《资本论》，《马克思恩格斯全集》第 23 卷，第 367 页。
⑤ 恩格斯：《自然辩证法》，《马克思恩格斯全集》第 20 卷，第 516 页。

格斯的这段话从一个方面说明了管理劳动在原始社会生产中的作用。

　　但原始社会的管理劳动是有它的特点的，就是说，它同体力劳动是结合在一起的。因为这种管理劳动是比较简单的。第一，"这种原始类型的集体的或合作的生产自然是单个人软弱的结果，而不是生产资料社会化的结果"。①因而，原始社会集体劳动就是一种简单协作，而且规模小，有分工也只是基于性别和年龄的自然分工。这样，原始公社在组织生产力方面的管理活动，就很简单。第二，这种集体劳动"一方面以生产条件的公有制为基础，另一方面，正像单个蜜蜂离不开蜂房一样，以个人尚未脱离氏族或公社的脐带这一事实为基础"。②这样，原始公社的劳动管理并不存在后来阶级社会必然存在的监督活动和剥削活动，它是用来调整以公有制为基础和"以血缘为基础"③的原始人的社会关系。所以，原始公社管理劳动之所以较为简单，不仅是起因于原始社会的生产力，而且起因于原始社会的生产关系。正因为原始公社管理劳动是比较简单的，而且当时社会生产力极低，没有剩余产品，因而管理劳动不必要，也不可能从体力劳动中分离出来，而是同体力劳动相结合的。就是说，担任管理劳动和其他公共事务的氏族首领和部落酋长也必须同时从事体力劳动。而且，在当时只有那些在劳动中有突出表现的人，才可能被选上当氏族首领；否则，就选不上，选上了也会被罢免。我国古代传说中的部落首领神农氏，也是"身自耕，妻亲织，以为天下先"。④这些传说虽然也包含了后人的一些想象成分，但仍然反映了原始公社的状况。这是以生产资料的原始公社所有制为基础的、人们之间的原始的互助合作关系的生动体现。

　　上述脑力劳动的种种表现都是生产劳动，因为它们像体力劳动一样，是原始公社集体生产的必要因素。

　　但在原始公社中，与体力劳动相结合的脑力劳动不仅表现在生产劳动方面，而且表现在非生产劳动方面，表现在意识方面。马克思曾经说过："思想、观念、意识的生产最初是直接与人们的物质活动，与人们的

　　①《马克思致维·伊·查苏利奇信初稿》，《马克思恩格斯全集》第27卷，俄文1935年版，第681页。
　　②马克思：《资本论》，《马克思恩格斯全集》第23卷，第371页。
　　③马克思：《资本论》，《马克思恩格斯全集》第23卷，第389页。恩格斯注（50a）。
　　④《淮南子·齐俗篇》，商务印书馆1925年版，第89页。

物质交往，与现实生活的语言交织在一起的。"①比如，以绘画的起源来说，根据考古发掘的一些成果来看，在原始人居住过的岩洞里，发现了旧石器时代晚期原始人的壁画。其中，有的壁画是黑色或红色的野牛、野象，背上被刺着投枪或者箭矢，前脚向前倾倒。这些壁画的作者当然不可能像后来的阶级社会那样是专门的画家，而只能是当时的体力劳动者。应该指出，这类意识活动虽然不是物质生产的必要组成部分，不是生产劳动，但也是为当时的物质生产服务的。因为在原始人看来，这些壁画是一种咒语，②可以使他们具有某种魔力，能保证成功地猎取动物。

---

① 马克思、恩格斯：《费尔巴哈》，《马克思恩格斯选集》第 1 卷，第 30 页。
② 由于在原始社会，人类还刚刚摆脱一般动物状态，社会生产力极低，人类还受自然力支配，因而在思想上产生了原始的宗教观念。

第四章　脑力劳动与体力劳动的分工在历史上的产生和发展

一、在奴隶社会的经济制度下，第一次发生了脑力劳动和体力劳动的分离

（一）脑力劳动与体力劳动分离的必然性

在原始社会的长期发展过程中，社会生产力得到了发展，到了它的末期，石制工具终于逐渐为金属工具所代替了，因而也就产生了生产资料的私有制。比如，在农业中原来使用石器，只有采取集体劳动的方式才能开垦土地，才能耕种土地。但在金属工具出现以后，就可能以各个个体的家庭为单位来进行生产了。所以，在使用金属工具的条件下，集体的劳动方式就逐渐过渡到个体的劳动方式，因而生产资料的原始公社公有制也逐渐过渡到生产资料的私有制。在金属工具出现以后，社会的劳动生产率也有了提高，每个劳动者生产的产品除了维持自己的生存以外，还有多余的，出现了剩余产品。所以，社会生产力的发展，金属工具的出现，以生产资料的奴隶主所有制为基础的脑力劳动与体力劳动的分离就成为可能的事情了。

这种脑力劳动与体力劳动的分离，又是当时社会生产力进一步发展的客观要求。恩格斯说得好："有一点是清楚的：当人的劳动的生产率还非常低，除了必需的生活资料只能提供微少的剩余的时候，生产力的提

高、交换的扩大、国家和法律的发展、艺术和科学的创立，都只有通过更大的分工才有可能，这种分工的基础是，从事单纯体力劳动的群众同管理劳动、经营商业和掌管国事以及后来从事艺术和科学的少数特权分子之间的大分工。这种分工的最简单的完全自发的形式，正是奴隶制。"①正因为这种分工是适应了当时的社会生产力发展的要求的，因而在这种分工产生以后，就成为推动奴隶社会经济和文化进步的积极因素。事实上，世界古代史上的灿烂文化，比如古埃及的水利学和建筑学，巴比伦雄伟的宫殿和庙宇，中国殷周时代的青铜艺术，古希腊的文艺和哲学，等等，都是在这种分工的基础上产生和发展起来的。

可见，以生产资料的奴隶主所有制为基础的脑力劳动与体力劳动的分离，是当时社会发展的不以人们意志为转移的客观过程。

（二）脑力劳动和体力劳动的对立

在奴隶社会的经济制度下，奴隶主不仅占有生产资料，而且占有生产工作者——奴隶。奴隶不仅没有人身的自由，而且不是被当做人看待，只是当做会说话的工具，奴隶主可以任意买卖甚至屠杀奴隶。在这种经济制度下，奴隶主对奴隶实行公开的强迫劳动，奴隶在奴隶主的棍棒和皮鞭的威胁下做工。在这种经济制度下，剥削是极为残酷的，奴隶劳动时间很长，劳动强度很高；但奴隶劳动的全部产品都归奴隶主占有，奴隶从奴隶主那里得到的只是少得可怜的维持生存的生活资料。奴隶主不仅占有了奴隶的全部剩余劳动，而且占有了一部分必要劳动。可见，在从事脑力劳动的奴隶主和从事体力劳动的奴隶之间，存在剥削和被剥削的阶级对立关系。

奴隶主为了维护、巩固和加强对奴隶的剥削地位，需要一种暴力机构"迫使奴隶始终处于奴隶地位，使社会上一部分人受另一部分人压迫"。因为"要强迫社会上的绝大多数人经常替另一部分人做工，就非有一种经常的强制机构不可"。②奴隶主国家就是奴隶主和奴隶经济利益根本对抗的产物，就是阶级矛盾的产物。奴隶主国家是奴隶主对奴隶实行统治的暴力机器。可见，"国家一直是从社会中分化出来的一种机构，一直

---

① 恩格斯：《反杜林论》，《马克思恩格斯选集》第3卷，第221页。
② 列宁：《论国家》，《列宁选集》第4卷，第48页。

是由一批专门从事管理、几乎专门从事管理或主要从事管理的人组成的"。①这样从事脑力劳动的管理集团，把持着奴隶主国家，运用暴力机器，压迫广大奴隶，维持奴隶主对奴隶的剥削。所以，他们同从事体力劳动的奴隶也是一种阶级对立关系。

奴隶主为了维持、巩固和加强对奴隶的剥削地位，不仅需要他们的政治代表来掌握国家机器，而且需要他们的思想代表创造出奴隶主的思想体系，即反映奴隶主的基本经济利益、维护奴隶制度的理论。按照奴隶主的思想代表创造的理论说来，奴隶好像不是奴隶社会的生产关系的产物，而是由于奴隶的天性限制。亚里士多德是古希腊奴隶制时代的"一位伟大的研究家"，②在他看来，一些人由于他们的天性只能成为做体力工作的奴隶，而另一些人是命中注定了要做从事脑力工作的奴隶主的。中国的一些奴隶主思想家也提出过一些类似的思想，比如，"君子劳心，小人劳力"，"劳心者治人，劳力者治于人"，等等就是。可见，奴隶主的思想代表，正如马克思和恩格斯所指出的："他们是这一阶级的积极的、有概括能力的思想家，他们把编造这一阶级关于自身的幻想当做谋生的主要泉源。"③所以，他们同从事体力劳动的奴隶之间也是一种阶级对立关系。

但无论是奴隶主政治代表同奴隶的对立，还是他们的思想代表同奴隶的对立，归根结底都是由于物质生产中存在着奴隶主对奴隶的剥削，都是反映了经济基础领域中存在着奴隶主和奴隶的阶级对立。

正因为以奴隶制为基础的脑力劳动和体力劳动的分工是一种对立关系，因而由这种分工带来的一切生产上和文化上的成就，都是建筑在奴隶主对奴隶的残酷剥削的基础上，都是建筑在广大奴隶的辛勤劳动的基础上。比如，埃及金字塔是人类建筑艺术史上的奇迹，但又是大量奴隶血汗的结晶。金字塔是一个建筑群，大大小小的金字塔共有 70 多座。其中以第四王朝的第二代法老胡夫的金字塔规模最大。金字塔约用巨石 230万块砌成，平均每块重约 2.5 吨。塔底占地约 52900 平方米。原来塔高146.5 米，由于数千年来风化剥落，现仅高 138 米；原来四边各长 230 米，

---

① 列宁：《论国家》，《列宁选集》第 4 卷，第 47 页。
② 马克思：《资本论》，《马克思恩格斯全集》第 23 卷，第 73 页。
③ 马克思、恩格斯：《费尔巴哈》，《马克思恩格斯选集》第 1 卷，第 52 页。

现仅各长 220 米左右。绕金字塔一周，约有一公里。这座大金字塔不仅外观雄伟，而且内有结构复杂的"地下宫殿"，整个建筑设计严密，工程牢固，因此历时约 5000 年还安然屹立于尼罗河畔。为了建筑这座金字塔，有 10 万奴隶头顶烈日在监工的皮鞭之下劳动，用了 10 年时间修筑运石道路和地下墓室，又用了 20 年时间才砌成塔身，整个工程历时 30 年。①

也正是由于存在着这种对立，因而奴隶社会脑力劳动与体力劳动的分工在推进社会经济和文化方面的积极作用，主要也就限制在奴隶制度的上升时期；到了奴隶制度的没落时期，就又成为社会生产力发展的桎梏了。

（三）生产上的管理劳动具有二重性

我们说，在奴隶制度下，存在着脑力劳动和体力劳动的对立，这并不否定作为脑力劳动的生产管理具有二重性。对这种二重性进行考察，有助于我们认识社会主义物质生产中管理劳动的性质，因而有必要对这种二重性做些简要的分析。马克思对这个问题曾经做过详细的、清楚的说明。他写道："凡是直接生产过程具有社会结合过程的形态，而不是表现为独立生产者的孤立劳动的地方，都必然会产生监督劳动和指挥劳动。不过它具有二重性。"

一方面，凡是有许多个人进行协作的劳动，都必须要有指挥劳动。"这是一种生产劳动，是每一种结合的生产方式中必须进行的劳动。"

"另一方面……凡是建立在作为直接生产者的劳动者和生产资料所有者之间的对立上的生产方式中，都必然会产生这种监督劳动。这种对立越严重，这种监督劳动所起的作用也就越大。因此，它在奴隶制度下所起的作用达到了最大限度。"②

马克思的这个分析明白地告诉我们：在奴隶制度下，作为脑力劳动的生产管理具有两方面的性质：一方面由劳动协作而引起的管理，是生产劳动；另一方面，由阶级对立而引起监督，是剥削活动。

管理具有生产劳动的这一重性质，并不能否定奴隶主对奴隶的剥削，不能否定奴隶主是剥削者。因为在事实上，奴隶主是靠剥削奴隶为生的，

---

① 《简明世界史》（古代部分），人民出版社 1974 年版，第 28~29 页。

② 马克思：《资本论》，《马克思恩格斯全集》第 25 卷，第 431~432 页。

而且，随着奴隶制经济的发展，奴隶主往往把这种管理劳动交给了管家。关于这一点，连古希腊奴隶主思想家亚里士多德也直率地说过：这种监督劳动没有什么了不起的地方，因此，主人一旦有了足够的财富，他就会把干这种操心事的"荣誉"交给一个管家。①在古罗马的奴隶制时代，也存在着这种情况。②

二、在资本主义经济制度下，脑力劳动和体力劳动分工的发展

（一）为什么要着重研究这个问题

从人类社会发展的历史看，脑力劳动与体力劳动的分离，经历了两个大的发展阶段。如前所述，在奴隶制度下脑力劳动和体力劳动第一次发生了分离。在奴隶社会发展到封建社会以后，脑力劳动和体力劳动的分离又有了进一步发展，但并不构成一个具有特征意义的发展阶段。构成这一点的，是资本主义制度下脑力劳动和体力劳动分工的发展。这种发展表现在：一方面是从事脑力劳动的资产阶级和从事体力劳动的无产阶级之间的对立的加深；另一方面，也是更突出的方面，就是在资本主义生产过程中，在雇佣劳动者内部，从事脑力劳动的一般的科学技术人员、工程技术人员和企业生产管理人员与体力劳动者的分工的发展。这是脑力劳动和体力劳动分工发展的第二个阶段。所以，我们在考察脑力劳动和体力劳动分工的历史时，首先研究了奴隶制度下这种分工的产生，接着就来说明资本主义制度下这种分工的发展，而并没有去研究封建社会制度下这种分工的发展情况。

这里需要进一步指出的是：我们在研究资本主义制度下脑力劳动与体力劳动分工的发展时，又是着重研究了它的第二个方面。因为，第一，

---

① 参见亚里士多德：《政治论》第1篇第7章，商务印书馆1931年版，第18~19页。

② 关于古罗马奴隶主庄园管事的情况，史书上有过这样的记载："庄园管事居于庄园奴隶之首，他掌管收支、买卖，执行主人的命令，当主人不在的时候，还发布命令，执行惩罚……管事自然比别的奴隶较为自由；马贡农书建议允许管事结婚，生育子女，有自己的钱财……也只有这种管事可以指望在品行端正的情况下，从主人那里获得自由。除此以外，他们的地位与奴隶一样……每一个奴隶，包括管事本身在内，每隔一段时间，按照规定的标准，从主人那里取得自己赖以维持生活的必需品……所得的数量以劳动为准，例如，管事的劳动比奴隶的劳动轻，所得的数量也比奴隶少。"（转引自马克思：《资本论》，《马克思恩格斯全集》第25卷，第432页）

虽然社会主义生产关系与资本主义生产关系在性质上具有根本的区别，但就社会化大生产必然引起脑力劳动者（包括科学技术人员、工程技术人员和企业生产管理人员）和体力劳动者的分离，以及脑力劳动者也是生产劳动者这些方面来说，是有共同点的。因而我们在用历史的考察方法说明社会主义企业中的脑力劳动者（包括科学技术人员、工程技术人员和企业生产管理人员）也是生产劳动者的时候，着重研究资本主义社会中脑力劳动与体力劳动分工的第二个方面，是具有最直接的现实意义的。第二，这样做，不仅是解决问题的科学方法，而且有助于我们掌握马克思主义的理论武器。因为马克思主义关于资本主义企业中一般的科学技术人员、工程技术人员和生产管理人员是生产劳动者的原理，对于我们认识社会主义制度下的科学技术人员、工程技术人员和企业生产管理人员的劳动性质，是有指导意义的。但我国学术界过去对这个原理的研究和宣传是很不够的，致使人们对这个问题的认识是不清楚的。"四人帮"也正是利用了这个弱点，趁风扬土，制造混乱，并施展了鱼目混珠的卑劣手法，把他们的修正主义的谬论冒充为马克思主义的真理。现在很需要宣传马克思主义的上述科学理论。第三，"四人帮"为了"论证"社会主义企业中技术人员、管理人员和工人的关系是阶级对立关系，首先把资本主义企业中一般的技术人员、管理人员和工人的关系歪曲为资产阶级和无产阶级的关系。他们说："在资本主义企业中，管理人员、技术人员和工人的关系一般表现为阶级对立关系。"[①] 所以，我们要说明社会主义企业中脑力劳动者和体力劳动者是生产劳动者之间的社会主义互助合作关系，首先也必须打掉这个"拦路虎"。这些都说明：我们首先着重地用较大篇幅考察一下上述的脑力劳动与体力劳动分工的第二个方面，是很有必要的。

当然，上述的脑力劳动与体力劳动分工的第一个方面，也是需要考察的，它不仅有助于揭露资产阶级和无产阶级的对立，而且有助于说明社会主义生产关系根本区别于资本主义，以及社会主义经济制度的优越性。这方面的考察将放在本节的最后来进行。

---

① 原上海市委写作组编：《社会主义政治经济学》，1976 年版，第 71 页。

（二）资本主义大机器工业的发展，使得科学技术人员、工程技术人员、企业生产管理人员和体力劳动者分离开来

科学技术人员与体力劳动者的分离

如前所述，在原始社会的生产过程中，劳动者也从事某些原始的科学实践，以获取处于萌芽状态的自然科学知识。但这种原始的科学实践是同生产实践完全结合在一起的。

在人类社会进入奴隶社会和封建社会以后，体力劳动和脑力劳动发生了分离，自然科学知识也有了某些发展，并且开始建立了数学、天文学和力学这样一些古典的自然科学。这些古典科学在当时的生产中也得到了某种程度上的应用。比如，古典天文学就通过历法在农业生产中得到了应用，在手工工具和简单机械的制造中也凝结着初步的数学和力学知识，在冶金、制陶、酿酒等生产中也使用着初步的化学知识。但当时的社会生产力还没有给自然科学的全面发展创造必要的物质条件。当时的社会生产关系也不提出这方面的要求，甚至有些自然科学知识在生产上的应用，还会遇到来自生产关系方面的阻碍。这样，当时的科学实验活动基本上还没有从生产实践中分离出来，"以实验为依据的"、"科学的、系统的和全面的发展"[①]的自然科学，也还没有建立起来。毛泽东同志在讲到中国奴隶社会和封建社会的自然科学的发展的时候也曾明确指出："过去没有把自然科学发展为一个体系。"[②]

恩格斯把这种"科学的、系统的和全面的发展"的自然科学称作"唯一的科学"。这种"唯一的科学"只是在资产阶级反对封建主义"这一场革命中诞生和形成起来"。[③]因为资产阶级革命推动的大机器工业的发展，"不但提供了大量可供观察的材料，而且自身也提供了和已往完全不同的实验手段，并使新的工具的制造成为可能。可以说，真正有系统的实验科学，这时候才第一次成为可能"。[④]这是一方面。另一方面，资本主义大工业的发展，"要求以自然力来代替人力，以自觉应用自然科学来代

---

① 恩格斯：《自然辩证法》，《马克思恩格斯全集》第20卷，第370、360页。
② 毛泽东：《在边区自然科学研究会成立大会上的讲话》，《新中华报》1940年3月15日第3版。
③ 恩格斯：《自然辩证法》，《马克思恩格斯全集》第20卷，第533页。
④ 恩格斯：《自然辩证法》，《马克思恩格斯全集》第20卷，第524页。

替从经验中得出的成规"。①在古代，人们在手工劳动的条件下，凭借对自然现象和生产过程的直接观察和总结，可以产生像数学、天文学和力学这样一些古典的自然科学，但不能产生近代和现代的自然科学。资本主义企业生产实践的对象也只是自然界的一个有限的部分；资本主义企业的生产手段在探索自然的客观规律方面的作用，也远远不能同科学实验的手段等量齐观。因此，单靠资本主义企业的生产实践，也不能满足它对自然科学的需要。要满足资本主义大机器工业对自然科学的需要，就要深入地探索物质内部的结构和规律，就只有依靠专门的科学实验。而科学实验一旦从生产实践中分离出来以后，确实又成为人们探索自然和改造自然的强有力的手段。因为它大大延长了人类的感觉器官，使人类对自然界的认识达到了前所未有的广度和深度，以致马克思把近代自然科学称作"实证科学"。②在现代，科学实验在探索自然规律方面的作用又有了飞跃的发展。当代人们依靠科学实验手段，可以观测到的宇宙尺度已经达到 100 亿光年，测量到的原子核大小只有十万亿分之一厘米；实验室已经能够达到上亿度的超高温，上百万大气压的超高压，已能得到十万亿分之一秒的超短脉冲，几千亿电子伏的带电粒子，等等。③这样，现代自然科学理论，如相对论、量子力学、基本粒子理论、分子生物学、信息论等，大多数都是在科学实验的基础上建立起来的。人们完全有理由说，没有现代的科学实验，便没有现代自然科学的发展。

这里需要进一步指出的是：在资本主义大工业发展的初期，自然科学中的基础科学直接对工业起着指导作用。但随着大工业的进一步发展，现代工业各门专业中包括的科学技术问题，也就越来越综合，愈来愈复杂。这时候各门基础科学当然还是可以用做一般性的指导，但在许多情况下，单靠它来解决具体问题又显得不够了。因此，必须对各工业部门生产实践中同类型的具体问题进行科学实验，从而找出具体物质运动形式的规律。这样，才能解决各工业部门具体的科学技术问题，由此得到的各工业部门中同类型问题的具体规律的认识，就形成了各门技术科学。比如，热力学第一、第二定律，是属于自然科学中基础科学的范畴的。

---

① 马克思：《资本论》，《马克思恩格斯全集》第 23 卷，第 423 页。
② 马克思：《剩余价值理论》，《马克思恩格斯全集》第 26 卷 I，第 169 页。
③《红旗》1978 年第 4 期，第 69 页。

为了将这项科学成果应用到各种热机和热设备中，就需要研究热能的转化与传递这类共同性的科学技术问题，由此就形成了工程热物理这门技术科学。

可见，正是资本主义大工业的发展，才使得成为自然科学（包括基础科学和技术科学）基础的科学实验从生产实践中独立出来，从而也就使得科学技术人员从体力劳动者中分离出来。正像马克思所总结的，"资本主义生产的发展势必引起科学和劳动的分离"。①

工程技术人员与体力劳动者的分离

在资本主义制度下，脑力劳动与体力劳动的分离过程，不仅表现在专门从事科学实验的科学技术工作者从生产实践中的体力劳动者中独立出来，而且表现在生产实践中从事脑力劳动的工程技术人员和从事体力劳动的广大工人群众的分离上。这种分离也是在资本主义大机器工业发展过程中实现的。

随着资本主义简单协作向工场手工业的过渡，各部分工人在负担的体力劳动和脑力劳动上就发生了不均等的变化。资本主义的简单协作既没有改变劳动工具，也没有改变劳动方法。这时候，劳动者已经失去了生产资料，成为一无所有的无产者，但劳动者仍然保持了原来的手工业者的全部劳动技能。这时候如果不说劳动过程已由资本家管理这一点，那么仍然可以说劳动过程是把脑力劳动和体力劳动结合在一起的。

但随着简单协作向工场手工业过渡，情况就发生了重大变化。工场手工业是以分工为基础的协作，不仅劳动工具成了部分的工具，工人也相应地成了局部的工人。就是说，劳动者在某种商品生产的总过程中只担任了部分的职能。"各种职能有的比较简单，有的比较复杂，有的比较低级，有的比较高级。"②因而，各种职能在体力和智力上对劳动者提出了不同的要求："在一种操作中，他必须使出较大的体力；在另一种操作中，他必须比较灵巧；在第三种操作中，他必须更加集中注意力，等等。"③可见，随着资本主义工场手工业的发展，担任不同职能的各部分劳动者耗费的体力和智力就已经发生了不均等的变化。但工场手工业毕竟

① 马克思：《剩余价值理论》，《马克思恩格斯全集》第26卷Ⅲ，第489页。
② 马克思：《资本论》，《马克思恩格斯全集》第23卷，第388页。
③ 马克思：《资本论》，《马克思恩格斯全集》第23卷，第387页。

是以手工技术为基础的协作，因而不可能使得脑力劳动和体力劳动发生完全的分离。

但是，资本主义大机器工业的发展，不仅需要大量的从事体力劳动的工人，而且需要一部分从事脑力劳动的工程技术人员。如前所述，资本主义大工业的发展，要求"以自觉应用自然科学来代替从经验中得出的成规"。① 而要应用自然科学对大工业生产进行指导，在生产技术方面正是通过工程技术人员的脑力劳动来实现的。

生产管理人员同体力劳动者的分离

随着资本主义企业大规模协作的发展，就要求专门从事企业生产管理的管理人员从体力劳动中分离出来。"正如军队需要军官和军士一样，在同一资本指挥下共同工作的大量工人也需要工业上的军官（经理）和军士（监工），在劳动过程中以资本的名义进行指挥。"② 而资本主义大机器工业的发展，"同时使那种把工人划分为劳工和监工，划分为普通工业士兵和工业军士的现象得到充分发展"。③ 因为以大工业作为技术基础的资本主义工厂，是一个具有严密分工的复杂的生产体系。在这里，企业生产的管理无论在范围上，或者在内容上，都比以手工劳动为基础的资本主义的简单协作和工场手工业大大地扩大了，也复杂得多了。

总起来说，就像马克思概括的那样，资本主义"生产过程的智力同体力劳动相分离……是在以机器为基础的大工业中完成的"。④ 这个道理对科学技术人员、工程技术人员和企业生产的管理人员来说，都是适用的。

（三）资本主义企业中一般的科学技术人员、工程技术人员和生产管理人员，都是生产劳动者

一般的科学技术人员是生产劳动者

关于资本主义企业中一般的科学技术人员、工程技术人员和生产管理人员是生产劳动者的问题，难点并不在于工程技术人员是生产劳动者，而是科学技术人员和生产管理人员是生产劳动者，因而我们在下面将着

---

① 马克思：《资本论》，《马克思恩格斯全集》第23卷，第423页。
② 马克思：《资本论》，《马克思恩格斯全集》第23卷，第369页。
③④ 马克思：《资本论》，《马克思恩格斯全集》第23卷，第464页。

重地、详细地探讨问题的后一方面，对问题的前一方面只是做些简要的论述。

科学技术工作者的社会职能表明：他们是生产劳动者。

在资本主义制度下，一般的科学技术工作者依据科学实验总结出来的自然科学，是"知识形态上"的生产力，把这种"知识形态上"的生产力运用于生产中，把自然科学的成果凝结在生产过程中的各个要素上（包括劳动力、劳动资料、劳动对象和劳动管理等方面），就会变成"直接的生产力"。①

这一点，特别突出地表现在：自然科学的成就物化在劳动资料上。因为劳动资料（特别是机械性的劳动资料）是"人类劳动力发展的测量器"。②在近代世界史上，蒸汽机在生产上的广泛应用，被看做产业革命的标志。恩格斯曾经说过："蒸汽和新的工具机把工场手工业变成了现代的大工业，从而把资产阶级社会的整个基础革命化了。"③而蒸汽机的出现正是气体力学原理在生产上应用的结果。其他的机器出现也是如此。正像马克思所说的："自然并没有制造出任何机器、机车、铁路、电报、自动纺棉机等等。……它们是由人类的手所创造的人类头脑底器官；都是物化的智力。"④在近代和现代世界发展史上，每一次技术革命都是以劳动资料的革命作为主要标志的；而每一次劳动资料的革命，都是重大的自然科学成就在生产中应用的巨大成果。这是第一。

第二，科学技术的成就在劳动对象上的物化，也会引起社会生产力的大发展。劳动对象是社会生产中的必要的因素，它的质量好坏、数量大小和品种多少，直接地影响到社会生产力的发展。而科学技术的进展，使得劳动对象在质量、数量和品种等方面都会发生重大的变化，从而引起社会生产力的提高。在这方面，作为划时代的材料而出现的合成高分子材料，是一个典型的例证。合成高分子是在20世纪初出现的。到了20世纪30年代中期，高分子生产才迅速发展起来。在这以后的短短的30多年中，全世界合成高分子材料的年产量，从无到有，一跃而达到四五

①④ 马克思：《政治经济学批判大纲》（草稿）第3分册，人民出版社1963年版，第358页。着重点是原有的。

② 马克思：《资本论》，《马克思恩格斯全集》第23卷，第204页。

③ 恩格斯：《反杜林论》，《马克思恩格斯选集》第3卷，第301页。

千万吨的规模。预计到 1980 年将达 6500 万吨，到 2000 年还将要达到 9200 万吨。到那时，合成高分子材料将占整个使用材料的 78%，金属品只占 19%，其他 3% 是天然材料。合成高分子之所以能够得到这样飞跃的发展，是现代科学技术在生产中应用的巨大成果。30 多年来，由于化学、物理等学科的科学家的努力，创建了一门新兴的学科——高分子学，为高分子合理的生产、加工和使用开辟了宽广的道路。合成高分子之所以是一种划时代的材料，因为，一方面高分子的品种多（如塑料、橡胶、纤维等皆是），性能广，用途大，到处都需要；另一方面高分子原料丰富，制造方便，加工容易，可以多快好省地进行生产。因此，合成高分子材料的广泛应用必将对社会生产发生巨大而深远的影响。①

　　第三，用科学技术知识武装劳动者，是自然科学这种知识形态上的生产力转变为直接的生产力的一个重要方面。劳动者是生产力中的能动因素，他能制造工具和使用工具。但随着资本主义大工业生产的发展，劳动者制造工具和使用工具的能力愈来愈取决于他掌握的科学技术知识。这样，要充分发挥大机器工业技术装备的效能，就必须提高劳动者的科学、文化和技术水平。恩格斯曾经说过："当十八世纪的农民和手工工场工人被吸引到大工业中以后，他们改变了自己的整个生活方式而完全成为另一种人。"② 这里包括了工人文化水平的提高。资本主义工业发展的历史也证明：文盲可以在以手工劳动为基础的资本主义简单协作和工场手工业中劳动；到了资本主义大机器工业发展的初期，就需要初等的文化水平才能操作当时的机器设备；而电器化的资本主义企业则需要中等文化水平的劳动者；在以电子计算机的广泛应用和生产过程的自动控制为主要标志的现代化资本主义企业中，没有中等以上的文化水平，则很难掌握现代化的技术装备。在这方面，战后日本的经验是最能说服人的。日本 1965 年新就业人员中，初中毕业生是 41.8%，高中毕业生是 46.8%，大学毕业生是 11.4%。到 1975 年，这个比率就倒过来了，初中毕业生只占 9.1%，高中毕业生占 57.3%，大学毕业生占 33.6%，高中和大学毕业生，共占新就业人员的 90% 以上。③ 这说明在战后日本的资本主义企业中，

---

① 参见王葆仁：《划时代的材料——高分子》，《北京日报》1978 年 12 月 7 日第 3 版。
② 恩格斯：《共产主义原理》，《马克思恩格斯选集》第 1 卷，第 222 页。
③《世界经济》1979 年第 5 期，第 14 页。

一方面体力劳动者的脑力劳动成分在不断增加，另一方面生产过程中脑力劳动者的比重也在不断增加。这两个不断增加正是日本能够在战后20年不到的时间实现现代化的一个重要因素，同时也突出地说明用科学技术武装劳动者在发展社会生产力方面具有重大的作用。

此外，自然科学这种知识形态上的生产力转变为直接的生产力，也通过企业管理方面的因素来实现。这一点我们留到后面去做分析。

上述一切都说明："生产力里面也包括科学在内。"①我们把美国各个企业的调查资料做一下对比，还可以清楚地看到，各个公司对科学研究费用投资的大小和它们的营业额增长的多少，是成正比的。比如，在电子工业中，国际商业机器公司（电子计算机）、德克萨斯仪器公司（半导体）、塞罗克斯公司（电子复制机）等，由于他们需要高度的技术，因而十分重视科学研究，每年的科研和发展费用占到营业额的7%~10%，在1945~1974年的30年间，营业额平均年增长率高达16.5%。而相对来说，杜邦公司（化学工业）、通用电气公司（电子、电气）等一些老公司，由于他们经营的产品趋于成熟，对科学研究的投资不如上述几家公司支付的多，同期的年增长率只有7.8%，还不到前者的一半。

这些都说明：自然科学是生产力。生产力发展的一个重要因素是"来源于智力劳动特别是自然科学的发展"。②因而发明自然科学这种生产力的科学技术人员，就是生产劳动者。

自然科学成为愈来愈重要的生产力，科学技术人员作为生产劳动者的作用也越来越重要。

现在需要进一步指出：随着资本主义的发展，自然科学还成为愈来愈重要的生产力。因为第一，科学的发展是愈来愈快的。在资本主义发展到帝国主义阶段以后，资本主义已经变成了寄生的或腐朽的资本主义，但正如列宁所说的："整个说来，资本主义的发展比从前要快得多。"③帝国主义的生产发展是这样，对帝国主义时代科学技术的发展也应该这样说。资本主义大工业的发展，固然是科学技术在生产上应用的成果，但这种发展也为科学技术的进步创造了越来越好的条件（比如，实验设备

---

① 马克思：《政治经济学批判大纲》（草稿）第3分册，第350页。

② 马克思：《资本论》，《马克思恩格斯全集》第25卷，第97页。

③ 列宁：《帝国主义是资本主义的最高阶段》，《列宁选集》第2卷，第842页。

越来越先进)。随着历史的发展，人类继承下来的科学知识越来越多，科学向前发展的基础越来越雄厚，发展的可能性也就越来越大。恩格斯曾经从自然科学本身发展的内在原因方面，揭示了科学加速度发展的规律性。他说："科学的发展则同前一代人遗留下的知识量成比例，因此在最普通的情况下，科学也是按几何级数发展的。"[1] 又说："科学的发展……可以说是与从其出发点起的（时间的）距离的平方成正比的。仿佛要向世界证明：从此以后，对有机物的最高产物即对人的精神起作用的，是一种和无机物的运动规律正好相反的运动规律。"[2] 现代的统计资料完全证实了恩格斯的论断。据统计，全世界科学研究人员和科学研究论文的数目，大约每10年翻一番。在最近10年中，科学技术的发明超过了过去2000年的总和。[3] 第二，由于上述的社会经济、工业和科学的发展等方面的原因，科学技术成就应用到生产的过程也大大加快了。这明显地表现在设备更新速度的增长上。据统计，在最近10年中，在工业发达的资本主义国家，工业部门的技术装备有30%已属过时而被淘汰；在电子工业部门，这个数字甚至高达58%以上。[4] 第三，随着科学技术的发展，科学技术在提高社会生产力方面的作用也愈来愈增长。资本主义的工业已经经历了三次大的技术革命，每次技术革命都是以自然科学理论的巨大发明为先导，以生产工具的变革作为标志的。18世纪的第一次技术革命是

---

① 恩格斯：《政治经济学批判大纲》，《马克思恩格斯全集》第1卷，第621页。

② 恩格斯：《自然辩证法》，《马克思恩格斯全集》第20卷，第363页。

③ 下列化学方面的两个例证也能说明这个问题。

（一）化学文献数的增长情况：

年　代	1907	1917	1927	1937	1947	1957	1967	1977
每年发表的文献（件）	7975	15601	32909	63038	38306	101027	216746	410137

（二）人类认识化合物数的增长情况：

年　代	1880	1910	1920	1950	1960	1970	1975	1976
化合物数目（万）	0.12	21	30	100	150	250	360	375

④ 一项技术发明从研制开始到产品制成经历的时间的缩短，也证明了这一点。据统计，蒸汽机：100年（1680~1780年）；蒸汽机车：34年（1790~1824年）；汽化器内燃机：38年（1845~1883年）；柴油机：19年（1878~1897年）；喷气发动机：14年（1929~1943年）；涡轮喷气发动机：10年（1934~1944年）；汽车：27年（1868~1895年）；飞机：14年（1897~1911年）；水泥：88年（1756~1844年）；钢筋混凝土：47年（1855~1902年）；半导体（晶体管）：66年（1885~1951年）；平面型晶体管：5年（1955~1960年）。（哈根·拜因豪尔、恩斯特·施马克：《展望公元2000年的世界》，北京出版社1978年版，第19页）

以蒸汽机的发明为主要标志的。这是 17 世纪发现的牛顿力学应用的成果。19 世纪的第二次技术革命是以电气化为重要标志的，这是以 19 世纪电磁理论的发现作为先导的。20 世纪第三次技术革命是以原子能的利用、空间科学技术和电子计算机为重要标志的。这是以 19 世纪末和 20 世纪初发现的电子、X 射线、天然放射线以及狭义相对论、量子力学等科学成就为前提的。技术革命每前进一步，科学技术在发展生产力方面的作用就提高一步。就第三次技术革命来看，由于原子能的应用，已经大大地扩大了人类需要的各种能源的来源。据日本原子能产业会议的调查统计，到 1977 年底，全世界的原子能发电站共达 201 座，发电能力已经突破了 1 亿千瓦大关。常规的火力发电站由第一座电站出现到总容量达到 1 亿千瓦用了 100 多年时间；核电站只用了 20 多年。[1]但现在对天然铀的利用，还不到 1%，也就是只能利用天然铀中占 1% 的同位素铀 235。其余 99% 的铀 238 不能使用。如果要利用这 99%，就需要发展快中子增殖堆。预计要到本世纪末，才能把这项技术拿到手。这样，原子能工业就可以大大发展。但更大的一个能源还是利用水中的重氢的聚合变化。把一公升普通水中的重氢利用起来，可以产生相当于几百公升甚至上千公升汽油的能量。这项技术取得成功以后，那将到处是能源。所以说，原子能的利用是一项技术革命。空间技术的应用在提高劳动生产率方面，已经达到了十分惊人的程度！比如，我国调查森林资源，基本上靠人工，效率低，速度慢，20 年还查不完一遍。但资源卫星一天绕地球 18 转，用来普查森林，很快可以完成任务。由于电子计算机的应用，使机器由三个装置（即动力装置、传动装置和工作装置）发展为四个装置（即增加一个自动控制装置），使得生产全盘自动化成为真正的可能。电子计算机的应用不仅可以使得机器代替人们的繁重的体力劳动，而且可以代替人的一部分脑力劳动的功能。这就使得劳动生产率可以几十倍、几百倍甚至几千倍、几万倍地提高。比如：一部标准带钢热轧机，工人直接控制时每周产量 500 吨，采用电子计算机自动控制后，每周产量 5 万吨，产量增长 100 倍。在计算工作方面使用电子计算机，劳动生产率的提高更是惊人的！比如，日本三菱造船公司的千叶造船厂，过去对全厂 4000 名职工进行考

---

[1]《光明日报》1978 年 11 月 30 日第 3 版。

勤和工时统计，每年大约要花费企业管理人员的 3 万个工时，而现在采用电子计算机以后，企业管理人员用于这方面的工时几乎等于零。

自然科学在提高全社会劳动生产率方面作用的增长，更完全地、充分地证明自然科学成为越来越重要的生产力。根据国外的统计资料来看，资本主义国家大机器工业劳动生产率的提高，在 20 世纪初期，有 5%~20% 是靠采用新的科学技术取得的。而到了 20 世纪 70 年代，这个比例就上升到 60%~80%。[1]科学技术在提高农业生产方面的作用也在显著增长。美国在 1929~1972 年期间，农业产量增长的 81%，劳动生产率增长的 71%，都来自科学研究和技术的推广。[2]

上述一切都表明：自然科学成为愈来愈重要的生产力，科学技术人员作为生产劳动者的作用也越来越重要。

科学技术研究工作的社会化、工业化，特别是工业企业的科学化，越来越清楚地表明：科学技术人员是生产劳动者。

这里需要进一步说明的是：随着现代科学技术的发展，科学技术研究工作就由个体劳动转变为社会化的劳动，并开始了工业化的过程。在近代自然科学开始发展的时候，科学研究工作还是一种个体劳动的方式。比如，牛顿发现万有引力，是单个人探索出来的。瓦特发明蒸汽机也只是自己带几个徒弟干出来的。法拉第发明电磁的互相作用也还是由一两个助手协作搞出来的。但到 19 世纪末叶，随着现代科学技术的发展，就产生了大规模的科学技术研究单位。1881 年爱迪生为了满足当时新兴的电力工业的需要，建立了世界上第一个科学技术研究所，拥有 100 多人，包括各种专业的科学家、工程师、技术人员和技术工人，有各种专业需要的实验设备和工业设备。后来这种研究单位甚至达到国家规模（如当前美国的宇宙航空研究）和国际规模（如当前西欧各国联合的高能物理研究）。

在科学技术研究工作社会化的同时，也出现了工业企业科学化的过程。随着垄断组织的出现，这个过程也就出现了。随着垄断组织的发展，这个过程也就得到了进一步的发展，以致垄断公司拥有的科学研究机构

---

① 《光明日报》1978 年 11 月 14 日第 3 版。
② 《人民日报》1979 年 6 月 12 日第 6 版。

达到了空前未有的巨大规模。在这方面，美国通用汽车公司是一个典型的例子。这个公司成立的第二年（即 1900 年）就建立了工业研究实验室。这是美国工业企业从事基础理论研究的第一个研究单位。到 1968 年，这个研究实验室被正式命名为研究与发展中心。1972 年这个公司科学研究总费用超过 8 亿美元。1973 年单是这个研究与发展中心就拥有各类研究工作人员 1700 人，其中物理学博士就有 325 人。在发达的资本主义国家，工业企业科学化是一个普遍的现象，经常有大量的科学技术人员在工业企业中做研究工作，有巨额的科学研究经费投在这一方面。1975 年美国有 70% 的科学家集中在工业生产部门。同年，美国科学研究经费的分配情况是：基础理论研究占 12%，应用研究占 23%，产品研制占 65%。①

科学技术研究工作的社会化、工业化和工业企业科学化，首先是同垄断组织的发展相联系的，是垄断资本追求高额垄断利润的需要。正如列宁所说的："竞争变为垄断。结果，生产的社会化有了巨大的进展。特别是技术发明和改良的过程，也社会化了。"②从工业生产本身来说，随着现代科学技术的发明速度及应用速度的加快，工业生产中的技术问题也愈来愈复杂，工业企业科学研究的任务（特别是应用科学研究的任务）愈来愈繁重，工业生产和科技工作的关系也愈来愈密切。这样，工业企业不仅需要工程技术人员，而且需要科学家参加生产过程。同时，这也是现代科学技术研究工作本身发展的需要。因为这时候的科学技术问题很复杂，要解决问题单靠一个专业不行，需要许多专业的协作，对设备、仪器的需要也是多方面的，因而制造和维护这些设备、仪器也需要各种技术力量。

可见，科学技术工作社会化、工业化，特别是工业企业科学化的进程表明，随着现代资本主义的发展，有愈来愈多的并占有很大比重的科技人员直接参加了生产过程，使得他们越来越明显地表现为生产劳动者。

一般的工程技术人员是生产劳动者

马克思主义政治经济学认为，具有一定的生产经验和劳动技能的劳动者，是生产力诸要素中的能动因素，因为生产工具的制造和使用都有

---

① 《光明日报》1978 年 12 月 1 日第 4 版。

② 列宁：《帝国主义是资本主义的最高阶段》，《列宁选集》第 2 卷，第 748 页。

赖于劳动者。如前所述，在资本主义大机器工业生产的条件下，工程技术人员是作为劳动者的一个重要的组成部分而存在的。他们在劳动者的总数中，现在占的比重还不是很大，但在把作为生产力的自然科学应用于生产方面，在组织生产和提高劳动生产率方面的作用，却是很大的。举凡企业的技术发展规划，新产品、新工艺、新设备、新材料的设计和试制，现有设备的保养、维修和革新，制定合理的工艺流程和技术操作规程，以保证生产过程的正常进行，组织职工的技术教育，等等，都有赖工程技术人员的劳动。所以，工程技术人员是生产劳动者，乃系一目了然的事，是毋庸多言的。

一般的生产管理人员，也是生产劳动者

为了说明这个问题，首先有必要着重地分析一下资本主义企业管理在内容方面的二重性。

马克思在分析资本主义管理劳动时说过："因为它所管理的生产过程本身具有二重性：一方面是制造产品的社会劳动过程，另一方面是资本的价值增殖过程"，因而资本主义管理内容也具有二重性，即一方面是"从共同的劳动过程的性质产生的管理职能"，另一方面是"从这一过程的资本主义性质因而从对抗性质产生的管理职能"。[1]前一方面的管理"是一种生产劳动"，[2]因为"随着许多雇佣工人的协作，资本的指挥发展成为劳动过程本身的进行所必要的条件，成为实际的生产条件。现在，在生产场所不能缺少资本家的命令，就像在战场上不能缺少将军的命令一样"。[3]后一方面的管理，"是剥削社会劳动过程的职能"，[4]因而"属于资本主义生产上的非生产费用"。[5]

这里需要着重指出：资本主义管理内容虽然具有二重性，但就资本主义管理的本质来说，它是资本家榨取雇佣工人的剩余价值的活动，是资本家剥削、压迫工人的活动。因为，第一，资本家对企业的管理，是生产资料的资本主义私有制在经济上的一种表现方式。用马克思的话来

① 马克思：《资本论》，《马克思恩格斯全集》第23卷，第368~369页。
② 马克思：《资本论》，《马克思恩格斯全集》第25卷，第431页。
③ 马克思：《资本论》，《马克思恩格斯全集》第23卷，第367页。
④ 马克思：《资本论》，《马克思恩格斯全集》第23卷，第368页。
⑤ 马克思：《剩余价值理论》，《马克思恩格斯全集》第26卷Ⅲ，第561页。

说，"资本家所以是资本家，并不是因为他是工业的领导人，相反，他所以成为工业的司令官，因为他是资本家。"①第二，由此就决定了资本主义管理生产的唯一目的，是为了获取剩余价值，管理不过是实现这一目的的手段。第三，由此还决定了雇佣工人是在资本家的命令下劳动的。"他们的劳动的联系，在观念上作为资本家的计划，在实践中作为资本家的权威，作为他人意志——他们的活动必须服从这个意志的目的——的权力，而和他们相对立。"所以，资本主义管理"是专制的"。②

可见，在这个问题上，我们既要认清资本主义管理的本质，又要看到资本主义管理内容的二重性。忽视前一方面固然是十分错误的，看不到后一方面也并不符合马克思的原意。

既然资本主义企业中一般的管理人员代替资本家执行了部分的管理职能，那么，一方面他就是为资本家剥削工人服务的，另一方面又执行了生产劳动的职能。就他们承担了后一方面的职能来说，他们也是生产劳动者。

总结以上的分析，我们可以清楚地看到：资本主义企业中一般的科学技术人员、工程技术人员和生产管理人员，都是生产劳动者。现在我们引证马克思的话做一个概括。他说："进行生产劳动的劳动者，是生产劳动者。"③"生产劳动就是一切加入**商品**生产的劳动（这里所说的生产，包括商品从首要生产者到消费者所必须经过的一切行为），不管这个劳动是体力劳动还是非体力劳动（科学方面的劳动）。"④"自然，所有以这种或那种方式参加商品生产的人，从真正的工人到（有别于资本家的）经理、工程师，都属于生产劳动者的范围。"⑤

（四）驳"四人帮"对资本主义企业中一般的技术人员和管理人员阶级性质的歪曲

"四人帮"帮书把资本主义企业中一般的技术人员、管理人员和工人的关系说成是"阶级对立关系"。⑥这样，"四人帮"的舆论工具就把资本主

---

① 马克思：《资本论》，《马克思恩格斯全集》第 23 卷，第 369 页。
② 马克思：《资本论》，《马克思恩格斯全集》第 23 卷，第 368~369 页。
③ 马克思：《直接生产过程的结果》，人民出版社 1964 年版，第 106 页。着重点是原有的。
④ 马克思：《剩余价值理论》，《马克思恩格斯全集》第 26 卷Ⅲ，第 476 页。
⑤ 马克思：《剩余价值理论》，《马克思恩格斯全集》第 26 卷Ⅰ，第 147 页。
⑥ 原上海市委写作组编：《社会主义政治经济学》，1976 年版，第 71 页。

义企业中一般的技术人员和管理人员从生产劳动者歪曲为剥削者，从雇佣劳动者歪曲为资本家。

　　"四人帮"的这个谬论，完全背弃了马克思主义的理论。为了弄清这一点，必须完整地把握马克思关于资本主义的生产劳动的理论。

　　马克思在《资本论》第一卷第五章最初对劳动过程的考察，是抽象了劳动过程的各种历史形式的，只是作为人和自然之间的过程来考察的。马克思在这个限度内给生产劳动下了定义："如果整个过程从其结果的角度，从产品的角度加以考察，那么劳动资料和劳动对象表现为生产资料，劳动本身则表现为生产劳动。"①如果只是片面地理解马克思关于生产劳动的这个定义，那就不容易看清资本主义企业一般的技术人员和管理人员作为生产劳动者的性质。但马克思同时指出："这个从简单劳动过程的观点得出的生产劳动的定义，对于资本主义生产过程是绝对不够的。"②如果把资本主义生产社会化这个历史形式列入考察的范围，这种不够主要表现在两个方面：第一，在劳动过程由个人的劳动过程转变为社会化的劳动过程以后，"产品从个体生产者的直接产品转化为社会产品，转化为总体工人即结合劳动人员的共同产品。总体工人的各个成员较直接地或者较间接地作用于劳动对象。"③他们以极不同的方式参加产品的形成过程："有的人多用手工作，有的人多用脑工作，有的人做管理者、工程师、工艺师等等的工作，有的人做监督者的工作，有的人做直接手工劳动者的工作或者做十分简单的粗工，于是劳动能力的愈来愈多的职能被列在生产劳动的直接概念下，这种劳动能力的担负者也被列在生产劳动者的概念下。"④可见，尽管资本主义企业一般的技术人员、管理人员同工人的劳动分工不同，但他也参加商品的使用价值的生产，因而成为生产劳动者。第二，"资本主义生产不仅是商品的生产，它实质上是剩余价值的生产"。因此，工人只是生产产品是不够的，他必须为资本家生产剩余价值，"才是生产工人"。⑤资本主义企业的一般的技术人员和管理人员，虽然从事脑力劳动，但也参加了剩余价值的生产。马克思在讲到资本主义生产方式

① 马克思：《资本论》，《马克思恩格斯全集》第23卷，第205页。
② 马克思：《资本论》，《马克思恩格斯全集》第23卷，第205页，注（7）。
③⑤ 马克思：《资本论》，《马克思恩格斯全集》第23卷，第556页。
④ 马克思：《直接生产过程的结果》，第106页。着重点是原有的。

必然使得生产领域内的脑力劳动和体力劳动发生分离以后，接着指出："但是，这一点并不妨碍物质产品是所有这些人的**共同劳动的产品**……另一方面，这一分离也丝毫不妨碍：这些人中的每一个人对资本的关系是雇佣劳动者的关系，是在这个特定意义上的**生产工人**的关系。所有这些人不仅**直接**从事物质财富的生产，并且用自己的劳动**直接**同作为资本的货币交换，因而不仅把自己的工资再生产出来，并且还直接为资本家创造剩余价值。"①这样，马克思不仅从劳动过程的观点，而且从价值增殖过程的观点，因而从完整的资本主义商品生产过程的观点，论证了资本主义生产过程中的脑力劳动者（包括一般的技术人员和管理人员）也是生产劳动者，也是雇佣劳动者。

"四人帮"常把自己的谬论吹嘘为马克思主义的发展。但是，在实际上，他们的理论不仅对马克思主义来说是一种反动，而且对资产阶级古典政治经济学来说也是倒退了。英国古典经济学创始人亚当·斯密在正确地把资本的利润归结为无偿地占有雇佣工人的剩余劳动以后，批判了那种把资本的利润看做管理劳动工资的错误观点。②马克思肯定了亚当·斯密的这个批判。他说：亚当·斯密正确地指出了"人们把资本家和他的经理混同起来了"。③马克思还肯定了亚当·斯密的正面论述："亚当·斯密自然把直接耗费在物质生产中的各类脑力劳动，算作'固定和物化在可以出卖或交换的商品中'的劳动。斯密在这里不仅指直接的手工工人或机器工人的劳动，而且指监工、工程师、经理、伙计等等的劳动，总之，指在一定物质生产领域内为生产某一商品所需要的一切人员的劳动，这些人员的共同劳动（协作）是制造商品所必需的。"④

可见，"四人帮"虽然处于 20 世纪的后半期，但他们的理论观点却根本无法同处于 18 世纪后半期的亚当·斯密相比。这并不奇怪，亚当·斯密是作为处于上升时期的英国资产阶级的思想代表，因而在理论上是可以有所建树的，而且确实做出了重大的贡献，以至成为资产阶级的古典的政治经济学的创始人。而"四人帮"不过是处于灭亡过程中的中国地

---

① 马克思：《剩余价值理论》，《马克思恩格斯全集》第 26 卷 I，第 444 页。
② 亚当·斯密：《国民财富的性质和原因的研究》上卷第一篇第六章，商务印书馆 1972 年版。
③ 马克思：《剩余价值理论》，《马克思恩格斯全集》第 26 卷 III，第 550 页。
④ 马克思：《剩余价值理论》，《马克思恩格斯全集》第 26 卷 III，第 155~156 页。

主资产阶级的政治代表。这种阶级地位决定了他们在理论上不可能有什么创造，而只是提出一些荒诞不经、反动透顶的修正主义谬论。

"四人帮"歪曲一般的技术人员和管理人员的阶级性质，其目的不仅要把资本主义企业一般的技术人员和管理人员推到资产阶级那一面去，以孤立无产阶级，而且为了"论证"社会主义企业中技术人员和生产管理人员也是资产阶级，从而把他们和工人的关系说成是阶级对立关系。所以，我们要说明社会主义企业中的技术人员、生产管理人员和工人的关系是生产劳动者之间的社会主义互助合作关系，首先就必须澄清这些谬论。

（五）资本主义企业中一般的科学技术人员、工程技术人员、生产管理人员和工人在经济上并不存在对抗，但在思想上却有着某种对抗

如前所述，资本主义企业中一般的科学技术人员、工程技术人员和生产管理人员是生产劳动者，是雇佣劳动者。因而，他们同工人的关系，是生产劳动者之间的关系，是雇佣劳动者之间的关系。他们的经济地位同工人是相同的，同属于雇佣劳动者阶级。所以，他们和工人在经济上并不存在对抗。当然，在资本主义条件下，他们的生活水准通常都是资产阶级式的。但生活水准的高低并不是阶级区分的基本标志。"阶级差别的基本标志，就是它们在社会生产中所处的地位，因而也就是它们对生产资料的关系。占有这部分或那部分社会生产资料，把它们用于私人的经济，用于出卖产品的经济，——这就是现代社会中的一个阶级（资产阶级）同没有生产资料、出卖自己劳动力的无产阶级的基本不同点。"① 就这个基本标志来看，资本主义企业中一般的科学技术人员、工程技术人员和生产管理人员同工人都属于无产阶级，都同资产阶级处于相对立的阶级地位。

但在思想上，他们同工人之间存在着某种对抗。② 因为"作为现代资本主义社会中特殊阶层的知识分子，他们的特点，一般和整个说来，正

---

① 列宁：《社会革命党人所复活的庸俗社会主义和民粹主义》，《列宁全集》第6卷，第233页。
② 当考茨基还坚持马克思主义的时候，他对资本主义条件下一般的知识分子做过这样完整的分析："知识分子和无产阶级在经济上是没有什么对抗的。"但是他们在思想上也有"某种对抗"。列宁充分肯定了这个论断，认为是"对于这种知识分子软弱性所做的精辟的社会心理学的估计"（参见列宁：《进一步，退两步》，《列宁全集》第7卷，第315~316页）。

是个人主义和不能接受纪律性和组织性"。"知识分子的这种特性是同他们通常的生活条件，同他们在很多方面接近于小资产阶级生存条件的谋生条件（单独工作或者在很小的集体里工作等等）有密切联系的。"①

基于上述两方面的分析，列宁做出了这样的结论：在资本主义社会条件下，"知识分子在各个阶级中间占有特殊的地位，就他们的关系、观点②等等来说他们是依附资产阶级的，这是一方面；另一方面，由于资本主义逐渐剥夺他们的独立地位，把他们变成寄人篱下的雇佣者，使他们受到降低生活水平的威胁，因此他们又依附雇佣工人"。③列宁提出的这个原理具有重要的意义，它是资本主义国家无产阶级政党的知识分子政策的理论基础。

（六）资本主义制度下脑力劳动和体力劳动对立的加深

我们在前面考察了资本主义条件下脑力劳动与体力劳动分工的一个方面，即在资本主义生产过程中，在雇佣劳动者内部，从事脑力劳动的一般的科学技术人员、工程技术人员、生产管理人员和从事体力劳动的工人之间的分工，现在我们考察这种分工的另一个方面，即从事脑力劳动的资产阶级和从事体力劳动的工人之间的对立加深。

从事脑力劳动的资产阶级与从事体力劳动的工人之间对立的基础，是前者对后者的剥削。随着资本主义的发展，这种剥削在加重，其对立也在加深。马克思在讲到资本主义生产方式的本质时曾经强调指出："生产剩余价值或赚钱，是这个生产方式的绝对规律。"④这样，作为资本人格化的资本家，"具有绝对的致富欲"。⑤在这方面，资本家和奴隶主、封建主是有区别的。因为在奴隶社会和封建社会内，占统治地位的不是为交换而生产的商品经济，而是自给自足的自然经济，"不是产品的交换价值，而是产品的使用价值，剩余劳动就受到或大或小的需求范围的限制，而生产本身的性质就不会造成对剩余劳动的无限制的需求"。⑥资本主

---

① 列宁：《进一步，退两步》，《列宁全集》第7卷，第256页。
② 列宁这里所说的"关系"，是指在资本主义社会中，知识分子一般是为资产阶级服务的；这里所说的"观点"，是指在这种社会条件下，知识分子的世界观一般都是资产阶级的。
③ 列宁：《书评》，《列宁全集》第4卷，第177~178页。
④ 马克思：《资本论》，《马克思恩格斯全集》第23卷，第679页。
⑤ 马克思：《资本论》，《马克思恩格斯全集》第23卷，第649页。
⑥ 马克思：《资本论》，《马克思恩格斯全集》第23卷，第263页。

义经济则不同，占统治地位的不是自然经济，而是商品经济，是商品价值和剩余价值的生产，因而资本家在追求剩余价值方面，就获得了无限制冲动。与资本主义商品生产相联系的另一个重要特点，就是"竞争使资本主义生产方式的内在规律作为外在的强制规律支配着每一个资本家。竞争迫使资本家不断扩大自己的资本来维持自己的资本，而他扩大资本只能靠累进的积累"。① 否则，不仅获得的利润不能增长，而且有破产的危险。而资本主义社会生产力的发展，特别是科学技术的发展和应用以及大机器工业的发展，又为剩余价值率不断的大幅度的提高，提供了强有力的杠杆。因为"商品的价值与劳动生产力成反比。劳动力的价值也是这样，因为它是由商品价值决定的。相反，相对剩余价值与劳动生产力成正比。它随着生产力提高而提高，随着生产力降低而降低"。② 这样，随着资本主义社会劳动生产率的增长，相对剩余价值会提高，剩余价值率也会提高。

资本主义经济发展的历史充分地证明了这一点。

美国劳动人民收入在美国国民收入中所占的比重，1900 年为 59.7%，1910 年为 54.3%，1929 年为 53.5%，1940 年为 48.8%，1953 年为 46.2%，1956 年为 45.9%。劳动人民的收入在国民收入中的比重的下降，反映了剩余价值率的提高。因为它意味着资产阶级获得的收入在国民收入中的比重在上升，而剩余价值率就是剩余价值与劳动力价值之比；分子上升，分母下降，剩余价值率必然提高。另一个材料还直接表明了这一点。美国工业部门的剩余价值率 1898 年为 145%，到 1952 年就上升到 302%。③ 1960 年美国制造业纳税前利润额为 275 亿美元，1969 年增加到 581 亿美元，增加了 110.3%；在同一期间，制造业平均周工资分别为 89.72 美元和 129.51 美元，只增长了 44.3%。④ 这也明显地表示了剥削率的提高。

日本的情况也是如此。据统计，1930 年日本工业部门的剩余价值率平均为 182%，1935 年为 302%，1945 年为 316%，1955 年为 324%。⑤ 1960

① 马克思：《资本论》，《马克思恩格斯全集》第 23 卷，第 649~650 页。
② 马克思：《资本论》，《马克思恩格斯全集》第 23 卷，第 355 页。
③ 然明主编：《外国经济》，三联书店 1965 年版，第 288 页。
④《世界经济统计简编》，三联书店 1974 年版，第 471 页。
⑤《战后日本经济的畸形发展》，商务印书馆 1973 年版，第 71 页。

年日本制造业纳税前利润额为 8892 亿日元，到 1969 年增加到 36071 亿日元，增长了 305.8%；在同一期间，日本制造业平均月工资分别为 22630 日元和 61755 日元，只增长了 173%。[①]

可见，资本主义发展的客观事实表明：随着资本主义经济的发展，资本对劳动的剥削加重了，他们之间的对立加深了。

这里有两个问题是必须分清的：第一，随着资本主义的发展，工人的物质生活是有提高的，特别是第二次世界大战后的某些年代，工人的物质生活还有比较明显的提高。这同从事脑力劳动的资产阶级与从事体力劳动的工人的对立加深，是否有矛盾呢？没有。因为，资本主义社会生产力的发展，特别是第二次世界大战以后，由于现代科学技术的发展和应用，由于自动化机器体系的发展，使得劳动生产率大大提高，单位时间内生产的使用价值量大大增加，而单位产品的价值量又显著降低。这样，一个较多的生活资料量，可以代表一个较小的价值量。在这种情况下，即使工人的物质生活有了显著的提高，资本家获得的剩余价值在国民收入中的比重仍有可能提高，工人得到的工资在国民收入中的比重仍有可能下降。为了说清这一点，我们可以举一个例子。假定原来某工厂工人的必要劳动为 4 小时，劳动力价值（工资）为 4 元，表现为工人维持劳动力再生产所需要的生活资料量为 4 个单位，剩余劳动为 4 小时，资本家得到的剩余价值为 4 元。这样，剩余价值率就是 100%。假定后来社会劳动生产率提高了两倍，又假定随着社会生产力的发展，工人维持劳动力再生产需要的生活资料量也增加一倍。这样，必要劳动只要 2 小时，劳动力价值（工资）为 2 元，[②]表现为生活资料量是 8 个单位，剩余劳动为 6 小时，剩余价值为 6 元。因而，剩余价值率就从原来的 100% 提高到 300%。可见，在社会劳动生产率提高的条件下，在某种程度内，剩余价值率的提高和工人物质生活水平的提高，是可以相容的。

第二，如前所述，随着资本主义的发展，工人的文化水平也是提高的。这同脑力劳动与体力劳动对立的加深，是否相矛盾呢？也不是的，因为工人文化水平的提高，同脑力劳动与体力劳动对立的加深是两件不

[①]《世界经济统计简编》，三联书店 1974 年版，第 471 页。

[②] 为了简单起见，我们在这里抽象了资本主义经济中实际存在的通货膨胀等因素。

同的事，是两个不同的概念，后者表示从事脑力劳动的资产阶级对从事体力劳动的无产阶级剥削的加深。二者不仅是可以相容的，而且工人文化水平的提高，正是剩余价值率增长，从而是资本对劳动剥削加重的一个重要条件。事情很清楚，在现代化生产的条件下，工人文化水平的提高，正是现代化生产得以进行、劳动生产率得以提高的一个重要因素。

第五章 社会主义生产中脑力劳动者和体力劳动者的关系，是生产劳动者之间的关系

一、科学技术人员、工程技术人员与体力劳动者的关系，是生产劳动者之间的关系

(一) 社会主义生产中科学技术人员和工程技术人员是生产劳动者

如前所述，要说明社会主义物质生产领域中脑力劳动者和体力劳动者的关系是社会主义互助合作关系，首先需要说明他们是生产劳动者之间的关系。为了说明这种生产劳动者之间的关系，我们采用了历史的考察方法，分析了脑力劳动与体力劳动分工的历史发展，着重地用了大量篇幅阐明资本主义企业中一般的科学技术人员、工程技术人员和生产管理人员是生产劳动者。在做了这种考察之后，现在我们再来分析社会主义生产中脑力劳动者和体力劳动者的关系是生产劳动者之间的关系。社会主义生产中的脑力劳动者主要也是由科学技术人员、工程技术人员和生产管理人员组成的。他们成为生产劳动者，都是因为他们从事的是生产劳动。但在具体原因上又是有区别的。因而有必要分别地给以说明。我们先来分析科学技术人员、工程技术人员和体力劳动者的关系是生产劳动者之间的关系。

要说明科学技术人员、工程技术人员、生产管理人员和体力劳动者

的关系是生产劳动者之间的关系，关键在于说明前者是生产劳动者，后者作为生产劳动者是不说自明的。所以我们分析这个问题时，就是分别地说明科学技术人员、工程技术人员和生产管理人员是生产劳动者。

我们在前面详细地说明了自然科学是生产力；发明、创造自然科学，并把自然科学运用于生产的劳动是生产劳动；承担这种社会职能的劳动者（包括科学技术人员和工程技术人员）是生产劳动者。这个一般的道理对于社会主义社会自然也是适用的。所以，从一般意义上说，我们论证资本主义企业中一般的科学技术人员和工程技术人员是生产劳动者，也就是说明社会主义生产中科学技术人员和工程技术人员是生产劳动者。因而，对于这个问题，在理论上不需要再说什么了。这里我们以我国工业战线上的一面红旗——大庆作为典型事例做些具体说明。

大庆的科技组织分为两个部分：一是研究院、研究所等专业科研机构；二是各大队、小队群众性革新组。目前大庆有两个科研设计院、20多个研究所。这些研究院、所同大队、小队的革新组结合起来，构成了四级科技网。大庆拥有一支 11000 多人的专群结合的科技大军，其中专业科技人员有 6000 多人。

大庆的实践充分证明：自然科学是"知识形态上"的生产力，把它应用于生产中，就会变成"直接的生产力"。像大庆这样的现代化企业的生产，是多种现代技术的综合应用。在大庆，作为劳动对象的原油，储藏在千米以下的地层，这样，石油的勘探，就要运用重力、磁力、地震、浅钻、深钻等技术，来探索地下的奥秘。石油的开采要运用现代化的钻采、油气集输等项工艺技术。石油的炼制更是由一系列现代化的装置来完成的。大庆的整个生产过程，就是成百上千种现代技术的综合应用。大庆这一整套技术，都是以认识和运用自然规律的知识体系——自然科学为依据的。比如，快速钻井技术中钻头的设计和制造，就是几何学、材料力学、焊接工艺学等诸种自然科学知识的应用。在比较复杂的新技术中，涉及的自然科学的门类就更为广泛。

这些事例表明：自然科学转变为大庆生产中的技术，就成为直接的生产力。这一点，在大庆还表现为：科学研究的过程就是新技术孕育、萌芽、形成和发展的过程。在大庆，这个过程大体可以分为两方面：一方面是为了解决妨碍生产发展的某项技术问题，提出一种或几种改革办法，为了验证这种办法是否有效，在某种自然科学的指导下，从理论上进行论证和验证，并采用一定的实验手段，进行实验室实验或现场实验。在实验过程中不断加以改进，最后达到对现有技术的革新。在大庆，这方面的科研活动，是结合着挖潜、革新和改造一起进行的。另一方面是随着生产和技术的不断提高，根据原有的自然科学理论提出的技术方案就会逐步接近于发展的极限。为了求得新的突破，就需要进行大量的理论研究和实验工作，以便形成新的理论，然后在新理论的指导下，开辟新的技术途径。这方面的科研活动，在大庆主要是根据改造老油田和开发新油田的需要，由专业的科研机构，运用专门的现代化的科学试验手段，进行较长时间的探索。

　　与上述两个方面的过程相适应，在大庆形成了两类科研活动。前一种侧重于技术性的研究，如油田钻探中的快速钻井技术的研究，油田开发中采油工艺和工具的研究，油气集输流程的研究，等等。后一种侧重于理论性的研究，主要是油田基础理论，诸如正在逐步完善的陆相生油、微观沉积学、油田渗流力学、油田化学和多次开采理论，以及准备开辟的数学地质、岩石力学、钻井工程学、低温热力学等新领域的理论研究。

　　由此可见，自然科学是生产技术的前导。没有一定的科研活动作基础，生产技术上就不可能有重大的提高，生产力也难以有大的发展。

　　也正是由于自然科学是生产力，因而大庆油田发展过程的一个极为重要的方面，就是加强科学研究，大搞科学实验，把科研成果迅速变为新技术，从而促进生产建设高速度发展的过程。在会战初期勘探阶段，大庆抓住提高钻井速度这个重要问题，组织科研攻关，大大提高了钻井速度。会战前，一个钻井队，最快也只是一个月打井 1000 米，一年打井 10000 米。但由于通过科研实验，革新了钻头和钻井工艺，一二〇二钻井队在会战初期用 9 个半月的时间，就打井 31700 多米，超过了当时苏联"功勋"钻井队 11 个半月打井 31300 多米的纪录。随后，许多钻井队达到一天打井 1000 米、一月打井 10000 米的水平。[①] 在油田进入开发阶段，大庆又抓住搞清油层和注水开发设计中的关键问题，组织科研试验，创造了"早期内部注水，保持油层压力"的开发办法，为油田长期稳产高产

---

① 《工业战线的鲜艳红旗》，人民出版社 1977 年版，第 98 页。

迈开了第一步。在油田进入含水采油阶段，又抓住分层注水、分层采油、分层改造等主要问题，组织研究试验，提出了一套分层开采的新工艺、新技术。这样，就解决了油井出水后的减产问题，进一步实现了稳产高产。

这是从大庆生产建设发展的各个阶段来看的。现在我们再从大庆生产建设的总成果来考察科学技术在促进大庆生产建设方面的作用。大庆开发17年来，原油产量以每年平均递增28%的速度持续发展。工业总产值1976年等于1965年的4.4倍。每吨原油生产成本1976年比1965年下降了50%。财政上缴1976年等于1965年的4倍；17年累计财政上缴等于国家给大庆总投资的14.3倍。全员劳动生产率1976年比1965年提高79.4%。[①]大庆生产建设上的巨大成就，同他们大力开展科学研究，并在科研方面取得重大成绩是分不开的。18年来，大庆先后取得科学技术成果有31800多项，重大的有780多项，其中，综合区域勘探新方法，旋回对比、分级控制研究油层新方法，油砂体理论，早期内部注水开发方案，六分四清采油新工艺，三高原油集输新流程，油气计量技术，优质快速钻井新技术，石油化工新技术等50多项已经达到或超过世界先进水平。

总之，大庆的实践告诉我们：自然科学是生产力，发明、创造自然科学，并把它应用到生产上面的劳动，是生产劳动；承担这种社会职能的科学技术人员和工程技术人员，是生产劳动者。

（二）在社会主义制度下，科学技术人员和工程技术人员作为生产劳动者的面貌，表现得更为明显

我们在前面只是从一般意义上论述了社会主义企业中科学技术人员和工程技术人员是生产劳动者，而没有涉及社会主义制度的特点。现在我们把这些特点引进来加以考察。这种考察会使我们看到：在社会主义制度下，科学技术人员和工程技术人员作为生产劳动者的面貌表现得更为明显。

因为第一，在资本主义制度下，科学技术人员和工程技术人员都是为资本主义生产服务的。在社会主义现阶段，还存在着阶级斗争，因而在科学技术人员和工程技术人员面前总还存在着一个为谁服务的问题。

---

① 《工业战线的鲜艳红旗》，人民出版社1977年版，第17页。

但在社会主义制度下，资本主义的经济基础已经被消灭，社会主义经济基础已经建立起来，因而科学技术人员和工程技术人员中的绝大多数人都是要为社会主义生产服务的。在社会主义制度下，科学技术已经不是资产阶级用来加重剥削工人、农民的工具，而是全体劳动人民的共同财富。

第二，在资本主义制度下，科学技术人员和工程技术人员的世界观一般都是资产阶级的。在无产阶级夺取政权以后不久，旧社会留下的科学技术人员和工程技术人员还占多数，他们当中多数人的世界观也是资产阶级的。在这方面，他们同工农劳动群众还存在着差别。但随着社会主义建设的发展，无产阶级自己培养的科学技术人员和工程技术人员占的比重越来越大。老的科学技术人员和工程技术人员的世界观也在逐步得到改造。在社会主义制度下，无产阶级不仅通过教育培养科学技术人员和工程技术人员，而且直接从优秀的工农群众中选拔科学技术人员和工程技术人员。因而，科学技术人员、工程技术人员和工人、农民在世界观方面的差别越来越小，越来越不重要。应该说明的是：资本主义企业中，一般的科学技术人员和工程技术人员的世界观是资产阶级的，并且是为资产阶级服务的，这两点都不改变他们本身作为生产劳动者的性质，但往往使得人们不容易看清这种性质。在社会主义制度下，既然不存在这两种情况，人们也就比较容易看清这一点。

第三，在资本主义制度下，科学技术是生产力。在社会主义制度下也是如此。1963 年，毛泽东同志指出，要打科学技术这一仗，不打这一仗，生产力无法提高。[①]但事情还不只是这样。尽管目前我国的科学技术水平还远远落后于发达的资本主义国家，但从长期的发展趋势来看，社会主义制度必将越来越明显地表现为发展现代科学技术的旗手。因为资本主义私有制同现代科学技术社会化的矛盾越来越尖锐；资本家也只是在现代科学技术能够预示最大限度利润的时候，他们才会采用现代科学技术，否则他们就会阻碍现代科学技术的发展。社会主义公有制的建立，排除了科学技术发展上的这种障碍，因而社会主义国家的科学技术的发展速度，必将大大超过资本主义国家。恩格斯早就预言：在社会主义和共产主义"这个新的历史时期中，人们自身以及他们的活动的一切方面，

---

① 转引自方毅同志：《在全国科学大会上的报告》，《全国科学大会文件》，人民出版社 1978 年版，第 35 页。

包括自然科学在内，都将突飞猛进，使已往一切都大大地相形见绌。"①恩格斯的这个预言，已经和正在成为现实。

既然社会主义生产中科学技术人员和工程技术人员是生产劳动者，那么，他们同体力劳动者的关系，就是生产劳动者的关系。

二、生产管理人员和体力劳动者的关系，　也是生产劳动者之间的关系

（一）理论的分析

我们在前面依据马克思关于管理劳动是生产劳动的一般原理，得出了资本主义企业中一般的管理人员是生产劳动者的结论。这个一般原理对于社会主义企业的生产管理人员当然也是适用的。但在前面我们对这个一般原理并未展开分析。在这里我们做些具体说明。管理的生产劳动的性质表现在下面几个方面：

第一，合理地组织生产力的各个要素和再生产的各个环节，保证生产的正常的、持续的进行。

现代化的企业与手工业企业不同，它是一个既有严密分工，又有高度协作的复杂的生产体系。这种生产体系是由许多生产车间组成的，是由大量的工人和工程技术人员在一起劳动的。在现代化企业中，还拥有复杂的技术装备。根据他们在生产中的作用，一般可分为工具机、动力机和传动机。随着电子计算机在生产上的应用，还出现了自动控制机。这就形成了有组织的机器体系。"在有组织的机器体系中，各局部机器之间不断地交接工作，也在各局部机器的数目、规模和速度之间造成一定的比例。"②这样，生产过程各部分之间的联系也表现为各个局部机器设备之间的联系。这种联系摆脱了人身自然条件的限制，它的连续性、严密性和精确性，不仅是手工业企业无法比拟的，而且也是那些机械化水平较低的企业望尘莫及的。要使得这种复杂的生产体系能够正常地持续地进行生产，要使这种复杂的机器体系能够正常地持续地运转，就必须合

① 恩格斯：《自然辩证法》，《马克思恩格斯全集》第 20 卷，第 375 页。
② 马克思：《资本论》，《马克思恩格斯全集》第 23 卷，第 418 页。

理地组织生产力的各个要素（包括处理好人和物的关系以及物和物的关系），就必须有较高水平的管理劳动来加以保证。

现代的大企业另一个重要特点，就是专业化协作得到了高度的发展。随着专业化协作的发展，企业在组织供、产、销方面的作用也就显得更加重要了。因为专业化程度越高，越是在原料、材料、燃料、动力、设备、工具等的供应上，依赖于其他企业，同时，本企业产品销售对象和服务对象也越来越多，越来越广泛。

这样，我们可以看到：在现代化的企业中，通过管理劳动，一方面把生产力的各个要素合理地组织起来，使得各部分劳动者和各个生产环节能够有秩序地、有节奏地工作；另一方面又把本企业的供、产、销活动和社会上其他单位的经济活动衔接起来，使得企业的生产、交换、分配和消费过程能够协调起来，从而保证企业生产能够正常地不断地进行下去。而且，各个企业的生产是互相联系、互为条件的，又都是在国家的计划统一指导下进行的。从这种相互联结的意义上来说，企业的管理劳动就不仅是本企业生产得以连续进行的必要条件，而且是社会上各个企业的生产得以连续进行的必要条件。

第二，保护着生产力的各个要素，并不断提高它们的水平。

随着现代化生产的发展，高空、高温、井下、水下、野外等有害人身健康和安全的作业日益增多。但同时又为劳动保护提供了越来越好的物质条件。这样，企业管理在保护劳动力方面起着越来越重要的作用。

现代化生产的发展，使得企业管理在提高劳动者文化技术水平方面的作用也大大增长了。在迅速发展的现代化生产面前，单靠学校来培养技术力量，往往是不能满足生产需要的。这个矛盾在我国目前暴露得更加尖锐。我国目前的情况是：一方面，面临着加速实现四个现代化的任务，需要大量的科学技术人员、工程技术人员和各种技术力量；另一方面，由于种种原因，特别是由于林彪、"四人帮"的破坏，科学、文化、教育事业受到了严重的摧残，学校培养的人才一时更加难以满足生产上的需要。现在每年毕业的大学生，在数量上和质量上都不能满足社会生产的需要。就质量上不能满足需要来说，不仅表现在大学毕业生方面，而且表现在中学毕业生方面。这不仅是因为林彪、"四人帮"对整个教育事业进行了严重的破坏，教学质量显著下降，而且因为他们破坏了中等教育结构。就山东省的情况来看，在 20 世纪 60 年代中期以前，在发展中等教育方面，注意了普通教育和专业教育的适当比例。中等学校在校学生中，普通中学学生占 57%；农业中学学生约占 31%；各类中等专业学校、技工学校学生约占 11%。但在 60 年代中期以后，由于林彪、"四人帮"的破坏，农业中学所剩无几，中等专业学校、技工学校大批被解散，中等教育结构基本上成了单一的普通教育。致使普通中学学生占中等学校在校学生的 97% 以上，中等专业学校和技工学校的学生只占 1.6%，农业中学的学生只占 1.2%。①这就造成了中等教育结构内部比例关系的严重失调，造成了中等教育和社会生产需要的尖锐矛盾。就是说，一方面，中等教育毕业的学生，大部分是普通中学的，中等专业学校的很少；另一方面，大部分中等学校的学生又要参加社会劳动，升入高等学校的只占一小部分。就 1979 年的情况来看，高等学校的招生数，只相当于应届高中毕业生的 4%，至少有 96% 的高中毕业生不能升学。②这样，中等学校毕业的学生就因缺乏必要的专业知识和技能，而不能适应社会生产的需要。

这样，为了满足生产上的需要，当前尤其需要企业抓紧发展职工技术教育。大庆油田共办有中专班 40 个，1600 多人参加学习；大专班 26 个，1100 多人参加学习；技术班 1826 个，75300 多人参加学习；短训班 890 个，15200 多人参加学习；七·二一大学 30 所，在校学生 960 多人。这样，就使广大职工为加速实现现代化而普遍得到学习科学技术的机会，保证在现代化面前做到"三个跟得上"：一是领导跟得上，成为善于领导现代化的指挥员；二是技术人员跟得上，精通现代化业务，组织队伍向科学堡垒冲锋陷阵；三是广大工人跟得上，能操作复杂的现代化机器。③

这里需要着重指出：由于自然科学这种"知识形态上"的生产力愈来愈迅速地、愈来愈广泛地转变为"直接的生产力"，生产技术日新月异，新生产工艺层出不穷，生产设备不断更新。这样，即使是对经过学校培养已经掌握了现代科学技术的人来说，他的原有知识也会"老化"。如果他不在工作以后继续学习各种新的科学技术知识，那么，他就不能适应技术日益发展的需要。这个趋势在工业发达的国家已经明显地表现

①《光明日报》1979 年 6 月 13 日第 1 版。
②《光明日报》1979 年 7 月 18 日第 1 版。
③《光明日报》1978 年 12 月 5 日第 3 版。

出来。据美国工程教育协会估计，1965 年毕业的大学生所学的知识，五年后陈旧 50%，十年后陈旧 70%。1976 年大学毕业生在校所学的知识，到 1980 年将有一半陈旧过时，到 1986 年将完全陈旧。因此在发达的资本主义国家，垄断组织为了通过提高劳动生产率来提高剩余价值率，也十分重视对职工的继续教育。在美国，有的垄断组织用在职工身上的科研和发展费用，每人平均达到数千美元。例如，1976 年美国电讯工业的通讯卫星公司平均每一职工花费的研究和发展费为 5662 美元，仪器仪表工业中的波拉罗艾德公司为 5348 美元。据日本调查，有一半企业设置了对职工的教育训练机构，在电气行业中比重更高。根据 1973 年的资料，有 3/4 的电气行业实行了继续教育，其中 46% 的企业教育规模达到包括全体职工。社会主义制度是根本区别于资本主义制度的。但由生产技术的发展而引起的在工作以后继续学习的必要性，是有相同之处的。这个趋势现在在我国还表现得不很明显。但随着生产现代化的发展，它必将日益明显地暴露出来。因此，随着现代化生产的发展，企业在发展职工科学技术教育、提高劳动者的科学技术水平方面的作用，将越来越显得重要。

在现代化的企业中，还有大量的技术复杂的设备需要保养和维修；为了发展生产的需要，对原有的技术装备必须进行技术革新和技术革命，以提高原有机器设备的生产效率，并创造出效能更高的技术装备。在这方面，企业管理也起着重要的作用。

第三，使得生产力的各个要素得到最充分、最节约的使用。

我们可以假定：两个企业的工人人数、技术等级和劳动日长度都是相等的，但由于企业管理水平不同，他们的劳动出勤率、工时利用率和劳动强度都是不等的，因而对社会提供的劳动量是有差别的。这对各个技术等级的工人来说都是如此，因而这里不仅有劳动数量的差别，而且有劳动质量的差别。管理水平的差别不仅使得他们实际支付的劳动有差别，而且使得他们向社会提供的有效劳动有差别。就是说，那些经营管理水平高的企业，有效劳动多些，无效劳动少些；而那些经营管理水平低的企业，无效劳动多些，有效劳动少些。

由于企业管理水平的不同，企业在充分发挥生产资料的效能方面，在节约使用生产资料方面也是有很大差别的。

第四，形成新的生产力的必要条件。

马克思在讲到简单协作的时候说过："这里的问题不仅是通过协作提高了个人生产力，而且是创造了一种生产力，这种生产力本身必然是集体力。"这是"由于许多力量融合为一个总的力量而产生的新力量"。①现代化的企业是一个复杂的生产体系，并使用着复杂的机器体系，又是以高度发展的专业化的协作作为前提的。在这里由协作而产生的新的生产力，是简单协作产生的新的生产力根本无法比拟的。但这种强大的新的生产力，是以企业管理作为前提的。没有企业组织生产的活动，这种新的生产力根本无法产生。

第五，随着现代工业和现代科学技术的发展，自然科学和企业生产的关系愈来愈密切，科学技术部门在现代化企业中的地位也愈来愈重要。这样，企业管理又增加了一项越来越重要的内容，即对科学技术的管理。在科学技术研究工作社会化条件下，这种管理也是自然科学这种"知识形态上"的生产力转变为"直接的生产力"的一个必要条件。

最后，在讲到企业管理在促进生产发展方面的作用时，还必须指出这一点：现代化生产的发展要求企业管理人员也掌握现代的科学技术知识。因为有组织的机器体系就是按照自然规律运转的。正像马克思说的："劳动资料取得机器这种物质存在方式，要求……以自觉应用自然科学来代替从经验中得出的成规。"②现代化生产的发展还要求企业运用现代化的管理手段（如应用无线电通讯技术指挥生产，应用电子计算机编制计划、核算成本和控制生产过程等）和现代化的管理方法（如应用现代数学方法）。在生产自动化的条件下，所有这些不仅是现代化企业正常进行生产的必要条件，而且是提高劳动生产率的强有力的手段。

可见，社会主义企业的管理劳动是生产劳动，承担这种劳动的企业生产管理人员是生产劳动者。

这里需要进一步指出的是：在社会主义企业中，管理劳动作为生产劳动的性质，从而管理人员作为生产劳动者的性质，也表现得比资本主义更为明显。这是因为，在社会主义社会化生产的条件下，管理作为生产劳动的作用，比以往任何社会（包括资本主义社会）都显得更加重要。

---

① 马克思：《资本论》，《马克思恩格斯全集》第23卷，第362页。
② 马克思：《资本论》，《马克思恩格斯全集》第23卷，第423页。

马克思说过：生产"过程越是按社会的规模进行，越是失去纯粹个人的性质，作为对过程的控制和观念总结的簿记就越是必要；因此，簿记对资本主义生产，比对手工业和农民的分散生产更为必要，对公有生产，比对资本主义生产更为必要"。①马克思这段话不仅明确告诉我们簿记对社会主义公有制比对资本主义私有制更为重要，而且说明生产愈是社会化，簿记就越是重要。马克思这里讲的是簿记，是企业管理的一个方面，但对整个企业管理也是适用的。

当前我国生产社会化还远远落后于发达的资本主义国家。但从长远的发展趋势看，社会主义社会的生产社会化必将大大超过资本主义。所以，从生产力发展这方面来说，管理对社会主义生产也将是更为重要、更为明显的。

同资本主义相比，社会主义企业管理作为生产劳动的作用之所以显得更为重要、更为明显，同社会主义生产关系的特点也是有联系的。第一，在社会主义企业管理中，不存在由于资产者和无产者的阶级对立而产生的"监督劳动"②的职能，也不存在资本家"剥削社会劳动过程的职能"，③因而不存在由这些职能而引起的"属于资本主义生产上的非生产费用"。④当然，在社会主义制度下，劳动还没有成为大多数劳动者生活的第一需要，还仅仅是谋生手段。这样，管理的一个方面，还要作为监督劳动而起作用。但这不是资本家对无产者的监督，不是阶级对立关系，而是企业生产管理人员对体力劳动者的监督，他们之间的根本利益是一致的，是社会主义的新型关系。第二，在社会主义企业中，既不存在资本家，也不存在为资本家剥削工人服务的管理人员，存在的是社会主义企业的管理人员，他们是为发展社会主义生产服务的，他们不仅通过组织生产力（这一点，前面已经说过了），而且通过调整社会主义的生产关系来促进生产的发展。社会主义经济关系像其他社会的经济关系一样，"首先是作为利益表现出来"。⑤社会主义国家、企业和劳动者个人三者之间

---

① 马克思：《资本论》，《马克思恩格斯全集》第24卷，第152页。
② 马克思：《资本论》，《马克思恩格斯全集》第25卷，第431页。
③ 马克思：《资本论》，《马克思恩格斯全集》第23卷，第368页。
④ 马克思：《剩余价值理论》，《马克思恩格斯全集》第26卷Ⅲ，第561页。
⑤ 恩格斯：《论住宅问题》，《马克思恩格斯全集》第18卷，第307页。

的物质利益关系是这种经济关系的一个极重要方面。在社会主义制度下，三者之间的物质利益在根本上是一致的，但也存在着矛盾。实践已经证明：无论是实现三者根本利益的一致，还是解决三者之间的矛盾，都不可能是自发的。企业管理在这方面起着重要的作用。比如，反映客观规律要求的国民经济计划，体现计划要求，并保证实现计划要求的合同制，精神鼓励和物质鼓励相结合的制度，都体现了兼顾国家、企业和个人三者利益的原则，但它们的实现在很大的程度上要依赖于企业的管理。这样，通过企业管理把三方面的利益兼顾起来，从而把三方面的力量拧成一股绳，形成推动社会主义生产发展的强大力量。当然，在资本主义制度下，企业管理也通过组织生产力和调节生产关系以促进生产的发展。但由于在资本主义制度下存在着生产社会化和私人资本主义占有之间的矛盾；存在着资本家和无产者根本利益的对立；资本家生产的目的是为利润，因而企业管理在促进生产发展方面的作用，就会受到由资本主义私有制带来的限制。在社会主义公有制的条件下，不存在资本主义企业那样的基本矛盾和阶级矛盾，生产的目的是为了人民的需要，因而它能容纳的生产力将比资本主义高得无比。这就使得社会主义企业管理在促进生产力发展方面，有可能起更大的作用。第三，社会主义企业的管理原则也是根本区别于资本主义的。一定的企业管理总是一定的生产资料所有制形式在劳动过程方面的实现。资本主义企业管理总是体现了资本家（作为人格化的资本）的意志。因此资本主义管理"是专制的"。[1]战后有些发达的资本主义国家的企业搞了名目繁多的所谓"民主管理"。但这不过是在社会生产力有了空前发展、工人文化水平大大提高、工人群众觉悟也有提高的条件下，资本家为了欺骗工人和更多地榨取剩余价值而采取的一种办法；而且各种方式的所谓"民主管理"都有一个根本前提，即企业的最高决策权必须掌握在资本家手中。所以，从问题的本质来说，资本主义企业管理只能是资本家意志的专政。社会主义企业管理与此根本相反，它必须体现劳动群众（作为生产资料的公共所有者）的意志，因而必须实行民主管理原则。这也是调动劳动群众积极性的一个重要因素。

　　这些当然是就社会主义生产关系的本质来说的。但也应看到：社会

---

① 马克思：《资本论》，《马克思恩格斯全集》第23卷，第369页。

主义的生产力和生产关系、经济基础和上层建筑之间总是存在着矛盾的。社会主义社会的现阶段，还存在着阶级斗争，小生产思想、习惯和传统的影响还很广、很深。在社会主义社会，人们对经济规律的充分认识和完善利用，还需要一个过程。这样，企业管理不适应生产发展需要的情况，还是经常发生的。特别是由于林彪、"四人帮"的破坏，使得社会主义生产关系和上层建筑的许多方面都遭到了破坏，使企业管理显得非常落后，企业管理不适合生产发展的情况得到了极为恶性的发展。正如华国锋同志指出的那样："我们的上层建筑和生产关系的许多方面还不完善，我们的政治制度和经济制度的许多环节还有缺陷，这些同实现四个现代化的要求是不相适应的，是束缚生产力，阻碍生产力的发展的。管理水平低，归根到底就是一个这样性质的问题。"① 这就使得社会主义企业管理的优越性还远远没有发挥出来，甚至管理水平还远远落后于发达的资本主义国家。因此，要迅速提高管理水平还必须多方面地改变不适合生产力发展的生产关系和不适合经济基础要求的上层建筑。但从问题的本质看，从长远的发展来说，社会主义企业管理必将大大地越来越明显地优越于资本主义，它作为生产劳动的作用必将大大超过以往的任何时代。

（二）实践的证明

我们在前面从理论上阐明了企业管理是生产劳动。为了进一步证明这一点，我们再举些实例，并做些对比分析。

我们在前面的分析中也举过一些例子，但都是工业方面的，这里我们先举些农业方面的例子。在举这些例子之前，还须说明：我们前面的分析主要是就现代化的工业来说的。但这绝不是说，在当前以手工劳动为主的农业中，管理劳动是不需要的；恰恰相反，而是十分必需的。马克思关于许多人进行协作的劳动必须有"指挥劳动"② 的原理，对我国以集体所有制为基础的农业来说，自然也是完全适用的。农业生产中的管理劳动显然也是一种生产劳动。下列事实可以证明这一点。

近年来，广东农村逐步推广了"五定一奖"生产责任制，即在生产队"五统一"（统一支配生产资料、统一调配劳动力、统一生产计划、统

---

① 华国锋：《在全国财贸学大庆学大寨会议上的讲话》，《人民日报》1978 年 7 月 12 日第 1 版。
② 马克思：《资本论》，《马克思恩格斯全集》第 25 卷，第 431 页。

一重大生产措施、统一处理产品和收益分配）的前提下，对作业组实行定劳动力、定地段、定产量、定工分、定成本，超产奖励。实践已经证明：实行这种制度，把发展集体生产同社员个人的物质利益进一步紧密结合起来，有利于充分发挥社员的积极性和主动性，有利于提高出勤率和劳动生产率，有利于降低生产成本，有利于集体经济的发展和社员生活的提高。1978 年广东省的晚造水稻，曾受两次强寒露风的袭击，全省普遍减产，而龙门县龙城公社实行联系产量责任制的 93 个生产队，仍有 78 个生产队比风调雨顺的 1977 年晚造增产。再如，清远县江口公社螺塘大队，1978 年晚造水稻，在同样受灾的情况下，实行联系产量责任制的 9 个生产队，只有 2 个队减产，其余 7 个队增产；没有实行联系产量责任制的 8 个队，只有 2 个队增产，其余 6 个队减产。① 这个事实有力地证明：加强生产管理，推行"五定一奖"生产责任制，是促进农业发展的重要因素。

江苏省江阴县华西大队的经验也充分地说明了这一点。15 年前，华西人民用了十来年的时间，把粮食亩产从三四百斤提高到八九百斤。但以后只用了 8 年，粮食亩产就突破了一吨，又用了 5 年，粮食亩产就跃上"三纲"。如今全大队 790 亩耕地，粮食平均亩产达到了 2720 斤，每年平均每个农业劳动力生产粮食 8200 多斤。

15 年前，华西大队还负债累累。如今实行农业、副业、工业综合发展，一年能创造出价值百万元的财富，1978 年每个工业劳动力创造的产值达到 5100 多元。

华西大队生产发展速度为什么这样快？社员劳动生产率为什么这样高？他们的一条重要经验，就是通过培训农业经济管理人才和加强民主管理，认真抓了集体经济的管理工作。

第一，改革经济结构，合理安排劳动力。15 年前，华西大队单纯经营农业，虽然粮食亩产达到八九百斤，但收入很少，积累甚微，扩大再生产能力很低。但从 1968 年起，他们逐步搞起了养殖业、种植业、运输业等 31 个多种经营项目，又办起了农机修配、五金加工、塑料制品等队

---

① 《调动农民积极性的一项有力措施——关于广东农村实行"五定一奖"生产责任制的调查》，《人民日报》1979 年 5 月 20 日第 2 版。

办企业。农业、副业、工业的综合发展，从根本上改变了华西大队原来的经济结构。现在，农业产值占全大队总产值的 22%，副业和工业的产值分别占 14% 和 64%。副业、工业的发展，是农业持续高涨的强大后盾。华西大队根据农业、副业、工业综合发展的需要，组织和划分作业组，合理地安排了劳动力。如今全大队农业劳动力占劳动力总数的 44.5%，副业和工业的劳动力分别占 14% 和 34%，还有 7.5% 的劳动力从事服务业。无论是农业、副业、工业，还是服务业，凡能固定的专业就固定下来，以利于提高社员的生产技术，促进劳动生产率的增长。

第二，实行生产责任制。华西大队在农业上实行任务、时间和质量"三定到组"，责任到人，限期完成，检查验收的制度。在队办工业上，从 1977 年 6 月份起，推行班组核算，建立定任务、定质量、定消耗、超产奖励的责任制，从而使工效提高了 30%，产品合格率达到 95% 以上。在副业上，实行"四定一奖"制度，并采用合同制的办法，大队每年与专业组或社员订合同，把任务、成本、利润、工分、奖赔比例指标定下来，双方签名盖章，到年终结算兑现。1977 年养猪实行合同制以后，全年收入比上年增加 5000 多元，支出却减少 4000 多元。这样实行生产责任制的结果，各项工作秩序井然，彼此协调，社员群众高兴，劳动工效提高。

第三，加强对社员的技术培训工作。华西大队为了满足农业、副业、工业和农业机械化的需要，把全大队 520 多名有劳动能力的男女社员按文化程度分成高、中、低三级，系统地学习文化课和技术课；工业、副业人员也分别选学金工、机械、畜牧、园艺等技术课程。通过学习和培训，全大队 35% 的劳动力掌握了比较丰富的生产经验和劳动技能；有 90 名社员会开拖拉机、汽车和机帆船，有 69 名社员会做车工、钳工和刨工，会装配和修理农业机械。这样，就适应了全大队各项生产的需要。

华西大队党支部书记吴仁宝同志深有体会地说："管理工作非抓不可。不抓管理，群众积极性再高，也是一盘散沙；抓好了管理，就能把群众的积极性恰当地组织起来，形成一个强有力的拳头，拳拳打到实处，打出劳动高效率，打出生产高速度。"[1] 这就是 15 年来华西大队生产大发

---

[1]《向管理要速度——江苏省江阴县华西大队的调查》，《人民日报》1978 年 12 月 14 日第 2 版。

展的奥秘，也突出地表明了管理是生产劳动，是发展生产和提高劳动生产率的重要因素。

大庆在生产建设上之所以能够取得那样巨大的成就，其基本经验之一，就是建立了强有力的生产指挥系统和一套严格的科学的社会主义企业的管理制度。大庆油田和所属指挥部，都设立生产办公室，各大队设立生产组，在各级党委领导下，统一指挥全油田的生产活动。生产办公室全权指挥日常生产，进行综合平衡，组织协作。生产办公室发出的生产指令，各职能处室和生产单位必须坚决执行，做到令行禁止。大庆正是依靠了这个强有力的生产指挥系统，保证了全油田生产协调的连续的进行。大庆还通过一套严格的科学的管理制度，加强了计划、物资、财务、劳动、技术等方面的管理，使得人力、物力、财力得到了节约的和充分的使用。1976 年同 1965 年相比，全员劳动生产率提高了 79.4%；原油成本下降了 50%；百元产值占用的流动资金由 13.7 元下降到 8.6 元。1977 年全油田的设备，基本上做到了在用设备台台完好，修理设备台台修好，停用设备成龙配套。设备完好率达到 93% 以上。[①] 这些都有力地促进了大庆油田生产建设的发展。

为了说明科学管理是生产力，有必要叙述一下上海机械施工公司第二工程队第二小队队长沈德荣的管理经验。这个经验虽然只是一个小队范围的事，但很典型、很生动，值得一提。人们常说这位小队长是"算破天"、"钟表匠"和"诸葛亮"。说他是"算破天"，因为他勤于经济核算，善于经济分析。说他是"钟表匠"，因为他常说：一个生产指挥者要当钟表匠，使各工种、各工序像钟表的齿轮一样配合，有节奏地准确运行。说他是"诸葛亮"，因为他善于比较准确地预测他所承担的每项工程完工工期和各种经济指标，以及施工中可能出现的问题，并及早准备好解决问题的措施。这样，他所领导的施工队 1978 年共完成 10 项工程、近25000 平方米建筑面积的构件吊装任务，施工质量全部优良，其中 9 项工程被评为"全优工程"。全队平均工效超过计划 77%，日产值超过计划74%，降低成本 45000 多元，比其他施工队平均多节约 2 万~3 万元。[②]

---

① 《工业战线的鲜艳红旗》，人民出版社 1977 年版，第 17、143 页。

② 《这样的科学管理是一种生产力——记上海机械施工公司第二工程队二小队队长沈德荣》，《人民日报》1979 年 4 月 29 日第 4 版。

把我国目前的企业管理水平同历史上最好的管理水平做一下对比，还可以更清楚地看到：管理是生产劳动，是促进生产发展的重要因素。据统计，全国钢铁工业每产一吨钢的综合耗电量，1965 年为 665 度，1977 年为 1012 度；重点煤矿每产一吨煤的耗电量分别为 21.4 度和 31.9 度；化学工业每万元产值的耗电量分别为 5378 度和 8453 度。如果全国重点企业的耗电指标，都能达到历史最好水平，就可节约电力 120 亿度。[①]当然，电力消耗定额上升，也有电气化水平提高、中小企业比重增大等不可比因素。但由于林彪、"四人帮"的破坏，使得管理水平显著下降，也是不可否认的重要原因。

1978 年国营工业企业每百元销售额提供的利润，比历史最好水平还低 1/4 左右。国营工业企业的亏损面，还占 24%。[②]这是当前企业中普遍存在的劳动生产率低、产品质量低、消耗大、成本高、资金周转慢等问题的综合表现，也是当前企业管理水平低的集中反映。

经过上述的理论和事实的分析，我们可以清楚地看到：管理是生产力，管理劳动是生产劳动，承担管理职能的企业生产管理人员是生产劳动者。

这里还要指出一点：我们在前面的分析中，只是说明了企业管理在组织生产力和调节生产关系方面的职能。但在我国社会主义建设的现阶段，还存在着极少数的反革命分子、新剥削分子和没有改造好的地主富农分子和其他旧剥削阶级的某些残余。在这种情况下，企业管理还负担着保卫生产资料的社会主义公有制、同阶级敌人的破坏活动作斗争的任务。

（三）应该冲破的一种小生产的观念

我国有一种传统观念认为，只有那些从事体力劳动、直接操作生产工具作用于劳动对象的工人和农民，才是生产劳动者；企业生产的管理人员是从事脑力劳动的，不直接操作劳动工具作用于劳动对象，因而不能算作生产劳动者。

这种观点大概只符合以手工劳动为基础的小生产的实际情况。在这种条件下，劳动者总是直接操作生产工具作用于劳动对象的，生产劳动

---

① 《人民日报》1979 年 5 月 29 日第 1 版。
② 《光明日报》1979 年 6 月 30 日第 2 版。

总是同体力劳动相联系的。

这种观点并不符合资本主义社会化大生产的实际。在个体的劳动过程转变为资本主义社会化大生产以后，产品就不再是个别劳动者的直接产品，而是总体工人的共同产品。"因此，随着劳动过程本身的协作性质的发展，生产劳动和它的承担者即生产工人的概念也就必然扩大。为了从事生产劳动，现在不一定要亲自动手；只要成为总体工人的一个器官，完成他所属的某一种职能就够了。"① 他们以不同方式参加产品的形成过程："有的人多用手工作"（如工人），"有的人多用脑工作"（如管理者和工程师等）。②

社会主义制度是根本区别于资本主义的，但就生产社会化方面看，又是有共同点的。因此这个分析基本上也适用社会主义的社会化大生产。所以，上述观点也不符合社会主义社会化大生产的实际。这里需要进一步指出：企业管理人员从事脑力劳动不仅同他们这种生产劳动者职能不相矛盾，而且正是这种职能的需要。

这种观点更不符合共产主义社会的实际。因为在共产主义条件下，体力劳动和脑力劳动的本质差别已经消失了，并不存在单纯的体力劳动，存在的是体力劳动和脑力劳动相结合的劳动。所以，如果按照上述观点，那就要得出这样的荒谬结论：随着共产主义的实现，生产劳动也就要消灭。

所以，这种观点不仅不是马克思主义的，甚至也不是资产阶级的，③ 只能看做小生产经济的反映。

我们说企业管理人员也是生产劳动者，并不否认他们同工人在生产中的区别。第一，前者从事脑力劳动，后者从事体力劳动。但这个区别只具有相对的意义，而且越来越具有相对的意义。在自动化的生产条件下，操作工人的工作将日益接近以往一般工程师所做的对生产过程的技术管理工作，比如调整设备，在专业技术装置的协助下决定工艺制度和控制程序。他们耗费的体力很难说同管理人员有很大差别。将来随着自动化的发展和完善，这种情况将会愈来愈明显地在愈来愈多的工人身上

---

① 马克思：《资本论》，《马克思恩格斯全集》第23卷，第556页。

② 马克思：《直接生产过程的结果》，人民出版社1964年版，第106页。

③ 资产阶级政治经济学创始人亚当·斯密就曾经认为，从事脑力劳动的工程师和管理人员是生产劳动者（参见马克思：《剩余价值理论》，《马克思恩格斯全集》第26卷Ⅰ，第155~156页）。

表现出来。第二，后者直接操作工具作用于劳动对象，前者通过组织工人的劳动间接作用于劳动对象。用马克思的话来说，"总体工人的各个成员较直接地或者较间接地作用于劳动对象。"①正确地认识这个区别，在理论上和实践上具有重大的意义。正因为存在这个区别，尽管就单个工人和单个管理人员来说，后者在生产方面的作用会超过前者，但就整体来说，工人群众是生产的基础，管理人员正是适应工人群众劳动协作的需要才从工人当中分离出来。因此，管理人员的设置以及他们的工作，也应该适应工人群众在生产中的需要。

---

① 马克思：《资本论》，《马克思恩格斯全集》第 23 卷，第 556 页。

第六章 社会主义生产中脑力劳动者和体力劳动者的关系，是生产劳动者之间的社会主义互助合作关系

一、在生产资料的社会主义公有制条件下，脑力劳动者和体力劳动者的关系是社会主义的互助合作关系

我们在说明了社会主义生产中脑力劳动者与体力劳动者的关系是生产劳动者之间的关系以后，也就便于说明他们之间的社会主义互助合作关系了。显然，这是一个必要前提。试想，如果他们之间的关系不是生产劳动者的关系，而是剥削者与被剥削者之间的关系，那还说得上什么社会主义的互助合作关系呢？当然，这也仅仅是个前提，就是说，只是说明了他们之间的关系是生产劳动者的关系，还不能说明他们之间的关系是社会主义的互助合作关系。因为在资本主义条件下，一般的科学技术人员、工程技术人员、生产管理人员和体力劳动者的关系，也是生产劳动者之间的关系。但在那种社会条件下，他们之间的关系是雇佣劳动者之间的关系。所以，要说明他们之间的关系是社会主义的互助合作关系，还必须把社会主义生产关系引进来加以考察。

如果说，使得科学技术人员、工程技术人员和生产管理人员成为生产劳动者的具体原因有区别，因而有必要分别地给以说明的话，那么在

分析他们同体力劳动者的关系是社会主义的互助合作关系的时候，这种必要性就不存在了。因为决定他们之间的关系是社会主义互助合作关系的，乃系同一的因素，即生产资料的社会主义公有制。因而可以把他们合在一起来进行这种考察。

旧唯物主义者把人的本质归结为"单个人所固有的抽象物"。与旧唯物主义根本不同，马克思主义历史唯物主义认为，人的本质"在其现实性上，它是一切社会关系的总和"。[①]从根本上说来，人的本质在其现实性上，首先又是一定的社会生产关系的总和。因为历史唯物主义的"基本思想……是把社会关系分成物质关系和思想关系"。[②]社会物质生活中的生产关系是第一性的，社会精神生活中的思想关系是第二性的，前者是决定后者的。脑力劳动者和体力劳动者的本质，自然也是一切社会关系的总和，根本的首要的又是一定的社会生产关系的总和。

那么，在生产资料的社会主义公有制的条件下，脑力劳动者和体力劳动者的本质以及他们之间的关系，是一种什么样的生产关系的总和呢？马克思主义认为，一定的生产资料所有制形式，就是一定的生产关系的总和。马克思说过：资产阶级"**私有制**不是一种简单的关系，也绝不是什么抽象概念或原理，而是**资产阶级**生产关系的总和"。[③]就是说，资产阶级私有制不是离开资本主义生产关系的总和而单独存在的关系，而是包括资本主义的生产（直接的生产过程）、交换、分配和消费这样几方面关系的总和；也绝不是抽象的概念，而是体现在上述几个方面的关系上。其所以是这样，因为这几个方面的生产关系，都是生产资料的资本主义私有制在经济上的实现。显然，生产资料的社会主义公有制也就是社会主义生产关系的总和。根据上面的分析，我们可以认为，在生产资料的社会主义公有制的条件下，脑力劳动者和体力劳动者的本质以及他们之间的关系，是社会主义生产关系的总和。就是说，在这种条件下，他们不是失去了生产资料的雇佣劳动者，而是生产资料的公共所有者；调节社会主义生产总过程的（包括直接生产、交换、分配和消费等过程）不再是资本主义的利润原则（这是生产资料私有者——资本家的基本的物

---

① 马克思：《关于费尔巴哈的提纲》，《马克思恩格斯选集》第 1 卷，第 18 页。

② 列宁：《什么是"人民之友"以及他们如何攻击社会民主主义者?》，《列宁选集》第 1 卷，第 18 页。

③ 马克思：《道德化的批判和批判化的道德》，《马克思恩格斯选集》第 1 卷，第 191 页。

质利益），而是为了满足劳动者的物质和文化生活的需要（这是生产资料公有者的根本的物质利益）；在劳动过程中，他们不是处于被剥削的地位，而是生产的主人；在分配方面，不是"劳者不获，获者不劳"[①]的资本主义关系，而是"劳动平等、报酬平等"[②]的社会主义关系。如果说，资本主义生产关系的特征可以概括为资本家对无产者的剥削关系，那么在脑力劳动者和体力劳动者之间存在的这种社会主义生产关系的特征，也可以概括为社会主义的互助合作关系。

二、批判"四人帮"的谬论

（一）驳"由于存在本质差别，因而脑力劳动者和体力劳动者的关系是阶级对立关系"的谬论

"四人帮"为了把社会主义制度下脑力劳动者和体力劳动者的关系说成是阶级对立的关系，提出的一个主要"论据"就是：脑力劳动（请注意：包括科学技术人员和工程技术人员，下同）和体力劳动的本质差别"是企业内部相互关系方面资产阶级法权严重存在的一个重要标志"。[③]按照"四人帮"的观点，社会主义条件下存在的"资产阶级法权"是资本主义因素，或者就是衰亡着的资本主义。姚文元亲自批发的一篇题为《驳"基础论"》的文章写道："资产阶级法权就属于衰亡着的资本主义的一部分内容。"[④]"四人帮"帮刊也像鹦鹉学舌那样说："在无产阶级专政下，资产阶级法权反映着衰亡着的资本主义。"[⑤]"四人帮"控制的另一个舆论工具也写道："作为资本主义因素的资产阶级法权，是逐渐走向衰亡的旧事物。"[⑥]"四人帮"正是从这里做出结论说："因而人与人之间最本质的关系，依然是阶级关系。"[⑦]他们就是这样把社会主义条件下脑力劳动者

---

① 马克思、恩格斯：《共产党宣言》，《马克思恩格斯选集》第 1 卷，第 267 页。
② 列宁：《国家与革命》，《列宁选集》第 3 卷，第 258 页。
③ 原上海市委写作组编：《社会主义政治经济学》，1976 年版，第 73 页。
④《人民日报》1976 年 6 月 6 日第 1 版。
⑤《学习与批判》1976 年第 7 期，第 23 页。
⑥《文汇报》1975 年 9 月 10 日第 3 版。
⑦ 原上海市委写作组编：《社会主义政治经济学》，1976 年版，第 75 页。

和体力劳动者的本质差别归结为"资产阶级法权",再进一步归结为资产阶级和无产阶级的阶级对抗关系的。

这里的关键是:这种本质差别是什么?能不能把它归结为对立的阶级差别?

在社会主义制度下,脑力劳动者和体力劳动者在文化技术水平、劳动分工和劳动报酬等方面都存在着差别,[①]其中最根本的是文化技术水平的差别。因此,斯大林把社会主义条件下脑力劳动和体力劳动的本质差别,正确地归结为"文化技术水平的悬殊"。[②]

应该肯定,这种本质差别以及与此相联系的脑力劳动与体力劳动的分工,还是一种旧式分工,还带有阶级差别的痕迹。但是,它并不是资本主义的经济关系,因而也不是无产阶级和资产阶级的阶级对立关系。

为了说明这一点,首先需要弄清什么是阶级。按照列宁的定义,"所谓阶级,就是这样一些大的集团,这些集团在历史上一定社会生产体系中所处的地位不同,对生产资料的关系(这种关系大部分是在法律上明文规定了的)不同,在社会劳动组织中所起的作用不同,因而领得自己所支配的那份社会财富的方式和多寡也不同。"[③]现在我们就阶级所包括的几方面内容做些具体分析。

第一,在社会主义制度下,生产资料是归既包括体力劳动者又包括脑力劳动者的全体人民所有的,他们在占有生产资料方面是平等的。这里并不存在资本家占有生产资料而劳动者一无所有的情况。而且,按照列宁的说法,**"在这个范围内,也只有在这个范围内,'资产阶级权利'[④]才不存在了"。**[⑤]这里需要进一步指出的是:在社会主义制度下,脑力劳动者与体力劳动者的本质差别,并不是起因于他们占有生产资料方面的差别,而是起因于他们掌握的科学文化知识的差别,归根结底还是由于社

---

① 此外,在无产阶级夺取政权以后不久,旧社会留下的知识分子还占多数,他们当中多数人的世界观也是资产阶级的。在这方面,他们同工农劳动群众也存在差别。但这是世界观方面的问题,不是属于社会主义生产中的生产关系的范畴。而且,伴随着社会主义建设的发展,无产阶级自己培养的新知识分子在脑力劳动者中占的比重越来越大,老知识分子的世界观也在逐步得到改造。因而这方面的差别就会越来越小,越来越不重要。所以我们在讲整个社会主义阶段脑力劳动者和体力劳动者的差别时,可以把这一点存而不论。

② 斯大林:《苏联社会主义经济问题》,人民出版社1975年版,第22页。

③ 列宁:《伟大的创举》,《列宁选集》第4卷,第10页。

④ 过去译为"资产阶级法权",现在改译为"资产阶级权利",下同。

⑤ 列宁:《国家与革命》,《列宁选集》第3卷,第252页。

会主义社会生产力没有得到高度的发展。列宁说过：苏维埃机构在口头上是全体劳动者都参加的，而实际上远不是他们全体都参加的。这根本不是法律妨碍了这一点，如在资产阶级时代那样；恰恰相反，我们的法律还促进了这一点。但只有法律是不够的，必须有广大的教育工作、组织工作和文化工作，需要进行长期的巨大的努力。①在体力劳动和脑力劳动的本质差别方面，也存在着类似的情况。就是说，体力劳动者不能像脑力劳动者那样从事脑力劳动，并不是生产资料的社会主义公有制妨碍了这一点，像生产资料的资本主义私有制那样，恰恰相反，社会主义的公有制还促进了这一点。但只有社会主义公有制还不够，还必须有社会生产力的高度发展，以及建立在这个基础上的社会文化教育事业的大发展。上面我们说的是全民所有制经济中的情况，但对集体所有制经济也是适用的。因为在集体所有制企业中，体力劳动者和脑力劳动者在占有生产资料方面也是完全平等的。在这方面，也不存在资产阶级权利，更不存在资本主义的经济关系。

　　第二，在社会主义制度下，尽管脑力劳动者比较固定地和比较多地从事脑力劳动，体力劳动者比较固定地和比较多地从事体力劳动，但他们都有权利参加企业管理和经济管理。毛泽东同志曾经强调指出：人民必须有权管理上层建筑，我们不能够把人民的权利问题理解为人民只能在某些人的管理下面享受劳动、教育、社会保险等权利。劳动者管理国家、管理各种企业、管理文化教育的权利，是社会主义制度下劳动者最大的权利，是最根本的权利，没有这个权利，就没有工作权、受教育权、休息权等。②可见，就管理生产来说，劳动者不仅有权依据民主集中制原则来管理企业，而且有权管理国家，管理整个国民经济。还需指出：在社会主义制度下，体力劳动者和脑力劳动者的分工虽有区别，但生产的目的都是为了满足人民的需要；生产的产品是归全体劳动者（包括体力劳动者和脑力劳动者）公有的。这些都是他们平等地占有生产资料在劳动过程中的反映。这些都说明：在社会主义制度下，他们都是生产的主人，他们的根本利益是一致的，因而是社会主义的互助合作关系。这里

---

　　① 转引自华国锋：《提高整个中华民族的科学文化水平》，《全国科学大会文件》，第 11 页。

　　② 转引自叶剑英：《关于修改宪法的报告》，《中华人民共和国第五届全国人民代表大会第一次会议文件》，人民出版社 1978 年版，第 114 页。

不存在什么资产阶级权利，更不存在资本家对无产者的剥削关系。

第三，在社会主义制度下，无论对于体力劳动者，还是对于脑力劳动者，都实行各尽所能、按劳分配的社会主义原则。这是他们平等地占有生产资料在分配中的反映。当然，马克思确实说过：按劳分配中的平等权利"按照原则仍然是**资产阶级的权利**"。[①]但这是从一般意义上，就社会主义按劳分配和资本主义商品交换都依据同一原则（即等量劳动与等量劳动相交换的原则）来说的，并不是说按劳分配也是一种资本主义经济关系，恰恰相反，马克思同时强调了社会主义按劳分配同资本主义经济关系有根本区别。马克思说：在这里内容已经改变了。"因为在改变了的环境下，除了自己的劳动，谁都不能提供其他任何东西；另一方面，除了个人的消费资料，没有任何东西可以成为个人的财产。"[②]也应该承认，按劳分配会造成劳动者之间在收入水平上和生活水平上的差别。但这是由劳动引起的差别，而不是由剥削引起的差别。这是在社会主义共同富裕道路上的差别，并不是由阶级剥削形成的贫富差别，并不是两极分化。

总之，在社会主义制度下，体力劳动者和脑力劳动者的关系，是社会主义劳动者之间的互助合作关系，他们之间的本质差别，虽然带有阶级差别的痕迹，但并不是资本主义的经济关系，并不是无产阶级和资产阶级的阶级对抗关系。

"四人帮"把社会主义制度下体力劳动者和脑力劳动者的关系说成是阶级对抗关系，正如邓小平同志一针见血地指出的那样，是"把今天我们社会里的脑力劳动与体力劳动的分工歪曲成为阶级对立"。[③]这正是马克思主义的敌人惯用的卑劣手法。在 19 世纪 80~90 年代，俄国民粹派已经堕落成为俄国富农经济的代理人。他们的代表人物布尔加科夫为了否定农村的阶级分化，否定富农和贫苦农民的阶级对立，提出了一个"论据"：既然城乡工人之间、熟练工人和非熟练工人之间不存在阶级差别，那么农民之间也不存在阶级差别。列宁尖锐地揭露了这种理论观点的荒谬性和反动性。他说："把职业的差别同阶级差别混淆起来，把生活方式的差别同各阶级在整个社会生产制度中的不同地位混淆起来，——这就

---

①② 马克思：《哥达纲领批判》，《马克思恩格斯选集》第 3 卷，第 11 页。
③ 邓小平：《在全国科学大会开幕式上的讲话》，《全国科学大会文件》，第 18 页。

清楚地说明时髦的'批评界'毫无科学的原则性，说明它实际上有抹杀'阶级'的概念和取消阶级斗争的趋势。"①"四人帮"把社会主义制度下体力劳动和脑力劳动的劳动分工同阶级差别混同起来，也是他们"毫无科学的原则性"和"抹杀'阶级'的概念"的反动嘴脸的暴露，是妄图为他们推行地主资产阶级的"全面专政"制造理论根据。

（二）歪曲马克思和恩格斯的科学论断

"四人帮"的舆论工具为了"论证"自己的理论观点，还引用了马克思和恩格斯的下列论断："分工和私有制是两个同义语"。他们根据这一点说，分工和私有制、阶级是必然联系在一起的，社会主义制度下脑力劳动和体力劳动的分工也是这样，因而也是一种阶级对立关系。在"四人帮"横行时期，这种谬论曾经一度广为流传。但这是对马克思和恩格斯的恶意歪曲。马克思和恩格斯这句话是什么意思呢？他们自己说得很清楚："其实，分工和私有制是两个同义语，讲的是同一件事情，一个是就活动而言，另一个是就活动的产品而言。"什么"是就活动而言"呢？就是"物质活动和精神活动、享受和劳动、生产和消费由各种不同的人来分担"。这显然是以剥削阶级占有生产资料为前提的，因为这种"所有制是对他人劳动力的支配"。什么是"就活动的产品而言"呢？就是独占"精神活动"的剥削阶级无偿占有专门从事"物质活动"的劳动者生产的产品。这当然也是以剥削者占有生产资料为前提的。所以，"分工和私有制是两个同义语，讲的是同一件事情"。②但这种分工同社会主义制度下脑力劳动和体力劳动的分工难道在性质上也是一样的吗？难道这里也存在着独占"精神活动"的剥削阶级无偿占有从事"物质活动"的劳动者的劳动产品吗？怎么能够运用马克思、恩格斯的上述论断，来证明社会主义制度下脑力劳动和体力劳动的关系，也是阶级对抗的关系呢？

恩格斯还说过："分工的规律就是阶级划分的基础。"③"四人帮"的舆论工具又"根据"这一点把社会主义制度下的脑力劳动者和体力劳动者的关系说成是阶级对立关系。但恩格斯的科学论断没有，也不可能给"四人帮"的论客们帮什么忙。实际上只要不是存心篡改马克思主义，恩

---

① 列宁：《土地问题和"马克思的批评家"》，《列宁全集》第5卷，第171页。
② 马克思、恩格斯：《费尔巴哈》，《马克思恩格斯选集》第1卷，第36、37页。
③ 恩格斯：《反杜林论》，《马克思恩格斯选集》第3卷，第321页。

格斯这个论断的确切含义并不难弄清楚，因为他在《反杜林论》中对这个历史唯物主义命题多次做了明确的阐明。这里讲的分工就是"从事单纯体力劳动的群众同管理劳动、经营商业和掌管国事以及后来从事艺术和科学的少数特权分子之间的大分工"。①这是一种阶级之间的"大分工"。这种"大分工"为什么必然会产生呢？是由于生产发展的不足。所以，恩格斯的这个命题实际上说的是："社会分裂为剥削阶级和被剥削阶级、统治阶级和被压迫阶级，是以前生产不大发展的必然结果。"或者说，"这种划分是以生产的不足为基础的。"②恩格斯在这里没有说，也不可能说脑力劳动和体力劳动的分工是阶级划分的基础。其所以是不可能的，因为马克思主义从来认为："阶级差别的基本标志，就是它们在社会生产中所处的地位，因而也就是它们对生产资料的关系。"③因此，恩格斯不可能孤立地把脑力劳动和体力劳动的分工作为划分阶级的基础。恩格斯在这里更没有说，也更不可能说社会主义制度下脑力劳动和体力劳动的分工是阶级划分的基础，因为这种分工虽然带有阶级差别的痕迹，但它是排除了阶级剥削的，是社会主义的互助合作关系。

（三）驳"知识分子是世界观还没有得到根本改造的资产阶级知识分子"的谬论

"四人帮"的舆论工具为了把知识分子（包括科学技术人员和工程技术人员，下同）说成是资产阶级，从而把他们同工农劳动群众的关系说成是阶级对抗关系，惯用的一手就是把知识分子都说成是世界观没有得到根本改造的资产阶级知识分子。

"四人帮"的这个谬论，首先是从根本上否定了解放后我国在党中央和毛泽东同志领导下，在改造和培养知识分子方面所取得的伟大成就，是对我国知识界全新面貌的恶意歪曲。为了说明这种全新面貌，有必要简要地分析一下解放后30年来我国知识分子队伍所发生的根本变化。

我国现有的2500万左右的知识分子，大体上是由三部分人组成的：一部分是从旧社会过来的知识分子；一部分是解放前参加革命的知识分

---

① 恩格斯：《反杜林论》，《马克思恩格斯选集》第3卷，第221页。
② 恩格斯：《反杜林论》，《马克思恩格斯选集》第3卷，第321页。
③ 列宁：《社会革命党人所复活的庸俗社会主义和民粹主义》，《列宁全集》第6卷，第233页。

子和已经知识化了的工农干部；绝大部分（这一部分占90%以上）是我们党在新社会培养的中年青年知识分子。①第一部分知识分子，解放前为旧社会服务，解放后为新社会服务；而且在长期学习马列主义、毛泽东思想的过程中，在同工农相结合的过程中，在社会主义革命和社会主义建设的实践中，努力改造自己的世界观，其中绝大多数人已经成为工人阶级的知识分子。第二部分人属于工人阶级知识分子，是很清楚的，不言而喻的。第三部分人的特点是：70%以上的人出身于劳动人民和革命干部的家庭；他们所受的教育，基本上是社会主义的教育；一开始工作，就是在党的领导下为社会主义事业服务。他们当中的绝大多数人（包括剥削阶级家庭出身的知识分子）也已经基本上树立了无产阶级的世界观。正如邓小平同志所概括的："我国广大的知识分子，包括从旧社会过来的老知识分子的绝大多数，已经成为工人阶级的一部分。"②

第二，按照"四人帮"的谬论，资产阶级世界观竟成了划分阶级的标准。这是对历史唯物主义的篡改。历史唯物主义从来认为："社会阶级在任何时候都是生产关系和交换关系的产物，一句话，都是自己时代的经济关系的产物。"③因此，"所谓阶级，就是这样一些集团，由于它们在一定社会经济结构中所处的地位不同，其中一个集团能够占有另一个集团的劳动"。④马克思正是依据历史唯物主义的原理，在他的不朽著作《资本论》中指出："雇佣工人、资本家和土地所有者，形成建立在资本主义生产方式基础上的现代社会的三大阶级。"⑤马克思把资本主义条件下一般的工程技术人员确定为雇佣劳动者，更为突出地表明：他是依据上述的阶级划分的原理，⑥而不是依据资产阶级世界观的。不言而喻，资本主义企业的工程技术人员的世界观一般都是资产阶级的。毛泽东同志对旧中国各个阶级的划分，也是运用了马克思主义关于阶级划分的原理。⑦毛泽东同志还说过："所谓劳动人民，是指一切体力劳动者(如工人、农民、手

---

① 《人民日报》1979年1月4日。
② 邓小平：《在五届政协第二次会议上的开幕词》，《人民日报》1979年6月16日第1版。
③ 恩格斯：《反杜林论》，《马克思恩格斯选集》第3卷，第66页。
④ 列宁：《伟大的创举》，《列宁选集》第4卷，第10页。
⑤ 马克思：《资本论》，《马克思恩格斯全集》第25卷，第1000页。
⑥ 参见马克思：《剩余价值理论》，《马克思恩格斯全集》第26卷Ⅰ，第444页。
⑦ 参见毛泽东：《怎样分析农村阶级》，《毛泽东选集》第1卷，第113~115页。

工业者等）以及和体力劳动者相近的、不剥削人而又受人剥削的脑力劳动者。"①毛泽东同志在这里把旧中国那些"和体力劳动者相近的、不剥削人而又受人剥削的脑力劳动者"确定为劳动人民，依据的当然也不是他们的世界观，而是他们被剥削的经济地位。

"四人帮"的这个谬论是典型的历史唯心主义。他们同历史唯物主义相反，不是认为经济关系决定阶级，阶级的经济地位决定阶级的思想；而是认为思想决定阶级，因而提出世界观可以成为划分阶级的标准。这就表明他们践踏历史唯物主义已经到了无以复加的程度！同时也赤裸裸地暴露了他们的唯心主义的历史观。

有人提出这样的疑问：老的地主资产阶级在经济上早已消灭了，但在过去一段时间内为什么又说他们还存在，那是不是从政治思想上划分阶级呢？这是一种误解。老的地主资产阶级的生产资料确实早已被没收或赎买了，在经济上早已消灭了，作为阶级也已经消灭了。这时如果还说他们存在，当然是就他们政治上、思想上没有得到改造的情况来说的。但问题的关键在于：他们之所以成为地主和资本家，是由于他们在土地改革以前或者在生产资料所有制的社会主义改造以前占有了生产资料，并且依靠这种占有对农民或者工人进行了剥削。把他们划分为地主或者资本家，正是依据他们那个时候的经济地位决定的，而且也是在那个时候划的。他们没有得到改造的政治立场和世界观也是那时的经济地位决定的。所以，只要不是割断历史，不是孤立地只看土地改革以后或者生产资料所有制的社会主义改造以后的情况，而是同时看到在这以前的情况，那就非常清楚：地主资产阶级的划分，并不是依据他们的政治思想，而是依据他们在社会经济结构中的地位。

（四）篡改毛泽东思想

"四人帮"的舆论工具为了"论证"自己的理论观点，经常引用毛泽东同志的这个论断："我们现在的大多数的知识分子，是从旧社会过来的，是从非劳动人民家庭出身的。有些人即使是出身于工人农民的家庭，但是在解放以前受的是资产阶级教育，世界观基本上是资产阶级的，他们还是属于资产阶级的知识分子。"他们引用毛泽东同志这段话为他们的

---

① 毛泽东：《关于民族资产阶级和开明绅士问题》，《毛泽东选集》第 4 卷，第 1230 页。

观点作"论证"，就是对毛泽东思想的无耻的篡改。

第一，很清楚，毛泽东同志这里讲的是1957年我国大多数知识分子世界观的基本状况。[①]这并不意味着20世纪70年代中期还是这个状况。实际上正是毛泽东同志自己在当时就提出"造成工人阶级知识分子的新部队（这个新部队，包含从旧社会过来的真正经过改造站稳了工人阶级立场的一切知识分子）"的伟大历史任务，并指出："这个任务，应当在今后十年至十五年内基本上解决。"[②]现在时间已经过去了20多年。在这20多年中，原来构成资产阶级知识分子的几个条件都发生了根本性的变化。其一，现在的知识分子队伍，已经由大多数是从旧社会过来的变成大多数是新中国培养的。那时的知识分子队伍，不过500万人左右，现在已经发展到2500多万人。其二，已经由多数出身于非劳动人民家庭变成多数出身于劳动人民家庭。其三，由多数受的是资产阶级的教育变成多数受的是无产阶级的教育。还需指出的是：不仅是新社会培养起来的知识分子，就是那些从旧社会过来的知识分子，他们当中的绝大多数人也已跨入无产阶级知识分子的行列。华国锋同志总结了这个变化，指出："我们已经有了一支工人阶级的又红又专的科技队伍。"[③]

第二，同样很清楚，毛泽东同志这里使用的"资产阶级的知识分子"的提法，是指的当时大多数知识分子的世界观的状况，他没有把也不可能把当时大多数知识分子定为资产阶级的成分。如前所述，毛泽东同志是一贯主张从人们的经济地位来确定人们的阶级成分的。

这样，我们就能够解释这个初看起来好像是矛盾的现象：周恩来同志早在生产资料所有制的社会主义改造高潮到来的1956年初，在代表党中央作的《关于知识分子问题的报告》中指出：知识分子"中间的绝大部分已经成为国家工作人员，已经为社会主义服务，已经是工人阶级的一部分"。[④]显然，周恩来同志在这里是从经济地位把绝大多数知识分子定为工人阶级的。就经济地位来说，无疑是应该这样说的。但知识分子世界观的转变还要经历一个过程。从世界观来说，当时还不能认为绝大多数

①　参见毛泽东：《在中国共产党全国宣传工作会议上的讲话》，《毛泽东选集》第5卷，第409页。

②　毛泽东：《一九五七年夏季的形势》，《毛泽东选集》第5卷，第463、462页。

③　华国锋：《提高整个中华民族的科学文化水平》，《全国科学大会文件》，第6页。

④　周恩来：《关于知识分子问题的报告》，人民出版社1956年版，第10页。

知识分子已经完成了从资产阶级世界观到无产阶级世界观的转变。所以，周恩来同志在同一个报告中又指出："在这里需要注意的是，知识分子的思想状态，同他们在政治和社会地位上的变化并不是完全相适应的。许多进步分子也还有程度不同的资产阶级唯心主义和个人主义的思想作风，更不要说中间分子了。此外，有不少单位的知识分子，特别是其中比较落后的部分的变化很慢。"①

可见，如果我们不区分上述两种提法，就会错误地把周恩来同志的提法同毛泽东同志的提法对立起来，甚至荒谬地把周恩来同志后一个提法同前一个提法对立起来，但是如果区分了这两种提法是从不同的角度说的，那就不会把上述两种提法对立起来。

从这里我们也可以清楚地看到："四人帮"一贯把自己打扮成毛泽东思想的"最坚决的捍卫者"，但实际上他们是一伙篡改毛泽东思想的最凶恶的敌人！

（五）"四人帮"谬论的反动本质

"四人帮"制造上述的谬论，是抱有反动目的的。第一，按照"四人帮"的上述谬论，既然社会主义企业中的脑力劳动者（包括企业的党员领导干部）是资产阶级，那么，党内有一个资产阶级就是必然的了。这显然是为他们的反革命的政治纲领提供"理论根据"的。第二，既然脑力劳动者是资产阶级，那当然是专政对象。这又是为"四人帮"推行地主资产阶级的、封建法西斯的"全面专政"作"论证"的。第三，按照"四人帮"的谬论，既然体力劳动者和脑力劳动者的关系是阶级对立关系，那当然没有团结可言，只有斗争。这是为"四人帮"煽动"全面内战"制造反革命舆论。这种"全面内战"最后把我国国民经济拖到了崩溃的边缘。总之，"四人帮"的上述谬论，是为他们篡党夺权、颠覆无产阶级专政、复辟资本主义的反革命阴谋服务的。

"四人帮"鼓吹脑力劳动者和体力劳动者是阶级对立的关系的谬论，以及他们所抱的险恶用心，是他们的反动阶级本性的暴露！华国锋同志指出："'四人帮'是一伙钻进我们党内的新老反革命结成的黑帮。他们是地富反坏和新老资产阶级在我们党内的典型代表，集中反映了国内外

---

① 周恩来：《关于知识分子问题的报告》，人民出版社1956年版，第11页。

阶级敌人在我国复辟资本主义的愿望。"① 他们蓄意制造和推行的极左路线，他们提出的反动思想体系，他们进行的一切罪恶活动，都是由这种反动阶级本性决定的。

三、确认脑力劳动者是社会主义生产劳动者，确认他们和体力劳动者的关系是生产劳动者之间的社会主义互助合作关系，对于加速实现四个现代化，具有重要的意义

（一）有利于调动脑力劳动者的社会主义积极性，有利于发挥他们在社会主义建设中的重要作用

为什么有利于调动脑力劳动者的积极性？为什么有利于发挥他们的作用？

党的十一届三中全会决定：从 1979 年起，"把全党工作的着重点和全国人民的注意力转移到社会主义现代化建设上来"。② 在这种形势下，确认脑力劳动者是社会主义的生产劳动者，确认他们和体力劳动者的关系是生产劳动者之间的社会主义互助合作关系，对于加速实现我国的社会主义现代化事业，具有重大的现实意义。这首先就表现在：它有利于激发脑力劳动者的社会主义积极性，有利于发挥他们在社会主义建设中的作用。

第一，它有利于粉碎林彪、"四人帮"强加在脑力劳动者身上的种种精神枷锁。

既然企业的科学技术人员、工程技术人员和生产管理人员是社会主义的生产劳动者，那么"四人帮"强加在他们头上的"知识地主"、"知识资本家"、"精神贵族"、"复辟基础"、"臭老九"、"专政对象"等等政治帽子，就应该统统摘掉，这些强加在他们头上的精神枷锁，应该彻底粉碎。

既然企业的科学技术人员、工程技术人员和生产管理人员是社会主义的生产劳动者，而且，"从政治立场这个基本方面来看，绝大多数科学

① 华国锋：《在中国共产党第十一次全国代表大会上的政治报告》，《中国共产党第十一次全国代表大会文件汇编》，人民出版社 1977 年版，第 15 页。

②《中国共产党第十一届中央委员会第三次全体会议公报》，人民出版社 1978 年版，第 4 页。

技术人员应该说是站在工人阶级立场上的。这样的革命知识分子，是我们党的一支依靠的力量"。[①]那么，"四人帮"把依靠科学技术人员、工程技术人员和生产管理人员做工作，说成是依靠资产阶级专家，说成是所谓修正主义的专家路线，就纯属无稽之谈！打掉了"四人帮"曾经挥舞过的这根大棒，就为正确地充分地发挥知识分子的作用开辟了道路。

第二，它有助于澄清一些流行的错误观念。

过去曾经流行着一种观念，把知识分子总是当做团结、教育、改造的对象。

应该肯定，党在解放初期提出的对知识分子的团结、教育、改造的政策，是建立在对旧社会过来的知识分子科学分析的基础上的，是完全正确的。一方面，为旧社会服务的知识分子，绝大多数是脑力劳动者，其中一般的工程技术人员还是生产劳动者。他们当中的大多数人也受着帝国主义、封建主义和官僚资本主义的压迫，具有革命性。因而在新中国成立以后，他们有可能为社会主义服务。另一方面，他们当中的大多数人，出身于剥削阶级家庭，受的是资产阶级乃至封建主义的教育，世界观基本上是资产阶级的。从这方面来说，他们是属于资产阶级的和小资产阶级的知识分子。要使他们为社会主义服务，就必须改造他们的世界观。所以，当时党对知识分子的团结、教育、改造的政策，是以从旧社会过来的资产阶级的和小资产阶级的知识分子作为主要对象的。这在当时来说，是可能的，也是必要的。但既然这个政策是以资产阶级的和小资产阶级的知识分子作为主要对象的，那它也只能适用于社会主义社会的一定阶段。

现在这项政策就不适用了。现在就社会主义生产中的科学技术人员、工程技术人员和生产管理人员来说，他们不仅同体力劳动者一样是社会主义生产劳动者，而且也是站在工人阶级的政治立场上，他们也是工人阶级的一部分。现在他们已不是团结、教育、改造的对象，而是同体力劳动者一样，都是党的依靠力量。但这并不意味着知识分子今后就不需要教育和改造了。正像周恩来同志曾经说过的那样，在基本上完成对旧社会过来的知识分子的改造任务以后，"知识分子同所有的人一样，仍然

---

① 邓小平：《在全国科学大会开幕式上的讲话》，《全国科学大会文件》，第22页。

要在学习和实践中不断地改造自己，并且要在新的水平上，向更高的进步的标准前进。但是，那是一种经常性质的任务了"。①这就是说，这种教育和改造的性质，不像过去对待资产阶级的和小资产阶级的知识分子那样，要求进行基本政治态度和阶级立场的转变（因为已经完成了这种转变），而是同工人、农民一样性质的教育和改造。

长期以来，还流行着一种观念，认为社会主义生产中的科学技术人员、工程技术人员和生产管理人员是非生产人员。这种情况，从理论到实际生活都是存在的。

我国学术界过去对社会主义生产领域中脑力劳动者是生产劳动者的问题的研究是很不够的。但在20世纪50年代出版的一些统计学著作中，还是把工程技术人员和生产管理人员算作生产人员的。②后来，由于林彪、"四人帮"的极左路线的影响，在70年代出版的一些统计学著作就否定了上述正确的命题。有一本统计学著作认为，只有"从事产品设计和在车间班组内直接从事技术工作的工程技术人员，以及下放企业内参加生产劳动（按：指体力劳动——引者）、累计时间在半年以上的工程技术人员和管理人员"，才是生产人员。③按照这种观点，在全厂范围内从事技术指导工作的工程技术人员和全部从事生产管理的人员，都被排除在生产劳动者之外。另一本统计学著作也有类似的思想。④

在农村社队中，过去和现在都流行着一种看法，认为社队干部参加社队的体力劳动，才叫做参加集体生产劳动。参加社队的体力劳动，当然是对的，而且是必要的，因为这一点无论在经济上、政治上、思想上都有重要的意义，但对社队干部从事生产管理工作，不叫做参加集体生产劳动，那就是片面的了。在工业企业中，也往往不把生产管理人员当做生产劳动者，因而曾经发生过这样的事，一遇精简干部，生产管理人员就首当其冲，当做非生产人员被精简掉。当然，我们说企业生产的管理人员是生产劳动者，并不意味着他们越多越好。事实上，各类工人之

---

① 周恩来：《关于知识分子问题的报告》，人民出版社1956年版，第33页。
② 参见中国人民大学统计学教研室编：《工业统计学讲义》（上册），中国人民大学出版社1954年版，第53~55页；国家统计局教育处编：《统计理论讲座》，统计出版社1957年版，第225~226页。
③《工业企业统计》，天津人民出版社1973年版，第80页。
④《工业企业统计》，上海人民出版社1974年版，第107页。

间也是存在着一定的比例关系的；企业中的管理人员和工人群众之间也是存在着一定的比例关系的。我们说管理人员是必要的，就是在这个比例关系的限度内说的。由于林彪、"四人帮"的破坏，我国企业用人多，管理人员尤其多，这就必须逐步进行调整。不能因为管理人员是生产劳动者，就否定这种调整的必要。当然也不能因为有调整的必要，就把管理人员当做无足轻重甚至可有可无的东西任意抽调。

应该看到，粉碎"四人帮"以后，在以华国锋同志为首的党中央的领导下，经过了两年多揭批林彪、"四人帮"的群众运动，企业生产中的脑力劳动者的社会主义积极性空前高涨。但林彪、"四人帮"的极左路线的流毒还未彻底肃清，一些流行的观念更有待于清除。这些东西仍然束缚着脑力劳动者的社会主义积极性的发挥。所以，阐明企业生产中脑力劳动者是社会主义生产劳动者的问题，对于调动他们的积极性来说，是完全必要的。

第三，它有助于人们重视科学技术人员、工程技术人员和生产管理人员在生产中的作用，彻底克服学非所用，真正做到用其所长。列宁曾经高度评价了工程技术人员和生产管理人员在生产中的作用。他说：社会化的大生产"是建立在科学成就上的，因而也是建立在大批受过科学教育的专家身上的"。[1]列宁这里讲的专家，不仅包括工程技术专家，而且包括经济管理和企业管理专家。[2]只有正确地评价了工程技术人员和生产管理人员在生产中的重要作用，才有利于彻底克服目前存在的某些学非所用的情况，做到人尽其才。由于林彪、"四人帮"的破坏，在我国科学技术人员、工程技术人员和企业生产管理人员中，学非所用的情况曾经达到了十分惊人的程度！粉碎"四人帮"以后，这种情况有了很大的改变。但从1978年的一些调查来看，在科技人员中，学非所用的人差不多仍然占到总人数的1/5。在这些人中间，除了少数的老弱病残外，大多数都做一般的行政工作和工人。另据山西省新绛县的最近统计，全县闲散科技人员有113人。[3]一个县就有这么多，全国就是很大的数字。要完全改变这个情况，显然还要做很大的努力。

---

① 列宁：《在国民经济委员会第一次代表大会上的演说》，《列宁全集》第27卷，第385页。
② 参见列宁：《全俄苏维埃第九次代表大会》，《列宁全集》第33卷，第151页。
③ 《光明日报》1979年7月11日第3版。

　　第四，它有助于人们重视科学技术人员、工程技术人员和生产管理人员的培训工作。要发挥他们作为生产劳动者的作用，就必须抓紧这项工作。对科学技术人员和工程技术人员来说，这是显而易见的。对企业生产管理人员来说，也是如此。要企业管理人员完成生产劳动者的职责，不仅需要合理地组织生产力，而且需要正确地处理企业内部、企业之间以及企业与国家的经济关系。这就不仅需要掌握马克思主义的经济学，而且需要掌握现代的科学知识。列宁强调指出："要管理就要内行，就要精通生产的一切条件，就要懂得现代高度的生产技术，就要有一定的科学修养。这就是我们无论如何都应当具备的条件。"①

　　要提高科学技术人员、工程技术人员和生产管理人员的水平，就有一个正确地对待资本主义国家的先进的科学技术和先进的管理经验的问题。长期以来，由于林彪、"四人帮"推行闭关锁国的反动政策，拒绝向外国学习，不能学习外国先进的科学技术，更不能学习外国先进的管理经验。现在，经过揭批林彪、"四人帮"的斗争，需要学习外国的先进科学技术，已经初步解决了。但在学习外国先进的管理经验上，人们还是心有余悸的。这除了林彪、"四人帮"的流毒没有肃清等项原因以外，从认识上看，就是没有分清作为生产劳动者的管理人员，是担负着两方面职能的。就由社会化大生产而引起的管理职能来说，社会主义和资本主义的企业管理是有相似之处的。而在这方面资本主义国家又积累了丰富的经验。因而可能而且必须学习资本主义企业管理这一方面的先进经验，学习他们管理经验中合乎科学的东西。就由生产资料所有制产生的管理职能来说，社会主义和资本主义的企业管理是根本不同的。就基本原则来说，这方面的任务不是学习，而是批判。毛泽东同志早就说过："外国资产阶级的一切腐败制度和思想作风，我们要坚决抵制和批判。但是，这并不妨碍我们去学习资本主义国家的先进的科学技术和企业管理方法中合乎科学的方面。"②

　　第五，它还有助于对脑力劳动者正确地贯彻按劳分配原则。要充分调动脑力劳动者的社会主义积极性，需要把精神鼓励和物质鼓励结合起

---

　　① 列宁：《在全俄水运工人第三次代表大会上的演说》，《列宁全集》第30卷，第394页。
　　② 毛泽东：《论十大关系》，《毛泽东选集》第5卷，第287页。

来，需要加强思想工作，需要贯彻按劳分配原则。我国现行的等级工资制是有缺陷的，有些方面并不符合按劳分配原则。其表现之一，就是在体力劳动和脑力劳动之间，一般的科技人员、工程技术人员和一般管理干部的工资标准，比重工业部门生产工人的工资标准低，再加上这些人员工资等级多，级差小，没有奖金或奖金很少，福利待遇差，其实际收入则更低。①这种脑力劳动和体力劳动工资差别"倒置"的情况，当然不符合按劳分配原则，很不利于这部分脑力劳动者安心本职工作，不利于他们提高技术水平，也不利于从工人中提拔管理干部。产生这种情况的原因当然是很多的，从认识上看，也就是把科学技术人员、工程技术人员和生产管理人员当做非生产劳动者，因而在贯彻按劳分配原则时，不是按同一标准来对待他们。

另外，长期以来，在我国还存在着一种传统观念，认为对普通职工可以实行物质奖励，而对领导干部则不应实行物质奖励，因为干部应有更高的觉悟。对领导干部比之对群众有更高的政治要求，是无可非议的。但如果以此否定对干部实行物质奖励的必要性，在理论上是没有根据的。大家知道，马克思在《哥达纲领批判》中阐述的按劳分配原则，是对社会主义条件下的生产劳动者说的。但既然企业生产的管理人员（包括领导干部，下同）也是生产劳动者，那么这个原则对他们也应该是完全适用的。既然体现按劳分配原则的社会主义劳动报酬的基本形式——工资对管理人员是适用的，那么，作为社会主义劳动报酬的补充形式——物质奖励，在原则上也应该适用于管理人员。实际上，列宁对此早就做过多次论述。他说：应当用物质奖励"来奖励那些表现了英勇精神的、认真负责的、有才干的和忠心耿耿的经济工作者"。②"政治局坚决要求实行奖

① 比如，钢铁工业八级工的工资最高的是 113.6 元，而钢铁工业中的技术员最高一级的工资只有 102.5 元。机械工业中八级工的工资高的也达到 113.6 元，技术员最高一级的工资也只有 101 元。以上均系六类地区的工资标准。由于一般技术人员的工资标准低，等级多，级差小，因而他们的实际工资水平普遍低于工人。从一些典型调查来看，有的厂 1956 年中专毕业的技术员，现工资为 47 元，而同期参加工作的工人都是五级工，月工资为 61.77 元，前者比后者低 14.77 元。

在一般的管理干部和工人之间也存在着类似的情况。据一个工厂调查，1950 年同时进厂的工人有 16 名，转正定级后有 5 名提了干部，此后工资差距逐渐扩大。到 1963 年，11 名当工人的，有 2 名升为七级工，月工资 92.3 元，6 名升为六级工，月工资 78.9 元，最低的 3 名是五级工，月工资 67.4 元。而 5 名干部，除 1 人是 21 级，月工资 65.5 元外，其余 4 人都是 22 级，月工资 58.5 元。干部与工人相比，最低最高相差 33.8 元，平均工资干部比工人低 18.3 元。这个材料是有代表性的。

② 列宁：《论工会、目前局势及托洛茨基的错误》，《列宁选集》第 4 卷，第 415 页。

励制，尽可能广泛地奖励办事迅速、提高产量和扩大国内外贸易额的负责人员。"①"必须系统地研究和拟定一些推广奖励制的办法，以便把奖励制包括到全体苏维埃职员的整个工资制度里去。"②列宁的这些教导，对我国当前的建设实践，具有特殊重要的意义。由于 10 年来林彪、"四人帮"的破坏，致使许多管理人员的管理水平不高，有的甚至根本不懂管理，而且对于管理水平低和实现四个现代化已经发生尖锐矛盾的严重情况熟视无睹。要解决这个矛盾，除了依靠党的思想政治工作，并辅之以组织上的必要措施以外，也必须对管理人员进行认真的考核，并在考核的基础上认真地贯彻按劳分配原则（包括体现这一原则的奖励制度）。

上述一切都表明：确认脑力劳动者是社会主义生产劳动者，对于调动他们的积极性，对于充分发挥他们的作用，具有重要的意义。

在社会主义制度下，特别是在社会主义建设的现阶段，充分调动脑力劳动者的积极性，具有特殊重要的意义。

周恩来同志曾经从社会主义经济制度的本质上阐明了这一点，他说："我们所以要建设社会主义经济，归根结底，是为了最大限度地满足整个社会经常增长的物质和文化的需要，而为了达到这个目的，就必须不断地发展社会生产力，不断地提高劳动生产率，就必须在技术高度发展的基础上，使社会主义生产不断地增长，不断地改善。因此，在社会主义时代，比以前任何时代都更加需要充分地提高生产技术，更加需要充分地发展科学和利用科学知识。因此，我们要又多、又快、又好、又省地发展社会主义建设，除了必须依靠工人阶级和广大农民的积极劳动以外，还必须依靠知识分子的积极劳动，也就是说，必须依靠体力劳动和脑力劳动的密切合作，依靠工人、农民、知识分子的兄弟联盟。"③阐明脑力劳动者是社会主义生产劳动者，阐明他们和体力劳动者的关系是生产劳动者之间的社会主义互助合作关系，不仅有助于发挥脑力劳动者的积极性，而且有助于加强工人、农民和知识分子的兄弟联盟，从而有助于加速社

---

① 列宁：《俄共（布）中央政治局关于新经济政策的指示草案》，《列宁全集》第 33 卷，第 167 页。

② 列宁：《关于副主席工作的决定》，《列宁全集》第 33 卷，第 299~300 页。这里需要指出：从列宁的这些论述中，我们可以清楚地看到，列宁不仅主张对生产部门和企业的领导干部必须实行奖励制，对非生产的部门和企业的领导干部也应该如此。

③ 周恩来：《关于知识分子问题的报告》，人民出版社 1956 年版，第 6 页。

会主义建设。

现在我们进一步说明：在社会主义建设的现阶段，充分调动脑力劳动者的积极性，对于加速实现社会主义现代化，更是具有特殊重要的意义。

一方面，科学技术现代化是四个现代化的一个组成部分，是四个现代化的关键。很显然，没有科学技术的现代化，也就不会有工业、农业和国防的现代化。这是不言自明的道理。这里需要说明的是：管理现代化在实现社会主义现代化方面也居于很重要的地位。搞现代化建设，自然需要用现代化的技术装备把国民经济各部门武装起来。但现代化的技术装备要求实现管理的现代化；否则，就不可能有生产建设的现代化。在这方面，日本的经验是可以借鉴的。第二次世界大战以后，日本用了不到 20 年的时间就实现了生产现代化。他们的一条基本经验就是在实现生产技术现代化的同时，实现了管理的现代化。所以，日本人把技术装备的现代化和管理的现代化，称做经济起飞的"两个轮子"。从社会制度来说，社会主义是根本区别于资本主义的。但就现代化的技术装备要求现代化的管理来说，又是有相似之处的。

另一方面，我们的科学技术水平是落后的，管理水平更是落后的。这是一个矛盾。就科学技术的一般水平来说，我国比发达的资本主义国家要落后 15～20 年。在管理水平方面，我们和他们的差距就更大了。一些外国朋友参观了我们的一些工厂以后说，如果由他们来管理这些工厂，在不增加劳动力和设备的条件下，可以成倍地提高生产。我们的一些同志到国外参观一些工厂，和国内同类型的工厂相比，双方的设备差不多，但是人家的生产效率高得多。正像华国锋同志指出的那样："我国现在不但技术水平低，而且管理水平低。""一定要使全党认识这个问题的严重性。"①

要解决这个矛盾，就需要数量足的、质量高的科学技术人员和工程技术人员。但我国的实际情况又恰恰相反，科学技术人员和工程技术人员不仅数量少，而且质量低，远远不能满足社会主义现代化建设的要求。这又是一个矛盾。据调查，现在全国各条战线上具有中专或相当于中专

---

① 华国锋：《在全国财贸学大庆学大寨会议上的讲话》，《人民日报》1978 年 7 月 12 日第 1 版。

以上的科学技术人员，不到总人口的 7‰。①科学研究人员，在每万人口中占的比重，不到美国的 1/8，只有日本的 1/7 多一点。我国现有的科学技术人员不但数量少，而且水平低。现在中级科技人员少，高级科技人员更少，前者占到科技人员总数的 3.6%，后者只占 4‰。需要说明的是：由于林彪、"四人帮"的破坏，长期没有进行技术职称的评议，因而现有的技术职称，远远不能反映实际的学术水平。但我国科技队伍水平不高，毕竟是一个事实。在现有科技人员中，受过高等教育的人还不到一半，而且其中有相当一部分人是 1966 年以后毕业的。据有些省、市的调查，这一部分人要占到 1/3。即使是 1966 年以前毕业的大学生，由于林彪、"四人帮"的破坏，比较熟悉的也往往只是 20 世纪 40 年代、50 年代的科学技术，对 60 年代、70 年代的科学技术接触也很少。②

这里还需要指出：我国企业生产管理人员的数量不算少，但在质量上不能适应现代化建设需要的情况，比科技人员还要严重。我国管理水平的异常落后，就是这一点的充分证明。

要解决上述种种矛盾，就需要在充分发挥社会主义制度的优越性的基础上，最大限度地调动现有的科学技术人员、工程技术人员和生产管理人员的积极性。如前所述，在这方面，确认脑力劳动者是社会主义的生产劳动者，确认他们和体力劳动者的关系是社会主义的互助合作关系，具有重要的意义。

（二）有利于调动广大工人、农民学习科学文化的积极性

斯大林曾经尖锐地批判过对待科学文化的野蛮态度。他说："我们还有些人决心歌颂我们的没有文化。如果你不识字或者常写错字，并以自己的落后自夸，那你就是'产业'工人，你就得到荣誉和尊敬。如果你摆脱了没有文化的状况，认识了字，掌握了科学，那你就不是自己人了，你'脱离'了群众，不再是工人了。""我认为不消除这种野蛮和不文明的现象，不消除这种对待科学和有文化的人的野蛮态度，我们就一步也不能前进。如果工人阶级不能摆脱没有文化的状况，如果它不能造就自己的知识分子，如果它不掌握科学，不善于根据科学的原理来管理经济，

---

① 《光明日报》1978 年 11 月 14 日第 2 版。
② 《光明日报》1978 年 11 月 14 日第 2 版。

那它就不能真正成为国家的主人。"①在我国，由于林彪、"四人帮"的破坏，对待科学文化的野蛮态度，曾经一度达到了登峰造极的地步！这不仅是套在广大科学技术人员和工程技术人员身上的沉重的精神枷锁，也极大地压抑了广大工农群众学习科学文化的积极性，并且已经造成了广大工人、农民文化落后的状况。从一些地方的调查来看，即使在一些大城市的工厂中，具有高中以上文化程度的工人也不到工人总数的 20%，80%以上的工人是初中以下的文化程度。在许多工厂里，甚至许多工人不会看专业图纸。②至于农民的文化水平，那就更低了。

工农劳动群众这种科学文化落后状态，同社会主义现代化之间也存在着尖锐的矛盾。正如华国锋同志说的那样："事情很明显，如果我们的工人不具备相当的科学文化水平，不学习新的生产技能，那么，对现代化工业生产就难以掌握。如果我们的农村人民公社社员没有相当的科学文化水平，不懂得使用电力、机器、化肥、农药等等，不学会科学种田，也就不能适应农业现代化的需要。如果我们的解放军指战员，没有现代军事科学技术知识，那就不能掌握现代化的武器装备，不能很好地组织和指挥现代化战争。"③

而确认脑力劳动者是社会主义的生产劳动者，确认他们和体力劳动者的关系是生产劳动者之间社会主义互助合作关系，就有助于彻底肃清林彪、"四人帮"所造成的对待科学文化的野蛮态度，就有助于提高广大工农群众学习科学文化的积极性，因而也就有助于加速实现社会主义现代化。

（三）有利于巩固业已形成的安定团结的政治局面

我们阐明了社会主义生产中脑力劳动者和体力劳动者的关系，是社会主义的互助合作关系，就从一个重要方面说明了社会主义经济制度与资本主义经济制度的根本区别，说明了社会主义制度优越性的一个重要方面。这就有利于批判"左"的和右的错误思潮，有利于彻底肃清林彪、"四人帮"的流毒，有利于加强脑力劳动者与体力劳动者的团结，因而有

---

① 斯大林：《在苏联列宁共产主义青年团第八次代表大会上的演说》，《斯大林全集》第 11 卷，第 64 页。
②《光明日报》1978 年 11 月 14 日第 2 版；《北京日报》1979 年 5 月 13 日第 1 版。
③ 华国锋：《提高整个中华民族的科学文化水平》，《全国科学大会文件》，第 5 页。

利于巩固安定团结的政治局面。

应该着重指出：巩固这种政治局面是实现社会主义现代化必须具备的政治前提。党的十一届三中全会根据建国以后近30年的经验，做出了这样的科学总结："实践证明，保持必要的社会政治安定，按照客观经济规律办事，我们的国民经济就高速度地、稳定地向前发展，反之，国民经济就发展缓慢甚至停滞倒退。"①这是千真万确的真理！

综上所述，可以看到：确认脑力劳动者是社会主义生产劳动者，确认他们和体力劳动者的关系是生产劳动者之间的社会主义互助合作关系，就会从调动脑力劳动者的积极性、发挥广大工农群众学习科学文化的主动性以及巩固安定团结的政治局面等方面，来加速社会主义现代化的伟大事业。正因为有这样重要的意义，我们在第五、六两章用了大量的篇幅来阐述这个问题。

---

①《中国共产党第十一届中央委员会第三次全体会议公报》，人民出版社1978年版，第6页。

第七章　现阶段脑力劳动者和体力劳动者的社会主义互助合作关系，是不完整的

一、这种不完整的表现

我们在前面论证了社会主义制度下物质生产领域中脑力劳动者和体力劳动者的关系是社会主义的互助合作关系，并批判了"四人帮"把这种社会主义关系歪曲为阶级对立关系的谬论。但同时也应该看到：在我国社会主义建设的现阶段，这种社会主义互助合作关系并不是完整的。这里所说的"不完整"，有两层意思：第一层意思是，这种社会主义的互助合作关系，并没有也不可能包括所有的社会成员。虽然，我国"已经消灭了封建剥削制度和资本主义剥削制度，改造了小生产制度，社会主义制度已经经历了严峻的考验而确定了自己的稳定的统治"。"作为阶级的地主阶级、富农阶级已经消灭。""作为阶级的资本家阶级也已经不再存在。经过近 30 年的斗争和教育，这些阶级中间有劳动能力的绝大多数人已经改造成为社会主义社会中的自食其力的劳动者。"但是，"我国还有反革命分子和敌特分子，还有各种严重破坏社会主义秩序的犯罪分子和蜕化变质分子，还有贪污盗窃、投机倒把的新剥削分子。'四人帮'的某些残余，没有改造好的极少数地主富农分子和其他旧剥削阶级的某些残余，也还会继续坚持反动立场，进行反社会主义的政治经济活动。并

且，国内阶级斗争又同国际阶级斗争密切地联系着。所以，各种阶级敌人还将长期存在"。① 这类极少数的阶级敌人，无论是在体力劳动者中间，还是在脑力劳动者中间，都是存在的。所以，在我国社会主义建设的现阶段，社会主义的互助合作关系，只能是对绝大多数的脑力劳动者和体力劳动者来说的，就绝大多数的人民和极少数的阶级敌人来说，还是一种阶级对立关系。第二层意思是，即使就绝大多数的脑力劳动者和体力劳动者的关系来说，也不全部都是社会主义的互助合作关系。在社会主义社会，由于建立了生产资料的社会主义公有制，因而脑力劳动者与体力劳动者之间的社会主义互助合作关系，是占主导地位的。华国锋同志说过："这个社会主义社会的主人翁，是社会主义的工人，社会主义的农民，社会主义的知识分子，以及其他拥护社会主义的爱国者。在他们中间还有这样那样的矛盾，但是没有根本的利害冲突，建设和发展社会主义事业是所有这些人的共同利益。"② 但在社会主义建设的现阶段，他们之间又不同程度地存在着一些旧的经济关系的残余。

应该说明的是，这种旧的经济关系的残余，不仅存在于脑力劳动者和体力劳动者之间，而且也存在于体力劳动者之间以及脑力劳动者之间。就脑力劳动者和体力劳动者之间的情况来说，这种旧的经济关系的残余也表现在若干个方面。但我们这里只是着重考察在企业的某些领导干部和劳动群众的关系方面存在的一些旧的经济关系的残余。因为这方面旧的经济关系的残余，比其他方面的旧的经济关系的残余，更为严重地束缚劳动者的积极性，阻碍社会生产力的发展，妨害社会主义现代化。这是很值得注意的。而且，我们对这方面旧的经济关系残余产生的原因及其变化趋势所做的分析，对其他方面旧的经济关系的残余，大体上也是适用的。

这方面旧的经济关系的残余表现在：第一，有的企业干部对企业实行家长式的领导，解决企业生产、交换、分配、消费等方面的问题，全凭主观意志办事，劳动群众很少有发言权。这显然不是社会主义的经济关系。家长式的领导，是封建社会中"农村家长制生产"③ 的经济关系的残

---

① 华国锋：《政府工作报告》，人民出版社 1979 年版，第 6~7 页。
② 华国锋：《政府工作报告》，人民出版社 1979 年版，第 10 页。
③ 马克思：《资本论》，《马克思恩格斯全集》第 23 卷，第 95 页。

余。因为正是在这种经济关系中，一个家庭的生产，全凭家长一人说了算。第二，更有甚者，农村有的社队干部，对社员群众采取了罚款、罚粮、扣工分甚至打骂的手段。这个情况曾经一度在陕西省旬邑县发展到了很严重的地步。据统计，该县从 1974 年到 1977 年底，共罚款 13000 元，罚粮 10 万斤，扣劳动日 17000 个。该县原县委书记不仅亲自动手打人，还大搞"打而优则仕"。他于 1975 年任县委书记以来，一手提拔的 74 名公社副主任以上的干部，就有 28 人犯有动手打人的错误。[1]这当然不是社会主义的劳动纪律，这是一种类似资本主义的"饥饿纪律"，[2]甚至类似农奴制的"棍棒纪律"。[3]这显然也不是社会主义平等的互助合作的关系，就其任意打骂社员群众来说，甚至还不是资本主义的雇佣关系的残余，而是农奴制经济关系的残余。因为正是在这种经济制度下，存在着农奴对农奴主的人身依附关系，农奴在人身上是不自由的，因而农奴主可以任意打骂农奴。旬邑县原县委书记甚至公然宣扬："为什么毛驴骑着比拉着走得快？""毛驴不过河，就欠两鞭杆！"[4]这说明：在他眼里，广大社员群众不是集体生产的主人，竟然变成了"会说话的生产工具"。第三，有的企业领导干部利用职权，多吃多占，侵占公共的劳动成果。据统计，1977 年，湖南湘乡县有一个区各单位大吃大喝，花掉 408000 多元，粮食 304000 多斤，全区平均每人要负担 5.3 元。这当然也不是社会主义的经济关系，因为依照按劳分配原则的要求，领导干部和劳动群众的关系应该是一种社会主义的"劳动平等和工资平等"[5]的关系。这无疑是一种旧的剥削关系的残余。

可见，在企业的某些领导干部和劳动群众之间，确实存在着一些非社会主义的、旧的经济关系的残余，其中有资本主义的东西，更多的还是封建主义的和小生产的东西。

---

①④《"外表像个样"的背后——旬邑问题的启示》，《人民日报》1978 年 12 月 9 日第 2 版。

② 应该说明：在社会主义社会中，在做好思想政治工作的同时，也需采取适当的奖惩制度（以奖为主，以惩为辅），这是符合社会主义原则的。但这同旬邑县曾经实行的强制的单纯的惩罚，在性质上是根本不同的两回事。

③ 列宁：《伟大的创举》，《列宁选集》第 4 卷，第 9 页。

⑤ 列宁：《国家与革命》，《列宁选集》第 3 卷，第 256 页。

二、这些旧的经济关系残余存在的原因

（一）历史的经验

在现阶段的社会主义企业中，在有的领导者和劳动群众之间存在一些旧的经济关系的残余，已经是活生生的现实，是很清楚的。但在理论上又似乎是奇怪的，不易解释的。然而只要回顾一下历史，那又可以明白：在一个新的经济制度建立以后，还存在着旧的经济关系的残余，是常见的事。

在古印度的孔雀王朝统治时期（大约公元前 324—前 185 年），虽然奴隶主土地所有制已经占了统治地位，但还残存着农村公社土地所有制。农村公社土地的主要部分，作为份地分给各家耕种，并可继承、出租、抵押和出卖，它基本上是私有财产。但土地出卖者的亲属有优先购买的权利，其次是邻居，最后才是富有的奴隶主。而且，在农村公社里，水利灌溉系统、牧场和森林等都是公有的，是全村共同使用的。这些都是农村公社土地所有制的残余。[①]

到了欧洲的中世纪，封建领地成为主要的土地所有制形式。但农村公社所有制的残余还被保留下来。第一，归农民耕种的土地所有权，已经归领主，而不是归公社了。但仍然保持着份地的形式，并且在某些地区还保留着定期重新分配的原则。第二，除份地外，还存在着敞地制度和公地制度。所谓敞地制度，就是农民有权在农作物收获之后利用一切领主的自留地和农民份地作牧场；所谓公地制度，就是树林、牧场、草地和水泽地带仍归公社所有，大家共同使用。[②]正如恩格斯所说的，作为农村公社土地所有制的"马尔克制度在整个中世纪时代，都是在和土地贵族的不断的艰苦斗争中生存下来的"。甚至到 19 世纪后半期的德国，还"剩下了很少的残迹"。[③]

[①] 参见《简明世界史》（古代部分），第 81 页。
[②] 参见《外国经济史》（封建主义时代），三联书店 1964 年版，第 238~245 页。
[③] 恩格斯：《马尔克》，《马克思恩格斯全集》第 19 卷，第 361、353 页。

且不说中世纪初期的农奴制，还"包含着古代奴隶制的许多成分"，①就是在资本主义的初期，也存在着农奴制经济的残余。在旧中国的帝国主义企业和中国资本主义企业中，也是如此。这一点，在"包工制"、"养成工"、"包身工"等剥削形式上，表现得最为明显。因为在这些形式中，不仅存在着资本家对工人的资本主义剥削，而且存在着包工头对工人的封建剥削，存在着具有封建性质的、工人对包工头（或资本家）的人身依附关系。

可见，在历史上，在新的经济制度建立以后，旧的经济关系的残余还存在着，而且是同新的生产关系交织在一起的。这种情况在生产资料的原始公社所有制向生产资料私有制发展的过程中存在过，在以生产资料私有制为基础的各个社会经济形态相互更替的过程中也发生过。这样，在社会主义制度下还存在着旧的经济关系的残余，就是不足为奇的事情了。

（二）现实的分析

我国社会主义建设的现阶段，所以还存在旧的经济关系的残余，首先，由于阶级敌人的破坏。新中国成立以后，无产阶级和资产阶级的矛盾，曾经是社会的主要矛盾。但在生产资料所有制的社会主义改造基本完成以后，特别是在粉碎林彪、"四人帮"反党集团，并把党和国家的工作重点转移到社会主义现代化建设的轨道以后，阶级矛盾就不是主要矛盾了。但在社会主义建设的现阶段，还存在着阶级斗争。在阶级斗争存在的条件下，阶级敌人（包括他们的政治代表，如林彪、"四人帮"一类的人物）的本性决定他们总是要竭力破坏业已形成的社会主义生产关系，总要维护旧的经济关系的残余，并力图恢复旧的经济关系。当然，在无产阶级专政存在的条件下，他们难以全面地复辟资本主义和颠覆社会主义，但在某种范围内和某种程度上还是可能做到的。而在林彪、"四人帮"横行的十年期间，他们确实在空前未有的规模和程度上做到了这一点。由于林彪、"四人帮"的破坏，有的地方以人身依附关系为特征的封建关系有所复活；有些干部利用职权、侵占集体劳动成果的情况也有恶性的发展，平均主义泛滥，按劳分配原则遭到破坏；等等。

其次，由于社会主义建设的历史还不长，人们对社会主义生产关系

① 恩格斯：《马尔克》，《马克思恩格斯全集》第19卷，第364页。

本质的认识还不深，依据这种认识建立起来的社会主义经济制度还不完善。这些不完善的方面，就为旧的经济关系残余的存在留下了空隙，或者创造了条件。同时不利于社会主义生产关系本身的巩固和发展。比如，按照政治经济学的传统观点，在社会主义国家所有制的条件下，企业在人、财、物、供、产、销等方面都不应该享有独立自主权。这些权限应该统统集中在国家手中，企业的一切经济活动都应该听命于国家的安排，否则就不成其为社会主义国家所有制。但这样做的结果，势必否定了作为社会主义社会生产的基层单位和经济细胞的企业必要的独立自主权，其实质也就是削弱了从事体力劳动的广大劳动群众在社会主义经济中必须具有和应该具有的主人地位。因为企业劳动者集体包括了一部分脑力劳动者，但主要是体力劳动者。所以，否定了企业必要的独立自主权，从其主要的意义上说，也就是削弱了劳动群众管理企业的权力。而且，按照传统的观点，在这种国家所有制形式下，企业领导者是只能由国家委派的，并作为国家的代表来管理企业的，而不能由企业劳动者选举的。这就不仅削弱了劳动者管理企业的权力，而且很容易助长企业干部犯家长制领导的错误，为某些旧的经济关系残余的存在开了方便之门。

在我国的社会主义民主和社会主义法制方面，也存在着类似的情况，就是说，也是很不完善的、很不健全的，并且同样地造成了不利于消灭旧的经济关系残余和巩固、发展社会主义生产关系的后果。斯大林说过："基础创立上层建筑。就是要上层建筑为它服务，要上层建筑积极帮助它形成和巩固，要上层建筑为消灭已经过时的旧基础及其旧上层建筑而积极斗争。"① 由于社会主义民主和社会主义法制的不健全，我国社会主义上层建筑在这方面的积极作用，还远远没有得到充分的发挥。

最后，但却是最重要、最根本的原因，是由于我国当前社会生产力还比较落后。建国以后，我国工农业生产的机械化和现代化已经有了很大的发展。但在工业中还有一部分手工劳动，农业劳动的基本形式还是手工劳动，至于手工业的管理方式，无论在农业或工业中，都是普遍存在的。

为什么这种落后的社会生产力会成为旧的经济关系残余存在的最重

---

① 斯大林：《马克思主义和语言学问题》，《斯大林文选》（下），人民出版社 1977 年版，第 521 页。

要、最根本的原因呢?

因为,第一,我国国民经济中这种小生产的残余,正是以人身隶属关系为特征的封建主义的和农村家长制生产的①经济残余赖以继续存在的物质基础。从历史上看,"这种分散的个体生产,就是封建统治的经济基础"。②这种分散的个体生产,也就是"农村家长制生产"。③因为在个体生产的范围内,诸如生产的安排、经营上的打算、劳动的分工、产品的分配等,都是由家长一人决定的。后来,由于资本主义大机器工业的发展,彻底摧毁了这种小生产,因而以人身依附关系为特征的农奴制和封建行会制也就转变为资本主义的雇佣劳动制。这不是偶然的。因为封建的经济关系只能以个体生产为基础,面对大机器工业,不仅会发生尖锐的矛盾,而且根本是无法驾驭的。用这个道理就能解释为什么我国还存在着封建的和农村家长制的经济关系的残余;也能够解释为什么在那些以现代技术为基础的大工业中,这种旧的经济关系残余又比以手工劳动为主的农村要少得多。

第二,根据第一点中讲的道理,我国存在的小生产残余,还曾经成为林彪、"四人帮"在某些地区复活旧的经济关系的物质基础。

第三,这种小生产的残余还是官僚主义产生的经济根源。列宁曾经说过:"官僚主义的经济根源是什么呢? 这种根源主要有两个方面:一方面是已发展起来的资产阶级正是为了反对工人(局部地也反对农民)的革命运动,而需要官僚机构,首先是军事的,其次是法庭等等的官僚机构。这种现象我们这里是没有的。……我们这里官僚主义的经济根源是另外一种:小生产者的分散性和散漫性,他们的贫困、不开化,交通的闭塞,文盲现象的存在,工农业间的缺乏**流转**,缺乏联系和协作。"④列宁讲的前一方面对我国是完全适用的,列宁讲的后一方面是针对着农业集体化以前的个体农民经济说的,但在某种程度上对我国社会主义建设现阶段的情况也是适用的,因为我国还存在着小生产的残余。

---

① 马克思说过:家长制,古代奴隶制或封建制,都具有"支配关系与隶属关系"的性质(参见马克思:《政治经济学批判大纲》(草稿)第1分册,第95~96页)。

② 毛泽东:《组织起来》,《毛泽东选集》第3卷,第885页。

③ 马克思:《资本论》,《马克思恩格斯全集》第23卷,第95页。

④ 列宁:《论粮食税》,《列宁选集》第4卷,第526页。

　　还需指出：由于我国社会生产力落后，劳动群众的文化水平低，这一点还决定着不能彻底战胜官僚主义。列宁对这一点也做过透彻的分析。他说："只有当全体居民都参加管理工作时，才能彻底进行反官僚主义的斗争，才能完全战胜官僚主义。"但要做到这一点，除了要有无产阶级专政国家的法律，"还要有文化水平……由于文化水平这样低，苏维埃虽然在纲领上是**通过劳动群众**来实行管理的机关，而实际上却是通过无产阶级先进阶层来**为劳动群众**实行管理而不是通过劳动群众来实行管理的机关。"①

　　这说明：由于我国现阶段社会生产力落后，还有小生产的残余，不仅官僚主义必然会产生，而且官僚主义难以被彻底战胜。这样，官僚主义的存在就是难以完全避免的。这种官僚主义是一种旧的上层建筑的残余，它虽然不是旧的经济关系残余产生的原因，但它起着保护它们的作用。

　　第四，社会生产力的发展状况，不仅决定着旧的经济关系的残余的存在，而且决定着它存在的时间。如前所述，农村公社的土地所有制的残余不仅在奴隶社会存在过，而且在封建社会存在过。这只能从社会生产力的发展中去得到说明。就是说，奴隶社会和封建社会的生产力比原始社会都大大发展了，但都没有从根本上摆脱手工劳动。这就是农村公社土地所有制的残余能够在人类历史上长期存在的原因。后来资本主义社会化大生产的发展，就彻底地消灭了这种残余。恩格斯在论到这一点时说过："马尔克制度在经济上显得落伍，作为农业经营方式已失去了生命力，这事实上是由于近百年来农业的巨大进步使农艺成为一门科学，并采用了全新的经营方式。"②另外，奴隶制和封建制的残余在资本主义社会也都存在过。但它们存在的时间比农村公社土地所有制残余存在的时间要短得多。这正如马克思、恩格斯在《共产党宣言》中所指出的那样："资产阶级在它的不到一百年的阶级统治中所创造的生产力，比过去一切世代创造的全部生产力还要多，还要大。"③致使奴隶制和封建制这样一些旧的经济关系的残余没有存在的物质基础，没有存在的余地。这个一般道理对于社会主义社会也是适用的，就是说，在社会主义制度下，旧的

---

　　① 列宁：《关于党纲的报告》，《列宁选集》第 3 卷，第 788~789 页。
　　② 恩格斯：《马尔克》，《马克思恩格斯全集》第 19 卷，第 361~362 页。
　　③ 马克思、恩格斯：《共产党宣言》，《马克思恩格斯选集》第 1 卷，第 256 页。

经济关系能否存在，存在的时间长短，归根结底要决定于社会主义社会生产力的发展。

三、这些旧的经济关系残余的逐步消灭，是历史发展的必然趋势

前面所说的在有的企业的领导干部和劳动群众之间还存在着的那些旧的经济关系残余，是损害着劳动群众在社会主义生产中的主人地位的，是侵占了他们的劳动果实的。因而必然会束缚劳动者的积极性，必然会阻碍社会主义建设的发展。我国社会主义建设的历史已经反复证明了这一点。1958 年农村在大刮"共产风"的同时，"强迫命令风"、"打骂群众风"和"多吃多占风"在有些地区也有发展，因而严重地打击了广大社员群众的社会主义积极性，成为在这以后我国经济发展受到挫折的一个因素。在林彪、"四人帮"横行的十年中，这些旧的经济关系的残余得到了空前未有的发展，这显然也是我国经济长期发展缓慢，最后走到崩溃边缘的原因之一。在"四人帮"被粉碎以后，有的地方，由于这种旧的经济关系残余还严重存在，因而生产下降。比如，旬邑县就是这样。该县 1977 年较之 1975 年全县每人平均收入下降 11 元，每人平均口粮下降38 斤。过去旬邑县每年向国家贡献一千几百万斤商品粮，如今全县 20 万人竟成了"五保户"，1978 年一年吃了 1000 多万斤返销粮。该县的职田公社粮食的总产和单产，1976 年比 1975 年下降 20%，1977 年又比1976年下降 8%。由于生产下降，收入减少，1978 年有 70% 的社员家庭缺粮，20%~30% 的社员家庭没钱买返销粮。①应该看到，直到目前，这种旧的经济关系的残余还是在某种程度上压抑着广大劳动群众的社会主义积极性。因此，要实现社会主义现代化，就必须消灭这种旧的经济关系残余。

还需指出，在社会主义制度下，这种旧的经济关系的残余，不仅必须消灭，而且是可以通过社会主义制度本身逐步地得到解决的。因为，现阶段虽然还存在着旧的经济关系的残余，但占主导地位的还是社会主

---

① 《"外表像个样"的背后——旬邑问题的启示》，《人民日报》1978 年 12 月 9 日第 2 版。

义的互助合作关系，因而人们之间的根本利益是一致的，而不是对抗的。这就能够说明：为什么在旬邑县发生了那么严重的社队干部打骂社员群众的事件以后，在以华国锋同志为首的党中央领导下能够迅速地得到了纠正，绝大多数犯错误的干部在经过批评以后，能够认识错误，并向被打骂的社员群众赔礼道歉。也能够说明，为什么在那些犯有多吃多占的干部中，绝大多数人在经过教育之后，也能认识错误，并在行动上改正错误。

当然，这些旧的经济关系的残余的存在，是有多种原因的，特别是同生产力的落后状况有联系的。因而，这种旧的经济关系的残余，一个时候在这些干部身上表现出来，而在他们纠正了错误以后，在另一个时候在另一些干部身上又会表现出来，甚至会在已经犯过错误的干部身上重复发生。所以，这种旧的经济关系的残余不可能在一个短的时期内彻底消灭，而只能是逐步消灭。

逐步消灭这种旧的经济关系残余的根本途径，是在以华国锋同志为首的党中央领导下，高举马列主义、毛泽东思想的伟大旗帜，加速实现四个现代化。因为"实现四个现代化，要求大幅度地提高生产力，也就必然要求多方面地改变同生产力发展不适应的生产关系和上层建筑，改变一切不适应的管理方式、活动方式和思想方式，因而是一场广泛、深刻的革命"。[1]

既然实现四个现代化，要求大幅度地提高生产力，那就可以缩小以致最后消灭旧的经济关系赖以存在的物质基础，即小生产的残余。

既然实现四个现代化，要求多方面地改变同生产力发展不适应的生产关系和上层建筑，改变一切不适应的管理方式、活动方式和思想方式，那么，实现四个现代化，不仅要求消灭这些旧的经济关系的残余，而且随着我国的社会主义经济制度和政治制度的进一步完善，又为消灭这种残余提供了更有利的条件。

比如，随着我国现行经济管理体制的改革，"工业、农业、交通运输业和商业等企业单位拥有必要的自主权"。[2]这样，企业在遵守国家统一计

---

[1]《中国共产党第十一届中央委员会第三次全体会议公报》，人民出版社 1978 年版，第 5 页。
[2] 华国锋：《政府工作报告》，人民出版社 1979 年版，第 13 页。

划的条件下，在制订计划方面，在使用资金、物资和劳动力方面，在产品的销售方面，在收入的分配方面，都有必要的自主权。同时，"要切实贯彻执行各尽所能、按劳分配的原则，把企业收入和职工收入的高低同他们对国家贡献的大小直接联系起来，坚决纠正干好干坏、干多干少一个样的平均主义倾向"。①这样，不仅为广大劳动群众以主人翁的姿态搞好企业经营管理开辟了广阔的天地，而且从物质利益方面调动了他们在这方面的社会主义积极性。

再如，随着我国社会主义民主的扩大，"我们要在各企业中推行职工代表大会制度，企业负责人要定期向大会报告工作并听取大会的意见。我们要推广和改善干部的选举制度，不仅农村人民公社的各级领导人员要实行群众选举，工矿企业、商店等企业事业单位的基层领导人员，也要逐步实行群众选举，并且按照需要和可能，逐步扩大选举的范围"。②应该着重指出：广大劳动群众对各级经济组织与行政组织的领导干部的选举权、罢免权和监督权是他们的一个最重要的经济权利和政治权利。巴黎公社第一次提出了防止无产阶级专政的国家干部官僚化的三项著名措施。这就是：第一，国家公职人员由选举产生，并随时可以撤换；第二，他们的工资相当于工人的工资；第三，他们必须接受人民群众的直接监督。马克思高度地评价了这些措施在巩固无产阶级专政方面的重大意义。他说：巴黎公社"彻底清除了国家等级制，以随时可以罢免的勤务员来代替骑在人民头上作威作福的老爷们，以真正的负责制来代替虚伪的负责制，因为这些勤务员经常是在公众监督之下进行工作的"。③列宁也是这样称颂巴黎公社的经验的。列宁认为，巴黎公社实行上述种种办法，是无产阶级"扩大民主和根绝官僚制"的"一个**轮廓**，如果**沿着这样的道路前进，我们就能彻底破坏官僚制**"。④

这些都表明：随着我国社会主义经济制度和政治制度的进一步完善，必将促使旧的经济关系残余逐步地归于消灭。

还要指出，实现四个现代化是现阶段我国社会主义社会发展的客观

---

① 华国锋：《政府工作报告》，人民出版社 1979 年版，第 13 页。
② 华国锋：《政府工作报告》，人民出版社 1979 年版，第 32 页。
③ 马克思：《法兰西内战》，《马克思恩格斯选集》第 2 卷，第 414 页。
④ 列宁：《国家与革命》，《列宁选集》第 3 卷，第 273 页。

要求，是亿万人民的根本利益之所在。而四个现代化的实现又必然促使旧的经济关系残余逐步地归于消灭。因而旧的经济关系残余逐步地归于消灭，是历史发展的必然趋势。

四、必须同"四人帮"的谬论划清界限

我们说，现阶段社会主义企业中，还存在着一些旧的经济关系的残余，这同"四人帮"鼓吹过的谬论是否是一样的呢？为了回答这个问题，划清同"四人帮"谬论的界限，是十分必要的。

第一，我们认为，在现阶段社会主义企业中，占主导地位的是社会主义生产关系，旧的经济关系只是一些残余。前者是由生产资料的社会主义公有制决定的，是属于社会主义的范畴；后者不是由社会主义生产关系本身带来的，根本不属于社会主义的范畴。但"四人帮"认为，社会主义生产关系表现出二重性：一方面是"生长着的共产主义因素"，另一方面是"衰亡着的表现为资产阶级法权的资本主义传统或痕迹"。[①] 而在"四人帮"那里，所谓"衰亡着的表现为资产阶级法权的资本主义传统或痕迹"，就是"衰亡着的资本主义因素"，或者甚至就是"衰亡着的资本主义"的同义语。可见，在他们看来，社会主义生产关系本身具有二重性：一方面是"生长着的共产主义因素"，另一方面是"衰亡着的资本主义因素"。这显然是对社会主义生产关系的诬蔑！

第二，我们认为，在现阶段的社会主义企业中，在有的企业领导者与广大劳动群众之间存在着某些旧的经济关系的残余，从这方面说，也包含一些对抗因素。但就是在他们之间，社会主义生产关系也是占主导地位的。因而从主要方面说，在他们之间并不存在根本利益的冲突，并不是阶级对抗关系。但在"四人帮"看来，他们所说的社会主义生产关系二重性，"反映到阶级关系上，就是无产阶级和资产阶级的斗争过程"。[②] 他们就是这样把社会主义制度下劳动者之间（包括脑力劳动者和体力劳

---

① 原上海市委写作组编：《社会主义政治经济学》，1976年版，第5页。
② 原上海市委写作组编：《社会主义政治经济学》，1976年版，第74页。

动者之间）的关系歪曲为阶级对立关系的。

第三，我们认为，现阶段占主导地位的社会主义生产关系不仅不是产生资本主义的经济根源，而且是无产阶级用来彻底消灭资本主义的经济力量。至于旧的经济关系的残余，当然是孕育新的剥削分子的一个因素。比如，干部的多吃多占和贪污盗窃分子之间并没有不可逾越的鸿沟；而且，多吃多占的干部往往被贪污盗窃、投机倒把等新的剥削分子利用来作为进行剥削活动的护身符。但在"四人帮"看来，社会主义生产关系本身竟成了产生资本主义的经济基础。姚文元提出过一个臭名远扬的谬论："资产阶级法权的存在，则是产生新的资产阶级分子的重要的经济基础。"①他所说的"资产阶级法权"，就是社会主义的按劳分配和商品生产，就是社会主义生产关系本身。请看张春桥为他做了清楚的注脚。张春桥说："只要有两种所有制，商品生产，货币交换，按劳分配就是不可避免的。"由于只能对它们加以限制，"城乡资本主义因素的发展，新资产阶级分子的出现，也就是不可避免的"。②

第四，我们认为，在社会主义制度下，在社会主义再生产过程中，一方面，社会主义生产关系会不断巩固和发展；另一方面，社会主义社会的生产力会不断提高。这就从生产关系和生产力两方面，为促进旧的经济关系残余逐步地归于消灭创造了条件。因而，社会主义再生产过程的发展，必然导致旧的经济关系残余的逐步灭亡。但"四人帮"认为："在社会主义生产关系的再生产过程中，一方面会不断分泌出资本主义和资产阶级……另一方面也必然会不断壮大着共产主义和无产阶级。"③这里虽然也提到了"必然不断壮大着共产主义和无产阶级"，但那不过是为了装潢门面，掩人耳目。他们的真实目的，是要"论证"资本主义的永世长存。

第五，我们提出现阶段社会主义企业中还存在着旧的经济关系的残余，是要说明：要加速社会主义建设，要巩固和发展社会主义生产关系，就绝不能放松同这些旧残余的斗争；而为了有效地同它们作斗争，又必须加速四个现代化的建设。"四人帮"提出社会主义生产关系具有二重

---

① 姚文元：《论林彪反党集团的社会基础》，人民出版社1975年版，第4页。
② 张春桥：《论对资产阶级的全面专政》，人民出版社1975年版，第9~10页。
③ 原上海市委写作组编：《社会主义政治经济学》，1976年版，第490~491页。

性，是为他们的反革命的政治纲领、为他们阴谋篡党夺权服务的。他们正是从这一点出发做出结论说："社会主义生产关系归根到底是无产阶级和资产阶级的关系，党内资产阶级是腐朽没落的资本主义生产关系的代表，是无产阶级专政下革命的主要对象，党内走资派是复辟资本主义的主要危险。"①这段"绝妙"的"论证"，最明白不过地暴露了他们的所谓社会主义生产关系二重性理论的反动本质。

这些都说明：我们的看法同"四人帮"的谬论是根本不同的。

这里还需指出另一种形而上学观点。曾经有一个时期，我国学术界流行这样一种看法，认为在生产资料所有制的社会主义改造基本完成以后，脑力劳动者和体力劳动者之间就只存在一种社会主义的互助合作关系，而不存在其他关系。几十年社会主义的实践证明：这种观点是片面的。毛泽东同志在总结了社会主义实践的经验以后指出：在生产资料所有制的社会主义改造基本完成以后，社会主义社会还存在着两类社会矛盾，即敌我矛盾和人民内部矛盾。显然，在我国社会主义建设的现阶段，就绝大多数的脑力劳动者和体力劳动者的关系来说，是"人民内部的矛盾，是在人民利益根本一致的基础上的矛盾"。②也就是社会主义的互助合作关系，但也存在着极少数的敌我矛盾。这是第一。第二，毛泽东同志还指出：在社会主义企业中，还存在着干部对待工人的"老爷态度"，还存在着"猫鼠关系"。这种不平等的"猫鼠关系"，显然也不是社会主义平等的互助合作关系，而是一种旧的经济关系的残余。实践还证明：这种形而上学观点，对于社会主义经济制度和政治制度的巩固，对于社会主义建设的发展，都是不利的。

---

① 原上海市委写作组编：《社会主义政治经济学》，1976 年版，第 491 页。
② 毛泽东：《关于正确处理人民内部矛盾的问题》，《毛泽东选集》第 5 卷，第 365 页。

第八章 社会主义制度下脑力劳动与体力劳动分工的发展和消灭

一、必须准确地把握这种分工的发展和消灭的过程

我们在前面着重地分析了社会主义制度下脑力劳动者和体力劳动者的关系是生产劳动者之间的社会主义互助合作关系，同时也阐明了在我国社会主义建设的现阶段，他们之间还存在着某些旧的经济关系的残余。现在我们进一步探讨社会主义制度下脑力劳动与体力劳动分工的发展和消灭的过程。

为了准确地把握这个过程，首先需要把它和脑力劳动与体力劳动的对立的消灭过程区分开来。按照斯大林的说法："产生脑力劳动和体力劳动之间的对立的经济基础，是脑力劳动者对体力劳动者的剥削。""显然，随着资本主义和剥削制度的消灭，体力劳动和脑力劳动之间利益上的对立也必定消失。"[1]所以，在我国，随着生产资料所有制的社会主义改造基本完成，这种对立基本上也就消失了。但在我国社会主义建设的现阶段，在不发达的社会主义阶段，[2]还会产生新的剥削分子。这种新剥削分子已

---

① 斯大林：《苏联社会主义经济问题》，第 20 页。

② 看来，可以把社会主义社会区分为不发达的社会主义社会和发达的社会主义社会。列宁曾经多次使用过"发达的社会主义社会"这个概念（参见《关于全俄中央执行委员会和人民委员会的工作》，《列宁全集》第 30 卷，第 299 页；《〈苏维埃政权的当前任务〉一文的初稿》第八章，《列宁全集》俄文第 5 版第 36 卷，第 139 页）。毛泽东同志也把社会主义社会区分为不发达的社会主义和比较发达的社会主义。

经不是作为原来意义上完整的公开的剥削阶级而存在着，但他们也是无偿地占有劳动群众集体的劳动成果的。这种新剥削分子，无论在脑力劳动者或者体力劳动者中间都会产生的。因而现在还不能说彻底地消灭脑力劳动和体力劳动的对立。只有等到社会主义社会高度发展以后，到了发达的社会主义阶段，新剥削分子不再产生了。这种对立也就彻底消灭了。

但是，脑力劳动和体力劳动分工的发展趋势却不是这样。什么是脑力劳动和体力劳动的分工呢？依照马克思的定义，就是"把脑力劳动和体力劳动，或者说，把以脑力劳动为主或者以体力劳动为主的各种劳动分离开来，分配给不同的人"。[①] 可以预料，这种分工的发展过程不仅现在不发达的社会主义阶段存在着，而且会延续到将来发达的社会主义阶段。只是在发达的社会主义阶段逐步实现向共产主义社会过渡时，这种分工才会逐步地归于消灭。

为了准确地把握这个过程，更需要把它和脑力劳动与体力劳动的本质差别的缩小过程区别开来。脑力劳动与体力劳动的本质差别，指的是脑力劳动者与体力劳动者之间的"文化技术水平的悬殊"。[②] 在社会主义社会正常发展的情况下（比如，没有像俄国苏维埃政权建立初期的外国帝国主义的武装干涉以及后来的希特勒德国的侵略；没有像我国林彪、"四人帮"的破坏），脑力劳动者和体力劳动者之间的"文化技术水平的悬殊"状况是会逐步缩小的。但如前所述，在社会主义社会的一个长时期内脑力劳动与体力劳动的分工不仅不会缩小，而且还会发展。当然，脑力劳动与体力劳动本质差别的逐步缩小，最终会导致脑力劳动与体力劳动本质差别的消灭；而这种本质差别的消灭，又是消灭脑力劳动与体力劳动分工的重要条件。所以，从最终的意义上说，脑力劳动与体力劳动本质差别的逐步缩小，也是为消灭脑力劳动与体力劳动分工创造条件的。但在这种本质差别的逐步缩小直至消灭的这样一个长过程内，脑力劳动与体力劳动的分工还是要发展的。

应该着重指出：把脑力劳动与体力劳动的分工发展过程和它们之间的本质差别缩小过程区别开来，并不是人们臆想出来的问题，而是我国

---

① 马克思：《剩余价值理论》，《马克思恩格斯全集》第 26 卷 I，第 444 页。
② 斯大林：《苏联社会主义经济问题》，第 22 页。

社会主义实践中提出的需要从理论上加以解决的问题。我国长期以来，流行着一种观念：为了实现向共产主义社会的过渡，在无产阶级夺取政权以后，就要缩小脑力劳动和体力劳动的差别；但在理论上并没有分清，是缩小它们之间的本质差别呢？还是缩小它们之间的劳动分工的差别呢？由于理论上的不清，因而在实践上似乎我国早就到了缩小脑力劳动与体力劳动分工差别的时候了。这种"左"的思潮在 1958 年就有过明显的暴露，并给我国的社会主义建设事业造成了损失。但在当时这种思想并没得到批判。后来林彪、"四人帮"正是利用了这一点，并把它推到极端，一方面迫使大量的脑力劳动者去从事体力劳动；另一方面又强行让一部分体力劳动者去从事"脑力劳动"。这种倒行逆施曾使我国的社会主义经济和文化事业遭到了一次空前未有的浩劫！现在是到了彻底肃清林彪、"四人帮"的流毒的时候了，是到了总结这方面的经验教训的时候了。从理论上来说，这方面的教训之一，就是要分清脑力劳动和体力劳动分工的发展过程以及它们之间本质差别的缩小过程。

二、社会主义各国的实践证明了什么

我们先来看看苏联社会主义时期的情况。在 1930 年到 1933 年期间，苏联的工人和职员的人数由 1453 万人增加到 2188.3 万人，增加了 51%；其中体力劳动者由 948.9 万人增加到 1379.7 万人，增加了 44%，[①] 脑力劳动者由 504.1 万人增加到 808.6 万人，增加了 60%。在 1933 年到 1938 年期间，苏联工人和职员人数又由 2200 多万人增加到 2800 万人，[②] 增加了 27%。在这期间，仅仅由高等学校毕业的青年专家（不包括军事专家）就由 3.46 万人增加到 10.67 万人，[③] 增加了两倍多。这些数字表明：苏联无论在生产资料所有制的社会主义改造基本完成以前，或者在这以后，脑力劳动与体力劳动的分工都是在发展的，而且脑力劳动者增长的速度大大超过了体力劳动者的增长速度。

①　斯大林：《列宁主义问题》，人民出版社 1973 年版，第 546 页。
②　斯大林：《列宁主义问题》，人民出版社 1973 年版，第 684 页。
③　斯大林：《列宁主义问题》，人民出版社 1973 年版，第 687 页。

与此同时，苏联广大劳动者的文化水平也都在提高。苏联各级学校学生人数的增长情况证明了这一点。在 1929 年到 1933 年期间，苏联各级学校的学生人数由 1435.8 万人增加到 2641.9 万人，其中受初等教育的学生由 1169.7 万人增加到 1916.3 万人，受中等教育的学生由 245.3 万人增加到 667.4 万人，受高等教育的学生由 20.7 万人增加到 49.1 万人。[①] 在 1933~1934 年度到 1938~1939 年度期间，苏联各级学校学生人数由 2381.4 万人增加到 3396.54 万人，其中受初等教育的学生由 1787.35 万人增加到 2128.84 万人，受中等教育的学生由 548.22 万人增加到 1207.6 万人，受高等教育的学生由 45.83 万人增加到 60.1 万人。[②]

我国在 1952 年到 1957 年期间，产业工人由 493.9 万人增加到 900.8 万人，增加了 82.4%；工程技术人员由 16.4 万人增加到 49.6 万人，增加了两倍多。[③] 据估计，1957 年全国知识分子有 500 万人左右，[④] 而现在大约有 2500 万，[⑤] 大约增长了 4 倍。而在这个期间，全民所有制的职工大约增长了两倍。这表明：知识分子在劳动者中占的比重上升了。

我国高等学校在校学生人数 1952 年为 19.1 万人，1957 年为 44.1 万人，1978 年为 85 万人。在这期间，中等专业学校在校学生人数分别为 63.6 万人、77.8 万人、88 万人；普通中学在校学生人数分别为 249 万人、628.1 万人、6548 万人；小学在校学生人数分别为 5110 万人、6427.9 万人、1.4624 亿人。[⑥]

上述数字表明：尽管林彪、"四人帮"进行了长达 10 年的破坏，但建国以后我国脑力劳动者在全体劳动者总数中的比重以及广大群众的文化水平还是有所提高的。

南斯拉夫在 1938 到 1939 的教学年度中，每 1 万人中只有大学生 11 名，而在 1975 到 1976 的教学年度中，则上升到 180 多名。南斯拉夫在 1945 到 1946 的教学年度，小学学生人数为 144 万多人，而在 1975 到

---

① 斯大林：《列宁主义问题》，人民出版社 1973 年版，第 546~547 页。
② 斯大林：《列宁主义问题》，人民出版社 1973 年版，第 685 页。
③《伟大的十年》，人民出版社 1959 年版，第 162~163 页。
④ 参见《毛泽东选集》第 5 卷，第 404 页。
⑤《人民日报》1979 年 1 月 4 日。
⑥《伟大的十年》，第 170 页；《中华人民共和国国家统计局关于一九七八年国民经济计划执行结果的公报》，《人民日报》1979 年 6 月 28 日。

1976 的教学年度，则上升到 285 万多人。在这期间，中学学生人数由 11 万多人增加到 83 万多人，大学学生人数由 2 万多人增加到 39 万多人。

可见，社会主义各国的实践证明：社会主义社会在它的不发达阶段，都存在着这样的情况，一方面广大劳动人民的文化水平在不断提高；另一方面脑力劳动和体力劳动的分工在发展。如前所述，这个分工的发展过程一直要延续到将来的发达的社会主义阶段。

三、决定这个过程的根本因素，是社会主义社会生产力的发展

马克思主义的历史唯物主义认为，一切社会的生产关系的发展和变化，都是由社会生产力的发展决定的。社会主义制度下脑力劳动者和体力劳动者的关系，是社会主义生产关系的一个重要方面，因而这种分工的发展和消灭，也只能由社会生产力的发展来说明。

列宁说过："在任何社会主义革命中，当无产阶级夺取政权的任务解决以后，随着剥夺者及镇压他们反抗的任务大体上和基本上解决，必然要把创造高于资本主义社会的社会经济制度的根本任务，提到首要地位；这个根本任务就是提高劳动生产率。"[①] 在我国，实现这个根本任务尤为艰巨和迫切。因为我国的社会主义制度是在半殖民地半封建的旧中国的废墟上建立起来的。旧中国经济异常落后，大机器工业的产值只占工农业生产总值的 17% 左右，农业和手工业的产值却要占到 83%。就我国情况来说，要实现上述根本任务，就要发展大机器工业，要用现代技术武装国民经济的各个部门。这就要求有一部分脑力劳动者从体力劳动者中分离出来，从事生产的经营管理和技术指导。随着社会生产力的发展，这一部分人无论在绝对数方面，或在相对数方面，都是增长的。否则，以现代技术作为基础的社会主义社会化大生产，就根本不可能进行。马克思说过：资本主义"生产过程的智力同体力劳动相分离……是在以机器为基础的大工业中完成的"。[②] 如果不讲社会主义经济制度和资本主义经济制度的根本区别，那么，在社会主义制度下，大机器工业的发展也必

---

① 列宁：《苏维埃政权的当前任务》，《列宁选集》第 3 卷，第 509 页。
② 马克思：《资本论》，《马克思恩格斯全集》第 23 卷，第 464 页。

然会引起脑力劳动与体力劳动分工的发展。可见，在社会主义制度下，这种分工的发展，是适应了社会主义社会生产力发展的要求的。

因此，它一经分离以后，又会反过来成为促进社会主义生产发展的强有力的杠杆。在这方面，社会主义时期的苏联曾经提供了有益的经验。苏联在1928年开始实行第一个五年计划时，面临着一个尖锐的矛盾，即技术人员和管理人员奇缺，远远不能满足社会主义建设发展的需要。1928年前，苏联工业中受到完备教育的只有2万多人，许多工业企业连一个最必需的工程师都没有；托拉斯管理委员会成员中，只受过初等教育的就占到45.6%，在辛迪加中为50%，在股份公司中为33.7%。当时以斯大林为首的苏联共产党采取了许多坚决有力的措施，培养了大批的技术人员和管理人员。到1937年，全国知识分子干部已达960多万人，其中技术人员就占400万人以上。专家在职工中的比重也显著上升，在煤矿工业中专家占到职工总数的6%，钢铁工业为10.5%，机器制造工业为12.8%。苏联当时大批的技术人员和管理人员是适应国家建设需要而成长起来的。但他们成长起来以后，又成为促进苏联社会主义建设的一支重要力量。苏联在第二个五年计划完成时，工业产量比1929年增长3倍以上。可见，社会主义各国经验证明：凡是按照脑力劳动和体力劳动分工的发展规律办事的，就会促进国民经济的高涨；凡是违反这个规律的，就会阻碍社会主义建设的发展。

需要进一步指出：由社会生产力的发展而引起的脑力劳动和体力劳动相分离的过程，绝不是一个很短的时间，而是一个很长的历史时期。如前所述，这个过程一直要延续到发达的社会主义阶段。在这方面，资本主义国家的经验，是值得借鉴的。马克思在19世纪的60年代，在总结了资本主义发展的历史以后，就明确指出：资本主义大工业的发展，必然引起脑力劳动和体力劳动的分离。[①]到19世纪末期，列宁进一步总结了这个趋势，指出："资本主义使国民劳动各部门的职员人数迅速增加，对知识分子的需要愈来愈大。"[②]时间已经过去了一个多世纪，资本主义发展的这一趋势并没有停止，而是更进一步向前发展了。第二次世界大战以

---

① 参见马克思：《资本论》，《马克思恩格斯全集》第23卷，第464页。
② 列宁：《书评》，《列宁全集》第4卷，第177页。

后，在美国整个工业中，不仅熟练技术工人所占的比重，而且技术人员所占的比重都在提高。前者从 1950 年的 32.86% 提高到 1974 年的 38.54%，在同一期间，后者从 7.5% 提高到 14.4%。在新的工业部门中这种比例提高得更快。当然，资本主义生产关系同生产力早就处在尖锐的矛盾之中，并要求进行无产阶级革命。但无产阶级社会主义革命的胜利，社会主义制度的建立，也只能消灭脑力劳动与体力劳动的对立，消灭"智力变成资本支配劳动的权力"，①根本改变一般的脑力劳动者为资本服务的情况，但并不能改变脑力劳动与体力劳动分工发展的趋势。不仅如此，在社会主义制度下，脑力劳动者与体力劳动者的关系是社会主义的互助合作关系，它所能容纳的社会生产力比资本主义制度下脑力劳动与体力劳动的对立关系要高得无比，因而这种分工关系将长期地发展下去。

　　那么，为什么脑力劳动和体力劳动的分工最后又要归于消灭呢？这也是由社会主义社会生产力的发展决定的，特别是由作为"人类劳动力发展的测量器"②的劳动资料的发展决定的。马克思说过："劳动的组成和划分视其所拥有的工具而各有不同。手推磨所决定的分工不同于蒸汽磨所决定的分工。"③马克思的这个原理，具有一般的意义，就是说，它既可以用来说明体力劳动内部分工的发展，又可以用来说明脑力劳动与体力劳动分工的发展及其消灭。

　　"简单的工具，工具的积累，复合的工具；由一个发动机即人手开动复合工具，由自然力开动这些工具、机器；有一个发动机的机器体系；有自动发动机的机器体系——这就是机器发展的进程。"④我们完全可以预期：在高度发展的全面自动化的机器体系在整个社会生产和全部社会生活中都占统治地位的时候，也就是脑力劳动与体力劳动分工消灭的时候了。

　　如果说，在这个过程实现以前，社会生产力的发展还只要求有一部分（当然是愈来愈多的一部分）脑力劳动者从体力劳动者中间分离出来，那么，在这个过程实现的时候，就要求所有的劳动者都要成为脑力劳动

① 马克思：《资本论》，《马克思恩格斯全集》第 23 卷，第 464 页。
② 马克思：《资本论》，《马克思恩格斯全集》第 23 卷，第 204 页。
③ 马克思：《政治经济学的形而上学》，《马克思恩格斯选集》第 1 卷，第 127 页。
④ 马克思：《政治经济学的形而上学》，《马克思恩格斯选集》第 1 卷，第 132 页。

与体力劳动相结合的全面发展的"新人"。①因为这种全面发展的新人，是以高度发展的全面自动化作为物质技术基础的"生产本身的条件"。②第一，没有这种全面发展的新人，就不能操作这种技术装备，就不能充分发挥它们的效能，也不能使社会生产水平达到实现共产主义社会所必须具有的高度。恩格斯曾经说过，要把工业和农业生产提高到高度发达的水平，"单靠机械的和化学的辅助工具是不够的，还必须相应地发展运用这些工具的人的能力"。③第二，"现代工业的技术基础是革命的"。随着工业技术上的不断革命，必然引起企业内部和社会生产各个部门之间的劳动分工的变化，引起工人劳动职能的变化。因此，大工业的发展，要求"承认劳动的变换，从而承认工人尽可能多方面的发展是社会生产的普遍规律"。④随着高度发展的全面自动化的实现，这个规律的作用，必将更充分地显示出来。从这方面来说，没有全面发展的新人，也不能适应社会生产发展的需要。

如果说在这个过程实现以前，还不可能为培养脑力劳动与体力劳动相结合的全面发展的新人创造必要的物质基础的话，那么，在这个过程实现的时候，这个物质基础也就具备了。因为要使得全体劳动者成为脑力劳动与体力劳动相结合的全面发展的新人，"工作日的缩短是根本条件"。⑤同时，还需要整个社会的科学、文化、教育事业得到极为广泛、极为充分的发展。只有这样，才有可能使得劳动者在参加劳动之后还有充足的时间和条件去学习科学知识，也才有可能使得青年一代（后备的劳动力）在体力和智力上得到全面的发展。但如果社会生产力和劳动生产率没有得到极大的提高，要显著地缩短劳动日和极大地发展社会的科学、文化、教育事业，就会影响到社会生产的发展；反之，如果社会生产力和劳动生产率有了极大的发展，即使是劳动日大大缩短了，社会产品仍然会大大地增长。这样，即使把大量人力和物力用于发展科学、文化、教育事业，社会生产仍然可能以扩大的规模进行。

---

① 恩格斯：《共产主义原理》，《马克思恩格斯选集》第 1 卷，第 223 页。
② 恩格斯：《反杜林论》，《马克思恩格斯选集》第 3 卷，第 333 页。
③ 恩格斯：《共产主义原理》，《马克思恩格斯选集》第 1 卷，第 222 页。
④ 马克思：《资本论》，《马克思恩格斯全集》第 23 卷，第 533~534 页。
⑤ 马克思：《资本论》，《马克思恩格斯全集》第 25 卷，第 927 页。

在这方面，社会主义时期的苏联经验已经开始显示了一些端倪。斯大林在 1934 年举行的苏共第十七次代表大会上宣布："全部地面工业改行七小时工作制。"[1]但苏联工业在 1933 年至 1938 年期间仍然增长了138.8%。[2]在这期间，教育事业也得到了很大的发展。这方面的数字，前面已经列举过了。

在这方面，发达的资本主义国家的经验也给了人们以有益的启示。第二次世界大战后，发达的资本主义国家发生了一些值得注意的情况。第一，所有国家的劳动日都缩短了。据国际劳动组织统计，1977 年制造业每个工人一周劳动时间，美国为 40.8 小时（支付工资的劳动时间），日本为 40.3 小时（实际劳动时间），法国为 41.6 小时（就业预定劳动时间），联邦德国为 41.7 小时（支付工资的劳动时间），英国为 43.5 小时（1976年实际劳动时间）。第二，它们的生产都有增长，其中有的国家的增长速度还是比较快的。在 1951~1977 年期间，工业年平均增长速度，美国为4.3%，日本为 12%，法国为 5.3%，联邦德国为 6.2%，英国为 2.3%。[3]第三，它们的教育经费和教育事业也都有很大的发展。日本教育经费从1950 年的 1599 亿日元增加到 1972 年的 40244 亿日元，大约增加 25 倍。联邦德国的科教经费从 1961 年的 47.3 亿马克增加到 1973 年的 303 亿马克，增长将近 5 倍半；占国民生产总值的比重，由 1.4%增加到 3.3%。美国全部教育经费（包括各级政府的和私立学校的经费），1950 年为 88 亿美元，占国民生产总值的 3.4%；1970 年为 702 亿美元，占国民生产总值的 7.5%。美国初等学校（一至八年级）的学生人数，1930 年为 2295.3 万人，1974 年为 3229.7 万人。中等学校（九全十二年级）的学生人数，1930 年为 481.2 万人，1950 年为 645.3 万人，1974 年为 1542.7 万人。高等学校学生人数，1930 年为 110.1 万人，1950 年为 265.9 万人，1974 年为 851.8 万人；44 年间增加了 6.6 倍强，其中前 20 年，即 1950 年比 1930年增加了 1.4 倍，后 24 年，即 1974 年比 1950 年增加了 2.2 倍。现在美国的全部教育经费为 1420 亿美元。其中，中、小学教育经费 920 亿美元，高等学校教育经费 500 亿美元。美国现在有 6000 万学生，中、小学学生

---

[1] 斯大林：《列宁主义问题》，人民出版社 1973 年版，第 546 页。
[2] 斯大林：《列宁主义问题》，人民出版社 1973 年版，第 672 页。
[3]《世界经济》1979 年第 5 期，第 78 页。

4900 万人，大学生 1100 万人。①

这里应该着重指出：第一，在资本主义条件下，生产的增长，劳动日的缩短，教育事业的发展，其目的既不是为了劳动者的物质和文化生活水平的提高，也不是为了劳动者在体力和智力上得到全面的发展，而是为了资本家获取最大限度的利润，为了给资本家培养有文化的奴隶（在生产现代化的条件下），其中劳动日的缩短还是资本主义基本矛盾日趋尖锐、生产过剩日趋严重、失业队伍大量增长等情况，迫使资本家不得不这样做。第二，在资本主义条件下，既然不可能消灭资本家对无产者的剥削，当然不可能消灭脑力劳动和体力劳动的对立；虽然可以缩小一般的脑力劳动者和体力劳动者在文化水平的差别，但也不可能消灭这个差别，不可能消灭脑力劳动和体力劳动的分工。

但是，发达的资本主义国家的经验已经表明：在社会生产力和劳动生产率提高的条件下，劳动日的缩短、教育事业的发展和社会生产的增长是可以并行不悖的。这一点，已经不单是理论上的推论，而是为实际生活所证明了。

综上所述，高度发展的全面自动化的实现，不仅要求劳动者成为脑力劳动与体力劳动相结合的全面发展的新人，而且为培养这种新人创造了物质条件。因此，脑力劳动与体力劳动分工的消灭，也是由社会主义社会生产力的发展所决定的客观过程。这个过程将在发达的社会主义阶段向共产主义社会过渡中逐步完成。

四、在消灭脑力劳动与体力劳动分工问题上，
我们与"四人帮"的根本分歧

"四人帮"这伙资产阶级野心家、阴谋家，这伙假马克思主义的政治骗子，在消灭脑力劳动与体力劳动分工问题上，在实现共产主义问题上，他们表面上装得比谁都"热心"，比谁都"积极"，似乎他们最"忠实"于

---

①《人民日报》1979 年 7 月 20 日第 6 版。这里需要说明一点：美国是存在着通货膨胀的，但即使是扣除了通货膨胀的因素，美国的教育费用仍然是有显著增长的。对日本、联邦德国等发达的资本主义国家教育经费的增长，也应该这样看。

马克思主义，但在实际上，他们的谬论同马克思主义存在着根本的分歧。这种分歧可以归纳为两个方面：

第一，历史唯物主义与历史唯心主义的分歧。

列宁说过：马克思主义创始人之所以能够把历史唯物主义建立起来，"还由于只有把社会关系归结于生产关系，把生产关系归结于生产力的高度，才能有可靠的根据把社会形态的发展看作自然历史过程。不言而喻，没有这种观点，也就不会有社会科学"。①可见，只有承认生产关系决定上层建筑，生产力决定生产关系，才算是把历史唯物主义贯彻到了底。马克思主义创始人把脑力劳动与体力劳动分工的消灭也是归结为社会生产力发展的结果。恩格斯在19世纪中叶写的《共产主义原理》，在论述旧式分工（包括脑力劳动与体力劳动的分工）的消灭时，就是这样做的。②后来，他在《反杜林论》中又进一步阐述了这个问题。③马克思主义的这些原理，我们在前面已经阐述过了，这里就不再重复。但需指明一点：这显然都是历史唯物主义的具体运用。

但在这个问题上，像在其他问题上一样，"四人帮"是根本违反了历史唯物主义。姚文元在《论林彪反党集团的社会基础》一文中，在讲到消灭所谓"资产阶级法权"（按照"四人帮"的观点，"资产阶级法权"是包括了脑力劳动与体力劳动分工在内的）时，一连提出了"三个必须"。④把这"三个必须"概括起来，就是他们所说的"继续革命"。他们却只字不提社会生产力的发展。张春桥在《论对资产阶级的全面专政》一文中，把无产阶级专政的任务归结为"四个消灭（或改变）一切"。⑤但在"四个消灭（或改变）一切"中，也是看不到一点点发展社会生产力的影子。值得注意的是："四人帮"帮书在论到消灭脑力劳动与体力劳动的差别、造就全面发展的生产者时，仍然闭口不谈社会生产力的发展。⑥所有这些都充分证明："四人帮"认为，社会生产关系的变化，脑力劳动与体力劳动分工的消灭，不决定于社会生产力的发展，而决定于他们的"革命"，也

---

① 列宁：《什么是"人民之友"以及他们如何攻击社会民主主义者?》，《列宁选集》第1卷，第8页。
② 参见恩格斯：《共产主义原理》，《马克思恩格斯选集》第1卷，第222~223页。
③ 参见恩格斯：《反杜林论》，《马克思恩格斯选集》第3卷，第330~336页。
④ 姚文元：《论林彪反党集团的社会基础》，人民出版社1975年版，第11~12页。
⑤ 张春桥：《论对资产阶级的全面专政》，人民出版社1975年版，第12页。
⑥ 原上海市委写作组编：《社会主义政治经济学》，1976年版，第503~504页。

就是决定于他们的反革命意志。这不是十足的历史唯心论，又是什么呢？

第二，科学社会主义和封建社会主义的分歧。

科学社会主义理论认为，消灭脑力劳动与体力劳动的分工，造就脑力劳动与体力劳动相结合的全面发展的新人，是实现无产阶级的最高理想——共产主义社会的基本条件之一，是共产主义社会的基本经济特征之一。科学社会主义理论还指出：那种"以为，脑力劳动和体力劳动对立的消灭，①可以在脑力劳动者、工程师和技师的文化技术水平降低到中等熟练工人水平的基础上，用稍许拉平脑力劳动者和体力劳动者文化技术水平的方法来达到，这是完全不对的。只有小资产阶级的空谈家，才这样来想象共产主义。其实，只有在工人阶级文化技术水平提高到工程技术人员水平的基础上，才能消灭脑力劳动和体力劳动的对立"。②

而"四人帮"的"理论"（如"读书无用论"，"宁要没有文化的劳动者"，等等）和实践（如疯狂摧残科学、文化和教育事业，迫使脑力劳动者去搞体力劳动，等等）表明：他们同科学社会主义根本相反，不是要为实现共产主义，去造就脑力劳动与体力劳动相结合的全面发展的新人，而是为了复辟旧的剥削制度，强使全体劳动者都倒退到封建社会的愚昧落后的农奴状态。而这种状态正是封建经济制度的特征之一。列宁说过："技术的极端低劣和停滞是上述经济制度（指封建经济制度——引者）的前提和后果，因为种地的都是些迫于贫困、处于人身依附地位和头脑愚昧的小农。"③"四人帮"的鼓噪，正是旧中国曾经存在过的这种封建经济制度的反映，也表现了他们妄图复辟旧的剥削制度的反革命愿望。恩格斯在揭露历史上封建的社会主义的表象及其本质时说过这样的话："尽管他们假惺惺地表示同情无产阶级的苦难和为此而洒出热泪"，但"这一类人的一切主张都是直接或间接地为了这一目的"，即"应该恢复封建的和宗法的社会"。④处于社会主义中国的"四人帮"，当然带有时代的特点，表面上装得像是高举马列主义、毛泽东思想的旗帜的样子，但在骨

---

① 斯大林这里说的脑力劳动和体力劳动的"对立"，就是指的社会主义制度下脑力劳动与体力劳动的差别。后来，他在《苏联社会主义经济问题》一书中，用后一种准确的提法代替了前一种不准确的提法。

② 斯大林：《在全苏斯达汉诺夫工作者第一次会议上的讲话》，《斯大林文选》（上），第47~48页。

③ 列宁：《俄国资本主义的发展》，《列宁全集》第3卷，第101页。着重点是引者加的。

④ 恩格斯：《共产主义原理》，《马克思恩格斯选集》第1卷，第224页。

子里也是万变不离其宗："应该恢复封建的和宗法的社会"，应该恢复旧的剥削制度。但也正是在这里彻底地暴露了他们的封建的社会主义的狐狸尾巴。

社会主义商品经济
问题研究*

汪海波　著

————————————

* 本著由经济管理出版社 1988 年 3 月出版。

序 言

　　党的十二届三中全会提出的社会主义经济是有计划的商品经济的理论，在马克思主义政治经济学（社会主义部分）史上是一个极为重要的论断，并已成为党领导全国各族人民进行经济体制改革和社会主义现代化建设的一个根本指导思想。这个论断对我国具有十分重要的理论意义和实践意义。

　　鉴于社会主义国家所有制内部的商品经济关系在社会主义有计划的商品经济中具有头等重要的意义，而且又曾经是长期没有解决的理论难题，因而本书侧重考察了这个问题，主要是分析了社会主义国有企业成为相对独立的商品生产者的原因、社会主义国有企业的生产目的、社会主义的经济效益、社会主义的竞争、社会主义的市场、社会主义的价格、社会主义的分配以及经济管理体制的改革。

　　作者试图在马克思列宁主义和毛泽东思想（包括党的十一届三中全会以来对马克思列宁主义和毛泽东思想所做的发展）的科学理论指导下，以总结我国社会主义建设经验为基础，兼及其他社会主义国家的经验，并借鉴当代经济发达的资本主义国家对我国有用的经验，对社会主义商品经济问题展开分析。

　　传统的经济理论是否定社会主义商品经济的，在这种理论指导下建立起来的传统经济体制是排斥市场机制的。本书在考察社会主义商品经济的过程中，对这种理论和体制做了较多的分析。

本书可以看做是作者 1979 年以来研究社会主义商品经济问题的一个概括。但限于作者的水平，这本题为《社会主义商品经济问题研究》的著作，实际上只是对社会主义商品经济问题的几个重要方面做了探索，有些重要方面（如社会主义的财政和金融）并没有涉及到；在内容上还可能有错误。所有这些方面，都希望得到读者的指正。

作　者

1987 年 8 月 20 日于北京

导论　深入研究社会主义商品经济问题的指导思想

党的十二届三中全会提出：社会主义经济"是在公有制基础上的有计划的商品经济"。[1]就我党的历史文献来看，这是我国社会主义政治经济学的一个划时代的发展。这个论断是以总结我国和其他社会主义国家的实践经验为基础的，并概括了社会主义经济的一个最重要、最基本的经济特征，因而它理应带来我国经济学研究工作指导思想的一系列的变化。就当前我国经济学研究现状来看，它确实已经引起了显著的、重大的变化。但是，这个变化还远没有达到它应有的程度，变化得还很不彻底。显然，这种情况同我国经济体制改革和社会主义现代化建设的要求，是很不适应的，需要进一步促进这个变化。依据本书讨论问题的需要，以及当前学术界的某些情况，我认为，在这方面，值得提出的有以下几个重要问题。

一、要把马克思主义经典作家否定社会主义商品经济的观点扬弃掉，并把马克思主义的资本主义商品经济理论中适合社会主义经济和我国国情的部分运用起来

这里首先需要说明：我们这里之所以提"要把马克思主义经典作家否定社会主义商品经济的观点扬弃掉"，是因为这种观点不只来自斯大林，[2]而且来自列宁，还来自马克思和恩格斯。

---

①《中共中央关于经济体制改革的决定》，人民出版社 1984 年版（下同），第 17 页。

② 斯大林只承认社会主义国家所有制与集体所有制之间存在商品生产，否定在社会主义经济中占主导地位的国有经济内部存在商品生产。我们说斯大林否定社会主义商品经济，就是从这个主要意义上说的。

　　然而，近几年来，我国学术界流行的一种观点认为，否定社会主义商品经济观点的只是限于斯大林，似乎同列宁、恩格斯和马克思是无关的。但这并不符合事实。马克思主义的文献表明：斯大林否定社会主义商品经济的观点，是同列宁的《国家与革命》的有关论述有关的，是同恩格斯的《反杜林论》的有关论述有关的，也是同马克思的《哥达纲领批判》的有关论述有关的。事实上，斯大林在《苏联社会主义经济问题》中否定社会主义国家所有制经济内部存在商品经济关系，就是直接依据恩格斯的有关论述的。当然，在问题的主要根源方面，马克思、恩格斯、列宁与斯大林是存在着原则区别的。马克思和恩格斯否定社会主义商品生产主要是因为受到没有社会主义实践的限制，这并不表明他们世界观上有什么缺陷。列宁在俄国十月革命以前否定社会主义商品生产，也是这个状况。当然，列宁在这以后，在十月革命胜利后的初期，还把这种理论付诸实践。苏维埃俄国在 1918 年至 1920 年实行的战时共产主义政策，虽然是在国民经济遭到严重破坏、人民生活极度贫困和战争迫切需要粮食的情况下迫不得已采取的措施，但在理论上同否定社会主义条件下存在商品经济是直接相关的。战时共产主义政策对保证国内战争的胜利起了重要作用。但战争一结束就暴露了它在经济上造成的严重后果，并危及苏维埃政权。列宁及时总结了这一经验，在 1921 年国民经济恢复时期开始时，就把苏维埃俄国的经济转向了以发展商品经济为主要特征的新经济政策的轨道。后来，由于列宁 1924 年就去世了，他还没有来得及进一步探讨生产资料私有制的社会主义改造基本完成以后的商品经济的命运问题。但这个历史过程清楚地表明：尽管列宁一度否定了社会主义商品生产，并一度把这种理论付诸实践，但这是认识客观真理过程中难以避免的现象，也不表明列宁的世界观有什么缺陷。斯大林则大不一样。斯大林在有了几十年的社会主义建设的经验之后，在 1952 年发表的《苏联社会主义经济问题》中，仍然否定了国有经济内部存在商品生产。从思想方法上说，这主要是由于他部分地受到了形而上学的影响。但这只是一种认识根源上的差别，它并不表明马克思和恩格斯，以及列宁一度没有否定过社会主义商品生产。

　　但近年来，又有一种观点认为，马克思、恩格斯只是在批判机会主义时谈了未来社会的设想，他们并未正式否定过社会主义制度下的商品生产。这种说法是很难令人信服的。①马克思在《哥达纲领批判》中明确写道："在一个集体的、以共同占有生产资料为基础的社会里，生产者并不交换自己的产品。"①恩格斯在《反杜林论》中说过类似的话："一旦社会占有了生产资料，商品生产就将被消除。"②②马克思、恩格斯的这些著作都是科学社会主义的纲领性文件。③马克思在论到唯物辩证法的时候曾经说过："按其本质来说，它是批判的和革命的。"③作为唯物辩证法的具体运用的科学社会主义也具有这样的本质特征。这样，如果不把马克思主义创始人对机会主义的批判看做是他们的正式观点，那马克思主义还能剩下多少内容呢？

　　总之，否定社会主义商品经济的观点，不仅来自斯大林，而且来自马克思和恩格斯，并且在俄国十月革命前后一段时间还来自列宁。还要指出，尽管斯大林理论中有部分错误，但他仍不失为马克思主义经典作家。从这方面来说，把斯大林的否定社会主义商品经济的观点，称作马克思主义经典作家否定社会主义商品经济的观点，也是可以的。

　　从50年代初期以来，马克思主义经典作家否定社会主义商品经济的观点，长期在我国学术界占了主要地位，持异议的只是少数人。1979年以来，持异议的人变得多了起来。在党的十二届三中全会以后，主张社会主义社会存在商品生产（包括社会主义国有经济内部存在商品生产）的观点，已经占了主要地位。但是，马克思主义经典作家否定社会主义商品经济的观点对当前我国学术界仍然是有影响的。但这方面的问题不仅在于还有一部分同志仍然坚持这种观点（这本身是学术发展过程中正常的、应该允许长期存在的现象），更值得注意的问题还在于有些不坚持这种观点、并赞成党的十二届三中全会关于社会主义经济是有计划的商品经济的观点的同志，似乎也并未根本摆脱这种传统观点的影响。

　　这种影响表现在对于社会主义商品生产存在原因的分析上。比如，1985年出版的、作为高等学校文科教材的一本政治经济学教科书在全文引证了斯大林关于"社会主义全民所有制和集体所有制两种公有制并存决定论"以后，明确写道："斯大林关于两种公有制之间商品关系原因的

---

① 马克思：《哥达纲领批判》，《马克思恩格斯选集》第3卷，第10页。
② 恩格斯：《反杜林论》，《马克思恩格斯选集》第3卷，第323页。
③ 马克思：《资本论》，《马克思恩格斯全集》第23卷，第24页。

分析，不仅对苏联，而且对其他社会主义国家也是适用的。"①

应该肯定：斯大林在 1952 年针对苏联学术界长期存在的在社会主义公有制建立以后是否存在商品生产的争论，明确提出商品生产"仍是必要的东西"，这本身就是对马克思主义政治经济学的重要发展。而且，斯大林提出的"社会主义全民所有制和集体所有制两种公有制并存决定论"，也包含着科学的成分。斯大林这个理论的重点是论证社会主义集体所有制是集体经济成为商品经济的原因，这无疑是正确的。②

但同时必须看到：按照斯大林关于社会主义全民所有制的理论，国有经济内部是不存在商品生产的。这是以恩格斯的"一旦社会占有了生产资料，商品生产就将被消除"的原理作为理论依据的，③同时又是对他自己创立的、高度集中的、以行政管理为主的、排斥市场机制的经济管理体制在理论上的复制。在这种体制下，只是由代表全民所有制的国家与集体企业发生商品经济关系；国有企业只是国家行政机关的附属物，国有企业与国有企业之间，以及国有企业与集体企业之间并不存在商品经济关系。因此，斯大林的社会主义全民所有制理论，是排斥国有企业作为相对独立的商品生产者的原理的。但社会主义历史阶段社会生产力的发展要求国有企业作为相对独立的商品生产者，要求国有企业与国有企业之间，以及国有企业与集体企业之间存在商品经济关系。所以，用斯大林关于社会主义全民所有制的理论来说明国有经济对集体经济的商品关系，是不正确的。

当然，如果对斯大林的社会主义全民所有制理论赋予新的含义或增加新的内容，如社会主义国家所有制带有企业集体所有制的因素（或成分，以下同此），因而国有企业是相对独立的商品生产者，并由此说明国有企业对国有企业，以及国有企业对集体企业的商品经济关系，这是可以的。但是，上述教科书的作者并没有这样做，而是径直从斯大林的"社会主义全民所有制和集体所有制两种公有制并存决定论"，来说明全民所有制经济与集体所有制经济之间的商品关系，这就不妥了。

① 《政治经济学（社会主义部分）》，陕西人民出版社 1985 年版（下同），第 116~117 页。
② 这是就斯大林这个理论本身来说的，这同斯大林在苏联的社会主义建设实践中把社会主义集体所有制也搞成了准社会主义国家所有制，在颇大的程度上限制了集体所有制的商品生产，并不是矛盾的。
③ 参见斯大林：《苏联社会主义经济问题》，人民出版社 1975 年版（下同），第 7~12 页。

诚然，这本教科书的作者在作了上述的分析之后，又从"企业是责、权、利相结合的，相对独立的经济实体"方面，说明了"全民所有制经济内部存在商品关系的根本原因"。①这种分析本身大体上可以认为是正确的。然而，它不仅不能表明用斯大林的"社会主义全民所有制和集体所有制两种公有制并存决定论"来说明国有经济对集体经济存在商品经济关系是正确的，反而带来了一系列的问题。①用"企业是责、权、利相结合的，相对独立的经济实体"，或者用"国有企业是相对独立的商品生产者"，既可以说明国有企业对国有企业的商品经济关系，又可以说明国有企业对集体企业的商品经济关系，完全用不着以"社会主义全民所有制和集体所有制两种公有制并存决定论"来说明国有经济对集体经济的商品经济关系。如果再提这一点，那就令人有画蛇添足之感了。②更重要的问题还在于：斯大林的这个理论是以上述的恩格斯对于社会主义社会的设想为依据的，是传统的僵化的经济体制的理论上的复制；而国有企业是相对独立的商品生产者的原理，是马克思主义在社会主义建设时期重要的新发展，以此建立的经济体制将是充满生机和活力的新体制。显然，把这两个互相对立的理论同时用来说明社会主义商品生产的原因，必然使自己的观点陷于自相矛盾的境地。③这样一种相互矛盾的理论，还将会给经济体制改革的实践造成混乱。如果按照斯大林的这个理论行事，那就仍然要维护传统的经济体制；如果按照国有企业是相对独立的商品生产者的原理行事，那就要根本改革旧的经济体制，建立新的经济体制。这将叫人何去何从呢？

当前一些政治经济学教科书对于社会主义商品经济的性质及其特点的分析，也明显地反映了斯大林的那种排斥商品经济的理论的影响。

第一，有的政治经济学教科书写道：社会主义商品经济"所体现的生产关系，是社会主义劳动者之间的互相合作关系，而不再体现雇佣劳动制度下的剥削和被剥削的关系。"②

斯大林在1938年明确提出：在社会主义制度下，"人们在生产过程中的相互关系的特征，是不受剥削的工作者之间的同志合作和社会主义

---

① 《政治经济学（社会主义部分）》，第117~118页。
② 《政治经济学教程》，中共中央党校出版社1985年版（下同），第370页。

互助"。①这时斯大林还不像后来那样明确肯定存在社会主义商品生产。所以，他的这个论述实际上是以社会主义经济内部不存在商品经济关系为前提的。50年代初期，斯大林虽然明确肯定了存在社会主义的商品生产，但也是在很有限的范围内承认的。就他实行的经济体制来说，实际上还是产品经济。经济体制如此，这种体制复制的理论也不能不是这样。因此，斯大林对上述的社会主义生产关系的特征并没有加以发展。

几十年来，这个传统经济学的观点被我国学术界广泛地用来说明社会主义生产关系的特征，几乎很少有人怀疑它有什么不妥。但在党的十二届三中全会以后，还是保持这个老样，那就显得同社会主义经济是有计划的商品经济的论断很不协调。既然社会主义经济就是有计划的商品经济，那么怎么可以照搬斯大林的那种排斥社会主义商品经济的理论，来揭示社会主义商品经济关系的特征呢？当然，斯大林上述论断揭示的社会主义基本经济制度的特征，对社会主义商品经济来说有适用的一面。但既然商品生产在斯大林考察视野中消失了，因而上述论断就不可能完全揭示社会主义商品经济这方面的特征。显然，只讲社会主义互助和合作，不讲社会主义的等价交换和竞争，是不能完整地反映社会主义商品经济特征的。

第二，上述的政治经济学教科书还写道："社会主义商品经济是为实现社会主义生产目的服务的，就是为了满足全体劳动者不断增长的物质文化生活的需要服务的。"②

斯大林对社会主义生产目的作过这样的表述，即"保证最大限度地满足整个社会经常增长的物质和文化的需要"，③斯大林的这个思想是来自于马克思、恩格斯和列宁的。但马克思、恩格斯、列宁这类论述，有时是专指共产主义社会的，有时是泛指包括社会主义和共产主义这两个阶段在内的共产主义社会的，有时也是指社会主义社会的。但无论是哪种情况，都是以不存在商品生产为前提的。斯大林继承了这些思想，把它付诸苏联社会主义建设的实践，并且按照这种思路多次在苏共全国代表大会上对这种实践做过总结。斯大林创建的经济体制，不仅要求国有企

---

① 斯大林：《列宁主义问题》，人民出版社1973年版，第652页。
②《政治经济学教程》，第370页。
③ 斯大林：《苏联社会主义经济问题》，第31页。

业按照上述生产目的办事，而且要求集体企业大体上也要这样办，根本不承认国有企业的特殊利益，在很大程度上不承认集体企业的特殊利益。这样，就在实际上否定了国有经济和集体经济的商品生产。因此，从主要方面说，斯大林的理论和实践实际上都是不承认存在商品生产的。这样，尽管斯大林揭示的社会主义生产目的，对社会主义商品经济有适用的一面，但是，如果照搬斯大林的这个观点，而不结合社会主义商品生产的实践和国有企业、集体企业的特点，具体分析这两类企业生产目的上的具体情况，那也不可能完整地揭示社会主义商品经济在这方面的特征。

第三，另一本政治经济学教科书写道："社会主义的商品生产则是一种有计划发展的商品生产。它是在国家计划的安排和指导下，按照社会主义建设的发展和人民不断增长的物质文化生活需要进行的。只要我们工作得当，就可保证社会主义生产和需要平衡。"①这里只是讲了计划调节作用，以及社会主义国民经济发展的计划性，根本没有提到价值规律的调节作用，以及社会主义商品经济条件下存在的一定范围内的盲目性。

这种观点也同样可以看做来自斯大林。他在《苏联社会主义经济问题》一书中，也只强调国民经济有计划按比例规律的调节作用，否定价值规律对社会主义生产的调节作用，只讲社会主义国民经济发展的计划性，否定社会主义商品生产存在一定的盲目性。斯大林否定这种盲目性，是同他否定社会主义的竞争相联系的。斯大林把资本主义的竞争和无政府状态与社会主义的有计划发展看做是对立的，并且认为在社会主义公有制的基础上，资本主义的竞争和无政府状态已经不存在了，在这个限度内，他的看法是正确的。但是，他把竞争和无政府状态作为一条规律来表述，无论在理论上和历史上都是不正确的。与此相联系，他否定作为商品生产一般的本质属性的竞争在社会主义商品经济中的存在，也是不对的。

因此，来自斯大林的这种经济思想，也不能完整地揭示社会主义商品经济这方面的特点。

上述情况表明：马克思主义经典作家否定社会主义商品经济的观点对我国经济研究工作的影响，仍然是一个值得注意的问题。这是一方面。

---

① 《政治经济学（社会主义部分）》，第129页。

另一方面，马克思主义关于资本主义商品经济的理论适合社会主义经济制度和我国国情，并对我国有用的部分却长期没有受到应有的重视。这种情况在党的十一届三中全会以后，特别是党的十二届三中全会以后已经有了变化，但似乎还未引起人们的普遍重视，并提到应有的高度，即把这个有用部分作为研究社会主义商品经济的一个重要指导思想来对待。

要提到这样的高度来对待它，需要解决两方面认识问题。一方面，要改变人们长期以来都把马克思主义关于资本主义商品经济的理论仅仅（或主要）看做是资本主义商品经济特殊的理论，而不把它同时看做是包含着发达的商品经济的一般理论。这样，也就从根本上否定了这个理论对于社会主义商品经济研究的指导意义。

在这方面也要扬弃斯大林经济思想中错误部分对我国学术界的影响。因为上述观点实际上是来自斯大林的。斯大林在论到平均利润率等等经济范畴不适用于社会主义经济时曾经强调指出："我国的商品生产是和资本主义制度下的商品生产根本不同的。"这里，斯大林在正确地区分资本主义商品生产和社会主义商品生产的经济性质的同时，却把资本主义经济和社会主义经济的共同点，即都是作为发达的商品经济也给否定了。这样，在斯大林看来，在社会主义经济条件下，还运用马克思专门分析资本主义的《资本论》中的概念，"这就非常奇怪了"。①诚然，斯大林也认为，马克思由于研究资本主义再生产规律的结果而制定出来的再生产理论，"不仅对于资本主义社会形态是有效的，而且任何一个社会主义社会在计划国民经济时，不运用这些原理也是不行的"。②但是，也就仅此而已，斯大林并不认为《资本论》所包含的作为发达的商品经济的一般理论对社会主义社会也是适用的。

而且，斯大林的这种观点是不妥的。因为：①按照唯物辩证法的观点，共性"即包含于一切个性之中"。③资本主义商品生产是一种商品生产的特殊，但它包含着以社会化大生产作为物质基础的、发达的商品生产的一般。而社会主义商品生产虽然也是一种商品生产的特殊，但也是以

---

① 斯大林：《苏联社会主义经济问题》，第13页。
② 斯大林：《苏联社会主义经济问题》，第64页。
③ 毛泽东：《矛盾论》，《毛泽东选集》第1卷，第294页。

社会化大生产作为物质基础的、发达的商品生产。①就这方面来说，社会主义商品生产同资本主义商品生产的共同点，比资本主义商品生产同简单商品生产的共同点还要多。②正因为这样，就可以用马克思关于资本主义商品经济的理论来指导社会主义商品生产的研究。这是完全符合马克思主义的认识论的。按照这种认识论，人类的认识总是循环往复地依照下列两个过程进行的："一个是由特殊到一般，一个是由一般到特殊。"②在这里，情况也是如此。马克思对资本主义商品生产特殊所做的研究，同时也揭示了发达的商品经济的一般理论。这样，我们就可能用这个一般理论来指导社会主义商品生产特殊的研究。

另一方面，要摆脱过去那种把社会主义经济表面上看做是产品经济，实际上看做是自给经济或半自给经济的传统观念，要如实地把社会主义经济看做是发达的商品经济。与此相适应，要确立高度集中的、以行政管理为主的、排斥市场机制的传统经济体制必须进行根本改革的观念，要建立适应发达的社会主义商品经济要求的新经济体制。这种新经济体制的基本特征是：企业要真正成为独立的或相对独立的社会主义商品生产者，建立和完善社会主义市场体系，建立和健全以间接控制为主的宏观经济管理。显然，如果按照传统的观念看问题，那么，马克思主义关于资本主义商品经济的理论对于社会主义商品经济研究的指导作用就会从人们的视野中消失了；反之，如果依照社会主义的、发达的商品经济的观点看问题，那么，这种指导作用的必要性和重要性就会在人们的眼前充分地、清楚地显示出来。前一方面正是在传统经济体制下形成的、长期存在的情况，而后一方面又是建立新的经济体制的要求。

但是，这里所说的重视马克思主义关于资本主义商品经济理论对于社会主义商品经济研究的指导作用，并不是像过去那样，只是指《资本论》所体现的唯物辩证法的指导作用，也不只是指其中所包含的社会经济科学研究所特有的重要方法（如历史和逻辑的一致以及抽象法等）的指导作用，又不只是指社会再生产一般理论的指导作用，而着重是指作为发

---

① 我们这里说社会主义的商品生产也是以社会化大生产作为物质基础的、发达的商品生产，是就社会主义商品生产的长期发展趋势来说的，并不意味我国当前的商品生产已经全部是以社会化大生产作为物质基础的、发达的商品生产。

② 毛泽东：《矛盾论》，《毛泽东选集》第 1 卷，第 255 页。

达的商品经济一般理论的指导作用。比如，过去和近年来流行的一种观点认为，马克思的生产价格理论只是资本主义经济的特有范畴，对社会主义经济是不适用的。[①] 但在实际上，马克思关于生产价格的形成，是发达的商品经济条件下，"每个特殊生产部门商品再生产的条件"[②] 的分析，关于在部门内竞争的基础上部门间竞争形成生产价格的分析，关于社会生产力的发展是形成生产价格的一个重要条件的分析，关于生产价格的形成条件和充分实现条件的分析，关于作为客观经济发展过程的生产价格形成及其阻滞因素的分析，等等，对于社会主义商品经济都是适用的。

这里所说的重视马克思主义关于资本主义商品经济理论对于社会主义商品经济研究的指导作用，同过去那样仅仅从揭露资本主义剥削本质出发，重视对《资本论》第一卷的研究，当然是不同的；就是同前几年为了解决国民经济综合平衡问题，从而重视《资本论》第二卷的研究也是大相径庭的，而是要在重视包括第一、二、三卷在内的《资本论》整体研究的同时，着重研究《资本论》第三卷。显然，随着社会主义商品经济的发展和新的经济体制的建立，《资本论》第三卷充分展开的物质产品市场、资本市场和土地市场，以及物质产品价格、资金价格和土地价格等等理论的指导作用，也就变得愈来愈突出了。

本书以下各章对社会主义商品经济各个方面所做的分析，是力求以上述内容作为重要指导思想的。

二、要把现代资产阶级经济学所总结的、适合社会主义商品经济和我国国情的有用经验借鉴过来，并把其中庸俗的和不适合的部分批判掉

一般说来，马克思主义的建立和发展，都离不开批判地继承和吸收资产阶级理论中的有益成分。而对社会主义商品经济理论的发展来说，这样做，还有某种特殊重要的意义。这一点，是由下列诸种情况决定的。

第一，当前我国马克思主义经济文献对现代资本主义（即帝国主义，下同）经济的运行机制缺乏系统、深入的分析。诚然，马克思的《资本论》对自由资本主义经济关系及其运行机制都做了系统的、深入的分析，而且，它所揭示的经济规律，对现代资本主义经济也是适用的。但是，

[①] 参见《经济研究》1964 年第 4 期；《经济问题》1984 年第 7 期。
[②] 马克思：《资本论》，《马克思恩格斯全集》第 25 卷，第 221 页。

它并不能概括现代资本主义经济的特征。列宁的《帝国主义论》对现代资本主义的基本的经济和政治特征作了扼要的分析；斯大林在这方面有了进一步的发展，然而比《帝国主义论》还要简单得多，并且包含了某些错误论点，毛泽东对帝国主义的分析又前进了一步。但是，无论是列宁，还是斯大林和毛泽东都没有系统地、深入地分析过现代资本主义经济的运行机制。由于毛泽东晚年推行的个人崇拜的严重发展，以及学术民主和学术自由发育得很不健全，我国许多经济学者对现代资本主义经济的分析，大体上也就限制在给列宁、斯大林和毛泽东的论点做注释的范围。所以，整个说来，当前我国马克思主义经济文献对现代资本主义经济的运行机制的分析还是很不系统、很不深入的。

第二，现代资产阶级经济学在这方面所做的分析却是值得注意的。资产阶级宏观经济学是在 1936 年凯恩斯发表《就业、利息和货币通论》一书以后迅速发展起来的。其特征是研究国民收入的变动及其与就业、通货膨胀和经济周期等等之间的关系。资产阶级微观经济学是由马歇尔（1842~1924 年）集大成的。当然，在他以后，微观经济学也有一定的发展。微观经济学的研究大都涉及资本主义市场和价格机制的运行问题。这样，包括宏观经济学和微观经济学在内的现代资产阶级经济学就从宏观和微观两个方面对资本主义经济的运行机制做了分析。从体系上说，现代资产阶级经济学固然是辩护资本主义制度的经济学，是唯心主义的经济学，是庸俗的经济学，但是，这并不排除它在资本主义商品经济的运行机制方面所做的某些有价值的分析，也不排除这些分析对于社会主义商品经济研究所具有的借鉴意义。比如，收入流量和均衡理论是以凯恩斯为代表的现代资产阶级宏观经济学的理论基础，以这个理论为基础建立起来的财政政策和货币政策，对社会主义国家实行宏观经济管理就有借鉴意义。现代资产阶级微观经济学所研究的市场价格、供求关系和供求弹性等问题，对于社会主义企业决定价格和产量也有参考价值。

这里还涉及到正确理解马克思的下述论断。马克思曾经说过："法国和英国的资产阶级夺得了政权。从那时起，阶级斗争在实践方面和理论方面采取了日益鲜明的和带有威胁性的形式。它敲响了科学的资产阶级经济学的丧钟。"①长期以来，人们正是依据这一点认为现代资产阶级经济学中没有什么可借鉴的东西了。但这样理解就把两个不同层次的问题混淆起来了。马克思的上述论断是从揭露资本主义商品经济最深层次的本质来说的，即在资产阶级上升为统治阶级以后，资产阶级经济学在涉及资本主义商品经济关系最深层次的本质方面，如劳动价值论，以及与工资和利润的对立相联系的资本主义社会的阶级对立等，不仅不可能有多少新的创造，甚至就连资产阶级古典经济学已经达到的成就也会被否定。这就从根本上决定了这时的资产阶级经济学不可能是什么科学的经济学，而只能是庸俗的经济学。现代资产阶级经济学当然只能是这样。但这样说，同现代资产阶级经济学能够在较浅层次的本质方面（如资本主义经济的运行机制方面）能够做出某些有价值的分析并不是矛盾的。因为这是两个不同层次的问题。而且由于现代资产阶级经济学在揭露资本主义商品经济关系最深层次的本质方面存在着上述的局限性，即使在较浅层次的本质方面能够做出某些有价值的分析，也仍然没有从根本上改变它的庸俗经济学的面貌。但更重要的问题还在于：如果说由于资产阶级利益的局限性，现代资产阶级经济学不敢触及资本主义经济最深层次的本质，那么，同样是出于资产阶级利益的需要，必须对作为较浅层次本质的资本主义经济的运行机制做出某些如实的分析。在这里，前者与后者的现象各异，但根源却是一个。当然，现代资产阶级经济学在这方面取得的进展，也不只是由于这一点，它同资产阶级国家管理经济和资本家管理企业的经验的积累，同现代科学方法（如系统论、信息论、控制论、耗散结构论和协同论以及经济数学方法等）和现代技术手段（如电子计算机）在经济学研究中的运用，也是有关的。

　　第三，问题不仅在于现代资产阶级经济学在资本主义经济的运行机制方面已经做出了某些有价值的分析，更重要的问题还在于这种分析对于社会主义国家的经济管理，特别是对于社会主义经济学的研究，具有借鉴意义。因为尽管社会主义的商品经济与资本主义的商品经济在社会经济关系方面有本质的区别，但又都是以社会化大生产作为物质基础的、发达的商品经济，而上述的某些有价值的分析是反映了这种共同点的。

---

① 马克思：《资本论》，《马克思恩格斯全集》第 23 卷，第 17 页。

诚然，社会主义基本经济制度比资本主义基本经济制度要先进得多，优越得多。但就当前商品经济的发达程度来说，西方资本主义国家比我国又要发达得多。[①]这种情况一方面提醒我们，在社会主义国家管理经济方面运用上述某些有价值的分析时，需要考虑我国的特点；另一方面又告诉我们，在社会主义经济学的研究方面，运用这些有价值的分析，不仅有助于认识当前我国社会主义商品经济的运行机制，而且有助于认识它的前景。

这里需要说明：由于受到作者水平的限制，本书在批判地借鉴现代资产阶级经济学的有益成分方面，几乎没做什么工作。但我认为，在论到研究社会主义商品经济的指导思想时，是必须明确这一点的。

在论到借鉴现代资产阶级经济学的有益成分时，需要同时提到：要注意防止照搬西方经济学的倾向。[②]其原因在于：①从西方经济学的整个体系来说，它是庸俗的经济学，其庸俗的部分是没有什么借鉴意义的。对这一部分需要在马克思主义的指导下，进行有说服力的批判，以利清除其影响。②就是西方经济学中的某些有价值的分析，虽有借鉴意义，但由于社会经济制度的根本区别，商品经济发展程度的不同，以及其他的社会条件的差异，也不能照搬。

回顾一下历史，还可以进一步看到：提出防止照搬西方经济学的倾向，是有必要的。毛泽东在《论人民民主专政》中，总结了1840年以后先进的中国人向西方国家寻找救国道理的过程。在这期间，许多人照搬西方资产阶级的民主主义，照搬西方资产阶级共和国的方案，但由于它不适合中国国情，行不通，多次革命运动（包括辛亥革命那样伟大的革命运动）都失败了。后来，中国革命走上了中国共产党和毛泽东指出的、适合中国特点的新民主主义革命的道路，革命才取得了胜利。当前，如果再照搬包括现代资产阶级经济学在内的西方资产阶级的理论，也肯定不会有什么好结果。

分析一下当前情况，更可以清楚地看到提出这一点的必要性。

---

① 当然，就长远的发展趋势来说，社会主义生产关系能容纳的社会生产力和商品经济的发展程度将一定远远超过资本主义的生产关系。

② 一般说来，现代西方经济学可以分为正统派经济学与非正统派经济学，前者是作为统治阶级的资产阶级的意识形态，后者是属于小资产阶级经济学。本书所说的西方经济学就是指前者，而不包括后者。

第一，在过去，由于"左"的指导思想的影响，长期实行闭关锁国政策，百家争鸣的方针虽然在 1956 年就提出了，但长期搁置不实行。在这种条件下，当然难以产生照搬西方经济学的倾向。但 1979 年以来，实行了对外开放政策，并开始认真贯彻百家争鸣方针。对外开放政策是加速我国社会主义现代化的正确政策，百家争鸣方针是繁荣我国科学事业的正确方针，二者本身并不必然带来照搬西方经济学的倾向。但是，相对于过去来说，在实行这两个方针的条件下，照搬西方经济学的倾向就容易产生了。

第二，在过去的长时期内，由于"左"的错误的影响，对现代资产阶级经济学似乎只有批判的任务，没有吸收的任务。但在实行对外开放政策以后，人们较广泛地接触了西方经济学，发现情况并不像原来所说的那样。这样一种转变也容易使得某些人由原来的一个极端——完全否定西方经济学，走到另一个极端——完全肯定和照搬西方经济学。

第三，近 30 年来，社会主义国家部分地由于原来的社会生产力发展水平很低，部分地由于传统经济体制的影响，部分地由于片面强调速度和发展重工业的战略的影响，社会主义基本经济制度的优越性没有得到充分的发挥。与此不同，发达的资本主义国家在资本主义私有制的范围内对其生产关系进行了调整。这种调整虽然没有、也不可能根本解决资本主义的基本矛盾，因而并不可能最终挽救资本主义制度必然灭亡的命运，但是，它却使得资本主义生产关系能够容纳社会生产力的高度远远超过了马克思甚至列宁的设想。战后资本主义国家社会生产力获得的空前未有的、巨大的、迅速的发展，以及资本主义经济周期的变化，都可以证明这一点。当然，这种发展同战后发生的新的科学技术革命也有重要的、直接的联系。诚然，如果从本质上看问题，上述的社会主义国家和资本主义国家发生的两方面情况，既不表明资本主义制度可以避免必然灭亡的命运，也不表明社会主义制度不从根本上优越于资本主义制度。但是，上述两种情况的外观，却很容易使人产生这样的错觉：似乎马克思主义已经变得不灵了，而作为当代发达的资本主义国家政策的理论基础的庸俗经济学却已经显得很灵了。这不能不说是导致照搬西方经济学倾向的一个重要的认识根源。

第四，党的十一届三中全会已经过去八年多了。在这期间，实行了对内搞活经济、对外实行开放的总方针。在这种社会经济环境下成长起来的、年轻的、经济理论的研究和教学工作者，就具有时代的特征。其特征之一，就是他们对于探索社会主义商品经济理论富有强烈的革命激情和创造精神，对于吸收现代资产阶级经济学也富于敏感性。但是，就许多情况来看，相对于老年的、经济理论的研究和教学工作者来说，他们的马克思主义理论修养不深，对西方经济学的鉴别力不强，对中国的国情了解也较浅。正是这些弱点使得照搬西方经济学的倾向在年轻的经济理论和教学工作者之中有了较多和较明显的表现。

三、要在马克思主义指导下，以我国和其他社会主义国家的实践为基础建立和发展社会主义的商品经济理论，同时又要用已经为实践所证明的社会主义商品经济理论去指导社会主义的实践

对建立和发展社会主义的商品经济理论来说，无论是运用适合社会主义经济和我国国情的马克思主义关于资本主义商品经济的理论，或者是借鉴现代资产阶级经济学对我国有用的部分，都只是流，而不是源。这个源就是我国和其他社会主义国家的实践。这一点，不仅是符合马克思主义认识论的，而且是 1979 年以来我国的实际所充分证明了的。在这期间，伴随着我国社会主义商品经济的发展，我国社会主义商品经济的理论也获得了一系列的新发展。重要的有：社会主义经济是有计划的商品经济，国有企业是相对独立的商品生产者和经营者，实行商品生产和经营的、以社会主义国有制为主导的多种所有制形式和多种经营形式，价值规律是社会主义经济的调节者，社会主义的市场体系和价格体系，以及适应社会主义商品经济发展要求的经济体制改革的理论等。实践表明：以社会主义各国的实践为基础建立和发展社会主义商品经济的理论，仍然是今后必须坚持的方向。

前面说过，把马克思主义经典作家否定社会主义商品经济的观点扬弃掉，并把马克思主义的资本主义商品经济理论中适合社会主义经济和我国国情的部分运用起来，以及把现代资产阶级经济学中对我国有用的部分借鉴过来，并把其中庸俗的和不适合的部分批判掉，对于我国社会主义商品经济理论的发展，具有重要的意义。但是，这种扬弃和运用以及借鉴和批判，都需要有科学依据、客观标准和分析武器。这种依据、标准和武器，就是社会主义商品生产的实践，以及以这个实践为基础建立和发展起来的社会主义商品经济理论。可见，这种理论对于上述的扬弃、运用和借鉴、批判具有重要的指导意义。

这样，在马克思主义指导下，以社会主义的实践为基础建立和发展社会主义商品经济理论，就成为社会主义经济学研究最根本的指导思想，这是一方面。另一方面，用已由实践证明的理论去指导社会主义商品生产的实践，以及旨在发展社会主义商品生产的经济体制改革的实践，也具有重要的意义。"马克思主义的哲学认为十分重要的问题，不在于懂得了客观世界的规律性，因而能够解释世界，而在于拿了这种对于客观规律性的认识去能动地改造世界。"①就经济体制改革具体情况来说：

第一，要进行经济体制改革，就需要设计改革的蓝图。这一点，就离不开社会主义商品经济理论的指导。事实也正是这样的。如果不是在党的十一届三中全会以来，在社会主义经济是有计划的商品经济，以及国有企业是相对独立的商品生产者等这样一些根本性的理论问题上有了突破性的进展，就很难设想有作为我国经济体制改革蓝图的党的十二届三中全会《关于经济体制改革的决定》的产生。

第二，马克思主义经典作家否定社会主义商品生产的观点，以及高度集中的、以行政管理为主的、排斥市场机制的传统经济体制在我国流行和存在了很长时间，其影响不仅不可能在短时间内得到消除，而且在某种条件下还可能扩大。经济体制改革虽然不像1949年新民主主义革命那样从根本上触及到政治权力和经济利益在对立的阶级之间的重新分配，但也部分地涉及权力和利益在根本利益一致、但有局部利益差别的社会成员之间的再分配。即使仅仅由于认识上的原因，人们对经济体制改革也会有不同的看法。这样，实现经济体制改革的蓝图就不可能没有这样或那样的阻力。要妥善排除这些阻力，也需要有社会主义商品经济理论的指导。

第三，经济体制改革是历史发展的必然趋势，是不可阻挡的，其胜利前景是毋庸置疑的。就我国当前经济体制改革的情况来看，方向是正确的，主流是健康的。但是，也难免发生部分的失误。其所以说难免，不仅是因为从一般意义上说，存在着客观与主观的矛盾，人们的认识难

---

① 毛泽东：《实践论》，《毛泽东选集》第1卷，第268页。

以完全同客观一致，而且考虑到某些特殊的因素。这些特殊因素主要是：①我国人口多，国家大，经济和文化发展比较落后，发展又很不平衡；封建主义在社会生活各方面遗留的东西较多，传统的经济体制和革命根据地、解放区的供给制的影响较深。这样，情况复杂，改革起点低，因而改革的难度大。②在生产建设上急于求成，曾经是过去长期存在的经济工作中"左"的错误的一项主要内容。1979年以来，急于求成的情况有了很大的改变，但也没有从根本上消除，而是不时地冒出来。这不仅干扰了社会主义的生产建设，而且不利于为经济体制改革创造相对宽松的经济环境，干扰了改革，加大了改革的难度，甚至导致改革出现某些曲折。还需着重指出：这种急于求成的思想在改革本身也表现出来，使得许多方面改革的效果很不理想。③在传统体制下长期生活过的人们，往往难于完全摆脱旧的影响，以致在改革的某些方面还走着老路。比如，1981年开始实行的"分灶吃饭"的财政制度，虽然在调动地方政府增收节支方面起过积极作用，但它强化了地方政府对企业的行政干预和地区分割情况。这种行政性的分权，同经济体制改革所要求的增强企业活力，建立和发展市场体系，建立和完善以间接控制为主的宏观经济管理等是背道而驰的。再如，1979年以来建立的大批行政性公司也是一种行政性分权，存在着类似弊端。至于1985年实行的企业工资套改，虽然主观上是要推进改革，也确有某些好处，但从实际效果的主要方面来说，它算不上什么改革，甚至可以说是一种倒退。这主要表现在：这次套改实行的还是以国家行政管理为主的管理工资的原则，妨碍了企业在工资管理方面自主权的扩大；它减少了较能体现按劳分配原则的活工资部分（即奖金），增加了具有明显平均主义倾向的固定工资部分，削弱了企业内部的经济责任制，强化了"吃大锅饭"的工资制度。这样，在改革中，就既有正确的经验，也有错误的教训。显然，要正确区分这些经验和教训，也需要有社会主义商品经济理论的指导。否则，就可能发生把正确的当做错误的，把错误的也当做正确的情况。如果考虑到下述两种情况，这种事情是很容易发生的。一是在过去长期存在的"左"的错误的影响下，学术民主和学术自由发育得很不健全，学术界有人习惯于对现行政策作理论说明。对正确政策这样做，无疑是必要的。但问题是对错误政策也往往这样做。现在学术民主和学术自由的空气比过去浓厚得多了，但后一种状况在短期内也难以完全改变。二是在对传统体制的弊病缺乏认识，或对改革发生抵触的人们中，也往往容易把由于改革部分失误而带来的问题归结为改革的本身。总之，要正确总结改革的经验和教训，以完善和发展改革，把改革进行到底，就需要有社会主义商品经济理论的指导。当然，在这个过程中，社会主义商品经济的理论也会不断地得到检验和发展。

那么，究竟用哪些已由社会主义的实践证明了的社会主义商品生产的理论（即当代发展了的马克思主义关于社会主义商品生产的理论）去指导社会主义的实践呢？这是一个涉及整个社会主义商品生产理论体系的、包含了多方面复杂内容的问题。但就其根本点来说，主要是党的十一届三中全会以来已经取得的两方面突破性进展。①社会主义经济是有计划的商品经济，国有企业是相对独立的商品生产者。②我国现阶段还是社会主义社会的初级阶段。第一点概括了社会主义商品经济的基本特点，因而成为社会主义商品经济理论的根本点。这是很明显的。那么，第二点为什么也成为根本点呢？

这里需要着重指出：第二点是党的十一届三中全会以来对马克思主义科学社会主义所作的发展的最基本方面。1981 年，中共中央在总结新中国成立以来 32 年历史经验的文献中首次提出："我们的社会主义制度还是处于初级的阶段。"①1982 年党的第十二次代表大会重申了这个基本论断。1986 年，中共中央在另一个历史文献中又阐发了这个观点："我国还处在社会主义的初级阶段，不但必须实行按劳分配，发展社会主义的商品经济和竞争，而且在相当长的历史时期内，还要在公有制为主体的前提下发展多种经济成分，在共同富裕的目标下鼓励一部分人先富裕起来。"②这是其一。其二，毛泽东在新中国成立前夕说过："中国的工业和农业在国民经济中的比重，就全国范围来说，在抗日战争以前，大约是现代性的工业占百分之十左右，农业和手工业占百分之九十左右。……这也是在中国革命的长时期内和在革命胜利以后一个相当长的时期内一

---

① 中共中央《关于建国以来党的若干历史问题的决议》，人民出版社 1981 年版（下同），第 52 页。
② 中共中央《关于社会主义精神文明建设指导方针的决议》，人民出版社 1986 年版（下同），第 11 页。

切问题的基本出发点。"③我国现阶段还处于社会主义初级阶段的原理，包括生产力、生产关系和上层建筑等多方面的内容。但其中最根本的一点，就是社会生产力发展水平还比较低。因此，这个原理同样也是今后一个相当长的时期内包括研究社会主义商品经济问题在内的一切问题的基本出发点。事实上，这一点，从根本上决定了社会主义商品经济的一切主要方面和一切主要过程。所以，乍一看来，这个原理本身似乎不是社会主义商品经济理论的内容，但实际上，前者是后者的基本出发点。

　　还需进一步指出：本节所说的要用已经为实践所证明的社会主义商品经济理论去指导社会主义的实践，不仅包括社会主义经济发展的实践，也不仅包括社会主义经济改革的实践，而且包括社会主义商品经济研究的实践。这样说，是完全符合马克思主义认识论的。本书下面各章对社会主义商品经济各方面所做的分析，也是力图以上述两个根本点作为主要指导思想的。

---

① 毛泽东：《在中国共产党第七届中央委员会第二次全体会议上的报告》，《毛泽东选集》第 4 卷，第 1368 页。

第一章　社会主义商品经济存在的原因

纵观商品经济产生和发展的历史，一般说来，商品经济关系是处于社会生产分工体系中相互分离的、彼此独立经营的生产者或生产单位之间的利益差别关系。与此相联系，商品经济产生和发展的原因，一是社会分工的发展，二是形成相互分离的、彼此独立经营的生产者或生产单位利益差别的生产资料所有制形式。社会主义社会商品生产体系存在的原因也是这样的。不言而喻，社会主义社会的社会分工是在不断发展的。需要说明的，不是这个原因，而是另一个原因，即生产资料所有制形式。社会主义的实践证明：导致社会主义社会商品经济体系存在的这方面原因，一是作为国民经济主体的各种社会主义公有制的形式，主要是作为国民经济主导的、带有某些企业集体所有制因素的社会主义国家所有制，以及作为社会主义经济成分的基本构成因素之一的社会主义集体所有制；二是作为社会主义经济必要补充的各种非社会主义的所有制形式，主要是个体私有制、私人资本主义所有制和国家资本主义所有制。前一方面的原因是主要的，后一方面的原因是次要的。这里所说的社会主义社会中各种生产资料所有制形式（或社会主义社会中多种经济成分，以下同此）只是它的基本形态，至于由这种基本形态而产生的派生形态（如由各种所有制而形成的联合所有制等），是可以略而不论的。这样，我们只要论证了上述各种所有制存在的必然性，也就从根本上说明了社会主义商品经济体系存在的原因。

然而，社会主义的集体所有制以及各种非社会主义的所有制成为商品经济存在的原因，是早已明确了的问题，毋须多加说明。唯独社会主义的国有企业成为商品生产者的原因，是建国以后一直到党的十二届三中全会以前都没有在党的中央文件中得到正式反映和为学术界、经济界普遍承认的难题。而且，这个问题在社会主义社会商品经济存在的原因中处于极重要的地位。因此，需要单独地、着重地进行考察。

我们认为，社会主义的国有企业之所以成为相对独立的商品生产者，就是由于社会主义国家所有制还带有集体所有制的因素。这样，就有两个层次的问题需要说明：一是社会主义国家所有制存在的必然性；二是国有制为什么必然带有集体所有制的因素。分这样两个层次说明这个问题，不仅是逻辑上的要求，而且是理论上、实践上的需要。问题在于：我国学术界在过去的一个长时期内，由于受到传统的政治经济学理论的影响，把社会主义全民所有制（即社会主义国家所有制）看做是最成熟、最彻底的社会主义所有制，从而根本否定了社会主义国家所有制还有改革的必要。但是，党的十一届三中全会以来我国经济体制改革的实践表明：不仅作为社会主义国家所有制的具体形式的经济管理体制有根本改革的必要，而且国有制的内涵也要做部分改革。比如，生产资料的社会主义国家所有制也带有集体所有制的因素。明确了这一点，就可以从理论上说明国有企业为什么是相对独立的商品生产者，并为我国经济管理体制的改革奠定极重要的理论基础。这是问题的一方面。另一方面，我国学术界在探索经济体制改革理论的过程中，出现了一种值得注意的观点，即根本否定社会主义国家所有制。有关这个问题的具体说法是很多的。比如，有的同志认为，我国社会生产力水平比较低，过去和现在都没有社会主义国家所有制存在的余地，应该退到企业的集体所有制。还有人认为，社会主义国家所有制只是在建国初期有它存在的必要，而在尔后的发展中，它产生了一系列的弊病，应该把国家所有制改为"社会所有制"。在"社会所有制"的条件下，企业劳动者集体根据市场情况完全自主地经营事实上归它们所有的资金，并决定收入的分配，积累基金原则上也全部由企业支配。所以，这种"社会所有制"实质上就是集体所有制。有的同志虽然肯定了国家所有制在近期存在的必然性，提出"国家所有，企业经营"是近期模式的完善形态，但又认为"企业所有，企业经营"是长期模式的最佳选择。①还有一种观点主张把国有企业财产的一部分（约占全部财产的30%）无偿转让给企业作为企业的集体股份，另一部分（约占全部财产的20%）无偿转让给职工个人作为个人的股份，余下部分（约占全部财产的50%）留作国家股份，由此形成国家、企业与职工的股份制。也有人主张把党的十一届三中全会以来国家让给企业的留用资金作为企业的集体财产，同国家原有的财产和职工投资一起，形成国家、企业集体和职工个人股份制，以后按股分红。又有人主张，国有企业向国家银行贷款进行建设，建成以后还清本息，此项建设就成了企业的集体财产。②上述各种看法是有区别的，但有一个共同点，即根本否定或最终根本否定社会主义国家所有制，并主张退到或最终退到集体所有制。应该肯定：提出这些观点的同志都是为了通过改革巩固和发展社会主义制度。但在实际上却涉及到在经济领域内坚持社会主义制度的一个最重要的方面，即坚持在国民经济中占主导地位的社会主义国家所有制。

第一节　社会主义国家所有制产生和存在的必然性

一、马克思列宁主义关于社会主义国有化的理论

按照恩格斯的说法，由于马克思的两个伟大发现，即唯物主义历史观和剩余价值理论，社会主义已经由空想变成了科学。③马克思主义关于社会主义国有化的理论之所以是科学的，就在于马克思主义创始人在建立这个理论的过程中，自始至终严格地遵守了历史唯物主义的理论和方法。

这一点突出地、系统地表现在马克思主义的基本理论著作《反杜林论》中。恩格斯在该书的第三篇第二章中依据历史唯物主义的基本原理，即经济基础决定上层建筑、生产力决定生产关系的原理，作出结论说："一切社会变迁和政治变革的终极原因，不应当在人们的头脑中，在人们对永恒的真理和正义的日益增进的认识中去寻找，而应当在生产方式和

---

① 《世界经济导报》1985年12月23日。
② 《经济日报》1987年6月4日第2版。
③ 恩格斯：《社会主义从空想到科学的发展》，《马克思恩格斯选集》第3卷，第424页。

交换方式的变更中去寻找。"①恩格斯正是从资本主义社会的基本矛盾的发展，即资本主义生产的社会性和生产资料的私人资本主义占有之间的矛盾的发展，论证了无产阶级革命的必然爆发，以及资本主义私有制的必然灭亡和社会主义社会公有制的必然胜利。很显然，只有用生产资料的社会主义社会公有制去代替资本主义私有制，才能适合生产力的社会性质，才能解决资本主义的基本矛盾。

而且，在这个问题上，恩格斯运用历史唯物主义并不只限于这一点，他还运用社会存在决定社会意识的基本观点指出：用来消除资本主义社会弊病的手段，也"不应当从头脑中发明出来，而应当通过头脑从生产的现存物质事实中发现出来"。②长期以来，有的同志把恩格斯这里所说的消除资本主义社会弊病的手段只是理解为无产阶级反对资产阶级的阶级斗争和无产阶级革命。从首要的和主要的意义上说，这种看法并没有错误。但这种归结也并不是完整的。而就我们这里讨论的问题来说，指出这种不全面的地方，是尤为必要的。这里存在的一个重要理论问题是：究竟用一种什么样的社会主义社会公有制的形式去代替被消灭的资本主义私有制？在这方面，恩格斯高度评价了资产阶级国有化的意义。他说："只有在生产资料或交通手段真正发展到不适于由股份公司来管理，因而国有化在经济上已成为不可避免的情况下，国有化——即使是由目前的国家实行的——才意味着经济上的进步，才意味着在由社会本身占有一切生产力方面达到了一个新的准备阶段。"③不仅如此，"生产力的国家所有不是冲突的解决，但是它包含着解决冲突的形式上的手段，解决冲突的线索"。④恩格斯还明确指出：资产阶级国有化"本身就指明完成这个变革的道路"，即无产阶级取得国家政权后，"首先把生产资料变为国家财产"。⑤

后来，列宁依据帝国主义时代新的经济情况进一步发展了恩格斯的这个思想。列宁在同俄国社会革命党人和孟什维克作斗争时指出：社会

---

① 恩格斯：《反杜林论》，《马克思恩格斯选集》第3卷，第307页。
② 恩格斯：《反杜林论》，《马克思恩格斯选集》第3卷，第307~308页。
③ 恩格斯：《反杜林论》，《马克思恩格斯选集》第3卷，第317页注①。
④ 恩格斯：《反杜林论》，《马克思恩格斯选集》第3卷，第318页。
⑤ 恩格斯：《反杜林论》，《马克思恩格斯选集》第3卷，第320页。

主义并不像他们所想象的那样在"远不可及的模糊的将来"。"其实，社会主义现在已经在现代资本主义一切窗口中出现，在这个最新资本主义的基础上每前进一步的每一重大措施中，社会主义都直接而实际地显示出来了"。① 这当然不是说，社会主义经济可以在垄断资本主义经济中产生，而是说，垄断资本主义的发展为社会主义经济的建立创造了更充分的条件，并更具体地预示着"完成这个变革的道路"。事实上，列宁也正是这样分析的。他写道："国家垄断资本主义是社会主义的最完备的物质准备，是社会主义的入口，是历史阶梯上的一级，从这一级上升到叫做社会主义的那一级，没有任何中间级。"② 长期以来，有的同志把列宁这里所说的"最完备的物质准备"，仅仅看作是在国家垄断资本主义条件下生产社会化程度得到了更充分的发展。这当然是一个最重要的方面，但这种理解并不完全。请看列宁对这个问题的分析。列宁曾经认为，20 世纪20 年代德国国家垄断资本主义的发展，为社会主义革命作了最完备的物质准备。因为"那里有现代大资本主义技术的'最新成就'，以及服从于容克资产阶级帝国主义的有计划的组织"。如果"不要军阀的、容克的、资产阶级的、帝国主义的国家，而同样用国家，但已是另一种社会类型、另一种阶级内容的苏维埃国家，即无产阶级国家来代替，那你们就会得到实现社会主义的全部条件"。"没有建筑在现代科学最新成就上的大资本主义技术，没有一个使千百万人在产品的生产和分配中最严格遵守统一标准的有计划的国家组织，社会主义就无从设想"。③ 在列宁看来，"全民的计算和监督"是"国家资本主义和社会主义所共有的东西"。④ 当然，二者的社会经济性质是根本不同的。列宁同时也强调指出："无产阶级若不在国家内占统治地位，社会主义也是无从设想的，这也是一个起码的常识。"⑤

---

① 列宁：《大难临头，出路何在?》，《列宁选集》第 3 卷，第 164 页。

② 列宁：《大难临头，出路何在?》，《列宁选集》第 3 卷。重点是原有的。

③ 列宁：《论"左派"幼稚性和小资产阶级性》，《列宁选集》第 3 卷，第 544~545 页。

④ 列宁：《论"左派"幼稚性和小资产阶级性》，《列宁选集》第 3 卷，第 546 页。这里需要说明：我们引证列宁这些论述的目的，是要证明列宁关于社会主义国有化的理论，不是凭空想出来的，是依据了资产阶级国有化的实践的；而不是要说明社会主义国家对国有企业的管理制度也要照抄德国国家垄断资本主义的做法。依据各国社会主义建设的实践经验，国家对国有企业的管理必须适应国有企业作为相对独立的商品生产者的要求，必须对传统的经济管理体制进行根本的改革。

⑤ 列宁：《论"左派"幼稚性和小资产阶级性》，《列宁选集》第 3 卷，第 545 页。

　　可见，列宁在帝国主义时代对马克思主义关于社会主义国有化理论的发展，不仅在于他提供了社会主义革命的新理论，把马克思主义的无产阶级革命和无产阶级专政的理论推进到一个新的历史阶段（无产阶级革命和无产阶级专政是社会主义国有化根本的政治前提），也不仅在于他指出了垄断资本主义、特别是国家垄断资本主义的发展，在生产力方面为社会主义国有化准备了更充分的物质条件，而且在于他指出了在无产阶级取得政权，并对剥夺者实行剥夺以后，要仿效德国的国家垄断资本主义，建立起"使千百万人在产品的生产和分配中最严格遵守统一标准的有计划的国家组织"，实行"全民的计算和监督"。

　　我们在前面说明了马克思列宁主义关于在社会主义历史阶段社会主义社会公有制采取国家所有制形式的观点，不是凭空想出的，而是依据资产阶级国有化和国家垄断资本主义发展的事实提出的。那么，究竟为什么在这个历史阶段社会主义社会公有制必须采取国家所有制的形式呢？很显然，社会主义社会公有制经济要顺利地实现再生产，必须有一个社会经济中心组织社会的生产、交换、分配和消费。在社会主义历史阶段，这个社会经济中心还只能是带有强制性的无产阶级的国家组织。比如，就实现个人消费品的分配来说，社会主义社会还必须实行按劳分配原则。"既然在消费品的分配方面存在着资产阶级的法权，那当然一定要有资产阶级的国家，因为如果没有一个能够迫使人们遵守法权规范的机构，法权也就等于零。"[1]列宁这里说的资产阶级国家，是没有资产阶级的资产阶级国家，即无产阶级的国家。列宁的这个分析，从分配方面，说明了社会主义历史阶段无产阶级国家存在的必要性，也说明了社会主义社会公有制采取国家所有制形式的必要性。列宁还明确说过："在共产主义的'高级'阶段到来以前"，需要"武装工人的国家""对劳动标准和消费标准实行极严格的监督"。[2]

　　马克思列宁主义关于社会主义国有化的理论，在伟大的俄国十月革命中获得了光辉的胜利。苏联 1950 年工业总产值比 1917 年增长了 20 倍。[3]在这期间，还经受了 1918 年至 1920 年反对外国武装干涉和国内战争

---

① 列宁：《国家与革命》，《列宁选集》第 3 卷，第 256 页。
② 列宁：《国家与革命》，《列宁选集》第 3 卷，第 254 页。
③ 苏联统计局编：《苏联国民经济六十年》，苏联统计出版社 1977 年俄文版，第 4 页。

以及 1941 年至 1945 年反对希特勒德国侵略的战争，经济受到严重的破坏，否则，工业增长的幅度要大得多。这证明列宁、斯大林领导的苏联的社会主义国家所有制形式是适合了生产力的社会性质的，是大大促进了苏联工业生产发展的。[①]

综上所述，马克思列宁主义关于社会主义国有化的理论之所以成为科学社会主义的重要组成部分，之所以是根本区别于空想社会主义的，就在于他们把社会主义国有化的终极原因归结为资本主义社会基本矛盾的发展上，而不是归结为对"永恒的真理和正义"的认识上；就在于他们把无产阶级革命和无产阶级专政看做是实现社会主义国有化的根本政治前提，而不是否定阶级斗争；就在于他们提出的社会主义国有化的形式，不是凭空想出的，而是根据资产阶级国有化和国家垄断资本主义发展的事实，并且建筑在社会主义社会公有制和按劳分配的要求上；而且，更重要的[②]还在于已经为俄国十月社会主义革命的实践所证明了。

二、当代经济发达的资本主义国家国有化的实践

为了进一步说明马克思列宁主义关于社会主义国有化的理论是科学的理论，还有必要分析一下当代经济发达的资本主义国家国有化的实践。

从总的方面看，当代经济发达的资本主义国家的国有化比过去是大大地向前发展了。其中表现最突出的是法国。法国的资产阶级国有化的历史很长，仅从第二次世界大战以来，法国已经推行了两次国有化。第一次国有化是在 1945 年至 1946 年戴高乐临时政府时期，当时为了适应恢复被战争破坏的经济的需要，政府发布了一系列关于国有化的法令，将一些重要工业部门和银行收归国有。此后，国有企业不断发展。至 1981 年 5 月密特朗就任法国总统时，法国国有化企业占全国固定资产的 20%，占国内生产总值的 12%，占工业投资的 15%，占工业营业额的 22%，占工业部门就业人数的 12%，国家银行掌握全国存款的 70%。第二次是密特朗就任法国总统以后，进一步推行了扩大国有化的政策。这次国有化的结果，使得国有工业营业额占全国工业营业额的比重提高到 40%，产

---

① 这样说，并不排斥苏联经济管理体制由于存在严重的弊端，使得工业生产没有获得应有的发展。
② 按照毛泽东的说法，"马克思列宁主义之所以被称为真理，也不但在于马克思、恩格斯、列宁、斯大林等人科学地构成这些学说的时候，而且在于尔后革命的阶级斗争和民族斗争的实践所证明的时候"（毛泽东：《实践论》，《毛泽东选集》第 1 卷，第 269 页）。

值在国内生产总值中的比重提高到 17%，投资占全国工业投资额的比重提高到 30%~32%，工业企业职工人数的比重提高到 23%。有些重要工业部门中国营工业的比重有了更显著的提高。比如，国家控制了电力工业的 90%，航空工业的 85%，钢铁工业的 80%，冶金工业的 62%，基础化学工业的 48%，玻璃工业的 35% 和制药工业的 22%。在银行信贷系统方面，国家控制了 90% 的银行存款和 85% 的信贷业务。[①]

本世纪 80 年代初期，法国资产阶级国有化达到这样大的规模，有它的思想、历史、政治和经济等多方面的原因。法国是空想社会主义的最主要的故乡，科学社会主义也率先得到了传播，第二次世界大战时法国共产党在法国有过较大的影响，社会主义思想深入人心。法国资产阶级国有化的历史比较长，在这方面积累了比较丰富的经验。与上述情况相联系，以密特朗为代表的法国社会党政府为了调和与缓解资本主义社会的阶级矛盾，把扩大国有化政策作为他推行所谓"法国式的社会主义"的核心内容。但从经济方面看，一个最重要的原因就是生产社会化和资本主义基本矛盾的进一步发展。这一点，我们从法国社会党政府实行扩大国有化政策的目的方面可以看得很清楚。法国社会党企图通过扩大国有化的政策，来振兴经济，摆脱经济危机，并把它作为解决失业问题的一个重要途径；企图借助这一点增强政府干预经济的财力、物力和技术力量，保证政府的经济计划和工业发展战略目标的实现；企图通过这一点，实现企业的所谓"民主"管理（即国有企业由政府、职工和企业管理人员三方面的代表共同管理）；企图依靠这一点，控制法国私人垄断资本的国际化（即法国垄断资本与外国垄断资本特别是美国垄断资本的联系日趋加强，以及与此相关的受外国垄断资本的控制日益加深），保护法国的经济独立。可见，法国社会党政府提出的扩大国有化政策所企图解决的各项问题，都是同战后法国社会生产力和生产社会化的发展，以及与此相联系的资本主义基本矛盾的加深相联系的。

当然，法国社会党政府提出的"法国式的社会主义"和马克思主义的科学社会主义是根本不同的，他们实行的国有化也只能是资产阶级的国有化，根本不可能是社会主义的国有化。这种生产资料国有制仅仅取

---

① 《世界经济文汇》1984 年第 1 期，第 54 页。

得了"社会所有"的形式，在实质上并没有改变资本主义所有制，仅仅在形式上扬弃了私人资本主义所有制。这种"在资本主义生产方式本身范围内的扬弃"，[①]虽然可以在一定的范围、程度和时期内缓和资本主义的基本矛盾，但却不能从根本上解决这个矛盾，而且最终还要加深这个矛盾。

但是，资产阶级国有化在较大范围内的发展，就更清楚地给无产阶级指明实现"变革的道路"，即无产阶级取得国家政权后，"首先把生产资料变为国有财产"。[②]因而，当代法国资产阶级国有化的实践，进一步证明可以用社会主义国有制取代资本主义私有制，证明马克思列宁主义关于社会主义国有化的理论是科学的。

英国在 1945 年至 1979 年期间，主要由于工党政府推行国有化的政策，使得国有企业在国民经济中占有很重要的地位。国有企业产值占国民生产总值的 11%，投资占全部固定资产投资的 20%，就业职工占全部就业职工的 8%。而且，国有企业都是国民经济中的重要行业，如银行、邮政、铁道、航空、电讯电话、港口、电力、煤炭、煤气、石油和钢铁等。[③]但在 1979 年撒切尔首相上台后，实行了一条国有企业私有化的方针，使得英国资产阶级国有化发生了很大的逆转。这就产生了一个问题：英国资产阶级国有企业私有化的实践，是否证明了马克思主义关于社会主义国有化的理论已经过时了呢？显然，为了说明我们这里的问题，分析这一点是完全必要的。

我们对这个问题的回答是：英国资产阶级国有企业私有化的实践，并不能证明这一点。因为，①资本主义基本矛盾的发展，是社会主义国有化的基本原因。只要这个客观趋势是存在的，那么，马克思主义关于社会主义国有化的理论就不会过时。②资产阶级国有化尽管与社会主义国有化有根本的区别，然而也是同资本主义基本矛盾的发展相联系的。但这个矛盾的发展，只是为资产阶级国有化提供了客观可能性。要把这种可能性变成现实性还取决于许多条件，其中决定性的一点是资产阶级执政党对资产阶级国有化的态度。英国在战后的一个长时期内，主要由于工党政府大力推行资产阶级国有化，国有企业才有了很大的发展。而

①马克思：《资本论》，《马克思恩格斯全集》第 25 卷，第 493 页。
②恩格斯：《反杜林论》，《马克思恩格斯选集》第 3 卷，第 320 页。
③《经济研究资料》1985 年第 1 期，第 48~49 页。

在 1979 年以后，由于撒切尔政府采取了相反的政策，资产阶级国有化才发生了很大的逆转。可以设想，如果由工党政府来取代撒切尔政府，那么，当前英国国有企业私有化又会发生很大的逆转，正像可以设想如果当前由反对资产阶级国有化的政府来更替法国社会党政府，那么，法国资产阶级国有化也会发生逆转一样。近年来的事实也正是这样的。这是其一。其二，如果不说英国保守党和工党的斗争这样的政治因素，仅就经济方面来说，那么，国有企业私有化方针的提出，是同许多国有企业经济效益差相联系的。但对这一点也要作具体分析。有些国有企业（如铁路）发生亏损是为了保障社会的需要。从微观经济效益看，这些企业比私人资本主义企业差，但从宏观经济效益看，前者比后者又要好得多。当然，许多国有企业经济效益也确实差。但这往往是同政府对国有企业的管理制度不合理相联系的。这包括国家干预太多，使国有企业难以依据市场变化主动经营企业的生产；企业依赖政府的财政补贴，缺乏经济压力；由于税收、折旧等项政策的影响，企业也缺乏财力去改进生产技术，政府主管部门任命的企业领导人往往不懂经营管理；等等。但所有这些还不能证明经济效益差是由国有制度本身带来的，因而还不能证明资产阶级国有制比私人资本（包括私人垄断资本）更不能适应社会生产发展的需要。[①]其三，在英国资产阶级国有企业私有化的过程中，人们曾就国有企业售给私人资本以后，如何防止造成私人垄断以至损害消费者的利益，如何保证私有化企业能很好地为公众服务，并保证消费者的安全等问题展开了激烈的争论。这些争论也从某些侧面反映了资产阶级国有企业在适应社会消费的需要方面比私人资本有更多的余地。其四，尽管 1979 年以来，英国国有企业私有化已经有了很大的发展，但有些属于国有的基础设施部门由于其生产和消费等方面的社会化已经达到了巨大的规模，很难再由私人资本经营。比如，英国国有电力公司的私有化就很困难。因为电网是统一的，不可能将电力公司分成若干个地区的电力公司，因而私有化以后就会形成全国的私人的电力垄断企业，从而激化资本主义社会的矛盾。这也说明，资产阶级国有企业在适应生产社会化

---

　　① 这是就资产阶级国有制与私人资本（包括私人垄断资本）相比较的意义上说的。当然，从总体上说，在帝国主义阶段，无论是国有资本，或私人资本，都已经是社会生产力发展的桎梏了。

方面比私人资本也有更多的余地。可见，只要具备了条件（这些条件包括：资产阶级执政党对资产阶级国有化采取积极支持的态度，资产阶级国家对国有企业的管理制度比较健全等），那么，资产阶级国有化就不会消失，甚至可能得到一定的发展。

经过上面的分析，我们仍然可以认为，恩格斯关于资产阶级国有化"本身就指明完成这个变革的道路"的原理，即无产阶级取得国家政权后，"首先把生产资料变为国家财产"①的原理，仍然是科学的理论。当然，如前所述，马克思主义关于社会主义国有化的理论之所以是科学的，主要的还不在于这一点，主要还在于它是建立在对于资本主义基本矛盾的分析上，是以无产阶级革命和无产阶级专政作为政治前提的。但是，马克思主义创始人提出社会主义国有化的主张，不是凭空想出来的，而是把它同资产阶级国有化的实践联系在一起。这一点，也是使它成为科学社会主义的一个重要因素。

三、毛泽东思想关于中国社会主义国有化的理论

既然马克思列宁主义关于社会主义国有化的理论是科学社会主义的组成部分，那么，在原则上说来，对我国社会主义革命的实践也是适用的。但具体说来，究竟为什么是适用的，还需要阐述作为马克思列宁主义的普遍原理与中国革命具体实践相结合的毛泽东思想关于中国社会主义国有化的理论，还需要分析半殖民地半封建的中国资本主义经济发展的具体情况。

在半殖民地半封建的中国，帝国主义经济和官僚资本主义经济与封建主义经济一起占了统治地位。这两种资本主义经济均有着它本身固有的基本矛盾，特别是由于它们在半殖民地半封建的中国社会的特有属性，成为阻碍中国经济发展的桎梏。所以，毛泽东说过：帝国主义经济、封建主义经济和官僚资本主义经济是"中国最落后的和最反动的生产关系，阻碍中国生产力的发展"。②这是其一。其二，"中国的现代性工业的产值虽然还只占国民经济总产值的百分之十左右，但是它却极为集中，最大的和最主要的资本是集中在帝国主义者及其走狗中国官僚资产阶级的手

① 恩格斯：《反杜林论》，《马克思恩格斯选集》第 3 卷，第 320 页。
② 毛泽东：《中国社会各阶级的分析》，《毛泽东选集》第 1 卷，第 4 页。

里"。①帝国主义的在华经济像它在本国的经济一样，都是垄断的、集中的经济，都是实现社会主义国有化的比较充分的物质基础，这是很清楚的。半殖民地半封建的中国的工业是很落后的，但对在中国资本主义经济中占统治地位的官僚资本主义经济来说也是很集中的，而且就抗日战争胜利以后的官僚资本主义经济来说，其中有相当一部分就是从接收本来就很集中的日本、德国和意大利等帝国主义侵略国的在华经济得来的。毛泽东说过："这个国家垄断资本主义，在抗日战争期间和日本投降以后，达到了最高峰，它替新民主主义革命准备了充分的物质条件。"②需要说明的是：毛泽东这里说的虽然是官僚垄断资本主义的发展"替新民主主义革命准备了充分的物质条件"，但由于中国"民主主义革命是社会主义革命的必要准备，社会主义革命是民主主义革命的必然趋势"。③从这种相互连接的意义上，也可以说替社会主义革命准备了充分的物质条件。

正是根据这样的分析，毛泽东作出结论说："没收这些资本归无产阶级领导的人民共和国所有，就使人民共和国掌握了国民经济命脉，使国营经济成为整个国民经济的领导成分。这一部分经济，是社会主义性质的经济，不是资本主义性质的经济。"④

可见，在中华人民共和国建立以后，没收官僚资本，并清除帝国主义在华的一切经济势力，以建立社会主义国家所有制经济，是符合马克思列宁主义关于社会主义国有化理论的，是符合中国具体情况的，体现了马克思列宁主义的普遍原理与中国革命具体实践相结合的原则，是中国共产党和毛泽东对马克思主义关于社会主义国有化理论的一个重要发展。

这里，人们可能提出这样的问题：中国民族资本主义经济并没达到垄断的阶段，生产的集中程度是不高的，那如何说明这部分私人资本主义经济的国有化呢？

第一，如果认为资本主义经济一定要达到垄断的阶段，才能实现社会主义的国有化，这在理论上是没有根据的。马克思主义创始人在标志着科学共产主义诞生的纲领性文件《共产党宣言》中，就把剥夺资本、实

①④ 毛泽东：《在中国共产党第七届中央委员会第三次全体会议上的报告》，《毛泽东选集》第4卷，第1369页。

② 毛泽东：《目前形势和我们的任务》，《毛泽东选集》第4卷，第1197页。

③ 毛泽东：《中国革命和中国共产党》，《毛泽东选集》第2卷，第614页。

现社会主义国有化，作为党的基本纲领提出来了。他们写道："无产阶级将利用自己的政治统治，一步一步地夺取资产阶级的全部资本，把一切生产工具集中在国家即组织成为统治阶级的无产阶级手里，并且尽可能快地增加生产力的总量。"[①]在《共产党宣言》发表的前一年，即1847年，恩格斯在同样具有纲领意义的《共产主义原理》中，提出了马克思主义关于自由竞争的资本主义时代无产阶级革命的理论。这个理论认为，"共产主义革命将不仅是一个国家的革命，而将在一切文明国家里，即至少在英国、美国、法国、德国同时发生。"[②]但在19世纪中叶，所有这些文明国家均未达到垄断资本主义阶段。可见，马克思主义创始人并不认为，垄断资本主义的发展是在无产阶级取得政权后实现社会主义国有化的必须具备的条件。

第二，如前所述，资本主义经济必须实行社会主义国有化的根本原因，在于资本主义基本矛盾的发展。这个基本矛盾也是民族资本主义经济所固有的。而且，只要我们对具体问题采取具体分析的态度，那么，尽管民族资本主义经济还未达到垄断的阶段，集中的程度不高，但在我国过渡时期的具体条件下，资本主义的基本矛盾也是越来越尖锐了。这个时期在政治上的根本特征，是建立了人民民主专政（即无产阶级专政），无产阶级成为国家的主人；在经济上的根本特征是建立了社会主义国家所有制，这种经济是有计划发展的。在这种政治、经济条件下，与资本主义基本矛盾（即生产的社会性和生产资料的资本主义私人占有的矛盾）相联系的两个矛盾，即无产阶级和资产阶级的矛盾，以及私人企业内部生产的有组织性与社会生产的无政府状态的矛盾，必然更加尖锐起来，而且矛盾的范围也扩展了，不仅有私人资本主义经济内部的矛盾，而且有私人资本主义经济与居于国民经济主导地位的社会主义国家所有制经济的矛盾；不仅有企业内部的阶级矛盾，而且有全体社会主义劳动者同资产阶级的矛盾。总之，在我国过渡时期的条件下，"在资本主义企业和国家的各项经济政策之间，在它们和社会主义国营经济之间，在它们和本企业职工、全国各族人民之间，利害冲突越来越明显"。[③]

---

① 马克思、恩格斯：《共产党宣言》，《马克思恩格斯选集》第1卷，第272页。
② 恩格斯：《共产主义原理》，《马克思恩格斯选集》第1卷，第221页。
③《中国共产党中央委员会关于建国以来党的若干历史问题的决议》，第13页。

第三，诚然，民族资本主义经济同官僚资本主义经济是有区别的。但这个区别并不表明民族资本主义经济不需要实行社会主义国有化，因为无论是官僚资本主义经济，或是民族资本主义经济，均有资本主义的基本矛盾，而这正是社会主义国有化的基本原因。这个区别只是表明在实现社会主义国有化的方式上应该有所不同：对待官僚资本主义经济可以而且必须采取强行没收的办法；对待民族资本主义经济，正如毛泽东所指出的，在我国的条件下，可以"用和平的方法，即用说服教育的方法"。①

可见，中国共产党和毛泽东对于民族资本主义经济采取的社会主义改造政策，也体现了马克思列宁主义的普遍原理与中国革命具体实践相结合的原则，并且是马克思主义关于社会主义国有化理论的另一个重要发展。

中国共产党和毛泽东关于对中国资本主义经济（包括官僚资本主义经济和民族资本主义经济）实现社会主义国有化的理论，也已经取得了伟大的胜利。它大大促进了我国工业生产的发展。1986年，社会主义国家所有制工业产值比1952年增长了42.5倍。②

可见，提出中国生产力落后，否定建国以后实现社会主义国有化的必要性，否定建立社会主义国家所有制经济的必要性，这种观点无论在理论上和实践上都是没有根据的。

至于认为当前我国生产力落后，没有社会主义国家所有制存在的客观条件，应该退到集体所有制，这种观点的悖理性，就更加明显了。①既然建国以后实现的社会主义国有化，同生产力的社会性质是相适应的，大大促进了生产力的发展，而且现在生产社会化的程度大大提高了，那为什么反而要把社会主义国家所有制倒退到集体所有制呢？②毛泽东在1957年指出："必须懂得，在我国建立一个现代化的工业基础和现代化的农业基础，从现在起，还要10年至15年。只有经过10年至15年的社会

① 毛泽东：《在最高国务会议上的讲话》，《1956年到1967年全国农业发展纲要（草案）》，人民出版社1956年版，第2页。

② 《中国统计摘要》（1987），中国统计出版社版（下同），第38页。需要说明一点：我们这里说的"取得了伟大的胜利"，是就总体而言的，它并不否认1955年底和1956年初资本主义工商业的社会主义改造高潮时所发生的改造过急、过快和生产过于集中的缺陷，以及对机械化的资本主义工业和工场手工业的资本主义工业缺乏完善的区别对待的政策；也不否定过去的长时期内，由于没有看到社会主义国家所有制在内涵方面进行改革的必要，以及与此相联系的经济管理体制存在严重弊病，以致束缚了生产力的发展。

生产力的比较充分的发展，我们的社会主义的经济制度和政治制度，才算获得了自己的比较充分的物质基础（现在，这个物质基础还很不充分）。"① 毛泽东这里说的比较充分地发展社会生产力，以巩固社会主义的经济制度，当然首先包括了社会主义国家所有制经济制度。既然发展生产力的一个重要目的是要巩固社会主义国家所有制的经济制度，那为什么在社会生产力有了发展的条件下，又要把社会主义国家所有制倒退到集体所有制呢？这些，显然是无法自圆其说的。

四、对生产力要作如实的估计

尽管否定社会主义国家所有制的观点，既不符合马克思列宁主义和毛泽东思想，也不符合十月革命以来的社会主义的实践，但有的同志仍然振振有词地说：马克思当时提出的社会主义国有化纲领，是要在资本主义高度发展的基础上实现的，而我国当前社会生产力水平比它们要低，因而不具备建立社会主义国家所有制的条件。

看来，为了澄清这种看法，仅仅作上述的理论分析还是不够的，还需要把我国当前工业生产力的发展水平和 19 世纪中叶英国的情况作一下对比，以便作出如实的估计。如前所述，马克思主义创始人在 19 世纪中叶曾经预言：社会主义革命有可能在一切文明国家同时取得胜利。在这同时，他们又提出了社会主义国有化的纲领。而在当时的文明国家中，英国的资本主义是发展得最充分的。所以，和英国当时工业生产力的发展状况作对比，是更有利于说明我们的问题的。

为了同样的目的，还需要把我国当前工业生产力的发展水平，同 20 世纪 20 年代德国的情况作一下对比。如前所述，列宁认为，20 世纪 20 年代德国国家垄断资本主义的发展，为社会主义革命作了最完满的物质准备。

为了便于作出上述的两种对比，我们先把有关的数字列表于下。

该表表明：尽管 1986 年我国按人口平均计算的原煤和生铁的产量还不及 1850 年英国的水平，但钢的人均产量已经超过了当时的英国。原煤、生铁和钢的人均产量也不及 1913 年德国的水平，但原油和发电量的人均产量已经超过当时德国的水平。然而重要的是：在上述的主要工业产品

---

① 毛泽东：《一九五七年夏季的形势》，《毛泽东选集》第 5 卷，第 462 页。

中国和英国、德国主要工业产品产量的比较

国别	年代	原煤		原油		发电量		生铁		钢	
		总产量（万吨）	人均产量（吨）	总产量（万吨）	人均产量（吨）	总产量（亿度）	人均产量（度）	总产量（万吨）	人均产量（吨）	总产量（万吨）	人均产量（吨）
中国	1986 年	89400	0.84	13069	0.12	4497	424	5064	0.05	5220	0.05
英国	1850 年	4980	2.2	—	—	—	—	224	0.10	22	0.01
德国	1913 年	27734.2	4.1	12.1	0.002	203.28	321	1676.4	0.25	1832.9**	0.27**

资料来源:《中国统计提要》(1987)，第 44 页；《英、法、美、德、日百年统计提要》，统计出版社 1958 年版（下同），第 12、38、42、44、187、194、196、198、200、210 页。** 系 1925 年的产量。

的产量方面，1986 年我国不仅远远超过了 1850 年英国的水平，而且大大超过了 1913 年德国的水平。就原煤、生铁和钢等三种产品来说，1986 年中国产量依次分别为 1850 年英国产量的 18 倍、22.6 倍和237.3 倍。就原煤、原油、电、生铁和钢等五种产品来说，1986 年中国的产量依次分别为 1913 年德国产量的 3.2 倍、1080 倍、22.1 倍、3 倍和 2.9 倍。按人口平均计算的主要工业产品产量固然能够更确实地反映一个国家工业生产力的发展水平，但主要工业产品的总产量也能反映这一点，特别是上述的主要工业产品总产量相差很大的情况，更能说明这一点。

这还是就传统工业品产量来说的，如果考虑到后来由于新的科学技术的发明和运用而产生的新的工业部门，那就更能表明当前我国工业生产力发展水平和当年英国、德国发展的差异了。就 1850 年英国的工业生产来说，那时电力还没有发明和运用，因而与电力的运用有关的新兴工业部门，如机电工业、汽车制造工业、飞机制造工业、石油工业和化学工业，等等，还没有建立起来。更不要说本世纪 40 年代以来由于原子能、电子计算机和空间技术的发明和运用而产生的当代新的部门（如原子能工业、高分子合成工业、电子计算机工业、半导体工业、宇宙航行工业和激光工业，等等）了。1913 年德国的工业生产中，虽然已经有了与电力的运用有关的新兴工业部门，但是与当代科学技术的发展有关的新兴工业部门，仍然是没有的，也是不可能有的。而我国当前，不仅那些与电力运用有关的工业有了很大的发展，而且与当代科学技术有关的新兴工业也已经或正在建立起来。在这方面，1850 年的英国和 1913 年的德国是无法比拟的。

从当前我国主要工业部门的生产技术水平看，也比当时的英国和德

国的水平高得多。斯大林曾经把机械工业称作工业的心脏，一个国家的
机械工业产品技术水平，颇能代表这个国家的生产力发展状况。根据机
械工业部对其所属的 35928 种机电产品技术水平的分析，1982 年产品中
有 16.4% 为 50 年代国际水平；61.6% 为 60 年代的水平；22% 为 70 年代
和 80 年代初的水平。[①]这个数据表明，我国当前工业生产的技术水平，比
当代经济发达的国家还有很大的差距，但同时表明比 1913 年的德国的水
平，特别是比 1850 年的英国的水平，还是高得多。当然，当前我国农业
大部分还是靠手工劳动，使用人力和畜力工具，工业当中也有一部分手
工业生产，这些方面还是很落后的。但就社会主义国家所有制工业的主
要部分的生产技术水平来看，就绝不能说比当年的英国和德国的水平还
要低，而是在许多方面都大大超过了当时它们的水平。

我们把当前我国工业生产力的水平和当年的英国和德国作对比，并
不是要证明我国工业生产力已经发展到很高的水平了，甚至已经达到当
代经济发达国家的水平了，而是要表明既不要把马克思所说的当年资本
主义发达国家的生产力水平，想象得高不可攀，也不要把我国当前已经
达到的生产力水平看得很低，而是要证明我国建国初期在社会生产力方
面具备了实现社会主义国有化的物质条件，而当前又拥有了巩固社会主
义国家所有制的强大得多的物质基础，并且，要证明那种认为我国当前
社会生产力比较低，没有社会主义国家所有制存在的条件的观点，是不
符合事实的。

五、如何看待经济生活中的弊病

有的同志又从另一个方面提出了否定社会主义国家所有制存在的论
据。在他们看来，建国初期实现社会主义国有化还是必要的，但后来由
此产生了一系列的弊病，为了消除这种弊病，现在需要把社会主义国家
所有制改变为社会主义集体所有制。

乍一看来，这种观点似乎是从我国实际情况出发的，是从总结我国
社会主义实践的经验教训出发的。但只要提出一个问题，即按照历史唯
物主义的观点，考虑生产资料所有制形式的根本出发点究竟是什么，那
么，就可以清楚地看出上述观点的出发点，不是从生产力的性质出发，

---

① 《经济工作通讯》1985 年第 12 期，第 32 页。

而是从弊病出发来观察所有制问题，所以是欠妥的。

马克思主义认为："只有把社会关系归结于生产关系，把生产关系归结于生产力的高度，才能有可靠的根据把社会形态的发展看做自然历史过程。不言而喻，没有这种观点，也就不会有社会科学。"①这是历史唯物主义的基本观点，抛弃了这一点，就从根本上丢掉了历史唯物主义。马克思列宁主义正是依据这样的基本观点，从资本主义生产社会化发展的基本事实出发，从资本主义社会的基本矛盾，即生产的社会性与生产资料的资本主义私人占有之间的矛盾的发展出发，提出了在无产阶级取得政权后实现社会主义国有化的问题。马克思列宁主义从来都是把这种社会化的生产同生产资料的社会主义国家所有制联系起来，从来都不把它同社会主义集体所有制联系起来。这并不是偶然的，因为只有前者才能同生产力的社会性质相适应，而后者是不能适应这一点的。

诚然，马克思列宁主义创始人也提出过建立社会主义的合作社问题。但马克思列宁主义创始人从来都不是无条件地、孤立地提出这个问题，从来都没有把集体所有制看做是唯一的社会主义经济形式，而总是把无产阶级夺取政权和社会主义国家所有制经济居于主导地位，作为建立集体所有制的合作社的根本前提的，并且把这种合作社作为改造农民个体经济的形式来看待；在这种合作社建立以后又是作为处于社会主义国家所有制经济领导下的一种社会主义经济形式，是处于向将来的共产主义社会过渡的形式。关于这一点，恩格斯和列宁都做过清楚的说明。恩格斯曾经说过：像法国这样小农经济还占很大比重的国家，"当我们掌握了国家权力的时候，我们绝不会用暴力去剥夺小农（不论有无报偿，都是一样），像我们将不得不如此对待大土地占有者那样。我们对于小农的任务，首先是把他们的私人生产和私人占有变为合作社的生产和占有，但不是采用暴力，而是为此提供社会帮助"。②他又说过：在德国这类资本主义不甚发达的国家，"在向完全的共产主义经济过渡时，我们必须大规模地采用合作生产作为中间环节"。"但事情必须这样处理，使社会（首先是国家）保持对生产资料的所有权，这种合作社的特殊利益就不可能压

① 列宁：《什么是"人民之友"以及他们如何攻击社会民主主义者？》，《列宁全集》第 1 卷，第 120 页。
② 恩格斯：《法德农民问题》，《马克思恩格斯选集》第 4 卷，第 310 页。

过全社会的整个利益"。①列宁也明确说过："国家政权既已掌握在工人阶级手里，剥削者的政权既已推翻，全部生产资料（除工人国家暂时有条件地自愿租给剥削者的一部分生产资料外）既已掌握在工人阶级手里，现在情况就大变了。""现在我们有理由说，在我们看来，单是合作社的发展就等于……社会主义的发展。"②

上述观点既然错误地从弊病出发，而不是从生产力的性质出发考虑所有制问题，那就必然会陷于无法解脱的矛盾之中，既然集体所有制同生产社会性是不适应的，如果把社会主义国家所有制都倒退到集体所有制，那就必然会同生产力的发展处于矛盾的状态中，必然会产生真正的更严重的弊病。

上述观点的欠妥之处，不仅在于考虑问题的出发点方面，而且在于其对产生弊病的原因缺乏实事求是的分析，把它一股脑儿地都推到社会主义国家所有制的身上了。社会主义社会所有制是同生产力的社会性质相适应的，无产阶级国家又是"可以使劳动在经济上获得解放的政治形式"；③社会主义社会公有制通过这样的国家来占有，就表现为社会主义国家的所有制。所以，从原则上说来，把我国当前经济生活中的许多弊病都归之于社会主义国家所有制，是很难说得通的。

诚然，我国经济生活中确实存在许多弊病，这些弊病产生的原因固然很复杂，但同传统的社会主义国家所有制也是有联系的。这种联系主要有两个方面：①就社会主义国家所有制的内涵来说，把它看做是纯而又纯的，否定了国有制还带有部分的企业集体所有制因素，否定了国有企业是相对独立的商品生产者。②与此相联系，对国有经济实行了高度集权的、以直接控制为主的、排斥市场机制的经济管理体制，致使国有企业成为国家行政机关的附属物。这是我国经济生活中许多弊病的最重要的经济根源。但是，由于前面已经详细分析过的原因，由此得出的结论是部分地改革社会主义国家所有制的内涵，根本改革传统的经济管理体制，而不是根本改变社会主义国家所有制，倒退到集体所有制。

---

① 恩格斯：《致奥古斯特·倍倍尔（1886年1月20~23日）》，《马克思恩格斯〈资本论〉书信集》，第470页。

② 列宁：《论合作制》，《列宁选集》第4卷，第687页。

③ 马克思：《法兰西内战》，《马克思恩格斯选集》第2卷，第378页。

六、对"企业所有，企业经营"长期模式的分析

按照有的同志的设想，我国经济体制将经历下列变化过程：由国家所有、国家经营变到国家所有、企业经营，再变到国家和企业共同所有、企业经营，再变到企业所有、企业经营。按照他的看法，所有权和经营权这种"两权"关系是循着"统一——分离—统一"的道路进行的。他认为，这种发展趋势体现所有权和经营权统一的内在要求，符合对立统一规律的逻辑发展，因而也是有理论根据的。这里不拟全面评述这位同志的观点，而仅就同我们这里讨论的有关问题分析一下社会主义国家所有制最终是否要改变为企业所有制。

这位作者提出了两个一般性的论据：一是这种趋势体现所有权和经营权统一的内在要求。二是这种趋势符合对立统一规律的逻辑发展。我们先来讨论第一个论据。

按照历史唯物主义的观点，生产关系是由生产力决定的。所以，要探讨生产关系的变化，一定要从生产力发展的要求出发，要分析社会主义国家所有制的变化，也一定要具体地分析社会生产力的要求，而不能另立一个一般的原则，即所有权和经营权统一的内在要求，来说明这一点。否则，就很可能偏离历史唯物主义的轨道。就是说，在历史发展的许多场合，用所有权和经营权统一的内在要求，不仅不能说明生产关系的变化，甚至可能违反生产力的发展决定生产关系变化的历史趋势。比如，在封建经济制度下，伴随着封建地租形态由劳役地租向实物地租、再向货币地租的发展，封建土地所有权与使用权也就发生了愈来愈具有完全意义上的分离。但封建社会末期生产力的发展，既不是要求在地主手中实现土地所有权与使用权的统一，也不是要求在农民手中实现土地所有权与使用权的统一，而是要求用资本主义制度来代替封建主义制度。又如，在英国原始资本积累以前，土地的所有权和使用权是统一在个体农民手中的。后来，随着原始资本积累的发展，个体农民的土地所有权被剥夺了，土地的所有权被集中到大土地所有者的手中，但却是由农场主使用的。当时，资本主义社会生产力发展的要求，既不是恢复个体农民的土地所有权和使用权的统一，也不是要求在农场主或大土地所有者手中实现土地所有权和使用权的统一，而是要用社会主义的经济制度来代替资本主义的经济制度。我国社会主义建设实践已经充分证明：在社

会主义国有经济中，把生产资料的所有权和使用权都集中在国家手中，实行国家所有和国家直接经营，严重束缚了企业的积极性，阻碍了社会生产力的发展。1979 年以来，我国经济体制改革的实践开始证明：在国有经济中，实现生产资料所有权与使用权的分离，赋予企业以不同程度的经营自主权，会大大提高企业的积极性，促进社会生产力的发展。但是，必须着重指出：不仅现在不能把国有制改为企业的集体所有制，实现企业所有和企业经营，将来更不能这样做。这方面的理由，前面已经说过了，这里不再重复。但从这里，我们又一次看到：用所有权和经营权统一的内在要求来说明生产关系的变化，同生产力决定的生产关系的变化趋势是不同的。

现在我们再来讨论第二个论据。按照辩证唯物论的要求，"原则不是研究的出发点，而是它的最终结果"。① 即使对待对立统一规律和否定之否定这样普遍适用的原理，也应该如此。请看恩格斯对这个问题的分析。恩格斯曾经称否定之否定规律"是一个极其普遍的，因而极其广泛地起作用的，重要的自然、历史和思维的规律"。② 但恩格斯仍然认为，否定之否定的原理，也不能是研究的出发点，而是它的最终结果。杜林曾经诬蔑马克思《资本论》第一卷以黑格尔的否定之否定的原理为出发点，来论证资本主义制度的必然灭亡。恩格斯在批判这种谬论时写道："马克思只是在作了自己的历史的和经济的证明之后才继续说：'资本主义的生产方式和占有方式，从而资本主义的私有制，是对个人的、以自己劳动为基础的私有制的第一个否定。对资本主义生产的否定，是它自己由于自然过程的必然性而造成的。这是否定的否定'等等。""因此，当马克思把这一过程称为否定的否定时，他并没有想到要以此来证明这一过程是历史的必然。相反的，在他历史地证明这一过程部分确已实现，部分还一定会实现以后，他才指出，这还是一个按一定的辩证规律完成的过程。"③ 可见，提出"企业所有，企业经营"是长期模式的最佳选择的作者，以符合"统一 —分离—统一"这样否定之否定的公式，符合对立统一规律的逻辑发展为出发点，而不对问题作客观的、历史的、经济的分析，这

---

① 恩格斯：《反杜林论》，《马克思恩格斯选集》第 3 卷，第 74 页。
② 恩格斯：《反杜林论》，《马克思恩格斯选集》第 3 卷，第 181 页。
③ 恩格斯：《反杜林论》，《马克思恩格斯选集》第 3 卷，第 174 页。

是完全违反唯物辩证法要求的。因而，他所设想的长期模式的最佳选择也不能不是一种虚构。

七、否定社会主义国家所有制的严重后果

如上所述，否定社会主义国家所有制存在的种种观点，都是难以存在的。但是，问题还不只是限于这一点，如果按照这种观点去做，还将会造成种种严重后果。主要是：难以保证国民经济的有计划的发展，难以巩固集体所有制经济和无产阶级专政。

但有人说，在把社会主义国家所有制改为集体所有制以后，仍然可以由无产阶级的国家或者另外组织一个社会经济中心，对宏观经济实行社会的调节，就可以保证国民经济的有计划发展，就可以解决上述问题。这里且不说这种设想在其他方面的种种弊病，只是指出：按照这种设想，究竟能否解决上述问题，首先是能否保证国民经济的有计划的发展。

为了说明这一点，看来还需要说明为什么社会主义国家所有制是保证国民经济有计划发展的根本经济条件。这是人们熟知的命题。但对这个命题所包含的具体内容似乎还思索得不够。而上述的那种设想正是同这个情况有联系的。

我们认为，这个命题至少包括下述三个相互联系的重要内容：

第一，马克思主义认为，一定的生产资料所有制就是一定的生产关系的总和。马克思说过：资产阶级"私有制不是一种简单的关系，也绝不是什么抽象概念或原理，而是资产阶级生产关系的总和"。[1]就是说，资产阶级私有制不是离开资本主义生产关系的总和而单独存在的关系，而是包括资本主义的直接生产、交换、分配和消费这样几方面关系的总和，也绝不是什么抽象的概念，而是体现在上述几个方面的生产关系上。其所以这样，是因为这几个方面的生产关系，都是生产资料的资本主义私有制在经济上的体现。从一般的意义上说，社会主义所有制也是社会主义生产关系的总和，它也是通过生产关系的各个方面体现的。作为社会主义国家所有制的代表的国家，对国民经济实行计划管理，就是这种所有制在经济上体现的一项极重要的内容。用法学的语言来说，社会主义国家对国民经济的计划权，是它对归社会公有的生产资料所有权在组织

---

① 马克思：《道德化的批判和批判化的道德》，《马克思恩格斯选集》第 1 卷，第 191 页。

社会经济生活方面的表现。这一点，正是社会主义国家所有制成为国民经济有计划发展的根本经济条件的一个重要原因。

但是，如果把社会主义国家所有制改为集体所有制，那无论是国家也好，或者是社会经济中心也好，它没有对归社会公有的生产资料的所有权，哪里会有组织社会经济生活的计划权呢？

第二，马克思主义还认为："每一个社会的经济关系首先作为利益表现出来。"①社会主义国家所有制也是首先作为利益表现出来的。在社会主义国家所有制经济中，尽管各个部门、各个地区和各个企业之间存在着局部利益的差别，但根本利益是一致的。正是这种根本利益的一致，使得社会主义国家有可能对国民经济实行计划管理。这也是社会主义国家所有制成为国民经济有计划发展的根本经济条件的另一个重要原因。

但是，如果把社会主义国家所有制改为集体所有制，由前者所产生的那种根本利益的一致，也就不存在了。而在集体所有制企业之间存在着利益上的重大差别。在这种条件下，国家或社会经济中心怎么可能对国民经济实行计划管理呢？当然，在社会主义国家所有制的条件下，集体所有制企业也是完全可能接受无产阶级国家的计划管理的。但在前者不存在的情况下，那就是另外一回事了。

第三，社会主义国家所有制之所以成为国民经济有计划发展的根本经济条件，还因为这种所有制使得社会主义国家掌握了国民经济命脉，掌握了大量的产品和资金。这是保证国民经济有计划的发展，调节各部门、各地区的比例关系，克服各部门、各地区的不平衡所不可缺少的物质力量。

但是，如果把社会主义国家所有制改为集体所有制，国家或社会经济中心的手中并不拥有物质力量，那如何保证国民经济的有计划发展呢？列宁曾经说过："要认真实行调节经济生活，就必须把银行和辛迪加（指工商业辛迪加——引者）同时收归国有。"②列宁的这段话是在俄国1917年二月资产阶级民主革命以后和十月社会主义革命前夕写的。当时面临着资产阶级临时政府和苏维埃政权并存的局面。列宁给苏维埃政权提出

---

① 恩格斯：《论住宅问题》，《马克思恩格斯选集》第2卷，第537页。
② 列宁：《大难临头，出路何在？》，《列宁选集》第3卷，第141页。

了向社会主义革命过渡的措施。在经济方面，这种过渡措施的内容之一就是调节经济生活，对社会生产和产品分配实行监督。显然，这种调节经济生活，远远不是社会主义国家对国民经济的计划管理。但即使如此，列宁还认为"必须把银行和辛迪加同时收归国有"。那社会主义国家对国民经济实行计划管理，不建立社会主义国家所有制，不掌握国民经济命脉，能够做得到吗？

需要着重指出：要保证国民经济有计划的发展，就必须有社会主义国家所有制经济，这一点现在已经不是由理论来证明的问题，而是应该由社会主义建设的实践来检验的问题了。从十月社会主义革命到现在的半个多世纪中，社会主义国家有许多成功的经验表明了这一点，有的国家的教训也证实了这一点。

把社会主义国家所有制改为集体所有制，那就连集体所有制本身也难以巩固。马克思说过："在一切社会形式中都有一种一定的生产支配着其他一切生产的地位和影响，因而它的关系也支配着其他一切关系的地位和影响。"①历史表明：在资本主义社会条件下，资本主义经济对合作社经济起着这种支配作用，使得合作社经济成为资本主义经济；只有在无产阶级专政和社会主义国家所有制的条件下，合作社经济才有可能成为社会主义的经济。如果社会主义国家所有制经济不存在了，合作社经济也就难以长期保持自己的社会主义性质。如果认为把社会主义国家所有制改为集体所有制，而又能长期保持集体所有制的社会主义性质，那在实际上就很难同罗伯特·欧文的空想社会主义划清界限。罗伯特·欧文曾经主张在资本主义社会条件下通过发展合作社来实现他的理想社会。这种主张之所以是一种幻想，"就是因为他们没有估计到阶级斗争、工人阶级夺取政权、推翻剥削者的阶级统治这样的根本问题，而幻想用社会主义来和平改造现代社会"。②同时，也由于他们忽视了与无产阶级夺取政权相联系的建立社会主义国家所有制这样的重要问题，而把社会主义国家所有制改为集体所有制，那就不仅是集体所有制赖以存在、巩固和发展的根本经济前提不存在了，根本的政治前提——无产阶级专政也难以巩

---

① 马克思：《〈政治经济学批判〉导言》，《马克思恩格斯选集》第 2 卷，第 109 页。
② 列宁：《论合作制》，《列宁选集》第 4 卷，第 686 页。

固，这就必然危及到集体所有制本身的巩固。

那么，究竟为什么把社会主义国家所有制改为集体所有制，无产阶级专政也难以长期巩固呢？社会主义国家所有制和社会主义集体所有制，都是无产阶级专政赖以存在的经济基础，工人阶级和集体农民阶级也都是无产阶级专政赖以存在的阶级基础。但是，社会主义国家所有制和集体所有制以及工人阶级和集体农民阶级的地位和作用并不是并列的。社会主义国家所有制和工人阶级居于领导地位，起主导作用；社会主义集体所有制和集体农民阶级是处于被领导地位，不起主导作用。这样，把社会主义国家所有制改为集体所有制，不仅国家所有制不存在了，工人阶级的阶级属性也会发生变化，而且会危及集体所有制和集体农民经济地位的巩固，这怎么能够不影响无产阶级专政的巩固呢？

这里需要说明：由于过去经济工作指导思想方面长期存在着"左"的错误，曾经多次出现过急于把社会主义集体所有制变为社会主义国家所有制的所谓"穷过渡"，把大量的城镇集体所有制工业搞成了准国家所有制的工业，把一部分以手工劳动为基础的、本来应该实行集体所有制的小企业，也搞成了国家所有制。现在依据生产力的发展状况，稳步地把那些本来应该属于集体所有制的国家所有制，改成真正的集体所有制，那是适宜的。这在表面上看来，似乎是一种"倒退"，但在实际上是改正错误，是前进。然而，这毕竟是工作中的部分问题，而不是全局问题。就是说，不是建国以后根本不应该实行社会主义国有化，也不是现在要把全部的社会主义国家所有制企业都改成集体所有制企业。

总之，我们认为，建国以后实现社会主义国有化是必要的，现在和整个社会主义历史阶段，社会主义国家所有制的存在也是必要的。当然，社会主义国家所有制的内涵也需要做部分的改革，传统的国家对国有企业的管理体制也需要做根本的改革。

第二节　社会主义国家所有制带有集体所有制因素的必然性

一、社会主义国家所有制带有集体所有制因素的原因、国有企业成为相对独立的商品生产者的必然性

劳动力和生产资料是一切社会生产的必要因素。只有把二者结合起来，才能实现社会的生产。因此，劳动力和生产资料的结合，是一切社会生产的出发点。但在人类社会发展的各个阶段，组织劳动力和生产资料结合的生产单位是不同的。人类社会生产发展的历史表明：这种一定的作为社会生产组织形式的基本单位，总是由一定的生产力决定的。在人类社会的初期，生产工具是十分简陋的石器，生产力极为低下，不仅进行生产，就是保卫人类的生存，都需要依靠集体的力量。这样，原始公社就成为基本的生产单位。后来，到了原始社会的末期，铁制的生产工具出现了，以单个的家庭作为生产的组织形式，才有了可能。在人类历史上，这种生产组织形式曾经长期地作为一种生产单位而存在着。只是到了近代，由于资本主义大机器工业的发展，这种生产组织形式才逐渐地趋于瓦解，并逐渐地成为另一种生产组织形式，即以使用机器设备作为物质技术基础的、存在复杂的分工协作关系的、大规模的资本主义企业所代替了。在资本主义社会条件下，企业是社会生产的基本单位。

资本主义社会的基本矛盾，即生产的社会性和生产资料的资本主义私人占有之间的矛盾的发展，要求消灭生产资料的资本主义私有制和建立生产资料的社会主义的公有制，但并没有提出改变企业作为基本生产单位的要求。各国社会主义革命的经验也已经证明：在无产阶级夺取政权以后，可以而且必须做到前一方面，但并不能改变后一方面的事实。当然，随着生产资料所有制性质的根本变革，企业的社会经济性质也根本改变了，即由资本主义的企业变成了社会主义的企业。但是，企业作为社会生产基本单位的功能并没有消失，而且也不会消失。

　　现在的问题是：具体地说来，究竟为什么企业①作为社会基本生产单位的功能还将长期存在下去呢？

　　由于现代生产力的发展，使得企业拥有越来越现代化的、越来越复杂的技术装备，拥有科学技术文化水平愈来愈高的、各种不同类型的劳动者，企业内部的劳动分工和协作，生产过程各个组成部分之间的联系以及企业之间的联系，都是越来越复杂，越来越严密的。

　　还需指出：在社会主义历史阶段，还存在着商品生产。但我们这里说的商品生产还不涉及社会主义国家所有制企业也是相对独立的商品生产者，因为这正是要证明的问题。但下述四方面的商品生产关系是很清楚的：①在社会主义国家所有制与社会主义集体所有制之间存在着商品生产关系。②由社会主义国家所有制企业提供的消费资料也是当做商品来生产的。③在各种社会主义公有制形式与作为社会主义经济必要补充的个体经济和国家资本主义经济等之间也是商品生产关系。④由社会主义国家所有制企业提供的出口产品也是当做商品来生产的。与这些商品生产相联系的国内外市场情况是很复杂的，并且处于迅速的变化过程中。

　　面对着这样复杂、多变的生产和市场的状况，如果把整个的社会主义国家所有制经济当做一个生产单位来看待，由国家直接来组织全部的劳动力和生产资料的结合，企业所有的生产经营活动都由国家直接指挥，这简直是不可能的。这里且不说其他条件，单就作为管理的必要条件之一的信息也是不具备的。尽管现代科学技术大大发展了，但也不可能把全部企业的所有的生产、经营活动及时地传达到远离生产和市场的国家，因而国家也不可能对企业的所有微观活动做出及时的、正确的决策，即使是正确的，也难以及时地反馈到企业。这样，如果强行由国家直接管理所有企业的全部微观活动，势必贻误企业的生产和经营，阻碍企业生产和经营的发展，甚至造成重大障碍，使企业的生产和再生产无法顺利地进行下去。

　　但是，如果依据这样复杂、多变的生产和市场的情况，把社会主义

――――――――――

　　① 按照严格的科学概念，企业的根本特征不在于它是社会生产的基本单位，而在于它是以盈利为目的，以出售产品的货币收入补偿生产上的支出并能获得盈利的生产单位。但这样的企业概念，像企业是相对独立的商品生产者的命题一样，在这里都是有待证明的问题。只是为了分析问题的方便，我们权且在企业是社会生产的基本单位的意义上借用企业的概念。

国家所有制企业作为一个生产和经营单位，使得企业在国家计划指导下，直接组织劳动力和生产资料的结合，组织企业的生产和经营，那么，就有利于发挥处于生产和市场第一线的企业在组织生产和经营方面的积极性，有利于企业生产和再生产的顺利进行，有利于促进企业生产和经营的发展，有利于提高企业经济活动的效益。

可见，社会主义国家所有制企业之所以还是生产和经营单位，正是由现代工业生产力决定的，正是适应了生产社会化发展的要求。

同时，社会主义国家所有制企业尽管还是一个生产和经营单位，但同资本主义企业又是不同的。这不仅在于二者的社会经济性质是根本不同的，后者是资本主义的，前者是社会主义的；而且在于后者是完全独立的，前者只是相对独立的。其所以如此，是基于资本主义基本矛盾的发展，适应于生产社会化发展的要求而建立的社会主义国家所有制必然要求对整个国民经济实行计划管理，企业只能在国家计划指导下，组织生产经营活动。所以，在社会主义国家所有制经济的条件下，企业只能是相对独立的生产、经营单位。

社会主义国家所有制企业作为相对独立的生产、经营单位造成了两种可能性：一是在社会主义国家和企业之间发生了生产资料所有权和使用权的相对分离；二是企业有了相对独立的物质利益。显然，如果企业不是相对独立的生产经营单位，那么，仅在社会主义国家所有制经济中不可能发生生产资料所有权与使用权的相对分离，而且国有企业也不可能有什么相对独立的物质利益。为了简明地说明问题，我们可以假定两个生产同类产品的企业，它们拥有的职工人数及其技术等级和劳动时间都是相同的，因而两个企业劳动者个人实际付出的劳动量的总和也是相等的。但是，由于两个企业经营管理水平有差别，它们在组织生产和经营决策方面的集体努力程度有差别，作为企业劳动者集体，它们向社会提供的有效劳动量仍然是可以不等的。就是说，经营管理好的企业，有效劳动多些，无效劳动少些，职工的劳动质量也高些，因而提供的社会必要劳动量就多些；反之，经营管理差的企业，相对说来，有效劳动少些，无效劳动多些，职工的劳动质量也差些，因而提供的社会必要劳动量就少些。可见，正是与国有企业作为相对独立的生产经营单位相联系，才有可能在企业之间发生生产经营成果之间的差别，才有可能发生企业的相对独立的物质利益。

但是，企业作为相对独立的生产经营单位也只是为这两种情况的发生提供了条件，而并不是它们产生的原因。显然，即使在将来的共产主义社会条件下，企业也还会是社会生产的基本单位。①但那时候肯定不会发生社会主义条件下这样两种情况了。

那么，这两种情况发生的原因是什么呢？在社会主义历史阶段，社会生产力是会大大地向前发展的，但还不能达到社会产品极大丰富的程度；脑力劳动和体力劳动、工业和农业以及城市和乡村之间的对立已经消灭了，它们之间的重大差别也逐步趋于缩小，但在一个长时间内，这种差别还将存在着；在社会生产力巨大增长的基础上，劳动日的长度有可能趋于缩短，劳动强度也有可能趋于减轻，但还达不到实现共产主义社会所要求的地步。这样，在社会主义的历史阶段，尽管具有共产主义劳动态度的人会愈来愈多，但对社会大多数成员来说，还不能做到把劳动看做是第一生活需要，而是把劳动当做谋生手段。

长期以来，由于人们把整个社会主义国家所有制经济看做是一个生产单位，而不认为企业是一个生产单位，因而似乎这一点只是适用于劳动者个人，对企业劳动者集体是不适用的。这是值得商榷的。其实，企业劳动者集体就是由劳动者个人组成的。既然劳动者个人把劳动当作谋生手段，那企业劳动者集体也不能不是这样。就是说，企业劳动者集体不仅把劳动当做谋生手段，而且把经营企业的全部经济活动，都当做谋生手段。因而，企业不仅要求取得与它们的生产成果相适应的收入，而且要求取得与它们的经营成果相适应的收入（在企业上缴了国家各项收入以后）。这样，社会主义国家所有制企业也就有了自己的相对独立的经济利益。

这一点，同时又赋予了企业以经济学意义上的对生产资料的经营使用权。显然，如果企业不是把组织经营活动看做是谋生手段，不由此给企业带来物质利益，那么，企业就不可能有什么经济学意义上的对生产资料的经营使用权。

在社会主义国家计划的指导下，企业对归国家所有的生产资料拥有

---

① 也是在企业是社会生产的基本单位的意义上借用企业的概念。

一定的使用权，并有自己的相对独立的经济利益，因而似乎可以说，社会主义国家所有制带有某些企业集体所有制的因素。但是，有的同志只承认这里存在着生产资料所有权与使用权的分离，而不承认存在带有某些企业集体所有制的因素。然而，把生产资料所有权与使用权的分离，与生产资料所有权的分割截然对立起来，是没有多少意义的。事实上，马克思就曾经把资本的所有权与使用权的分离，称做"资本的法律上的所有权同它的经济上的所有权的分离"。①可见，资本的所有权与使用权的分离，与资本的法律上的所有权与它的经济上的所有权的分离，这两种说法完全可以通用，并没有实质的差别。当然，在这方面，无论就分离的社会经济性质，或者就分离的程度来说，社会主义社会的情况与资本主义社会都是不同的。在资本主义经济中，资本的所有权与使用权的分离，是在货币资本家与职能资本家之间的分离，是完全的分离。在社会主义国家所有制经济中，生产资料的所有权与使用权的分离，是在国家与企业之间的分离，是相对的分离。但是，把这种相对的分离，看做是所有权的某种程度的分割，看作是社会主义国家所有制带有某些企业集体所有制的因素的一个表现，在理论上也是说得通的。这是第一。第二，按照马克思主义的观点，一定的所有制就是一定的生产关系的总和；一定的生产关系又首先是作为一定的利益关系表现出来的，而社会主义国家所有制企业又具有相对独立的经济利益。从这两方面来看，说社会主义国家所有制带有某些企业集体所有制的因素，无论在事实上或理论上都是可以的。

由于社会主义国家所有制还带有某些企业集体所有制因素，因而国有经济中还存在着局部劳动，存在着局部劳动和社会劳动的矛盾。正是这个矛盾使得国有企业生产的产品还必须表现为商品，生产商品的劳动还必须表现为价值。因为只有遵循商品经济的规律即价值规律来调节国有企业之间的商品交换，才能实现企业的相对独立的经济利益，才能实现局部劳动向社会劳动的转化。显然，只有在产品价格由社会价值的转化形态——社会生产价格决定的条件下，企业的生产经营水平越高，个别生产价格与社会生产价格的差距越大，剩余产品的价值量越多，在上

①　马克思：《剩余价值理论》，《马克思恩格斯全集》第26卷Ⅲ，第511页。

缴了国家各项收入以后，归企业支配的收入越多，企业自留的生产发展基金、劳动报酬基金、集体福利基金和后备基金也越多。

归结起来说：①企业作为社会生产的基本单位，是社会主义国家所有制经济中生产资料所有权和使用权发生分离，以及企业具有相对独立的经济利益的条件；而由社会生产力的状况决定的企业劳动者集体把企业的生产经营看作谋生手段，是这种分离和这种利益赖以形成的原因。②企业对生产资料拥有一定的使用权，以及具有相对独立的经济利益，是构成社会主义国家所有制带有某些企业集体所有制的因素的两个基本要素。③社会主义国家所有制带有某些企业集体所有制因素，又是使国有企业成为相对独立的商品生产者的原因。

这里需要着重指出：在社会主义国家所有制的商品经济中，虽然还存在局部劳动和社会劳动的矛盾，但这种矛盾和资本主义制度下的私人劳动与社会劳动是根本不同的。其局部劳动不是由生产资料的资本主义私有制形成的，而是由社会主义国家所有制带有某些集体所有制的因素形成的。社会主义经济是计划经济，其社会劳动也不是只有通过交换迂回地表现出来，从某种意义上说，其劳动的社会性质是直接表现的。这样，这种矛盾就不具有对抗性，而是一种非对抗性的矛盾，尽管这种矛盾也会造成生产上的某种盲目性，但却从根本上排除了资本主义经济那样的社会生产无政府状态。

这种矛盾和社会主义集体所有制商品经济中的集团劳动①和社会劳动

---

① 这里需要顺便指出：有的同志把集体所有制商品经济中的矛盾表述为局部劳动和社会劳动的矛盾。也有同志把国家所有制商品经济中的矛盾表述为局部劳动和社会劳动的矛盾。我在这里把前一种矛盾表述为集团劳动和社会劳动的矛盾，把后一种矛盾表述为局部劳动和社会劳动的矛盾。

我认为，这样做的好处是：第一，比较准确地反映了这两种矛盾的特点。一定的商品经济关系是一定的所有制关系的重要内容，因而一定的商品经济矛盾也是同一定的所有制关系相联系的。如果从这个角度考察问题，那么把前一种矛盾称做集团劳动和社会劳动的矛盾，就能够把它同集体所有制明显地联系起来，就能准确地表现这种矛盾的特点。从所有制的见地出发，集体企业无论是相对其他的集体企业来说，还是相对国有企业来说，都是完全独立的，并不是局部和整体的关系。因此，把这种矛盾表述为局部劳动和社会劳动的矛盾，是不准确的。当然，如果把集体企业看做是整个社会主义经济的一个单位，也可以看做是部分和整体的关系，也可以把这种矛盾称做局部劳动和社会劳动的矛盾。但这又越过了我们考察问题的范围和前提。就是说，我们这里分析的问题是集体所有制商品经济的矛盾，是必须把它同集体所有制联系起来的；否则，就是不妥的。

从这个角度考察问题，把后一种矛盾称做局部劳动和社会劳动的矛盾，也能较为准确地反映国家所有制商品经济中的矛盾特点。因为国有企业相对于整个国有经济来说，确实是部分和整体的关系。

第二，与第一点相联系，就可以在表述上把国家所有制商品经济中的矛盾和集体所有制商品经济中的矛盾区分开来。

的矛盾，也有重大的区别。集团劳动是由生产资料的社会主义集体所有制形成的。集体所有制的生产也是在国家的计划指导下进行的，因而也可以说其劳动具有某种直接的社会性质。但是，①如果说，适应国有企业作为相对独立的商品生产者的要求，指导性计划将成为国家对国有企业实行计划管理的主要形式，指令性计划虽然是必要的，但不占主要地位，那么，对完全独立的集体企业来说，指导性计划的地位就更加重要了，指令性计划的比重就更小了。②如果说，对国有企业生产来说，市场调节只占一部分，那么对集体企业来说，这一部分也要大得多。因此，相对于国有企业来说，国家对集体企业的计划控制无论在程度上或范围上都要小得多，集体企业的直接社会劳动性质也要弱得多。反过来说，也就是国有企业的直接社会劳动性质比集体企业要强得多。

还需指出：社会主义国有企业之间的商品经济关系，既同简单商品经济关系有根本区别，更同资本主义商品经济关系有根本区别，同由社会主义集体所有制形成的商品经济关系也有重大的区别。它所体现的生产关系是同一的社会主义国家所有制内部的、但在经济上具有相对独立性的企业劳动者集体之间的关系，是它们之间的根本利益一致、但有局部利益差别的关系，是它们之间的社会主义的等价交换关系。因此，那种确定国有企业之间的商品经济关系，就会模糊社会主义经济和资本主义经济的本质区别的观点是完全没有根据的。

二、评述几种否定国有企业是相对独立的商品生产者的观点

为了进一步认识国有企业成为相对独立的商品生产者的原因，分析一下过去流行的一些否定这个问题的观点，是有必要的。

（一）认为国有企业是相对独立的商品生产者的观点，不符合马克思主义创始人关于社会主义社会的构想

把上面的分析归结起来，可以说，既要肯定企业归社会主义国家所有的经济性质，又要看到国有企业是相对独立的商品生产者。

但是，有的同志认为，这种看法并不符合马克思主义创始人关于社会主义社会的构想。这是否定国有企业成为相对独立的商品生产者的一个总的概括性的论据。

的确，马克思曾经设想："在一个集体的、以共同占有生产资料为基础的社会里，生产者并不交换自己的产品；耗费在产品生产上的劳动，

在这里也不表现为这些产品的价值。"①恩格斯也说过类似的话："直接的社会生产以及直接的分配排除一切商品交换，因而也排除产品向商品的转化……和随之而来的产品向价值的转化。"②

乍一看来，把社会主义国家所有制企业说成是相对独立的商品生产者，是不完全符合马克思、恩格斯的这些论述的。我们说不完全符合，是因为我们首先肯定了企业归社会主义国家所有的经济性质，这是我们的基本看法，我们只是说社会主义国家所有制带有某些企业集体所有制的因素，因而是相对独立的商品生产者。我们这样说还抛开了社会主义社会必然存在的社会主义集体所有制，以及作为社会主义经济必要补充的非社会主义经济成分。如果加上这些，那么，同上述的马克思、恩格斯关于社会主义社会的构想的差距还要更大一些。因为这些同我们这里讨论的问题无关，我们把它舍象了。

但是，如果不是采取教条主义的态度对待马克思主义创始人的这些论述，而是按照马克思主义的世界观来看待它们，那就不能这样看了。马克思主义创始人反复教导共产党人：我们的学说不是教条，而是行动的指南。③"人的思维是否具有客观的真理性，这并不是一个理论的问题，而是一个实践的问题。"④马克思主义创始人的这些论述表明：他们从来都没有想用自己关于社会主义经济的某些论述来束缚后人的手脚，相反，他们总是要求和鼓励后人以马克思主义理论为指南，从事新的社会主义的实践，并且依据这种实践来检验、修正和丰富马克思主义的理论。

如果我们具体地分析一下马克思主义创始人否定社会主义社会存在商品生产的原因及其有关情况的变化，那就更不能这样看了。

第一，马克思、恩格斯生活在资本主义时代，他们没有看到社会主义革命的胜利，他们只能按照自己的科学世界观，根据对资本主义社会现实矛盾的分析，指出了代替资本主义制度的社会主义社会所必然具有的基本特征，即生产资料的公共所有和按劳分配。这些基本原则已经被半个多世纪的社会主义实践证明为颠扑不破的真理。但是，由于他们没

---

① 马克思：《哥达纲领批判》，《马克思恩格斯选集》第3卷，第10页。
② 恩格斯：《反杜林论》，《马克思恩格斯选集》第3卷，第347~348页。
③《恩格斯给弗·阿·左尔格的信（1886年11月29日）》，《马克思恩格斯选集》第4卷，第456页。
④ 马克思：《关于费尔巴哈的提纲》，《马克思恩格斯选集》第1卷，第16页。

有经历社会主义建设的实践，不可能画出社会主义社会的详图（包括难以预见到社会主义制度下还存在商品生产）。

这并不奇怪，而是符合认识规律的。人类的认识总是循环往复地经历两个过程："一个是由特殊到一般，一个是由一般到特殊。"①马克思主义创始人详尽地研究了资本主义的商品生产，也研究了资本主义社会以前的简单商品生产。②恩格斯在对这两种商品生产特殊作了概括以后得出了一个一般性结论："什么是商品？这是一个或多或少互相分离的私人生产者的社会中所生产的产品。"③马克思也说过："使用物品成为商品，只是因为它们是彼此独立进行的私人劳动的产品。"④现在看来，这仍然是以生产资料私有制为基础的商品生产一般。相对于社会主义商品生产来说，它还是商品生产特殊。但是，由于当时还没有社会主义建设的实践，还不可能对社会主义商品生产特殊进行研究，还不可能对包括私有制和公有制在内的两种商品生产特殊进行理论上的概括，还做不出真正的商品生产一般的结论，即商品经济关系是处于社会生产分工体系中相互分离的、彼此独立经营的生产者或生产单位之间的利益差别关系。这种利益差别关系可以是生产资料私有制（包括劳动者的个体私有制和资本主义私有制）引起的利益完全差别甚至对立的关系，也可以是生产资料公有制（包括社会主义集体所有制以及社会主义国家所有制包含的某些集体所有制因素）引起的、各种不同类型的、在根本利益一致基础上的局部利益差别关系。与此相联系，其相互分离和独立经营可以是完全的，也可以是相对的。这样，恩格斯从上述的那个一般性结论出发，就合乎逻辑地得出结论："一旦社会占有了生产资料，商品生产就将被消除。"⑤

然而，现在的情况已经根本不同了。从世界范围看，社会主义建设的实践已经有近70年的历史，并扩及到欧亚两洲的许多国家，为探讨社会主义的经济问题（包括社会主义的商品生产问题）提供了丰富的经验。

---

① 毛泽东：《矛盾论》，《毛泽东选集》第1卷，第285页。

② 马克思主义创始人的著作中也涉及到了原始公社之间的商品交换问题。但是，商品交换显然不是原始公社的经济特征；马克思主义创始人也没有着重分析这种商品交换。因此，我们这里的分析把它舍象了。

③ 恩格斯：《反杜林论》，《马克思恩格斯选集》第3卷，第345页。

④ 马克思：《资本论》，《马克思恩格斯全集》第23卷，第89页。

⑤ 恩格斯：《反杜林论》，《马克思恩格斯选集》第3卷，第323页。

而且，正如列宁在俄国十月社会主义革命取得胜利以后说过的："对俄国来说，根据书本争论社会主义纲领的时代已经过去了，我深信已经一去不复返了。今天只能依据经验来谈论社会主义。"①这样，生活在社会主义新时代的人们，有责任、也有条件依据丰富的社会主义建设的实践来检验马克思主义创始人对于社会主义商品生产命运所作的预言，并论证社会主义的商品生产。

第二，马克思主义创始人从社会主义社会脱胎于资本主义社会这个根本特点出发，提出社会主义制度下劳动还是谋生的手段，而不像共产主义社会那样，劳动已经成了生活的第一需要。如果以这个理论为基点，同时考虑到企业还是社会生产的基本单位，那就有可能做出社会主义国家所有制内部各个企业之间还存在商品经济关系的结论。这一点，从我们在前面对这个问题的分析中可以看得很清楚。但是，他们并不这样看，而是认为整个社会是一个生产单位。关于这一点，马克思写道：在共产主义社会的第一阶段，即社会主义社会阶段，"每一个生产者，在作了各项扣除之后，从社会方面正好领回他所给予社会的一切。他所给予社会的，就是他个人的劳动量"。②显然，这里马克思认为，整个社会是一个生产单位；与此相适应，也是一个分配单位。马克思设想整个社会是一个生产单位，除了其他种种原因以外，同当时生产力的发展状况也有一定的联系。在自由竞争的资本主义阶段，科学技术进步和社会生产力发展的速度，是远远超过了以往的各个时代。但相对于当代来说，科学技术进步和社会生产力发展的速度，以及与此相联系的生产结构和消费结构的变化，都是比较慢的；生产结构和消费结构也是比较简单的。在这种条件下，把整个社会设想为一个生产单位，由一个社会主体来直接管理社会的生产，相对于当代的情况来说，就具有某种合理性。从这方面来说，马克思主义创始人没有预见到社会主义社会的商品生产，主要受到了没有社会主义实践的局限，部分受到了社会生产力的局限。

但是，这方面的情况也已经发生了极大的变化。在当代，科学技术及其在生产上运用的周期是大大缩短了，社会生产力有了空前未有的发

---

① 列宁：《全俄工农兵和红军代表苏维埃第五次代表大会》，《列宁全集》第27卷，第480页。
② 马克思：《哥达纲领批判》，《马克思恩格斯选集》第3卷，第10~11页。重点是引者加的。

展，生产结构和消费结构变化迅速，并异常复杂。在这种条件下，如果还设想整个社会是一个生产单位，而不承认企业是生产单位，其不切实际就是十分明显的了。

第三，马克思主义的科学社会主义理论，就是在批判资本主义、分析资本主义经济制度基本矛盾的基础上建立的；是把社会主义经济制度作为商品生产发展最高阶段的资本主义经济制度的对立物来看待的。这样，马克思主义创始人的注意力就容易集中在揭示社会主义经济制度与资本主义经济制度的根本区别上，而二者的某些共同点（比如二者都存在商品生产。当然，这两种商品生产的社会经济性质也是根本不同的）则容易被忽视。这也可能是马克思主义创始人没有预见到社会主义商品生产的一个重要原因。

这种情况在政治经济学发展史上是屡见不鲜的。比如，资产阶级古典政治经济学在对商品价值的分析方面，始终忽视了对价值形式的分析。其原因之一，就是"因为价值量的分析把他们的注意力完全吸引住了"。①当然，这里讲的马克思主义创始人的忽视和资产阶级古典政治经济学的忽视，是有根本区别的。前者主要是时代的局限造成的。就是说，马克思恩格斯生活的时代是资本主义的时代，还没有社会主义建设的实践。而后者主要是阶级局限性造成的。正如马克思分析过的，古典政治经济学忽视价值形式的分析，"还有更深刻的原因。劳动产品的价值形式是资产阶级生产方式的最抽象的、但也是最一般的形式。这就使资产阶级生产方式成为一种特殊的社会生产类型，因而同时具有历史的特征。因此，如果把资产阶级生产方式误认为是社会生产的永恒的自然形式，那就必然会忽略价值形式的特殊性，从而忽略商品形式及其进一步发展——货币形式、资本形式等等的特殊性"。②这里讲的两种集中也有本质的区别。马克思主义创始人的注意力，集中在揭示资本主义制度的矛盾以及社会主义制度和资本主义制度的根本区别，适应了当时无产阶级革命的需要。而古典政治经济学注意力集中在商品价值量的分析，是为了满足资产阶级追求剩余价值的需要。但就科学研究过程中，当注意力集中在某一方

---

① 马克思：《资本论》，《马克思恩格斯全集》第 23 卷，第 98 页注（32）。
② 马克思：《资本论》，《马克思恩格斯全集》第 23 卷，第 98 页。

面，而忽视另一方面的情况来说，则有若干相似之处。

也许正是从这里可以从一个方面说明这样有趣的现象：马克思主义创始人一方面科学地论证了社会主义的按劳分配；而另一方面却否定了社会主义社会存在商品生产。如果从揭示社会主义制度与资本主义制度的根本区别来说，按劳分配规律与按劳动力价值分配规律是有本质差异的，因而按劳分配是不容忽视的。但由于资本主义是商品生产发展的最高阶段，社会主义制度又是作为资本主义制度的对立物出现的，因而社会主义的商品生产则容易被看漏。

如果说，在马克思、恩格斯那个时代，为了适应无产阶级革命事业的需要，必须集中揭露资本主义商品生产的矛盾，因而容易忽视社会主义社会还存在商品生产的话，那么，在我国社会主义建设新时期，为了保证社会主义现代化事业的实现，就必须改革经济管理体制，因而就必须十分重视作为改革最重要的理论基础的社会主义商品经济的研究。在这种情况下，如果还拘泥于马克思主义创始人在100多年以前作出的否定社会主义社会存在商品生产的论述，那不仅是完全脱离实际的，对社会主义现代化建设事业也是极为不利的。

第四，空想社会主义是马克思主义科学社会主义的思想来源。科学社会主义正是在批判地吸收空想社会主义的积极成果的基础上建立起来的。但是，科学社会主义无论就它赖以建立的理论基础来说，还是就它本身的内容来说，都同空想社会主义存在着根本的区别。按照恩格斯的说法，这个理论基础包括唯物主义历史观和剩余价值理论。[1]如果以科学社会主义诞生的正式标志——《共产党宣言》来说，那么，它的基本内容包括资本主义必然灭亡、社会主义必然胜利的规律，无产阶级是资本主义制度的掘墓人，无产阶级反对资产阶级的阶级斗争，无产阶级革命、无产阶级专政和无产阶级政党等方面。这些在空想社会主义那里都是不存在的，这是必须肯定的。

但过去人们在这个问题上的认识似乎存在一种偏向，即只看到了科学社会主义批判地吸收了空想社会主义的积极成果，以及前者同后者的根本区别（这些无疑是正确的），而没有看到马克思主义创始人对社会主

---

[1] 详见恩格斯：《社会主义从空想到科学的发展》，《马克思恩格斯选集》第3卷，第424页。

义社会的某些设想也受到了空想社会主义的消极影响，也存在着空想社会主义的痕迹。忽略后一方面既不符合人类思想发展的规律，也不符合事实。列宁说过："其实，无论在自然界或在社会中，实际生活随时随地都使我们看到新事物中有旧的残余。"①我认为，一般说来，列宁揭示的这条规律对作为社会事物之一的人类思想也是适用的。我还认为，马克思主义创始人否定社会主义社会存在商品生产，可能是受到了空想社会主义的消极影响，可能是空想社会主义在马克思主义创始人对社会主义社会构想中留下的痕迹。无论是 15、16 世纪西欧早期空想社会主义者莫尔和康帕内拉，或者是 18、19 世纪空想社会主义者傅立叶和欧文，他们都设想未来的社会组织（如莫尔的乌托邦、康帕内拉的太阳城、傅立叶的法郎吉和欧文的合作公社）统一安排生产和分配，并不存在商品生产。

诚然，即使上述看法是能够成立的，那还需要看到：马克思主义创始人否定社会主义社会存在商品生产之所以受到空想社会主义的影响，终极地说来，也还是受到了时代的限制。但是，从思想渊源方面提出这一点，还是可以的；而且对于解放思想，实事求是，破除教条主义思想方法的束缚，也许有一定的积极意义。

总之，以马克思主义创始人关于社会主义社会的构想，来否定国有企业是相对独立的商品生产者，是不妥的。

（二）认为国有经济中的劳动，一开始就表现为直接的社会劳动，不存在局部劳动和社会劳动的矛盾，不存在商品经济关系

有的同志认为，在社会主义国有经济中，国有企业劳动者的劳动从一开始就是作为直接的社会劳动出现的，因而这里不存在局部劳动和社会劳动的矛盾，不存在商品经济关系。人们还往往以恩格斯的下述论断作为理论依据："社会一旦占有生产资料并且以直接社会化的形式把它们应用于生产，每一个人的劳动，无论其特殊用途是如何的不同，从一开始就成为直接的社会劳动。""因此，在上述前提下，社会也无需给产品规定价值。"②这也是否定国有企业是相对独立的商品生产者的又一个基本论据。

---

① 列宁：《国家与革命》，《列宁选集》第 3 卷，第 256 页。
② 恩格斯：《反杜林论》，《马克思恩格斯选集》第 3 卷，第 348 页。

如前所述，马克思主义创始人否认社会主义社会存在商品生产，是不符合当代社会主义实践的。因此，不能以此作为否定社会主义国有经济内部存在商品经济关系的论据。

诚然，在社会主义国有经济中，国有企业劳动者的劳动从某种意义上说一开始就表现为直接的社会劳动。但这并不能否定国有经济内部存在商品经济关系。因为所谓国有企业劳动者的劳动一开始表现为直接的社会劳动，就是在社会主义计划经济条件下，这种劳动一开始就是作为社会总劳动的一个组成部分而存在的；所谓局部劳动就是生产是由作为相对独立的商品生产者的企业直接经营的，并且要求取得与自己的生产经营成果相适应的收入。显然，前者并不能否定后者。因此，尽管国有企业的劳动一开始可能表现为社会劳动，但并不是实现为社会劳动。要实现为社会劳动，还必须经过商品交换。这是国有企业实现其相对独立的经济利益所必需的。所以，国有企业的劳动一开始表现为社会劳动，并不能否定局部劳动，并不能否定局部劳动和社会劳动的矛盾，并不能否定社会主义国家所有制经济内部存在商品经济关系。

（三）认为把国有企业变成相对独立的商品生产者，就会造成同生产社会化之间的尖锐矛盾

还有一种观点认为，把国营企业都变成独立的经济实体，所有企业经常性的经济决策都完全由企业自己来管，必然造成生产的社会化和局部占有之间的尖锐矛盾。按照这种观点，进行经济体制改革，使得企业在实际上成为相对独立的商品生产者，就会造成同生产社会化之间的尖锐矛盾。这是否定国有企业成为相对独立的商品生产者的一个基本论点。

首先，需要明确：在国有企业作为相对独立的商品生产者存在的条件下，在客观上就存在着生产社会化和局部占有之间的矛盾。党的十二届三中全会正确地指出："即使是社会主义的商品经济，它的广泛发展也会产生某种盲目性。"[①]这里说的社会主义商品经济，显然包括社会主义国家所有制内部的商品经济，而这种盲目性正是生产社会化和局部占有之间的矛盾的一种表现。因此，从根本上说来，这种矛盾并不是经济管理体制改革造成的。经济管理体制的改革，不过是顺应国有企业作为相对

①《中共中央关于经济体制改革的决定》，第17页。

独立的商品生产者的要求，赋予企业一定的经营自主权和相对独立的经济利益。这些同志把这种矛盾归结为经济体制改革的结果，暴露了他们所坚持的一个错误的理论前提，即否认国有企业是相对独立的商品生产者。

　　当然，主要的问题并不在于明确这一点，而是在于如何看待作为相对独立的商品生产者的国有企业即社会主义国家所有制内部的商品经济与生产社会化的关系。如前所述，在社会主义社会，之所以不能以整个社会作为一个生产单位，还需要以国有企业作为生产单位，国有企业还必须是相对独立的商品生产者，正是为了适应生产社会化的需要。也正因为这样，社会主义国家所有制内部的商品经济又反过来成为推动生产社会化的强有力的杠杆。人类社会经济发展的历史表明：商品经济优越于自然经济的一个重要方面，就是大大推动了生产社会化的发展（当然，生产社会化也是商品经济发展的物质基础）。在半殖民地半封建的中国，自然经济在农村占统治地位，谈不上什么生产社会化；商品经济在城市有了一定的发展，生产社会化也有了某种发展。新中国建立以后，生产社会化有了巨大的发展，但也没有取得应有的成就。其重要原因之一，就是忽略了社会主义商品生产的发展，特别是忽略了社会主义国家所有制内部商品生产的发展。党的十一届三中全会以后，农村经济改革取得了巨大的成功，商品经济以及与之相联系的生产社会化也有迅猛的发展。党的十二届三中全会依据对历史经验的总结，正确地指出："商品经济的充分发展，是社会经济发展的不可逾越的阶段，是实现我国经济现代化的必要条件。"[1]这些道理对于国有经济内部的商品生产与生产社会化的关系也是适用的。因此，它们之间的相互适应是主要的方面，二者之间的矛盾是次要的方面。这种矛盾往往体现为国家的整体利益与企业的局部利益的差别。但在社会主义制度下，国家利益和企业利益在根本上是一致的。因此，国家可以通过经济、行政、立法等手段使得这种矛盾得到适当的解决，一般不致达到矛盾的尖锐化。诚然，在城市经济改革试点过程中，在一定的时间、范围内可能出现某种"生产的社会化和局部占有之间的尖锐矛盾"。但这主要是由于缺乏改革的经验，改革本身不配套，经济、行政、立法等方面的管理、监督、调节、控制的手段不健全

————————

[1]《中共中央关于经济体制改革的决定》，第17页。

造成的。它并不是社会主义商品经济长期发展中的必然现象和正常情况。当然，在将来也许会出现"生产的社会化和局部占有之间的尖锐矛盾"。但如果真的达到这一步，那就是社会主义商品经济消亡的时候，即社会主义社会向共产主义社会过渡的时候。这显然是遥远的将来的事。如果认为现在发展社会主义国家所有制内部的商品经济，就会造成生产的社会化和局部占有之间的尖锐矛盾，那纯属无稽之谈。

这些同志这样提出问题，是同他们坚持的传统观点相联系的。长期以来，流行着一种看法，认为只要建立了生产资料的社会主义社会所有制，就可以达到同生产社会化相适应的地步。马克思主义认为，资本主义基本矛盾（即生产的社会性和资本主义的私人占有之间的矛盾）的发展和尖锐化，要求消灭生产资料的资本主义私有制，建立社会主义的公有制。这是科学社会主义的最基本的内容，是必须坚持的，这是毫无疑问的。但长期的社会主义建设实践证明：既要坚持社会主义国家所有制，又要确立国有企业的相对独立的商品生产者的地位，才能完满地适应生产社会化的需要。坚持前一方面以适应社会化生产的要求，是不言而喻的，坚持后一方面也是为了适应生产社会化的要求，其重要原因有二：一是使价值规律调节生产的作用获得赖以发生的经济条件。实践证明：这种调节作用也是社会主义生产按比例发展所必需的，而按比例发展正是生产社会化的要求。二是使企业获得新的动力（赋予企业相对独立的经济利益）和压力（开展企业之间的竞争），以适应生产社会化提出的增强企业活力，提高企业经营管理水平和企业经济效益的要求。

（四）认为把国有企业变成相对独立的商品生产者，使生产资料所有权和使用权发生了分离，社会主义国家所有制的性质就会改变

也有同志提出：社会主义国家所有制经济中发生了生产资料的所有权和使用权的分离，企业是相对独立的商品生产者，会使社会主义国家所有制在经济上不能得到实现，会瓦解为各个企业的集体所有制。这是否定国有企业成为相对独立的商品生产者的另一个基本论点。但是，这种看法的根据，似乎是不足的。

从人类社会经济发展的历史来看，在许多社会经济形态下，都发生过性质不同、程度各异的生产资料的所有权和使用权的分离，但都没有妨碍生产资料所有制在经济上得到实现，没有改变生产资料所有制的性质。

早在奴隶制社会就发生过生产资料的所有权与使用权的某种分离。据史书记载，迦太基奴隶制国家的农业是很发达的。在奴隶主庄园中，属于奴隶身份的庄园管事，掌管庄园的收支、买卖，执行奴隶主的命令；当奴隶主不在的时候，他还代替奴隶主发布命令，执行对奴隶的惩罚。虽然管事比其他的奴隶较为自由，但经济地位与奴隶一样。每一个奴隶，包括管事本身在内，每隔一段时间，按照规定的标准，从奴隶主那里取得赖以维持生存的必需品。所得的数量是以劳动为标准的。由于管事的劳动比其他的奴隶要轻，因而所得的数量也比较少。①这些情况表明：在这种奴隶制的庄园经济中，在奴隶主和庄园管事之间已经发生了一定程度的生产资料的所有权与使用权的分离，但它丝毫也没有改变奴隶制经济的本质。

在封建社会的末期，由于商品经济的发展，作为封建剥削主要形式的地租由实物形态转变为货币形态，农民逐渐摆脱了对地主的人身依附关系，成为"纯粹的货币关系"，成为"单纯的租佃者"。②这时，封建土地的所有权和使用权在比较完全的意义上发生了分离。但地主仍然凭借封建的土地所有权占有农民的剩余劳动，而且剥削进一步加重了。这种土地的所有权与使用权的分离，也没有改变地主土地所有权的性质，没有改变地主对农民的剥削关系。

在资本主义制度下，资本的所有权与使用权大量地、越来越广泛地发生了分离。但单纯的货币资本家凭借资本的所有权占有作为剩余价值转化形态的利息。它也没有改变资本的所有权，没有改变资本家对无产者的剥削关系。

在社会主义国家所有制经济中，整个经济生活都是在国家的统一领导下进行的，国家计划控制宏观的经济活动，企业只是在国家计划指导下，享有一定的对微观经济活动的决策权。国家依据对生产资料的所有权和整个国民经济发展的需要占有企业大部分纯收入，企业只是限于取得与自己生产经营成果相适应的收入。所以，无论是国有企业对于生产资料的使用权，或者是它的独立的经济利益，都是在很有限的范围内存

①　参见马克思：《资本论》，《马克思恩格斯全集》第 25 卷，第 432 页。
②　参见马克思：《资本论》，《马克思恩格斯全集》第 25 卷，第 899~900 页。

在的。它怎么会妨碍社会主义国家所有制在经济上的实现呢？又怎么会改变这种所有制的经济性质呢？

国有企业成为相对独立的商品生产者，不仅不会瓦解社会主义国家所有制，而且会促进这种所有制的进一步巩固和发展。事实上，只有最适合于生产力性质的所有制，才最能促进生产力的发展，从而为这种所有制的巩固奠定强大的物质基础。如前所述，在社会主义国家所有制经济中，国有企业拥有一定的使用权，享有相对独立的经济利益，成为相对独立的商品生产者，正好是由社会生产力决定的，是适合了生产力发展的要求，是有利于调动企业在组织生产和经营方面的积极性，有利于促进企业经济效益的提高，因而是有利于社会主义国家所有制的巩固的。

三、国有企业是相对独立的商品生产者这一原理的重大意义

党的十二届三中全会指出："总之，要使企业真正成为相对独立的经济实体，成为自主经营、自负盈亏的社会主义商品生产者和经营者，具有自我改造和自我发展的能力，成为具有一定权利和义务的法人。"[①]1985年党的全国代表会议又一次指出："进一步增强企业特别是全民所有制大中型企业的活力，使它们真正成为相对独立的、自主经营、自负盈亏的社会主义商品生产者和经营者。"[②]国有企业是相对独立的商品生产者这一原理具有多方面的重大意义。本书后续的许多章节将从不同方面涉及到这些意义，这里先从总的方面分析一下它在理论上的两点重大意义。

（一）国有企业作为相对独立的商品生产者的原理，是社会主义有计划商品经济理论的最重要的支柱

1. 只有确立了国有企业是相对独立的商品生产者的原理，才能在理论上把社会主义的计划经济和商品经济统一起来。社会主义经济是计划经济。如前所述，决定这一点的主要经济条件是生产资料的社会主义国家所有制。在这种条件下，由作为国有制代表的国家对国民经济实行计划管理，是这种所有制实现的一个基本方面。在这种条件下，各个企业、各个部门、各个地区的经济利益在根本上是一致的。这就为反映全民根

---

①《中共中央关于经济体制改革的决定》，第 13 页。

②《中共中央关于制定国民经济和社会发展第七个五年计划的建议》，《中国共产党十二届四中全会、全国代表会议、十二届五中全会文件汇编》，人民出版社 1985 年版（下同），第 63~64 页。

本利益的国民经济计划的制订和执行提供了客观可能，在这种条件下，国家掌握了国民经济命脉，又为贯彻国民经济计划提供了必要的物质力量。①前已述及，包括国有经济在内的社会主义经济是商品经济。这样，商品经济和计划经济都存在于同一的社会主义经济的机体中，都是社会主义经济的内在的、相互统一的本质；对计划经济来说，商品经济并不是外在的、异己的力量。这样，我们就可以合乎逻辑地作出结论说：社会主义经济是有计划的商品经济。

　　然而，长期以来，学术界流行着把计划经济和商品经济对立起来的传统观念。这就有必要具体地分析计划经济与商品经济的矛盾统一关系。由于我们这里是专门讨论社会主义国家所有制内部的商品经济问题的，所以也就从这个角度探讨二者的关系。

　　毫无疑问，在社会主义制度下，计划经济和商品经济也是有差别的，有矛盾的。但并不是对立的，并不是不相容的，而是统一的。

　　就二者产生的经济条件看。如前所述，计划经济产生于生产资料的社会主义国家所有制，以及与此相联系的各个企业、各个部门和各个地区的根本经济利益的一致性；而商品经济产生于国家所有制中带有的某些集体所有制因素，即生产资料所有权和使用权的相对分离，以及国有企业相对独立的经济利益。可见，二者产生的经济条件是有区别的，但并不是对立的，而是统一的。

　　因为，第一，在这里，生产资料的所有权和使用权的分离，只是相对分离。就是说，在社会主义国家所有制的经济中，即使改变了当前由国家直接经营的管理体制，国家也不是单纯的生产资料所有者。它在组织社会主义生产和再生产方面仍然负担着重要的经济职能；企业不仅不是生产资料的所有者，在生产资料的使用方面也只是在国家计划指导下拥有对微观经济活动的决策权，并不拥有完全意义上的经营权。而且企业拥有对微观经济活动的决策权，从其主要的意义上说，还是为了更有

---

　　① 顺便指出：人们常把包括国家所有制和集体所有制在内的社会主义经济说成是国民经济有计划发展的经济条件。从总体上说，这并没有错。在国有经济占主导地位的条件下，由于集体经济和国有经济在根本利益上的一致性，使集体企业也能接受国家的计划指导。从这方面说，集体经济也是国民经济有计划发展的重要经济条件。但是，集体企业本身提不出国民经济有计划发展的经济要求。国有经济和集体经济在决定国民经济有计划发展方面所起的作用是不能相提并论的，前者起主导作用，后者起从属作用。从这种主次有别的意义上看，上述说法并不是很准确的。

效地完成国家计划规定的任务；而国家对国民经济的计划管理，正是社会主义国家所有制在经济上实现的一个极重要的方面。从这个意义上说，也就是为了更有效地维护社会主义国家所有制。

第二，在这里，社会主义国家所有制企业也只具有相对独立的经济利益。就是说，无论就社会主义国家和国有企业之间的关系来看，或者就国有企业与国有企业之间的关系来看，国有企业都不具有完全独立的经济利益，它们之间的根本利益都是一致的，是融合在一起的，不能分开的，只有局部利益的差别。正因为它们之间的根本利益是一致的，因而可能做到符合社会主义国家利益的，也可以符合国有企业的利益；符合这个国有企业利益的，也可以符合那个国有企业的利益。

当然，也要看到它们之间的局部利益的差别，而且不应该忽视这些矛盾的处理。在国家和企业之间的利益发生矛盾时，可以而且应该使企业的局部利益服从国家的整体利益，并在这个前提下，兼顾企业的利益。在国有企业与国有企业之间的利益发生矛盾时，也要从国家的整体利益出发，提倡社会主义的协作精神，并兼顾双方的利益。

但这里所说的兼顾企业的利益，都只能是限制在企业取得与自己的生产经营成果相适应的收入的范围内。只有限制在这个范围内，才能做到有利于国家，有利于其他企业，也有利于本企业，才能体现三者利益的一致，才能符合国有企业相对独立经济利益的固有属性。反之，如果企业采取坑害国家和其他企业的手段，去追逐自己的利益，那就越出了国有企业固有的相对独立的经济利益的范围，而成为受到剥削阶级或小私有者思想影响而形成的本位主义的东西了。

只要这样兼顾了企业的利益，就会成为充分调动企业积极性的极重要的因素，成为增进国家整体利益的最基本的源泉。因为"城市企业是工业生产、建设和商品流通的主要的直接承担者，是社会生产力发展和经济技术进步的主导力量"。①

就二者的规律来看，长期以来，人们把计划经济与商品经济对立起来，往往是同把国民经济有计划发展的规律同价值规律对立起来相联系的。因此，需要探讨这两个规律的矛盾统一关系。

---

① 《中共中央关于经济体制改革的决定》，第11页。

在社会主义制度下，国民经济有计划发展规律是决定国民经济能够按比例发展的主要因素。但国民经济有计划发展规律和反映这个规律要求的国民经济计划的实现，在各个环节上都必须利用价值规律。制订计划是国民经济计划工作的首要环节。在社会主义商品生产条件下，要制订计划，无论是对社会劳动的核算，还是对社会劳动的分配，都必须利用价值作为核算的工具和分配的工具。如果不利用这个唯一可行的工具，这一切都无法正确地进行。计划制定以后要付诸实施。由于国民经济计划是从国家的整体利益出发的，它同企业的局部利益有矛盾的一面。在社会主义条件下，如果不把国家的整体利益和企业的局部利益适当地结合起来，就不能充分地调动企业实现国家计划的积极性。而价值规律是体现了国有企业作为相对独立的商品生产者的要求的，体现了企业的局部利益的。这样，在实施计划的过程中利用价值规律和反映这个规律要求的价格，就可以促使企业从自己的切身利益出发去实现国家的计划要求。当然，由于各种原因，无论是计划的制订，或者是计划的实施，都不可能完全符合国民经济按比例发展的要求。但作为客观存在的价值规律对社会主义生产仍然会盲目地起着调节的作用。这样，如果由于计划不完善使得某些商品的供求关系出现了不平衡状态，那么，在国有企业真正成为相对独立的商品生产者、而价格又适应企业这种地位做了根本改革的条件下，商品的价格就会出现波动，就会促使商品供求关系趋于平衡。价值规律对生产的这种调节作用虽然是自发地进行的，是事后的调节，但对国民经济计划却起着检验作用和矫正作用。

由于社会生产和社会消费极为复杂，而且变化万千，国家计划不可能囊括国民经济的一切活动，只能涉及重大的比例关系。而对国家计划不可能包括的那些社会产品的生产，在事实上还是由价值规律自发调节的。

上述情况表明：无论是国家计划对价值规律的自觉利用，还是价值规律的自发作用，都意味着价值规律在调节社会生产方面起着不容忽视的重要的作用。尽管这种作用同国民经济有计划发展规律不能相提并论，但在决定国民经济按比例发展这个方向上是一致的。

但这只是问题的一方面；另一方面，价值规律和国民经济有计划发展规律也有矛盾。就是说，后者要求社会自觉地保持国民经济的比例性，而前者却给经济发展带来某种盲目性。价值规律的作用反映了作为相对独立的商品生产者的企业的要求，而企业的局部利益同国民经济的整体利益有矛盾的一面，因而容易忽视经济发展的整体需要，出现某种盲目性。但在社会主义条件下，由于国民经济有计划发展的规律是决定国民经济按比例发展的主要因素，由于社会可以自觉地利用价值规律对社会生产的调节作用，这种盲目性不会造成社会生产的无政府状态，只能限制在一定的范围内。上述两方面情况表明：在调节社会生产方面，国民经济有计划发展规律和价值规律之间存在着矛盾的、但又是统一的关系，二者并不是不能相容的。

国民经济有计划发展规律和价值规律在提高经济效益方面，也存在着矛盾统一的关系。国民经济有计划地发展，是提高宏观经济效益的决定因素，并且又是提高微观经济效益的前提条件。而价值规律是迫使企业不断提高微观经济效益的巨大强制力量，微观经济效益的总和又构成了宏观经济效益。这样，价值规律也是提高宏观经济效益的巨大推动力量。我国社会主义建设的实践也充分证明了这一点。建国以后，我国宏观经济效益特别是微观经济效益的提高情况很不理想。这除了由于计划经济的优越性没有充分发挥以外，高度集中的、以行政管理为主的经济管理体制剥夺了价值规律发生作用的机制，也是一个十分重要的原因。当然，价值规律的作用也会带来生产上的某种盲目性，给宏观经济效益造成一定的损害。但如前所述，由于计划经济的存在，这种盲目性以及由此造成的对宏观经济效益的损害只是限制在某种有限的范围内。价值规律的这种消极作用，是远远不能同价值规律在提高经济效益方面的积极作用相比的。

综上所述，无论从计划经济和商品经济产生的经济条件看，还是从二者的运动规律看，把商品经济看做是计划经济的异己力量，都是没有根据的。

2. 对把社会主义的商品经济与计划经济对立起来的观点的分析。

（1）有一种观点认为，把商品经济看做是计划经济的对立物，从来就是马克思列宁主义的经典观点。

诚然，马克思主义创始人曾经说过："一旦社会占有了生产资料，商品生产就将被消除，而产品对生产者的统治也将随之消除。社会生产内部的无政府状态将为有计划的自觉的组织所代替。"①在这里，恩格斯既把计划经济作为社会生产无政府状态的对立物，又把计划经济作为商品生产的对立物。然而，这里说的商品生产是资本主义的商品生产。因此，并不能依据这一点就说社会主义的商品经济是社会主义的计划经济的对立物，尤其不能说社会主义国家所有制内部的商品经济是计划经济的对立物。

如果说，在俄国十月革命以前，在苏俄"战时共产主义"时期，在社会主义商品生产命运问题上，列宁是继承了马克思、恩格斯的观点的，那么，在提出"新经济政策"以后，就有了根本的转变。从某种简略的意义上说，"新经济政策"就是在社会主义国有经济占主导地位和多种经济成分存在的条件下发展商品经济的政策。列宁自己也说过："应当把商品交换提到首要地位，把它作为新经济政策的主要杠杆。"②列宁这里说的"商品交换"，不仅是指过渡时期开始时的汪洋大海般的、个体农民的小商品经济，也不仅是指"容许而且还在发展由国家调节的自由贸易和资本主义"，也指社会主义国家所有制经济内部的商品交换。用列宁的话来说，就是"已经社会化的国营企业也在改用所谓经济核算制，即商业原则"。③列宁这里说的"商业原则"也就是支配商品交换的基本原则，即等价交换原则。问题在于：要使国有企业实行真正的经济核算制，"正是为了要他们自己负责，而且是完全负责，使自己的企业不亏本"，④"不但不亏损而且能够盈利"，⑤这样，一个必要的条件就是国有企业也必须依据价值规律的要求来处理他们之间的经济关系，而这就意味着国有企业之间在相当程度上也存在着商品交换关系。列宁还认为："新经济政策并不是要改变统一的国家经济计划，不是要超越这个计划的范围，而是要改变实现这个计划的办法"。⑥这里包含了一个极其重要的天才思想，即以发展商品经济为特征的新经济政策，同反映社会主义计划经济要求的国家计划，不仅是能够相容的，而且是实现国家计划的方法。而且，这里的商品经济不仅包括社会主义国家所有制的商品经济，还包括个体农民私有

---

①　恩格斯：《反杜林论》，《马克思恩格斯选集》第 3 卷，第 323 页。
②　列宁：《关于新经济政策问题的决议草案》，《列宁全集》第 32 卷，第 424 页。
③　列宁：《工会在新经济政策条件下的作用和任务》，《列宁全集》第 33 卷，第 155 页。
④　列宁：《给财政人民委员会部》，《列宁全集》第 35 卷，第 549 页。
⑤　列宁：《工会在新经济政策条件下的作用和任务》，《列宁全集》第 33 卷，第 156 页。
⑥　列宁：《致格·马·克尔日札诺夫斯基》，《列宁全集》第 35 卷，第 534 页。重点是原有的。

制和资本主义私有制的商品经济。既然如此，那有什么理由说社会主义国家所有制的商品经济同计划经济是对立的呢？又有什么根据说这从来就是马克思列宁主义的经典观点呢？

（2）有的同志之所以把社会主义商品经济和计划经济对立起来，是由于他认为社会主义条件下的商品经济是旧社会遗留物，商品经济绝不是社会主义制度本身带来的经济形式。

诚然，对于社会主义条件下处于从属地位并起着必要的补充作用的个体私有制的商品经济、私人资本主义经济和国家资本主义的商品经济来说，确乎"是旧社会遗留物"，"绝不是社会主义制度本身带来的经济形式"。但对社会主义的商品经济就不能这样说了。仅就其中的社会主义国家所有制的商品经济来说，它产生于国有制带有的某些集体所有制因素，即生产资料所有权和使用权的分离，以及国有企业相对独立的经济利益；它反映了国有企业之间的根本利益一致、但有局部利益差别的关系，是社会主义的等价交换的关系。这怎么不是"社会主义制度本身带来的经济形式"呢？怎么能够把它同个体私有制、私人资本主义和国家资本主义的商品经济相提并论，都看做是"旧社会遗留物"呢？

这种类似的"左"的观点在我国已经流传了很长时间。早在1958年就广泛流行着把社会主义商品经济当做是资本主义经济的"理论"，并导致了在生产资料所有制的社会主义改造方面盲目追求"一大二公"的"左"的错误，造成了十分严重的恶果。到"文化大革命"期间，又改头换面地在更大范围内传播着社会主义社会商品生产和货币交换与旧社会没有多少差别的观点，并被"四人帮"用来论证存在"党内资产阶级"的政治结论，造成了更为严重的恶果。近年来，有的同志提出的"社会主义条件下的商品交换是旧社会遗留物"的看法，实际上是长期流行的"左"的理论的变种。我国社会主义实践已经反复证明：这种"左"的理论是站不住的，并且是极为有害的。

（3）还有一种观点认为，社会主义经济的本质特征是计划经济，而不是商品经济，而且肯定了前一方面，就不能同时肯定后一方面。这是把商品经济与计划经济对立起来的又一种说法。

什么是本质呢？按照列宁的说法，本质或规律"是现象中同一的东西"，"现象的平静的反映"。"现象中巩固的（保存着的）东西"。①而计划经济产生于社会主义国家所有制，商品经济产生于国有制带有的某些集体所有制的因素，二者都是社会主义国有经济中同一的、平静的和巩固的东西，为什么不能同时把二者都称作社会主义经济的本质特征呢？

当然，这两种本质特征是有区别的。如果从最抽象的意义上来说，计划经济是同国有制经济中整体利益的一致相联系的，而商品经济则是同国有企业局部利益的差别相联系的。但能否因为有这种差别就把二者看做是不能相容的呢？不能。问题在于：国有经济的整体利益和国有企业的局部利益在根本上是一致的。因此，计划经济和商品经济可以共存于同一的社会主义国有经济的机体中。

申而论之，把一个复杂的事物中所包含的有差别的两种本质看做是不能相容的东西，并不符合事物发展的辩证法。马克思主义认为，一个事物"特殊的矛盾，就构成一事物区别于他事物的特殊的本质"。"一个大的事物，在其发展过程中，包含着许多的矛盾"。②这样，一个复杂的事物也就包含着许多本质。黑格尔对这一点也做过精彩的分析。他说："一个具体的东西，包含多种多样的本质的规定"；"每件事情以及它的对立面都有较多个本质的内容规定、关系和观点，在它们的本质性形式中，这一个规定和那一个规定都同样有效"。③列宁在评价这一点时说过：黑格尔这些"基本的思想是天才的"。④

这一辩证规律是为人类社会经济发展的史实所证明了的。比如，在封建社会中，地租是产生于地主土地所有制，大地主对中小地主的兼并也是与这种土地所有制相联系的。因此，二者都是封建经济的本质。但这两种本质又是有区别的：前者反映了地主经济利益的一致性，后者反映了地主经济利益之间的矛盾。我们能否以二者有差别，就把前一种本质和后一种本质对立起来呢？显然是不能的。

再如，在资本主义社会中，平均利润、竞争、超额利润和垄断利润等，都是资本主义经济的本质。但平均利润反映了资产阶级经济利益的

---

① 列宁：《黑格尔〈逻辑学〉一书摘要》，《列宁全集》第38卷，第158~159页。

② 毛泽东：《矛盾论》，《毛泽东选集》第1卷，第283~284、286页。

③ 黑格尔：《逻辑学》下册，商务印书馆版，第100页。

④ 列宁：《黑格尔〈逻辑学〉一书摘要》，《列宁全集》第38卷，第153页。

一致性，而超额利润则反映了获得这种利润的资本家与只获得平均利润的一般资本家之间的矛盾，垄断利润反映了垄断资本主义企业与非垄断资本主义企业之间的矛盾，竞争也反映了资本家之间的矛盾。我们同样也不能把平均利润与超额利润、垄断利润和竞争对立起来。

就是在社会主义经济中，作为经济本质来说，也不只计划经济与商品经济，以及与此相联系的国民经济有计划发展规律与价值规律有区别，在其他方面也有类似的情况。比如，社会主义竞赛是同社会主义国家所有制，以及各个企业和全体劳动者的根本利益一致相联系的；而社会主义的竞争则是同企业作为相对独立的商品生产者，以及企业局部利益的差别相联系的。我们不能把竞赛和竞争对立起来，同样也不能把计划经济与商品经济对立起来。

总之，社会主义的计划经济和商品经济虽有矛盾，但是统一的。因此，社会主义经济是有计划的商品经济的命题，是完全正确的。这个命题是以国有企业作为相对独立的商品生产者的原理，作为最重要的支柱的。

（二）承认国有企业是相对独立的商品生产者，赋予企业以权力、动力和压力，以增强企业的活力，对于在理论上阐明社会主义经济制度的优越性，也是极为重要的

承认社会主义国有企业是相对独立的商品生产者，依据企业的这种经济地位赋予企业以权力、动力和压力，不仅在实践上对于增强企业活力、发挥社会主义经济制度的优越性，是十分必要的，而且在理论上对于说明社会主义经济发展动力、社会主义经济制度的优越性，也是极为重要的。

社会主义经济是否比资本主义经济具有更强大的经济发展动力的问题，从来都是社会主义者（包括空想社会主义者）和资产阶级学者（包括处于资本主义上升时代的古典政治经济学）争论的重大的理论问题。前者对这一点持肯定态度，后者对这一点持否定态度，或者根本否定社会主义经济发展的动力。比如，欧文曾经说过："财产公有制比引起灾祸的私有制具有无比优越性。"在他看来，在以公有制为基础的公社制度下，生产将迅速发展。因为在公社里，人们是以"利益的共同性"互相

结合起来的，因而劳动是"富有成效的"。①李嘉图则反驳道："难道任何头脑健全的人能够和欧文一样相信，一个人发愤努力是靠社会利益、而不是靠私人利益来刺激的社会，能够繁荣，并且能够用同样数量的人生产出比以往任何时候更多的产品？历史的经验不是证明恰恰相反吗？"②马克思主义创始人在他们的划时代的著作《共产党宣言》中，在批判这种当时广为流行的、用公有制代替私有制会造成懒惰之风的资产阶级观点时，曾经一针见血地指出："这样说来，资产阶级社会早就应该因懒惰而灭亡了，因为在这个社会里是劳者不获，获者不劳的。"③后来，马克思、恩格斯、列宁和斯大林，从社会主义生产目的（为了满足社会全体劳动者的物质文化生活的需要，体现了他们的整体的物质利益）和社会主义按劳分配原则（体现了与整体利益相结合的劳动者个人的物质利益）等方面，深刻地阐明了在整个社会范围内联合起来的劳动者的整体利益以及与此相结合的个人利益，是社会主义经济发展的动力。这种动力的社会经济性质及其作用，是资本主义经济发展动力所无法比拟的。

但在过去的一个长时期内，由于社会主义国家所有制企业是相对独立的商品生产者的问题，在理论上没有解决，因而社会主义经济发展动力体系问题也没有完整地解决。从我国建国以后的具体情况来看，由于经济工作中"左"的错误的影响，理论上几次把小资产阶级平均主义误认为共产主义的按需分配原则，把社会主义的按劳分配原则误认为资产阶级的原则；在实践上体现按劳分配的劳动报酬制度也累遭严重破坏。这样，在建国以后的一个较长时间内，在很大程度上压抑了甚至窒息了企业的活力。在这种情况下，人们就容易产生这样的疑问：社会主义经济发展的动力究竟是否比资本主义经济大？有些人对这一点甚至在根本上持否定态度。针对这种情况，从国有企业是相对独立的商品生产者的原理出发，全面揭示社会主义经济的物质利益体系和经济发展动力体系，就是一件十分重要的事情。

这个利益体系和动力体系包括三个方面：一是社会全体劳动者的整体的物质利益；二是企业劳动者集体的物质利益，以及作为这种内在动

①《欧文选集》下卷，商务印书馆 1965 年版，第 15 页。
②《李嘉图著作和书信集》，剑桥大学出版社 1952 年英文版第 8 卷，第 46 页。
③ 马克思、恩格斯：《共产党宣言》，《马克思恩格斯选集》第 1 卷，第 267 页。

力表现的、企业之间的竞争压力；三是劳动者个人的物质利益。这个利益体系和动力体系是根本优越于资本主义经济的。私人资本主义企业之间以及企业与资产阶级国家之间有根本利益一致的一面，但也有矛盾的一面，甚至对立的一面；资产阶级和无产阶级的经济利益是根本对立的。在这里，各部分经济利益是分离的，有矛盾的，有对立的一面；特别是两大阶级之间的利益是根本对抗的。因而不可能在全社会范围内形成一个紧密结合的经济利益体系和经济动力体系。这样，尽管同已往的经济制度相比较，资本主义经济是大大推动了社会生产力的发展，但有很大的局限性。即使在它大力推动社会生产力发展的进程中，也是以社会财富的巨大浪费和社会生产力的严重破坏作为代价的。与此根本相反，社会主义经济利益体系三个组成部分之间，虽然也有矛盾的一面，但在根本上是一致的；它们之间的差别，正是表明了三者的合理分工，各自发挥自己的特有作用，并且相互补充。这样，就能够在整个社会主义经济范围内形成一个紧密结合的经济利益体系和经济动力体系。这样，社会主义经济发展的动力就比资本主义强大得多，而且在发展生产过程中可能避免资本主义经济那样的浪费和破坏。当然，这也是就社会主义经济的本质及其长远发展趋势来说的。但并不是说在社会主义公有制建立以后，这种优越性就可以得到充分的发挥。我国社会主义建设的实践证明：要充分发挥这种优越性，还需要一系列的条件，其中最重要的是党和国家的经济政策正确，经济管理体制合理。

第二章　社会主义的生产目的

关于社会主义的集体所有制企业的生产目的问题，我在别的著作里已经做过分析。[①] 基于前面已经说过的理由，这里只是着重分析社会主义国家所有制企业的生产目的。这也是一个长期没有得到完全、正确解决的、十分重要的问题，是一个需要进一步探讨的问题。

斯大林在 1952 年提出："社会主义基本经济规律的主要特点和要求，可以大致表述如下：用在高度技术基础上使社会主义生产不断增长和不断完善的办法，来保证最大限度地满足整个社会经常增长的物质和文化的需要。"[②] 在斯大林看来，社会主义国家所有制企业的生产目的就只是如此。受斯大林指导的苏联《政治经济学教科书》清楚地说明了这一点。这本书写道："在社会主义的各种经济规律中，基本经济规律起着决定的作用。它决定着社会主义生产发展的一切主要方面和一切主要过程。"[③] 这里所说的"一切主要方面和一切主要过程"，当然包括国有企业在内。

在过去一个长时期内，斯大林这个理论观点几乎普遍为我国理论界所接受。现在仍然是一种颇为流行的观点。粉碎"四人帮"以后出版的、供高等院校公共政治理论课用的一本代用教材《政治经济学（社会主义部分）》，还持这种观点。这本书在论述社会主义生产目的时无保留地援引了斯大林关于社会主义基本经济规律的论述，并且认为，这个社会主义

[①] 详见拙著：《社会主义经济问题初探》，湖南人民出版社 1981 年版，第 16~40 页。
[②] 斯大林：《苏联社会主义经济问题》，第 31 页。
[③] 苏联科学院经济研究所编：《政治经济学教科书》，人民出版社 1955 年版（下同），第 441、427~428 页。

基本经济规律"决定着社会主义生产的一切主要方面和一切主要过程"。①
这里所说的"一切主要方面和一切主要过程"，显然也包括了在国民经济
中居于极重要地位的国有企业在内。这就是说，国有企业就只是以"满
足整个社会经常增长的物质和文化的需要"为目的。另一本大学试用教
材也持有上述同样的观点。这还有一本题为《社会主义经济若干问题》的
经济学著作说得更绝对、更明确。这本书写道："社会主义生产必须服从
于满足全体人民和整个社会物质和文化需要这一目的。除此以外，任何
其他目的都是同生产的社会主义性质不相容的。"②

　　这种观点究竟对不对呢？国有企业的生产目的究竟只是为了满足社
会全体劳动者的物质、文化生活的需要，还是主要是为了全体劳动者的
生活需要、局部地也是为了本企业劳动者的生活需要呢？这不仅是一个
重大的理论问题，而且是一个重大的实践问题，是值得进一步探讨的问
题。而在我们分析了社会主义国家所有制和国有企业是相对独立的商品
生产者以后，也就有可能说明这个问题了。

第一节　社会主义生产目的的两方面

　　为了在理论上探讨国有企业的生产目的，首先要分析马列主义在这
个问题上提供的方法论。

　　第一，恩格斯说过："每一个社会的经济关系首先作为利益表现出
来。"③这种一定的利益关系表现在各个方面，但主要是体现在一定的生产
目的上。所以，马克思说："资本主义生产不仅是商品生产，它实质上是
剩余价值的生产。"④马克思这里说的资本主义生产的实质，当然不是资本
主义生产的物质内容的实质，而是资本主义生产的社会形式的实质。马
克思这里说的虽然是资本主义生产的实质，但它具有一般的方法论意义。
就是说，从一般意义上说，一定的生产目的都体现了一定的生产关系的

　　① 参见《政治经济学（社会主义部分）》，四川人民出版社 1979 年版，第 108~113 页。
　　②《社会主义经济若干问题》，安徽人民出版社 1980 年版，第 32 页。
　　③ 恩格斯：《论住宅问题》，《马克思恩格斯选集》第 2 卷，第 537 页。
　　④ 马克思：《资本论》，《马克思恩格斯全集》第 23 卷，第 556 页。

物质承担者（即一定的生产资料所有者）的根本的物质利益，因而是一定的生产关系的实质。比如，在原始公社经济制度下，生产的目的是为了全体公社社员极为低下的生活需要，在奴隶经济制度下，生产的目的是为奴隶主提供剩余产品，甚至提供一部分必要产品；在封建经济制度下，生产的目的是为封建主提供地租，在资本主义制度下，生产的目的是为资本家提供利润。可见，一定的生产目的总是由一定的生产资料所有制决定的，是一定的生产资料所有者的根本利益，是一定的生产关系的本质。

第二，马克思依据对生产资料的资本主义所有制的分析，揭示了资本主义的生产目的是无偿占有无产者创造的剩余价值，揭示了剩余价值规律是资本主义的基本经济规律；还结合资本主义各个发展阶段的特点，阐述了这个规律作用的各种具体形式。在资本主义发展的初期，资本只占领了某些部门，封建经济关系还占统治地位。这样，竞争只能在某些部门内部展开，形成了商品的社会价值，剩余价值也就以利润的形式归各该部门的资本家所有。后来，随着产业革命的完成，封建经济残余得到了扫荡，资本主义生产方式占了统治地位。这样，竞争不仅在各个产业部门内部充分地开展起来，而且在各个产业部门之间充分地开展起来。于是剩余价值就转化为平均利润。在这种条件下，一般说来，剩余价值就以平均利润的形式归各个部门的资本家所有。这是体现了自由竞争时代的资本家的经济利益的。但是，那些生产条件较好的资本家，除了可以获得平均利润以外，还可以获得超额利润。而在存在垄断条件的个别部门，由于利润平均化的过程受到了阻碍，还可以获得垄断利润。到了帝国主义时代，由于产生了垄断组织这样的经济条件，垄断资本家可以获得大大超过平均利润的垄断利润，而局外企业则连平均利润也得不到了。在这种条件下，剩余价值规律在一个相当大的范围内，是通过垄断利润的形式实现的。这是体现了垄断资本的利益的。

可见，作为资本主义生产目的的剩余价值，在资本主义的各个不同的发展阶段，它的作用形式也是各异的；即使在同一个发展阶段，对不同类型的资本来说，也是有区别的。从一般的意义来说，这一点对考察社会主义阶段各种社会主义所有制形式的生产目的也具有方法论的意义。

现在我们依据上述的方法论，从社会主义国家所有制企业的具体情况出发，来分析这种企业的生产目的。

如前所述，在社会主义国有经济中，生产资料是归国家所有的，但带有某些企业集体所有制的因素，国有企业是相对独立的商品生产者。我们依据上述的第一点方法论可以看出，国有企业的生产目的就是由这种生产资料所有制的状况决定的，是必须体现这种生产资料所有制的根本经济利益的，因而主要是为了满足国有经济范围内全体劳动者（以下简称全体劳动者）的生活需要，部分地只是为了本企业劳动者的生活需要；否则，就没有体现这种生产关系的本质。我们依据上述的第二点方法论可以看出，在生产目的问题上，共产主义社会所有制和社会主义国家所有制企业是有区别的：后者的生产目的主要是为了全体劳动者的生活需要，局部地只是为了本企业劳动者的生活需要；前者的生产目的就是为了社会全体劳动者的生活需要。承认这种区别，就是承认这两种公有制的本质区别；否认这种区别，就是抹煞这两种公有制的本质区别。

国有企业生产目的两个方面是有差别的，是有矛盾的。但在根本上是一致的，并不是对抗性的矛盾。因为①这两方面都植根于生产资料的社会主义公有制。②前一方面反映全体劳动者的整体利益，后一方面反映企业劳动者的局部利益，前一种整体利益包括后一种局部利益，大于局部利益，所以，企业的局部利益虽然有独立的意义，但是可以而且必须服从整体利益；当然，承认这种局部利益，对于发展整体利益，也是必要的。③企业无论是实现前一方面的目的，还是实现后一方面的目的，都必须依靠企业的集体劳动。所以，社会主义国家所有制企业这两方面目的是统一的，是能够相容的。现实经济生活也已经证明：企业经济利益和国家经济利益是可以结合在一起的。这当然不是说可以忽视这两种经济利益的矛盾，可以不认真地对待这种矛盾。在社会主义社会实际经济生活中，也确实常有企业为了自己的局部利益而损害社会整体利益的现象。当然，这并不是企业生产目的的后一方面必然带来的后果，而是同旧社会的影响以及经济管理体制不完善等因素有关的。由于企业生产目的的两方面在根本上是一致的，因而国家运用经济杠杆、经济政策、经济立法以及其他必要的行政手段，是可以解决这些矛盾的。所以，那种认为企业有了后一方面的生产目的，必然会破坏国民经济计划的看法，是没有根据的。

第二节　对一些有关质疑的分析

为了说明我们上述的观点，还需依据上述理论上的论证，对某些疑问作进一步分析。

一种流行的观点认为，斯大林关于社会主义生产目的的理论是来自马克思和列宁的，并没有错。这种说法是有根据的。反映斯大林理论观点的那本苏联《政治经济学教科书》也是这样说的。这本教科书在论述斯大林关于社会主义生产目的理论的思想渊源时写道："马克思和恩格斯预见到，在社会主义制度下，有计划地组织生产的目的既是满足整个社会的需要，也是满足社会每个成员的需要。"列宁认为，社会主义社会是"为了保证社会全体成员的充分的福利和自由全面的发展"。"斯大林根据这些要点对社会主义基本经济规律下了一个全面的定义。"① 但是问题在于：我们并不能根据马克思和列宁的有关论述就得出结论说：社会主义国家所有制企业的生产目的，完全是为全体劳动者的生活需要。

应该肯定，在社会主义生产目的问题上，马克思、恩格斯、列宁确实说过同斯大林类似的话。问题是如何正确地对待这些论述？列宁说过："马克思主义的全部精神，它的整个体系要求人们对每一个原理只是（α）历史地，（β）只是同其他原理联系起来，（γ）只是同具体的历史经验联系起来加以考察。"② 显然，我们也应该这样做。关于第（α）项，这里需要分别三种情况：

第一，马克思主义的理论本身有一个发展过程。在它开始形成的阶段，还没有把共产主义社会区分为社会主义阶段和共产主义阶段。这时他们讲的共产主义社会的生产目的，显然是指共产主义社会的。比如，恩格斯在 1847 年说的共产主义"社会就将生产出足够的产品，可以组织分配以满足全体成员的需要"，③ 就是这个情况。

第二，后来，马克思主义建立了共产主义两个阶段的学说。这时论

---

① 苏联科学院经济研究所编：《政治经济学教科书》，第 438 页。
② 列宁：《给印涅萨·阿尔曼德》，《列宁全集》第 35 卷，第 238 页。
③ 恩格斯：《共产主义原理》，《马克思恩格斯选集》第 1 卷，第 222 页。

述社会主义的生产目的时，也讲过同斯大林类似的话。但在很多情况下，往往是把资本主义和共产主义这两种社会经济形态的生产目的作对比时说的，也是泛指包括社会主义和共产主义这两个阶段在内的共产主义社会说的。

显然，我们不能依据这两种情况就说马克思、恩格斯、列宁在社会主义生产目的上说的话，同斯大林说的是一个意思，并据此认为斯大林揭示的社会主义生产目的完全适用于国有企业，否定企业生产目的的第二方面。

第三，列宁在专门论述社会主义生产目的时，也讲过同斯大林类似的话。但我们必须联系这些思想赖以存在的前提来考察。这个前提就是：他曾经设想社会主义社会能够直接组织劳动力和生产资料的结合，而不需要通过作为社会生产的基本单位的企业。这一点，列宁说得很清楚：在消灭生产资料私有制、建立社会主义公有制以后，"组织由整个社会承担的社会主义的产品生产代替资本主义商品生产，以充分保证社会全体成员的福利和使他们获得自由的全面发展"。①列宁在另一处说得还要明白一些："由整个社会承担的（因为这既包括计划性又指出计划的执行者），不仅满足社会成员的需要，而且充分保证社会全体成员的福利和自由的全面的发展。"②后来，列宁更明确地指出："整个社会将成为一个管理处，成为一个劳动平等、报酬平等的工厂。"③列宁的这个思想是直接继承马克思的。马克思在论到体现按劳分配原则的劳动报酬形式时曾经设想过："他（劳动者——引者）从社会方面领得一张证书，证明他提供了多少劳动（扣除他为社会基金而进行的劳动），而他凭这张证书从社会储存中领得和他所提供的劳动量相当的一份消费资料。"④很清楚，马克思的这些论述，也是以社会直接组织劳动力和生产资料的结合，而不需要通过作为社会的基本生产单位的企业为前提的。但已有的社会主义各国的经验证明：无产阶级夺取政权、建立社会主义公有制以后，还不能做到这一点。所以，我们也不能依据第三种论述就说列宁和斯大林揭示的社会主义生

---

① 列宁：《关于制定俄国社会民主工党纲领的材料》，《列宁全集》第6卷，第11页。重点是引者加的。
② 列宁：《对普列汉诺夫的第二个纲领草案的意见》，《列宁全集》第6卷，第37页。重点是引者加的。
③ 列宁：《国家与革命》，《列宁选集》第3卷，第258页。
④ 马克思：《哥达纲领批判》，《马克思恩格斯选集》第3卷，第11页。重点是引者加的。

产目的对国有企业的生产目的是完全适用的，因而否定企业生产目的的第二方面的内容。

关于第（β）项，即如果我们进一步联系马克思列宁主义的其他原理以及这些原理的发展来考察，那问题就更加清楚了。

第一，马克思和列宁多次指出：在社会主义社会，劳动还不是生活的第一需要，仅仅是谋生手段。这虽然是对劳动者个人说的，但对企业劳动者集体也是适用的。而且，如果说，在俄国十月革命以前，列宁曾经设想由社会直接组织生产，那么，在这以后，在他总结了社会主义实践经验以后，看法也就改变了。列宁生前召开的俄共（布）第十二次代表大会《关于工业的决议》就明确指出：工厂是"基本工业单位"。①列宁生前还强调"企业建立在经济核算制的基础上"。②这显然也是以企业作为基本的生产单位为前提的。马克思、列宁的这些论述，为我们考察国有企业的生产目的提供了基本论据。如前所述，我们正是依据企业是基本的生产单位和劳动仅仅是谋生手段，说明了社会主义制度下劳动力和生产资料结合的特殊方式：首先直接在企业范围内结合，企业劳动者集体是把劳动仅仅当做谋生手段来实现同生产资料的结合的，并由此论证了企业生产目的的第二个方面。事实上，列宁生前已经明确指出：准备向共产主义过渡，"不是直接依靠热情，而是借助于伟大革命所产生的热情，依靠个人兴趣，依靠个人利益上的关心，依靠经济核算"。③经济核算作为社会主义生产关系的一个方面，就是在国家的统一领导下，企业在生产经营上和经济利益上有相对独立性。这同认为企业的经济利益也是企业的一个生产目的和动力，是相吻合的。

第二，如前所述，马克思、列宁对资本主义基本经济规律的考察，也从方法论上给了人们以有益的启示。即对社会主义生产目的的研究，必须结合社会主义生产关系的特点来进行；否则就会抹煞社会主义生产目的和共产主义生产目的的区别。

可见，如果联系马克思列宁主义的上述原理来考察，那么，说国有企业的生产目的包括前述的两方面内容，不仅同他们的科学理论体系是

---

① 《苏联共产党代表大会、代表会议和中央全会决议汇编》第 2 分册，人民出版社 1964 年版，第 267 页。
② 列宁：《给财政人民委员部》，《列宁全集》第 35 卷，第 549 页。
③ 列宁：《十月革命四周年》，《列宁选集》第 4 卷，第 572 页。

不矛盾的，而且正是依据他们提供的方法论和论据作出的。

关于第（γ）项，即同具体的历史经验联系起来考察，那么，我们可以看到这样几种规律性的现象：①什么时候党和国家经济政策比较符合国家所有制企业的生产目的，这个时候工业的发展就比较快；什么时候经济政策违反国家所有制企业的生产目的，这个时候工业的发展就会受到阻碍。②即使是社会很需要的商品，但因为这种产品的生产不符合国有企业的生产目的，那么它仍然发展不快；反之，即使是社会不需要的产品，但只要符合国有企业的生产目的，它仍然可以在某种限度内迅速地发展起来。③对两种工业产品来说，即使社会需要的程度是相等的，但一种产品的生产符合国有企业的生产目的，另一种违反国有企业的生产目的，那么，前一种产品的生产发展就会快一些，后一种产品的生产发展就会慢一些，甚至会下降。④对同一种产品来说，在某个时期内生产它，对国有企业不利，它的发展就慢；在另一个时期内生产它，对国有企业有利，它的发展就快。就不同地区生产同种产品来说，在某个地区生产它，对国有企业不利，它的发展就要慢些；在另一地区发展它，对国有企业有利，它的发展就快些。所有这些都证明：国家所有制企业的生产目的并不仅仅是为了满足全体劳动者的物质和文化生活的需要，部分地还只是为了本企业劳动者物质和文化生活的需要。

上述的分析表明：斯大林在马克思主义政治经济学发展史上第一次提出了社会主义基本经济规律，虽然是一个重要的贡献，但这个基本经济规律实际上是共产主义社会的基本经济规律，对于社会主义社会来说，它并不是完全适用的。因为，①对社会主义国家所有制企业来说，它的生产目的虽然主要是为了全体劳动者的生活，但部分地只是为本企业劳动者的生活。②对集体所有制企业来说，它的生产目的虽然部分地为了全体劳动者的生活需要，但主要是为了本企业劳动者的生活需要。

为什么斯大林忽视了国家所有制企业在生产目的方面的特殊性呢？这并不是偶然发生的现象，而是有深刻的理论根源的。斯大林认为，生产关系"包括：（一）生产资料的所有制形式；（二）由此产生的各种不同社会集团在生产中的地位以及他们的相互关系……；（三）完全以它们为转移的产品分配形式。"①这表明斯大林实际上也是用一种形而上学和法学观念来考察生产资料所有制问题。用这种观念来考察生产资料所有制，就会把它当做可以脱离生产关系而独立存在的东西。但在实际上，一定的生产资料所有制就是一定的生产关系的总和，二者是不能分离的。用这种观念来考察问题，还会只从法权关系来把握生产资料所有制，而忽视它的经济内容。但在实际上，生产资料的占有不是发生于对它的想象之中，"而是发生于对这些条件的实际活动、现实关系之中，即实际利用它们作生产者主观活动的条件"。②所以，用这种观点看问题，往往只是看到社会主义公有制和共产主义公有制的共同点，很容易忽视社会主义国家所有制的特点，也容易忽视社会主义集体所有制的特点（比如，生产资料归集体所有，生产和经营由集体管理，产品和收入归集体所有等）。这样，社会主义国家所有制和集体所有制在生产目的方面的特点，也就很容易从他的视野中消失了。

斯大林关于社会主义生产目的的表述，同样是为他所创立的经济管理体制作理论说明的。在这种以行政指令计划为主的、财政上统收统支的体制下，发展社会主义生产的目标仅仅限于社会方面，不仅国有企业的局部利益得不到反映，就是集体所有制企业在生产目的上的特点（即主要为了满足本集体企业劳动者的生活需要，部分地为了社会全体劳动者的生活需要）也不能表现。斯大林在理论上否定国有企业生产目的的第二个方面，正是反映了这种体制的要求。

还有一种观点认为，社会主义国家所有制企业具有相对独立的经济利益，但这种利益是通过价值规律、按劳分配规律和物质利益规律来体现的，而不是作为社会主义基本经济规律在生产目的上体现的，企业并不存在后一方面的生产目的。这种看法也有不妥之处。

诚然，价值规律的作用可以体现全民所有制企业相对独立的经济利益。但它并不能代替社会主义基本经济规律的作用，不能代替国有企业生产目的的作用。

第一，从价值规律本身的要求来说，它只提出商品价值由社会必要

---

① 斯大林：《苏联社会主义经济问题》，第58页。
② 马克思：《政治经济学批判大纲》第3分册，人民出版社1963年版，第111页。

劳动量决定的问题，它不对社会主义生产目的提出什么要求。斯大林曾经正确地指出："当然，价值规律在资本主义条件下有广阔的作用范围，它在资本主义生产的发展方面发生很大的作用，但是它不仅不决定资本主义生产的实质和资本主义利润的基础，甚至没有提出这样的问题。所以，价值规律不能是现代资本主义的基本经济规律。"[①] 斯大林这里分析的是资本主义条件下价值规律不能成为资本主义基本经济规律的原因。但是，从一般意义上说，斯大林讲的这个道理，也适用于社会主义社会，即社会主义经济中价值规律不提出社会主义生产目的。

第二，在一定的社会经济条件下，价值规律体现一定的经济利益，总是通过一定的作用形式来实现的，而这种不同的作用形式从价值规律本身也是不能得到说明的，而只能从一定的生产资料所有制关系以及由此决定的生产目的中去寻找答案。比如，在简单商品经济的条件下，价值规律通过价格围绕价值上下波动的形式来实现。显然，这是体现了小商品生产者的经济利益的，是由以本人的劳动和生产资料私有制为基础的经济条件以及由这种经济条件决定的生产目的（即为了满足小商品生产者的生活需要）决定的。在资本主义有了发展的条件下，价值规律就通过价格围绕生产价格上下波动而实现其作用了。这是体现了自由竞争的资本主义时代资本家的经济利益的，是利润平均化的结果。而到了垄断资本主义时代，价值规律在相当大的一个范围内是通过垄断价格来实现的。这当然是表现了垄断资本的利益，是由垄断这种经济条件产生的追求垄断利润这个目的决定的。对于社会主义条件下价值规律的作用形式问题，也必须这样来看待。社会主义国有企业生产的商品是依照价值还是依照生产价格交换，虽然还是一个有争论的问题，但这个问题从价值规律本身是难以找到答案的，而必须由社会主义国家所有制以及由此决定的生产目的去进行探索。

第三，国有企业的产品无论是依照价值还是依照生产价格交换，企业都可以获得额外收入。这种额外收入可以是由企业使用、但归国家所有的较好的技术装备和自然条件形成的，也可以是由企业较高的经营管理水平形成的。这种额外收入的分配也无法由价值规律来说明。但国有

---

① 斯大林：《苏联社会主义经济问题》，第 29 页。

企业生产目的的两个方面却可以解释这一点。依照这种生产目的的要求，第一种额外收入原则上应由国家通过税收、利润上缴等方式收归社会，第二种额外收入除了由国家适当扣除外，企业必须取得与它的经营成果相适应的收入。

按劳分配规律的作用也能反映国有企业相对独立的某些经济利益。但如果认为按劳分配规律的作用可以代替社会主义基本经济规律的作用，可以代替社会主义生产目的的作用，其悖理性就更明显了。因为价值规律的作用虽然不能代替基本经济规律的作用，但毕竟是生产领域中的经济规律，毕竟是在生产、交换经济领域中都起作用的规律；而按劳分配规律虽然在社会主义经济中居于十分重要的地位，并对社会主义生产产生重大的影响，但它毕竟是分配领域中的经济规律，它本身也不对社会主义生产目的提出什么要求。如果认为按劳分配规律可以代替社会主义基本经济规律的作用，可以代替社会主义生产目的的作用，那在实际上就是认为按劳分配规律成为支配社会主义总生产过程的规律了。

至于用物质利益规律来代替社会主义基本经济规律的作用，来代替社会主义生产目的的作用，就更值得商榷了。每一个社会的经济关系首先是作为利益表现出来。在各个社会特有的经济规律的体系中，有许多经济规律也是体现了各种社会生产关系承担者的物质利益的。那么，在这许多经济规律之外，怎么还可能单独存在一个物质利益规律呢？就社会主义经济中特有的经济规律体系的实际情况来看，社会主义基本经济规律主要体现了社会全体劳动者的物质利益，局部地只是体现了企业劳动者集体的物质利益；价值规律体现了社会主义国家所有制的工人和集体所有制的农民以及具有相对独立性的国有企业劳动者集体的物质利益；按劳分配规律体现了与社会的（或集体的）利益相结合的劳动者个人的物质利益；社会主义积累规律体现了劳动者的长远利益和当前利益的结合。除了这些体现了劳动者的物质利益的社会主义经济规律以外，哪里还有什么独立的社会主义物质利益规律呢？当然，这并不否定社会主义物质利益原则的正确提法。因为这种物质利益原则是人们处理社会主义经济问题的准绳，它本身不是客观的经济规律，而是反映了上述体现社会主义劳动者物质利益的诸种经济规律体系的要求。

第三节   正确认识社会主义生产目的的重要意义

我们认为，如实地看到国有企业的生产目的主要是为了全体劳动者的生活需要，部分地只是为了本企业劳动者的生活需要，无论在理论上、经济上、政治上都有重要意义。

第一，只有如实地看到这一点，才有助于澄清现在经济理论中存在的一系列混乱。比如，现在大家都承认国有企业是相对独立的商品生产者，具有相对独立的经济利益，但又忽视甚至根本不承认国有企业生产目的的第二个方面。这是一个矛盾。再如，现在许多人都承认价值规律对国有企业生产起调节作用。但是，如果否定了国有企业生产目的的第二个方面，这种调节作用如何得到说明呢？还有，现在大家都承认，竞争规律在国有经济中是起作用的。但是，如果认为国有企业的生产目的只是为了全体劳动者的生活需要，那也无法说明竞争规律的作用。又如，现在许多人也认为，国有企业职工的劳动报酬需要同企业的经济效益挂钩。然而如果不承认国有企业生产目的的第二个方面，这也将无从得到说明。

类似的矛盾还可以举出很多，这并不奇怪。一定的生产目的是一定的生产关系最根本的属性。如果只是在生产关系其他方面有了正确的认识，而在这个根本属性方面缺乏正确的认识，那就必然发生前一方面的正确认识和后一方面错误认识的矛盾。只有对这个根本属性有了正确的认识，才能同其他方面的正确认识一致起来。如果我们如实地把国有企业生产的目的归结为上述的两个方面，那同国家所有制企业作为相对独立的商品生产者的本质是一致的；价值规律和竞争规律对国有企业生产的调节作用也是能够得到充分说明的；同按劳分配规律在国有经济中作用的特点也是相符合的。总之，上述理论上的种种矛盾就可以解决。

第二，过去一个长时期内，国家对国有企业的领导，实际上主要靠指令性的计划指标，而不是利用价格杠杆；工业产品的价格和价值存在着相当大的背离。这就阻碍了工业生产的发展。形成这种状况的原因是多方面的。但从理论上来说，由于否定了国有企业生产目的的第二方面，因而就不容易看到价值规律的调节作用，这也是一个重要原因。反之，如果我们如实地看到国有企业生产目的的第二方面，那就比较容易看清价值规律对国有工业的调节作用。这样，国家对工业生产的领导，就要着重靠有计划地实行正确的价格政策。这就会大大促进工业的发展。

第三，正确地认识国有企业的生产目的，还有利于发挥社会主义国有经济的优越性。所谓发挥社会主义国有经济的优越性，从根本上来说，就是要按照国有经济生产目的的要求办事，因为这是国有经济的最根本的属性。如前所述，如实地把握国有企业的生产目的，还有助于正确认识价值规律和竞争规律对国有生产的调节作用以及按劳分配规律在国有经济中作用的特点，从而有助于按照这些经济规律的要求办事。这些都有利于发挥国有经济的优越性，促进工业生产的发展，提高国有企业劳动者的生活水平。

可见，提出国有企业的生产目的主要是为了全体劳动者的生活，部分地只是为了本企业劳动者的生活，并不是人们主观随意想出来的，而是我国社会主义建设实践要求解决的重要问题。

第四节　社会主义生产目的未能实现的症结所在

如前所述，社会主义国有企业的生产目的主要是为了满足全体劳动者的物质和文化生活的需要，部分地是为了满足本企业劳动者的物质和文化生活的需要。在过去的一个长时期内，前一方面的目的没有得到充分的实现，后一方面的目的，则基本上没有得到实现。然而，前一方面的原因比较复杂，后一方面的原因较为清楚。因此，我们这里主要讨论前一方面的原因，对后一方面的原因，则只需做简要的说明。

建国以后，主要是 1958 年以后，社会主义国有企业生产目的的第一方面（即满足全体劳动者的物质和文化生活需要）没有得到充分的实现，这是一个明显的事实。

这种生产目的没有充分实现的最突出的表现，是我国工农业生产增长虽然不算慢，但人民生活并未得到相应改善。在 1958~1978 年期间，我国工业总产值平均每年增长 9.7%，农业总产值为 2.9%。^①生产的这种增长速度不仅是旧中国望尘莫及的，就是同当代经济发达的国家相比，也是比较高的。据统计，在 1950~1977 年期间，日本工业总产值每年平均增长 12.4%，农业总产值为 2.7%；西德工业为 6.9%，农业为 1.8%，美国工业为 4.5%，农业为 1.9%；苏联工业为 9.7%，农业为 3.3%。可见，在这个时期，只有日本的工业增长速度和苏联的农业增长速度超过了我国，苏联的工业增长速度同我国相等，其他国家都比我国低。所以，如果单从这种数字对比看，似乎还可以说："二五"时期以来，我们仍然在某种程度上赢得了生产发展的高速度。但在这个时期，人民生活不仅没有得到相应的提高，而且在某些方面和某种范围内还存在着严重的困难。这表现在下列几方面：

第一，实际工资下降。"二五"时期以来，国家所有制单位职工平均货币工资增长很少。1957 年职工平均货币工资为 637 元，1978 年为 644 元，21 年只增长了 1.1%。但在同一期间，职工生活费指数却上升了 14.3%，因而实际工资下降了 11.6%。^②

第二，城乡居民按人口平均消费的粮食、食用植物油和棉布等基本生活资料也下降了。在"一五"期间，城乡居民平均每人每年消费粮食 399.8 斤；但到 1978~1978 年期间，只有 387.3 斤，下降了 12.5 斤。其中占全国人口绝大多数的乡村居民从 394.2 斤下降到 377.3 斤，减少了 16.9 斤。在同一时期，城乡居民平均每人每年消费的食用植物油，也从 4.5 斤下降到 3.2 斤，减少了 1.3 斤，其中乡村居民从 3.42 斤下降到 2.03 斤，减少了 1.39 斤；城乡居民平均每人每年消费的棉布，虽然从 21.34 尺上升到 22.76 尺，增加了 1.42 尺，但乡村居民却从 18.74 尺下降到 18.43 尺，减少了 0.31 尺。

住宅也是居民的基本生活资料。但长期以来，城镇居民每人平均的居住面积下降了。据有关部门 1978 年对 182 个城市统计，人均居住面积为 3.6 平方米，比 1952 年的 4.5 平方米减少了 0.9 平方米，下降了 20%。这些城市的缺房户共达 689.1 万户，占住户总数的 38.6%。但缺乏住房，

---

①《中国统计年鉴》(1986)，中国统计出版社版（下同），第 44 页。
②《中国统计年鉴》(1985)，第 530、536 页。

不仅是城镇居民，也是乡村居民生活中的严重问题。

第三，城乡居民中还存在着相当部分的困难户。根据 1977 年 16 个省、市、自治区对 88000 多户职工的调查资料，职工家庭每人每月生活费收入在 20 元以下的占调查户总数的 39%。另据武汉市的调查，买足定量供应的消费品，加上房租、水电等生活必需的支出，每人每月需要 22.74 元，北京市则需要 24 元左右。这样，上述收入 20 元以下的家庭，则难以买足定量供应的生活必需品。据统计，1978 年农村社员从集体分得的收入每人平均在 40 元的基本核算单位有 77.02 万个，占基本核算单位总数的 16.5%；从集体分得的粮食每人平均在 300 斤以下的基本核算单位有 46.3 万个，占基本核算单位总数的 10.6%；超支户 3.294 万户，占参加分配总户数的 19.5%。

第四，教育事业发展缓慢，远远不能满足人民提高文化生活的需要。学龄儿童入学率 1957 年达到 61.7%，事隔 21 年，到 1978 年仍然只有 94%，而小学读完五年的普及率只有 67.8%。高小毕业生的升学率 1957 年为 44.2%，1978 年只达 87.7%。初中毕业生升学率 1957 年为 39.8%，1978 年还不到 40.9%。[1]高中毕业生升学率 1957 年达到 56.7%，1978 年只有 5.9%。高中毕业生升学率这样大幅度下降，同高中毕业生人数大大增加也有关系，但教育事业发展缓慢无疑也是一个重要因素。

造成这种状况的原因是多方面的。比如人口增长过快，生产和建设中消耗多、浪费大，中间产品多，供人民消费用的最终产品少，产品呆滞、积压现象又很严重等，都是重要原因。其中最主要的，则是长期以来，我国积累和消费的关系严重失调。说它是严重的，有三重意思：一是它对人民生活的影响广度不只限于某些方面，而是涉及整个物质和文化生活。在物质生活方面又扩展到衣食住行各个基本方面。二是它对人民生活影响的程度是很深的。多年以来，我国积累率的确定，不要说不能保证人民生活的不断提高，就是维持原有的生活水平也做不到（实际工资的下降表明了这一点），甚至维持劳动力的再生产所必需的基本生活资料都减少了（城乡居民中相当一部分困难户以及按人口平均计算的粮食、食用植物油的消费量和住宅面积的下降，表明了这一点）。三是这种

---

[1]《中国统计年鉴》(1986)，第 738 页。

影响的持续时间是很长的。在 1958~1978 年的 21 年中，积累率在 25% 左右的只有 8 年，在 30% 以上的有 13 年。这样，如果积累率 25% 是合适的，那也只是占了 1/3 多一点的时间。而且，在这 8 年中，有 5 年（即 1961~1965 年）是处于经济调整时期；[①] 有 3 年（即 1967~1969 年）是处于"文化大革命"最为动乱的时期，许多生产几乎陷于停顿状态。对这 3 年来说，即使积累率在 20% 以上（这 3 年的积累率分别为 21.3%、21.1% 和 23.2%）也是够高的。21 年中，积累率过高的年份就占了将近 2/3，特别是在 1970~1978 年期间，积累率连续 9 年高达 30% 以上。[②] 这样高的积累率不仅对过去 20 余年的人民生活产生了严重的影响，而且这种影响在今后仍然会持续一个时期。

我们可以把社会主义积累率设想为四种类型：①积累率比较适当，使得人民的生活在一个长时期内都能得到持续的稳定的较快的增长。这是积累和消费的一种最优的结合。社会主义生产的目的是为了满足人民的物质文化生活的需要。要达到这个目的，不仅需要消费，而且需要积累。当然，二者在根本上是一致的，但也有矛盾。我们的任务就在于使二者达到最完满的结合（或称最优的结合）。所谓"最完满的结合"（或最优结合），就是要在一个长时期内使得积累和消费二者都得到较快的增长，集中起来说，就是要使得人民的物质文化生活得到稳定的持续的较快的增长。因为社会主义生产目的就在于这一点，社会主义扩大再生产的目的也是这样，作为实现扩大再生产手段的积累也应如此。②积累率稍低或稍高。在前一种情况下，当前人民生活的提高可以快一些，但对长远生活的提高有不利的影响。在后一种情况下，当前人民生活的提高慢一些，但对长远生活的提高是有利的。这两种情况虽然不同，但都可以算作次优的结合。③积累率过低，当前生活虽然可以提高得更快一些，但对长远生活是很不利的。这可以称作较差的结合。④积累率过高，不仅严重地影响当前人民生活的提高，而且在一个长时期内都是如此。这可以称作最差的结合。我国"二五"时期以来（三年调整时期除外）积累率过高，就是属于这种最差的结合的类型。如果这种积累率类型的区

---

① 一般都把 1963~1965 年算作经济调整时期，但实际上经济调整工作从 1961 年就开始了。
②《中国统计年鉴》(1986)，第 61 页。

分是正确的，那么它就可以更概括地更集中地表现我国积累和消费关系失调的严重性。正是这一点突出地表明了社会主义生产目的没有得到充分的实现。

那么，在社会主义条件下，为什么社会主义生产目的没有得到充分实现呢？对于这个问题，有种种不同的回答。尽管社会主义生产的本质属性是为了提高人民的物质文化生活，但它的实现是需要通过经济领导者的指导思想（特别是他们的宏观决策）的。于是一种最常见的回答是：我国社会主义生产目的长期没有充分实现，是由于受到了经济领导者"左"倾思想的影响。这种回答说明了产生这个问题的直接原因，是由于经济指导方针的错误。这首先就是由于片面地强调优先发展重工业和实行"以钢为纲"的方针，造成了生产上的高指标，主要是重工业的高指标，特别是钢铁工业的高指标。我国"二五"时期以来，三次重复地发生了这样的现象：为了完成上述的生产上的高指标，就要进行规模过大的基本建设，就要采取过高的积累率。1958 年头脑发热，提出钢产量要在 1957 年的 535 万吨的基础上翻一番，达到 1070 万吨。但经过苦干和蛮干，这一年钢产量只达到 800 万吨。然而 1959 年又提出钢产量要达到 1800 万吨，结果只生产了 1387 万吨。而 1960 年仍然要求达到 1800 万吨。为了完成这种生产上的"大跃进"，1958 年基本建设投资总额由 1957 年的 138.29 亿元骤然上升到 266.96 亿元，1959 年和 1960 年又继续增加到 344.65 亿元和 384.07 亿元。1958 年基本建设投资支出占财政支出的比重，由 1957 年的 40.7% 猛增到 56.0%，1959 年和 1960 年分别为 54.7% 和 54.2%。1958 年积累总额也由 1957 年的 233 亿元突然增加到 379 亿元，1959 年又猛增到 558 亿元，1960 年仍达 501 亿元。1958 年和 1959 年积累率从 1957 年的 24.9% 连续猛增到 33.9% 和 43.8%，1960 年仍然高达 39.6%。1970 年制定"四五"计划时，又把生产指标定高了，要求 1975 年钢产量达到 4000 万吨。于是基本建设投资又突然由 1969 年的 185.65 亿元上升到 1970 年的 294.99 亿元，基本建设投资占财政支出的比重由 39.2% 增加到 45.9%，积累额由 357 亿元增加到 618 亿元，积累率由 23.2% 增加到 32.9%。1978 年制定《十年规划纲要》时，还是把生产指标定高了，要求 1985 年钢产量达到 6000 万吨。跟着基本建设投资就由 1977 年的 364.41 亿元猛增到 1978 年的 479.55 亿元，基本建设支出占财政支出的比重由 35.7％上升到 40.7％，积累总额由 832 亿元提高到 1083 亿元，积累率由 32.3％增加到 36.5％。[①]

但是，重工业的高指标，特别是钢铁工业的高指标，不仅必然导致过高的积累率，过多地挤了消费基金，而且势必过多地挤了非生产性积累，势必过多地挤了农业、轻工业、城市建设部门以及文教、卫生、科研部门的投资，势必使得重工业用过多的投资为自身的发展服务。这就是说，它会使得积累和消费关系全面地发生严重失调，使得社会主义生产目的不能得到充分的实现。

这就会发生一个问题：在社会主义条件下，劳动人民成了生产资料的主人，为什么生产却不能体现所有者的意志，或者说，所有者的目标却不能在生产中实现呢？

这里的问题在于：在社会主义现阶段，生产资料公有制不是直接表现出来，而是如刘少奇说过的那样，经过国家"拐一个弯"，通过国家所有制的形式表现出来。与此相应，劳动群众的目标，也要化为国家工作人员的目标，才能实现。在国家工作人员恪守"社会公仆"的义务，完全代表劳动群众的意愿的条件下，劳动人民的共同目标就能对生产起支配作用。否则，就难免偏离这个目标。

我们说领导者的目标是否与劳动群众的目标相吻合决定了社会主义生产目的实现的程度，并不意味着在这个领域中领导人的个人意志决定一切。事实上，制度比人强。领导者的目标是否能够经常与劳动群众的目标相吻合，与其说是受他们个人品质与水平的决定，还不如说是受社会主义国家所有制的具体形式——经济体制的制约。

问题的关键就在于：过去数十年社会主义国家广泛采用的国家行政机关集权管理体制，不能保证领导人的目标经常地与劳动群众的目标相吻合。这就使许多采取同类集权管理体制的国家，几乎毫无例外地在实现社会主义生产目的上或多或少地出现过与我国类似的偏差。而且，这些国家即使在已经认识到前人问题之所在以后，往往仍然重复别人已经犯过的错误。拿我国的情况来说，早在 1956 年党的第八次全国代表大会前夕总结第一个五年计划的经验时，我们党就已经认识到斯大林"优先

---

①《中国统计年鉴》(1984)，第 225 页；《中国统计年鉴》(1986)，第 61、69 页。

发展重工业"的方针的片面性和绝对化的缺点。当时毛泽东曾经尖锐地批评过斯大林领导下的苏联"片面地注重重工业，忽视农业和轻工业，因而市场上的货物不够，货币不稳定"，没有兼顾国家、集体和劳动者个人的利益，而且"把农民挖得很苦"，是"犯了严重错误"；他同时指出，我们应当采取另外一种方针，"注重农业轻工业"，"多发展一些农业轻工业"，控制国家积累和合作社集体扣留的比例，"兼顾国家、集体和个人三个方面"。①可是，不久以后，我们自己却提出了"以钢为纲"、"指标翻番"等"左"的口号，刮起了"一平二调"、剥夺农民的"共产风"，它单线突出重工业特别是钢铁工业，忽视轻工业，损害农业，对国民经济结构造成破坏的严重程度，以及使得社会主义生产目的没有得到实现的情况，较之斯大林时期的苏联有过之而无不及。

在部分社会主义国家反复出现的这种错误说明，工作指导上的偏差固然是结构失调和社会主义生产目的不能实现的直接原因，但在这种方针、路线等思想上的原因的背后，还有更加深刻的体制上的原因。

在集权体制下，对经济发展的决策权几乎完全集中在党政领导机关，而在领导机关中，决策权又集中在个别领导人手中。社会主义民主和法制易于受到损坏以至破坏。在这样的体制下就会出现如下的倾向：少数领导人的目标和意志处于支配地位，而劳动群众的意志和要求却往往得不到表达的机会。这样，就常常会出现把国家目标，如表现经济和国防实力，增强国际影响等放在首位，过分地突出重工业，过度地提高积累率，而忽视人民群众日常生活需要的满足。加之在这种过于集中的管理体制下，经济运行中不可避免地出现各种违背客观规律的决策失误，以及官僚主义滋生、瞎指挥盛行，工作效率低下等消极现象。这些弊病造成人力、物力、财力资源的大量浪费，使得在社会主义条件下本来经过努力可以做到的较高积累和较高消费二者兼而有之的状况不能出现。弄得不好，还会鸡飞蛋打，既没有人民生活的日益提高，也没有生产的高速增长。

这种权力过分集中的管理体制，不仅损害党和国家的民主制度，使劳动群众的意志不能得到表达，劳动群众的日常生活需要经常遭到忽视，

---

① 毛泽东：《论十大关系》，《毛泽东选集》第 5 卷，第 268~269、273~274 页。

领导机关和领导者的决策易于发生失误，而且不容易及时得到纠正。

本来，社会主义建设事业是人类历史上的崭新事业，发生某些失误是难以完全避免的。问题在于，社会主义事业既然是广大人民群众的集体事业，犯了错误应当能够在集体的努力下迅速得到克服。可是由于权力过分集中和民主制度遭到破坏，30年来我国社会主义建设中却一再发生领导机关和领导人的错误决定非但不能得到纠正，反而愈演愈烈，给国民经济的发展和人民生活造成了严重后果。1956年，无论在社会主义建设还是在社会主义改造工作中都出现了某些冒进的倾向。党中央及时发现了这些问题，在党的"八大"前后采取了一系列措施克服这种"左"的倾向。这对于我国社会主义事业的健康发展起了很好的作用。但是在1958年，"反冒进"的正确措施却被看做"资产阶级的冷冷清清、凄凄惨惨的泄气性"，主持"反冒进"的中央领导同志也被视为"右倾"分子，受到了批判，并进一步做出了社会主义建设时期只能反右倾、不得反冒进的错误规定。这样一来，就为后来的几次大冒进奠定了政治和思想基础。1958年一些领导同志做出的要求当年钢产量"翻番"，达到1070万吨的决定，就是一个脱离实际，势必打乱整个国民经济平衡的错误决定。这个错误决定和导致了"一平二调三收款"的其他"左"倾错误决定一样，虽然受到不少干部和群众的怀疑和反对，却仍然被强制贯彻下去。1959年7月，彭德怀和其他一些同志在党的八届八中全会上对于"左"的方针提出了意见。然而在"左"的错误已经对人民生命财产，对我国社会主义建设造成十分明显的损害的情况下，彭德怀等同志的正确意见没有得到采纳，相反，却受到了批判斗争，随即在全国范围内开始"反右倾机会主义"运动，给国民经济的发展带来了灾难性后果，使得全国人民的生活发生了严重的困难。

不能否认，在保持集权管理体制的条件下，如果指导思想比较正确，有可能防止国民经济比例关系的失调达到过分严重的程度，有可能在某种程度上实现社会主义的生产目的。但是，在经济管理体制没有根本改变的情况下，要求在经济结构问题上长期保持正确，要求充分实现社会主义的生产目的，毕竟是不现实的。在特殊情况下，由于片面地"优先发展重工业"之类的错误方针造成的危害显而易见，不能不改弦易辙，因而有可能在经济结构和提高人民生活问题上转而接受实事求是的正确方针。但是，只要集权管理体制没有根本改变，调整得比较好的经济结构仍然是得不到巩固的。因为当经济情况有所变化以后，体制的决定作用又会显现出来，使经济建设重新回到旧的错误轨道上去。在 1979 年国民经济调整以前，我国曾经几次对国民经济的失调结构做过大的调整，当时采取的缩短基本建设战线、降低积累率、发展农业和轻工业等措施取得了很大的成效，经济结构趋于合理，人民生活得到提高。但是，由于对导致这种结构的集权体制没有做改变，调整以后不久，又开始了新的、往往是更大的冒进，结果造成国民经济比例关系更严重的失调，使经济结构重新遭到破坏，人民生活遇到更大困难。所以，前一次调整以后不久，又需要做新的调整。这种沉痛的教训，我们必须认真地吸取。

以上的分析告诉我们，为了充分地实现社会主义生产目的，首先要健全社会主义民主制度，使全体国家工作人员，特别是领导干部，按照社会主义公有生产资料所有者——全体劳动人民的意愿办事。只有具备了这样的条件，才能保证国家决策充分反映全体劳动人民的意愿，使劳动人民的共同目标在生产中得到贯彻。

那么，为了充分实现社会主义生产目的，仅仅靠健全社会主义民主制度，使国家成为劳动群众的共同意志的完善代表，是不是就足够了呢？数十年来各国社会主义建设的经验证明：传统的、高度集中的经济管理体制是周期性的基本建设投资膨胀的主要经济根源。不根本改革这种体制，积累和消费关系就难以长期地、协调地发展，社会主义国有企业生产目的第一个方面就难以充分地实现。

现在的问题是：为什么长期以来社会主义国有企业第二方面的生产目的甚至根本没有得到实现呢？这里的症结仍然是传统的经济管理体制。我国国有经济的管理，长时期以来采取的是建国初期从苏联搬来的国家集权的行政指令计划体制。它是按照行政层次和行政领导关系进行管理的，一切生产、交换、分配等经济活动，都要听命于国家的行政机关，企业只是行政机关的附属物，成了拨一拨，动一动的"算盘珠"。这样，社会主义国有制带有的集体所有制的因素被人为地取消了，国有企业作为相对独立的商品生产者所必须具有的人、财、物和供、产、销等方面的自主权被剥夺了，国有企业第二方面生产目的赖以存在的经济条件也就不存在了，当然也就谈不上这种目的的实现了。这个道理是比较清楚的，是毋庸赘言的。

综上所述，无论是实现社会主义国家所有制企业第一方面的生产目的，还是实现其第二方面的生产目的，关键都在于根本改革传统的经济管理体制，建立与社会主义有计划的商品经济要求相适应的新的经济管理体制。

第三章　社会主义的经济效益

　　马克思主义创始人对生产资料公有制条件下的经济效益问题，曾经给予了极大的关注。马克思把节约时间规律看做是这种社会的"首要的经济规律"。①而提高经济效益正是反映了节约劳动时间规律的要求。列宁对此也是十分重视的。提高劳动生产率是提高经济效益的首要方面。列宁对提高劳动生产率做过重要的评价。②斯大林对这个问题是长期忽视的。直到他去世前出版的《苏联社会主义经济问题》这部专门论述社会主义经济问题的著作，也没有对这个重要问题给予应有的注意。这是同他长期实行以速度为中心的、忽视经济效益的经济发展战略，和以低经济效益为特征的高度集中的经济管理体制紧密联系在一起的。新中国成立后，一直奉行斯大林提出的经济发展战略和经济管理体制，再加上长期存在的"左"的错误和林彪、江青两个反革命集团在"文化大革命"中进行的破坏，忽视甚至否定经济效益问题的状况已远远超过了苏联，以致经济效益差成为我国过去经济发展的一个重要特点。

　　但是，自党的十一届三中全会以来，改变了过去长期奉行的片面强调速度、忽视甚至不计经济效益的指导思想，逐步转向以提高经济效益为中心的轨道。此后，我国经济效益有了提高。但直到目前并没有根本改变经济效益差的面貌。因此，探讨社会主义经济效益问题，无论在理论上或实践上都是十分重要的。

---

① 马克思：《经济学手稿（1857~1858）》，《马克思恩格斯全集》第46卷上，第120页。
② 参见列宁：《伟大的创举》，《列宁选集》第4卷，第16页。

第一节　社会主义经济效益的概念

社会主义的经济效益是一个包含着丰富内容的概念。它概括了社会主义经济生活中很复杂的现象。这里试图运用经济学的抽象法，分四个步骤对社会主义经济效益这一概念进行剖析。

第一，先从抽象的、共同的意义上看。这里所说的抽象的、共同的意义，包括三层意思：一是撇开了商品生产这种经济形式。二是抽象了现代化生产这个因素。三是舍弃了社会主义生产关系这个因素，只是从生产一般的意义上来分析经济效益这个概念。

就物质生产部门来看，所谓经济效益就是投入和产出的比较。投入，依据评价经济效果标准的选择，可以是劳动的占用，也可以是劳动的消耗，可以是物化劳动的消耗，也可以是活劳动的消耗，等等。产出，也依据评价经济效果标准的选择，可以是各种形式的生产成果。

提高经济效益，就是在一定的条件下，用同样多的投入获得较大的、以至最大的产出，或者说以较小的、以至最小的投入获得同样多的产出。这里指的产出，都是指的一定质量的产出。从这方面来说，所谓提高经济效益，概括地讲，就是节省劳动时间。

第二，把商品经济因素引进来看。在商品经济的条件下，投入中的劳动占用和劳动耗费，都不是直接以劳动时间计算的，而是以价值计算的。价值量并不是由个别劳动时间决定的，而是由社会必要劳动量决定的。作为产出成果的商品，具有价值和使用价值的二重性。其使用价值也具有商品经济的特征，必须是社会的使用价值，不论在质上或量上都必须是社会需要的使用价值。在这种条件下，投入和产出的比较，都是价值的比较。

第三，把现代化生产这个因素引进来看。随着近代工业特别是现代工业生产的巨大发展，有种类越来越多、数量越来越大的自然资源加入到人类社会的生产过程。诚然，自然资源从来都是人类社会生产的一个必要因素，是物质财富的一个重要来源。马克思说过："劳动并不是它所生产的使用价值即物质财富的唯一源泉。正像威廉·配第所说，劳动是财富之父，土地是财富之母。"①但是，在资本主义社会以前，自然资源作为生产社会物质财富的必要因素，主要还是局限在农业生产过程中，除了土地这种自然资源以外，其他的自然资源种类不多，数量不大。随着近代工业特别是现代工业的发展，自然资源所加入的生产过程已经不再局限于农业，甚至主要还不是农业，而是广泛地加入了工业及其他行业的生产过程，其品种之多，数量之大，都是过去的任何时代所无法比拟的。从这方面来说，自然资源在人类社会生产中的作用是大大增长了。当然，在人类社会初期，社会生产力极为低下，人类的生存资料几乎全依靠自然资源来提供。在那时的条件下，自然资源在人类生活中也是极为重要的，但那种重要性，是社会生产力不发展的结果，而那时人类对自然资源的需求，也是相当有限的。可是，在当代社会生产中，自然资源的重要性，却是现代化生产的结果。人们对自然资源的需求，是原始社会所望尘莫及的。二者根本不同。

另一方面，随着现代化生产的巨大发展，许多自然资源的相对有限性（即相对于人类社会生产发展的需要来说是有限的）也日益明显地暴露出来。

这样；节约自然资源就以异常迫切、异常尖锐的形式作为一个很大的问题摆在人类面前，从而迫使我们在生产同量的产品时，不仅要考虑到尽量少的劳动占用和劳动消耗，而且还必须考虑到尽量少的自然资源的占用和耗费。

在现代化生产的条件下，节约自然资源的重要性，达到了这样的程度：为了节约某种自然资源，人类不得不耗费大量的劳动。但这仅仅是近代特别是现代工业发展的一方面的结果；另一方面，环境保护和生态平衡问题也尖锐起来。

自然环境良好和生态平衡，是人类生活和社会生产的必要条件。在资本主义社会以前漫长的历史发展中，农业是社会生产的主要部门，生产工具是手工工具，动力主要是人力和畜力。因此，一般说来，并未发生自然环境和生态平衡遭到破坏的问题。尽管在这个历史时期中，有些地方也发生过由于大规模毁林开垦而造成的自然环境和生态平衡的破坏，

---

① 马克思：《资本论》，《马克思恩格斯全集》第23卷，第57页。

但从长期的历史发展来看，保护自然环境和维系生态平衡，并没有成为社会生活中的严重问题。

随着近代大工业的发展，18世纪开始了蒸汽机的使用，煤炭、金属冶炼、机器制造等工业部门很快发展起来，于是环境污染问题也就发生了。但是，直到20世纪初期，这个问题尚局限在部分地区，主要是工业发达的资本主义国家。50年代以后，随着石油、化学、汽车、金属冶炼等工业部门在世界范围内的巨大发展，环境受污染、生态平衡被破坏也就发展成为世界性的严重问题。这时，水面、大气、土壤污染加剧，城市噪声突出，陆地、海洋、高空都受到影响，生态平衡遭到严重破坏。

正是这种情况，迫使人们在生产过程中不得不考虑到生产对自然环境和生态平衡的影响。

所以，我们如果把现代化生产纳入考察提高经济效益的范围，那么，不仅要考虑到以尽量少的劳动占用和消耗，而且要考虑到以尽量少的自然资源的占用和消耗，去获取同量的产出；同时，还要考虑到对自然环境和生态平衡的影响。这里的比较，不仅有劳动占用、耗费和产出的比较，而且有自然资源占用、耗费和产出的比较，还要有产出与对自然环境、生态平衡影响的比较，有产出与控制环境污染所需投资的比较。

可见，在现代化生产的条件下，经济效益的概念向前发展了，这是很自然的。按照马克思主义的哲学观点，社会存在决定社会意识，社会生产向前发展了，经济学的概念也必须跟着发展。

第四，把社会主义生产关系这个因素引进来看。我们在前面考察经济效益的概念时，舍弃了社会主义生产关系的因素。但任何社会的生产都包含着生产力和生产关系两个方面，而经济效益这个概念所概括的是社会生产过程中的经济现象，因此不仅反映了生产力的发展状况，而且还必然反映社会生产关系的性质。我们在前面作第一点分析时，抽象了具体的生产力和生产关系，实际上讲的是生产一般的经济效益。在作第二点分析时，也只不过引进了商品生产一般的因素。在作第三点分析时，也仅是引进了现代化生产这样的生产力因素。这里，我们还必须把社会主义生产关系的因素引进经济效益概念的考察范围。在作这种考察时，经济效益这一概念必然又要增加一些社会主义的新内容。

为了说明这一点，首先需要指出，社会主义生产关系有两个最本质的特点：其一，从宏观经济的角度来说，生产的目的主要是为了满足人民物质、文化生活的需要。当然，在社会主义制度下，社会需要是多方面的，有发展生产的需要，有巩固无产阶级专政的需要，有不断提高人民生活水平的需要。但仔细考察起来，发展生产是为了促使人民生活水平的提高，巩固无产阶级专政是为了巩固和发展社会主义的经济制度，归根到底还是为了保证人民的物质、文化生活水平的提高。其二，建立在公有制基础上的整个社会生产是有计划发展的。在社会主义制度下，绝大部分的生产资料归劳动人民全体和集体所有，国家有可能对国民经济的发展制订出长期和近期的计划，并能自觉地利用价值规律的调节作用，通过有计划地发展国民经济以满足上述各方面的需要，特别是人民物质、文化生活的需要。

社会主义生产关系的这种特点，决定了社会主义经济效益概念的内容，除了包括上述的第一、二、三点以外，还有下列的一些特殊涵义。

第一，在私人资本主义企业中，作投入与产出的比较时，必须和只能从企业的范围着眼。而在社会主义制度下，投入和产出的比较，就不能只是局限于企业的范围，而必须同时从整个国民经济的范围着眼。当然，微观的经济效益和宏观的经济效益在根本上是一致的，后者是由前者构成的，但二者也是会有矛盾的。比如，某种产品的生产，如果只从微观的角度考察，可能是投入少，产出多，经济效益好。但如果从宏观的角度考察，这种产品可能不为社会所需要，产出在实际上便等于零，经济效益当然就差。在这方面，社会主义经济遵循的原则是：必须把微观的经济效益与宏观的经济效益结合起来，在二者发生矛盾时，要使前者服从于后者。

第二，在私人资本主义企业中，在作投入与产出的比较时，往往局限于当前的经济效益。而在社会主义经济中，无论是考虑微观的经济效益，还是考虑宏观的经济效益，都必须把当前生产周期的经济效益与后续生产周期的经济效益紧密结合起来。

第三，资本主义企业经济效益好坏的最主要的标志，"是用最小限度的预付资本生产最大限度的剩余价值或剩余产品"。[①]社会主义经济效益好

---

① 马克思：《剩余价值理论》，《马克思恩格斯全集》第 26 卷 Ⅱ，第 625 页。

坏的标志，当然也应该从企业范围内作投入与产出的比较。但更重要的还是从整个社会范围内，力求用同样的劳动及自然资源的占用、耗费，并考虑到尽量减少对自然环境和生态平衡的破坏，生产出较多的、以至最多的能够满足人民物质、文化生活不断增长的需要的产品。

上面，我们分析了社会主义经济效益这一概念所包含的四个方面的内容。完整地、全面地认识、理解这些内容，不仅在理论上是必要的，而且在实践上也是有益的。比如，要是忽视了上述第三个方面的内容，就可能造成资源浪费，造成某些自然资源的短缺，或者造成环境污染和生态平衡的破坏，给社会生产和人民生活带来长期的不良后果，最终影响社会主义经济效益的提高，要是忽视了上述第四个方面的内容，就可能一方面某些产品紧缺，供不应求，满足不了人民物质文化生活的需要，而另一方面某些产品又不为人民所需，严重积压和浪费，从而引起整个国民经济比例失调，极大地降低社会主义的经济效益。

第二节　社会主义经济效益提高的客观必然性

社会主义经济效益这一概念，概括了社会主义经济生活的复杂现象，反映了一系列社会主义经济规律的要求，其中最主要的是反映了社会主义基本经济规律、国民经济有计划按比例发展规律、节约劳动时间规律和价值规律的要求。

对提高社会主义经济效益反映了社会主义基本经济规律和国民经济有计划按比例发展规律的要求问题，前已述及，而且较为清楚，不再复述。但是，鉴于过去经济学的研究对节约劳动时间规律问题，以及提高经济效益与节约劳动时间规律、价值规律的关系问题论述很不充分，甚至不正确。因此，这里再就这些问题作进一步的分析。

提高社会主义经济效益比较全面地反映了节约劳动时间的要求。这里所说的"比较全面"，是相对于提高劳动生产率来说的。后者只是体现了活劳动消耗的节约，而前者既反映了包括活劳动耗费和物化劳动耗费的全部耗费的节约，又反映了劳动占用的节约。

对于节约劳动时间规律是最重要的社会主义经济规律，马克思是这样来论述的："如果共同生产已成为前提，时间的规定当然仍有重要意义。社会为生产小麦、牲畜等等所需要的时间越少，它所赢得的从事其他生产，物质的或精神的生产的时间就越多。正像单个人的情况一样，社会发展、社会享用和社会活动的全面性，都取决于时间的节省。一切节约归根到底都是时间的节约。正像单个人必须正确地分配自己的时间，才能以适当的比例获得知识或满足对他的活动所提出的各种要求，社会必须合理地分配自己的时间，才能实现符合社会全部需要的生产。因此，时间的节约，以及劳动时间在不同生产部门之间有计划的分配，在共同生产的基础上仍然是首要的经济规律。这甚至在更加高得多的程度上成为规律。"[1] 这里需要说明三点：

第一，从某种共同的意义上说，在人类社会的各个发展阶段，都存在着节约劳动时间的趋向，就像都存在着提高劳动生产率的趋向一样。马克思说："力图用尽可能少的花费——节约人力和费用——来生产一定的产品，也就是说，资本有一种节约的趋势，这种趋势教人类节约地花费自己的力量，用最少的资金来达到生产的目的。"[2] 当然，在前资本主义社会，节约的趋向远不如资本主义社会那样明显，但这种趋向事实上是存在的。但只有到了社会主义社会和共产主义社会，才能够实现物化劳动和活劳动的全面节约，实现微观范围内和宏观范围内劳动时间节约的紧密结合以及当前生产周期和后续生产劳动时间节约的紧密结合。这是社会主义社会和共产主义社会特有的经济发展趋势。因此，马克思把节约劳动时间规律称作"共同生产基础上"的经济规律。

第二，按照列宁的说法，客观事物的本质是有不同的层次的，而"规律和本质是表示人对现象、对世界等等的认识深化的同一类的（同一序列的）概念，或者说得更确切些，是同等程度的概念。"[3] 可以说，规律也是具有不同的层次的。就居于同一层次的社会主义经济规律体系来说，节约劳动时间规律居于重要的地位。当然，从马克思列宁主义政治经济学的整个理论体系来说，一定社会的基本经济规律在该社会的经济规律体系中，总是居于主导地位。社会主义基本经济规律也是这样。但是，

---

① 马克思：《经济学手稿（1857~1858）》，《马克思恩格斯全集》第 46 卷上，第 120 页。
② 马克思：《剩余价值理论》，《马克思恩格斯全集》第 26 卷 II，第 625 页。
③ 列宁：《黑格尔〈逻辑学〉一书摘要》，《列宁全集》第 38 卷，第 159 页。

作为社会主义基本经济规律核心内容的社会主义生产目的的实现，是离不开劳动时间的节约的。显然，劳动时间愈是得到充分的节约，人民的物质、文化生活水平愈可能得到迅速的提高。此外，国民经济有计划按比例发展的规律、价值规律和按劳分配规律，在社会主义经济规律体系中也都居于重要的地位。但是，国民经济有计划按比例发展的规律的一个重要作用，就是促使社会劳动的节约在宏观范围内的实现，并为微观范围内劳动时间的节约创造了条件。而价值规律和按劳分配规律也都具有促使社会劳动时间得到节约的作用。可见，在社会主义经济规律体系中，一系列的规律作用的实现，都有赖于劳动时间的节约，有的规律本身就从不同方面，在不同程度上体现了节约劳动时间的要求。从这种意义上说，节约劳动时间规律也就是社会主义社会和共产主义社会"首要的经济规律"。

第三，就居于不同层次的社会主义经济规律体系来说，节约劳动时间规律处在更为重要的地位上。比如，在工业布局中，必须遵循客观存在的地区之间经济发展不平衡的规律，使不同地区的优势得到充分发挥，从而使得社会劳动能充分节约。可以说，这个规律的作用，在相当大的程度上也体现了节约劳动时间的要求。可见，相对于地区之间经济发展不平衡这一较浅层次的经济规律来说，居于较深层次的节约劳动时间的规律又是"更加高得多的程度上"的经济规律。

在社会主义商品经济的条件下，价值规律在决定经济效益提高方面也起着十分重要的作用。因为第一，在社会主义商品经济条件下，商品价值量由社会必要劳动时间决定这一点，是作为一种经济强力驱使企业把生产商品的个别劳动时间不断地降低到社会必要劳动时间以下，以便获取超额利润并在竞争中处于有利的地位。为此，企业就必须采取各种措施，以提高经济效益。

第二，在社会主义商品生产条件下，价值规律不仅在提高微观经济效益方面起着极为重要的作用，在提高宏观经济效益方面也有不容忽视的重要意义。社会主义国民经济的按比例的发展，是提高宏观经济效益的根本条件，也是提高微观经济效益的必要条件。国民经济按比例发展，当然需要国家计划调节。但在企业作为商品生产者存在的条件下，要实行有效的计划调节就必须利用价值规律；否则，就是事倍功半，甚至是徒劳的。而且，国家计划细节事实上也只能涉及国民经济大的方面，小的方面还要依靠价值规律的自发作用实行市场调节。当然，即使在社会主义商品生产条件下，价值规律对生产的调节也会带有盲目性。但是，社会主义商品经济是在生产资料公有制基础上的商品经济，同时存在着计划调节。这就有可能把这种盲目性限制在很小的范围内。

但是，传统的政治经济学从主要方面否定了社会主义经济是商品经济，因而就从根本上否定了价值规律在提高微观和宏观经济效益方面的作用。然而，社会主义实践已经充分证明，这是完全错误的，并且给社会主义建设造成了严重的损失。

既然提高社会主义经济效益反映了社会主义基本经济规律、国民经济有计划按比例发展规律、价值规律和节约劳动时间规律的要求，那么，它就具有客观必然性。但要把社会主义经济制度在提高经济效益方面的优越性充分地发挥出来，也还需要一系列的条件。就我国三十多年社会主义建设的经验来看，最重要的是党和国家宏观经济决策正确，经济结构协调，经济管理体制合理，企业经营管理水平高。在政治方面，要有安定团结的环境。

第三节　努力提高社会主义经济效益的重大意义

提高社会主义经济效益的重大意义，有以下四个方面：

一、提高经济效益，是一切社会发展的基础，也是社会主义社会发展的基础

这一点表现在下述三个方面：

第一，先就提高经济效益与发展社会生产力的关系来说。按照历史唯物主义的观点，一切社会的发展都依赖于社会生产力的发展。而提高经济效益的实质就是劳动时间的节约。在某种共同意义上说，劳动时间的节约就等于社会生产力的发展。马克思对这一点作过这样的说明："真正的经济—节约—是劳动时间的节约（生产费用的最低限度—和降到最低限度）。而这种节约就等于发展生产力。"①这就是说，发展社会生产力，可以降低生产费用，增加剩余产品的价值；通过节约在某种限度内也可以产生这样的结果。

第二，再就提高经济效益与增加社会财富的关系来看。马克思主义政治经济学认为，使用价值是一切社会的财富的物质内容，是人类社会生存的永恒条件。②而从最重要的方面来说，社会财富的增长在于经济效益的提高。马克思在引用并肯定李嘉图的话时说过："真正的财富就在于用尽量少的价值创造出尽量多的使用价值，换句话说，就是在尽量少的劳动时间里创造出尽量丰富的物质财富。"③

第三，就提高经济效益与增加剩余产品的关系看。如前所述，剩余产品的增长与经济效益的提高是直接相联系的。剩余产品的价值是积累的源泉。积累是扩大再生产和发展科学、文化，教育事业的重要源泉。恩格斯说过："人类社会脱离动物野蛮阶段以后的一切发展，都是从家庭劳动创造出的产品除了维持自身生活的需要尚有剩余的时候开始的，都是从一部分劳动可以不再用于单纯消费资料的生产，而是用于生产资料的生产的时候开始的。劳动产品超出维持劳动的费用而形成的剩余，以及社会生产基金和后备基金从这种剩余中的形成和积累，过去和现在都是一切社会的、政治的和智力的继续发展的基础。"④

上述三方面的情况表明：提高经济效益是一切社会发展的基础，也是社会主义社会发展的基础。为了进一步证明这一点，我们还可以做以下三种比较：

第一，从原始公社到资本主义社会的各个社会经济形态发展的历史表明：相继后起的社会的经济、文化发展水平都超过了前续的社会，特别是资本主义社会的经济、文化发展水平更是大大超过了以往的各个时代。这一点，同后起社会的经济效益比较高，特别是同资本主义社会的经济效益高，是有直接联系的。已故苏联著名经济学家斯特鲁米林院士对人类社会技术进步和生产发展的速度曾作过粗略测算。他认为，石器

① 马克思：《经济学手稿（1857～1858）》，《马克思恩格斯全集》第46卷下，第225页。
② 参见马克思：《资本论》，《马克思恩格斯全集》第23卷，第48、56页。
③ 马克思：《剩余价值理论》，《马克思恩格斯全集》第26卷Ⅲ，第281页。
④ 恩格斯：《反杜林论》，《马克思恩格斯选集》第3卷，第233页。

时代技术进步的速度平均每一万年只提高 1%~2%；进入铁器时代，反映技术进步的劳动生产率的增长速度，平均每 100 年提高 4% 弱；到蒸汽时代和电器时代，以美国为例，产业工人劳动生产率从 1870 年到 1949 年，平均每年提高 1.5%~3%。由于技术进步的速度越来越快，即使在资本主义国家，其工业发展速度也是加快而不是减慢的。有人估算过，英国在 1700 年至 1780 年的 80 年间，其工业产值年平均增长率为 0.9%；而在 1781 年至 1917 年的 136 年间，年平均增长率为 2.2%~2.5%。[①]上述材料表明：正是技术进步导致劳动生产率的提高，从而引起经济增长率的加快。

第二，如果把当代发达的资本主义各国的情况作一下对比，我们还可以看到两点：

（A）在第二次世界大战以后，日本的经济效益的提高速度比其他资本主义国家要高，因而经济增长率也比较高。下表可以说明这一点。

经济增长率与劳动生产率增长速度的比较　　　　　　　　单位：%

国　别	国民生产总值增长率		劳动生产率的增长速度
	1964~1968 年	1969~1973 年	1960~1973 年
日　本	10.2	9.1	10.7
美　国	5.2	3.0	3.6
法　国	5.3	6.1	6.5
联邦德国	4.3	4.9	5.9
英　国	3.1	1.9	3.5

上表表明：在上述期间内，日本的劳动生产率的增长速度大大高于美国、法国、联邦德国和英国，因而经济增长率也大大高于其他的资本主义国家。

（B）尽管在本世纪 70 年代，主要资本主义国家的经济效益水平和美国的差距进一步趋于缩小，但直到目前，美国的经济效益水平仍然是最高的。据联邦德国经济研究所提供的统计资料，1980 年，美国工业每小时有效劳动的实际收益为 31 马克，联邦德国为 23 马克，日本和法国为 20 马克。因而，美国仍然是当代经济文化最发达的资本主义国家。

第三，尽管我国是一个社会主义国家，但由于各种原因，当前我国

[①]《人民日报》1982 年 11 月 19 日第 5 版。

的经济效益还是比较低的。比如，1979 年，日本工业企业固定资产净值与销售收入的比例为 1：3.7，我国工业企业为 1：1.4，日本比我国高 1.5 倍以上；而销售收入与占用流动资金的比例，日本为 1：0.13，我国为 1：0.33，我国比日本高 1.5 倍。这种情况现在还没有根本改变。可见，我国资金利用方面，比日本差得多。经济效益比较低，正是当前我国经济发展水平不及发达的资本主义国家的一个十分重要的原因。

上述三方面的对比表明：提高经济效益，对各个社会（包括社会主义社会）的发展，都有极为重要的作用。

二、提高经济效益，是我国社会主义建设中的一个核心问题

依据已往三十多年社会主义建设的经验，在我国社会主义经济发展中经常遇到的重要问题有：社会主义生产目的的问题，社会主义生产的经济效益问题，社会主义生产的发展速度问题，社会主义国民经济按比例发展的问题，等等。在这些问题中，经济效益问题是一个核心问题。但是，在过去经济工作指导方面的"左"倾错误的影响下，流行的观点却把生产发展速度问题看做是压倒一切的、最重要的问题。这表现在下列三个重要方面：

第一，只是片面强调生产发展速度的重要性，忽视生产的经济效益，甚至根本不计生产的经济效果。这种观点是片面的。

首先，这里需要明确：已往和现在通常讲的生产增长速度都是指的工业和农业等物质生产部门总产值的增长速度，并不是指的国民收入的增长速度，更不是指的剩余产品价值的增长速度。[①]在这种意义上来讲速度，那么，只是在经济效益提高的条件下，社会财富才有可能迅速地增长。如果经济效益降低了，那么社会财富就不能得到迅速增长，甚至会减少。可见，只有建筑在经济效益提高基础上的发展速度，才会是对社会生产有益的；否则，就是益处不大的，或是无益的，甚至是有害的。还需指出，现在计算工业的增长速度，就是计算工业总产值，舍弃了产品的结构、性能和质量等使用价值的指标。所以，依照这种办法计算的

---

① 请注意：本章都是在这个意义上讲的速度。

工业速度，最多只能反映出工业的产出量的增减。①不能反映上述的有关使用价值内容的变化。这样，在传统经济管理体制下，如果片面强调提高工业生产的发展速度，必然造成工业速度提高了，品种减少了，质量下降了，货不对路的情况增长了。这样的速度，是图虚名而招实祸。

为了说明把增长速度建筑在提高经济效益的基础上的重要意义，把我国的经济发展和当代经济发达的国家作一下对比，是很有必要的。在1953~1980年期间，我国国民生产总值增长了四倍多（已经扣除了物价上升的因素），每年平均增长速度为6.1%。这种增长速度同当代世界主要国家相比较，并不算慢。同前述时期相近的30年来，国民生产总值每年的平均增长速度，日本为8.3%，联邦德国为5.3%，法国为4.7%，美国为3.5%，英国为2.6%。可见，我国国民生产总值的增长速度，仅次于日本，比其他的主要资本主义国家都要高。

在1953~1980年期间，我国每年平均的总投资率为28.8%，远比大多数西方国家要高，但也低于日本。日本自1960年以来，总投资率一直维持在30%以上。

然而，我国的投资效益比较低。1953~1980年平均，我国每100元投资增加的国民生产总值为23元，日本为35元，联邦德国为32元。我国的投资效率比日本和联邦德国要低三分之一。

上述的对比情况表明：在过去一个长时间内，我们走的是一条高速度、高积累、低效益的路子。这样，虽然积累高，速度快，但实际增加的财富不多。这正是我国同经济发达国家还有很大差距的一个重要因素。这种情况说明：只有在讲求经济效益的基础上提高生产发展速度，才能有效地增加社会财富。

其次，经济效益是制约生产发展速度的一个重要因素。下述简单的公式可以清楚地说明这一点。

投资率（指总投资额占国民生产总值的比率）乘以投资效率，等于经济增长率。

------

① 这里还需指出：即使对产出量变化的反映，也不是很准确的。因为当前计算工业总产值是以"工厂法"计算的，即是以企业为单位计算。这样，一件产品由本厂加工是一个产值数，同外厂协作，由外厂加工，由于重复计算，产值增长了。但实际上社会财富的价值并没有增加。反之，如果企业之间搞联合，由于减少了重复计算，产值下降。但实际上社会财富的价值也没有减少。

上述公式表明：在投资率已定的条件下，经济增长率是同投资效率成正比的。当然，这是简单的公式，它抽象了许多具体情况，因而把它运用于实际生活，还要注意许多条件。但它表明了提高经济效益对于提高发展速度的重要作用。

再次，只有在经济效益增长的基础上，提高发展速度，才有持久的速度，否则，就必然要出现大起大落的情况。这样，从长期看，速度不是提高了，而是下降了。建国以后三十余年的社会主义建设的经验反复地证明了这一点。最突出的例子是：第一个五年计划期间，伴随着工业生产的增长，经济效益也提高了。这个时期每100元积累增加的国民收入为35元。因而工业得到了持续的增长，整个计划时期工业总产值年平均增长速度达到了18%。与此相反，第二个五年计划期间，由于经济工作指导方面的"左"的错误，头三年（1958~1960年）工业总产值年平均增长速度达到了32.8%，但同时经济效益大大下降了。这个时期每100元积累增加的国民收入下降到1元。因而后两年（1961~1962年）为−28.2%。这样，整个计划时期的年平均增长速度只有3.8%。

上述情况表明：在处理生产速度和经济效益的关系时，必须要把生产增长放在经济效益提高的基础上，而决不能忽视经济效益。

第二，片面强调发展速度的重要性，否定一定的发展速度要以一定的比例关系为前提；强调比例要服从于速度，而不是强调比例要服从于经济效益。

这种观点的片面性，首先就在于它否定了速度对于比例的依存关系。当然，生产的发展速度也是改变比例关系的条件。但这并不能否定比例对于速度的制约作用。

这种观点的片面性，还在于它否定了经济效益对比例关系的制约作用。当然，适当的比例关系是取得宏观经济效益的一个必要条件。但是，比例关系有失调的比例关系和协调的比例关系的区别；在协调的比例关系中也有最佳的比例关系和次佳的比例关系的区别。很显然，我们抛弃失调的比例关系和次佳的比例关系，选择协调的比例关系和最佳的比例关系，只能是以提高经济效益为出发点的。

第三，片面强调发展速度的重要性，有时把速度本身当做经济发展的目标；有时虽然也提出社会主义生产的目的是为了提高人民的生活，但又把盲目追求高速度作为达到这个目标的手段。

这种看法的错误，不仅在于它否定了社会主义的生产目的主要是为了提高人民的物质、文化生活，也不仅在于它没有看到盲目追求高速度，达不到发展社会生产、提高人民生活的目的，甚至造成相反的后果，而且在于它否定了提高经济效益也是增加剩余产品的价值、提高人民生活的极重要的途径。

我们在批判上述错误观点的同时，也说明了实现社会主义生产目的对于提高经济效益的依赖性，说明了经济效益对于速度和比例的制约作用，从而说明了提高经济效益是社会主义建设中的一个核心问题。

我们强调提高经济效益是社会主义建设中的核心问题，当然也不否认生产发展速度问题的重要性。一般说来，速度问题是社会主义建设中的一个重要问题。特殊地说来，由于我国原来经济很落后，人口又多，并长期地受到帝国主义的侵略威胁，加速社会主义建设具有特别重要的意义。

这样说，更不是意味着速度越低越好。实际上，在社会各种生产资源总量已定的条件下，一定的速度是充分发挥各种生产资源作用的必要条件，因而是提高微观和宏观经济效益的必要条件。如果速度过低了，则各种社会生产资源就会发生部分的闲置，经济效益不仅难以提高，甚至可能下降。这是我国 1985 年以来社会主义建设提供的一条重要的、值得重视的经验。

但是，无论就当前来说，还是就长远来说，都要把提高速度建筑在经济效益提高的基础上，建筑在客观可能的基础上，都必须是扎扎实实的、不带水分的速度，必须是持久的、而不是一时的速度，必须是能给人民带来更多实惠的速度。

三、提高经济效益，是实现"七五"计划任务的关键

争取在今后一段时间内，基本上奠定有中国特色的、充满生机和活力的社会主义经济体制的基础，是"七五"期间经济和社会发展方面的首要任务。[①] 而这个任务的实现，在很大程度上取决于经济效益的提高。

---

① 赵紫阳：《关于制定"七五"计划建议的说明》，《中国共产党十二届四中全会、全国代表会议、十二届五中全会文件汇编》，第86页。

经济体制改革要求有一个相对宽松的经济环境，要求社会总供给与社会总需求的基本平衡。"七五"期间，由于社会生产增长还难以充分满足社会主义建设发展和人民生活提高的需要，社会总供给与社会总需求之间的关系仍然是很紧张的。要解决这个矛盾，一方面要合理确定积累基金和消费基金的规模，把它们控制在国力能够承担的限度内，另一方面，在提高经济效益的基础上，保持适当的经济增长速度，以增加社会总供给，这也是解决这个矛盾的一条基本途径。还要看到：前两年，由于固定资产投资增加过猛和消费基金的膨胀，导致巨额的国民收入的"超分配"。据粗略计算，前两年由于价格上涨而虚增的国民收入约占全部新增国民收入的 20% 左右。当然，决定物价上升的因素是很多的，但国民收入"超分配"显然是最主要的原因。尽管由物价上涨而虚增的国民收入额和国民收入"超分配"额是有差别的，但不论这个差别如何，上述数字已经清楚地说明："七五"期间的经济是在已经形成的社会总需求超过社会总供给的条件下发展的。如果考虑到这个格局，那么，提高经济效益在实现社会总供给与社会总需求的基本平衡方面就显得格外重要了。

搞活企业是以城市为重点的整个经济体制改革的中心环节。为了增强企业特别是大中型企业的活力，必须继续坚决贯彻党和国家已经发布的关于扩大企业自主权的决定，从企业的外部和内部两个方面采取措施。其中，逐步地、适当地提高国有企业的税后留利水平，以增强企业自我改造和自我发展的能力，是一个极重要的方面。而这一点也是要以提高经济效益为基础的。应该看到：伴随着经济体制改革的进展，国有企业的留利有了很大的增长。然而，整个说来，当前国有工业企业的留利水平仍不能适应它作为一个相对独立的商品生产者的需要。特别是大中型国有工业企业的留利水平普遍偏低，这方面的矛盾更为突出。但要在保证国家建设（特别是重点建设）资金和各项社会消费基金的需要的条件下，提高企业的留利水平，就必须以提高经济效益为基础，并在这个基础上合理确定经济增长速度；否则，就难以兼顾两方面的需要，以致顾此失彼。

价格体系和价格管理制度的改革，是整个经济体制改革成败的关键。但改革价格体系和价格管理制度必须严格遵循的一条原则，就是要充分考虑国家、企业和人民的承受能力，力求物价总水平的基本稳定，以避免引起大的社会震动。这里所说的国家的承受力就是指因价格改革而增加的财政支付能力，人民的承受力就是指因价格改革而增加的生活费用的支付能力，企业的承受力就是指因价格改革而增加的生产成本的消化能力。前两种能力都取决于企业经济效益的提高，企业收入的增长，以及由此而来的企业上缴国家财政收入的增长和职工收入的增长；后一种能力更是直接取决于企业经济效益的提高。

除了经济体制改革这项首要的任务以外，加强重点建设、技术改造和智力开发；使国民生产总值平均每年增长 7% 以上，工农业总产值平均每年增长 7% 左右，使城乡居民的人均实际消费水平每年递增 4%~5%，使人民的生活质量、生活环境和居住条件都有进一步的改善；这些也是"七五"期间经济和社会发展方面的主要任务。[1]这些任务的实现，也离不开经济效益的提高。

要实现这些任务，就需要巨额的积累基金和消费基金。"七五"期间，全社会固定资产投资大约要达到一万二三千亿元。[2]到 1990 年，全国居民的平均实际消费水平要比 1985 年增长 25% 左右，再考虑到这个时期每年人口将以 10‰以上的速度增长，"七五"期间需要的消费基金也是十分可观的。要兼顾积累基金和消费基金这两方面巨额增长的需要，既不能靠大幅度地提高积累率来单方面满足积累基金的需要，也不能靠大幅度地提高消费率来单方面满足消费基金的需要，而只能在大体上把积累率限制在 30% 以内，在提高经济效益的基础上保持适当的经济增长速度，以求得国民收入总额的巨大增长。在这里，提高工业经济效益具有特殊重要的意义。一方面，工业企业上缴税利是国家财政收入最主要的来源；另一方面，今后我国人民的生活将开始由温饱型逐步转向小康型。如果说，在解决人民生活的温饱问题时，农产品和农产品的加工品起着极为重要的作用，那么，在开始逐步转向小康型的时候，尽管这部分消费品

---

①《中共中央关于制定国民经济和社会发展第七个五年计划的建议》，《中国共产党十二届四中全会、全国代表会议、十二届五中全会文件汇编》，第 37~38 页。

②需要说明，作为当前固定资产投资主要组成部分的基本建设投资，从社会的现实来看，其中一部分是属于简单再生产的范畴，但主要部分是属于积累基金。另一个组成部分技术改造投资，主要是属于生产资料补偿基金，但也有一部分是属于积累基金。所以，从总体上说，固定资产投资的大部分是属于积累基金。

仍然有着不容忽视的重要作用，但是相对说来，农产品的深度加工品和以工业产品为原料的工业消费品已起着愈来愈重要的作用。这样，提高工业生产的经济效益，对于保证国家建设发展所需要的积累基金，对于保证人民生活提高所需要的消费基金，就显得格外重要，而且越来越重要了。

要实现这些任务，还需要节约能源和原材料，提高交通和通信的效率。在"六五"期间，我国的能源、原材料和交通、通信的供需矛盾就很尖锐。"七五"期间处理得当，这个矛盾有可能趋向缓和，但也难以根本解决。这样，节约能源、原材料和提高交通、通信的效率，就成为实现"七五"计划任务的重要一环。

积极增强出口创汇能力，也是实现"七五"计划任务的一个关键，并且对提高这个时期的经济效益将起重要的作用。但是，从根本上说来，增强出口创汇能力取决于经济效益的提高。实际上，经济效益愈高，生产成本愈低，产品在国际市场上就愈有竞争力，就愈能多创汇。问题还不只是限于这一点。用汇讲究经济效益也是很重要的。用汇效益的高低，在很大程度上决定着创汇在我国社会主义现代化建设中的实际作用的大小。

综上所述，提高经济效益，是实现"七五"计划任务的关键。

四、提高经济效益，也是实现社会主义最终胜利的一个最主要的条件

这里所说的实现社会主义的最终胜利，包括两方面的含义：一方面，是资本帝国主义制度的彻底消灭。这样，已经取得社会主义革命胜利的国家才能完全避免帝国主义的侵略威胁，才算是获得了最终胜利。斯大林在同党内机会主义者托洛茨基、季诺维也夫和加米涅夫等人作斗争时，详尽地发挥了列宁关于社会主义革命可能首先在一国取得胜利的思想，并把这个问题区分为两个方面：一方面，社会主义可能在一个国家内胜利，即无产阶级可能夺取政权，并可能建成完全的社会主义；另一方面，没有其他国家革命的胜利，社会主义就不可能在一个国家内获得完全的最后胜利。[①]斯大林的这个思想是完全正确的。

帝国主义制度的消灭，主要依靠资本主义国家内部的无产阶级革命。但是，已经取得无产阶级革命胜利的国家充分发挥社会主义经济制度的

①　详见斯大林：《论列宁主义问题》，第159~160页。

优越性，对于促进资本主义国家的无产阶级革命运动的发展，具有重要的作用。在这里，提高经济效益也是不容忽视的一个方面。列宁说过："劳动生产率，归根结底是保证新社会制度胜利的最重要最主要的东西。资本主义造成了在农奴制度下所没有过的劳动生产率。资本主义可以被彻底战胜，而且一定会被彻底战胜，因为社会主义能够造成新的更高得多的劳动生产率。"①列宁在这里虽然是针对一个国家内的社会主义革命说的，但对世界范围内社会主义制度战胜资本主义制度也是适用的。依据列宁的这个思想，我们完全可以说：资本主义可以被彻底战胜，而且一定会被彻底战胜，因为社会主义能够造成新的、更高得多的经济效益。所谓"完全可以说"，就是劳动生产率的提高仅仅表明活劳动的节约，而经济效益的提高则不仅表明这一点，而且表明物化劳动的节约，表明劳动占用的节约，表明产品质量的提高，等等。

另一方面的含义，就是彻底消灭阶级和阶级差别。按照列宁的说法，社会主义就是消灭阶级。②如果把列宁这里讲的消灭阶级，不只是理解为消灭对立的阶级，而且是包括消灭脑力劳动和体力劳动差别在内的阶级差别，那很显然，没有经济效益的巨大提高，没有劳动时间的充分节约，社会的剩余产品就不可能有巨大的增长，科学、文化、教育事业也不可能有大的发展，劳动者的劳动时间也不可能有显著的缩短。这样，也就不可能消灭脑力劳动和体力劳动的差别，不可能彻底消灭阶级差别。

总之，提高经济效益，不论对当前"七五"计划任务的实现，还是对长远的社会主义建设，也不论是对国内阶级和阶级差别的彻底消灭，还是对世界无产阶级社会主义革命的完全胜利，都具有十分重要的意义。

第四节　关于提高经济效益的两个重要方面

一般说来，提高产品质量和降低物质消耗，总是提高经济效益的两个最重要的方面。

提高产品质量，可以减少以至消灭废品和不合格产品。废品不仅浪

---

① 列宁：《伟大的创举》，《列宁选集》第4卷，第16页。
② 列宁：《无产阶级专政时代的经济和政治》，《列宁选集》第4卷，第89页。

费了原材料、燃料和工时，而且提高了单位产品分摊的管理费用。不合格产品的返修，也会造成物化劳动和活劳动的浪费。从这方面来说，提高产品质量，实际上是降低产品成本的一个重要途径，对一定量的产出来说，它意味着减少了投入。

产品质量高，还意味着产品的技术水平高、性能好、功能多、效率高和使用寿命长。这样，质量高的生产资料产品可以提高劳动生产率，可以降低物质消耗，可以减少厂房面积的占用，可以进一步提高产品质量。同时，质量高的消费资料产品，可以延长使用期限，可以满足消费者多方面的需要。从这方面来说，提高产品质量，就一定量的投入而言，实际上意味着增加了产出。

乍一看来，提高产品质量，要多费工时，要原材料质量高、要设备技术水平高，似乎既妨碍产出，又要增加投入。为了说明这一点，先要明确一个概念：在商品生产条件下，产出是商品，商品包括使用价值和价值两个因素。其使用价值量，既包括商品数量的多少，也包括商品质量的高低。而依靠提高商品质量所获得的使用价值量比依靠增加商品数量取得的同等的使用价值量，其所耗费的社会劳动量往往要少得多。比如说，以一倍的（或一倍多的）社会劳动的消耗创造两倍的使用价值（在提高单位产品质量的场合），比用两倍的社会劳动消耗创造两倍的使用价值（在增加产品数量的场合），前者比后者社会劳动的耗费就减少了一半（或不到一半）。当然，就商品价值量来说，如果优质不能优价，那么，作为产出一个方面的价值并没得到完全的实现，提高产品质量在减少单位产品的投入和增加产出方面的作用也就没有得到充分的表现。但这是价格扭曲造成的，并不是价值规律发生作用的结果。然而，即使是这样，与商品质量提高相联系的价值量的增长仍然是一个客观存在，仅仅由于价格机制的作用发生了部分的转移，以致在生产该项产品的企业手中没有得到完全的实现。至于由商品质量的提高，即单位产品使用价值量的增长而提高的社会经济效益仍然是存在的。这一点，也不会因为优质不能优价而得不到实现。

降低物质消耗也是提高经济效益的极重要之点。社会主义成本就是社会主义企业生产的产品中耗费的原材料、燃料、动力、设备等生产资料的价值和支付给劳动者的劳动报酬的价值以及管理费用的货币表现。

可见，物质消耗是产品成本的一个基本方面，降低物质消耗是降低成本的一个基本途径。

在"七五"期间，提高产品质量和降低物质消耗还具有特殊重要的意义。前面说过：实现"七五"计划的主要任务，关键之一是提高经济效益。这里所说的提高经济效益，是包括提高产品质量和降低物质消耗在内的。现在再就这两个因素的具体情况作进一步分析。

如前所述，由于前两年国民收入的超分配，使得社会总需求超过了社会总供给。在消费品的供求关系方面也是如此。前几年，由于人民收入水平增长过快，形成了大量的购买力，致使相当一部分购买力并没有实现。据统计，1984 年末，城乡居民储蓄存款余额为 1214.7 亿元，比上年增长 36.1%，[①] 1985 年末为 1623 亿元，比上年又增长 33.6%。[②] 然而，不仅在消费品生产的价值总量方面满足不了消费者购买力的需求，而且伴随人民收入水平的迅速增长，消费结构也在发生显著变化，对消费品质量的要求也越来越高，再加以有些消费品本来质量就差，近年来部分产品质量下降，因而在产品质量方面也不能满足消费者的需要。据统计，1985 年，供求平衡的商品约占 50%，供不应求的商品约占 20%，滞销的商品约占 30%。[③] 在供不应求的商品中，有相当一部分是优质名牌产品，在滞销的商品中，有相当一部分是质量差的产品。这样，提高产品质量，对实现消费品的供求平衡就能起四重作用：一是扩大优质名牌产品的数量和比重。二是缩小质量差的产品的数量和比重。三是拓展消费者的新的消费需要。四是在优质优价的条件下可以提高商品的价格。提高生产资料产品的质量，在不同程度上也可以起着这样的作用。然而，提高产品质量不仅有利于实现社会总供给与社会总需求的基本平衡，而且有利于从质量方面显示改革的优越性，使人民从这方面得到实惠，以争取更多的人对改革的支持，并坚定人们对于改革的信心，为改革创造良好的社会条件。

按照"七五"计划任务的要求，到 1990 年，各行各业都要有相当一部分产品的质量和性能达到发达国家 70 年代末 80 年代初的水平，并有

①《中国统计年鉴》(1985)，第 580 页。
②《经济日报》1986 年 3 月 1 日第 3 版。
③《经济学文摘》1985 年第 5 期，第 54 页。

一批重要产品按照国际标准组织生产。[①]而提高产品的技术水平，正是提高产品质量的一个基本方面。这项任务的实现是同提高产品质量联系在一起的。

提高产品质量，同降低产品成本一样，是积极增强出口创汇能力的基本环节。

因此，作为提高经济效益的一个基本方面的产品质量的提高，在实现"七五"计划任务方面有着重要的意义。在这里，降低产品物质消耗也有不容忽视的重要作用。显然，要实现"七五"计划的任务，需要提高经济效益，降低产品成本。但是，今后我国工业产品成本的变化将存在这样一个客观趋势：职工劳动报酬在产品成本中的比重将会上升。1979 年至 1984 年期间，国有工业企业职工平均实际工资每年增长 4.6%，而工业劳动生产率（即每一工业劳动者创造的净产值数）平均每年提高3.7%。[②]这带有归还过去"欠账"的性质，但在某种程度上也是对职工工资增长失控的结果。为了保证国家和企业对于积累基金和社会消费基金的需要，也为了不至妨碍工业产品在国际市场上竞争能力的提高，必须改变这种实际工资增长高于工业劳动生产率增长速度的状况。但是，在过去的一个长时期内职工工资提高得很慢，当前职工工资水平也不高。因此，同过去长时期相比较，今后职工工资的增长速度还是要提高的，工资占工业产品成本的比重也会上升的。从这方面来说，降低产品的物质消耗就显得特别重要。

需要进一步指出：过去我国固定资产折旧率很低，既不能完全反映固定资产的有形损耗，更不能反映固定资产的无形损耗。诚然，1979 年以来，固定资产折旧率是有提高的。1978 年，国有企业固定资产基本折旧率为 3.7%，1984 年提高到 4.4%，[③]但仍然没有完全反映固定资产的实际消耗，还需逐步提高。在这种情况下，降低原材料和燃料等消耗的重要性又变得更为突出。

"七五"计划任务的实现，要求提高产品质量和降低物质消耗。但当

---

①《中共中央关于制定国民经济和社会发展第七个五年计划的建议》，《中国共产党十二届四中全会、全国代表会议、十二届五中全会文件汇编》，第 47 页。

②《中国工业经济统计资料（1949~1984）》，中国统计出版社 1985 年版（下同），第 121 页。

③《中国统计年鉴》（1986），第 34 页。

前这两方面的情况同这个任务的要求是很不适应的。全国主要工业产品质量下降率，1981 年为 49.2%，1982 年为 22.4%，1983 年为 11.9%，1984 年为 18.7%，1985 年为 24%；全国主要工业产品物质消耗上升率，1981 年为 47.5%，1982 年为 30%，1983 年为 22.2%，1984 年为 27.6%，1985 年为 38%。与上述情况相联系，国有独立核算工业企业可比产品成本，1981 年比上年上升了 1.2%，1982 年比上年上升了 0.4%，1983 年比上年下降了 0.2%，1984 年比上年上升了 2%，[①] 1985 年比上年又上升了 6.4%。上述的"七五"计划任务的要求与当前现实状况的矛盾，进一步表明了提高产品质量和降低产品物质消耗的重要性。

尽管当前存在着部分产品质量下降和部分产品物质消耗上升的情况，但在提高产品质量和降低物质消耗两方面都存在着很大的潜力。

在产品质量方面，当前全国有 70% 左右的产品仍停留在五六十年代的水平上，只有 10% 左右的产品达到 70 年代末、80 年代初的水平。[②] 在当代经济发达国家的工业生产成本中物质消耗的价值与工资之间的比例一般已经达到 50：50，有的甚至达到 40：60。而我国当前这一比例还只有 85：15。[③] 这一比例差距如此之大，有多方面的、复杂的因素。比如，当前我国职工工资水平大大低于经济发达国家。但我国物质消耗高，无疑是一个重要因素。就能源消耗来说，我国每亿美元国民生产总值耗能高达 20 多万吨标准煤，相当于日本的 6.1 倍，美国的 2.3 倍，比经济并不发达的印度，也要高出 1.7 倍。再就原材料的消耗来说，我国机械工业重点企业的钢材利用率只有 60% 多一点，而日本在 80% 以上。[④] 和当代世界先进水平相比较的这种差距，反映了在提高产品质量和降低产品物质消耗方面有巨大潜力。

同时，把我国当前的物质消耗状况和建国以来物质消耗较低的年份作一下比较，也可以明显地看到这方面的潜力。1970 年物质消耗占工业总产值的比重为 62.9%，1980 年为 65.5%，而"六五"时期达到了 67.4%。其中 1981 年为 66.6%，1982 年为 67.3%，1983 年为 67.8%，

---

① 《中国工业经济统计资料（1949~1984）》，中国统计出版社 1985 年版，第 126 页。
② 《经济日报》1986 年 1 月 21 日第 2 版。
③ 《经济日报》1985 年 9 月 5 日第 2 版。
④ 《经济日报》1986 年 2 月 10 日第 3 版。

1984 年为 67.5%，1985 年为 67.7%。[①]一般说来，在一定时期内，物质消耗比重的上升，包含了某种合理的因素。因为，"劳动生产率的增长，表现为劳动的量比它所推动的生产资料的量相对减少，或者说，表现为劳动过程的主观因素的量比它的客观因素的量相对减少。"[②]

但是，如果由此认为，在任何时候，劳动生产率的增长都会导致物质消耗比重的提高，而且是按同一比例提高，那就把问题绝对化了。问题在于：有些技术进步会推动劳动生产率的提高，并由此引起"劳动的量比它所推动的生产资料的量相对减少"，导致物质消耗比重的上升；有些技术进步则只是引起生产资料价值量的下降，甚至引起单位产品耗费的生产资料使用价值数量的减少，导致物质消耗比重的下降。而且，生产资料的节约也不仅取决于技术进步，还取决于企业的经营管理水平和劳动者的技术水平，以及与经济体制和经济政策相联系的企业和劳动者在节约生产资料方面的积极性。还要看到：物质消耗比重的大小还取决于产业结构、产品结构、折旧率以及生产资料产品价值与价格的背离等因素。正因为这样，建国以后各个时期工业物质消耗比重和工业劳动生产率变动的幅度甚至变动的方向都是不一致的。国有工业企业全员劳动生产率 1952 年比 1949 年提高了 38.7%，而工业物质消耗的比重却由67.9%下降到 67%；"一五"时期前者平均每年提高 8.7%，而后者为65.6%，比 1952 年下降了 1.4 个百分点；"二五"时期前者平均每年下降了5.4%，后者为 65.4%，比"一五"时期下降了 0.2 个百分点；1963~1965年，前者平均每年提高 23.1%，后者为 64.5%，比"二五"时期下降了0.9 个百分点；"三五"时期前者平均每年提高 2.5%，而后者为63.7%，比三年调整时期下降了 0.8 个百分点；"四五"时期前者平均每年下降了0.3%，后者为 63.8%，比"三五"时期上升了 0.1 个百分点；"五五"时期前者平均每年提高了 3.8%，后者为 65.9%，比"四五"时期提高了 2.1个百分点；"六五"前四年前者平均每年提高 3.9%，后者为 67.3%，比"五五"时期提高了 1.4 个百分点。[③]所以，"六五"前四年工业物质消耗

① 《中国统计年鉴》（1986），第 59 页。
② 马克思：《资本论》，《马克思恩格斯全集》第 23 卷，第 683 页。
③ 《中国工业经济统计资料（1949~1984）》，第 106、123 页；《经济日报》1985 年 9 月 5 日第 2 版。需要说明：《经济日报》原文"一五"时期工业物质消耗比重为 56.6%，实际是 65.6%。作者在引用时做了更正。

比重比"五五"时期有了较大幅度的提高，而且几乎是逐年提高的（即1980年为65.5%，1981年为66.6%，1982年为67.3%，1983年为67.8%，1984年为67.5%[①]），这固然包含了劳动生产率提高这样一些合理的因素，但也包含了经济管理体制的弊病、经营管理水平低、生产技术落后、原材料和能源等中间产品质量差，以及产业结构和产品结构有缺陷等不合理的因素。这些不合理的因素就包含了降低物质消耗的巨大潜力。

需要进一步指出，在一定条件下，劳动生产率的增长可以导致单位工业产品物质消耗比重的上升，但并不会造成单位工业产品物质消耗绝对量的上升。而我国当前许多单位工业产品物质消耗绝对量比历史的较好水平都上升了。在全国工业有历史最好纪录的81项燃料、电力、材料等物质消耗指标中，1984年有52项高于历史最好水平，占64.2%，下降或持平的只有29项，占35.8%；1985年又有三分之一以上的物质消耗指标比上年上升了。[②]这种情况更清楚地表明了"六五"期间物质消耗比重上升所包含的上述各项不合理因素，进一步显示了降低物质消耗的巨大潜力。

当前，我国在提高产品质量和降低物质消耗两方面存在的巨大潜力，表明了从这两方面下工夫对于提高经济效益和实现"七五"计划的任务，都有不容忽视的重要作用。

总之，无论从一般道理上说，还是从"七五"时期的具体情况看；也无论从提高经济效益看，还是从实现"七五"计划任务看，提高产品质量和降低物质消耗，都是极为重要的。

第五节　经济效益的评价

在评价经济效益问题上，以下几个方面值得重视。

一、评价经济效益的原则

在评价经济效益时，需要正确处理好以下几个关系：

[①]《中国工业经济统计资料（1949~1984）》，第106页。
[②]《经济日报》1986年2月19日第3版。

首先，正确处理宏观经济效益和微观经济效益的关系。

所谓宏观经济效益，指的是从整个国民经济的总体上来考察的经济效益，也就是社会经济效益。所谓微观经济效益，通常就是指从企业角度来考察的效益，即企业经济效益。

宏观经济效益，是一个比微观经济效益更为重要的问题。因为宏观经济效益是一个全局问题，而微观经济效益是一个局部问题。而且，如果宏观经济效益很差，微观经济效益的提高就难以持久。当然，微观经济效益是宏观经济效益的基础，没有微观经济效益的提高，宏观经济效益的提高也是难以实现的。在社会主义条件下，微观经济效益与宏观经济效益是统一的，但是，它们有时又是有矛盾的。因此，每个企业以至每个部门、每个地区都必须有全局观念，在努力提高本单位经济效益的同时，关心全社会的经济效益，使本单位的经济效益服从全社会的经济效益。

其次，正确处理长远经济效益和当前经济效益的关系。

在社会主义条件下，既要重视当前的经济效益，更应重视长远的经济效益，绝不能只关心当前的切身利益，而延祸于子孙后代。这里特别重要的是资源的合理利用和环境的保护问题。我们知道，人类的一切经济活动都是在一定的自然环境里进行的。现有的人类赖以生存的生物资源和矿物资源，虽然从长远来看，随着科学技术的不断发展，新的资源可以不断增加，但当前可以利用的资源，则是有限的。人类—资源—环境是一个整体，破坏了资源和环境，也就破坏了人类生活的基本条件。我们社会主义国家，在发展生产方面，应力求避免重蹈资本主义国家"先污染后治理"的覆辙，而应该正确处理当前经济效益和长远经济效益的关系，保证资源的合理利用，以求得社会经济和生态环境的协调发展。

除了上述这个重大问题外，长远经济效益与当前经济效益的关系还经常表现在短期经济目标与长期经济目标的关系上。如果只追求当前的经济效益，不惜竭泽而渔、寅吃卯粮，不保持必要的生产储备，不及时地维护修理设备，不进行必要的基础设施建设，不爱护劳动力等等，其结果必然损害今后的经济目标，已达到的经济效益也终究维持不住。当前经济效益与长远经济效益虽有矛盾的一面，但又有统一的一面，我们应当而且能够把它们两者恰当地结合起来。在处理两者之间的关系时，既要注意目前的经济效益，更要讲求长远的经济效益，要使二者正确地结合起来，保证社会再生产过程能够正常进行，经济效益能够不断提高，社会经济能够得到稳定的持续的发展。

再次，正确处理直接经济效益和间接经济效益之间的关系。

在社会主义条件下，国民经济是一个有机的统一体，各部门、各企业之间是相互联系、相互制约的。有些部门、有些建设项目或有些产品本身的经济效益并不很大，但它却为其他部门、其他建设项目或其他产品的发展创造了有利条件，提高了它们的经济效益。相反，有些部门、有些建设项目或有些产品本身的经济效益较好，但妨碍了其他部门、其他建设项目或其他产品的发展，影响了它们的经济效益的提高。可见，有些部门、项目或产品的经济效益还间接地通过其他部门、项目或产品反映出来。因此，我们在评价某一部门、某一建设项目、某一产品的经济效益时，必须考虑这种经济联系，进行全面分析，既考察其直接效益，也要考虑其间接效益，才能得出正确的结论。

最后，正确处理经济效益和政治效果、社会效果的关系。

在社会主义国家里，进行生产建设时，不仅出于经济的原因，还有政治原因和社会原因。例如，为了巩固国防，需要建设制造原子弹、导弹的工厂。因此，在评价生产建设的经济效益时，还要考虑政治和社会方面的效果。但这不是说可以只讲政治效果，而不顾经济效益；恰恰相反，即使单纯由于政治原因或社会原因而搞的生产建设，也要讲求经济效益，进行各种不同方案的比较分析，选择经济效益最优的方案，把经济效益同政治效果、社会效果很好地结合起来。

二、评价经济效益的指标

评价经济效益，需要制定一系列的指标，建立指标体系。经济效益的大小，是要通过一定的指标来表现的。指标是评价经济效益的工具。由于生产建设活动是十分复杂的，许多因素交错在一起，因此，就需要有许多指标，从不同的方面、不同的角度来反映经济效益。这些指标相互联系、相互补充，形成一套完整的体系，全面地评价一项经济活动，全面地反映整个生产过程的经济效益。但是，长期以来，由于我们对讲求经济效益的工作重视不够，虽然也进行了一些经济效益的考核，但还没有建立起一套完整的指标体系，这是当前急需认真解决的问题。

制定经济效益指标的要求：第一，经济效益指标要反映劳动消耗或劳动占用与劳动成果的对比关系。它通常是一个比率，单有劳动消耗或劳动成果不能构成经济效益指标，而只是一般的经济指标、技术指标。但是，在经济效益指标体系中，为了分别具体反映投入或产出的情况，不排除列入这样的指标作为补充说明。第二，建立指标体系要从实际出发，正确地反映客观实际，适应社会主义经济规律的要求。第三，建立指标体系要贯彻统一与分散相结合的原则，既有中央统一要求，又照顾各行业、各地区的特点。第四，指标设置要力求做到科学，实用，通俗易懂，简便易行。

经济效益的生产指标体系，包括生产成果与劳动消耗的比较，以及生产成果与劳动占用的比较。前者分为生产成果与活劳动消耗的对比，生产成果与物化劳动消耗的对比，以及生产成果与全部劳动消耗的对比；后者分为生产成果与固定资产的对比，生产成果与流动资金的对比，以及生产成果与全部资金的对比。

除了上述这两个方面的指标外，还有一种把劳动耗费和劳动占用结合起来加以考察的综合性指标，例如资金盈利率就是这种综合反映经济效益的指标。

从经济理论的研究和实际经济工作的需要来说，都要求在经济效益指标体系中确立一个中心指标。我们认为，在价格合理的条件下，资金盈利率就是这样一个中心指标。资金盈利率既能反映资金耗费的多少，又能反映资金占用的多少；既能反映投入的多少，又能反映产出的多少，因而成为比较全面地反映企业生产经营成果的综合性指标。

提高经济效益问题是经济管理中的一个核心问题。因此，在再生产过程的各个环节和各个方面都要有考察经济效益的相应的指标。例如在企业规模的选择上、专业化协作上、生产布局上、新技术的采用上、企业的技术改造上，以及基本建设投资等方面都各有与其特点和需要相适应的具体的考察评价经济效益的指标。在这里，我们只是一般地讲一讲考察评价工业经济效益指标的几种基本形式，而其他一些具体指标，一般都是从这里讲的几种基本形式中演变出来的。

三、评价经济效益的标准

评价经济效益的标准，指的是用来作为检验和比较经济效益指标的合理程度的尺度。科学地确定经济效益的评价标准，对促进经济效益的提高有重要意义。

评价经济效益的标准，既不是指评价经济效益的原则和内容，也不是指考核经济效益的指标，而是指考核经济效益指标的评定标准，换句话说就是和什么水平作比较。如前所述，考核经济效益需要有一系列指标，而且需要有中心指标。但是，如何衡量这些指标水平的高低，评价它们的优劣，这就需要有一个公认的尺度，即评价的标准。

在社会主义条件下，经济效益指标的评价，根据不同情况，可以用计划指标、核定标准指标、历史指标、同行业先进指标和国际指标等来作为评价标准。

计划指标是评价效益的基本标准。我国在社会主义生产资料公有制的基础上实行计划经济。因此，计划指标应该是考核效益的重要依据。但是，当前计划指标作为评价经济效益的重要标准还有许多不完善的地方，需要研究解决。

评价经济效益，还可以由国家来核定某种标准。例如基本建设门类复杂，许多经济效益指标需要根据不同部门的具体情况制定不同的评价标准。由国家规定标准投资回收期、标准投资效益系数，就可用来作为衡量和评价建设方案经济效益优劣的标准。标准投资回收期和标准投资效益系数，是指一个行业新建企业所要达到的最低投资效益，它与建设方案预测的投资回收期，投资效果系数相比，就可以评价投资效益的大小，决定建设方案的取舍。

评价经济效益，还可利用历史标准。例如，同上年同期水平和历史最高水平进行比较，可以说明该项效益有没有达到或超过历史上的同期水平和最高水平。这是我们当前经常采用的评价经济效益的标准，是一个简便的比较办法。但在采用这个办法时要注意，决不能只满足于达到历史水平，当然更不应低于历史水平，而应该是不断超过已经达到的最好水平。

评价经济效益，也可以用全国或本地区、同行业已达到的先进水平作标准。这可以促进后进赶先进。

此外，评价经济效益，还应该同世界先进水平进行比较。我们正在进行现代化建设，而现代化是一个世界性的概念，把我国的经济效益指标与国际先进水平比较，就可以测定我国现代化的进程。

评价经济效益的标准，不是一成不变的。地区和时间不同，衡量经济效益的标准也不同。比如，地区内缺乏的物资，虽然生产时的劳动消耗超过其他地区，但只要低于运输费用，仍有较高的经济效益。随着社会生产力的发展和成本更低、效用更高的新产品的出现，过去是社会很需要的、盈利大的产品，今天则可能成为社会不怎么需要、盈利很低的东西了。因此，应根据情况的变化、需要适时地修订评价的标准。

第六节　从经济发展的速度型向效益型转变

在过去的一个长时期内，我国的经济发展战略是以提高速度为中心的。党的十一届三中全会以后，特别是 1980 年底的中央工作会议之后，赵紫阳代表党中央和国务院提出了一条"速度比较实在、经济效益比较好、人民可以得到更多实惠的新路子"，[①]这标志着我国经济发展战略思想的根本转变，即由以提高速度为中心转到以提高经济效益为中心。

这一战略在"六五"期间开始得到了贯彻。在提高经济效益的前提下，使工农业生产保持适当的发展速度，是制订"六五"计划的一项重要原则。依据这项原则，"六五"计划工农业总产值指标在经过综合平衡之后，订得较为稳妥，只要求平均每年增长 4%~5%。因此，"着重于提高经济效益，这是'六五'计划的一个显著特点"。[②]"六五"时期开头一两年，这个战略思想得到了较好的贯彻。但是，由于过去长期存在的片面强调产值增长速度、忽视经济效益的思想影响依然严重存在，从 1982 年下半年开始，就不断地遇到了干扰。这年下半年又出现了片面追求产值高速度，以及与此相联系的固定资产投资膨胀的苗头。针对这种状况，1983 年下半年作了小的调整，但并没有从根本上扭转盲目追求高速度的倾向。1984 年下半年以来，这种倾向有了进一步发展。尽管党中央和国务院及时采取了加强宏观控制的措施，把经济"过热"的趋向稳定下来，

---

① 赵紫阳：《当前的经济形势和今后经济建设的方针》，人民出版社 1981 年版（下同），第 14 页。
② 赵紫阳：《关于第六个五年计划的报告》，《中华人民共和国第五届全国人民代表大会第五次会议文件》，第 68 页。

但仍未能避免 1984 年下半年以来出现的工业的超高速增长。这些都影响了经济效益的提高。

还需指出，为了贯彻经济发展以提高经济效益为中心的战略原则，"六五"期间还实行了一系列战略方针。主要有：

第一，调整国民经济。"六五"期间在调整经济方面取得了巨大成就。"六五"前三年的调整，使得曾经严重失调的积累和消费以及农轻重的比例关系基本上趋于协调。"六五"期间的经济调整，还使得农村由单一的农业生产结构向多层次的综合发展的农村产业结构转变，使得三大产业结构得到初步改善。这些正是"六五"期间经济效益得以提高的一个主要因素。但是，"六五"期间的经济调整也有不足之处。一是 1982 年以后，固定资产投资规模一直偏大，特别是 1984 年固定资产投资膨胀（主要是基本建设投资膨胀），使得已经基本趋于协调的积累和消费以及轻、重工业的比例关系又发生了逆转，出现一定程度的不协调状态。二是能源、原材料、交通、通信与国民经济发展之间的不协调状态，在"六五"期间进一步加剧了。三是主要与乡镇工业发展过快相联系的企业规模结构不合理情况在这期间也进一步发展了。可以说，这三点特别是一、二点在相当大的程度上限制了"六五"期间经济效益的提高。

第二，改革经济体制。"六五"期间农村经济改革，是这个时期农村经济效益以比工业高得多的速度向前推进的基本契机。"六五"期间，以增强企业活力为中心的城市经济体制改革，由点到面深入展开，也促进了工业经济效益的提高。但这方面的传统体制还没有根本改革，经济体制改革各个方面和各个环节不配套，特别是国家的宏观控制能力与企业的微观放活程度，以及运用经济手段和法律手段的间接控制能力的增强与运用行政手段的直接控制能力的减弱不相适应，行政性放权（如 1980 年开始实行的"划分收支，分级包干"的"分灶吃饭"的财政分级管理的体制，以及"六五"期间建立的大量的行政性公司）的影响，还有其他的许多改革方法不完善等，都严重地影响了经济效益的提高。

第三，整顿企业。"六五"期间对企业进行的全面整顿，对经济效益的提高起了一定的作用。但这种行政性整顿本身就具有局限性，它在提高经济效益方面的成果并不很显著，而且不易巩固。

第四，对现有企业进行技术改造。"六五"期间在实现由外延扩大再生产向内涵扩大再生产的转变方面已经开始迈出了重要的一步，也使经济效益得到了提高。但这方面的投资并没有满足企业技术改造的需要。在技术改造投资中用于新建扩建的比重很大，就是在真正用于更新改造的投资中，增加生产能力的投资又占了大部分，节约能源和原材料、改进产品结构和提高产品质量的投资只占小部分。这一切都使得现有的企业技术改造在提高经济效益方面的作用远没有得到充分发挥。

　　第五，实行对外开放。"六五"期间全面贯彻了党的十一届三中全会提出的对外实行开放的方针，开始实现了由半封闭型经济向开放型经济的转变。对外开放使得我们能够利用两种市场和两种资源，发扬我国的比较优势，提高生产技术水平和经济、企业管理水平，促进智力开发，推动国民经济调整（如"六五"初期大量进口粮食就起了这样的作用），加强经济中的薄弱环节（如大量进口原材料），因而对微观经济效益和宏观经济效益的提高都起了有益的作用。但由于没有在一开始就把增强出口创汇能力提高到应有的战略高度来认识，并切实加以贯彻执行，对外经济贸易管理体制改革的成效不大，加之又发生了某些宏观失控，致使"六五"后期在进出口贸易和引进技术、利用外资等方面的经济效益均不理想。

　　正是上述诸种情况决定了"六五"期间经济效益比"五五"期间有所提高，并已开始扭转了过去长期存在的经济效益下降的局面，但还没有根本改变经济效益水平很低的面貌。先看全社会生产经济效益的变化情况。据有关研究单位提供的资料，按 1952 年不变价格计算，社会总产出（国民收入）占社会总投入（社会固定资产净值加流动资金）的比重，1981 年为 32.2%，1982 年为 32.3%，1983 年为 32.2%，1984 年为 34.6%，1985 年为 36.3%。[①]再看国有工业经济效益的变化情况。①国有工业企业全员劳动生产率，"六五"时期平均每年提高 4.7%，比"五五"时期的 3.8%提高了 0.9 个百分点，但比历史上经济效益水平较高的"一五"时期下降了 4 个百分点。②国有独立核算工业企业每百元固定资产净值实现的利润和税金，"六五"前四年平均为 33.6 元，与"五五"时期持平，比"一五"时期的 44.1 元下降了 10.5 元。③国有独立核算工业企

业每百元工业总产值占用的流动资金，"六五"前四年平均为28.9元，比"五五"时期的32.8元下降了3.9元，比"一五"时期的19.7元增加了9.2元。④国有独立核算工业企业每百元资金实现的利润和税金，"六五"前四年平均为23.7元，比"五五"时期的22.9元仅增长了0.8元，比"一五"时期的31.5元下降了7.8元。⑤国有独立核算工业企业每百元工业总产值实现的利润，"六五"前四年平均为14.4元，比"五五"时期的14.6元还下降了0.2元，比"一五"时期的15.7元下降了1.3元。[①]这些情况表明：在上述五项指标中，有三项指标，"六五"前四年比"五五"时期提高了，一项持平，一项还下降了；五项指标都比"一五"时期下降了。当然，"六五"时期在产业结构与技术结构等方面与"一五"时期都有很大的差别。但"六五"时期经济效益水平比20多年前"一五"时期已经达到的水平还有较大的差距，总是表明当前经济效益水平是不高的。因此，似乎可以说，当前，我国总体上还是处于由原来的经济发展速度型向效益型转变的起步阶段。

然而，"六五"期间经济效益的提高仍然起了重要的作用。据统计，1979年至1984年，在工业总产值的增加额中，由于提高劳动生产率而增加的部分占了60.2%。[②]由于能源消耗的降低，"六五"前四年共节约能源1.37亿吨标准煤，相当于同期新增能源产量的97%。由于流动资金周转加快，"六五"前四年平均每年要少占用流动资金约34亿元。可见，"六五"期间经济效益的提高，是这个时期开始出现的经济持续、稳定、协调发展新局面的一个重要因素。

但在我国实现经济发展速度型向效益型的根本转变，还是一个十分艰巨而又较为长期的事业。诚然，我国有优越的社会主义制度，有党的十一届三中全会以来的正确路线，这是实现这种转变的根本的有利条件。但在这方面也存在许多的、而又不是短期能克服的困难。举其要者有：自然经济思想、供给制思想以及片面强调速度而忽视经济效益的思想的影响很深，传统的经济体制还未根本改革；能源、原材料和交通、通信严重落后于国民经济发展的需要；技术落后；劳动者的文化水平很低；

---

①《中国工业经济统计资料（1949~1984）》，第123~126页。
②《中国工业经济统计资料（1949~1984）》，第223页。

经济、企业管理干部和技术干部数量不足，质量不高；每年劳动就业的人口很多；等等。因此，要实现由速度型向效益型的转变，还必须准备做出艰苦的、长期的努力。

当然，同时需要看到：党中央确定以"坚持把提高经济效益特别是提高产品质量放到十分突出的位置上来，正确处理好质量和数量、效益和数量的关系"，作为"七五"计划的一个基本指导原则，依据这个原则并经过综合平衡之后提出了积极的而又留有较大余地的发展速度，即"七五"期间要求国民生产总值平均每年增长 7% 以上，工农业总产值平均每年增长 7% 左右。[①]这就为在"七五"期间进一步实现由速度型向效益型的转变提供了计划保证。

但要实现这个根本转变，还必须在经济方面紧紧把握下列几个重要环节：

第一，实行经济体制的全面改革。主要包括三个方面。①使企业成为相对独立的、自主经营和自负盈亏的社会主义商品生产者。②完善社会主义的市场体系。③建立、健全适应社会主义有计划商品经济要求的宏观调节控制体系。这样，就可以在企业内部、市场和宏观管理三方面建立起推动微观效益和宏观经济效益不断提高的机制。

为了在改革进程中既能发挥正在形成过程中的新经济体制在提高经济效益方面的积极作用，又能避免一时易于发生的对提高经济效益的消极作用，还需注意以下各点：

（A）紧紧把握作为经济体制改革中心环节的增强企业活力这一条，并进行配套改革，注意避免行政性分权的干扰。这里需要着重指出：当前正在发展的承包经营责任制在增强企业活力、提高经济效益方面具有不容忽视的作用。实践已经证明：多种形式的承包经营责任制能够在当前条件下把企业的责、权、利较好地结合起来，因而对深化企业改革、提高经济效益起到很好的作用。比如，"六五"期间，冶金工业部所属的110 个大中型钢铁企业中，有 37 个实行了承包经营责任制，73 个企业未实行。结果，前者的经济效益远远超过了后者，见下表。

---

①《中共中央关于制定国民经济和社会发展第七个五年计划的建议》，《中国共产党十二届四中全会、全国代表会议、十二届五中全会文件汇编》，第 36、38 页。

"六五"期间冶金部 110 个大中型企业经济指标每年平均增长率　　　　单位：%

项目	110 个企业合计	其中	
		37 个实行承包经营责任制的企业	73 个未实行承包经营责任制的企业
实现利税	13.1	24.6	8.7
实现利润	8.7	21.7	2.9
上缴利税	6.73	17.1	3.67
上缴利润	−4.3	5.76	−7.34
企业留利	40.3	39.4	33.3
产量：钢	4.7	8.2	1.4
钢材	6.3	12.2	6.4
铁	2.9	4.9	1.4

　　按照科学的含义来说，上述各项经济指标还不是经济效益指标。但是，从这些指标中，我们不难看出实行承包经营责任制的企业经济效益比没有实行这种责任制的企业要高得多。

　　（B）企业活力的增强、商品市场体系的形成、间接控制手段的完善，三者必须配套。间接控制手段的增强必须与直接控制手段的减弱相适应；法律手段和审计、会计、统计等监督作用的增强必须与经济手段作用的发挥大致同步进行；经济体制改革与企业内部改革必须结合起来。这样，就可以在某些方面避免新、旧体制两不管的"真空"状态，并能充分发挥各项改革在提高经济效益方面的综合效能。

　　（C）科学安排各项改革付诸实践的时序，使前续改革为后续改革创造条件，而不是增加困难。所有这些，不仅是顺利进行经济体制改革的要求，而且是提高经济效益的要求。

　　第二，坚持社会总需求和总供给的基本平衡。这既是保证经济比例关系协调、经济生活稳定和经济体制改革顺利进行的基本条件，也是提高宏观和微观经济效益的根本保证。鉴于近几年来存在着固定资产投资膨胀和消费基金膨胀，以致社会总需求超过了总供给的情况，需要把积累率降到 30% 以内，并合理确定全社会固定资产投资规模，改变当前这种规模超过国力的状况，使其同社会提供的积累基金和补偿基金相适应；同时需要合理确定消费基金的增长速度，使人均个人消费基金的增长速度要适当低于社会劳动生产率的增长速度，改变近几年来前者增长过快甚至超过后者增长的情况（当然，其中带有某种"还账"的性质），并合理确定消费基金的规模，使其与社会提供的消费资料量相适应。

第三，进一步实现产业结构合理化。国民经济综合生产能力的发挥，不是取决于"长线"部门的生产能力，而是取决于"短线"部门的生产能力。因此，产业结构合理与否，在很大程度上决定了国民经济范围内资源配置效益的高低。所以，需要在巩固"六五"期间调整产业结构已经取得的成就的基础上，进一步实现产业结构合理化。"七五"期间需要着重注意：①为了改变当前能源、原材料和交通、通信严重落后于工业和整个国民经济发展需要的状况，除了要加强这些部门的技术改造，充分发挥它们的潜力和效能，并厉行节约能源和原材料以外，还需集中必要的财力、物力和技术力量，高质量、高效率地建设一批能源、原材料和交通、通信的重点工程。②为了适应当前人民消费水平提高和消费结构变化的需要，应该把食品工业、服装工业和耐用消费品工业作为整个消费品工业发展的重点，并需要积极发展民用建筑业。③为了改变长期以来就存在的第三产业严重落后于第一、二产业的状况，需要加快发展为生产和生活服务的第三产业。

第四，加强现有企业的技术改造。为此，一是要提高更新改造投资在固定资产投资中的比重。根据"六五"计划安排，国家所有制单位更新改造投资占固定资产投资总额的36%。实践已经证明：这并不能满足技术改造的需要。因此，"七五"期间需要适当提高更新改造投资的比重。那么，怎样合理确定这个比重呢？以往为了适应外延扩大再生产的需要，固定资产投资的分配，首先考虑基本建设的需要，其次才考虑技术改造的需要。现在为了适应内涵扩大再生产的需要，则应首先考虑技术改造的需要，同时考虑国民经济的投资能力，在保证社会固定资产更新周期逐步缩短、本世纪末达到比较先进的水平的前提下，确定技术改造投资和基本建设投资的适当比例。二是要走新的技术改造的道路。在过去的长时期内，实行统收统支的财政体制和闭关锁国的政策，还存在地区分割的状况，科研体制也是封闭型的。在这种条件下，企业的技术改造是由国家包办的，并且同国外的和国内地区之间的技术经济交流和科研机关都是隔绝的。30多年的经验证明，这条国家包办和封闭式的技术改造的道路是低效益的，不成功的。在"六五"期间，随着对内搞活、对外开放总政策的贯彻执行，创造了一条技术改造的新道路，即企业自主和开放的道路。除了特殊重大的技术改造项目需要由国家财政拨款外，一般的技术改造项目可以依靠企业的自留资金（包括在折旧率提高以后全部留给企业的折旧费，以及由企业留利形成的生产发展基金）和银行贷款，由企业自主进行。这一点，不仅中小企业是可行的，大企业也是可能做到的，首钢的经验证明了这一点。由于闭关锁国和地区分割状态的被突破，以及科研体制从封闭型向开放型的转变，企业的技术改造就可能同科研机关科研成果的应用，国内地区之间的经济技术协作，以及利用外国资金、技术和管理经验结合起来，并成为推动企业技术改造的重要因素。"六五"经验证明：这条企业自主和开放的技术改造道路，是一条投资少、见效快、效益高的成功之路。三是要把技术改造的规划与行业的调整、企业结构的改组和技术政策的确定很好地结合起来。这里需要着重指出的是：要打破部门、地区、军民之间的界限，按照专业化协作和经济合理的原则，推动企业的调整和联合，建立大中小企业配置合理的企业组织结构。四是要从完善竞争性的社会主义市场体系和建立健全宏观调节控制体系两方面，给企业技术改造以压力和推动力。五是企业的技术改造要以提高产品质量和性能、增加产品品种、节约能源和降低原材料消耗为重点，不能片面追求扩大生产能力。

第五，在大力提高宏观管理水平的同时，全面改善企业的经营管理，以提高企业的营运效益。当前我国生产技术落后，而管理更落后，提高管理水平对提高经济效益的意义更为重大，也比较易于做到。要提高企业经营管理水平，需要提高企业领导干部的素质，加强企业基础工作，推行管理现代化。但更重要的还是推行经济体制的改革和企业内部体制的改革（包括实行和完善厂长负责制，加强社会主义民主管理，改革分配制度，健全企业内部的经济责任制等）。这样，就可以在企业内部、横向和纵向联系等方面形成一种推动企业不断地提高经营管理水平的机制。当然，为了促使企业提高经营管理水平，国家采用行政手段也是必要的。但如果不把这种手段同经济改革结合起来，往往事倍功半，而且成果难以巩固。正像1984年以来的经验所证明的那样：由于固定资产投资和消费基金的膨胀，强化了原来就存在的卖方市场，前几年通过行政性整顿而获得的企业经营管理方面的成果，在相当大的程度上被冲掉了。其突出表现是：工业产品可比成本上升和质量下降。

　　提高经济效益，是社会主义经济基础的要求，需要社会主义上层建筑来维护和推动。因此，要实现由经济发展的速度型向效益型的转变，还需要在上层建筑方面进行相应的变革和配合。在这方面，重要的有：一是进行政治体制的改革。正如邓小平所指出的："随着经济体制改革的发展，不可避免地会遇到障碍。对于改革，在党内、国家内有一部分人反对，但是真正反对的并不多。重要的是政治体制不适应经济体制改革的要求。所以不搞政治体制改革就不能保障经济体制改革的成果，不能使经济体制改革继续前进。"[1] 二是各级干部在思想上要真正完成经济发展战略的转变，并且绝不能放松对急于求成思想的警惕。在党的十一届三中全会以后，急于求成思想不断地受到了批判，它已经不像过去那样长时期在党内占统治地位。但必须清醒地看到，它还有滋生的土壤和条件。这个土壤就是传统的经济体制。至于刺激它滋生的条件是多方面的，如过去"左"的思想的影响，经济的落后和迫切要求加速实现现代化的愿望，人民生活不富裕和消费过热，新老干部交替的政治环境，同经济发达国家的比较，以及世界新技术革命的挑战，等等。这种思想还在相当多的干部中存在着，因而还能起很大的破坏作用。1984 年以来发生的固定资产投资膨胀，充分地证明了这一点。因此，我国不仅在经济体制改革没有完成以前不能放松对于急于求成思想的警惕，就是在本世纪基本实现现代化以前也不能放松这一点。否则，不仅经济效益难以有大的提高，整个经济发展还可能遭到严重挫折。三是立法、司法上的配合。比如，对于与提高经济效益关系甚大的固定资产投资规模、结构和有关国计民生重大建设项目的确定，要建立健全符合社会主义民主原则和科学原则的立法，并由司法机关严格执行。又如，对于一切严重破坏社会主义经济秩序的经济犯罪分子，必须绳之以法。四是建立健全工商行政、审计、会计和统计的监督体系，充分发挥它们在提高经济效益方面的作用。五是舆论上的配合。报纸、杂志和广播电台、电视台等新闻机构绝不能再像 1958 年"大跃进"那样，以片面追求产值增长速度为中心，鼓动企业之间、部门之间和地区之间在盲目追求速度方面开展竞赛，而是要以提高经济效益为中心，鼓励这方面的竞赛。这当然不是说不要适当

---

① 邓小平：《建设有中国特色的社会主义》（增订本），人民出版社 1987 年版（下同），第 138 页。

的增长速度，不是说速度不重要。在提高经济效益的前提下保持适当的增长速度，对于发挥各种生产潜力，充分利用各种生产资源，保证国家和企业对于积累基金和消费基金增长的需要，都是必要的。六是思想政治工作的配合。要对人民进行有理想、有道德、有文化、有纪律的教育，反对和抵制资本主义和封建主义思想的腐蚀，启迪人民正确处理个人与国家、集体的关系，激发人民献身社会主义现代化的热情。

第四章　社会主义的竞争

　　按照马克思主义的政治经济学理论，商品生产、价值规律和竞争规律是不可分割的。但在一个相当长的时期内，传统的政治经济学理论，尽管部分地认识了社会主义的商品生产和价值规律的作用，但却根本否定了社会主义的竞争。这是政治经济学发展史上一个有趣的矛盾现象。

　　这个矛盾现象发生的原因，我们在后面要做详细的分析，这里先指出：探讨社会主义商品经济中的竞争问题，解决这个矛盾现象，无论在理论上或实践上都有很重要的意义。就理论上来说，社会主义商品经济中的一切重大问题如果脱离了竞争，是无法得到正确说明的。这一事实表明：社会主义竞争理论是社会主义商品经济理论的基本内容之一。增强企业活力是我国以城市为重点的经济体制改革的中心环节，而增强企业活力的基本要素就是企业的自负盈亏和企业之间的竞争。可以说，没有企业之间竞争的充分展开，企业就不会有充沛的活力。

第一节　社会主义竞争规律赖以存在的经济条件

　　马克思主义哲学认为，规律就是事物的本质。经济规律就是经济关系的本质。因此，一定的经济规律总是在一定的经济条件的基础上产生的。那么，社会主义竞争规律赖以产生的经济条件是什么呢？就是社会主义的商品生产。就社会主义国有企业之间的竞争来说，就是国有企业是相对独立的商品生产者。

为了说明这一点，首先需要明确一个方法论。马克思说过："只有了解了资本的内在本性，才能对竞争进行科学的分析，正像只有认识了天体的实际的、但又直接感觉不到的运动的人，才能了解天体的表面运动一样。"①马克思这里说的是要对资本主义竞争进行科学的分析，就必须了解作为资本内在本性的剩余价值生产。尽管社会主义商品生产是根本区别于资本主义商品生产的，但要正确地分析社会主义的竞争，也必须了解社会主义商品生产的目的。根据马克思的上述分析，这是必须始终把握的一个重要的科学方法。

如前所述，社会主义国家所有制企业的生产目的，主要是为了满足人民物质文化生活的需要，但部分地也只是为了本企业劳动者的物质利益。

那么，作为相对独立的商品生产者的国有企业的生产目的，是怎样决定着社会主义的竞争，使得竞争成为一种客观必然性的呢？

国有企业要实现上述的生产目的，就要求它的产品能够按照社会价值来出售。这样，在其他条件相等的情况下，那些经营管理水平高的企业，个别价值就低于社会价值，在完成了对国家的上缴任务以后，企业的利润就多；反之，那些经营管理水平低的企业，个别价值就高于社会价值，在完成了对国家的上缴任务以后，企业的利润就少，甚至亏本。这样，国有企业才有可能取得与它的生产经营成果相适应的收入。

按照马克思对资本主义商品生产所作的分析，"要使生产部门相同、种类相同、质量也接近相同的商品按照它们的价值出售，必须具备两个条件：第一，不同的个别价值，必须平均化为一个社会价值；第二，这种商品的供求关系是一致的。"就是说，"耗费在这种商品总量上的社会劳动总量，就必须同这种商品的社会需要的量相适应，即同有支付能力的社会需要的量相适应。"②如果抛开社会经济关系性质的根本区别不说，只从共同意义上来理解，那么马克思讲的这个道理，对社会主义的商品生产也是适用的。

但在社会主义经济条件下，商品按价值出售的这两个条件，也并不是自始就是具备的。尽管社会主义商品生产根本区别于资本主义商品生

① 马克思：《资本论》，《马克思恩格斯全集》第23卷，第352页。
② 马克思：《资本论》，《马克思恩格斯全集》第25卷，第201、215页。

产，但作为商品生产一般来说，商品经济内在的固有矛盾也是存在的。
在社会主义条件下，生产商品的个别劳动时间和社会必要劳动时间、个
别价值和社会价值的矛盾是存在的。商品中的使用价值和价值的矛盾也
是存在的。在商品流通的条件下，这个内在的矛盾就表现为商品和货币
的对立，同时商品买卖就分裂为卖（商品→货币）和买（货币→商品）
两个阶段。所以，商品经济矛盾的本身就包含了买卖分离、供求脱节的
可能性。这是从抽象的商品经济一般的意义上说的。如果把作为相对独
立的商品生产者的国有企业列入考察的视线，那么上述矛盾的存在更是
一目了然的事。可见，社会主义商品生产与资本主义商品生产的区别，
不在于不存在上述的矛盾，而在于矛盾的性质是不同的，解决的途径也
是不同的。在资本主义制度下，上述矛盾是对抗性的，要通过消灭资本
主义制度才能从根本上解决；在社会主义制度下，矛盾是非对抗性的，
社会主义制度本身能够逐步地解决这个矛盾。

　　社会主义经济是有计划发展的，它同资本主义生产的无政府状态是
根本不同的。这样，商品的社会价值的形成并不像资本主义社会那样完
全是通过竞争在商品生产者背后自发形成的，商品的供求关系也不是完
全依靠价值规律自发地调节的。国家计划机关依据统计资料可以在某种
范围内测算出商品社会价值的近似值，并且通过计划调节有关国计民生
的重要商品的供求关系。

　　但是，要形成商品按照社会价值出售的上述两个条件，单靠国家计
划还是不够的。因为商品的品种成千上万，而国家的计划事实上只能包
括主要的、在数量上很有限的产品，并不能囊括所有的产品。列宁早就
说过："现在对我们来说，完整的、无所不包的计划＝'官僚主义的空
想'。不要追求这种空想。"①显然，对国家计划所不包括的那部分商品来
说，上述两个条件的形成当然需要通过企业之间的竞争。在这方面，社
会主义经济同资本主义经济的区别是：整个经济是在国家计划指导下发
展的，即使对这部分商品来说，国家仍然可以通过有计划地利用价值规
律加以调节，因而竞争也会受到国家计划的调节；同时企业之间的根本
利益是一致的，只是局部利益有区别。但是，企业毕竟是具有相对独立

① 列宁：《给柯·马·克尔札诺夫斯基》，《列宁全集》第 35 卷，第 473 页。

利益的商品生产者，这部分商品按价值出售的两个条件的形成，也离不开企业之间的竞争。

这样说，并不意味着竞争对国家计划包括的那部分商品按社会价值出售的两个条件的形成就不起任何作用了。因为竞争也是社会主义商品经济的内在规律，它对各部分商品生产都是在不同程度上起作用的。如果考虑到下列三种情况，就可以更明显地看到这种作用。①即使抛开那些可能避免的重大的宏观决策的失误不说，仅仅考虑到存在着客观和主观的矛盾，仅仅考虑到认识上的原因，那么，国家的计划也不可能完全符合客观的实际。比如，假定国家规定的某种商品的计划价格高于客观存在的该种商品的社会价值，那么，在企业真正成为相对独立的商品生产者的条件下，不仅个别价值低于社会价值的企业，而且占多数的个别价值等于社会价值的企业，都可以获得较多的盈利，这就会促进这种商品生产的发展。而在价格管理体制作了根本改革和社会对该种商品需要量已定的条件下，就会导致商品价格的下降。反之，如果国家的计划价格低于社会价值，就会引起相反的后果。可见，竞争在这里起着检验国家计划价格是否正确的作用，并促进国家计划机关修正计划价格上的错误。②各种商品的社会价值是在不断变化的。因为，在正常情况下，社会主义社会生产力总是不断地、迅速地发展的。这样，即使国家的计划价格原来是符合社会价值的，但过了一段时间就变得不符合了，而计划价格又难以灵敏地、及时地反映这个变化。但在这种情况下，如果计划价格不依据由竞争形成的新的已经下降了的社会价值相应地下降，也会产生我们在第一点中所说的后果。可见，由竞争促成的这种社会价值就会促使计划机关调整价格，并成为国家调节计划价格的根据。③竞争不仅在修正和调整计划价格方面起着重要的作用，而且在很大程度上还决定着作为计划价格主要形式的浮动价格（在价格管理体制改革完成以后）。我们在上述三点中，都是举的竞争在形成社会价值方面（这是商品按社会价值出卖的第一个条件）的作用，但它在调节供求关系（这是商品按社会价值出卖的第二个条件）方面也起着类似的作用。为免重复，这里就略而不论了。

我们在前面从企业作为相对独立的商品生产者的最本质属性，即其生产目的出发，论述了生产部门内部企业之间的竞争。我们在作这种论述时是舍弃了各个生产部门企业之间的竞争的。但在实际上这种竞争也是存在的，并且也是由这种本质属性决定的。

　　按照国有企业作为相对独立的商品生产者最本质的要求，要取得与它的经营成果相适应的收入。这样，如果我们考察的对象不只是一个生产部门内部企业之间的交换，而是各个生产部门企业之间的交换，那么商品就不能按社会价值出售，而要按照社会生产价格出售。因为如果按照社会价值出售，那么，在其他条件相同的情况下，资金有机构成较高的部门，即单位产品平均资金占用量较高的部门，利润率就低，在完成了对国家的上缴利润以后，企业的利润也低，甚至亏本；资金有机构成较低的部门，即单位产品平均资金占用量较低的部门，利润率就高，在完成了对国家的上缴任务以后，企业的利润也高。这样，各个部门的企业就不能获得与它的经营成果相应的收入。但是，如果商品按社会生产价格出售，就可以消除因各个生产部门资金有机构成高低的不同而带来的利润率和企业利润的差异。因为社会生产价格是由"部门平均成本价格加部门产品平均资金占用量乘社会平均资金利润率"来确定的；而社会平均资金利润率又是由"部门生产的剩余产品价值的总和除部门平均占用资金的总和"决定的。这样，尽管各个部门的资金有机构成不同，单位产品平均资金占用量有差异，但在其他条件相等的情况下，都可以做到等量资金取得等量利润，在完成对国家的上缴任务以后，各个部门的企业都可以获得与自己的经营成果相适应的收入。

　　那么，社会主义商品的社会价值是如何转化为社会生产价格的呢？在这方面，社会主义经济也是根本区别于资本主义经济的。在资本主义条件下，价值向生产价格的转化完全是通过各个生产部门资本家的自由竞争（即资金的自由转移）自发地实现的。在社会主义条件下，实行计划经济，即使在将来经济管理体制改革完成以后，各个生产部门的投资也是由国家中长期计划确定的投资方向所左右的，有关国民经济命脉的重点建设的投资，是由国家决定的，企业用自有资金进行扩大再生产也受到国家计划的调节。而且，国家也可能测算出社会平均资金利润率和社会生产价格的近似值。

　　但是，正像部门内的竞争在促成社会价值方面起着作用一样，部门间的竞争在促成社会生产价格方面也是有作用的。①它促使国家修正计划价格方面的错误。国家无论是测算社会价值，或是测算社会生产价格，都不可能完全正确。但是，如果国家规定的计划价格，使得资金有机构成高的部门获得的利润低于平均利润，使得资金有机构成低的部门获得的利润高于平均利润，那么，就会影响前者生产的发展，并促进后者生产的增长。这样，在企业作为相对独立的商品生产者和这两个部门产品需要量已定的条件下，前者的价格就会上升，后者的价格就会下降。其结果，就会促使国家的计划价格向客观存在的社会生产价格靠拢。②竞争会使得各个生产部门的生产力不断地发展，资金有机构成不断地发生变化；而这种变化又不可能是等速度的。这样，各个部门的资金利润率，从而社会资金平均利润率和社会生产价格，都是处于不断地变动状态中。在这方面，国家计划价格也难以做出及时的反应。这样，也会形成上述第一点的后果。所以，由各部门的竞争所促成的变化了的社会生产价格，也会促使国家调整计划价格。③就是国家确定的投资方向和重要的建设项目，在某种程度上也要受到部门间竞争的制约。因为决定投资方向和重要建设项目的一个最重要的因素，就是经济效益的大小，而在商品价格符合商品价值（或者社会生产价格）的条件下，其中最主要的就是利润率的高低。这一点，在我国当前建设浪费严重、经济效益很差、而又缺少资金的情况下，尤需注意。但是，各个部门的利润率是受到竞争影响的。

总之，作为相对独立的商品生产者的企业，要实现自己的生产目的，要获得与生产经营成果相适应的收入，不仅要求在国家计划指导下，开展部门内的竞争，而且要求开展部门间的竞争。而企业的这种经济地位，以及与这种经济地位相适应的、企业拥有的一定的经营自主权，又为开展这些竞争提供了条件。

显然，如果企业拥有与自己经济地位相适应的一定的经营自主权，那么，它就可以在某种范围内和某种程度上决定商品供求关系的变化和商品价格的变化，就可以使得部门内各企业在这两方面展开竞争。正是这些方面的竞争促使商品的个别价值均衡为社会价值。

企业拥有一定的计划权，在财务方面又拥有生产发展基金和后备基金。这样，企业也就拥有一定的投资权，在某种限度内能够限制某个部门生产的发展，能够促进另一个部门生产的发展。随着竞争的展开，企业之间的联合也在发展。企业的联合为限制某种生产、扩展另一种生产提供了更有利的条件。特别是跨部门的企业联合的发展，在某种程度上为资金在部门之间的转移，开辟了一条新的途径。在价格体制改革完成以后，企业拥有一定的定价权和调价权。价格的形式也要由单一的统一计划价格转变为统一计划价格、浮动计划价格和国家计划指导下的自由议价等多种形式。这样，在某种限度内，一方面资金可以在部门之间转移；另一方面价格又可以变化，这就可以使得部门间在这些方面展开竞争。这种竞争就会促使商品的社会价值向社会生产价格的转化。但这种转化将不只是发生在实行浮动计划价格和国家计划指导下的自由议价的产品上，就是实行国家统一计划价格的产品，也要受到这种转化的影响。因为在同一的市场内，经济运动的诸方面是相互联系的，多种价格形式之间也是相互影响的。可以设想，如果实行浮动计划价格和国家计划指导下的自由议价的产品价格是以社会生产价格为基础的，而实行统一计划价格的某种产品的价格低于社会生产价格，那么，这种产品的需求会增长，因为使用这种产品，成本低，企业盈利高；同时会影响生产这种产品的企业积极性，阻碍这种生产的发展，因为企业盈利低，甚至发生亏损。这两方面的结果都会促使国家的统一计划价格也要以社会生产价格为基础来修订。这样说，当然不排斥在一定的条件下和一定的时期内，某些产品的计划价格可以低于或高于生产价格。

可见，企业作为相对独立的商品生产者的经济地位，一方面要求开展部门内和部门间的竞争；另一方面又为竞争创造了条件。这就使得竞争成为社会主义的经济规律。

如前所述，竞争是社会主义的经济规律，并已在我国经济生活中显示了它的青春活力。但是，不仅长期以来人们否定社会主义竞争，而且直到前不久也还有人持不同意见。这究竟是什么原因呢？显然不能只是用主观与客观的矛盾、事物的本质与现象的差别这样一些一般性的认识上的原因来解释。实际上，它还有更复杂、更深刻的原因。

第一，这首先是同不正确地对待马克思主义的有关理论有联系。这表现在：曾经有人引用恩格斯的下列论断来否定社会主义的竞争。恩格斯说过：在新的社会制度下，"一切生产部门将由整个社会来管理，也就是说，为了公共的利益按照总的计划和在社会全体成员的参加下来经营。

这样，竞争将被这种新的社会制度消灭，而为联合所代替"。①

应该怎样看待恩格斯的这个论断呢？需要明确的是：恩格斯在作这个论断时马克思主义还没有共产主义社会两个阶段的理论，因而没有理由认为恩格斯这里讲的"新的社会制度"是专指社会主义社会，而从恩格斯在同一著作《共产主义原理》中的有关论述来说，宁可说是专指共产主义社会。比如，恩格斯说："在这种社会制度下，一切生活必需品都将生产得很多，使每一个社会成员都能够完全自由地发展和发挥他的全部力量和才能。""把生产发展到能够满足全体成员需要的规模。"②

这里，有人可能提出这样的问题：在马克思主义有了共产主义社会两个发展阶段理论时，马克思主义还是认为，在社会主义制度下，竞争是会消灭的。这也是确实的。大家知道，马克思在《哥达纲领批判》中第一次系统地提出了共产主义社会两个阶段的理论；但马克思也是认为在共产主义社会第一阶段不存在商品生产，当然也不会存在竞争。但是，马克思主义的这个原理是有一系列的理论前提的。用恩格斯的话来说："一切生产部门将由整个社会来管理，也就是说，为了公共利益按照总的计划和在社会全体成员的参加下来经营。"这意味着：建立了单一的全社会的社会主义公有制，不存在社会主义公有制的多种形式，更不存在必要数量的私有制；整个社会生产由一个社会经济中心来管理，不存在作为基本经济单位的企业；人们之间只有根本利益的一致，没有像现在企业那样的局部利益的差别；因而不存在商品生产，不存在竞争。这一点，又是以当时的社会主义革命理论为前提的。马克思主义在 19 世纪中叶曾经认为，社会主义革命可以同时在资本主义最发达的国家取得胜利，因而革命胜利后有可能建立单一的全社会的社会主义公有制。但是，后来的社会主义革命实践超越了马克思主义的上述理论。社会主义革命首先是在资本主义只有中等发展的国家（如俄国）、甚至只有初步发展的国家（如中国）取得胜利的。这样，在无产阶级革命取得胜利以后，不仅社会主义公有制还存在多种形式，即社会主义的国家所有制和集体所有制，也还存在必要数量的私有制（如个体经济、私人资本主义经济和国家资

---

① 恩格斯：《共产主义原理》，《马克思恩格斯选集》第 1 卷，第 217 页。
② 恩格斯：《共产主义原理》，《马克思恩格斯选集》第 1 卷，第 217、223 页。

本主义经济等）。这样，多种类型的商品经济就必然会存在；与此相适应，多种类型的竞争也是不可避免的。而按照马克思主义科学体系的要求，我们的任务不是依据马克思主义的个别原理去"裁剪"已经发展了的社会主义经济生活，而是依据社会主义实践去修正不适合新的情况的个别原理。还要提出的是：马克思主义关于单一的全社会的社会主义公有制建立以后商品生产就可消失的理论，现在似乎还只能看作是一种设想，并不一定是科学的结论。从已有的社会主义实践来看，在企业作为社会生产的基本单位的职能还难以消失，劳动仅仅作为谋生手段还难以改变的条件下，企业作为相对独立的商品生产者的经济地位也难以改变。这样，即使建立了单一的全社会的社会主义公有制，也还难以作出商品生产消灭的判断。

与上述不正确对待马克思主义理论的表现相类似的，还有另一种表现。有人引证恩格斯的下列论断，认为社会主义制度下只存在竞赛，并不存在竞争。恩格斯说：在新的社会制度下，"个人之间的竞争，即资本与资本相争、劳动与劳动相争等等，就会归结为以人的本性为基础的并且到目前为止只有傅立叶一人作过一些说明的竞赛，这种竞赛将随着对立的利害关系的消灭而被限制在它所特有的合理的范围内"。[①]恩格斯认为，在新的社会制度下，随着公有制的建立，人们之间的根本利益的对立消失了，因而资本主义那样的竞争也不存在了；并且在根本利益一致的基础上产生了社会主义的竞赛，这无疑是完全正确的。但恩格斯当时没有、也难以预见社会主义经济中还存在商品生产和由此产生的竞争。根据上述同样的道理，我们并不能依据这一点来否定社会主义经济中实际已经存在的竞争。

不正确地对待马克思主义的理论还特别突出地表现在有人依据斯大林的有关论断来否定社会主义的竞争。斯大林说过："国民经济有计划发展的规律，是作为资本主义制度下竞争和生产无政府状态的规律的对立物而产生的。它是当竞争和生产无政府状态的规律失去效力以后，在生产资料公有化的基础上产生的。"[②]斯大林认为，资本主义的竞争和无政府状态与社会主义的有计划发展是对立的，并且在社会主义公有制的基础

---

① 恩格斯：《政治经济学批判大纲》，《马克思恩格斯全集》第1卷，第615页。
② 斯大林：《苏联社会主义经济问题》，第6~7页。

上，资本主义的竞争和无政府状态已经不存在了，在这个限度内，这个论断是正确的。但是，这个论断也是有缺陷的。斯大林笼统地否定社会主义制度下存在竞争，是欠妥的，并且使他自己不可避免地陷入理论上的矛盾状态中。尽管斯大林关于社会主义商品生产和价值规律的理论是很不完整的，但他还在某种范围内承认了社会主义的商品生产和价值规律的作用。①然而有商品生产，就有竞争，而且价值规律的作用也是不能脱离竞争的。斯大林把竞争和无政府状态联系在一起作为一个规律表述，把竞争当做计划的对立物，这些也是值得斟酌的。这一点我们留到后面去作详细的论述。这里只是指出：依据这些显然有缺陷的理论来否定社会主义的竞争，更是不妥的。还需着重指出：斯大林的这些提法，特别使人不易认识、甚至害怕承认社会主义的竞争。因为同资本主义经济相比较，社会主义经济的一个根本优越性，就是前者的生产是无政府状态的，后者是有计划发展的。如果竞争必然同无政府状态联系在一起，并且同计划是对立的，那怎么能承认社会主义竞争呢？这就能够从一个方面说明政治经济学社会主义部分发展史上一个很有趣的矛盾现象：尽管商品生产，价值规律和竞争是不可分割的，但从苏联的情况来看，人们从否定社会主义商品生产和价值规律的作用，到最后由斯大林部分确认社会主义的商品生产和价值规律的作用，中间虽然也经过了几十年的时间，然而还是不承认社会主义的竞争。在我国，从赞成斯大林的上述观点到现在许多人都承认社会主义的竞争，又经过了二三十年的时间。造成这种情况的原因是多方面的，但斯大林在这个理论问题上的缺陷，不能不说是一个因素。

不正确地对待马克思主义的理论还表现在：有人看不到或者否认马克思关于资本主义竞争理论的一般内容对认识社会主义竞争的指导意义。比如，马克思关于要对竞争作科学的分析就必须了解资本主义的生产本质，②部门内的竞争决定社会价值和部门间的竞争决定生产价格③等等论

---

① 斯大林把社会主义的商品关系局限在社会主义的国有经济和集体经济之间，否认国有企业之间也存在商品关系；他承认价值规律在社会主义流通领域中的调节作用，否认价值规律对社会主义生产的调节作用。尽管这样，从政治经济学社会主义部分发展史来说，这仍然是一个重要的发展。

② 马克思：《资本论》，《马克思恩格斯全集》第 23 卷，第 352 页。

③ 马克思：《资本论》，《马克思恩格斯全集》第 25 卷，第 201 页。

断，如果把它反映的资本主义生产关系抽象掉，只从一般内容来说，那么这些论断对认识社会主义的竞争都是有指导意义的。这是因为尽管这两种生产关系的性质是根本不同的，但它们都是商品生产；而且从这个商品生产一般的某些方面来看，社会主义商品生产同资本主义商品生产的共同点，比社会主义商品生产同简单商品生产的共同点还要多一些。这不仅表现在社会主义商品的范围虽然小于资本主义，但总的说来，二者的商品范围比简单商品生产要大得多；更重要的还在于二者都是以社会化大生产为基础的。而马克思关于资本主义竞争的理论，既反映了资本主义生产关系的特点，又反映了以社会化大生产为基础的商品生产的某些共同点。这一点，特别明显地表现在部门之间的竞争上。马克思说过：部门间的竞争同部门内的竞争相比，"要求资本主义生产方式发展到更高的水平"。[①] 这不仅是因为在资本主义发展的初期，封建主义生产方式还占统治地位，封建割据限制着国内统一市场的形成，阻碍着部门间竞争的发展；而且因为大机器工业还不发展，各部门之间的资本有机构成的差别并不悬殊，利润率相差不大，价值向生产价格转化的意义并不像后来那样大。但在资本主义生产方式占了统治地位以后，不仅妨碍竞争的封建主义因素被排除了，而且伴随着大机器工业的发展，各部门资本有机构成和利润率的差别大大扩展了，这时价值向生产价格转化的经济意义就突出出来了。于是，部门间的竞争也发展起来。在简单商品生产条件下，部门间的竞争也不发展。这除了当时的社会经济关系的因素以外，同它是以手工工具作为物质技术基础也有直接联系。在社会主义商品生产条件下，部门间竞争也比简单商品生产显得重要。这不仅是因为社会主义商品生产的范围大大扩大了，而且因为它是以社会化大生产作为物质基础的。从这方面说，马克思关于资本主义竞争的理论对于研究社会主义商品生产的指导意义，比对于研究简单商品生产还要大一些。但是，如果我们看不到、甚至否认这一点，那就放弃了认识上的武器，当然也就妨碍我们对于社会主义竞争的认识。

第二，我国原有的中央高度集权的、以行政管理为主的经济管理体制，也妨碍人们正确认识社会主义的竞争。在这种经济管理体制下，企

---

① 马克思：《资本论》，《马克思恩格斯全集》第25卷，第201页。

业是国家行政机关的附属物，既无一定的经营自主权，又无相对独立的经济利益，活像一个算盘珠，拨一下，动一下，不拨不动，哪里还有什么竞争可言呢？

第三，长期以来，在我国国民经济中居于重要地位的农业还是半自然经济；在我国工业生产中，商品生产的比重虽然大得多，但大部分生产资料实际上并不是当做商品来生产的，许多工业生产组织又都是"大而全"和"小而全"，商品交换也是很不发达的。这种情况当然也妨碍着人们对竞争的认识。

第四，我们党在全国解放前的革命根据地就有某些组织社会主义竞赛的经验，解放后又从苏联学习了组织社会主义生产竞赛的经验；再加上前述理论上的错误，久而久之，似乎社会主义并不存在竞争，只要组织社会主义竞赛就行了。

这一切都会阻碍人们去正确地认识社会主义的竞争。

这里需要进一步指出：近几年来承认社会主义竞争的人越来越多了。但有的同志对于社会主义竞争产生原因的分析，是值得讨论的。比如，学术界在肯定社会主义竞争的人中，流行着一种观点，只是从价值规律的要求（即"商品价值是由社会必要劳动时间来决定，商品交换要按等价交换原则进行"）来论证竞争规律。这种论证方法是有缺陷的。①要说明部门间的竞争，当然要联系到上述的价值规律的作用，但如果不从社会主义商品经济的最本质属性，即其生产目的出发来进行论证，那就没有抓到问题的根本点，也是不符合马克思关于这个问题的方法论的。②它也没有从这一点出发，联系价值向生产价格的转化，来说明部门间竞争的必然性。③它更没有从商品经济关系来说明竞争得以展开的客观条件，因而也就没有对社会主义竞争规律作完整的说明。

第二节　从两种对比中考察社会主义竞争的本质特点

一切事物的特点，总是同其他事物相比较而存在的，我们要认识社会主义竞争的本质特点，首先需要把它同资本主义竞争做比较。

第一，资本主义的竞争是以资本主义私有制和资本主义商品生产为基础的。社会主义国有企业之间的竞争是以社会主义国有制企业作为相对独立的商品生产者为基础的。

第二，在资本主义经济中，参与竞争的主要是私人资本主义企业。这些企业的所有者——资本家，作为一个阶级来说，他们在压迫、剥削无产阶级方面，有根本利益一致的一面；但就他们争夺市场的斗争来说，又有根本利益冲突的一面。按照马克思的说法，"资本家在他们的竞争中表现出彼此都是虚伪的兄弟，但面对着整个工人阶级却结成真正的共济会团体。"①当然，在按照等量资本取得等量利润（即资产阶级共同瓜分无产阶级创造的剩余价值）的时候，"竞争实际上表现为资本家阶级的兄弟情谊"。"但是，一旦问题不再是分配利润，而是分配损失"的时候，"竞争也就变为敌对的兄弟之间的斗争了。"②资本主义的竞争关系，是在根本利益有一致的一面，同时又有对抗的一面的资本家之间的斗争关系。社会主义的竞争则与此根本相反。就社会主义国有企业之间的竞争来说，参与竞争的是国有企业，是相对独立的商品生产者。它们之间的根本利益是一致的，只有局部利益的差别。所以，这种竞争关系是根本利益一致，但有局部利益差别的国有企业之间的相互促进的关系。

第三，资本主义生产的唯一目的是获取利润。资本主义的竞争也是服从于这一点的。社会主义国有企业的生产目的主要是为了提高全体劳动者的生活，局部地只是为了提高本企业劳动者的生活，这也会在社会主义竞争中反映出来。当然，社会主义企业竞争的目的也表现为争取更多的利润上。从形式上看，它同资本主义的竞争有相同的地方。但在本质上是根本不同的。因为这些利润不是用于资本积累和资本家的生活消费，而主要是用于提高全体劳动者的生活（包括旨在提高人民生活的社会主义积累），一部分用于改善本企业劳动者的生活。

第四，在资本主义条件下，竞争除了受到某些垄断条件的限制外，一般是能够充分展开的。在垄断前的资本主义阶段，尤其是这样，以致使得自由竞争成为它的根本特征。在社会主义经济正常发展的情况下，国家计划反映了社会全体劳动者的整体利益。社会主义的竞争虽然同这

---

① 马克思：《资本论》，《马克思恩格斯全集》第25卷，第221页。
② 马克思：《资本论》，《马克思恩格斯全集》第25卷，第282页。

种整体利益有一致的一面，但同时反映了企业劳动者集体的局部利益。这种局部利益可以而且必须服从整体利益。所以，社会主义企业之间的竞争也是可以而且必须受到国家计划调节的。因此，社会主义的竞争也就成为一种国家计划指导下的有限制的竞争。

第五，资本主义企业的竞争，除了采取提高产品质量和降低产品价格等手段以外，还采取各种欺骗手段，甚至采取各种暴力手段。在社会主义条件下，"在开展竞争中，所有的生产和经营单位，都应当保证完成国家的产销计划，在改善经营管理，加强经济核算，增加花色品种，提高产品质量，减少能源和原材料消耗，降低成本和费用，提高劳动效率，改进服务工作等方面下工夫，比优劣，不断提高生产水平、技术水平和经营管理水平，以取得良好的经济效果"。[①]关于社会主义企业应该采取正当的竞争手段问题，陈云1982年指出："'六五'计划期间一个重要任务是进行现有企业的技术改造，这也应当是我们今后发展工业的一条新路子。……上海老企业多，应当特别注意这个问题。现在一些轻纺企业在上海开花，在外地结果，反过来进入上海市场，挤上海的产品。这是好事，不要用行政措施去挡，要接受这个挑战，迎上去和它们竞争。办法就是加强技术改造，提高质量，降低成本。另外，要有若干个大企业，能灵活地搞小批量生产，增加花色品种，使产品迅速适应市场变化的需要。"[②]陈云在这里不仅指出了外地企业与上海企业之间的竞争"是好事"，而且根据"六五"计划的任务和上海的具体情况强调了通过加强技术改造的办法，提高质量，降低成本，增加花色品种，适应市场的需要。这些都是社会主义企业正常的竞争手段。

当然，由于企业的局部利益与社会的整体利益有矛盾的一面，再加上各种剥削阶级和小资产阶级的思想影响还广泛地存在着，当前经济管理体制改革不配套，国家的经济、行政和立法管理还不健全，企业采取违反社会主义原则的手段竞争，也是时有发生的。但对社会主义经济来说，这是非法的，是可以在社会主义制度本身的范围内自觉地不断解决的。

最后，资本主义的竞争，使得一些私人企业主胜利，发财，另一些

[①]《国务院关于开展和保护社会主义竞争的暂行规定》，《人民日报》1980年10月30日。
[②]《人民日报》1982年12月3日第1版。

企业主失败，破产，甚至丧生（在这方面，真正是你死我活的斗争）；使得资本主义生产的无政府状态，资本主义的基本矛盾（生产的社会性和私人资本主义占有之间的矛盾）和阶级矛盾都加剧了。社会主义的竞争会使得优胜的企业获得较多的经济利益，但这既不是剥削收入，也不会使他们成为资本家；那些经营不好的企业也会被淘汰，但职工都会得到适当的安排，不会成为资本主义社会那样的失业者。社会主义的竞争，是在国家计划指导下开展的，虽然也会带来盲目性，但不会造成社会生产的无政府状态。社会主义竞争既然推动了社会生产力的发展，也就加强了社会主义的经济制度和政治制度的物质基础。

所有这些区别，都明显地反映了社会主义生产关系对于资本主义生产关系的巨大优越性。

这里还有必要指出：有人在论述社会主义竞争与资本主义竞争的本质区别时提到：社会主义竞争是建立在生产资料公有制的基础上的，其目的是为了提高劳动生产率，不断地满足整个社会的物质和文化需要。当然不能认为这种说法是错误的，但却是不全面的，甚至没有抓到问题的关键。如前所述，如果社会主义国家所有制企业不是相对独立的商品生产者，如果企业的生产不是局部地为了满足本企业劳动者的生活，那就不会有国有企业之间的竞争。有一点是十分清楚的：将来的共产主义社会也是以生产资料公有制为基础的，生产目的也是为了满足整个社会的物质和文化生活，但是不会有竞争。恩格斯说过，资本主义的"竞争建立在利害关系上"。① 从共同的意义上说，任何竞争都是建立在利害关系上；没有利益的差别，也就不会有竞争。社会主义竞争和资本主义竞争在这方面的区别，不在于有没有利益差别，而在于这种利益差别的性质不同。

为了充分认识社会主义竞争的本质特点，首要的和根本的是要把它同资本主义的竞争作比较。但仅仅停留在这一点，也是不够的。为此，还有必要把它同社会主义竞赛作一下对比。它们之间最根本的区别可以归结为：社会主义竞赛就是生产资料的社会主义公有制的产物，它同社会主义国有制企业作为相对独立的商品生产者的经济地位是没有联系的，

---

① 恩格斯：《政治经济学批判大纲》，《马克思恩格斯全集》第 1 卷，第 612 页。

它的目的就是为了提高全体劳动者的生活，它是根本利益一致的社会主义企业（在企业之间开展竞赛的场合）或者社会主义劳动者个人（在劳动者个人之间开展竞赛的场合）的互助合作关系。而社会主义竞争则是同社会主义国有制企业相对独立的商品经济地位相联系的，它的目的主要是为了提高人民的生活，部分地只是为了本企业的物质利益，它是根本利益一致、但有局部利益差别的社会主义企业之间的互相促进的关系。总之，似乎可以说，社会主义竞赛是社会主义公有制的经济范畴，而社会主义竞争是社会主义商品经济的范畴。正像国民经济有计划发展的规律是社会主义公有制的经济规律，而价值规律是社会主义商品经济的规律一样。

正因为这样，将来随着社会主义社会向共产主义社会的过渡，社会主义商品经济不存在了，社会主义竞争也就退出了历史舞台。但这时的公有制在一个高级阶段上发展了，生产目的就只是为了满足整个社会劳动者的生活需要，人们之间的根本利益是一致的，没有社会主义商品经济带来的那种局部利益的差别，因而竞赛也将在一个高级阶段上发展起来。所以，社会主义竞争只是社会主义商品经济的范畴，而竞赛不只是社会主义公有制经济的范畴，而且将是共产主义公有制经济中的更为发展了的经济范畴。恩格斯说过："竞争的实质就是消费力对生产力的关系。在一个和人类本性相称的社会制度下，除此之外，就不会有另外的竞争。"①恩格斯这里说的"竞争的实质"，就是竞赛的实质，即竞赛是为了使得社会生产满足社会全体劳动者的生活需要；这里所说的"和人类本性相称的社会制度"，就是共产主义制度。恩格斯在这里清楚地指明了共产主义竞赛的实质，指出了竞赛这一经济范畴在共产主义社会中也是存在的。

有人把社会主义竞赛同社会主义竞争的区别归结为不一定同参加竞赛者的物质利益相联系，或者归结为不发生淘汰落后的问题。这是值得商榷的。

就前一种归结来说，马克思主义认为，每一种经济关系首先表现为利益关系。无论是社会主义竞争，或者是社会主义竞赛，都是社会主义

---

① 恩格斯：《政治经济学批判大纲》，《马克思恩格斯全集》第 1 卷，第 615 页。

的经济关系，都是社会主义的物质利益关系，都是同提高全体劳动者的生活相联系的，都是同全体劳动者的整体物质利益相联系的。所以，即使是社会主义竞赛也不可能脱离参加者的物质利益。当然，社会主义竞赛和社会主义竞争所反映的物质利益关系除了上述的根本共同点以外，又是有区别的。参与社会主义竞争的企业是同价值规律作用带来的物质利益相联系的。比如，竞争优胜者的商品个别价值低于社会价值，企业的盈利多，企业职工得到的物质福利也多；而竞争失败者的商品个别价值高于社会价值，企业的盈利就少，甚至亏本，以至被淘汰。企业职工虽不会因此而发生资本主义社会那样的失业，但物质福利总会受影响。而参与社会主义竞赛的企业和劳动者个人是同按劳分配规律作用带来的物质利益相联系的。比如，给予竞赛成绩好的企业和个人以物质奖励，就是属于这种情况。但这是社会主义竞赛和社会主义竞争在物质利益关系方面的差别，而不是表明前者同物质利益的脱离。当然，在过去一个时期内，由于受"左"倾错误的影响，在社会主义竞赛中没有充分实行物质奖励。但这是一种不正常的情况，并不能根据这一点，就否定社会主义竞赛同按劳分配规律作用带来的物质利益的联系。这样说，也不是否定在社会主义竞赛中需要发扬共产主义风格，开展共产主义的劳动竞赛。但就多数情况说来，在社会主义阶段，竞赛是不能脱离物质奖励的。当然，到了共产主义社会，这种物质奖励就不需要了。但即使在这个阶段，竞赛也是为了提高全社会劳动者的生活，还是同全体劳动者的整体物质利益相联系的。所以，在任何意义上都不能把竞赛和社会主义竞争的区别，归结为竞赛不一定同参加者的物质利益相联系。

把社会主义竞赛和社会主义竞争的区别归结为不会发生淘汰的问题，是没有错的。因为企业是相对独立的商品生产者，是独立核算、自负盈亏的；而价值规律的作用要求产品按照社会价值或社会生产价格来出售。在这种情况下，如果某些落后企业生产的产品根本不适合市场的需要，或者成本太高，发生亏损，那么这些企业的被淘汰将是不可避免的。这确实是社会主义竞争的一个重要特点，是社会主义竞赛所不具有的。但是，淘汰问题并不是社会主义竞争和社会主义竞赛的全部区别，也不是最根本的区别。所以，如果把社会主义竞赛和社会主义竞争的区别，只是归结为一个淘汰问题，也是欠妥的。

我们在前面着重地分析了社会主义竞争与社会主义竞赛的区别，现在需要指出：二者是相互联系的，是统一的存在于社会主义有计划的商品经济中的。正如计划经济与商品经济是社会主义经济的两个不可分割的方面一样。为了说明这一点，我们举例如下。

1978 年，当"东风"汽车闯进汽车市场，"解放"汽车维持了 20 多年的一统天下被冲破后，一汽、二汽两家"本是同根生"的兄弟厂成了竞争对手。新型的"东风"汽车以较大的质量优势占了上风，给一汽老大哥带来巨大压力和动力。一汽背水一战，自筹资金换型，用 3 年时间把生产了 20 多年的老"解放"来了一个脱胎换骨的改造。1986 年，新"解放"——CA141 不仅重新在国内市场获得地位，而且开始跻身于国际市场。与此同时，二汽也在研究新"解放"投产后如何增强"东风"汽车竞争能力的策略，几年来先后进行了 28 项重大改革，500 项大小改进，也几乎在新"解放"投产的同时完成了"东风"车的换型工作。竞争促进了横向联合，形成了以一汽、二汽为代表的两大汽车集团，给我国汽车工业注入了新的活力。

以振兴汽车工业为共同目标的一汽、二汽，在激烈的市场竞争中始终不忘企业的使命，不断增强自身的竞争能力，也不断帮助竞争对手发展。建设二汽时，一汽抽调了 1/3 的技术、管理骨干，包建了 17 个分厂；在一汽换型的困难时刻，二汽主要领导分别带领业务部门到一汽征求协作意见，主动提出换型建议；一些专业分厂也主动到一汽对口厂请战，分忧解难。二汽承担了一汽换型急需的 52 套模具、工装的制造任务。一汽的同志说："东风牌"车的竞争压力是促使一汽毅然决定换型的主要原因之一；二汽又是一汽换型的主要帮手之一。

早在 1984 年，两厂就成立了"友谊互助振兴会"，双方主要领导经常互访，交流经验，沟通思想。一些对口专业分厂竞争不弃手足情，参观不限制，技术不封锁，经验不保守。最近在二汽精密铸造厂进行的一次交流活动中，东道主二汽精铸厂厂长特别叮嘱技术科长："交流时一定把我厂的'无水倒脱蜡'新工艺说透，莫让人家千里迢迢带着疑问回去。"交流中双方都把新技术、新工艺作为重点，和盘托出，不留一手。

善于吸取对方的长处，把经验变成共同财富。1981 年，二汽率先迈出横向联合第一步，成立东风汽车联营公司。一汽得知后，马上借鉴，并结合自己的情况和吉林市汽车行业实行"地方投资，一汽办厂"的横向联合，走出了生产专业化，资金集约化的新路子，被二汽称为"吉林模式"。二汽又把一汽经验移植过来，发展为"资金股份化，经营一体化"的联合形式，使经济联合一步一步向前发展。①

一汽与二汽既相互帮助、又相互竞争的事实，生动地说明竞争和竞赛是统一地存在于社会主义经济中的，是社会主义有计划的商品经济的一个重要特征。她不仅根本区别于资本主义的竞争关系，同传统经济体制条件下只有竞赛、没有竞争的情况也有重大的区别。这是社会主义有计划的商品经济优越性的一个重要方面。

第三节　社会主义竞争的作用

作为社会主义经济规律的竞争，在促进社会主义经济的发展方面起着重要的作用。但在当前，我国中央高度集权的经济管理体制还没有根本改革，企业作为国家行政机关附属物的面貌还没有根本改变，企业相对独立的商品生产者的地位在实际生活中还没有充分表现出来，因而竞争的作用也还没有充分显示。然而从中国共产党第十一届中央委员会第三次全体会议以来，随着调整、改革、整顿、提高方针的贯彻，特别是扩大企业自主权和发挥市场调节的作用，竞争在我国经济生活中已经初步显示出它的活力。这表现在下列几个方面：

第一，在社会主义竞争过程中，企业都会竞销自己的商品。这样，竞争就会促使企业按市场需要进行生产，使得商品的供给与需求的比例关系得到调节。在国民经济比例关系不协调的情况下，竞争可以促使生产"短线产品"（即供不应求的产品）的企业加快发展生产；可以迫使生产"长线产品"（即供过于求的产品）的企业及时压缩"长线产品"的生产，并按社会需要转产"短线产品"；还可以迫使产品根本没有销路或长期经营亏损的企业在竞争中被淘汰。这一切都有助于国民经济的比例关系趋于协调。

---

① 《人民日报》1987 年 7 月 18 日第 1 版。

第二，企业为了争取有利的销售条件，必然会在市场上展开比产品质量、比花色品种、比为用户服务、特别是比价格的竞争。这样，竞争就会推动企业提高产品质量，增加花色品种，提高服务水平，降低生产成本。在我国，由于过去长期存在的经济工作指导方面"左"倾思想的影响，特别是由于林彪、"四人帮"一伙的反革命破坏，存在着产品质量低，花色品种少，服务质量差，消耗大，浪费多，效率低，"官工"、"官商"作风等。因而竞争也就富有特殊重要的意义。

企业在竞争中提高了产品质量，降低了成本，不仅会在国内市场上，而且在国际市场上提高了竞争能力；不仅会扩大出口，为国家多创外汇，而且可以减少进口。

第三，企业为了提高产品的竞争能力（包括提高产品质量、增加花色品种和降低生产成本等），就要充分发挥职工群众的积极性，特别是技术人员的积极性。

第四，企业为了提高竞争能力需要提高劳动生产率，因而需要采用新技术，发展专业化分工与协作。这就要求走企业联合化的道路。所以说，竞争是联合的"催化剂"。

第五，竞争可以促使企业按照社会需要组织生产，截短"长线产品"，拉长"短线产品"，并可以促使企业降低成本。这些都有利于企业为国家多提供利润和税收。同时也有利于克服分配上"吃大锅饭"的现象。因为那些经营好的企业利润留成多，职工的奖金和福利也多；反之，那些经营差的企业利润留成少，职工的奖金和福利也少。

可见，社会主义竞争在发展社会主义经济中起着重要的作用。

但是，开展社会主义竞争也会带来种种问题，应该怎样认识和对待这些问题呢？

第一，竞争会产生一些盲目性。这是必须引起足够注意，并认真加以解决的。

但在社会主义制度下，竞争不会引起社会生产的无政府状态。为了说明这一点，首先需要分析斯大林的一个观点。

如前所述，斯大林把竞争和生产的无政府状态作为一条资本主义经济规律来表述，曾经使得人们讳言社会主义的竞争。因此，社会主义竞争究竟是否会造成社会生产的无政府状态，是一个需要专门进行探讨的重要的理论问题。

为了说明这个问题，首先需要简要地分析一下资本主义条件下竞争和无政府状态的关系。毫无疑问，竞争是加剧社会生产无政府状态的一个因素，正像社会生产的无政府状态是加剧竞争的一个因素一样。但是，也正像后者不是前者产生的原因一样，前者也不是后者产生的原因。前者产生于资本主义的商品生产关系，后者也产生于资本主义的商品生产关系，产生于资本主义的基本矛盾。①还需着重指出的是：竞争不仅有加剧社会生产无政府状态的一面，还有调节资本主义生产、克服由社会无政府状态引起的比例失调的一面。关于这一点，恩格斯曾经明白地指出过："竞争的规律是：供和求始终力图互相适应，但是正因为如此，就从来不会互相适应。"②马克思也说过这样的话：竞争"总是力图把耗费在每一种商品上的劳动总量化为这个标准"，即"同这种商品的社会需要的量相适应"。③说来也奇怪，人们都承认价值规律对资本主义生产的调节作用，却不承认竞争在这方面的作用。但价值规律的调节作用，正是通过竞争过程实现的。如果只是承认前者的调节作用，而否认后者的调节作用，在逻辑上是矛盾的。在资本主义经济中，竞争不是社会生产无政府状态的根本原因，但二者是并存的。

从历史上来看，在简单商品生产的条件下，已经出现了竞争，并在生产上产生了盲目性，但并没有、也不可能出现社会生产的无政府状态。只是随着资本主义生产方式的确立，"社会生产的无政府状态已经表现出来，并且愈来愈走向极端"。④所以，即使对以生产资料私有制为基础的商品生产（包括简单商品生产和资本主义商品生产）来说，把竞争看做是社会生产无政府状态的根本原因，或把竞争和无政府状态作为一条规律来表述，无论在理论上或历史上都是不正确的。

至于认为在社会主义制度下，竞争就必然造成生产无政府状态的观点，那更是不妥的。

首先应该肯定，在社会主义制度下，竞争也会产生盲目性。党的十

---

① 参见恩格斯：《反杜林论》，《马克思恩格斯选集》第3卷，第311~313页。
② 恩格斯：《政治经济学批判大纲》，《马克思恩格斯全集》第1卷，第613页。
③ 马克思：《资本论》，《马克思恩格斯全集》第25卷，第215页。
④ 参见恩格斯：《反杜林论》，《马克思恩格斯选集》第3卷，第313页。

一届三中全会以后，我国在经济管理方面开始注意市场调节，并进行了扩大企业自主权的试点。于是，社会主义的竞争就初步开展起来，并开始显示了它的生命力。但与此同时，也在生产建设方面出现了一些盲目性。一是重复建设，二是盲目生产。形成上述情况的原因，当然是多方面的，但竞争的开展，显然也是一个因素。就社会主义国有企业来说，企业的局部利益同社会的整体利益在根本上是一致的，但也是有矛盾的，而且企业易于忽视整体利益，易于重视局部利益。这样，社会主义企业的竞争产生盲目性，就不是偶然的现象。因此，根本否认社会主义竞争会产生盲目性的观点，是不能成立的。这种观点不利于全面地认识社会主义竞争规律的作用，也不利于正确地利用竞争规律，不利于限制竞争带来的某些消极作用。

但同时也应该肯定，社会主义的竞争不会造成社会生产的无政府状态。这是由社会主义商品经济的特点决定的。就社会主义国家所有制经济来说，企业是相对独立的商品生产者，它的生产主要是为了全体劳动者的生活需要；局部地是为了本企业劳动者的生活需要。就前者来说，它同反映社会整体利益的国家计划的要求是一致的，完全可以接受国家计划的指导。就后者来说，它同国家计划有矛盾的一面。但由于二者在根本上是一致的，因而后者也可能接受国家计划的指导；而且，国家可以通过有计划地利用价值规律的调节作用，来适应企业这方面的要求，并使企业的生产符合国家计划的需要。

企业作为相对独立的商品生产者还意味着：社会主义国家对企业是处于领导地位的。①对国民经济的发展方向和结构具有决定意义的中长期计划、重要的比例关系以及重大的基本建设投资，都是由国家规定的；关系国计民生的重要产品的生产和分配要受到国家计划调节；关系国计民生的骨干企业的产品发展方向和产销协作关系，要由国家的计划指导。②国家还要采取各种措施来加强对企业的领导。比如，国家要把国民经济的发展趋势、比例要求和有关的控制数字告诉企业；商业、物资、外贸、物价、银行、统计等部门要定期发布各种主要产品的生产能力、产量、价格、销售和库存以及社会需要量的预测等方面的情况。又如，国家要运用价格、税收、信贷、利息等经济杠杆引导企业按照社会需要进行生产。再者，国家要采取必要的行政手段对企业进行监督和控制，如对企业开业、转业、歇业进行登记等。还有，国家要制订各种经济立法，来规范企业的经济活动。在这种情况下，只要国家的宏观决策不发生重大的失误，是不会因为企业的竞争而导致社会生产无政府状态的。

这里需要说明的是：我国经济比例关系的严重失调，显然不是由社会主义竞争造成的，而是长期存在的"左"倾错误导致的。就是近年来新产生的某些盲目性，虽然同社会主义竞争有一定的联系，但主要还是由于经济领导机关缺乏统一的规划和必要的指导，市场情报系统未建立以及价格不合理等造成的。

还要进一步指出的是，社会主义竞争会带来某些盲目性，这只是问题的一方面。另一方面，竞争有利于加强国家的计划指导，有利于克服生产上的盲目性。由竞争所引起的市场供求关系的变化，可以为国家编制计划提供供求的信息，可以检验计划是否正确，可以校正计划的失误，可以促使计划的调整；竞争作为"压力机"，可以有力地推动企业为完成国家计划而努力；国家可以利用价值规律的调节作用来促进国民经济有计划的发展，而价值规律的调节作用是同竞争相联系的，从这方面来说，竞争也有助于加强国家的计划指导作用。这些都是就国家计划所包括的那部分产品来说的。对国家计划所不包括的那部分产品来说，竞争可以促使企业主动按市场需要来进行生产，克服盲目性。

全面地认识社会主义竞争的作用，有助于正确地进行经济管理体制的改革。

第二，竞争还会挤垮一些落后的企业。

从社会的观点看，通过竞争淘汰一些产品没有销路、经济效益很差（特别是经营亏损）的企业，以便腾出人力、物力、财力来发展社会需要的、经济效益好的先进企业，这是一件好事。在国民经济比例关系失调、能源紧张和原材料供应不足的情况下更是如此。

但在正常情况下，社会主义经济是有计划发展的；先进地区和落后地区可以在产品方面实行合理的分工（如先进地区可以发展一些高精尖的产品，落后地区可以多搞一些一般的产品）；国家可以在财政上给落后地区以必要的援助。所以，一般说来，社会主义竞争是不会像资本主义竞争那样造成大批的企业倒闭。就我国当前的情况来说，更是如此。因为当前竞争的范围是很有限的；社会需要的许多方面还远远没有得到充分满足；每个企业（包括落后企业）总有长处和短处。所以，只要注意调查社会需要，并且做到扬长避短，大多数企业是不会被挤垮的。

然而，竞争引起一些企业被淘汰，也只是问题的一个方面。另一方面，在国家计划的指导下，开展竞争有助于克服生产上的盲目性，因而也有助于防止大批企业被淘汰。过去只要国家计划调节，不允许企业竞争，曾经几次发生国民经济比例关系的严重失调，从而引起大批企业的关、停、并、转。像60年代初期的那次调整和1979年以后的这次调整就是这样。如果在国家计划指导下开展竞争，是有助于避免这一点的。

第三，竞争还会在就业方面造成一些困难。就业问题曾经是我国经济生活中的一大难题。党的十一届三中全会以来，这个问题有了很大的缓解，但仍然是一个需要重视的问题。竞争既然会促使企业提高劳动生产率，并会造成一些企业被淘汰，那么从这方面说，就可能使就业问题更为突出。

但是，如前所述，在社会主义条件下，竞争不会造成资本主义社会那样的大批企业的倒闭，也就不会由此造成大批工人的就业问题。而且，竞争在某种程度内有助于克服生产上的盲目性，有助于防止国民经济比例关系的严重失调，从而有助于防止大批企业的关、停、并、转，也就有助于防止由此造成的大批工人的就业问题。同时，竞争还能为解决就业问题创造条件。竞争可以调动企业的积极性，扩大生产规模，开辟许多新的行业；竞争可以促进劳动生产率的提高，增加国民收入，为社会服务事业的发展提供物质基础。这些都有利于大大地扩展就业门路。

第四，竞争也会引起技术封锁。过去在技术上也是采取"吃大锅饭"的办法。一个企业花了很大的劲，搞出一项新技术，无代价地转给其他企业使用。从表面上看，这种做法有利于新技术的推广，实际上是鼓励企业"坐享其成"，挫伤企业创造新技术的积极性。现在开展了竞争，新技术的推广和应用与企业的经济利益密切联系在一起，能使企业自己的产品在生产和销售上处于有利的地位。在这种情况下，要像过去那样无代价地转让新技术，企业当然不愿意了。在没有采取正确的解决办法以前，技术封锁问题也就发生了。从这方面说，技术封锁是我国经济体制改革前进过程中发生的问题，是对那种落后的"吃大锅饭"办法的一种消极抵制。

那么，究竟应该如何解决这个矛盾呢？一方面要看到它合理的一面。无代价地转让新技术，是违反企业作为相对独立的商品生产者的经济要求的，是违反企业一定的经营管理自主权及其物质利益的，是不利于调动企业创造新技术的积极性，也不利于企业在这方面展开竞争的。另一方面也要看到它不合理的一面。技术封锁要影响新技术的推广，并造成企业之间在创造新技术上的重复劳动，浪费社会的人力、物力和财力。所以，这个问题既不能听任其存在，也不能重复过去"吃大锅饭"的办法，而是尽快实行新技术的有偿转让。这样，既保护了新技术发明者的权益，又有利于新技术的推广。当然，同时，也要进行思想政治工作，提倡发扬社会主义的协作精神，开展技术交流。至于那些从国外引进的先进技术，并不是企业努力的结果，自然需要在国家统一领导下，实行无偿转让。

总起来说，开展社会主义竞争虽然会带来一系列的问题，但它不会造成像资本主义竞争那样的后果，而且这些问题通过社会主义制度本身是可以逐步解决的。这正是社会主义经济优越于资本主义经济的一个重要方面。

第四节　社会主义竞争的条件

在当前的情况下，应该创造哪些条件，来进一步开展社会主义竞争呢？

第一，开展竞争必须在坚持社会主义经济制度的前提下，进一步落实和扩大企业自主权，完善企业的经营机制，使企业成为相对独立的社会主义商品生产者。只有这样，企业有了责，有了权，也有了利，手脚可以放得开，又有了动力，竞争才能充分展开。

为了维护企业自主权，企业根据国家政策法令所拥有的一定的产、供、销、人、财、物等方面的权力，任何地区和部门不得任意干预。企业之间签订的合同和协议，应当互相信守，并受到国家法律的保护，毁约一方要负担经济责任和法律责任。企业在保证完成国家计划和国家规定的供货任务的条件下，可以根据市场需要，安排生产计划，或承担协作任务。除国家计划分配的物资以外，企业可以根据择优的原则，在国家政策法令许可的范围内，到外地、外单位购买所需的物资，有关地区和主管部门不得进行阻挠。属于国家分配的物资，也要有条件地逐步地进入生产资料市场。对一切侵犯企业自主权的做法，企业有权抵制和上诉。

第二，在以社会主义公有制经济为主体的条件下，允许和提倡各种经济成分开展竞争。为此，在经济活动中，除国家指定的由有关部门和单位专门经营的产品以外，其余的不得进行垄断，搞独家经营。对一些适宜于承包的生产建设项目和经营项目，可以试行招标、投标的办法。对于有利于国计民生的非社会主义经济成分，在它们按照国家规定注册开业后，应当予以支持，在货源、贷款、税收、劳动力、产品销售等方面，统筹安排，给以方便。同时，要制定调节分配、鼓励扩大生产的税则税法，提出劳动保护和保证各方合法权益的办法，并切实加以实施。作为社会主义经济必要补充的非社会主义企业的正当权益，应受到国家法律的保护，任何单位、任何人都不得平调他们的资财，强加给不合理的负担，侵犯他们的利益。

第三，广开流通渠道，为竞争开辟场所。要进一步开辟物质产品市场，特别是作为基本生活资料的住宅市场以及生产资料市场。要增加流通渠道，减少中间环节，允许企业采取多种形式，实现产需结合，加速商品流转。地区之间、城乡之间可以互设销售机构，举办展销会，委托代销，推销商品。

第四，开展竞争必须对不合理的价格逐步地进行改革。因为竞争固然可以表现在质量、品种、服务等方面，但最重要的还是表现在价格上。但当前价格体系不合理，使企业不能处于同一起跑线上开展竞争。同时，价格管理权限过于集中，使得生产成本低的先进企业想降价也降不了，而落后企业却可以躺在统一价格的"靠椅"上过日子，并且向先进企业争能源、争原料、争市场，使得先进企业的生产能力不能充分发挥，甚至减产。这样，竞争就难以开展起来。要通过价格改革，逐步形成少数商品和劳务实行计划价格、多数实行浮动价格和自由价格的统一性和灵活性相结合的价格体系，以适应社会主义竞争的需要。

第五，开展竞争必须进一步打破地区封锁和部门分割。因为，全国统一的社会主义市场是竞争在全国范围内充分展开的必要条件。为此，任何地区和任何部门都不得封锁市场，不得禁止外地商品在本地区、本部门销售。对本地区出产的原材料必须保证按国家计划调出，不得进行封锁。采取行政手段保护落后，抑制先进，妨碍商品正常流通的做法，都是不合法的，应当予以废止。

第六，为了鼓励企业在革新技术和创造发明方面开展竞争，为了保障有关单位和人员应有的经济利益，对创造发明的重要技术成果要实行有偿转让，积极建立、扩展和完善技术市场。当然，同时也要提倡发扬社会主义协作精神，开展技术交流。

在开拓物质产品市场和技术市场的同时，还要发展资金市场、劳务市场和信息市场，以建立和完善社会主义的市场体系，并使技术、资金、劳务和信息的价格趋于合理，为企业在上述各种市场上的竞争创造条件。

第七，企业之间的竞争，要严格遵守国家的政策法令，采取合法的手段进行。要树立企业的信誉和道德。不准弄虚作假，行贿受贿，投机倒把，牟取暴利，损害国家和人民的利益。对于违法乱纪的有关人员，国家应该根据情节轻重依法或照章予以处理。这是保障社会主义竞争健康发展的一个必要条件。

第八，为了促进竞争的顺利发展，还必须有国家的正确指导。各级政府和主管部门要运用经济规律，利用价格、税收、信贷、利率等经济杠杆，制订必要的经济法规，指导竞争的健康发展。能源、原材料，要优先供应那些质量好、消耗少、成本低、竞争力强的企业。对后进企业，有些要进行整顿，帮助他们改善经营管理，努力赶上先进企业；有些要结合国民经济的调整，进行改组、转产或并厂，鼓励走联合的道路。经济发达的地区要注意帮助经济不发达的地区。各级经济管理部门还需加强计划指导和市场管理，做好调查研究、预测预报工作，对产品的发展趋势、市场情况等进行综合分析，指导企业搞好生产和经营，避免由于竞争可能引起的生产建设的盲目性。

总之，创造了这些条件，就可以使竞争进一步顺利开展起来。

第五章　社会主义的市场

按照传统的经济体制以及作为这种体制理论复制品的传统经济学，在社会主义国有经济中，物质产品的商品不包括住宅，基本上也不包括生产资料，只包括住宅以外的消费资料。与这种片面的物质产品商品理论相联系，只有除了住宅以外的消费品市场，不存在住宅市场，基本上也不存在生产资料市场。这种状况极大地妨碍了物质产品的社会主义统一市场的形成，阻挠了社会主义商品经济的发展，尤其不适应我国当前正在进行的经济体制改革的要求。因此，从理论上进一步探讨完整的物质产品商品理论，并以此为基础进一步探讨完整的物质产品的商品市场理论，以便建立和发展物质产品的社会主义统一市场，这具有重要的意义。诚然，社会主义市场体系包括物质产品市场、技术市场、资金市场、劳动市场和信息市场等方面，我们这里只分析物质产品市场。除了国内市场以外，还有国际市场，我们这里只分析国内市场。

第一节　社会主义市场赖以形成的经济条件

一、对这个经济条件的总的分析

总的说来，这个条件就是以社会主义公有制为主体的多种所有制形式，以及由此形成的各种类型的商品经济关系。在这方面，社会主义公有制的商品经济是主要的条件，各种非社会主义所有制（包括个体经济、私人资本主义经济和国家资本主义经济）的商品经济是补充的（但也是必要的）经济条件。社会主义国家所有制内部也存在商品经济，这一点，我们在前面已经做过分析。集体所有制和各种非社会主义所有制本身都是商品经济，是很清楚的，无争议的，毋庸多言。但是，我们为了进一步说明这个问题，这里需要对长期存在的妨碍生产资料市场和消费资料市场形成的有关观点，提出商榷意见。这主要有三点：一是国有企业生产的生产资料是不是商品；二是国有企业生产的作为生活资料的住宅是不是商品；三是国有企业生产并出售给职工的住宅以外的消费资料成为商品的原因是什么。

二、对形成生产资料商品市场的经济条件的分析

斯大林认为，在社会主义条件下，消费资料是商品，而生产资料则不是商品。这是不妥的。

马克思把商品定义为："彼此独立进行的私人劳动的商品。"① 这是马克思概括了简单商品生产和资本主义商品生产的共同特征得出的结论。斯大林依据对生产资料私有制和社会主义两种公有制条件下存在的商品生产的一般情况的分析，对商品的定义作了重要的发展。他认为："商品是这样的一种产品，它可以出售给任何买主，商品所有者在出售商品之后，便失去对商品的所有权。而买主则变成商品的所有者。他可以把商品转售、抵押或让它腐烂。"② 这样，斯大林关于商品的定义就突破了马克思所限定的生产资料私有制的框框，而扩及到了社会主义所有制经济。从这种意义上说，它是马克思主义政治经济学史上的一个重要发展。当然，这个定义是有明显缺陷的（这一点，我们还将在后面作进一步论述）。但很显然，运用斯大林的这个定义，可以解释（或者至少在形式逻辑上可以解释）两种社会主义公有制形式之间的商品经济关系，也可以解释集体企业之间的商品关系，还可以解释生产消费品的社会主义企业和消费者之间的商品关系。但是，它不仅不能解释国有企业之间的商品经济关系，而且正是从这里否定了这种商品经济关系，进而否定了国有企业生产的生产资料属于商品。③ 这些情况表明：斯大林关于商品的定义虽然比马克思前进了一大步，但仍然有很大的局限性，仅仅把它局限在

---

① 马克思：《资本论》，《马克思恩格斯全集》第23卷，第89页。
②③ 斯大林：《苏联社会主义经济问题》，第41页。

不同的社会主义所有制之间，而忽略了国有企业生产的产品仍然是商品。这种局限性是同他否定国有企业是相对独立的商品生产者直接相联系的。斯大林不承认国有企业是相对独立的商品生产者，因而否定了生产资料是商品。与此相联系也否定了生产资料商品的流通。当然，如果把斯大林否定这一点，仅仅归结为在理论上不承认国有企业是相对独立的商品生产者，那就过于简单化了。在这方面，还有其他的原因。

从理论上说，斯大林错误地把发展生产资料的商品流通同社会主义集体所有制向国家所有制的过渡以及社会主义社会向共产主义社会过渡看做是不能相容的东西。他在批评苏联有的经济学家建议把国营机器拖拉机站的基本生产工具出售给集体农庄，以提高集体农庄所有制水平的时候，曾经说过："这只会使集体农庄所有制离开全民所有制更远"，使社会主义"远离共产主义"。① 这是导致他否定生产资料商品流通的另一个理论根源。显然，这种批评是没有说服力的。在社会主义历史阶段，社会主义商品生产是推动社会生产力发展的重要力量。这是为将来社会主义集体所有制向国家所有制过渡，并为更为长远的将来社会主义社会向共产主义社会过渡创造物质条件，二者怎么会是不相容的东西呢？在这里，斯大林还引证了恩格斯对杜林的批判，作为自己观点的佐证。他写道："恩格斯在他的《反杜林论》里批评杜林主张的在商品流通条件下活动的'经济公社'时，确凿证明商品流通的存在必然会使杜林的所谓'经济公社'走向复活资本主义的地步。"② 这是不妥当的。恩格斯曾经明确说过："杜林的经济学归结为这样一个命题：资本主义的生产方式很好，可以继续存在。但是资本主义的分配方式很坏，一定得消失。"③ 在这种条件下，发展商品生产，自然会使"经济公社"复活资本主义。但这里讨论的问题，是把国有企业生产的农业机器作为商品出卖给集体农庄，发展社会主义的商品生产和商品流通。而按照斯大林自己的说法，社会主义的商品生产可以"在一定的时期内同样地为我国社会主义社会服务而并不引导到资本主义"。④ 可见，这个佐证不仅没有证明斯大林的观点，而且

---

① 斯大林：《苏联社会主义经济问题》，第73~74页。
② 斯大林：《苏联社会主义经济问题》，第74页。
③ 恩格斯：《反杜林论》，《马克思恩格斯选集》第3卷，第337页。
④ 斯大林：《苏联社会主义经济问题》，第11页。

反映了他的经济理论体系中的矛盾。

按照斯大林的主张，"为了把集体农庄所有制提高到全民所有制的水平，必须将集体农庄生产的剩余产品从商品流通系统中排除出去，把它们纳入国家工业和集体农庄之间的产品交换系统。问题的实质就在这里。"[①]这就是说，在社会主义社会就可以用发展产品交换和产品经济的办法来代替商品交换和商品经济。这也是导致斯大林否定生产资料商品流通的又一理论根源。但这个办法是行不通的。因为，第一，在社会主义历史阶段，社会主义的商品生产是适合生产力发展要求的，商品生产是取消不了的。而在商品生产条件下，产品交换是商品生产承担者所不能接受的。苏俄在由"战时共产主义政策"向"新经济政策"转变开始的时候，就有过这方面的教训。1921年春，俄共就提出要实行新经济政策，在国家和农民之间实行"商品交换"。但这种"商品交换"并不是真正意义上的、通过买卖的商品交换，而是国家工业品和农民农产品之间的直接的产品交换。实践证明：这种办法是农民所不接受的，行不通。列宁及时地总结了这个教训，到1921年秋，就由这种直接的产品交换转变到真正的通过买卖的商品交换。[②]当然，这时的商品交换主要是在苏维埃国家和个体农民之间进行的。它同我们这里讨论的社会主义国家所有制与集体农庄所有制之间的商品交换是有重大区别的。但就一般的意义上说，其道理也是适用的。实际上，斯大林在总结了社会主义建设时期的经验以后，也曾正确地说过："现时，除了经过商品的联系，除了通过买卖的交换以外，与城市的其他经济联系，都是集体农庄所不接受的。"[③]第二，如果说，共产主义的按需分配和社会主义的按劳分配是一组相对应的范畴的话，那么，共产主义的产品经济和社会主义的商品经济也是一组相对应的范畴。无论是共产主义的按需分配，或者是共产主义的产品经济，都是以社会生产力的极大发展作为物质基础的；否则，都是行不通的。

斯大林否定生产资料商品流通的理论，也有经济管理体制方面的原因。斯大林关于社会主义经济的理论，是为他所创立的苏联经济管理体制作理论说明的。这种体制的主要特征是高度集中，以行政管理为主，

---

① 斯大林：《苏联社会主义经济问题》，第75页。
② 参见列宁：《莫斯科省第七次党代表会议》，《列宁全集》第33卷，第73、79页。
③ 斯大林：《苏联社会主义经济问题》，第12页。

排斥价值规律和市场机制的作用。在这种体制下，国有企业生产的生产资料的分配，并不经过流通过程和商业机构，而是由国家的物资管理部门实行计划调拨。斯大林否定国有企业生产的生产资料的商品流通，就是这种现实的反映。

斯大林否定生产资料的商品流通，还有更深刻的社会历史根源。十月革命胜利以前的俄国，资本主义只有中等程度的发展，特别是在农村，封建主义的自然经济还占统治地位。这样，十月革命胜利以后，自然经济的思想还有很深的影响。孙冶方是我国首先批判苏联流行的"自然经济论"的经济学家。按照他的说法，在这种"自然经济论"看来，"在原始共产主义社会的部落经济中，全部生产、分配和消费都为部落的首脑所支配；而在社会主义和共产主义社会中，一个集中统一的计划机关代替了原始部落中的首脑，领导着全社会的经济活动"。孙冶方认为，苏联的经济管理体制就是以这种"自然经济论"为基础的。[①]如前所述，斯大林否定生产资料的商品流通，是同这种经济管理体制紧密相连的。这里需要说明：这种"自然经济论"在外观上往往表现为马克思主义的"产品经济论"。这是因为受到自然经济思想包围的人们，往往自觉或不自觉地以"自然经济论"去理解马克思主义的"产品经济论"；而在社会生产力的条件还不具备的情况下勉强推行产品经济，其结果又只能是自然经济。这就像受到小资产阶级平均主义思想包围的人们，往往自觉或不自觉地以平均主义思想去理解马克思主义按需分配理论；而在社会生产力的条件还不具备的情况下，勉强推行按需分配，其结果也只能是平均主义一样。

由于斯大林否定了生产资料商品的流通，因而就否定了作为生产资料商品流通场所的生产资料市场。

还要指出：在国有企业生产的生产资料是否属于商品的问题上，毛泽东的看法比斯大林前进了一步。1959年，毛泽东曾经批评过斯大林关于生产资料不是商品、农业机器不能卖给农民的错误观点，指出：商品不限于个人消费品，有些生产资料也属于商品。[②]在这里，他似乎只是从

[①] 参见孙冶方：《社会主义经济的若干理论问题》，人民出版社1979年版（下同），第60页。
[②] 《人民日报》1984年11月19日。

两种社会主义公有制之间存在商品经济关系的理论出发，确认了国有企业生产的农业机器可以当做商品出卖给农民。但是，他并没有从理论上解决国有企业生产的、但由国有企业使用的生产资料为什么是商品的问题。诚然，毛泽东1956年就曾经提出过这样重要的思想："把什么东西统统都集中在中央或省市，不给工厂一点权力，一点机动的余地，一点利益，恐怕不妥。……各个生产单位都要有一个与统一性相联系的独立性，才会发展得更加活泼。"①但这些论述也只是表明：在一定程度上涉及到了国有企业是相对独立的商品生产者的问题，却并没有从根本上解决这个问题。

　　这里需要进一步指出：党的十一届三中全会以后，我国学术界有愈来愈多的同志否定了斯大林关于生产资料不是商品的错误论断。但在党的十二届三中全会以前的一段时间内，由于国有企业是相对独立的商品生产者这个基本问题没有在学术界取得统一的认识，因而生产资料是否是商品的问题，大家并没有取得一致的意见。有些同志仍然坚持（或基本上坚持）斯大林的看法，如前所述，这显然是不妥的。但在这里还有两种观点也需要提出来讨论。一是有的同志认为，国有经济生产的生产资料是商品，但又否认国有企业是相对独立的商品生产者。这是自相矛盾的说法。按照马克思主义的观点，商品是一种社会生产关系。如果国有企业不是相对独立的商品生产者，那么由它生产的产品怎么可能成为商品呢？二是有的同志认为，由于国有企业生产的生产资料是商品，所以国有经济也是商品经济。这是一种倒因为果的说法。实际上，由于国有企业是相对独立的商品生产者，因而它所生产的产品也就转化为商品。

　　总之，要论证社会主义的产品市场不仅包括消费资料市场，而且包括生产资料市场，就要论证商品不仅包括消费资料，而且包括生产资料。而要达到这一点，仅仅确定集体企业是独立的商品生产者是不够的，还必须确定国有企业是相对独立的商品生产者。

三、对形成住宅商品市场经济条件的分析

（一）住宅成为商品的经济条件是什么

　　长期以来，在社会主义国家所有制经济中，职工住宅建设的投资由

---

① 毛泽东：《论十大关系》，《毛泽东选集》第5卷，第273页。

国家供给，建筑单位在建房过程中耗费的资金实报实销，建成的住宅由国家以很低的房租租给职工居住。[①] 显然，这种住宅管理体制，无论从生产方面来看，还是从分配方面来看，基本上都是"供给制"。在这种体制下，建筑单位不仅不是相对独立的商品生产者，而且连生产单位也算不上，是社会福利事业的组成部分；作为建筑单位的产品的住宅也不当作商品来看待，因而也不存在住宅商品市场。

但社会主义建设的实践已经充分证明：这种体制根本不能适应作为相对独立的商品生产者的建筑企业的要求。

为了说明这一点，首先也要简要地说明一下为什么建筑企业也是相对独立的商品生产者。随着我国近代产业的发展，建筑业不仅早就有了独立化的企业，而且早已发展成为独立的产业部门。新中国成立以后，这个产业部门尽管由于各种原因没有得到应有的发展，但比解放前已经有了很大的发展。1952 年，社会主义国家所有制的建筑业和资源勘探部门的职工人数是 105 万人，1984 年增加到 1043 万人。[②] 这些情况表明：建筑企业也已经是建筑业和社会生产的基本单位。在社会主义的国有经济中，这种基本单位也像作为工业和社会生产基本单位的工业企业一样，是相对独立的商品生产者。诚然，同工业相比较，建筑业的生产及其产品是有特点的，如建筑安装生产周期长，产品体形庞大，整体难分，经久耐用，使用期长，等等。这些特点无疑会给建筑业的管理带来差别。但这些特点并不决定建筑企业的社会经济性质。按照马克思主义的观点，这种性质是由社会生产力的发展状况决定的。前面我们已经说过：在社

---

① 根据国家统计局 1956 年职工家庭收支调查，住公房的职工住宅每户每月负担房租 2.1 元，占家庭收入的 2.4%，占本人工资的 3.2%，国家收回的租金，一般只达应收租金的 1/3 到 1/2 左右（国家城市建设总局房产住宅局：《城镇住房问题》，北京日报出版社 1981 年版，第 93 页）。

又据 1965 年统计，住公房的职工住宅每平方米使用面积月租金平均在一角左右，最低的只有几分钱；职工的房租负担，一般占家庭收入的 2%~3%。有些只占 1% 左右（同上书，第 132 页）。

再据 1981 年统计，公房住宅的租金，新式砖混楼房每平方米使用面积月租金约 0.14 元，旧式平房每平方米约 0.1 元。另据北京市房屋管理部门的测算，为了保证房屋正常维修和管理费用的需要，砖混结构楼房，每平方米使用面积月租金不能低于 0.3 元。可见，目前的租金还不到必要的管理费和维修费的一半（《工业经济管理丛刊》1982 年第 5 期，第 30 页）。

又据有关方面预测，目前全国城镇公用住房总平均使用面积每平方米月租金为 0.1 元左右，而成本租金为少为 1.05 元，商品租金为 2.3 元。目前，房租占职工家庭收入的比重已由解放初期的 5%~10% 下降到 1.5%（《世界经济导报》1986 年 6 月 16 日第 1 版）。

可见，长期以来，我国房租是很低的。

② 《中国统计年鉴》（1985），第 218 页。

会主义的历史阶段，国有企业是相对独立的商品生产者。根据同样的理由，国有建筑企业也是相对独立的商品生产者。

既然国有的建筑企业是相对独立的商品生产者，那么，它不仅要求拥有商品生产全过程的经营自主权，而且要求把生产过程的结果——建筑产品作为商品来出售。正像我们在前面分析国有企业时说过的那样，这些既是它在实际经济生活中真正成为相对独立商品生产者的条件，也是它实现其相对独立的经济利益所必需的。显然，长期以来在住宅建筑和分配方面实行的供给制，是根本不能实现这种要求的。

为了说明建筑企业是相对独立的商品生产者，从而说明作为建筑企业产品的住宅是商品，还有必要对曾经流行过的和当前还存在的某些学术观点提出商榷意见。

（二）如何看待恩格斯的有关论述

长期以来，人们不把住宅建筑看做商品生产，而当做社会福利事业，在理论上同对恩格斯的某些论断的误解是有联系的。

恩格斯的《论住宅问题》是马克思主义关于住宅问题的最重要的经典著作，在讨论社会主义制度下住宅问题时理所当然地受到了人们的关注。但长期以来，在这方面却发生过误解。恩格斯在论到解决资本主义制度下的住宅问题时曾经提出："有一点是肯定的，现在各大城市中有足够的住宅，只要合理使用，就可以立即帮助解决真正的'住宅缺乏'问题。"要实现这一点，就需要无产阶级取得政权，"就必须剥夺现在的房主，让没有房子住或现在住得很挤的工人搬到这些住宅里去"。恩格斯把这一点称作"有关社会福利的措施"。[①] 有的同志正是依据这一点，把住宅建筑和分配看做是社会福利事业，否定住宅是商品，并对实现住宅商品化持异议。

但是，实际上恩格斯在这里说得很清楚：这项作为社会福利的措施，是当时在无产阶级夺取资本主义国家的政权后在大城市可能采取的、解决住宅缺乏问题的、临时性的应急措施，既不是这些国家在革命胜利后在全国都可以采取的应急措施，也不是长远措施，更没有说经济落后国家在革命胜利后也必须把它作为长远措施。这是第一。第二，在同一著作中，当恩格斯论到无产阶级革命胜利后在较长时期里解决住宅等的分

---

① 恩格斯：《论住宅问题》，《马克思恩格斯选集》第 2 卷，第 485 页。

配和使用问题时，又明确指出：在劳动人民"将成为全部住宅、工厂和劳动工具的集体所有者"的条件下，"这些住宅、工厂等等，至少是在过渡时期未必会毫无代价地交给个人或协作社使用。同样，消灭土地私有制并不要求消灭地租，而是要求把地租——虽然是用改变过的形式——转交给社会。所以，由劳动人民实际占有一切劳动工具，无论如何都不排除承租和出租的保存"。①第三，尽管如此，恩格斯在上述那段临时紧急措施的话的前面还强调指出："社会革命将怎样解决这个问题呢？这不仅要以时间地点为转移，而且也同一些意义深远的问题有关，其中最重要的问题之一就是消灭城乡对立问题。既然我们不预备凭空设想一套未来的社会结构，也就用不着在这上面浪费时间。"在同书的另一处，恩格斯又指出："我的确丝毫没有想到要解决所谓住宅问题，正如我并不想解决那更为重要的食物问题的细节一样。""至于凭空推想未来的社会将怎样调整食品和住宅的分配，——这就是直接陷入空想。"②第四，最重要的还在于这一点：我们在前面已经提到，恩格斯曾经设想："直接的社会生产以及直接的分配排除一切商品交换，因而也排除产品向商品的转化……和随之而来的产品向价值的转化。"③但是，长达半个多世纪的社会主义各国的实践已经充分证明：在社会主义历史阶段，即使是国有企业也是相对独立的商品生产者，即使在国有经济内部也还必须保留商品经济，在社会主义的初级阶段，更是如此。可见，在任何意义上，我们都没有理由依据上述的恩格斯有关临时紧急措施的论述，来断定需要把社会主义国有经济内部的住宅建筑和分配当做社会福利事业；相反，我们依据恩格斯在这里所阐发的唯物论和社会主义的实践，可以断定国有建筑企业是相对独立的商品生产者，他们的产品——住宅仍然是商品。这里，分歧的实质似乎可以归结为：是应该依据对马克思主义创始人某些论断的误解来否定社会主义的实践呢？还是应该依据社会主义的实践来进一步发展马克思主义？

　　上述一点，是对恩格斯《论住宅问题》有关论述的一种最重要的误解。这里还应提到另一种误解。恩格斯针对蒲鲁东主义者的主张指出："在现

---

① 恩格斯：《论住宅问题》，《马克思恩格斯选集》第 2 卷，第 544~545 页。
② 恩格斯：《论住宅问题》，《马克思恩格斯选集》第 2 卷，第 485、548 页。
③ 恩格斯：《反杜林论》，《马克思恩格斯选集》第 3 卷，第 347~348 页。

代大工业和城市发展情况下提议这样做是既荒谬又反动的；恢复各个人对自己住宅的个人所有权，就是后退一步。"①有的同志又依据这一点，认为如果不把住宅问题当做社会福利事业来办，而把它当做商品生产来办，实现住宅商品化，恢复个人对自己住宅的个人所有权，就是后退了一步。这是混淆了两个有原则区别的问题。蒲鲁东主义者提出：要解决资本主义制度下的住宅问题，就要恢复劳动者对土地和住宅等的私有权，即要无产者回到原来的小私有者农民的地位。但是，按照历史唯物主义的观点，小私有者农民土地和住宅等的被剥夺，尽管是充满了血和泪的过程，是血腥的历史，但促进了社会生产力的发展，是一种历史的进步。在资本主义大工业已经有了发展的条件下，再恢复这种小私有制是逆历史潮流而动的。而且在不触动资本主义私有制的条件下，这样做也不能从根本上解决资本主义社会的住宅问题，还会用土地和住宅把劳动者束缚起来，阻碍无产阶级革命运动的发展，并巩固资产阶级的反动统治。所以，蒲鲁东主义者的主张"是既荒谬，又反动的"，"是后退一步"。这是恩格斯在这里提出的问题。我们这里讨论的问题是：针对过去把住宅问题当做社会福利事业来办的、违反社会主义商品经济发展要求的做法，提出要把住宅作为商品来生产，并实现住宅商品化。这是在坚持社会主义国家所有制的前提下，进行经济体制改革的一个重要方面，是一种革命性的进步。怎么可以依据恩格斯的上述论断来否定住宅的商品化呢？

有些同志正是从住宅问题系社会福利事业这个命题出发，把这一点看做是"确实显示了社会主义制度的优越性"。②值得注意的是：甚至在主张实现住宅商品化的同志中间也有这种议论。但是，这里首先需要明确一个问题：究竟什么是社会主义经济制度的优越性？怎样才能发挥社会主义经济制度的优越性？按什么标准来衡量社会主义经济制度的优越性？依据历史唯物主义的观点，从根本上说来，所谓社会主义经济制度的优越性，就是社会主义基本经济制度在本质上所具有的优越性；所谓发挥社会主义经济制度的优越性，就是按照社会主义基本经济制度的本质要求办事；衡量这种优越性的标准，就是看它是否最有效地促进了经济效

---

① 恩格斯：《论住宅问题》，《马克思恩格斯选集》第 2 卷，第 546 页。
② 国家城市建设总局房产住宅局：《城镇住房问题》，北京日报出版社 1981 年版，第 376 页。

益的提高和社会生产的增长，以及在这个基础上的人民物质文化生活的改善。

在明确了这一点以后，我们进一步指出：社会主义经济的本质特点，不仅在于她是计划经济和按劳分配，而且在于她是商品生产（当然是社会主义的商品生产）。这样，如果我们承认住宅是商品，正好是适应了作为相对独立的商品生产者的住宅建筑企业的本质要求，就能够按照商品经济规律的要求办事，就能够调动住宅建筑企业的积极性，就能促进住宅建筑的发展，就有助于提高人民的住宅水平，因而就能真正发挥社会主义经济制度的优越性。反之，如果像过去的长时期那样，把住宅建筑和分配当做社会福利事业来举办，就违反了作为相对独立的商品生产者的建筑企业的要求和商品经济规律的要求，就会挫伤住宅建筑单位的积极性，就会阻碍住宅建筑的发展，就会妨碍人民居住水平的提高，就会束缚社会主义经济制度优越性的发挥。过去长时期的实践，难道不正是这样证明的吗？

这样说，当然不意味着社会主义基本经济制度没有优越性，而是说长期实行的住宅建筑和分配方面的供给制弊端甚多，并且正是这一点妨碍了社会主义基本经济制度优越性的发挥。

这样说，也不是讲住宅建筑和分配方面的供给制没有起过任何积极作用。实际上，在我国实行低工资的条件下，实行这种供给制，对保障职工生活是起了一定的积极作用的。但是，问题在于：这种供给制既不适应作为相对独立的商品生产者的住宅建筑企业的要求，也不适应作为社会主义社会个人消费品分配基本原则的按劳分配的要求，其弊病超过了它的积极作用，成为问题的主要方面。

当然，我国长期把住宅建筑和分配当做社会福利事业来举办，不仅有上述的理论根源，还有它的社会根源。

第一，建国初期，我们移植了苏联曾经长期实行的财政上的统收统支制度。住宅建筑方面的供给制不过是这种统收统支财政制度更为恶性的发展。就是说，对国有的工业、交通等企业，虽然没有把它们当做是相对独立的商品生产者，不实行自负盈亏，但还是把它们当做是基本的生产单位，还要搞成本核算；而对国有的建筑施工单位则干脆不把它们当做生产单位，而当做福利事业单位，连成本核算也不搞。还要指出：

苏联在十月社会主义革命以后，也是把住宅作为社会福利事业，实行由国家直接分配给职工和低租金的制度。多年来，房租只有住房各项费用的三分之一，其余三分之二由国家补贴，房租一般不超过职工家庭收入的 3%。① 苏联在住宅建筑和分配方面的供给制是我国在这两方面实行的供给制的主要渊源。

第二，我国民主革命时期，在革命根据地和解放区曾经实行军事共产主义的供给制。建国初期，也还在一段时期内保留了这种供给制。长期以来，我国在住宅分配方面实行的供给制，基本上② 就是上述供给制在这方面的延续。

第三，建国以来，我国经济工作指导思想方面几次发生过"左"的错误。其重要表现就是力图在分配方面扩大按需分配因素。这一点，是把住宅问题当做社会福利事业来处理的指导思想。但这超越了社会主义历史阶段社会生产力所能承受的程度，把在共产主义阶段才能做到的事情勉强拿到社会主义阶段来做。列宁说过：在社会主义历史阶段，"把属于全民的住宅租给个别家庭就既要征收租金，又要实行一定的监督，还要规定分配住宅的某种标准"。"至于过渡到免费分配住宅，那是与国家的完全'消亡'联系着的。"③ 按照马克思列宁主义的观点，这也就是与共产主义的完全实现联系着的。在社会主义历史阶段勉强做这件事，其结果并不能在住宅分配方面实行按需分配原则，只能基本上④ 搞平均主义，而在封建主义思想影响存在、社会主义民主没有充分发展、住宅分配制度不健全、住宅不能满足需要等条件下，在某种范围内，实际上还会按照特权思想来分配。

第四，半殖民地半封建的中国，是一个小生产占优势的国家。这就决定了小资产阶级平均主义思想在建国以后的一个长时期内还有很广很深的影响。这一点，不仅成为分配方面（包括住宅分配）推行平均主义

---

① 国家城市建设总局房产住宅局：《城镇住房问题》，北京日报出版社 1981 年版，第 470 页。

② 所以说"基本上"，是因为职工还要向国家交纳很低的房租；而且，由于国家住宅建筑满足不了职工的需要，并不是所有职工都能分到低价的住房。从这两方面来看，与过去实行的供给制相比较，住宅分配方面的供给制都是不完全的。

③ 列宁：《国家与革命》，《列宁选集》第 3 卷，第 221 页。

④ 这里所以说"基本上"，是因为职工住房的分配，是因职工级别不同而有差别的，这在一定程度上可以说考虑到了劳动贡献的差别；而且租金是按住房面积收的，因而不完全是平均主义的。

原则，而且成为长期巩固这一原则的广泛的社会思想基础。

第五，我国原来的社会生产力很落后，人口又多。建国后，社会生产虽然有了很大的发展，但由于各种原因，并没有得到应有的发展，特别是经济效益不高；在一个长时期内，人口又增长过快，每年增加的就业人口很多。这种状况在很大程度上决定了需要实行低工资制。这种低工资制使得职工的支付能力有限，因而又在很大程度上决定了需要实行低房租制，并且使得这种低房租制难以改变。据 1957 年财政部按照租金所包括的折旧费、维护费、管理费三项费用[①]计算，一般平均每平方米每月应收租金 0.25 元，按照每户 16~20 平方米的居住面积计算，每月房租 4~5 元，一般占职工工资收入的 6%~10%，平均 8% 左右。而当时实收房租，一般只占职工工资收入的 3.2%。[②]又据 80 年代初的估算，实收房租只占职工家庭生活费支出的 2%~5%，如果按应收的房租交纳，房租占职工家庭生活费的支出将提高到 12% 左右。[③]这些数字表明：要改变低房租制，实现住宅商品化，就会大大增加职工的负担。而在实行低工资制、职工承受能力不大的情况下，这样做就会遇到很大的困难。

(三) 如何看待资本主义国家的实践

有的同志除了从马克思主义创始人恩格斯那里寻找问题的根据以外，还从当代资本主义国家的实践中寻找问题的理由。在他们看来，当代有些资本主义国家已经把住宅当做福利事业来举办了，社会主义社会不是更应当这样办吗？为什么还要实行住宅商品化呢？

诚然，在第二次世界大战后，有些经济发达的资本主义国家，甚至一些经济不发达的国家，为了振兴作为国民经济支柱产业的建筑业，为了缓解日趋频繁的经济危机，为了解决严重危及社会稳定的住宅问题，已经开始在住宅方面推行某些"福利政策"。主要是政府在住宅的建筑和

---

① 这里需要说明：恩格斯说过，在资本主义条件下，"租金的构成部分是：(1) 地租；(2) 建筑资本的利息，包括承造人的利润在内；(3) 修缮费和保险费；(4) 随着房屋逐渐破旧无用的程度以每年分期付款方式支付的建筑资本补偿费 (折旧费)，包括利润在内"(《论住宅问题》，《马克思恩格斯选集》第 2 卷，第 488 页)。恩格斯的这个分析，从一般意义上说，对社会主义社会也是适用的。在社会主义商品生产条件下，房租也要包括下列四个部分，第一，地租；第二，住宅折旧费；第三，利润；第四，维修费和管理费。所以，上述三项费用并没有包括房租的全部构成。

② 国家城市建设总局房产住宅局：《城镇住房问题》，北京日报出版社 1981 年版，第 93 页。

③《工业经济管理丛刊》1982 年第 5 期，第 33 页。

出售、出租方面给予补贴。比如，美国政府为了鼓励建筑商建筑低租金住房以出租给低收入阶层，同私商签订合同，给予补贴。80年代初期，在多屋式住房中，得到政府补贴的约占40%。在政府资助建造的低租金住房中，照顾老人及残废者居住的约占四分之一。有些低租金住房还是由地方政府建屋局从私人房东那里租来后再以低价转给低收入阶层的。①再如，新加坡政府规定：建房局可以从财政部获得住宅建筑的长期低利贷款，并给低收入阶层以售价补贴。按规定：建筑面积为33平方米的一室住宅，售给平均每月收入267新元的住户，每平方米售价为115新元，政府补贴三分之二；45平方米的二室住宅，售给每月收入为404新元的住户，每平方米售价为207元，政府补贴三分之一；三室住宅售给月收入617新元的住户，每平方米售价为264新元，政府补贴5%；四室住宅的出售，政府不仅不给补贴，而且还有5%的利润；五室住宅更有15%的利润。②

但是，资本主义生产是商品生产的最高发展阶段，它的本质是剩余价值的生产。因此，它不可能从根本上把住宅问题作为福利事业来举办，不可能从根本上改变把住宅作为商品来生产和出售的状况。就美国来说，尽管政府在住宅建筑和出租方面给予补贴，但住宅是由私人建筑商作为商品来生产和出售的。这里的房租也是很高的。只要举出下列事实就可以说明问题了。近年来，从美国平均水平来看，住房开支已成为个人消费支出中最大的一项。低收入家庭，住房开支占全部家庭开支的五分之一弱（吃的占三分之一）；高收入家庭，住房开支占四分之一（吃的占五分之一）。③新加坡政府对建房局兴建住宅和出售住宅有优惠贷款和补贴，但建房局是通过招标由承包商把住宅作为商品来生产的，而且建房局正是主要依靠房租和房屋维修费等项收入来偿还政府的贷款和利息的。所以，在新加坡基本上也没有改变住宅作为商品来生产和出售的事实。总之，我们不能因为有些资本主义国家对住宅建筑和出租（或出售）有补贴，就从根本上否定住宅作为商品生产和出售的基本事实，正像不能因为有些资本主义国家对某些农产品的生产和出售有补贴，就从根本上否

---

①③ 国家城市建设总局房产住宅局：《城镇住房问题》，北京日报出版社1981年版，第489页。
② 《中国经济体制改革》1986年第4期，第53页。

定农产品作为商品生产和出售的基本事实一样。

　　还需指出：当代资本主义国家推行的某些"福利政策"（包括住宅方面的"福利政策"），也没有改变资本主义剥削的实质。应该看到：随着资产阶级国家"福利政策"的推行，雇佣工人收入形态有了变化。原来工人的收入就是工资，而现在虽然主要的收入形态还是工资，但却增加了一项社会福利基金的收入。而这后一部分收入是由工资的分解而来的。就是说，一方面，工人工资中的一部分通过税收和社会保险费等形式被扣除；另一方面又有一部分收入以社会福利基金和补助金（包括房租补贴）等形式转到工人手中。所以，并没有改变问题的实质。这一点，如果不仅是从个别企业的工人对资本家的关系着眼，而是从整个社会的无产阶级对资产阶级的关系来看，那问题是再清楚不过的了。诚然，由于当代资产阶级国家推行"福利政策"以及其他因素的作用，工人的物质生活水平是显著提高了。第二次世界大战以后，新的技术革命发展了，劳动生产率有了巨大的提高。在这种情况下，工人生活水平的提高同资本家占有的剩余价值量的增长，以至由提高相对剩余价值而导致的剩余价值率的上升，都是可以相容的。可见，资产阶级国家推行的"福利政策"，既没有改变资本主义剥削的本质，也没有减轻剥削程度。但是，却使资本主义剥削采取了更为隐蔽的剥削形式。原来，在工资形态上，劳动力的价值已经表现为劳动的全部报酬，掩盖了资本主义的剥削关系。现在不仅工资仍然表现为全部劳动报酬，而且由工资分解出来的社会福利基金和补助金等又进一步表现为工人除了工资以外还取得了额外的收入。这是在第二次世界大战后，在工人阶级力量空前强大、社会主义国家影响日益扩大和资本主义物质文明有了巨大发展等条件下，资产阶级采取的更为巧妙的剥削方式。列宁曾经写道："欧美资产阶级以自己的思想家和政治家为代表，不再用公开的直接的原则斗争来反对社会主义的一切基本原理，维护私有制的绝对不可侵犯和竞争自由，而是越来越多地主张用所谓社会改良来反对社会革命的思想。不是用自由主义来反对社会主义，而是用改良主义来反对社会主义革命，——这就是现代'先进的'有教养的资产阶级的公式。"[1]这是列宁在20世纪初期揭露的资产阶

　　① 列宁：《俄国社会民主主义运动中的改良主义》，《列宁选集》第2卷，第403页。

级代表在政治思想方面反对无产阶级的策略上的变化。当代资产阶级国家采取的"福利政策"表明：他们已经巧妙地并越来越多地把这个公式运用到经济方面。

当然，社会主义经济制度比资本主义经济制度具有巨大的优越性。这种优越性的一个重要方面，就是不仅根本改变了福利事业的社会性质，而且在同等的社会生产力发展水平下可以兴办较多的福利事业。但是，像一切事物一样，社会主义社会兴办福利事业也要有一个度。这个度就是不能违反作为相对独立的商品生产者的建筑企业的经济要求，不能妨碍作为社会主义社会个人消费品分配基本原则的按劳分配的贯彻。超过了这个度，就不是社会主义经济发展需要的福利事业，福利事业本身就会对社会主义经济发展起消极作用。就我国住宅建筑和分配的体制来说，需要改变把它当做社会福利事业的做法，需要实行商品化的原则。当然，即使在这种体制改革完成以后，实现了住宅商品化，也仍然要依据住宅发展的需要和经济发展水平，由国家给予必要的资助。问题也在于要遵守这个度。因此，国家的资助，并不能从根本上改变住宅作为商品来生产和出售的基本状况。

党的十一届三中全会以后，主张实现住宅商品化的同志越来越多了。但在分析住宅商品化的原因方面也还有值得斟酌的地方。流行的观点是：所以要实现住宅商品化，因为它是"实现按劳分配的一种形式"。[①] 为了阐述上的方便，这个问题我想留待说明了下述一点（即国有企业生产的、住宅以外的生活资料为什么是商品）以后再作分析。

四、对形成住宅以外的消费品市场的经济条件的分析

国有企业生产的住宅以外的消费资料成为商品的原因究竟是什么？这部分产品是商品，没有争议。但是，能否说这部分产品成为商品的原因也早已在理论上解决了呢？看来，还不能这样说。如果我们用国有企业是相对独立的商品生产者这个新的科学论断，来分析一下已往的和当前的经济学论著，就会发现这方面的问题还是不少的。重要的有两方面：第一，就国有企业生产并出售给集体企业的那部分生活资料来说，长期以来，人们都是按照传统的经济学观点，即依据斯大林关于社会主义公

[①] 国家城市建设总局房产住宅局：《城镇住房问题》，北京日报出版社 1981 年版，第 362、398 页。

有制两种形式（即全民所有制和集体所有制）来说明这两种公有制之间存在的商品关系，从而说明这部分消费资料成为商品的原因。

毫无疑问，用集体所有制来说明集体经济是商品经济，从而说明集体企业的产品是商品，这无疑是正确的。但是，用国家所有制本身来说明国家所有制经济是商品经济，从而说明它的产品是商品，显然是做不到的，就是用国家所有制与集体所有制的差别来说明前者的产品是商品，也是不正确的。问题的关键在于：适应客观经济发展要求的经济关系，并不是作为整体的国家所有制与集体所有制企业发生商品经济关系，而是作为相对独立的商品生产者的国有企业，既与国有企业发生商品关系，又与集体企业发生商品关系。诚然，在实行传统的经济体制的情况下，确实是作为整体的国家所有制与集体企业发生商品关系，至于国有企业之间是不存在商品关系的。但是，社会主义建设的实践已经充分证明：这种体制是不能适应社会生产力发展的要求的，是要为、而且正在为适应社会主义商品经济要求的新体制所代替的。

需要指出，用两种社会主义公有制说明其间的商品关系，从而说明国有企业生产的消费品是商品，同用国有企业是相对独立的商品生产者来说明这一点，并不只是外表上提法的差别，而是涉及到两种理论和两种体制的重大差别。前者是以马克思和列宁关于社会主义社会是一个大工厂的设想，[①]以及与此相联系的、斯大林创立的高度集中的管理体制为依据的，后者是以马克思列宁主义在当代的重要新发展——国有企业是相对独立的商品生产者，以及由此即将建立的新经济体制为依据的。然而，值得注意的是：不仅在党的十一届三中全会以前的一个长时期内，人们忽略了这个区别，就是在这以后的一段时间内也仍然忽略了这个区别，[②]甚至在党的十二届三中全会明确提出国有企业是相对独立的商品生产者以后，还是混淆了这个区别。比如，有一本 1985 年出版的《政治经济学教程》在论到社会主义社会存在商品生产的原因时写道："首先，生产

---

① 参见马克思：《哥达纲领批判》，《马克思恩格斯选集》第 8 卷，第 10~11 页；列宁：《国家与革命》，《列宁选集》第 3 卷，第 258 页。

② 比如，1980 年出版的一本发行范围很广、影响较大的《政治经济学教程》写道："两种社会主义公有制的存在，是这种交换关系（按：指全民所有制经济和集体所有制经济之间的交换关系——引者）的基础。"（上海人民出版社 1980 年版，第 302 页）这表明作者仍然从两种社会主义公有制来说明其间的商品关系以及国有企业生产并出卖给集体企业的消费品是商品，而不是从国有企业是相对独立的商品生产者来说明这一点。

资料社会主义公有制还存在着全民所有制和集体所有制两种公有制形式。"并援引了斯大林对于这个问题的分析："其次，对于全民所有制企业来说，它也是相对独立的经济实体。"①其实，该书作者只要用国有企业是相对独立的商品生产者以及集体所有制就可以把社会主义两种公有制内部以及它们相互之间存在的商品经济关系说清楚了，没有必要把作为整体的国有制再引进来。引进这一点，不仅对说明问题是无益的，而且使自己陷于理论上的矛盾状态。如前所述，是用社会主义国有制（作为整体来看的国有制）和集体所有制的差别，还是用国有企业是相对独立的商品生产者来说明国有经济内部存在商品经济关系，涉及到两种理论、两种体制的重大差别。而该书作者把这两个相互矛盾的观点并列在一起，这表明他们认为二者是相容的，表明他们忽略了二者的重要区别。

现在，是到了用科学的提法代替上述那种不科学的提法的时候了。我认为，科学的提法是：国有企业是相对独立的商品生产者，以及集体所有制这两点，是两种社会主义公有制内部以及二者之间存在商品经济关系的原因。推而广之，上述两点，再加上各种非社会主义所有制，就是各种公有制和私有制的内部以及它们相互之间存在商品经济关系的原因。

第二，就国有企业生产的、并出售给国有企业职工的那部分生活资料来说，长期以来，人们都从实现按劳分配原则方面来说明这种商品交换的原因。比如，前面提到的那本《政治经济学教程》写道："国家用货币工资的形式对职工进行按劳分配，是这种交换（按：指国家职工向国营商业购买消费品的交换关系——引者）的基础。"②

这是值得斟酌的。其一，按照马克思主义的观点，商品是一种社会生产关系。显然，它的根源必须从生产领域中去探索。这就是我们在前面已经说明过的，在社会主义历史阶段，国有企业生产的消费品之所以是商品，是因为国有企业是相对独立的商品生产者。而上述观点从分配方面去说明这个根源。从根本上来说，上述观点的不妥之处，就在于它不符合马克思主义政治经济学这个最为重要的方法论。其二，诚然，按劳分配在社会主义经济中居于十分重要的地位，但它毕竟是在个人消费

①《政治经济学教程》，第 366~367 页。
②《政治经济学教程》，第 303 页。

品分配领域中实行的原则；而商品涉及到社会主义的生产和交换等方面，用前者来说明后者发生的原因，在形式逻辑上，都难以说得通。其三，国有企业出售消费品给国有企业的职工，是一个交换过程，调节这个交换过程的是价值规律，在价格和价值不发生背离的条件下，交换两端的价值量是相等的。而在社会主义商品经济条件下，贯彻按劳分配的原则，却是必须经由两个经济过程才能实现的。一是职工向国家（企业）提供劳动创造的价值量（W_1，即扣除了生产资料转移价值以后的商品价值量），是由国家（企业）对 W_1 作了必要的社会扣除以后付给职工的工资（G）；再由职工用货币向企业购买消费品（W_2）。用公式表示就是：W_1——G，G——W_2。在这里，调节两个经济过程的是按劳分配规律，就是在价格和价值不发生背离的条件下，G 和 W_2 的价值量也均小于 W_1。上述情况表明：用按劳分配来说明国有企业与国有企业职工之间的商品交换关系也是不妥的。

这样说，并不意味着社会主义的商品生产和按劳分配是不相容的。实际上，按劳分配也好，商品生产也好，都是社会主义经济的本质特征，均存在于社会主义生产关系的统一体中。这样说，也不意味着社会主义的商品生产和按劳分配是无关的。实际上，二者是相互作用的。一方面，按劳分配对社会主义的商品生产有作用。比如，在实行按劳分配的条件下，个别价值量与社会价值量之间的差额并不全归国有企业，其中由资源、地理位置和投资等因素形成的级差收入，原则上应归国家，企业集体得到的大体上只应限于与生产经营成果相适应的收入。另一方面，社会主义商品生产对按劳分配也是有作用的。比如，在社会主义商品生产条件下，劳动量不能直接以劳动时间来表示，而必须以价值来表示，必须借助货币形式来计量和分配劳动。但是，所有这些都不表明能用按劳分配来说明国有企业生产的消费品成为商品的原因。如前所述，这个原因只能从国有企业是相对独立的商品生产者去说明。

现在的问题是：既然用按劳分配来说明国有企业生产并出售给职工的消费品成为商品的原因，存在着种种明显的矛盾，那么为什么会长期流行以至到目前仍然没有为人们所觉察呢？这又要追溯到斯大林关于社会主义商品经济理论的影响。斯大林在 50 年代初期发表的《苏联社会主义经济问题》，对苏联长期以来存在的社会主义社会是否存在商品生产的争论作出了总结，从社会主义两种公有制论证了社会主义社会还存在商品生产。这是他对马克思主义政治经济学的一个重要发展。但在这个问题上，斯大林有很大的片面性，其中重要的一点就是他把社会主义制度下商品生产存在的原因仅仅归结为两种社会主义公有制的存在。由于各种原因，斯大林这种观点一直在我国学术界占主要地位。这在颇大的程度上堵死了人们从国有企业是相对独立的商品生产者方面去探索国有经济内部存在商品生产的原因的道路。这是一方面。另一方面，我们在前面引证过的斯大林关于商品的定义，[①]又给人们从实现按劳分配原则的角度来说明国有企业生产的生活资料成为商品的原因，提供了某种依据。按照人们的这种看法，在实现按劳分配原则的过程中，劳动者向社会提供了劳动，社会在做了各项扣除之后，付给了劳动者的货币工资；然后劳动者再以货币工资购买他所需要的消费资料。尽管用这种说法来解释国有企业生产的生活资料成为商品的原因，是不科学的，但它同上述的斯大林关于商品的定义却是吻合的。因为在这个过程中，确实发生了生活资料从国家所有到劳动者个人所有的所有权的转移。但正是从这里，我们又看到了上述的斯大林关于商品定义的另一个缺陷，即这个定义只是涉及到了商品在流通过程中所发生的所有权的转移，而根本没有揭示商品在生产过程方面的本质特征。就我们这里讨论的问题来说，这个本质特征就是与社会主义国家所有制带有某些企业集体所有制因素相联系的局部劳动与社会劳动的矛盾。

在我们做了上述的说明以后，再回过头来分析近几年来人们用按劳分配解释住宅商品化的原因，就容易得多了。其不妥之处，同用按劳分配说明国有企业生产并出售给职工的消费品成为商品的原因是一样的；而且都是由于受到了斯大林有关观点的影响。这是毋庸多言的。这里还要指出：有的同志直接从马克思有关按劳分配的论述作出住宅商品化的结论。他说："马克思指出，在社会主义社会，消费资料在各个生产者中间分配，那么这里通行的是商品等价物的交换中也通行的同一原则，即一种形式的一定量劳动可以和另一种形式的同量劳动相交换。因此，生活消费资料在现阶段仍然是商品。住宅属于生活消费资料，它的分配必

---

① 见斯大林：《苏联社会主义经济问题》，第 41 页。

须通过商品交换的途径。"①

这些直接从实现按劳分配原则的要求来论证住宅商品化的观点，是不妥的。①尽管马克思在这里确实说过，按劳分配原则，"是商品等价物的交换中也通行的同一原则"，但如前所述，马克思在这里是排除了商品生产的。②马克思只是在某种抽象的、共同的意义（即"一种形式的一定量劳动可以同另一种形式的同量劳动相交换"的意义上）说，按劳分配"是商品等价物的交换中也通行的同一原则"。这无疑是正确的。但在实际上，调节社会主义住宅商品生产的价值规律和马克思这里说的按劳分配原则是有许多重大差别的。马克思这里说的按劳分配是国家（即社会）对劳动者个人的分配关系；其劳动量是直接以劳动时间计算的，而且是由国家计划确定的；社会在对劳动者提供的劳动量作了各项社会扣除以后再分配的。而调节社会主义住宅商品生产的价值规律，反映了作为相对独立的商品生产者的建筑企业的要求；其劳动量是间接地以价值量计算的；住宅商品价值的形成，虽然会受到国家计划的影响，但离不开竞争过程；就住宅买卖过程本身看，价值规律要求实现等价交换，而不能有什么社会扣除。

应该看到：在确立了国有企业是相对独立的商品生产者的重要原理以后，经济学论著中还留有传统经济学的影响，这并不是奇怪的事情。然而，这个事实表明：依据上述原理来清除这些影响，还是艰巨的任务，有赖于学术界同行的共同努力。但是，无论如何，现在不仅需要抛弃从实现按劳分配的角度来说明住宅商品化的原因的观点，而且是到了彻底抛弃这样来解释国有企业生产的生活资料成为商品的原因的理论的时候了。因为按照这种理论，社会主义制度下消费品（包括住宅）成为商品的原因并没有得到科学的说明，而且也不可能得到科学的说明。

总起来说，只有说明了国有企业是相对独立的商品生产者，才能说明包括由国有企业建筑的住宅在内的全部消费资料是商品，才能说明包括由国有企业生产的生产资料在内的全部产品是商品，从而才能说明全部产品市场产生的根源。

---

①《工业经济管理丛刊》1982年第5期，第31~32页。

第二节　市场的社会主义性质及其作用

关于我国市场的社会主义性质问题，长期以来人们一直都是肯定的。但现在回过头来看，由于受到曾经长期存在的传统经济学和经济工作指导思想方面"左"的错误的影响，在论证方面却存在着许多形而上学的观点。比如，认为参加社会主义市场的只能是社会主义经济，而不能有私有经济；社会主义市场只能是计划市场，而不能有国家领导下的自由市场；否则，就不能认为是社会主义的市场。

现在我们在分析我国市场的社会主义性质问题时，有必要依据建国以来30多年社会主义建设的经验，特别是党的十一届三中全会以来经济体制改革的实践，清除这些片面性，以求得全面的认识。

第一，毫无疑问，参加我国社会主义市场的主体是社会主义经济（包括在国民经济中占主导地位的社会主义国家所有制经济和集体所有制经济等）。但这还不是社会主义市场的全体。正像在生产中还必须有个体经济、私人资本主义经济和国家资本主义经济等经济形式作为社会主义经济的必要补充一样，在流通方面也要有它们作为必要的补充。但这并不影响我国市场的社会主义性质。因为构成它的主体的是社会主义经济，非社会主义经济只是处于从属地位；而且，后者本身的经济性质虽然是非社会主义的，但在我国目前的具体条件下，它们对社会主义经济起着有益的补充作用。这当然不是说，这些非社会主义经济同社会主义经济没有矛盾；也不是说，它们没有消极作用甚至某种破坏作用。但依据我国的经济、政治等情况，只要处理得当，它们的积极作用是主要的，并可得到较好的发挥；它们的消极作用是次要的，并可受到较大的限制。

第二，应该肯定，计划市场是我国社会主义市场的主体。但它不排除国家领导下的自由市场的存在，而且要它作为计划市场的必要补充，并使它成为社会主义统一市场的必要组成部分。正如党的十二届三中全会所指出的："历史的经验也告诉我们，社会主义的计划体制，应该是统一性同灵活性相结合的体制。……如果脱离现实的国情，企图把社会经济活动统统纳入计划，并且单纯依靠行政命令加以实施，忽视经济杠杆和市场调节的重要作用，那就不可避免地会造成在计划指导思想上主观和客观相分离，计划同实际严重脱节。"因此，"首先，就总体说，我国实行的是计划经济，即有计划的商品经济，而不是那种完全由市场调节的市场经济；其次，完全由市场调节的生产和交换，主要是部分农副产品、日用小商品和服务修理行业的劳务活动，它们在国民经济中起辅助的但不可缺少的作用"。①可见，完全由市场调节的商品交换，即国家领导下的自由市场，也是计划市场的必要补充。这种自由市场的存在，也不影响我国市场的社会主义性质。这不仅因为计划市场是我国市场的主体，国家领导下的自由市场处于从属的地位；也不仅是因为计划市场主要是由社会主义经济参加的，而且因为自由市场也有社会主义经济参加；还不仅是因为计划市场是社会主义商品经济的发展所必需的，而且因为自由市场在实现产销结合方面也有计划市场所不能代替的独特作用。当然，在自由市场中是有非社会主义经济参加的，这种市场同计划市场也有矛盾的一面，并有它的消极作用。但像我们在第一点作过的分析那样，这并不影响我国市场的社会主义性质。

传统的经济学也论到了社会主义市场的作用。但是，由于这种经济学忽视社会主义商品生产，特别是否定社会主义国家所有制经济内部的商品生产，否定价值规律调节生产的作用，否定社会主义竞争规律的作用，因此就决定了它不可能如实地、充分地估计社会主义市场的作用。我们现在也需要依据马克思主义的普遍原理与我国具体实践相结合的原则，摆脱传统经济学的影响，全面地探讨社会主义市场的作用。

第一，前面说过，社会主义市场赖以形成的经济条件，是以社会主义公有制为主体的多种所有制形式，以及由此形成的各种类型的商品经济。但是，反过来说，作为商品流通场所的市场又是各种类型的商品经济赖以存在的条件。一般说来，在商品经济条件下，各个商品生产者必须通过商品交换，使得生产过程中耗费的社会劳动得到补偿，并取得一定的盈利；否则，不仅不可能进行扩大再生产，连简单再生产也难以维持。这个一般道理对于社会主义条件下各种类型的商品生产者都是适用的。这是从各种类型的商品生产来说的。

---

①《中共中央关于经济体制改革的决定》，第16~18页。

第二，在商品经济条件下，再生产过程是生产过程和流通过程的统一。上一个周期的生产过程和下一个周期的生产过程是以处于其间的流通过程作为纽带来联结的。如果流通过程受阻了，社会再生产过程就要中断。当然，这一点对个别企业的再生产也是适用的。但是，如果从社会再生产的观点看，就具有特殊重要的意义。我国已故著名经济学家孙冶方在论到资本主义流通的重要特性时指出："正是通过流通过程，才把千千万万个个别资本的生产过程结合为全社会的总生产过程。"① 从某种共同意义上说，这一点对社会主义的商品生产也是适用的。这样，如果流通过程不畅通，社会再生产过程就要陷于混乱。从这方面来说，作为商品流通场所的市场又是保证社会再生产能够顺利进行的关键。

第三，马克思在论到生产一般时说："生产生产着消费"，即"它生产出消费的对象、消费的方式和消费的动力"。同时，他又指出：生产"是消费的手段"，消费"是生产的目的"。因此，"消费的需要决定着生产"。② 当然，对资本主义经济制度来说，生产的直接目的是为了获取剩余价值。但就最终的意义上说，即便是资本主义生产也是为了消费的。在社会主义制度下，无论是从直接的意义上，或者是最终的意义上，生产都是为了消费。但在社会主义商品经济条件下，消费的现实需要表现为有支付能力的需求。这种有支付能力的需求总量及其结构又表现为市场容量及其结构。从这种相互联系的意义上，我们也可以说：市场需求容量决定着生产发展的规模，市场需求结构决定着生产的结构。

第四，刘少奇说过："流通过程是经济生活中最敏感的环节，在生产中的一些问题，首先会在流通过程中反映出来。"③ 比如，如果市场上一方面滞销产品积压，另一方面畅销产品又脱销，那就表明社会生产的比例关系是不协调的。作为商品流通场所的市场的这个特点，使得包括工业在内的社会生产可以及时地从它那里获得灵敏的信息，以安排和调整生产，实现产需结合，避免产需脱节。竞争是市场机制的一个重要方面。如前所述，在社会主义商品生产条件下，竞争虽有产生生产上盲目性的一面，但不仅不会引起社会生产的无政府状态，而且有调节生产，有利

---

① 孙冶方：《社会主义经济的若干理论问题》（续集增订本），人民出版社 1983 年版（下同），第 176 页。
② 马克思：《〈政治经济学批判〉导言》，《马克思恩格斯选集》第 2 卷，第 95、96、102 页。
③ 转引自孙冶方：《社会主义经济的若干理论问题》（续集增订本），第 178 页。

于克服生产上盲目性的一面。价格也是市场机制的另一项重要内容。而无论是国家自觉利用价值规律的计划调节，还是依靠价值规律自发作用的市场调节，都离不开价格机制。在社会主义计划经济制度下，国民经济有计划按比例地发展，当然主要依靠运用经济规律的国家计划；但在上述各个方面，市场不仅有国家计划所不能代替的独特作用，而且国家计划正是需要运用这些特点来实现对社会生产的调节。因此，市场在调节社会生产，以促进国民经济的协调发展方面，也起着不容忽视的重要作用。

第五，作为社会经济生活灵敏的"寒暑表"的市场，有助于社会生产提供社会需要的产品。按照价值规律的要求，商品价值并不是由个别劳动时间决定的，而是由社会必要劳动时间决定的。这就会强有力地促进社会生产力的不断提高。市场上的竞争也会迫使生产企业不断改善经营管理，提高生产技术，提高劳动生产率，降低生产成本。市场上商品流通顺畅，既可节省流通部门流动资金的占用量，又可节省生产部门流动资金的占用量。市场商品供应充足，价格稳定，服务质量好，既是实现社会主义生产目的最重要的条件，也是贯彻按劳分配原则最重要的条件，从而是提高劳动者积极性的重要因素。所有这些都说明：市场也是提高经济效益的一个重要因素。

第六，社会再生产过程是生产过程和流通过程的统一，社会再生产时间也是由生产时间和流通时间两部分组成的。这样，流通时间的长短直接影响到社会再生产周期。而市场既然在促进社会生产的协调发展方面起着重要的作用，因而也就为商品的顺利实现创造了条件，就会缩短流通时间和社会再生产周期，从而加速社会生产的发展。积累是扩大再生产的最重要的源泉，而市场又是提高经济效益的重要因素。这就有助于加速社会积累，加速社会的扩大再生产。可见，市场也是提高社会生产发展速度的一个重要条件。

第三节　大力发展和完善社会主义的统一市场

按照马克思列宁主义的观点，"资本主义的'国内市场'是由资本主义发展本身造成的。”"国内市场的发展程度，就是国内资本主义的发展程度。"①半殖民地半封建的中国的情况正是这样。在旧中国，民族资本主义经济有了一定程度的发展，这就使得国内市场有了一定范围和一定程度的发展。但在帝国主义经济、封建主义经济和官僚资本主义经济占统治地位的条件下，广大农村基本上还是自然经济，商品经济并不发达，市场的范围很狭小；城市市场又为帝国主义经济和官僚资本主义经济所垄断，并形成了与各个帝国主义国家势力范围和封建军阀统治相联系的割据状态。在旧中国，民族资本主义经济始终没有成为社会的主要经济形式。这样，就没有也不可能形成一个统一的资本主义国内市场。

新中国成立以后，没收了官僚资本主义的财产，清除了帝国主义在华的侵略势力；后来又改造了民族资本主义和个体经济，这就使得社会主义经济占了主要地位。在这个基础上，又大大发展了商品生产。这样，一个统一的、社会主义的国内市场就初步形成了。

这样建立起来的社会主义市场在改造民族资本主义经济和个体经济、发展社会主义生产建设和满足人民生活需要等方面起过重要的作用，并取得了巨大的成绩。但是，我国社会主义市场的作用，远远没有得到充分发挥。这有多方面的原因，其中重要的一点是：社会主义统一市场的发展还很不够，市场也很不完善。主要表现有：

第一，在原有的社会主义市场中，国有企业生产的、并在国有经济内部交换的重要生产资料，以及作为基本消费资料的住宅，是不作为商品看待的，是排除在市场以外的。这就是说，没有住宅市场，基本上也没有生产资料市场，只有除了住宅以外的消费品市场。就是在消费品市场方面，又对工业品实行统购包销，并对重要农产品实行统购包销。这种购销制度不适应作为相对独立的商品生产者的国有工业企业的要求，更不适应作为独立商品生产者的集体农业企业的要求，因而它不是完全意义上的市场，或者可以称为半市场。从这些方面说，物质商品的社会主义统一市场还远没有形成。

第二，原有的商品流通体制具有这样的特点：按行政区划、行政层次统一购销商品，实行几乎是单一的经济形式、经营方式和流通渠道，

①　列宁：《俄国资本主义的发展》，《列宁全集》第3卷，第47~48页。

实行几乎是单一的国家计划市场，地区之间的商品流通存在着封闭状态，商品流通环节多。

我国原有的商业一、二、三级批发站，就是按行政区划的原则设置的，并按行政层次，采用固定供应区域、固定供应对象和固定作价率等办法，统一收购和供应商品。这就形成了单一的流通渠道和封闭式的、多环节的批发体制。这是一方面。另一方面，由于受传统的经济学和经济工作"左"的指导思想的影响，把社会主义的统一市场看做是由国有商业独占的市场，看做是单一的计划市场。由此在实践方面就导致了把多种所有制形式的商业变成了几乎是单一的国有商业，把两种市场（即计划市场和国家领导下的自由市场）变成了几乎是单一的计划市场，把多种商品流通渠道的经营几乎变成了国有商业的独家经营。比如，1958年"大跃进"以来，不仅把集体所有制的供销合作社变成了国家所有制商业，而且把其他的集体商业也搞成了变相的国有商业。1957年到1978年，国有商业占社会商品零售总额的比重，由62.1%上升到90.5%，集体商业由16.4%下降为7.4%，公私合营商业由16%下降为零，个体商业由2.7%下降为0.1%，农民对非农业居民零售额由2.8%下降为2%。[①]可见，我国原有的商业管理体制，是按行政管理原则设置机构的、几乎单一的经济形式、经营方式、计划市场和流通渠道，封闭式的和多环节的流通体制。

这种体制根本不能适应社会主义有计划的商品经济的要求，它割断了企业之间、部门之间、地区之间和城乡之间的经济联系，形成了部门分割和地区封锁，严重地阻碍了商品流通的发展；限制或者根本否定了包括国有商业在内的多种所有制经济形式经营商业的积极性；削弱或者取消了多种市场形式、经营方式和流通渠道在促进商品流通方面的独特作用，商品流通的多环节也造成了很大的浪费。总之，这种流通体制极大地妨碍了社会主义统一市场的发展。

第三，原有的社会主义市场是排除了竞争的；价格管理高度集中，价格体系很不合理，既不反映价值，又不反映供求关系。显然，这种很不健全的市场机制也使得市场难以发挥它在社会主义再生产中的应有作用。

---

① 《中国统计年鉴》（1985），第465页。

第四，由于传统经济体制的影响，以及片面地优先发展重工业的战略错误，多次导致基本建设投资膨胀，使得对生产资料需求的增长超过了生产资料生产的增长；同时又挤了农业和轻工业的生产；因而尽管人民生活水平提高不快，但人民购买力还是超过了消费资料生产的增长。这样，就长期形成了求大于供的卖方市场。显然，这种求大于供的市场格局，是竞争难以展开的重要机制，是市场难以充分发挥其促进生产的作用的重要原因。

第五，市场机制很不健全的根本点，是在传统的经济管理体制下，国有企业是国家行政机关的附属物，并没有成为相对独立的商品生产者和经营者。生产企业是这样，商业企业也是如此。至于建筑单位，实际上是被当做社会福利事业机构，物资供应单位则被看成分配机构。甚至对集体企业也采取类似国有企业的管理办法。这不仅严重地束缚了这些生产和经营单位的积极性，而且使得竞争、价格等市场机制缺乏赖以发生作用的微观基础。

依据建国以来30多年社会主义建设的经验，特别是党的十一届三中全会以来经济体制改革的经验，依据前述的分析，发展和完善社会主义统一市场的重要途径是：

第一，要建立和发展住宅市场和生产资料市场，还要进一步完善和发展一般消费品市场。

党的十一届三中全会以来，我国在实现住宅商品化方面已经有了开端。据统计，到1986年上半年为止，仅由中国人民建设银行贷款支持的城市开发企业出售的住宅面积已达3280多万平方米。[①] 在"七五"期间，需要依据国家、企业和职工的承受能力，并结合工资制度的改革，分步骤（如在出租住宅方面先实行成本租金，再实行住宅商品租金），采取多种形式（如在出售住宅方面依据职工家庭低、中、高收入水平的差别，实行补贴出售、优价出售和全价出售），积极推行住宅的商品化。

1979年以来，在建立和发展生产资料市场方面也已迈开了步伐。国家统配物资的种类，由1981年的256种减少为1985年的23种。国家统配物资占全国总产量的比重也逐年下降，如煤炭由1980年的57.9%下降

---

① 《经济日报》1986年6月12日第1版。

到 1985 年的 50.6%，钢材由 74.3% 下降到 56.9%，木材由 80.9% 下降到 30.7%，水泥由 35% 下降到 19.4%。同时，由中央部门和地方政府分配的物资种类及其比重也有不同程度的下降。这是一方面。另一方面也就扩大了企业自主支配物资的数量和比重。比如，国有钢厂自主支配的钢材，1985 年比 1980 年增长 74%，占钢产量的比重也由 1980 年的 23.5% 提高到 30.2%。这些为建立和扩大生产资料市场创造了条件，并已使煤炭、钢材、木材、水泥、有色金属、机电产品等不同程度地进入了市场。据不完全统计，1985 年地方企业通过市场购买的物资占其消费总量的比重，钢材为 38%，木材为 46%，水泥为 61%。仅各省、市、自治区物资协作部门组织的物资，1983 年约 50 亿元，1984 年近 90 亿元，1985 年达 160 亿元；这三年来协作煤炭 9976 万吨，钢材 570 万吨，木材 917 万立方米，水泥 848 万吨，生铁 235 万吨。另外，单是生产资料服务公司的营业额，1985 年达到了约 80 亿元，比 1980 年增长 87%。在"七五"期间，还需要随着计划体制的改革和企业自主权的扩大，并依据生产资料供需矛盾的缓解状况，进一步建立和扩大生产资料市场。

在完善一般消费品市场方面也取得了重大的进展。在农产品购销方面，先是缩小统购范围，并减少统购、派购品种。1981 年由国家统购、派购的农副产品品种为 100 种，比以前减少了 16 种；1983 年再减为 60 种，其中国家商业部管理的只有 21 种；1984 年又减为 40 种，其中商业部管理的仅 12 种。在这个基础上，1985 年初国家宣布取消农副产品的统购、派购制度，实行合同收购和市场自由选购。这年商业部继续实行计划管理的农副产品只余下 9 种，即粮食、食用植物油、棉花、棉短绒、黄红麻、生猪、紧压茶、绵羊毛和牛皮。在工业品购销方面，从 1981 年起，取消了工业品由国家商业部门包销的制度，逐步实行了商业部门统购统销、计划收购、订购、选购以及工业部门自销、为工业部门代批代销、与工业部门联营联销七种购销形式。同时，由商业部实行计划管理的工业品品种也逐步减少。到 1985 年，由原来的 39 种减少到 14 种，即食糖、名酒、棉布、涤棉布、中长纤维、呢绒、胶鞋、洗衣粉、镀锌铁丝、元钉、废钢铁、铁锅、化肥和农药。随着经济体制改革的完成，我国一般消费品市场必将进一步趋于完善，以至完全适合社会主义有计划商品经济的要求。

第二，实行多种商业经济形式、多种商业经营方式、多种市场、多种商业机构、多种购销方式、开放式的多流通渠道、少流通环节的商品流通体制。

多种商业经济形式。与生产中的、以社会主义所有制为主体的多种所有制并存的格局相适应，商业中也需要有这样的所有制结构。1979年以来，在这方面已经取得了重大的成就。在1978年至1985年期间，国有商业占社会商品零售总额的比重由90.5%下降到40.4%，集体商业由7.4%上升到37.2%，合营商业由零上升到0.3%，个体商业由0.1%上升到15.4%，农民对非农业居民的销售额由2%上升到6.7%。

多种商业经营形式。以"六五"期间国有零售商业企业为例，大中型企业在利改税的基础上实行了企业内部的经营承包责任制。大企业一般实行两级承包：商品部对商店承包，营业组再对商品部承包；中型企业一般实行一级承包：营业柜、组对商店承包。承包内容包括销售额、利润率、资金周转率、经营品种和损耗率等经济指标，也包括执行政策、服务质量和安全、卫生等，全面考核，合理计奖。小型零售企业采用了三种经营形式：一是实行国家所有，集体经营，照章纳税，自负盈亏；二是直接转为集体企业，企业的原国家资产和资金实行有偿转让，分期归还；三是租赁给经营者个人或集体经营。到1985年，实行上述改革的国有小商业企业有64671个，占同类小企业总数的75%。

多种市场。按照不同的划分标准，可以把市场区分为多种类型的不同市场。但这里所说的多种市场，主要是指的计划市场和国家领导下的自由市场。1979年以来，在发展和完善计划市场的同时，自由市场有了很大的发展。十年动乱期间，作为自由市场的集市贸易受到了很大的摧残。到1979年，全国农村集市已经恢复了33302个，并开放了2226个城市集市。到1984年，全国城乡集市已发展到56500个，集市商品成交额全年达到457亿元，相当于社会商品零售额的10.5%。[①]1985年，城乡集市又增加到61000个。

多种商业机构和多种购销形式。从近几年的市场情况来看，除原有

---

①《中国经济年鉴》(1981)，经济管理杂志社版，第Ⅳ-122页；《中国经济年鉴》(1985)，经济管理出版社版，第Ⅴ-205页。

的商业机构外，又增加了贸易中心、贸易开发公司、农副产品批发市场和自选市场等组织形式。就商业企业的联合形式看，已经出现了商业联营、工商联营、工农联营、农工商联合体和中外合资等多种所有制的联合企业。就经营的分工看，既有许多跨行业的综合商店，又有许多专业化程度很高的商店，如家用电器商店和中老年用品商店等。在商品的购销形式上，也已打破了长期存在的统购统销、统购包销、派购和议购的旧格局，产生了订购、选购、联购联销、代购代销和特约经销等多种形式。

开放式的市场。"六五"期间，商业部减少了指令性计划管理的商品，并在城市打破了工业品购销中一、二、三级站的批发层次，在农村改变了农副产品按行政区划、行政层次统一收购和供应的批发体制。与此同时，又建立了工业品贸易中心和农产品批发市场，不分经济形式和地区、行业，自由购销。这就使得企业开始从过去以纵向联系为主，转变为以横向联系为主，冲破了部门分割、地区割据的封闭状态，向建立开放式的社会主义统一市场迈进了一大步。

我们相信，把上述各项改革继续进行下去，就可以使商品流通做到渠道多，环节少。

第三，要建立适合社会主义有计划的商品经济要求的市场机制。这包括：要改革价格管理体制和价格体系，使价格既反映价值，又反映供求关系；要发展竞争机制；要实现社会总供给与社会总需求的基本平衡，建立买方市场。

要使上述市场机制真正发挥作用，还需经过改革，使国有的工业企业、建筑单位和商业企业、物资分配单位都成为相对独立的商品生产者，使集体企业真正成为独立的商品生产者，使非社会主义所有制的商业在以国有经济为主导、社会主义经济为主体的条件下得到适当的发展。

第六章　社会主义的价格

　　价格理论是社会主义有计划的商品经济理论极重要的组成部分，价格改革又是经济体制改革的关键。但是，价格理论问题是一个极为复杂的理论问题。与此相联系，长期以来我国学术界一直存在较大的争论。因而探讨这个问题是有重要意义的。

第一节　社会主义的基础价格

　　基础价格不仅在价格理论中居于十分重要的地位，而且是改革价格体系最重要的依据，就是价格体制的改革也要考虑基础价格形成的要求。因此，在当前，基础价格问题是一个具有重要理论意义和实践意义的问题。

　　从 50 年代以来，我国学术界就对社会主义制度下价格形成的基础问题进行了多次讨论。党的十一届三中全会以来，特别是党的十二届三中全会以来，这个讨论有了重大的进展。当前的争论已经集中到是以生产价格①还是以"双渠价格"作为基础价格？这里拟就这个问题作些分析。

　　一、马克思主义关于生产价格形成的理论对我们的启示

　　我认为，生产价格是社会主义制度下的基础价格。要说明这一点，

---

　　① 生产价格＝部门平均成本价格＋按社会平均资金利润率计算的平均利润；其中社会平均资金利润率＝部门生产的剩余产品价值的总和÷部门平均占用资金的总和。"双渠价格"＝部门平均成本价格＋按双渠平均利润率计算的平均利润；其中双渠平均利润率是指把剩余产品价值总和分为两部分，大部分以部门平均占用资金总额为基础计算出平均资金利润率，小部分以部门平均占用的工资总额为基础计算出平均工资利润率。

首先需要正确运用马克思关于生产价格形成的理论。这里需要解决一个问题，即马克思的这个理论对社会主义条件下生产价格的研究是否具有指导意义？明确这一点，有什么重要意义？长期以来，一直流行的观点对这个问题持否定态度。比如，60年代就有文章提出：生产价格的存在决定于生产资料的资本主义私有制，社会主义经济的本质不可能产生生产价格。[①] 近年来，还有文章提到：生产价格"是马克思用来揭示资本主义生产本质的一个特殊范畴"，不是社会主义"计划经济的范畴"。[②] 这些观点或者是由于在实际上根本不承认社会主义经济是商品经济，或者虽然承认是商品经济，但又只是看到了社会主义商品经济与资本主义商品经济的性质区别，而忽视了二者存在的共同点。实际上，尽管这两种商品经济有根本性质的区别，然而，由于二者均是以社会化大生产作为物质基础的发达的商品经济，因而有许多共同点。如果仅仅就这一点来说，而不是就生产资料所有制是公有还是私有来说，那么，这两种商品经济的共同点，比资本主义商品经济与简单商品经济的共同点还要多。而且，生产价格的完成形态正是与以社会化大生产作为物质基础的、发达的商品经济相联系的。因此，马克思的生产价格理论尽管是总结了资本主义的实践提出的，并反映了资本主义经济的特点，但就其一般内容来说，对社会主义条件下生产价格的研究，仍然有重要的现实指导意义。同时，我们在后面的分析将具体证明：明确这一点，无论是对于正确认识这个问题，还是对于解决这个问题上的争论，都是十分必要的。

在明确了这个问题之后，我们就需要分析马克思的这个理论对我们的启示。

第一，按照马克思主义的观点，资本主义条件下生产价格的形成，是适应平均利润率规律的要求，并作为平均利润形成的结果而出现的。关于这一点，马克思曾经强调说："全部困难是由这样一个事实产生的：商品不只是当做商品来交换，而是当做资本的产品来交换。这些资本要求从剩余价值的总量中，分到和它们各自的量成比例的一份，或者在它们的量相等时，要求分到相等的一份。一定资本在一定时间内生产的商

①《经济研究》1964年第4期。
②《经济问题》1984年第7期。

品的总价格，应该满足这种要求。"①马克思在这里论证生产价格的形成时，是从资本主义商品生产特殊出发的，是从客观存在的资本主义企业生产目的出发的。马克思这方面的论述是为人们所熟知和注意的。但马克思在这个问题上的另一方面的论述，则似乎还没有引起人们的普遍注意。这另一方面的述论就是：马克思还从发达的商品生产一般的角度，从扩大再生产要求的角度论证了生产价格形成的必要性。对此，马克思说过："我们把它叫做生产价格，……因为从长期来看生产价格是供给的条件，是每个特殊生产部门商品再生产的条件。"②马克思这里说的"再生产的条件"，不只是包括进行再生产需要补偿的生产过程中耗费的不变资本和可变资本，而且包括需要追加投资。因为资本主义再生产的特征不是简单再生产，而是扩大再生产；而要保证每个特殊生产部门（包括高位、中位和低位的资本有机构成部门）都能实现扩大再生产，产品价格就不能由价值决定，而只能由生产价格决定。

上述马克思的论述启示我们：在运用马克思主义的生产价格理论分析社会主义条件下生产价格的形成时，首先要从客观存在的、作为商品生产者的社会主义企业的生产目的出发，但同时又要考虑扩大再生产的要求，并且使二者统一起来，而不能只是强调其中一个方面，忽视另一个方面。

第二，依据马克思的说法，"竞争首先在一个部门内实现的，是使商品的各种不同的个别价值形成一个相同的市场价值和市场价格。但只有不同部门的资本的竞争，才能形成那种使不同部门之间的利润率平均化的生产价格。"③可见，部门内的竞争和部门间的竞争是有区别的。这种差别不仅表现为产生时序有先后之别（前者在前，后者在后），而且表现为存在不同的领域（前者在部门内部，后者在部门之间），并有不同的作用（比如，前者形成社会价值，后者形成社会生产价格）。但二者又是有联系的。这种联系也不仅表现在资本主义生产有了一定的发展以后，二者同时存在于同一的资本主义经济肌体中，而且由于前者形成社会价值，后者形成社会生产价格，社会生产价格又是社会价值的转化形态，从这

①　马克思：《资本论》，《马克思恩格斯全集》第25卷，第196页。
②　马克思：《资本论》，《马克思恩格斯全集》第25卷，第221页。
③　马克思：《资本论》，《马克思恩格斯全集》第25卷，第201页。

种相互联结的意义上可以说，后者的作用是以前者的作用为基础的。

这又启示我们：在运用马克思的生产价格理论分析社会主义条件下生产价格的形成时，必须在部门内的竞争的基础上考察部门间的竞争，而不能割裂这两种竞争的联系，孤立地看待部门间的竞争。

第三，按照马克思主义的观点，社会生产力的发展是形成社会生产价格的一个重要条件。比如，马克思说过："社会劳动生产力在每个特殊生产部门的特殊发展，在程度上是不同的，有的高，有的低，这和一定量劳动所推动的生产资料成正比。"①由此就形成了各个特殊生产部门的高位、中位和低位资本有机构成的差别，以及与此相联系的各个特殊生产部门利润率的差别，进而就提出了利润率平均化的问题。当然，社会生产力的发展在形成社会生产价格方面的作用，并不只是限于这一方面，而是表现为多方面。比如，随着社会生产力的发展，相对于原来使用手工工具来说，生产资料作为不变资本的作用愈来愈增长了。这样，利润率平均化的意义也愈来愈重要了。再如，伴随着社会生产力的发展，封建经济关系也就愈来愈削弱，这又为自由竞争的开展，从而为平均利润率的形成，创造了愈来愈有利的条件。但是，马克思从来都没有把社会生产价格形成的原因归结为社会生产力的发展。如前所述，他是归结为资本主义的商品经济关系，归结为资本主义的生产目的和资本主义的竞争。

这也启示我们：在运用马克思主义的生产价格理论分析社会主义制度下生产价格的形成时，要从社会主义商品经济关系去探索它的根源，但也不能忽视社会生产力发展的条件；同时又不能把根源和条件的作用等同起来，更不能把条件当做社会主义制度下生产价格形成的主要依据。

第四，依据马克思的说法，"商品按照它们的价值或接近于它们的价值进行的交换，比那种按照它们的生产价格进行的交换，所要求的发展阶段要低得多。而按照它们的生产价格进行的交换，则需要资本主义的发展达到一定的高度。"②同时，在马克思的论述中，是把平均利润和与此相关的生产价格形成的经济条件，与它们充分实现的经济条件作了严格的区分的。在马克思看来，"资本主义在一个国家的社会内越是发展，也

① 马克思：《资本论》，《马克思恩格斯全集》第25卷，第183页。
② 马克思：《资本论》，《马克思恩格斯全集》第25卷，第197~198页。

就是说，这个国家的条件越是适应资本主义生产方式，资本就越能实现这种平均化（按：指不同利润率的平均化——引者）。"①显然，平均利润和生产价格的充分实现，有赖于资本主义的充分发展。

这就启示我们：在运用马克思的生产价格理论分析社会主义制度下生产价格的形成时，也要把这种形成条件和充分实现条件区分开来，不能因为它没有充分实现就否定了它的形成。

第五，马克思认为，平均利润和生产价格的形成是客观的经济规律，但它们像一切经济规律一样，"必然有某些起反作用的影响在发生作用，来阻挠和抵消这个一般规律的作用，使它只具有趋势的性质"。②就平均利润和生产价格的形成来说，这些起反作用影响的因素有来自资本主义经济或与自然条件相联系的垄断（如土地私有权的垄断和土地的资本主义经营垄断），也有来自非资本主义的经济因素，③甚至还有非经济因素。

这也启示我们：在运用马克思的生产价格理论分析社会主义制度下生产价格的形成时，既要探索这种形成的客观经济条件，也要分析阻碍和抵消它的因素；但又不能因为有这些因素而否定生产价格作为客观趋势而存在着。

要确定社会主义制度下基础价格是生产价格的问题，仅仅做出上述分析，还只是明确了分析问题的指导思想。这虽然是必要的，但不是决定性的。决定的因素还是要分析社会主义商品经济肌体内部存在生产价格的条件。现在我们就来分析这些条件。

二、我国的经济条件

总起来说，社会主义商品经济体系的存在，是形成生产价格的基本的经济条件。社会主义商品经济体系是由社会主义性质的商品经济和非社会主义性质的商品经济两部分构成的，前者是主体，后者是必要的补充。④但我们这里分析的主要是前一方面。这方面的问题说清楚了，也就

---

① 马克思：《资本论》，《马克思恩格斯全集》第25卷，第219页。
② 马克思：《资本论》，《马克思恩格斯全集》第25卷，第258页。
③ 比如，马克思曾经说过："如果有数量众多的非资本主义经营的生产部门（例如小农经营的农业）插在资本主义企业中间并与之交织在一起，这种平均化本身就会遇到更大的障碍。"（《资本论》，《马克思恩格斯全集》第25卷，第219页）
④ 前者的基本形态有社会主义国有经济（国有企业是相对独立的商品生产者）和集体经济（集体企业是完全独立的商品生产者），后者有个体经济、私人资本主义经济和国家资本主义经济。此外，还有与上述各种所有制相联系的联合经济和股份经济。

揭示了社会主义制度下生产价格形成的主要根源。

从我国学术界关于生产价格争论的历史情况来看，且不说那些把生产价格仅仅归结为资本主义经济范畴、否认社会主义制度下存在生产价格的观点，既忽视了生产价格的形成是作为商品生产者的社会主义企业实现其生产目的需要，也忽视了这是社会化大生产条件下实现扩大再生产的需要；就是那些认为社会主义条件下仍然存在生产价格范畴的观点，也往往只把生产价格的形成同后一种需要联系起来，而忽视了同前一种需要的联系。①当然，这后一种观点能够早在 50 年代中期就提出来，从我国经济理论的发展情况来看，无疑是一种重要的贡献。然而，当时由于受到传统的政治经济学理论的影响，否认社会主义国家所有制内部存在商品经济关系，否认国有企业是相对独立的商品生产者，一般都没有把生产价格的形成同作为商品生产者的社会主义企业的生产目的的实现联系起来。因而，并不能认为他们对这个问题已经做了完整的、科学的解释。这个历史经验表明：从上述两种需要相统一的观点出发去探讨社会主义制度下生产价格的形成，既是党的十一届三中全会、特别是党的十二届三中全会以后提出的、还有待于进一步解决的新问题，又是解决问题的关键。

在这里，首先要从客观存在的、作为商品生产者的社会主义企业的生产目的出发。如前所述，国有企业的生产目的主要是为了全体劳动者的物质利益，局部地是为了本企业劳动者的物质利益，集体企业的生产目的主要是为了本企业劳动者的物质利益。这里所说的物质利益，从根本的、最终的意义上说就是提高物质文化生活的需要。从这方面说，社会主义企业的生产目的，与追求剩余价值剥削的资本主义企业的生产目的是根本不同的。但对商品生产发达的社会主义经济来说，其企业上述生产目的的实现，也是以作为剩余产品价值的具体形态的利润的存在和增长作为条件和手段的。因此，从直接的意义上也可以说，社会主义企业的生产目的就是为了利润。而在竞争条件下，尽管各个特殊生产部门的利润率有差别，但也要平均化。与此相联系，价值也要向生产价格转化。从这些共同意义上说，社会主义经济与资本主义经济又有相同之点。

---

① 参见《建国以来政治经济学重要问题争论（1949~1980）》，中国财经出版社 1981 年版，第 200~209 页。

　　商品生产发达的社会主义经济和资本主义经济还有下述的共同点：再生产的特点是扩大再生产，"技术基础是革命的"。[①]以社会化大生产作为物质基础的商品生产，使得社会生产各部门按比例发展的要求变得更加突出起来。但在社会各个生产部门资金有机构成有了显著差别的条件下，要使包括高位、中位和低位资金有机构成在内的社会各个生产部门都能在技术进步的基础上实现扩大再生产，并适应按比例发展的要求，就要使得它们在追加投资方面获得相等的权力，要做到等量资金取得等量利润，要使得价值向生产价格转化。如果商品价格由价值决定，则中位特别是高位资金有机构成的生产部门同低位构成的生产部门相比较，就不能比例于它们的资金量获得相等的利润。这样，前者的生产就要萎缩，而后者的生产则要膨胀，从而导致社会生产各部门的比例关系被破坏，并阻碍社会生产技术的发展。可见，社会化大生产条件下的扩大再生产，也要求实现价值向生产价格的转化。

　　还需着重指出：如果考虑到社会主义经济制度的特点，那么，还可以进一步看到价值向生产价格转化的必要性。从问题的本质来说，社会主义生产和技术是有计划发展并不断发展的；它不像资本主义社会生产那样处于无政府状态中，并为周期性的经济危机所中断。基于前面分析过的理由，社会主义经济的这些特点使得利润平均化和价值向生产价格转化的必要性，显得更加突出了。

　　但这样一来，是否会使低位资金有机构成生产部门的社会主义企业处于不平等的地位呢？不能这样看。如果这里说的平等，是指的经济上的平等权利，那么，对低位资金有机构成的生产部门的企业来说，同中位和高位构成的生产部门的企业一样，也是等量资金取得等量利润，权利本来就是平等的。而且，在社会主义竞争充分展开的条件下，即使低位构成生产部门的企业原来一定量的资金能够比中位和高位构成生产部门的企业获得较多的利润量，那也是暂时的，竞争终究会使利润率平均化。所以，在社会主义商品经济条件下，这方面经济上的平等权利只能是等量资金取得等量利润；如果等量资金不能取得等量利润，那恰恰是不平等的，而且是不可能持久和稳定的。如果这里说的平等，是指意识

　　② 马克思：《资本论》，《马克思恩格斯全集》第 23 卷，第 533 页。

上的平等观念，那么，按照马克思主义关于经济基础决定上层建筑的原理，这种观念也必须适应社会主义商品经济的需要。然而，如前所述，等量资金取得等量利润，以及与此相联系的价值向生产价格的转化，正是适应了社会主义生产关系承担者的整体利益和根本利益的需要，因而正是适合社会主义商品经济要求的平等观念，为什么反而是不平等的呢？因此，那种认为实现生产价格就会使低位资金构成部门的企业同中位和高位构成部门的企业相比处于不平等的地位的观点，并不是社会主义商品经济的观点。当然，也不是资本主义商品经济的观点。那么，是什么观点呢？是简单商品经济的观点。因为只有在简单商品经济的条件下，商品才是按价值实现的，因而才不至于发生这种所谓"不平等"的问题。

在社会主义商品经济条件下，还存在着这样的客观趋势，即部门内的竞争使得商品的个别价值均衡为社会价值，部门间的竞争又进一步使得社会价值转化为社会生产价格。当然，在社会主义制度下，竞争是同生产资料的公有制、社会主义企业的生产目的和国民经济的有计划发展相联系的，因而具有一系列的特点。但如前所述，正是社会主义的生产目的和国民经济的有计划发展，要求利润的平均化；也正是适应这一要求，竞争推动着价值向生产价格的转化。

在这里，有两种观点值得商榷：

一是长期以来有人认为，生产价格论者主张企业占用的资金越多，所得的利润也越多，因而是鼓励浪费资金。这种错误观点早在 60 年代就受到了我国著名经济学家孙冶方的深刻批判。[①] 但是，由于当时受到传统经济理论的影响，普遍否定社会主义的竞争，因而这种错误观点的认识根源并没有得到揭示。现在看来，其认识根源之一就是没有在部门内竞争的基础上考察部门间的竞争。如果这样来考察，那就可以看到：①部门内的竞争，使得各个企业的资金耗费和资金占用都只能按照平均标准计算；超出这个平均标准的多余部分都得不到社会承认，因而不可能产生企业超出平均标准占用资金越多，所获利润也越多的状况。②诚然，无论就部门内的各个企业来说，或者就各个部门来说，由于它们各自平均占用的资金总量不等，因而所获的平均利润的总量是不等的。但是，

① 参见孙冶方：《社会主义经济的若干理论问题》，第 268~300 页。

由于它们的资金占用量都是按平均标准计算的，因而单位资金得到的利润量仍然是相等的。③正是由于部门内竞争使得各个企业资金占用是按平均标准计算的，这就可以进一步促使企业节约资金的占用，使企业的资金占用低于平均标准，从而以较少的资金去获取较多的利润。这样，生产价格就不是鼓励资金浪费，而是节约资金的强有力的杠杆。

二是近年来有人认为，实行生产价格，"这等于承认了现存的各种结构的合理性"，"不利于克服短线制约经济规模的现象"，不利于产业结构的合理化。①这种观点像第一种观点一样，是对生产价格的误解，而且发生这种误解的原因，也在于它把"按生产价格定价法的主体"仅仅归结为"计划者"，根本忽视了社会主义企业的竞争。当然，在社会主义制度下，无论是竞争，还是生产价格的形成，都会受到国家计划的调节和制约。但在这里，竞争仍然是社会主义商品经济发展的客观过程，因而国家计划体制也需适应作为社会主义商品经济本质特征的竞争的要求来建立，生产价格的形成也是在客观存在的竞争过程中实现的。因此，从客观经济发展的趋势看，从改革完成后的新的计划体制看，把国家测定和制定近似的生产价格同客观上的生产价格形成过程对立起来，并把生产价格的形成同产业结构合理化对立起来，都是不妥的。这是其一。其二，如果认为在产业结构不合理的现状下，国家测定和制定生产价格的近似值，也要比例于现有的各部门的资金占用量来平均分配利润，那也是对生产价格概念的误解。因为由部门间的竞争形成的社会生产价格，是以部门内的竞争形成的社会价值为基础的，而各产业部门个别价值均衡为社会价值，又是以它们各自的供求平衡为前提的。然而现存的产业结构的不合理，意味着有些生产部门的供求不平衡，即有的部门供过于求，有的部门求过于供。因此，在这种条件下国家测定和制定生产价格的近似值必须进行复杂的抽象工作，把这种不平衡的状态舍象掉，而不是简单地比例于现有的各产业部门的资金占用量来平均地分配利润。如果真是简单地这样做，那由此测定和制定的生产价格近似值，并不是原来的、科学意义上的生产价格。其三，退一步说，假如真是这样做，那么，无论是供过于求的部门，还是求过于供的部门，都可以获得比例于它们各

---

① 《论我国价格体系改革方向及其有关的模型方法》，《经济研究》1984 年第 10 期，第 15 页。

自占用的资金量的平均利润量，但在竞争存在的条件下，前者产品的市场价格会低于生产价格，而后者产品的市场价格会高于生产价格，这就会导致资金由前一个部门流向后一个部门，仍然会形成真正的平均利润和生产价格。所以，只要把竞争纳入考察的视线，那就不论在哪种意义上都不能说实行生产价格会妨碍产业结构的合理化。

在社会主义制度下，社会生产力发展到一定的高度，也是价值向生产价格转化的物质基础。因为只有社会生产力发展到一定的高度，商品经济才可能有较大的发展，统一的市场才可能形成，交通和通信才会有较大的发展，资金在社会生产中的作用才显得重要，各个产业部门利润率的差别才显得突出；而这些正是形成生产价格所必需的。然而社会生产力发展到一定的高度，也仅仅是形成生产价格的条件，而不是它的原因。如前所述，这个原因是社会主义的商品经济。但是，有一种观点认为，"价值向生产价格转化的根本条件，与其说是生产关系，不如说是生产力。"① 显然，这种观点的不妥之处，就在于它把生产价格形成的物质基础与原因混同起来了。

这里所说的社会生产力发展到一定的高度，就是指大工业有了一定的发展，社会生产处于以大工业作为物质技术基础的发展过程中。然而有的作者认为，"促使形成生产价格的有机构成的不平衡，是指在大体相等的技术水平和装备水平条件下，由于产品加工过程特点所造成的不平衡，如造船业与纺织业相比，虽然两者都是机械化的大生产，但是前者的生产周期必然长于后者，因此占用资金也必然多于后者，于是就有了利润平均化的要求与可能。"② 按照这种观点，与生产价格的形成有关的资金有机构成的差别，不是在大工业发展过程中由各个产业部门的技术水平的差别引起的，而是在社会生产各部门都已实现机械化的基础上由各产业部门的特点而导致的。按照这种观点，我国当前就不具备形成生产价格的条件。但是，这种观点值得斟酌。因为，第一，马克思在论到这一点时说过："我们把由资本技术构成决定并且反映这种技术构成的资本价值构成，叫做资本的有机构成。"③ 可见，马克思认为，与生产价格的形

---

① ②《价格形成问题的纵向探讨》，《南开大学经济研究所季刊》1985 年第 1 期，第 8 页。

③ 马克思：《资本论》，《马克思恩格斯全集》第 25 卷，第 163 页。

成相关的资金有机构成的差别，是同技术水平的差别相联系的。第二，这种技术水平的差别，并不是在大工业占领社会生产各部门以后形成的差别，而是在大工业发展过程中形成的差别。马克思写道："我们把它叫做生产价格，——实际上就是亚当·斯密所说的'自然价格'，李嘉图所说的'生产价格'、'生产费用'，重农学派所说的'必要价格'，不过他们谁也没有说明生产价格同价值的区别。"① 这说明英国资本主义的生产价格在亚当·斯密（1723~1790 年）和大卫·李嘉图（1772~1823 年）的时代就开始形成和发展了，法国资本主义的生产价格在重农学派创始人弗朗斯瓦·魁奈（1694~1774 年）也开始出现了。而英国的产业革命是在 18 世纪 60 年代至 19 世纪 30~40 年代完成的，法国产业革命完成的时间还要晚得多。还要看到：马克思的《资本论》（其中包括生产价格理论）主要是以英国资本主义的实践为基础写成，并于 19 世纪 60 年代开始出版的。然而，尽管在 19 世纪初期，资本主义农场已经在英国农业中占了主要地位，但这时英国农村还在广泛使用畜力农具。到 19 世纪中叶，一些农场才开始使用固定的蒸汽牵引车、摇臂收割机和绳索牵引犁等。到 1925 年，英国也只拥有农用拖拉机 2.03 万台，共 36.8 万匹马力；而农用马匹却有 91 万匹，比机械动力几乎多两倍。直到 1931 年，英国才开始加速农业机械化的进程。到 1939 年，农用马匹为 64.9 万匹，在农业动力中所占比重降到 40% 以下；而拖拉机达到 5.65 万台，机械动力达到 107.5 万匹马力，占农业动力的 60% 以上。1946 年，农用拖拉机达到 20.34 万台，农用马匹再降到 52 万匹，机械动力已占农业牵引力的 85%。至 1948 年，基本上实现了农业机械化。② 这些情况表明：与生产价格形成有关的各生产部门技术水平的差别，并不是要建立在大工业占领各生产部门的基础上，而是在大工业发展过程中出现的。需要说明：在这个有共同意义的问题上，资本主义社会是这样，社会主义社会也是这样。

还要进一步指出：这位作者之所以强调生产价格的形成需要在社会生产各部门都已机械化的基础上才能实现，实际上是同没有分清下列两个问题有关的。

---

① 马克思：《资本论》，《马克思恩格斯全集》第 25 卷，第 221 页。
②《英国农业》，农业出版社 1981 年版，第 175~176 页。

　　第一，没有把生产价格的形成条件和它的充分实现条件区分开来。如前所述，就生产价格形成的物质基础来说，只要大工业有一定的发展就可以了。当然，要做到生产价格的充分实现则必须使社会生产各部门的物质技术基础都转移到大工业的基础上。就我国当前的情况而论，由于社会生产力水平低，商品经济的发展还很不充分，以至有的产业部门还处于由自然经济向商品经济发展的过程中。这种情况当然限制着生产价格实现的范围。但这只表明当前我国还缺乏生产价格充分实现的条件，而不表明没有生产价格形成的条件。

　　第二，没有把生产价格的形成这种客观趋势和它的阻滞因素区别开来。就与社会生产力不发达相联系的阻滞因素来看，最重要的就是有些社会生产部门技术落后（主要是农业的生产技术落后），致使利润平均化以及与此相联系的生产价格的实现过程受到了阻碍。在这方面，尽管工业内部生产技术的发展也很不平衡，但主要的困难并不是来自工业内部技术落后的部门，而是来自农业。为了便于说明这一点，我们先列表于后。

表一　1984年我国国有工业企业每一职工占用的固定资产原值[①]

	各部门每一职工占用的固定资产原值（元）	各部门为工业总计的倍数（以工业总计为1）
工业总计	14393	1.00
其中：冶金工业	21895	1.52
电力工业	61985	4.31
煤炭工业	11615	0.81
石油工业	60493	4.20
化学工业	15518	1.08
机械工业	11346	0.79
建材工业	10195	0.71
森林工业	8977	0.62
食品工业	8895	0.62
纺织工业	8721	0.61
造纸工业	13187	0.92

表二　1984年我国工业和农业每一劳动者平均占用的固定资产原值

工业（元）	农业（元）	工业为农业的倍数（以农业为1）
12500	340	36.76

[①]《中国工业经济统计资料（1949~1984）》，第113页。

　　表一表明：在工业占主要地位的国有工业中，除了冶金工业，特别是电力工业和石油工业每个职工占用的固定资产较多以外，其他各个工业部门在这方面的差距都不很大。还要看到：资金有机构成的提高对利润率的影响，既有促使它下降的一面，又有阻止它下降的一面。所以，除了少数工业部门以外，我国多数工业部门由资金有机构成的差别而引起的利润率的差别不是很大。这样，就工业各部门来看，利润平均化和生产价格的形成过程的阻力并不大，更不会改变这种客观趋势。这里需要指出：即使在资本主义条件下，这个过程的实现也会遇到阻力。恩格斯曾经说过：利润平均化和生产价格的形成，对高位资本有机构成的部门来说，"是最容易和最先办到的"。而对低位资本有机构成的部门来说，"在实际上却很困难"。但是，"这种转化是在当事人的意识或意图之外，依照客观规律进行的"。[①]在社会主义制度下，利润平均化和生产价格的形成，尽管是社会主义商品经济发展的要求，但终究要影响到低位资金有机构成部门企业的经济利益，因而也不会没有阻力。但在社会主义公有制的条件下，高位、中位和低位资金有机构成部门的企业之间，不存在资本主义企业之间那种你死我活的竞争关系，而是存在一种与互助相联系的竞争关系，因而更不会改变利润平均化和生产价格形成的客观趋势。

　　表二则表明了另一种情况，即工业和农业每个劳动者平均占用的固定资产相差很悬殊。诚然，农业固定资产存在统计不全的情况，如水利设施投资未计入；与不把土地作为商品相联系，土地中的投资也未统计。但即使考虑到这类情况，也不能根本改变这两个产业部门每个劳动者平均占用固定资产甚为悬殊的状况。这就使得由农业劳动者创造的剩余产品的价值参与利润平均化的过程遇到了巨大的障碍，以致成为不可能的事。

　　然而，如果把这个障碍的原因归结为农业生产力的落后，那就把本质上属于生产关系问题的利润平均化看成是本质上属于生产力的问题了。这显然是不妥的。实际上，在这里，农业生产力的落后也仅仅是农业剩余产品价值不参与利润平均化过程的条件，其原因是由于存在着土地的集体所有权的垄断。这是我国农业中存在的特殊的经济条件，正是这一点阻碍农业剩余产品价值参与利润平均化的过程。这样，我们可以看到：

---

① 恩格斯：《〈资本论〉第三卷增补》，《马克思恩格斯全集》第 25 卷，第 1027 页。

在我国农业中仍然存在着两种垄断：一种是土地的集体经营垄断，它使得与土地生产率和投资生产率的差别有联系的、超过平均利润以上的那一部分超额利润转化为级差地租；一种是土地的集体所有权垄断，它使得与农业生产力落后相联系的、超过平均利润以上的另一部分超额利润转化为绝对地租。在这些方面，我国农业同资本主义农业存在着类似状况。当然，这里说的绝对地租和级差地租，它们形成的原因、来源、占有和性质等，都是根本区别于资本主义农业的。

这样说，是否同前面说的等量资金取得等量利润的原理相矛盾呢？并不矛盾。等量资金取得等量利润，是一个一般原理，它像任何一般原理一样，并不能概括所有特殊情况，其中包括土地的集体所有权的垄断这样的特殊条件。

这里需要着重指出：我们不能因为在资本主义制度下，存在土地私有权垄断阻碍了农业利润平均化的过程，就说资本主义制度下不存在利润平均化和生产价格形成的客观趋势；同样，我们也不能因为社会主义制度下存在土地的集体所有权的垄断妨碍了农业利润平均化的过程，就说社会主义制度下不存在利润平均化和生产价格形成的客观趋势。

然而，社会主义条件下的平均利润和生产价格在经济性质上都是根本区别于资本主义的平均利润和生产价格的。后者反映的是资本家之间的你死我活的竞争关系，是资产阶级共同瓜分雇佣劳动者阶级创造的剩余价值的关系。前者反映的是社会主义企业之间的、与互助关系相结合的竞争关系，是他们共同分配由社会主义劳动者自己创造的剩余产品价值的关系。

三、对"双渠价格论"的商榷意见

在我国学术界，"双渠价格论"已经提出多年了。但近年来，有的同志以"双渠价格论"为依据，对理论价格作了测算，并作为重要的政策建议提了出来。在这种情况下，评论"双渠价格论"，不仅可能进一步推动讨论的具体展开，而且有着强烈的现实意义。

按照"双渠价格论"者的观点，依照平均资金利润率计算的生产价格，尽管有利于高位资金有机构成部门的企业生产发展基金和奖励、福利基金的增长，有利于这些部门的发展；但却不利于低位资金有机构成部门的企业的生产发展基金和奖励、福利基金的增长，不利于按劳分配原则的贯彻和这些部门的发展。只有实行"双渠价格",即把利润分成两部分,一部分按平均资金利润率计算,一部分按平均工资利润率计算(近年来,有的同志还具体提出:企业在交纳资源税和商品流转税后,利润的70%按平均资金利润率计算,30%按平均工资利润率计算),才能兼顾高位和低位资金有机构成部门的企业两方面的需要,有利于按劳分配原则的贯彻和各个产业部门的发展。但这种观点是值得斟酌的。

第一,"双渠价格论"在很大程度上还是反映了传统经济体制的现状,而并不真正是以社会主义商品生产为前提的。这表现在:在"双渠价格论"者看来,按平均资金利润率计算的那一大部分利润是归资金所有者占有的,就社会主义国有企业来说,也就是归社会主义国家所有的;而国有企业得到的只是按平均工资利润率计算的那一小部分利润。据计算,前者约占税后利润的70%,后者仅占税后利润的30%。显然,这只是当前经济体制改革过程中的情况,它并不能满足国有企业作为相对独立的商品生产者的需要。而且,如果真是从社会主义商品经济这个前提出发,从国有企业是相对独立的商品生产者的需要出发,那么,只能是等量资金取得等量利润,而不可能提出除按平均资金利润率计算利润以外,还按平均工资利润率计算的问题。因为在这个前提下,国有企业通过生产价格实现的收入,除了向国家上交资源税、固定资产占用费等税款以外,其余的收入一部分作为发展生产基金,一部分作为职工劳动报酬(包括工资、奖金和福利费等)。

与上述出发点联系起来考察,"双渠价格论"者忽视了从社会主义企业生产目的的要求和平等地满足包括高位、中位和低位资金有机构成部门在内的各部门扩大再生产的需要。诚然,"双渠价格论"者也主张把利润的大部分按照平均资金利润率分配。但又主张把利润的一部分按工资平均利润率分配。如前所述,社会主义企业生产目的的实现要求等量资金取得等量利润,而"双渠价格"则并不完全符合这个要求。乍一看来,似乎"双渠价格论"兼顾了高位和低位资金有机构成部门的企业扩大再生产的需要。但在实际上却不能平等地满足高位资金有机构成部门的企业在扩大再生产方面的需要。至于"双渠价格论"者认为,实行生产价格,不利于低位资金有机构成部门的企业生产发展基金的增长,也是不妥的。因为在这种条件下,对包括低位构成在内的各个生产部门的企业来说，都是等量资金取得等量利润，大家在获得追加投资方面的权力是平等的。"双渠价格论"者还认为，实行生产价格，不利于低位构成部门的企业奖励和福利基金的增长，不符合按劳分配规律的要求；正是依据这个规律的要求，提出了"双渠价格论"。关于实行生产价格不利于低位构成部门的企业奖励和福利基金增长的说法，我们留待后面去分析。这里先评述依据按劳分配规律要求提出"双渠价格"的不合理性。应该肯定，在社会主义制度下，按劳分配居于十分重要的地位，并对生产、交换和消费等方面产生重要的影响。然而，按劳分配毕竟是分配领域中的原则，用它来说明涉及生产和交换等方面的基础价格，并不符合马克思主义政治经济学的方法论。

第二，"双渠价格论"提出的本意是为了适应新的经济体制的要求，但在实际上却是事与愿违的。依据社会主义有计划的商品经济的理论，以及我国经济体制改革的实践经验，我国即将建立的新的经济体制的基本特征是：①国有企业将真正成为相对独立的、自主经营、自负盈亏的社会主义商品生产者。②社会主义有计划的商品市场将进一步发展，社会主义的市场体系将逐步完善。③国家对企业的管理将逐步由以直接控制为主转向以间接控制为主，主要运用经济手段和法律手段，并采取必要的行政手段，来控制和调节经济运行。与这种新的经济体制相适应，新的价格管理体制将具有下列特点：从国家统一定价的直接管理逐步转变为间接管理，即除极少数关系国民经济全局的产品和服务实行国家统一定价、一部分重要产品和服务实行国家规定的浮动价格以外，多数产品和服务实行自由价格。在这种情况下，竞争将获得充分展开的机制，其结果必然是生产价格的形成。在这种情况下，如果一定要实行"双渠价格"，就必然要加强国家的行政干预，其结果又要回到传统经济体制的老路上去。而这同时又改变了作为客观存在的基础价格的本来含义。

第三，"双渠价格论"者忽视了必要的科学抽象。对社会主义制度下基础价格的研究，是研究社会主义商品经济本质的一个方面，因而必须有科学的抽象；否则，就不可能做好。而"双渠价格论"者似乎并未注意到这一点，并成为其理论错误的一个方法论根源。比如，他们认为，在国有经济中，v 就等于工资，企业留利中用于奖金和福利费的部分并不属于 v 的范畴，而是属于 m 部分。这样，他们在很大程度上还是束缚于现行的财务会计制度（按照这个制度，国有企业职工的奖金和福利基金不计入成本，而是从企业留利中提取），从而停留在经济现象的描述上。而且，正是由于这一点，他们才认为实行生产价格，资金有机构成低的部门的企业，奖金和福利费用少，不符合按劳分配原则；只有实行"双渠价格"才能避免这个缺陷。

　　但在这个问题上，只要进行必要的科学抽象，其误解是可以消除的。如果仅仅就 v 来说，这种抽象有两个重要方面：一是科学地确定 v 的内涵和外延。这个内涵就是由按劳分配规律调节的劳动报酬；其外延包括工资、奖金和福利费用等方面。二是科学地确定 v 的数量界限。马克思说过：如果把工人本人劳动产品中加入工人个人消费的部分"从资本主义的限制下解放出来"，那么，它的数量将会"扩大到一方面为社会现有的生产力……所许可，另一方面为个性的充分发展所必要的消费的范围"。[1]马克思这段话，揭示了消灭了资本主义剥削的共产主义社会个人消费品分配的数量决定规律。虽然在社会主义制度下还不可能完全做到劳动者个性的充分发展，但这条规律在社会主义社会也是起作用的。但就这里讨论的问题来说，需要进一步着重指出：在社会主义社会的一定的发展阶段上，尽管 v 的数量界限有一定的弹性，但在某种幅度内它又是一个客观存在的确定的量。因为在社会主义企业真正成为独立的（对集体企业来说）或相对独立的（对国有企业来说）商品生产者，竞争有了充分发展的条件下，这个量就不是可以由人们任意规定的，而是受到商品经济规律制约的。因为对社会主义企业来说，v 的数量小了，会挫伤劳动者的积极性，以至从根本上失去竞争力；v 的数量大了，也会削弱竞争力。当然，就我国当前社会主义国有经济来说，由于传统经济体制还未进行根本改革，国有企业还缺乏内在的动力机制和外在的竞争压力机制，商品经济规律的这种制约作用还没有表现出来。但对农村的社会主义集体经济来说，由于经济体制改革取得了重大进展，集体企业的内在动力机制和外在竞争压力机制已经初步形成，因而商品经济规律的这种制约作用已经初露端倪。比如，1985 年，北京市怀柔县由于农民的劳动报酬水平高，农村每人平均年收入达到 700 元左右，大大超过了邻近的河北省的

---

① 马克思：《资本论》，《马克思恩格斯全集》第 25 卷，第 990 页。

一些县。这样，当怀柔县农村生产的大白梨拿到北京市农贸市场上卖时，如果按照河北省农村生产的大白梨的价格卖（他们的劳动报酬水平低，生产成本低，售价也低），连劳动报酬都支付不了；如果按由他们自己的成本所决定的价格卖，就会卖不掉。这种经济现象看来很平常，但它却典型地反映了商品经济规律的作用，表明在社会主义统一市场充分发展和完善的条件下，不仅在社会主义的集体企业之间，就是在国有企业之间以及国有企业与集体企业之间，劳动报酬的数量界限并不是人们可以随意规定的，而是一个确定的量。显然，这个确定的量，只能伴随商品经济的发展逐步实现。但这个确定的量同传统的经济体制下由国家统一规定国有企业职工工资标准，同过去"左"的经济政策规定的城市集体企业职工工资水平不能超过国有企业职工工资水平，以及农村社队工分值只能达到某种水平，是有原则区别的两件事。前者是社会主义商品经济规律作用的结果，并有一定的弹性；而后者是违反这个规律要求的，并没有弹性。

当然，在这个问题上仅仅对 v 作科学抽象是不够的，还必须对资金占用和物质消耗作科学抽象。这也包括两个方面：一是科学地规定它们的内涵和外延。就我国当前的实际情况来看，一方面需要把不属于资金占用和物质消耗而已列入的部分剔除出去；另一方面需要把属于资金占用和物质消耗而未列入的部分包括进来。二是科学地规定它们的数量。在这方面，需要按照商品经济规律的要求，按照各个生产部门的平均标准计算资金占用和物质消耗。

在这样做了科学的抽象以后，我们可以清楚地看到：各个产业部门参加利润平均化的仅仅限于剩余产品基金（m），而并不包括生产资料补偿基金（c）和劳动报酬基金（v）。所以，"双渠价格论"者认为实行生产价格，会影响资金有机构成低的部门的企业的职工劳动报酬水平，纯系因拘泥于现行的财务会计制度而产生的误解，在经济科学上是没有根据的。这样说，同有的企业由于经营管理水平低，物质消耗和劳动报酬支出都超出了平均水平，销售收入难以补偿这两项支出，以至影响了劳动报酬水平是不矛盾的。因为这种情况同实行生产价格是不相关的。

第四，终极地说来，"双渠价格论"者忽视了社会主义制度下的基础价格是一个客观的存在，因而必须从社会主义商品经济的客观发展过程去做分析，而不能是主观的设想。诚然，人们测算的理论价格，是带有主观成分的。但是，按照我国许多经济学家的意见，理论价格是价值转化形式的近似值。因此，就它的基本内容来说，也是客观的。所以，也必须从社会主义商品生产的客观发展过程去做说明。而"双渠价格论"者提出的交纳资源税和商品流转税后的利润，70%按平均资金利润率计算，30%按工资利润率计算，就很难适应社会主义商品经济发展的需要，而且社会主义竞争的充分展开也一定会冲破这个框架。这样一来，它不仅在形式上是主观的，在内容上也带有主观的色彩，这就不妥了。

四、供求关系对价格的影响和决定作用

我们说，社会主义制度下价格形成的基础是生产价格，这并不否认商品供求关系对商品价格的影响，以及与此相联系的商品价格与价值或生产价格的背离。关于这一点，马克思曾经说过："价格和价值量之间的量的不一致的可能性，或者价格偏离价值量的可能性，已经包含在价格形式本身中。"[①] 而且，在商品经济条件下，商品价值及其转化形态生产价格决定的规律性，同价格决定的规律性，确实是不同的。商品价值或生产价格决定于商品生产过程中的社会必要劳动耗费。与此不同，商品的价格除了要以价值或生产价格为基础以外，还受其他因素的影响，包括交换和分配因素的影响。其中，供求关系的变化对价格的形成的影响尤为显著。事实上，商品供求关系的不平衡，总要导致价格与价值或生产价格的背离。

但是，这绝不是说，商品价格是由供求关系决定的。供求关系决定商品价格的理论，是资产阶级庸俗经济学的理论，早就受到了马克思的批判。现在又有人重弹这个老调，就是背离了马克思主义的理论。马克思主义认为，在商品经济条件下，商品的价格是围绕价值或生产价格上下波动的。价值或生产价格是价格运动的中心。供求关系能够影响价格是高于价值或生产价格（在供不应求的条件下）还是低于价值或生产价格（在供过于求的条件下），但是不能最终决定价格是高还是低。供求关系更不能解释在商品供求平衡条件下商品价格的高低。价格高低根本上决定于价值或生产价格的大小。

---

① 马克思：《资本论》，《马克思恩格斯全集》第23卷，第120页。

从商品交换的表象看，似乎价格和供求存在着互相决定的关系。一方面价格决定着供求关系，价格高了，需求减少，供应增加，价格低了，则是需求增加，供应减少；另一方面供求关系又决定价格，供不应求时价格上涨，供过于求时价格下跌。但是，从本质上说，无论是供求关系还是价格，归根结底都是由商品价值（或生产价格）决定的，即商品价值（或生产价格）不仅调节着商品的价格，而且还调节着供求关系。马克思说："如果市场价值降低了，社会需要（在这里总是指有支付能力的需要）平均说来就会扩大，并且在一定限度内能够吸收较大量的商品。如果市场价值提高了，商品的社会需要就要缩减，就只能吸收较小的商品量。"①

我们说，商品的供求关系，只影响价格与价值或生产价格的背离，但不决定价格，这是从一般的、直接的意义上说的。但在某些特定情况下，供求关系也制约着价值或生产价格的形成，因而也间接地决定着价格。

为了说明这一点，首先需要了解马克思关于社会必要劳动时间的另一种涵义。马克思说："不仅在每个商品上要只使用必要的劳动时间，并且在社会总劳动时间中，也只把必要的比例量使用在不同类的商品上。"②又说："价值不是由某个生产者个人生产一定量商品或某个商品所必要的劳动时间决定，而是由社会必要的劳动时间，由当时社会平均生产条件下生产市场上这种商品的社会必需总量所必要的劳动时间决定。"③"假设有过大量的社会劳动时间被用在一个部门了，那也只会被支付以这样多的代价，好像所用的量恰好相当一样。（一个部门的）总生产物——即总生产物的价值——在这场合，将不等于其内包含的劳动时间，只等于其总生产物与其他部门的生产保持比例时，比例上应使用的劳动时间。"④

与上述的社会必要劳动时间第二重涵义相联系，马克思提出了价值决定或生产价格决定的两个重要的特殊情况。一是如果需求增加，"这还可以在这个或那个生产部门，在一个或长或短的期间引起市场价值本身的提高，因为所需要的一部分产品在这个期间内必须在较坏的条件下

---

① 马克思：《资本论》，《马克思恩格斯全集》第25卷，第202页。
② 马克思：《资本论》，《马克思恩格斯全集》第25卷，第716页。
③ 马克思：《资本论》，《马克思恩格斯全集》第25卷，第722页。
④ 马克思：《剩余价值学说史》第1卷，三联书店1957年版，第224页注33。

生产出来"。①二是在分析资本主义级差地租形成的原因时，提出由于存在土地的资本主义经营垄断，优等地和中等地的农产品产量并不能满足社会的需要，使得农产品的生产价格是由劣等地的生产条件决定的。

这样，我们可以看到：在一般的情况下，供求关系可以大体实现均衡。在这种情况下，社会必要劳动量是由平均的生产条件决定的。这时，供求关系只是影响价格同价值或生产价格的背离，而并不决定价格。但在某些特殊情况下（如某些产品的社会需求长期超过社会供给，或者存在某种生产资料的经营垄断），社会必要劳动量就会由劣等生产条件决定。这时供求关系就通过制约社会必要劳动量的形成，从而通过价值量的形成，间接决定价格。

第二节　社会主义价格的作用

一、必须从社会主义商品经济的观点探讨社会主义制度下价格的作用

传统的经济理论是传统的经济体制在理论上的复制。这种体制是一种高度集权的、以行政管理为主的、排斥市场机制的体制。这种理论和体制在形式上把社会主义计划经济看做是产品经济，实际上则把它看成是与商品经济相对立的自然经济或半自然经济。这种体制必然大大降低价格在社会主义经济中的作用，并把这种作用引导到不正确的方向。

在这种体制下，社会主义企业不是独立的（对集体企业来说）或相对独立的（对国有企业来说）商品生产者，而是国家行政机关的附属物，这就使得价格作用的发挥缺乏微观基础；市场发育很不健全，价格作用的发挥又缺乏市场机制；国家主要不是运用经济手段（主要是价格杠杆），而是主要运用行政手段调节经济，价格并没有摆到国家宏观经济管理应有的位置上。这一切都不能不极大地限制了价格在社会主义经济中的作用。

不仅如此，在这种体制下，价格的作用还被引导到不正确的方向。作为僵化的传统经济体制组成部分的价格管理体制，使得价格与价值的

---

⑤ 马克思：《资本论》，《马克思恩格斯全集》第 25 卷，第 213 页。

偏离无论在时限上和幅度上都达到了惊人的程度。这一点正是长期以来农业落后于工业、燃料和原材料工业落后于加工工业的重要因素。可见，长期以来，价格在我国经济中的正作用没有得到充分的发挥，而逆作用倒有不少的表现。

上述情况表明：要正确地、充分地认识社会主义制度下价格的作用，就必须从传统的经济理论和经济体制的束缚下解放出来，必须以社会主义的商品经济作为考察问题的根本出发点；否则，就是不可能的。

二、价格在社会主义经济中的作用

价格在社会主义经济中的作用包括多方面的内容。

第一，价格与产品生产量（即供给量①）和需求量的平衡。

在其他条件（如某种商品的成本价格和其他商品价格等）不变的情况下，某种产品的生产量同价格是按照相同的方向变动的。就是说，价格上升，生产量增加；价格下降，生产量减少。因为在这种条件下，价格上升就意味着商品生产者可以获得超额利润，这为它扩大生产增添了动力，也创造了增加积累的有利条件。反之，价格下降，就意味着商品生产者丧失一部或全部利润，甚至亏本，这必然使得它减少生产。

在其他条件不变的情况下，某种产品的需求量和价格呈现出一种反向运动的关系。关于这一点，马克思说过这样一个一般的道理："说到需求，那是很清楚的，因为需求按照和价格相反的方向变动，如果价格跌落，需求就增加，相反，价格提高，需求就减少。"②因为，在这种情况下，如果是生产资料价格下降了，那对购买生产资料的企业来说，也意味着可以获得超额利润，而且相同的货币量可以购得更多的生产资料；如果是消费资料价格下降了，那对购买消费品的消费者来说，也会刺激他的购买欲望，而且也是相同的货币量可以购得更多的消费品。这些都会引起需求量的增长。反之，如果是生产资料价格上升了，那对购买生产资料的企业来说，就意味着失去一部分甚至全部利润，相同的货币量只能购得较少的生产资料；如果是消费资料价格上升了，那对购买消费品的消费者来说，就会限制他的购买欲望，而且相同的货币量也只能购得较

---

① 在其他因素（如产品库存等）不变的情况下，产品的生产量也就是产品的供给量。
② 马克思：《资本论》，《马克思恩格斯全集》第25卷，第213页。

少的消费资料。这些又都会引起需求量的下降。

在这方面，有一种观点是值得商榷的。这种观点认为，"需求量之所以按照与价格相反的方向变动，主要是因为，人们的每一种需要，往往可以用多种商品来满足。"① 其实，按照我们在前面所做的分析，需求量之所以按照与价格相反的方向变动，主要因为它是同购买者经济利益的增减相联系的。至于每种需要可以用多种商品来满足、从而可以相互代用这一点，如果不是同利益的增减相联系，它并不能起什么作用。所以，它只是一个条件，而不是问题的原因，更不是主要的原因。

上述的价格调节供给量和需求量的情况表明：价格具有调节社会生产各部门生产与需求关系的作用，从而具有调节国民经济按比例发展的作用。这当然不是说，只要依靠价格的调节作用就可以实现国民经济按比例的发展。因为，首先，价格能够实现这种调节作用，是因为它适应了作为商品生产者的经济利益的要求。而在社会主义条件下，尽管企业之间的根本利益是一致的，但也有局部利益的差别。企业的局部利益同国民经济的整体利益在根本上也是一致的，但也是有矛盾的。而且，这种根本利益和整体利益的实现，往往也需要同企业的局部利益紧密地结合起来；在前者同后者发生矛盾的情况下，前者的实现，往往遇到很多的困难。其次，价格的调节作用，是在交换过程中进行的，是在生产格局已定之后进行的。因而，对这个交换过程之前的生产是无法进行调节的，它只能调节这个交换过程之后的再生产过程。正是上述两种情况决定了单是依靠价格的调节作用，反映国民经济整个利益和各个企业根本利益的社会生产的按比例发展，就很难实现，并不可避免地产生一定的盲目性。因此，要保证国民经济的按比例发展，还必须有正确反映国民经济有计划发展规律要求的国家计划的调节。当然，这种计划只是反映了国民经济的整体利益和各个企业的根本利益。因此，它的制定和实施又必须与适应企业利益要求的价格调节紧密地结合起来。

第二，价格与生产资源的合理配置和合理利用。

生产资源合理配置的基本要求，是要实现各个部门生产量与需求量的平衡。如果有的社会生产部门的生产量超过了社会需求量，那就表明

---

① 《社会主义经济调节概论》，辽宁大学出版社 1986 年版，第 66 页。

分配给该部门的生产资源过多，直接造成了一部分生产资源的浪费；有的部门的生产量小于社会需求量，那又表明一部分社会需求没有得到满足。这些显然都不符合合理配置社会生产资源的要求。只有实现了各个部门生产量和需求量的平衡，才算是生产资源得到了合理的配置。如前所述，价格在调节生产量和需求量的关系、实现供给与需求的平衡方面起着重要的作用，因而在合理配置社会生产资源方面也有重要的作用。

生产资源合理利用的基本要求，是要实现生产成本的最小化，或利润的最大化。就是说，要用尽量少的生产资源的耗费生产出具有一定质量的商品，或者说，要用一定的生产资源的耗费生产出尽量多的、具有一定质量的商品。为了实现生产成本最小化，一般说来，在保证产品质量的条件下，对于价格相对高的生产要素，要尽量少用，而对于价格相对低的生产要素要尽量多用；就是对于价格相同的生产要素，也需要尽量节约使用。可见，价格对于生产资源的合理利用，起着自动调节的作用，并促进生产资源利用效益的提高。

第三，价格与社会生产技术的进步。

在价格与生产价格相符合的条件下，某些企业生产技术落后，它的个别成本价格就大于部门平均成本价格，它的利润就少，甚至亏本；反之，某些企业生产技术先进，它的个别成本价格就低于部门平均成本价格，它不仅可以获得平均利润，还可以获得超额利润。因此，与生产价格相一致的价格是推动社会生产技术进步的强有力杠杆。

第四，价格与企业经营管理水平的提高。

在价格偏离生产价格的条件下，尽管企业经营管理水平较高，但产品的价格仍然可能低于生产价格，只能获得很少的利润，甚至可能亏本；另一方面，即使企业的经营管理水平很低，但产品价格可能高于生产价格，仍然可能获得很高的利润。显然，这两种情况都不能提高企业搞好经营管理的积极性。只有在价格与生产价格相符的条件下，企业的经营管理水平愈高，它愈有可能获得较多的利润；而企业的经营管理水平愈低，它获得的利润就可能愈少，甚至亏本。因此，与生产价格相符的价格，也是推动企业提高经营管理水平的强有力因素。

第五，价格与产品质量的提高。

为了说明这个问题，首先需要弄清产品价值（或生产价格）与产品质量的关系。有一种观点认为，优质产品的价值高而劣质产品的价值低，就是因为前者的质量好，后者的质量差。按照这种观点，优质产品价值高，是由于它的使用价值大；劣质产品价值低，是由于它的使用价值小。这是由于混同了下列两个问题而引起的：①把产品优质的决定因素同优质产品价值的决定因素混同起来。产品质量确实决定于其使用价值，但优质产品的价值像一切产品的价值一样都决定于社会必要劳动量。诚然，如果从个别劳动时间看，优质产品的实际劳动耗费并不一定比劣质产品的劳动耗费多，甚至有可能少。但从决定商品社会价值量的社会必要劳动时间看，前者耗费的劳动量比后者要大。在这里，正像复杂劳动是简单劳动的倍加一样，生产优质产品耗费的劳动量也是生产劣质产品耗费劳动量的倍加。②把价格的决定和价值的决定混同起来。就价值的决定来说，只是同社会必要劳动量相联系，同使用价值是没有关系的；尽管使用价值是价值的承担者，但它并不决定价值量。但就价格的决定来说，情况就要复杂得多。当然，价格也是由价值决定的。但它同时又受到供求关系的影响。而供求关系同使用价值却存在某种联系。就是说，优质产品往往同需求过旺相联系，而劣质产品则常常呈现出相反的状态，即需求不足。从这种意义上来说，使用价值对价格是有一定的影响的。当然，终极地说来，供求关系也是由价值调节的。但这并不能否定供求关系对价格的影响，也不能否定使用价值对价格的一定的影响。诚然，即使是看到了这种影响，也不能得出产品质量好坏可以决定产品价值大小的结论。

在明确了产品价值同产品质量的关系以后，我们就可以看到：如果能够做到产品价格与产品质量的优劣相适应，优质产品优价，劣质产品低价，那就可以促使企业提高产品质量。因为这样做，就意味着生产优质产品耗费的较多的社会必要劳动量得到了社会的承认，就能提高企业改善产品质量的积极性。反之，如果做不到这种相适应，优质产品并不优价，劣质产品也不低价，这又意味着生产优质产品耗费的较多的社会必要劳动量并没有得到社会的承认，其结果必然挫伤企业提高产品质量的积极性，导致社会产品质量的下降。

需要进一步指出：价格不仅在社会主义生产中具有多方面的重要作用，它在社会主义的流通、分配和消费方面也具有不容忽视的调节作用。

因此，价格是社会主义国家调节国民经济的最重要的经济杠杆。

世界银行《1983 年世界发展报告》，对 31 个发展中国家 70 年代价格偏差（或扭曲）同经济增长的关系做了研究。这个材料表明：偏差较高（属于最高的三分之一）的国家的经济增长率比平均数（每年约增长 5%）约低两个百分点，偏差低（属于最低的三分之一）的国家比平均数约高两个百分点。报告还指出：经济增长率差别的原因，需要考虑其他许多因素，不仅起码要考虑自然资源的禀赋，还要考虑其他经济、社会、政治和体制等因素，才能较全面地说明问题。但是，价格偏差能对经济增长情况的差别说明大约三分之一的问题。我国的经验表明，价格偏差，一方面必然使价格偏高的产品大量积压，另一方面又使价格偏低的产品短缺，造成社会劳动的不合理分配和各部门的不协调发展，从而导致社会劳动的严重浪费。可见，价格体系是否合理，对社会经济的发展有着重大影响。

国外有的经济学家也正确指出：在商品经济条件下，价格体系合理，就能使社会的一切资源得到最有效的利用，建立合理的生产结构；同时，也能使社会消费是最节约的，即能做到花费最少的自然资源和劳动而充分满足人们的物质和文化生活的需要。一句话，能够取得最优的社会经济效益。

三、价格在社会主义经济中发挥作用的条件

总的说来，社会主义商品经济的充分发展，是价格在社会主义经济中发挥作用的基本条件。但要使得价格的作用真正充分地发挥出来，还需要建立与社会主义商品经济要求相适应的经济体制。

第一，要使企业真正成为自负盈亏的商品生产者。这是价格发挥其作用的微观基础。只有在企业自负盈亏的条件下，才有可能通过价格和生产价格的背离，影响企业的利润或亏损的多少，进而影响企业的实际经济利益，从而有效地调节生产量和需求量的变化，促进国民经济按比例的发展，促进生产资源的合理配置和合理利用，促进企业提高生产技术、经营管理水平和产品质量。如果像在传统经济体制条件下那样，由国家统负盈亏，那么，价格和生产价格的背离，尽管也会影响企业的利润和亏损的多少，但由于并不影响企业的实际经济利益，因而价格的作用也就被麻痹了。

第二，要有完善的市场体系和市场机制。这是价格发挥其作用的市场条件。这里所说的完善的市场体系，包括物质产品（包括消费资料和生产资料）市场、资金市场、技术市场、信息市场和劳务市场。这里所说的完善的市场机制，包括合理的价格体系，竞争的充分展开，以及社会总需求与总供给的基本平衡。这种体系和机制，不仅使价格发挥其作用具备了可能性，也不仅是扩大了价格作用的范围，而且使得作为价格作用微观基础的企业有了外在的压力。如果像在传统经济体制下那样，市场仅仅包括消费品市场，而且连作为基本生活资料的住宅市场还被排除在外，价格体系极不合理，竞争受到了极大的限制，社会总需求长期地大大超过总供给，那么，不仅价格缺乏发挥作用的条件，即使有某些作用，其范围也是很窄的。这样，价格的作用也就变得很小了。

第三，要求在国家实现经济管理由直接管理为主到间接管理为主的转变的同时，在价格管理方面也要做相应的转变。这样，不仅可以使得价格作用会受到应有的重视，价格管理也会放到国家经济管理应有的位置上，而且在宏观经济领域内为充分发挥价格的作用开辟了广阔的天地。如果像在传统经济体制下那样，不单是价格在社会主义经济中的作用没有受到应有的重视，价格管理也没有放到国家经济管理应有的位置上，而且由于价格管得过于集中，导致价格体系极不合理，价格作用也不可能得到充分发挥。

第三节　价格管理体制的改革

一、价格管理体制改革的必要性

伴随着 1956 年生产资料私有制的社会主义改造的基本完成，高度集中的、以行政管理为主的、排斥市场机制的、包括价格管理体制在内的整个经济体制也就在我国最终形成了。就作为价格管理体制最重要的内容的工业品价格管理形式来说，基本上都是国家统一规定的、单一的计划价格。几万个工业产品的品种，几十万乃至上百万个规格品种的价格的调整，也都要经过国家物价部门的审批；否则就不得变动。

显然，对于这样大量的工业产品及其规格品种的成本的计算，无疑是一项极为复杂的工作。但更重要的问题还在于：即使在传统体制下，对于工业品价格的确定，也会在某种程度上涉及产需双方的利益，因而往往争论不休。这样，国家物价部门确定的工业品价格很难符合生产价格。然而，问题还不只是限于这些方面。在价格确定之后，由于调整物价一方面要影响国家财政收入；另一方面还要影响人民生活，因而很难进行，以致某种工业品价格确定之后，往往成为"终身价格"。但是，由于各种工业品的劳动生产率是不断变化的，它们的社会价值和社会生产价格也是不断变化的，其变化的幅度就不可能是平衡的。同时，这些工业品的供求关系及其变化状况又是各不相同的。这样，不仅使得价格不反映生产价格，而且不反映供求关系。这就必然造成不合理的价格体系。

当前，我国这种不合理的价格体系主要表现为：同类商品的质量差价没有拉开；不同种商品之间的比价不合理，特别是某些矿产品和原材料价格偏低；建筑业、交通运输业、公用事业和许多服务行业的价格以及房租也偏低，主要农副产品的购销价格倒挂，销价低于国家购价。

显然，不改革这种不合理的价格体系，就不能发挥价格在调节生产量和需求量关系方面的作用，就不能促进生产结构的合理化，不利于促进生产资源的合理配置和合理利用；不利于推进技术进步、经营管理水平和产品质量的提高；不利于促进物资在城乡之间和地区之间的顺畅交流；不利于在收入分配方面贯彻兼顾国家、集体和个人三方面利益的原则以及按劳分配的原则；也不利于促进消费结构的合理化。还需指出，随着经济体制改革的进展，改革不合理的价格体系已显得越来越迫切了。因为，企业真正成为商品生产者，是以价格体系合理化为前提的，随着企业自主权的进一步扩大，价格对企业生产经营活动的调节作用越来越显著，价格体系合理化也显得越来越重要；价格体系合理化，又是进一步发展和完善社会主义市场体系最重要的内容；要实行国家由直接管理为主到间接管理为主的转变，也要求价格体系实现合理化；各项经济体制的改革，包括计划体制和工资制度的改革，它们的成效在很大程度上也取决于价格体系的改革。

诚然，党的十一届三中全会以来，无论在改革价格体制方面，还是在改革价格体系方面，都取得了显著的成效。就价格体制改革来看，到1985 年，在农产品价格方面，除了合同定购的粮食、棉花等少数几种重要产品仍由国家统一定价以外，大部分产品的价格都已逐步放开。其中一些比较重要的产品，如生猪、鲜蛋、大中城市的某些大宗蔬菜、茶叶、羊毛和南方木材等，已由国家统一定价改为实行浮动价格。在工业消费品价格方面，近几年已把全部小商品的价格放开，实行市场价格；一部分轻纺产品已实行浮动价格，有些重要的轻工产品（如缝纫机、国产手表、收音机、电风扇和除部分名牌以外的其他牌号的自行车），也实行市场价格。在工业生产资料价格方面，企业超产的和计划内按规定允许自销的部分生产资料，除了属于轻工业的主要原材料，如合成纤维、人造纤维、浆粕、棉纱、纸浆、食糖、塑料原料、合成革等，仍执行国务院规定，不实行超产加价办法以外，计划外重工业生产资料的价格均已放开。这些计划外物资可以通过生产资料市场，议价销售，有关部门对少数重要品种，必要时可以规定适度的最高限价。在集市贸易出售的产品价格方面，基本上实行市场价格。大中城市有关部门对少数几种重要的副食品，必要时可以规定适度的最高限价。上述情况表明：我国正在开始形成少数重要的商品和劳务实行国家定价，大部分商品和劳务实行浮动价格和市场价格的新的价格体制。[①]

在价格体系方面，1979年以来进行了六次全国范围的影响较大的调整：①1979年大幅度提高了农副产品的收购价格，并对主要农产品实行超购加价。1984年农产品收购价比1978年提高了63.6%。农副产品收购价过低的状况有了较大的改变。②在农副产品收购价格提高的同时，1979年提高了城市八类副食品及其相应制品的销价，提高幅度为30%左右，并相应发给职工副食品提价补贴。③从1979年起，陆续调整了煤炭和部分重工业产品的出厂价格，原煤提价30.5%，生铁提价30%，钢材提价20%。④1981年降低了涤棉布价格，提高了烟酒价格。⑤1983年，全面调整了纺织品价格，降低化纤织品价格，提高棉纺织品价格。⑥1984年调高了铁路货物运价和水运客货运价，1985年进一步提高铁路短途运价。[②]据有的同志测算，经过近几年的改革和调整，我国主要商品价格扭曲的程度已经降低，价格体系不合理的状况已有某种改善。依据对100

---

① 参见《中国经济年鉴》(1986)，第Ⅴ-49页。
② 《财贸经济》1986年第10期，第7页。

种产品价格的对比分析，现行价格低于理论价格①的幅度已由 1983 年的 29%缩小为 18%。

　　但是，价格改革并没有根本完成，这方面的任务仍很艰巨。据估算，1985 年，实行国家统一定价的商品价值约占工农业商品总值的 40%~50%，国家规定浮动价格的约占 10%~20%，其余 30%~40%实行市场价格。还需说明：很多商品价格中央政府放开了，但却被地方或部门接过去继续统管着，并没有真正放到企业手中。所以，实际上由国家各级政府有关部门统一定价的商品在工农业商品总值中还是占了主要地位，在基本的生产资料和生活资料方面尤为显著。这种情况表明：尽管传统的价格体制已经发生了许多重大变化，但还没有完成质的变化。与此相联系，价格体系方面的不合理状况，也没有根本性的转变。据有的同志计算，当前，大部分由国家统一定价的重要商品，特别是初级工业品的价格仍然偏低。最突出的是能源、原材料价格偏低，1985 年这些产品的现行价格比理论价格要低 46%。因此，价格改革还是一个艰巨的任务。

二、价格管理体制改革的目标模式

　　确定价格管理体制改革的目标模式，从根本上来说，就是要适应社会主义有计划的商品经济的要求。在社会主义制度下，企业还是商品生产者，因而它们要求取得与它的这种经济地位相适应的经济权力（其中包括确定价格的权力）。我国和其他社会主义国家的实践已经充分证明：只有企业拥有了这些权力，它们才能够在事实上成为商品生产者，并且能够发挥它们的积极性，推动社会主义商品经济的发展。反之，如果缺乏这些权力，企业就不能真正成为商品生产者，就会挫伤它们的积极性，阻碍社会主义商品经济的发展。但是，社会主义商品经济像资本主义商品经济一样，都是以社会化大生产作为物质基础的商品经济。而且，从长远的发展趋势来看，社会主义社会生产社会化的程度将远远超过资本主义经济制度可能容纳的限度。就这方面来说，国民经济按比例的发展，就更是社会主义商品经济发展的客观要求。当然，根本的原因还在于：生产资料的社会主义公有制为国民经济有计划的发展提供了客观的可能。显然，价格管理体制的模式，也必须适应社会主义经济有计划按比例发

---

　　① 理论价格是商品价值在观念上的货币表现，是价值转化形态的近似值。

展的要求。

确定价格管理体制改革的目标模式，还必须适应新的社会主义经济体制的要求。我国将要建立的这种体制，有一个基本特点，就是国家对企业的管理逐步由直接控制为主转向间接控制为主，主要运用经济手段和法律手段，并采取必要的行政手段，来控制和调节经济运行。显然，作为国家对企业管理一个重要方面的价格管理，也必须和这种总的管理要求相一致。

从上述两种要求出发，对价格体制改革的目标模式可以做这种设想：从传统经济体制下由国家统一定价的直接管理转变为主要实行间接管理。就是说，除了极少数关系到国民经济全局的产品价格和服务收费仍由国家直接统一定价，一部分重要产品价格和服务收费改由国家规定指导价格以外，国家一般不再对数量众多的产品价格和服务收费进行直接的行政干预，而是实行由市场调节的价格，国家只是通过经济、法律等间接手段控制价格总水平以及各种重要产品的相对价格水平。这种价格管理体制，既适应了社会主义商品经济的要求，又反映了这种商品经济有计划发展的要求；既适应了国家对企业实行间接管理为主的要求，又保留了必要的直接的行政管理；既是一种自动反映社会劳动消耗和供求关系变化的、灵活的价格机制，又是一种尽力避免市场盲目性的价格机制。

当前，在这方面有两种观点值得商榷。一种观点认为，在社会主义商品经济条件下，国家应当放弃对价格的管理（包括直接管理和间接管理），完全实行由市场供求关系调节的自由价格。在他们看来，这就是社会主义制度下价格管理体制改革的目标模式。

但这种观点并不符合我国社会主义有计划的商品经济的实际。因为，即使在社会主义商品经济条件下，单靠各个单独的商品生产者自发的经济行为，也很难做到符合国民经济按比例发展的需要。更何况各个社会主义商品生产者的局部经济利益与社会主义经济的整体利益，以及各个商品生产者之间的经济利益，尽管有基本一致的一面，但也有矛盾的一面。因此，社会主义商品经济的本身也具有一定的盲目性，也会发生某种供求不平衡的状况。由这种不平衡的供求关系来调节价格，必然引起价格的经常波动。这种波动虽然具有调节生产的作用，但这是一种事后调节，是以生产资源的浪费作为代价的。尤其是那些不属于常态的、短期的价格波动，还给生产带来不真实的价格信号，进一步加重生产上的盲目性，以至造成生产资源的更大浪费。而且，如果卖方市场没有改变，或者虽已改变，但社会总需求并没得到有效控制，那么，完全由供求关系来调节价格，还会导致物价总水平的失控，引起通货膨胀。这些都是不符合社会主义有计划的商品经济的要求的。

这种观点甚至并不符合现代资本主义经济发展的需要。在现代资本主义经济条件下，由于资本主义基本矛盾的发展，迫切要求资本主义国家加强对经济生活的干预（包括对价格的直接干预和间接干预），以期减轻市场自发势力对经济生活的破坏作用。据1986年日本野村证券株式会社顾问伊藤正则、关东学院大学教授福士昌寿等八位专家在国家计委组织的学术交流会上的介绍，日本政府认为，商品价格应以自由价格和自由竞争为前提，尊重市场机制，由供求决定。但日本政府也认为，要进行必要的干预，包括间接干预和直接干预，以减少和克服市场机制作用的弊端。当前，日本政府采取以下三种类型的价格管理办法：

第一，自由价格。日本90%的商品价格是由市场供求关系决定的，政府尽量减少干预，以充分发挥市场机制的调节作用。但也不是完全不管，放任自流。首先，通过总需求管理，力争稳定价格总水平。其次，不断整顿和完善竞争条件，促进公平竞争。政府一方面通过《禁止垄断法》，制止妨碍自由竞争的"价格卡特尔"的垄断价格。另一方面，通过兴建交通设施、加强信息传播等，促进竞争。通过竞争，促使企业降低产品的价格。当然也要采取措施防止竞相降价的过度竞争。对劳动生产率提高缓慢的中小企业，以及价格有可能上升的行业和部门，政府通过补贴资金，推动其技术改造，设备更新，提高劳动生产率，从而达到稳定价格的目的。

第二，在政府间接干预下形成的价格。对农产品、生活必需品的价格，日本政府依据不同情况，采取不同措施，进行间接干预。①对猪肉、牛肉、生丝等实行安定带价格制度。对这些商品，政府规定了"安定上位价格"和"安定基准价格"，并设置事业机构（如畜产振兴事业团）进行吞吐调剂，使市场价格保持在一定的幅度内。②对麦薯类、甜菜、甘蔗等实行保证最低价格制度。当市场价格低于一定的最低基准价时，政府给予收购，以保证再生产正常进行。③对大豆、油菜籽、加工原料乳等实行补助金制度。生产者实际售价低于基准价时，由政府给予补助金。④对蔬菜、加工用水果、肉用牛、鸡蛋、配合饲料等实行安定基金制度。通过系统地调整生产者团体的生产额来谋求价格的稳定，在市场价格低于一定水平时，由国家和生产者共同积累的基金进行补贴。此外，还有农产品进口以盈补亏的价格安定制度。

第三，由政府直接管理的价格。对铁路、电力、邮电通信等带有自然垄断性质的部门、公共汽车、医疗、保险、公共浴池等公益部门的收费和大米、烟草等的价格，由政府直接管理。①国铁、邮政收费和国产烟的最高价格，由国会决定。②国立学校的学费，政府米的收购价格，社会保险、医疗收费、各种手续费由政府决定。③电费、煤气费、民间铁路运费、公共汽车运费、出租汽车运费、电话费、电报费、香烟零售价、航空费、旅客定期船运费等，由政府批准。④公营自来水收费、公共浴池收费、地方公立学校的学费，由地方政府决定。

在非常时期，日本政府依据法律将扩大价格直接管制的范围。在战争、特大自然灾害或石油危机等异常情况下，政府往往制定法律条文，直接管制一些价格。1973年第一次石油危机前后，日本政府先后制定了《关于防止对生活物资囤积居奇的紧急措施法》、《稳定国民生活紧急措施法》和《石油供求合理化法》，分别对大豆、汽油等的价格和供求实行管理检查，对家用煤油、卫生纸等采取规定标准价格、征收附加税、指导生产进口的措施。为防止因修改石油制品价格而趁机涨价，实行了对钢材、聚氯乙烯等59种商品涨价的事前批准制度。

日本对价格的具体管理办法更是千差万别，管理形式也很灵活，不是一成不变。管理与放开都是有条件的，即使是实行自由价格的商品，当供求关系紧张，商品匮乏时，国家就管起来，供求关系缓解时，国家又随时放松管理。

这里需要着重指出：在资本主义条件下，由于存在着资本主义的基本矛盾，尽管有国家对经济生活（包括价格）的间接干预和直接干预，但也不可能从根本上避免资本主义社会生产的无政府状态和经济危机。然而，资本主义国家管理经济生活（包括价格）的经验表明：尽管它们存在着生产资料的资本主义私有制，但由于它们也是以社会化大生产作为物质基础的商品生产，因而也需要国家对经济生活（包括价格）的干预。既然资本主义社会的情况都是这样，那么，在社会主义有计划的商品经济条件下，不是更有必要和可能这样做吗？

还有一种观点认为，社会主义经济理想的价格模式还是以国家直接统一定价为主，以保证国民经济的有计划发展。

这种观点在理论上是站不住的。①这种模式并不符合社会主义有计划商品经济的要求。②这种模式也不符合即将建立的新社会主义经济体制的要求。③这种模式不仅不能保证国民经济有计划的发展，而且常常成为导致经济比例关系失调的最重要的经济机制之一。因为这种模式的主要缺陷是不能及时而灵活地反映社会劳动耗费和供求关系的变化，常常给生产带来不正确的信息，从而造成生产结构的不合理，造成巨大的损失。

这种观点也不符合社会主义各国的经济体制改革的实践。从本世纪五六十年代以来，东欧一些社会主义国家在改革传统的、僵化的经济体制的同时，也改革了传统的、僵化的价格管理体制。进行这方面改革的主要有南斯拉夫、匈牙利以及波兰等。它们的价格改革则是以改革管理体制为中心，有计划地放活价格管制，大幅度下放定价权给企业。南斯拉夫 1952 年就取消了工业品计划供应和农产品义务征购制，宣布价格原则上应在市场上根据供求关系自由形成，实行所谓"经济价格"。同时，国家对市场短缺的基本原材料及生活必需品实行计划价格制度（包括最高价格、固定价格），从而形成了"双重价格管理体制"。目前，国家直接、间接控制的价格占 10%，自由价格占 90%。匈牙利 1967 年的价格改革，核心是扩大企业的价格决定权限，国家对一部分产品直接定价，大部分产品由企业根据国家规定的规则自行协商确定，总的趋向是"放"。从 1968 年到 1980 年，自由价格由占 25% 扩大到占 64%，而固定价格则从 50% 缩小到 8% 左右。波兰近几年来也采取了以"放"为主的改革，实行上有控制、下有自由定价的混合价格制度。按照商品种类及其对国计民生的重要性分别实行官定价格、调节价格、合同价格和自由价格。目前，官价商品占 35%，调节价格商品占 15%，合同定价和自由定价商品占 50%。

这里不拟评价这些国家体制改革的成功和失误，只是着重指出：它们的改革经验表明，改革传统的价格体制，是改革传统的经济体制的必要组成部分，它像整个经济体制的改革一样，势在必行。那种保存传统的价格体制的设想并不符合这个历史潮流。

当然，在我国，要从传统经济体制下由国家统一定价的直接管理转变为主要实行间接管理，需要许多条件。重要的有：①要力争实现社会的总需求和总供给的基本平衡，要防止经济过热和发生过度需求。②要企业真正做到自主经营和自负盈亏。③要发展和完善社会主义市场体系。④要以整个经济体制都从直接管理为主转向间接管理为主相配合。显然，在这些条件还不具备时，许多直接管理方法还不能不用。而且，就是在这些条件具备之后，必要的直接管理方法还需要保留。当然，这时它只具有从属的意义了。

显然，创造上述各项条件，绝非一朝一夕之功。因此，在价格管理体制方面实现由直接管理到间接管理为主的转变，需要经历一段相当长的时间。依据国外资料，英国在第二次世界大战后，从统制经济体制过渡到主要从宏观上控制社会总需求的间接管理的经济体制，大约用了九年的时间。尽管我们有优越的社会主义制度，但在这方面我们遇到的问题，实际上比资本主义英国要复杂得多，困难得多，因而完成价格改革需要的时间也要长些。

第七章　社会主义的分配

社会主义的分配问题，是社会主义有计划的商品经济理论中的重要问题，并且是与我国经济体制改革紧密相连的现实问题。

本章主要是讨论社会主义国家所有制经济中总产品在国家（作为社会主义国家所有制代表的国家）、企业（作为劳动者集体的企业）和劳动者个人之间的分配。总产品的价值构成包括三个部分：一是工业生产过程中耗费的生产资料的转移价值。它用于补偿生产中已经消耗的生产资料，故又称生产资料补偿基金。二是工业劳动者必要劳动创造的价值，它用于支付劳动者报酬，故又称劳动报酬基金。三是工业劳动者剩余劳动创造的价值，又称剩余产品基金。我们在下面依次讨论这三部分基金的分配。

第一节　生产资料补偿基金的分配

一、生产资料补偿基金的分配，是国家和企业之间分配关系的一个重要方面

无论从总产品的内涵来说，还是从社会主义国家所有制经济中国家和企业之间的分配关系的内涵来说，生产资料补偿基金的分配，都是其中的一个必要组成部分。就前者来说，道理是显而易见的，因为生产资料的补偿基金是总产品的组成部分，因而也是它的分配的组成部分。问题在于，生产资料补偿基金的分配，能否也是社会主义国家所有制经济中国家和企业之间的分配关系的一个方面？我们的回答是肯定的。因为

这种分配要涉及到生产资料所有权与经营权在国家和企业之间的分割，涉及到国家和企业之间的经济利益，因而成为国家和企业之间的分配关系的一个重要方面。比如，在传统的经济体制下，在社会主义国家所有制经济中，生产资料所有权与经营权均集中在国家手中，生产资料的补偿基金就是由国家集中分配和使用的。但在新的经济体制建立以后，由于社会主义国有经济中生产资料所有权与经营权已经发生了分离，所有权仍归国家，经营权归企业。这样，一般说来，生产资料补偿基金就不再由国家集中分配和使用，而是归企业分配和使用。

但是，当前有一种观点认为，国家和企业之间的分配关系，最多只是包括国民收入的分配，并不包括生产补偿基金的分配。这种观点所持的第一个理由，是马克思关于资本主义国民收入分配的理论。他们援引马克思的话说：总收入（即国民收入）"是总产品扣除了补偿预付的，并在生产中耗费掉的不变资本的价值部分和由这个价值部分计量的产品部分以后，所余下的价值部分和这个价值部分计量的产品部分。因而，总收入等于工资（或重新转化为工人收入的产品部分）＋利润＋地租"。并由此得出结论："因此，国家和企业的分配对象，既不应该包括折旧基金，也不应该只是全部或部分剩余产品的价值，而应当是 v＋m 部分。"① 应该肯定，马克思关于资本主义的分配理论，如果抛开它所反映的资本主义经济关系的特殊内容以及它所具有的资本价值形式，仅就其一般的内容来说，对于社会主义国民收入分配的研究，无疑是有指导意义的。但是，以此来论证国家和企业之间分配关系可以不包括生产资料补偿基金的分配，则是不妥的。因为马克思论述的是资本主义国民收入的分配。我们这里讨论的问题是国家和企业之间的分配关系。这是我国经济体制改革实践提出的新问题。这种实践表明：正确处理生产资料补偿基金的分配，是正确处理这种分配关系的一个重要方面。所以，运用马克思的上述理论，而不考虑我们这里研究对象的特点，这在方法论上就是值得斟酌的。

上述观点所持的第二个理由是：国家和企业之间的分配，只要包括了国民收入的分配，就"能把国家、企业、职工三者利益关系的全貌比

① 《中国工业经济学报》1986 年第 3 期，第 47~48 页。

较直观地准确地表现出来"。① 诚然，同那种认为国家和企业之间的分配关系，只包括剩余产品价值，甚至只包括作为剩余产品价值一部分的利润的观点相比较，这种观点能够较全面地反映国家、企业和职工三者利益的关系。但是，按照这种观点，似乎只是国民收入的分配才涉及到国家、企业和职工三者的利益关系，而生产资料补偿基金的分配同这一点无关。然而，我国社会主义建设经验表明：不只是国民收入的分配，而且生产资料补偿基金的分配，也涉及国家、企业和职工的利益关系。还需着重指出：由于生产资料补偿基金的分配直接涉及到简单再生产能否顺利进行的问题，而简单再生产又是扩大再生产的基础。从这方面来说，生产资料补偿基金的分配，在某种程度上决定着国家、企业和职工的利益关系。

上述观点所持的第三个理由是：国家和企业之间的分配关系，只要包括了国民收入的分配，就"能更好地体现社会主义的分配原则。"② 这也有片面性。当然，同那种认为国家和企业之间的分配关系，只包括剩余产品的价值，甚至只包括作为剩余产品价值一部分的利润的观点相比较，这种观点确能更全面地体现社会主义的分配原则，其中包括反映了社会主义的按劳分配原则。但是，这种观点既然把生产资料补偿基金排除在国家和企业的分配关系之外，那它就把制约国家和企业之间分配关系的一条最重要的原则，即国有企业是相对独立的商品生产者的原则抛弃了，因而不可能全面地反映社会主义的工业总产品分配原则。

二、国有企业拥有生产资料补偿基金的分配权

生产资料补偿基金是由国家或国有企业分配，涉及到分配主体的问题，是首先需要正确解决的问题。然而，长期以来，这个问题无论在理论上或实践上都没有得到正确的解决。按照马克思在《哥达纲领批判》中所做的分析，生产资料补偿基金是由社会做扣除的，也就是由社会分配、使用的。③ 传统的经济体制正是以这种理论为基础建立起来的，并把它付诸实践。然而，马克思的这个理论是以存在单一的社会主义社会公有制为前提的，是以不存在商品生产为前提的。但是，社会主义的实践已经证明：即使是社会主义国家所有制企业也还是相对独立的商品生产者。现

---

① 《中国工业经济学报》1986 年第 3 期，第 48 页。
② 《中国工业经济学报》1986 年第 3 期，第 49 页。
③ 参见马克思：《哥达纲领批判》，《马克思恩格斯选集》第 3 卷，第 9~10 页。

在经济体制改革正在全面地展开，是到了正确解决这个问题的时候了。

　　生产资料补偿基金由国有企业分配和使用，是它作为相对独立的商品生产者的经济要求。这种企业有它相对独立的经济利益。就是说，它从事生产的目的，除了主要为了全体劳动者的生活需要以外，局部地为了本企业劳动者的生活需要。在社会主义商品生产条件下，企业之间仍然存在着竞争。国有企业无论是为了实现自己的相对独立的经济利益，还是为了适应竞争的需要，都需要在技术不断进步的基础上不断实现扩大再生产。因而，国有企业拥有生产资料补偿基金的分配和使用权是它顺利实现简单再生产的必要条件，它拥有积累基金的分配和使用权又是它顺利实现扩大再生产的必要条件。而简单再生产是扩大再生产的基础和组成部分。从这种相互联系的意义上说，国有企业拥有生产资料补偿基金的分配和使用权，是它拥有积累基金的分配和使用权的基础和组成部分。在国有企业成为相对独立的商品生产者的条件下，不可能设想它不拥有生产资料补偿基金和积累基金的分配和使用权，就可以顺利实现在技术进步基础上的扩大再生产，也不可能设想国有企业仅拥有积累基金的分配和使用权，而不拥有生产资料补偿基金的分配和使用权，它就可以顺利实现在技术进步基础上的扩大再生产。

　　生产资料补偿基金由国有企业分配和使用，也是国有企业对国有的生产资料拥有经营权的题中应有之义。国有企业拥有这种权力是它作为相对独立的商品生产者的一项最重要的内容。而国有经济的生产过程，像任何经济的生产过程一样，都是再生产过程。但是，如果不是从孤立的一次生产过程考察问题，而是从连续不断、周而复始的再生产过程考察问题，那么，国有企业对国有的生产资料拥有经营权，就包含着它对生产资料补偿基金拥有分配和使用权。因为生产资料补偿基金是用来补偿生产过程中已经消耗的生产资料的。因此，国有企业如果不拥有生产资料补偿基金的分配和使用权，也就没有了对生产资料的经营权。

　　生产资料补偿基金由国有企业分配和使用，还适应了以机器作为物质技术基础的现代化生产的要求。马克思在论到这种物质技术基础的特点时曾经说过："现代工业的技术基础是革命的，而所有以往的生产方式的技术基础本质上是保守的。"①在当代，伴随着现代科学技术的迅速发展，这种革命进程大大加快了。

我国社会主义建设实践已经证明：在传统的经济体制下实行的生产资料补偿基金由国家集中分配和统一使用的制度，并不能适应现代化生产这一要求。比如，我国曾经实行过这样的设备管理制度，把企业的设备更新分作三个程序，相应地也把设备更新基金分作三笔独立基金：一是日常维修费用，二是大修理费用，三是设备更新费用。前两项费用少，虽然留给企业使用，但又规定二者不得相互融通；而且，大修理还必须遵守"不增值、不变形、不转移"的原则，即必须按原样复制的原则。第三项费用数量最大，但要上缴国库。企业进行设备更新，要像新建企业一样，按照基本建设项目的审批程序逐级上报审批，并且完全由国家统一安排。而同一的传统经济体制又经常导致基本建设投资膨胀，更新改造投资往往被挤掉了。这里还有必要提到这一点：在这种体制下，曾经长期实行过低的折旧率，远远不能反映固定资产的实际消耗。这样，由企业上缴国家的税收和利润、并由国家用于基本建设的投资中，有相当一部分实际上并不是来自企业提供的积累基金，而是来自企业提供的生产资料的转移价值。可见，传统经济体制下实行的设备管理制度，不仅使得企业无权力、无实力、无动力进行更新改造，而且把相当大的一部分生产资料补偿基金不是用于设备更新，而是用于基本上属于积累基金的基本建设投资方面去了。这就必然造成我国设备的普遍老化。依据有的同志于1980年对我国工业的技术装备所作的大致估算，20%左右具有60年代到70年代的技术水平，是先进的或比较先进的；20%~25%左右技术上虽然已经落后，但陈旧程度还不算严重，设备基本完好，大体上还能适应当前我国生产的技术要求。以上两部分合计占40%~45%左右。其余的55%~60%中，有35%左右十分陈旧落后，生产的产品已难以达到原来的技术精度，能源消耗和物质消耗过高，浪费严重，已经到了迫切需要改造或报废的时候。还有20%~25%也已陈旧老化，加工精度低，能耗、物耗相当高，已经不能适应当前我国工业产品升级换代和采用新工艺的要求，只能勉强应付当前的生产。这部分设备也已经到了更

---

① 马克思：《资本论》，《马克思恩格斯全集》第23卷，第533页。

新改造的时期。[①]

　　但是，1978 年以来这种情况已经有了变化。1978 年至 1984 年，固定资产折旧费 50% 留给企业使用，50% 上缴国家。从 1985 年起，固定资产折旧费 70% 由企业安排使用，30% 按隶属关系上缴主管部门。从 1987 年起，[②] 由上级部门集中使用的 30% 折旧基金，也要全部留给企业。[③] 在这期间，折旧率也有提高。工业企业固定资产基本折旧率从 1979 年的 4.2% 提高到 1985 年的 5%。同时，企业留利也有了提高；国家安排的技术改造投资的绝对量及其在固定资产投资总额中的比重也有很大的增长。这样，企业的更新改造就取得了显著的成就。据统计，"六五"期间，通过现有企业的更新改造，新增固定资产达到 1113 亿元，相当于 1980 年全国国有企业固定资产原值的五分之一，使一大批老企业的设备得到了更新。[④] 这样，尽管近几年来国有企业还只是在一定程度上掌握了生产资料补偿基金（折旧费是其中最重要的部分）的分配和使用权，但已显著地促进了企业在技术进步基础上实现设备更新。这一经验开始表明：生产资料补偿基金由国有企业分配和使用，是能够适应技术不断进步的要求的。这当然不是偶然的现象。因为这样来处理生产资料补偿基金的分配和使用权，是适应了国有企业作为相对独立的商品生产者的要求的，并使它有动力、有权力、有实力去推进企业的技术改造。

　　我们说把生产资料补偿基金的分配和使用权赋予国有企业，这并不排除国家需要对这一点实行以间接控制为主的宏观管理。相反，保证国民经济有计划按比例的发展和提高资源的配置、利用效益，是以这种管理为前提的。

　　这样说，是就多数国有企业而言的。它也不排除国家需要掌握某些仍由国家经营的企业的生产资料补偿基金的分配和使用权。

三、确定生产资料补偿基金的量

　　确定生产资料补偿基金的量，是进行这项基金分配的一个前提。

　　生产资料补偿基金的量，是由客观存在的生产资料转移的价值量决

---

①《中国经济调整改革与发展》，山西人民出版社 1982 年版，第 265~266 页。

②《中国经济体制改革》1987 年第 2 期，第 60 页。

③《中国经济体制改革》1987 年第 5 期，第 19 页。

④ 国家统计局摘编：《"六五"期间国民经济和社会发展概况》，中国统计出版社 1986 年版（下同），第 40 页。

定的。所以，确定生产资料补偿基金的量，可以归结为确定生产资料转移的价值量。

确定生产资料转移的价值量，首先要确定生产资料转移价值的因素。总的说来，生产资料转移价值是由固定基金的转移价值和流动基金的转移价值这两部分组成的。因此，凡是属于这两方面的因素必须列入；凡是不属于这两方面的因素必须剔除。提出这一点，不仅是理论上的需要，而且是实际经济工作的需要。就我国当前的具体情况来说，一方面有许多本应列入生产资料转移价值的因素却没有列入。比如，建设工厂、矿山的地质勘探费本应计入固定资产，从而计入生产资料的转移价值，但却由国家事业费开支了。矿山维护费是采矿企业维持简单再生产所必需的，也应计入生产资料的转移价值，但却没有计入或没有完全计入。另一方面，还有许多本不属于生产资料转移价值或工资支出的因素，也列入成本了。比如，利息本应由剩余产品的价值部分提取，但却列入了成本。

确定生产资料转移价值量，还需特别注意确定固定资产的折旧率。这不仅是因为固定资产折旧费在生产资料转移价值量中占了很大的比重，而且因为确定折旧率比确定流动资产转移的价值量要复杂得多。

社会主义经济制度是根本区别于资本主义经济制度的。但在社会主义商品经济条件下，固定资产折旧率不仅需要反映固定资产的物质消耗，而且也需要反映固定资产的精神损耗。这是因为在这两种制度下，无论是由使用固定资产而带来的物质磨损，或者是由生产技术进步而带来的固定资产的无形磨损，是有共同之点的。由这两种磨损而带来的固定资产的损耗，也就是确定固定资产折旧率的界限。

依据这个标准来衡量，我国工业固定资产折旧率普遍存在着过低的状况。下列二表可以说明这一点。

表一　国有工业企业固定资产基本折旧率 [①]　　　　单位：%

1953 年	1957 年	1962 年	1965 年	1970 年	1975 年	1980 年	1984 年
3.7	3.7	3.6	3.8	3.8	4.0	4.2	4.6

表一表明：尽管在 1953 年至 1984 年期间，我国国有工业企业固定资

① 资料来源：《中国统计年鉴》（1986），第 34 页。

产基本折旧率总的说来还是上升的，但是 1953 年基本折旧率过低，并没有完全反映固定资产的物质损耗。而且，这个期间的基本折旧率，有的年份是停滞的，有的年份甚至是下降的，多数年份虽然是上升的，但上升速度十分缓慢。这显然不能充分反映我国长达 30 余年的、由技术进步而带来的精神损耗。如果联系到作为其基数的 1953 年基本折旧率过低的状况来看，它也没有完全反映物质损耗。

表二　国有工业企业年底固定资产净值占其原值的比重[①]

年份	固定资产原值（亿元）	固定资产净值（亿元）	固定资产净值占固定资产原值的比重（%）
1952	107.2	71.1	66.3
1957	272.2	200.0	73.5
1962	782.4	606.5	77.5
1965	961.0	725.1	75.5
1970	1355.6	966.7	71.3
1975	2290.3	1636.1	71.4
1980	3465.2	2366.5	68.3
1984	4806.4	3103.9	64.6

表二也反映了类似的情况。在 1953 年到 1980 年的 28 年期间，由于 1953 年的基本折旧率过低，特别是由于这个期间因技术进步而带来的精神损耗，本来固定资产净值占固定资产原值的比重是应该下降的，然而不仅没有下降，反而上升了；而且其中许多年份上升的幅度很大，最高的年份上升了 11.2 个百分点。这是很不正常的。只是到了 1984 年，由于基本折旧率有了较多的提高，固定资产净值占其原值的比重才有了下降。但下降幅度很小，只有 1.7 个百分点。这显然没有充分反映物质损耗特别是精神损耗的增长。

为了进一步说明我国固定资产折旧率过低的状况，还可以把它和经济发达的资本主义美国的有关情况做一对比。

---

① 资料来源：《中国统计年鉴》(1986)，第 33 页。

中国和美国的工业 * 固定资产折旧率和使用年限①

年份	折旧率（%）			使用年限（年）		
	中国	美国	美国为中国的倍数	中国	美国	中国为美国的倍数
1965	3.8	9.2	2.4	26.3	10.9	2.4
1970	3.8	10.0	2.6	26.3	10.0	2.6
1980**	4.2	10.3	2.5	23.8	9.7	2.5

上表表明：在上述年限内，美国固定资产折旧率比中国要高出一倍半左右。与此相适应，中国固定资产的使用年限比美国也要高出一倍半左右。还需指出，这里说的是美国制造业全部固定资产的使用年限，如果仅就其中的关键部分即设备的使用年限来看，时间还要短些。在 1965、1970、1978 年这三个年限内，美国制造业设备的使用年限只有 7.4 年、6.8 年和 6.7 年。

当然，我国生产技术水平还落后，还存在着手工生产、半机械化生产、机械化生产和自动化生产的多层次的发展状态，许多技术进步的速度也不快，特别是市场体系的发育很不健全，平等竞争的环境还没有完全形成。因此，我国固定资产折旧率当前不可能达到美国的水平。但是，我国固定资产折旧率基数低，长期以来提高很慢，以致当前仍然很低，乃是确定的事实。因此，必须积极创造条件，并形成经济机制，以逐步提高折旧率，使其能够逐步接近反映物质磨损和精神损耗的实际状态。

确定生产资料转移价值量，包括确定固定资产转移价值量和流动资产转移价值量，都必须按照社会必要劳动量来计算。马克思在论到资本主义商品生产条件下，创造棉纱价值的劳动泉源时说过："生产棉花所需要的劳动时间，是生产以棉花为原料的棉纱所需要的劳动时间的一部分，因而包含在棉纱中。生产纱锭所需要的劳动时间也是如此，因为没有纱锭的磨损或消费，棉花就不能纺成纱。"马克思还引证李嘉图的话说："影响商品价值的，不仅是直接花费在商品上的劳动，而且还有花费在协助这种劳动的器具、工具和建筑物上的劳动。"马克思又进一步指出：无论是纺纱工人的劳动，还是种棉花或做纱锭的劳动，"被计算的，只是生

---

① 资料来源：《中国统计年鉴》（1986），第 34 页；《美国统计年鉴》（1979）。* 中国为国有工业固定资产折旧率和使用年限。美国为制造业固定资本折旧率和使用年限。** 美国为 1978 年的数字。

产使用价值所耗费的社会必要劳动时间"。①马克思讲的这个道理，对于社会主义商品生产也是适用的。

显然，如果合理地确定了生产资料转移价值的因素，又使得折旧费反映了物质消耗和精神消耗，并且依据社会必要劳动量来计算生产资料转移的价值量，那么，我们也就大体上合理地确定了生产资料补偿基金的量。而只有明确了这个前提之后，我们才能谈得上正确地进行这项基金的分配。

四、分配生产资料补偿基金需要掌握的几个环节

现在，我们进一步分析：为了保证这项基金真正用于生产资料的补偿，需要掌握哪些环节。

（一）先保证简单再生产，再实现扩大再生产

按照马克思主义的观点，"年产品价值以一部分补偿不变资本，以另一部分补偿可变资本"是一条规律；而且，"简单再生产是每个规模扩大的年再生产的一部分，并且还是它最重要的一部分"。②因此，总产品的分配必须先满足简单再生产的需要，再满足扩大再生产的需要。或者说，先满足生产资料补偿基金的需要，再满足积累基金的需要。

但在社会主义商品生产条件下，这种分配顺序包括两个方面，即不仅包括产品的物质形态方面，而且包括产品的价值形态方面。

就产品的物质形态方面来看，按照陈云的说法，"物资要合理分配，排队使用。应该先保证必需的生产和必需的消费，然后再进行必需的建设。"③在这方面，相对于劳动手段来说，劳动对象按照先保证简单再生产、再实现扩大再生产的顺序来进行分配，具有更重要的意义。因为，尽管生产中的固定资产相对于流动资产来说是很大的，但每年只有很小的一部分转移到年产品价值中去；而流动资产则是全部地、多次地转移到年产品价值中去。所以，在生产资料的转移价值中，劳动对象的转移价值占了大部分，而劳动手段的转移价值只占小部分。为了说明这一点，我们先列表于下：

---

① 马克思：《资本论》，《马克思恩格斯全集》第23卷，第212、221页。
② 马克思：《资本论》，《马克思恩格斯全集》第24卷，第437、457页。
③ 陈云：《建设规模要和国力相适应》，《陈云文选（1956~1985年）》，第45页。

国有工业全部物质耗费中劳动手段转移价值和劳动对象转移价值所占的比重[①]

单位：%

年份	全部物质消耗	劳动手段转移价值	劳动对象转移价值
1952	100.0	4.1	95.9
1957	100.0	4.2	95.8
1965	100.0	4.5	95.5
1970	100.0	4.4	95.6
1980	100.0	5.6	94.4
1984	100.0	6.3	93.7

这里有两点需要说明：①上表是依据有关资料所做的一种估算，不很准确，但表中所表明的基本倾向是不错的。②如前所述，我国固定资产基本折旧率过低，但即使把固定资产折旧率大幅度提高，比如说提高到10%以上，也仍然不能改变上述的基本事实，即固定资产折旧费只占全部物质消耗的小部分，而劳动对象的转移价值占了大部分。

为了证明这一点，我们还可以提出两个佐证：一是按照上述的估算方法，1983年，劳动手段和劳动对象的转移价值分别占全部物质消耗的6.2%和93.7%。[②]而依据1983年投入产出表资料计算，这年轻工业和重工业的物质消耗率分别为69.1%和61.7%，其中中间投入分别为66.3%和54.2%。这年在轻工业和重工业的全部物质消耗中，劳动手段转移价值占的比重分别为4.1%和12.2%，而劳动对象转移价值的比重分别为95.9%和87.8%。上述两种统计资料的计算方法虽有区别，但二者所表明的基本倾向是相同的。二是根据1959年苏联部门联系平衡表的资料，生产资料补偿基金约占社会总产值的54%，其中流动基金的补偿基金占95%，而固定基金的补偿基金只占5%。[③]

正因为在生产资料补偿基金中劳动对象占了大部分，因此，陈云在论到这一点时着重提出："像钢铁、木材等原材料的供应，应该有分配的顺序。"即先保证必需的生产和必需的消费，然后再进行必需的建设。[④]应该指出，陈云这里强调钢铁、木材等原材料的供应顺序，不仅因为这些原材料在生产和建设中具有特殊重要的作用，而且因为主要由原材料构

①② 资料来源：《中国统计年鉴》（1986），第33、34、43、59、273页。

③ 阿·依·诺特京主编：《发达的社会主义时期的再生产比例》，中国人民大学1982年版（下同），第67页。

④ 陈云：《建设规模要和国力相适应》，《陈云文选》（1956~1985年），第45页。

成的劳动对象的转移价值在生产资料转移价值中占了主要地位。

　　就产品的价值形态来看，就是要先满足更新改造投资的需要，然后再满足基本建设投资的需要。当然，从经济科学的角度看，基本建设投资主要来自积累基金，但也有一部分来自生产资料的转移价值；基本建设项目主要属于扩大再生产的范畴，但也有一部分属于简单再生产的范畴。更新改造投资主要来自生产资料的转移价值，但也有一部分来自积累基金；更新改造项目主要应是属于简单再生产的范畴，但也有一部分是属于扩大再生产的范畴。因此，从主要的意义上说，把更新改造投资看做是生产资料的转移价值（当然只是这种转移价值的一部分），把基本建设投资看做是积累基金（当然也只是积累基金的一部分），在理论上是能够成立的。在这种意义上说，总产品价值的分配，先满足更新改造投资的需要，再满足基本建设投资的需要，也是有根据的。

　　为了我们这里讨论问题的需要，还需着重指出：上述分配顺序，无论是在以产品经济理论为基础的传统经济体制下，还是在以有计划的商品经济理论为基础的、即将建立的、新的经济体制下，都是必要的，重要的。而且在传统的经济体制下，或者在新旧经济体制交替的过程中，其必要性和重要性显得尤为突出。因为在实行以速度为中心的传统的经济发展战略，以及与此相适应的传统的经济体制的情况下，往往导致基本建设投资的膨胀，以致挤掉了更新改造投资。而在传统经济发展战略向以效益为中心的新的经济发展战略转变，以及与此相联系的新旧体制交替过程中，一方面传统战略和传统体制还在起作用，另一方面新的战略还未完全得到贯彻，新的体制也未完全建立，弄不好，在新旧体制之间还会出现某种真空状态，以致加剧基本建设投资的膨胀，更新改造投资仍无保证。下表可以说明这一点。

固定资产折旧基金与更新改造投资之比较 [1]

单位：亿元

年份	固定资产折旧基金	更新改造投资	更新改造投资与折旧基金之差
1952	6.98	1.15*	−5.83
1957	16.21	7.91	−8.30

　　① 资料来源：《中国统计年鉴》（1986），第33、34、446页。固定资产折旧基金是指国有企业的，而更新改造投资是指国有单位的。1952年至1980年的更新改造投资包括基本建设投资以外的其他固定资产投资。* 系1953年数字。

续表

年份	固定资产折旧基金	更新改造投资	更新改造投资与折旧基金之差
1958	19.97	10.06	−9.91
1962	38.70	16.02	−22.68
1965	46.27	37.29	−8.98
1970	62.79	55.53	−7.44
1975	122.92	135.62	+12.70
1978	166.06	167.73	+1.67
1979	181.02	175.88	−5.44
1980	217.76	187.01	−30.75
1981	236.54	195.30	−41.24
1982	256.61	250.37	−6.24
1983	287.00	291.13	+4.23
1984	324.30	309.28	−15.02

上表表明：在经济体制改革以前的 1952 年至 1978 年的 8 个年份中，有 6 个年份的更新改造投资小于固定资产折旧基金，只有 2 个年份更新改造投资大于固定资产折旧基金。在经济体制改革开始以后的 1979 年至 1984 年的 6 个年份中，仍有 5 个年份的更新改造投资小于固定资产折旧基金，只有 1 个年份的更新改造投资大于固定资产折旧基金。

如果考虑到固定资产折旧基金是专指国有企业的，而更新改造投资是指国有单位的，它包括国有的企业、事业和行政单位；而后者的统计口径大于前者，那么，上述 11 个年份国有企业更新改造投资小于国有企业固定资产折旧基金的数额还要大，而另外 3 个年份则不会发生更新改造投资大于固定资产折旧基金的情况，甚至也会发生前者小于后者的情况。

如果再考虑到 1952 年至 1980 年 10 个年份中的更新改造投资还包括了基本建设投资以外的其他固定资产投资，那么，去掉了其他的固定资产投资，就会在更大的程度上做出上述的结论。

如果还考虑到在上述所有年份中，我国国有企业固定资产折旧率均偏低，折旧基金本身就小于实际固定资产转移的价值量，那么，在上述各个年份中，更新改造投资小于实际需要的折旧基金的状况还要严重得多。

这一切表明：由于我国长期过多地安排了基本建设投资，就挤掉了必要的更新改造投资。当然，在建国初期，为了改变半殖民地半封建中国留下的工业落后的面貌，适当地多安排一些基本建设投资，少安排一些更新改造投资，是可以的，也是必要的。但在尔后的长时期中都这样做，就不妥了。为了突出地反映这方面的问题，我们还可以选择某些年份的基本建设投资和更新改造投资的增长情况作一下对比。

国有单位基本建设投资与更新改造投资增长情况的对比 ①

年份	基本建设投资			更新改造投资		
	总额 (亿元)	比上年增加额 (亿元)	比上年增加 (%)	总额 (亿元)	比上年增加额 (亿元)	比上年增加 (%)
1958	269.00	125.68	87.7	10.06	2.15	27.2
1970	312.55	111.72	55.6	55.53	9.44	20.5
1978	500.99	118.62	31.0	167.73	1.80	1.1
1984	743.15	149.02	25.1	309.28	18.15	6.2

　　上表表明：在那些基本建设投资膨胀的年份，更是突出地显示了由于过多地安排了基本建设投资，挤了必要的更新改造投资。当然，1984年和前三个年份在经济工作指导思想方面是有原则区别的。前3个年份经济工作指导思想均犯了急于求成的错误。而1978年底的党的十一届三中全会以来，特别是1980年底的党的中央工作会议以来，作为党和国家的经济工作指导思想来说，已经有了根本的转变，开始回到马克思主义的实事求是的轨道上来。与此相联系，在这以后的年份中尽管更新改造投资还远远没有满足客观存在的固定资产折旧基金的需要，但与以往的年份相比较，更新改造投资已经逐年有了较多的增长。只是由于还处在两种战略、两种体制交替的过程中，有的年份还是由于基本建设投资膨胀而过多地挤了更新改造投资。

　　可见，无论在传统经济体制下，还是在新旧两种经济体制交替的过程中，总产品的分配遵循先满足简单再生产的需要，再满足扩大再生产的需要的顺序，对于保证生产资料补偿基金的需要，具有特殊的必要性和重要性。这当然不是说在新的经济体制建立以后，就不需要遵循这种分配顺序了。不过，那时将建立起一种新的经济机制，来保证这种分配顺序的实现。

---

　　① 资料来源：《中国统计年鉴》(1986)，第446页。1958年、1970年、1978年的更新改造投资包括了基本建设投资以外的其他固定资产投资。

（二）区分基本建设投资和更新改造投资的用途

为了真正做到满足生产资料补偿基金的需要，投资的分配不仅需要遵循先满足更新改造投资的需要，再满足基本建设投资的需要，而且需要区分基本建设投资与更新改造投资的用途，不得以更新改造投资之名，行基本建设投资之实，否则，即使确定的更新改造投资可以满足固定资产更新的需要，也会因为更新改造投资被挪做基本建设投资，以致在实际上仍然不能满足更新改造的需要。如果本来安排的更新改造投资就不能充分满足更新改造的需要，那么，这种差距就更大了。

基于我们在前面第一点说过的理由，这一点，无论是在传统经济体制下，还是在新的经济体制下，都是必要的；然而在传统经济体制下和新旧两种体制交替的过程中，具有特别的重要性。下列二表可以说明这一点。

表一　"六五"期间更新改造措施投资中新建、扩建和改建的投资及其所占的比重[①]

项目	投资额（亿元）						占投资总额的比重（%）					
	1981 年	1982 年	1983 年	1984 年	1985 年	"六五"合计	1981 年	1982 年	1983 年	1984 年	1985 年	"六五"合计
总计	224.60	289.78	357.83	442.03	606.14	1920.38	100.0	100.0	100.0	100.0	100.0	100.0
其中：改建	102.42	161.76	216.87	294.00	245.47	1020.52	45.6	55.8	60.6	66.5	40.5	53.1
扩建	86.25	86.37	96.25	97.35	238.25	649.47	38.4	29.8	26.9	22.0	46.7	38.8
新建	22.68	23.79	19.64	16.35	33.36	115.85	10.1	8.2	5.5	3.7	5.5	6.0

表二　"六五"期间千万元以上更新改造措施项目投资中新建、扩建和改建的投资及其所占的比重[②]

项目	投资额（亿元）					占投资总额的比重（%）				
	1981 年	1982 年	1983 年	1984 年	1985 年	1981 年	1982 年	1983 年	1984 年	1985 年
总计	32.82	48.80	45.62	39.04	71.89	100.0	100.0	100.0	100.0	100.0
其中：新建	2.62	8.22	3.57	3.94	7.23	8.0	16.8	7.8	10.1	10.1
扩建	16.44	17.43	16.93	16.26	35.98	50.1	35.7	37.1	41.7	50.1
改建	13.76	22.61	24.46	17.56	26.97	41.9	46.3	53.6	45.0	37.5

---

① 资料来源：《中国统计年鉴》（1984），第 335 页；《中国统计年鉴》（1985），第 452 页；《中国统计年鉴》（1986），第 471 页。

② 资料来源：《中国统计年鉴》（1984），第 339 页；《中国统计年鉴》（1985），第 456 页；《中国统计年鉴》（1986），第 472 页。

　　表一表明：总的说来，在"六五"期间，具有基本建设性质的新建和在很大程度上具有基本建设性质的扩建的投资，在更新改造措施总投资中占40%以上，而具有更新改造性质的改建投资只占了一半多一点。尽管在1981年至1984年期间，前二者的比重是逐年下降的，但比重并不小；后者的比重虽然逐年上升，但比重也都不大。特别是在1984年我国经济过热、国家采取了加强和改善宏观控制的政策以后，1985年前二者的比重大幅度上升了，后者的比重大幅度下降了，以致前二者的比重成为"六五"期间最大的一年，后者的比重成为最小的一年。这说明在新旧经济体制交替的过程中，以更新改造投资之名，行基本建设投资之实，仍然是一个值得严重注意的情况。而在国家采取加强和改善宏观控制的政策的情况下，尤其不应忽视这一点。因为在基本建设投资受到压缩而投资膨胀的经济机制又没有根除之前，往往就在更新改造投资名义下找出路。诚然，1979年以来，伴随着我国经济工作的指导思想的根本转变，我国经济发展也开始逐步实现由速度型向效益型的转变，更新改造投资的绝对量及其在固定资产投资中的比重都上升了。但在国家宏观管理方面以间接控制为主的控制机制、市场机制和企业内部经营机制还不完善的条件下，正是这种增长为以更新改造投资之名，行基本建设投资之实的行为，提供了更大的可能性。在这种意义上说，这方面的危险不是减少了，而是增长了。清醒地看到这一点，对于进一步实现我国经济长期稳定协调的发展，是颇为有益的。

　　表二则在更尖锐的程度上反映了上述的类似情况。因为，①总的说来，在"六五"期间，表二所表示的新建和扩建的比重比表一还要大，而改建比重要小。②分别说来，在表一中新建和扩建的比重除个别年份外，总的趋势是下降的；而在表二中除个别年份外，总的趋势是上升的。在表一中改建的比重前四年都是上升的，只有最后一年下降了；而在表二中只有前三年是上升的，后两年都下降了。这说明在千万元以上的更新改造措施项目投资中，以更新改造投资之名，行基本建设投资之实的行为，比整个的更新改造措施投资还要多一些。正因为它是千万元以上的更新改造措施项目，因而它所造成的用基本建设投资挤更新改造投资的后果也要严重一些。

　　需要说明，由于我们手中缺乏传统经济体制下的1979年以前的资料，在上面只列举了"六五"期间的情况。但从上述资料中也完全可以有根据地说，1979 年以前也存在过以更新改造投资之名，行基本建设投资之实的情况。因为"六五"期间发生这种情况主要就是由于传统经济体制没有得到根本改革造成的。不过，在 1979 年以前，由于还是实行传统的经济发展战略，因而更新改造投资的绝对量及其在固定资产投资中的比重都不大，因而上述行为没有在这以后那样显眼。据 1981 年计算，在 1980 年国有企业固定资产原值 5311.1 亿元中，解放前留下的占 7%，解放后建成的占 93%；其中，近 25 年内建成的为 86%。即使按照同年偏低的固定资产基本折旧率 4.1% 计算，固定资产使用年限当为 24 年。这样，现行固定资产超期服役的当在 14% 以上。当然，造成这种情况的原因，有固定资产折旧率偏低，还有更新改造投资少于固定资产的折旧基金。但是，以更新改造投资之名，行基本建设投资之实，也不失为一个重要原因。因此，在传统经济体制乃至新旧两种经济体制交替的过程中，更需注意区分基本建设投资和更新改造投资的用途，防止以后者之名，引前者之实的行为，以保证更新改造投资真正用于固定资产的更新。当然，按照前面说过的理由，即使在新的经济体制建立之后，在国有企业拥有简单再生产和扩大再生产权力的情况下，也仍然需要区分基本建设投资和更新改造投资的不同用途。

这样说，并不排除在经济正常发展过程中，在合理的限度和一定时间内拿出一部分折旧基金用于基本建设投资，甚至不排除这一部分折旧基金随着固定资产的增长而增长。马克思在分析了固定资本价值转移方式的特点后指出："可见，凡是使用许多不变资本，因而也使用许多固定资本的地方，补偿固定资本损耗的这部分产品价值就是积累基金，这个基金可以被使用它的人用来作为新固定资本（或流动资本）的投资，而且这部分积累根本不是从剩余价值中扣除的。这种积累基金在那些没有大量固定资本的生产阶段和国家是不存在的。"[1] 马克思的这个分析启示我们：①在大量使用固定资产的地方，固定资产转移价值的一部分也可以用于积累。②随着固定资产的增长，这一部分价值也会增长。

但是，必须把我们这里说的这种情况和前面说的那种情况严格区分

---

[1] 马克思：《剩余价值理论》，《马克思恩格斯全集》第 26 卷 II，第 548 页。

开来。这里所说的固定资产转移价值一部分用于积累，是同固定资产价值转移特点相联系，只把暂时闲置不用的一部分固定资产折旧用于积累，它并不妨碍固定资产的更新。而前面说的提取的折旧基金小于固定资产的转移价值、更新改造投资又小于提取的折旧基金、安排的更新改造投资又小于实际用于固定资产的更新，则是同传统的经济发展战略和经济体制相联系的，是同新旧两种战略和两种体制的交替过程相联系的，把应该用于固定资产更新的折旧基金也过多地用于基本建设投资，因而阻碍着固定资产的更新过程。这是从理论上抽象说的。在实际经济生活中，这两种情况是结合在一起的。但是，必须看到：在传统的经济体制下或新旧两种体制交替过程中，妨碍固定资产更新的情况是主要的。

而现在国内外有些经济学家则把这两种不同的情况混同起来了。比如，有些苏联学者就认为，1961 年至 1973 年苏联工业固定资产折旧率和退废率的对比关系是正常的。这是值得斟酌的。依据他们自己提供的资料，这期间固定资产折旧基金占年初的生产性固定基金平均为 3.3%，而生产性固定基金的退废部分占年初的固定基金平均为 2%，折旧基金用于积累的部分为 1.3%。也就是说，39.4% 的固定资产折旧基金用于积累方面去了。①能否认为这是经济发展过程中一部分折旧基金用于积累基金的正常情况呢？不能这样认为，或主要不能这样认为。因为：①苏联实行的也是高度集中的、以行政管理为主的、排斥市场机制的经济体制。与此相联系，固定资产的基本折旧率也是偏低的，即小于固定资产实际转移的价值。这里需要简略地回顾一下苏联工业固定资产基本折旧率的变化过程。苏联战前工业固定资产基本折旧率就很低。1938 年，工业中基本折旧率最高的是机器制造业，为 3.3%，最低的是轻工业，为 1.9%。这个折旧率一直沿用到 1949 年。50 年代虽然几次调整过基本折旧率和大修理折旧率的比例，但总折旧率的水平没有多少变化。直到 1963 年起开始实行的新折旧率，才提高了总折旧率的水平，全部工业为 7.1%，其中基本折旧率提高到 3.9%。1975 年开始实行的新折旧率又有进一步的提高，为 7.7%，其中基本折旧率已提高到 4.7%。但即使是提高了的基本折旧率，也仍然是偏低的。有些苏联经济学家自己也认为，按照 1975 年的基

---

① ［苏］阿·依·诺特京主编：《发达的社会主义时期的再生产比例》，第 101~103 页。

本折旧率计算，某些机器设备的更新速度还是慢于这些产品的经济合理使用年限和产品的革新周期。比如，金属切削机床按 1975 年实行的基本折旧率计算，折旧年限由原来的 21 年缩短为 17.4 年，而它们的经济合理使用年限为 12 年，机床制造的革新周期为 6.4 年。按 1975 年实行的基本折旧率计算，电子计算机的更新年限为 10 年，而生产电子计算技术产品的企业，每隔 3~4 年应该对产品进行全面的技术革新，生产新产品。②苏联在这方面的问题，也像我国一样，问题不仅在于折旧率低，提取的折旧基金小于固定资产实际转移的价值，而且在于已经提取的折旧基金并未真正全部用于固定资产的更新。这又涉及到苏联实行的传统的经济体制的一个重要方面，即折旧基金的使用权限。苏联 1965 年实行新经济体制之前，基本折旧费上缴国库或上级机关集中使用，企业无权自行支配。1965 年 10 月改为企业可以提取 30%~50% 的基本折旧费，用作企业的生产发展基金，其余部分上缴。1979 年又改为生产联合公司（或企业）可以提取 10%~50% 的基本折旧费，其余部分上缴。上缴部分则是属于国家集中投资的组成部分，在有些年份虽然也规定主要用于现有企业的更新改造，但与这种经济体制相联系的基本建设投资膨胀，使得这部分资金并不能真正全部用于固定资产的更新改造，而有一部分被用到基本建设上去了。在这种经济体制下，企业行为难以合理化，就是留给企业使用的折旧基金也不能保证全部用于固定资产的更新，而是有一部分用做基本建设投资，以致用做住宅建设，还有用于地方的交通和公用设施的。③与上述两点相联系，必然造成大批的、应该更新的固定资产得不到及时的更新。即使是按照苏联 1975 年提高了的基本折旧率计算，工业固定资产的标准服役期平均为 21.3 年，依照这个标准来衡量，工业中的机器设备符合标准服役期限的还不到一半，超期服役的占了一半以上。

　　既然情况是这样，那怎么可以说，把 1961 年至 1973 年折旧基金的 39.4% 用于积累，以及由此形成的折旧率和退废率的对比关系是正常的呢？这显然是由于或主要是由于把经济发展过程中以一部分折旧基金用于积累、但并不妨碍固定资产更新的正常情况，同由于传统的经济体制造成的、以过多的折旧基金用于积累，并阻碍了固定资产更新的不正常情况混同起来的缘故。

（三）要有相应的社会总产品的物质构成做保证

要使得货币形态上的生产资料的补偿基金能够补偿生产过程中消费掉的生产资料，不仅要使得前者与后者的价值量相等，而且要有相应的生产资料供应做保证，从而要求有相应的社会总产品的物质构成，即相应的第一部类对第二部类的对比关系。关于这一点，马克思说过："产品价值的一部分再转化为资本，另一部分进入资本家阶级和工人阶级的个人消费，这在表现出总资本执行职能的结果的产品价值本身内形成一个运动。这个运动不仅是价值补偿，而且是物质补偿，因而既要受社会产品的价值组成部分相互之间的比例的制约，又要受它们的使用价值，它们的物质形式的制约。"[①]从一般意义上说，马克思讲的这个道理对社会主义社会也是适用的。下表还可以间接地说明这一点。依据我国 1983 年投入产出表的资料计算，每增加 1 万元积累基金或消费基金，要求各部门提供的产值及部门构成如下表所示：

		要求各部门相应提供						
		合计	农业	轻工业	重工业	建筑业	运输业	商业
每增加 1 万元积累	绝对数（万元）	2.42	0.32	0.24	0.99	0.75	0.06	0.06
	比重（%）	100.0	13.1	10.0	40.9	31.0	2.5	2.5
每增加 1 万元消费	绝对数（万元）	2.03	0.72	0.70	0.43	0.02	0.04	0.12
	比重（%）	100.0	35.5	34.5	21.2	1.0	1.9	5.9

上表表明：每增加 1 万元积累基金对各生产部门产品的需求结构与每增加 1 万元消费基金对各部门产品的需求结构是不同的，而且积累基金和消费基金的比例关系不同，对产业结构的要求也不一样。鉴于积累基金主要需要追加生产资料，而生产资料的补偿基金也是需要从社会总产品中提取生产资料。因此，从主要方面说，上述的积累基金和消费基金的增长及其比例关系对于各生产部门需求结构的影响，对生产资料补偿基金和消费基金的关系来说，大体上也是类似的。事实上，不仅生产资料补偿基金和消费基金的增长，就是生产资料补偿基金和积累基金的增长，对各生产部门的需求结构也有不同的影响。因此，生产资料补偿基金的实现，需要有相应的社会总产品的物质构成。

---

① 马克思：《资本论》，《马克思恩格斯全集》第 24 卷，第 437~438 页。

　　还需进一步指出，在技术进步和生产发展的一定阶段上，考虑生产资料补偿基金的需要来确定社会总产品的物质构成，还具有愈来愈重要的意义。因为，①技术进步会导致劳动生产率的增长，而"工人用来进行劳动的生产资料的量，随着工人的劳动生产率的增长而增长。在这里，这些生产资料起着双重作用。一些生产资料的增长是劳动生产率增长的结果，另一些生产资料的增长是劳动生产率增长的条件。……但是，不管是条件还是结果，只要生产资料的量比并入生产资料的劳动力相对增长，这就表示劳动生产率的增长。"①②随着生产发展和技术进步，社会拥有的固定资产量越来越大，固定资产基本折旧率也逐步提高。③在社会拥有的固定资产量有了一定增长的条件下，由于更新改造投资比基本建设投资有更大的经济效益，因而固定资产投资的重点都逐步转到更新改造上来。这种规律性的现象在当代所有经济发达的国家都表现了出来。现以美国为例说明这一点。

表一　美国固定资产投资中用于更新和新建的比例②

年份	固定资本投资（亿美元）	更新占固定资产投资的比例（%）	新建占固定资产投资的比例（%）
1947~1950	1959	55	45
1951~1955	2779	71	29
1956~1960	3190	74	26
1961~1965	3866	71	29
1966~1970	5419	65	35
1971~1978	9886	77	23

表二　美国机器设备投资中用于更新和新建的比例③

年份	机器设备投资（亿美元）	更新在机器设备投资中占的比例（%）	新建在机器设备投资中占的比例（%）
1947~1950	1234	51	49
1951~1955	1653	76	24
1956~1960	1808	87	13
1961~1965	2228	80	20
1966~1970	3296	71	29
1971~1978	6566	81	19

---

① 马克思：《资本论》，《马克思恩格斯全集》第23卷，第682~683页。
②③ 资料来源：《美国统计年鉴》（1979）；《美国总统经济报告》（1979）。

表一表明：在 1947 年至 1978 年间，美国更新投资在固定资产投资中的比重，总的趋势是上升的，由 1947 年至 1950 年的 55% 上升到 1971 年至 1978 年的 77%。由于机器设备这个固定资产最积极部分的更新周期比固定资产其他部分更短，因而表二表明在上述期间内，美国机器设备投资中更新比重不仅总的趋势是上升的，而且占的比重更大。

正是由于上述诸因素的作用，生产资料补偿基金不仅在总量上要大大增长，而且在社会总产品中的比重也有上升的趋势。当然，这方面也像其他许多方面一样，同一个因素也能起相反的作用。比如，由于生产技术的进步，生产资料的耗费可以得到节约。又如，由于精神损耗因素的作用，新生产的机器设备性能比原来的好，但价值可能降低。再如，随着固定资产折旧基金的增长，可能有一个更大的部分用于积累。但所有这些都只能削弱上述趋势，而不能根本改变上述趋势。我国经济的发展情况，也证明了这一点。

各生产部门物质消耗占社会总产值的比重[①]

（以社会总产值为 100）　　　　　　　　　　单位：%

时　　期	物质生产部门合计	农业	工业	建筑业	运输业	商业
"一五"时期平均	44.3	26.2	65.6	64.4	33.6	23.4
"二五"时期平均	50.8	24.0	65.4	67.0	36.0	24.6
1963~1965 年平均	48.6	23.6	64.5	66.4	38.4	46.0
"三五"时期平均	48.1	24.0	63.7	69.6	37.8	26.2
"四五"时期平均	51.8	25.9	63.8	72.9	39.8	31.0
"五五"时期平均	56.1	31.1	65.9	76.2	43.4	39.7
"六五"时期平均	57.4	34.8	67.4	76.1	47.6	46.1

上表表明：在这个期间内，我国物质生产部门及其分部门物质消耗占社会总产值的比重，总的趋势也是上升的。当然，决定这个趋势的因素很复杂。比如说，有经济效益下降的因素，有部门结构变化的因素，等等。但是，无论如何，社会生产技术的进步也是其中的一个重要因素。

正因为存在着这样的趋势，因此，考虑生产资料补偿基金这个因素来确定社会总产品的物质构成，也就显得愈来愈重要了。

①　资料来源：《中国统计年鉴》（1986），第 59 页。

同时，在确定生产资料的增长速度时，相对于主要依靠生产资料来实现的积累基金来说，考虑生产资料补偿基金的增长，也显得愈来愈重要了。这是同物质消耗在社会总产值中的比重上升趋势相联系的。下列二表可以证明这一点。

表一　美国折旧占当年固定资本投资的比重①

项　目	1960 年	1965 年	1970 年	1975 年	1978 年
一、固定资本投资（亿美元）	477	713	1005	1502	2220
折旧费（亿美元）	367	442	712	1279	1724
折旧费占固定资本投资的比重（%）	77	62	71	85	78
二、设备投资（亿美元）	295	451	628	964	1445
折旧费（亿美元）	254	305	490	870	1185
折旧费占设备投资的比重（%）	86	68	78	90	82

表二　苏联用于更新的折旧基金占基本建设总投资的比重②

项　目	1950 年	1955 年	1960 年	1965 年	1970 年	1973 年
各物质生产部门基本建设总投资（10 亿卢布）	9.25	16.4	29.0	37.1	64.1	78.6
各物质生产部门用于更新的折旧基金（10 亿卢布）	0.7	2.0	3.9	9.12	15.0	19.9
用于更新的折旧基金占基本建设总投资的比重（%）	7.0	12.2	13.4	26.5	23.3	24.2

表一表明：在主要对生产资料提出需求的美国固定资本投资中，固定资产折旧费 1960 年就占到了 77%，其后各年虽有起伏，但趋向是上升的。至于设备投资中的折旧费的比重则还要大些。由于前面已经说过的理由，苏联固定资产基本折旧率低，相当一部分折旧基金被用作基本建设投资，因而用于更新的折旧基金在基本建设总投资中的比重是不高的，但也是呈现逐渐上升的趋势。

所以，总起来可以说，一方面，生产资料补偿基金的实现取决于社会总产品的物质构成；另一方面，这种物质构成和第一部类的增长速度在很大程度上乃至在越来越大的程度上又取决于生产资料的补偿基金。

---

① 资料来源：《美国统计年鉴》（1979）；《美国总统经济报告》（1979）。
② 资料来源：［苏］阿·依·诺特京：《发达的社会主义时期的再生产比例》，第 91~93 页。

要使得社会总产品的物质构成适合实现生产资料补偿基金的需要，在社会主义商品生产条件下，最重要的是通过有计划的运用价值规律实现社会生产资源的合理配置。但同时还需要一定的物资储备。这不仅是因为从最一般的意义上说还存在主观与客观的矛盾，不仅是因为目前的经济体制（即使是建立了新的经济体制）难以完全符合社会主义商品经济发展的要求，也不仅是因为在社会主义商品经济条件下，国家和企业之间以及企业与企业之间还存在着局部利益的差别（当然，他们之间的根本利益是一致的），这些矛盾都会导致社会提供的用于补偿生产中耗费的生产资料量同生产资料补偿基金需要量的差异；而且是同固定资产实物更新的特点相联系的。马克思对此特点做过这样的分析："寿命已经完结因而要用实物补偿的那部分固定资本……的数量大小，是逐年不同的。如果在某一年数量很大（像人一样，超过平均死亡率），那在下一年就一定会很小。……因此，生产资料的生产总额在一个场合必须增加，在另一个场合必须减少。这种情况，只有用不断的相对的生产过剩来补救：一方面要生产出超过直接需要的一定量的固定资本，另一方面，特别是原料等等的储备也要超过每年的直接需要……"①

（四）要建立相应的经济运行机制

我国社会主义建设实践表明：要使得生产资料补偿基金真正用于补偿生产中消耗掉的生产资料，单是提出合理确定生产资料补偿基金的量、先满足简单再生产再实现扩大再生产，区分基本建设投资和更新改造投资的用途，以及要有相应的物质构成做保证等原则是不够的，还必须建立使这些原则赖以顺利贯彻的经济体制。

我国已故的著名经济学家孙冶方早在60年代初期就提出了固定资产折旧基金不仅需要包括有形损耗，而且应该包括无形损耗；不仅应该包括第一种无形损耗（即由于生产这种固定资产的劳动生产率的提高，因而固定资产再生产价值降低了，但固定资产的样式和性质未变），而且应该包括第二种无形损耗（即由于出现了新式的设备，因而引起了老式设备的贬值）。还明确提出固定资产折旧年限只能比马克思时代的十年左右

---

① 马克思：《资本论》，《马克思恩格斯全集》第24卷，第526~527页。

为短，而不是更长。①孙冶方的这些主张无论在理论上或实践上都有重要的意义。但是，我国国有企业固定资产基本折旧率不仅 50 年代、而且 60 年代也没有多少提高，只由 1953 年的 2.9％提高到 1965 年的 3.2％。到了 70 年代中期、特别是 1978 年以后，折旧率有了进一步提高，但折旧率偏低的面貌并无显著改变，仅由 1970 年的 3.2％提高到 1978 年的 3.7％，再提高到 1984 年的 4.4％。②

60 年代初，"党中央和主管业务部门提出了先维修、后建设的原则，而且要大家考虑，在管理制度上可否把维持原有规模的再生产，即维持简单再生产的固定资产更新基金（折旧基金）同扩大再生产的新建、扩建企业的投资分别处理。"③这些原则对我国的经济工作，特别是对 60 年代初期的那次经济调整工作起过重要的指导作用。但是，这些原则并没有得到全面的、持续的贯彻。而且，在 1970 年和 1978 年等几次固定资产投资膨胀中，这些原则所受到的破坏更是惊人的！

至于生产资料补偿基金的实现需要相应的物质构成的原则，也像先保证简单再生产、再实现扩大再生产，以及区分基本建设投资和更新改造投资的用途等项原则一样，由于同样的原因陷入相同的命运。

那么，这究竟是什么原因呢？原因就在于：提出正确原则固然是重要的，但原则需要依靠人来贯彻，特别是需要制度来保证。在执行原则的过程中人的主观努力也是重要的。但起决定作用的不是人，而是制度。同样的道理，上述的分配生产资料补偿基金的各项原则，之所以没有能够得到全面的持续的贯彻，有的时候甚至遭到严重的破坏，其根本原因也在于传统的经济管理体制。

在这种体制下，实行统收统支的财政制度。这样，生产资料补偿基金由哪些因素构成，是否按社会必要劳动量来计算，固定资产折旧基金是否需要充分地反映物质消耗和精神消耗，不仅没有同企业的利益直接结合起来，也没有同国家经济管理机构的利益直接结合起来。在这种企业吃国家大锅饭的经济体制下，企业之间也根本不存在竞争。这就根本不可能做到生产资料补偿基金的提取符合客观实际的需要。

---

① 孙冶方：《社会主义经济的若干理论问题》，第 254、256 页。
②《中国统计年鉴》（1986），第 34 页。
③ 转引自孙冶方：《社会主义经济的若干理论问题》，第 240 页。

在这种体制下，实行资金供给制，基本建设投资无论在企业方面，或者在国家经济管理机关方面，都没有实行责权利相结合的制度。这就必然造成国家各经济部门、各地区和各企业争投资的倾向，造成基本建设投资的膨胀。其结果，就是先保证简单再生产、再实现扩大再生产，区分基本建设投资和更新改造投资的用途，以及要求社会总产品有相应的物质构成做保证等项原则受到破坏。

因此，要使上述各项原则能够全面地、持续地得到贯彻，就必须改革传统的经济体制，建立新的经济体制。

在这种新的经济体制下，企业是自负盈亏的。这就促使企业从自身利益出发，来考虑生产资料补偿基金应由哪些合理因素组成，应按社会必要劳动量来计算，固定资产折旧基金应该反映物质消耗和精神消耗。当然，这一切都离不开企业之间的竞争过程。而平等竞争机制的形成，又为实现这一切开辟了道路。

在这种新的经济体制下，企业自负盈亏，形成市场体系，国家建立以间接控制为主的管理制度，为企业行为合理化建立了必要的内部机制、市场机制和国家管理机制，促使企业遵循先简单再生产、后扩大再生产的原则，并正确区分基本建设投资和更新改造投资的用途。

在这种新的经济体制下，国民经济的主要方面将由国家有计划地利用价值规律进行调节，次要方面将由价值规律自发地调节。这就可能在国民经济范围内实现社会生产资源的合理配置，形成合理的社会总产品的物质构成，为包括生产资料补偿基金在内的各项社会基金的实现提供物质保证。

总之，新的经济体制的建立，为分配生产资料补偿基金的各项原则的全面的持续的贯彻，提供了一个根本条件。

第二节　劳动报酬基金的分配

一、劳动报酬基金的分配，是国家和企业之间的分配关系的另一个重要方面

在论到社会主义国有经济中总产品的分配时，是必须分析劳动报酬基金的分配的。这不仅因为劳动报酬基金是总产品的重要组成部分，而且因为这种分配是社会主义国家与国有企业分配关系的另一个重要方面。

但在这个问题上，当前我国学术界也存在着争论。有的同志认为，社会主义国家和国有企业之间的分配关系，只包括剩余产品基金的分配，并不包括劳动报酬基金的分配。这是值得斟酌的。因为，第一，国民收入在劳动报酬基金和剩余产品基金之间做量的分割，直接涉及到国家和企业的经济利益。在国民收入量已定的情况下，劳动报酬基金量与剩余产品基金量是互为消长的关系。就是说，前者多了，后者就少了；反之亦然。而且，当前剩余产品基金的大部分是要由企业上交国家的。就是在将来新的经济体制建立以后，剩余产品基金相当大的部分也要由企业上交国家。即使是企业留下的剩余产品基金部分，企业虽然拥有使用权但所有权仍属国家（这一点，我们留待后面去做详细的分析）。所以，从上述意义上可以说，国民收入在劳动报酬基金和剩余产品基金之间的分配，也就是经济利益在企业和国家之间的分配。第二，劳动报酬基金的分配，不仅涉及到社会主义国家和国有企业各占多少国民收入这样的经济利益问题，而且涉及到由国家或者由企业拥有这部分基金的分配权的问题。显然，这也是国家和企业之间分配关系的一项重要内容。第三，新旧经济体制的对比也可以说明这一点。在高度集中的传统经济体制下，由于周期地发生基本建设投资膨胀，致使国有企业难以经常地取得与它们的劳动贡献相适应的劳动报酬基金量（在扣除了企业上交国家的收入以后，下同）。这是就全部国有企业对社会主义国家来说的，至于在各个国有企业之间，也普遍存在苦乐不均的情况。就是说，有些企业取得的劳动报酬基金大于它们所做的劳动贡献；有些企业则存在相反的情况。在传统的经济体制下，劳动报酬基金的分配权，几乎全部集中在社会主义国家手中，国有企业是无权的。但在新的经济体制建立以后，在国有企业事实上成为相对独立的商品生产者的条件下，无论就全部国有企业对社会主义国家来说，还是就各个国有企业相互之间来说，都有可能取得与它们的劳动贡献相适应的劳动报酬基金；同时，劳动报酬基金的分配权，也将在社会主义国家计划指导下，主要由国有企业来行使。

二、劳动报酬基金的内涵

为了正确地认识问题，并便于后面的分析，我们先来讨论劳动报酬基金的内涵。

传统的、并且当前还在流行的观点认为，劳动报酬基金只是包括工资、奖金和津贴等项，而不包括诸如医疗、工伤和退休的费用以及住房补贴等。似乎这些列入劳保和福利的费用，同劳动报酬基金是无缘的。长期以来，人们对这种观点的正确性不曾有过怀疑。但在实际上，这种观点是在传统的经济学和经济体制影响下形成的。现在依据社会主义经济是有计划的商品经济的理论，以及经济体制改革的需要，对这种观点颇有重新斟酌的必要。而当代资本主义国家和社会主义国家的经验，也给人们重新思考这个问题以新的启发。

这方面的一个基本论据，就是马克思提出的以下观点："可变资本不过是劳动者为维持和再生产自己所必需的生活资料基金或劳动基金的一种特殊的历史的表现形式；这种基金在一切社会生产制度下都始终必须由劳动者本身来生产和再生产。"①依据马克思的这个观点，不仅资本家支付给工人的工资和奖金等，而且医疗、工伤和退休费用也都属于可变资本或劳动基金的范畴。前一部分属于可变资本或劳动基金的范畴，是不言而喻的。问题是后一部分究竟属于何种范畴。在现代社会条件下，雇佣工人的医疗费是劳动力再生产所必需的费用，就像机器设备的修理费是固定资产再生产所必需的费用一样。至于工伤费用更是对雇佣工人劳动力伤害的补偿。而退休费则不过是预先提留并积累起来的、作为劳动力商品价值转化形态的工资。当代经济发达的资本主义国家的实践已经清楚地表明了这一点。

在第二次世界大战后，由于社会生产力的巨大增长，国家垄断资本主义的极大加强，以及阶级斗争的发展，当代经济发达的资本主义国家的"福利事业"已经发展到了巨大的社会规模。社会保险税（费）占资产阶级国家税收的比重，以及社会保障开支占国内生产总值的比重，可以说明这一点。

---

① 马克思：《资本论》，《马克思恩格斯全集》第 23 卷，第 623 页。

本世纪 80 年代初经济发达的资本主义国家社会保险税（费）占税收总额的比重

单位：%

美　国（1985 年）	36.0
英　国	20.1
意大利（1984 年）	34.9
比利时（1983 年）	33.0
瑞　士（1983 年）	52.3
瑞　典	25.0
奥地利（1983 年）	30.4
荷　兰（1984 年）	46.7
加拿大（1983 年）	16.0

1981 年欧洲主要资本主义国家社会保障开支占国内生产总值的比重[①]　　单位：%

比利时	30.2
丹　麦	29.3
法　国	27.2
联邦德国	29.5
爱尔兰	23.4
意大利	24.7
卢森堡	27.1
荷　兰	31.1
英　国	23.5

　　这样巨大规模的社会保险税（费）是由谁交纳的呢？用于哪些方面呢？在资本主义社会条件下，交纳和享受社会保险税（费）的，包括社会各阶级和各阶层，其用途也是多方面的。但就医疗、工伤、失业和退休等保险来说，主要还是雇佣工人交纳的，并且也是用于雇佣工人这些方面的需要的。比如，1983 年，法国雇员交纳的社会保险税大约相当于其薪金收入的 15%。1985 年，联邦德国由雇主交纳的社会保险税大约相当于雇员月薪收入的 15.7%。1983 年，意大利的雇主和雇员提供的社会保险捐款大约相当于就业收入的 17.3%。[②] 80 年代初，瑞典雇主和雇员交纳的社会保险税费大约为工资总额的 34%。这里需要说明：某些资本主

---

① 资料来源：《中国社会科学》1986 年第 1 期，第 63 页。

② 《税收与财务手册》，经济管理出版社 1986 年版（下同），第 398、415、422 页。

义国家有关医疗、工伤、失业和退休等方面的保险费用是雇主和雇员共同提供的，甚至只是由雇主提供的。由雇佣工人工资支付的保险费用，固然是来自劳动力的价值，就是雇主提供的部分，归根结底也是来自雇佣劳动者的劳动力价值部分。不能设想：以生产剩余价值作为唯一目的的资本家，能把这样大量的剩余价值用于雇佣工人的社会保险。由资本家提供的这方面的社会保险费，不过是他们对无产者工资的预先扣除。

还需指出：在第二次世界大战以后，有些发展中国家也提供了这方面的经验。比如，按照菲律宾的社会保险制度，雇主和雇员均要交一定数额的社会保险税，用于雇员的疾病、死亡和失业等项支出。其中，社会保险费雇员每月交 0.4~33 比索，雇主每月交 1.7~50.7 比索；医疗保险费雇员和雇主每月各交 0.3~7.5 比索。

可见，资本主义国家的实践表明：由雇佣工人享用的有关医疗、工伤、退休等项保险费用，在本质上同工资和奖金等一样，都是来源于劳动力的价值，是劳动基金的组成部分。这样说，并不否认二者之间的差别。比如，雇佣工人用工资购买消费品和劳务，在商品价格与价值相符合的条件下，是等价交换的。而由工人提供的保险税费和他能够得到的保险费用，一般说来，是两个不等的量。因为工人享受保险费用的原则，并不是比例于他提供的保险费，而是依据他在医疗、工伤和退休等方面的实际需要。这当然不是说，在资本主义制度下，保险费可以充分满足工人在这些方面的实际需要，而是就工人享受保险费的原则来说的。但这种区别并不能否定有关医疗、工伤和退休等保险费用与工资、奖金在本质上的共同点。

从一般意义上说，上述道理对于社会主义社会也是适用的。因为尽管社会主义制度根本区别于资本主义制度，但在社会主义制度下，劳动者为维持和再生产劳动力所必需的劳动基金，不仅必须包括工资、奖金和津贴等，而且必须包括医疗、工伤和退休等费用。其中的退休费也可以看做是预先提留并积累起来的工资。而这两部分基金又都是由劳动者的劳动创造的。据此，可以把这两部分均列入劳动报酬基金的项内。苏联和东欧国家的经验也在这方面给人以启示。

苏联和东欧国家的国有企业向国家预算上交的社会保险费占企业工资基金的比重[①]

单位：%

苏　联	按工资基金 4.4%~14% 上交
罗马尼亚	按工资基金的 15% 上交
捷克斯洛伐克	按工资基金的 20% 上交
民主德国	一部分由职工按工资三分之二的 10% 上交，一部分由企业按同样的数额上交
保加利亚	按工资基金的 30% 上交
波　兰	按工资基金的 33% 上交
匈牙利	按工资基金的 30% 上交

可见，苏联和东欧社会主义国家的经验表明：包括职工退休费在内的社会保险费，是由企业职工劳动创造的收入提供的，并且都是以工资基金为基数计算的。因此，把医疗、工伤和退休等费用列入劳动报酬基金是适宜的。

但是，这样说，并不是简单地以资本主义国家和其他社会主义国家的经验为依据的，而是深深根植于社会主义经济发展多方面的实际需要之中。

第一，这是适应社会主义社会生产力发展水平的，并且又是能够促进社会主义社会生产力的发展的。在社会主义历史阶段，社会生产力的发展水平还不是很高，能够由社会主义国家从企业集中起来的剩余产品基金也不是很多。这样，国家就难以承担企业劳动者的医疗、工伤和退休等方面的费用。如果勉强承担，就会影响社会经济和文化事业的发展。所以，把企业劳动者的医疗、工伤和退休等项费用列入劳动报酬基金，并由这项基金来支付，是适合社会主义历史阶段的社会生产力发展水平的。这一点，尤其适合我国国情。这里所说的国情，主要是指以下两方面：一是我国社会生产力发展水平较低，还处于社会主义社会的初级阶段。二是就业人口多，其中退休职工的人数也越来越多。这样，国家就更难以承担企业职工的医疗、工伤和退休等费用。所以，把这些费用列入企业劳动者创造的劳动报酬基金，并由这项基金来支付，对我国是很相宜的。

[①] 资料来源：《税收与财务手册》，第 339、375、377 页。

但这样做，并不是消极地适应社会主义历史阶段社会生产力的发展水平，而是积极地推动它的发展。因为，把劳动者的医疗、工伤和退休等项费用列入劳动报酬基金，并由这项基金来支付，就意味着把社会主义的不劳动者不得食的原则引入这些费用分配的范畴。而这项原则是适合社会主义历史阶段劳动者把劳动看成是谋生手段这种劳动性质的，是有利于提高劳动者的积极性的。

然而，这样说，并不意味着这些费用的分配也要像工资和奖金分配一样，要比例于他们提供的劳动量；实际上，这些费用的分配是依据劳动者在这些方面的实际需要，由劳动者创造的劳动报酬基金支付的。这样说，也不意味着与这些费用相联系的消费方式也像工资和奖金一样，一般采取个人消费方式；实际上，这些费用中有的项目（如医疗）是要采取集体消费方式的。这样说，当然不意味着社会主义国家不再需要以它集中的剩余产品基金建立社会的保健和福利等方面的基金了；实际上，这里只是说企业劳动者的医疗、工伤和退休等方面的费用可以由他们创造的劳动报酬基金来支付，除此以外的其他失去劳动能力的社会成员在保健和福利等方面的需要，还是要靠社会主义国家建立保健和福利等项基金来满足的。这样说，同样不意味着国有企业不再需要以企业经营收入的一部分，用于职工的福利费用。事实上，就是医疗、工伤和退休等项费用转入劳动报酬基金以后，职工还有对于福利费用的需要。比如，企业对生活困难职工的补助，就是最常见的例子。

第二，这是适应经济体制改革和社会主义商品经济发展的需要。在传统的、高度集中的、统收统支的经济体制下，国有企业职工的医疗、工伤和退休等项费用是由社会主义国家从企业集中的剩余产品基金统一支付的。这当然也不符合这些费用属于劳动报酬基金的规定，并不适应社会主义历史阶段社会生产力的发展。但在这种体制下，也只能这样做，并且，同这种体制是相适应的。

然而，在经济体制改革基本完成以后，在社会主义国有企业成为相对独立的商品生产者的条件下，如果再这样做，那就既不符合这些费用属于劳动报酬基金的规定，也不适应社会主义历史阶段社会生产力发展的要求，而且更不适应国有企业作为相对独立的商品生产者的要求。按照这一要求，社会主义国有经济中总产品的分配将是这样进行的：生产资料补偿基金归国家所有，但由企业使用（这一点，我们在前面已经做过分析）；劳动报酬基金归企业劳动者集体所有；剩余产品基金的一部分由企业上缴国家，一部分作为企业的经营收入留给企业（这些，我们留待后面再分析）。在这种情况下，如果国有企业职工享用的医疗、工伤和退休等方面的费用，仍由社会主义国家集中的剩余产品基金来支付，就与这种新的经济体制不相适应了。当然，就是这样做，也并不排除由归企业劳动者集体所有的劳动报酬基金中提出一部分作为社会保险税上交国家，然后再由国家用社会保险税集中的收入支付国有企业职工在医疗、工伤和退休等方面的费用。但这样做，国有企业职工享用的这些费用归根结底还是由他们创造的、并归企业劳动者集体所有的劳动报酬基金支付的。

这样做，不仅适应了国有企业作为相对独立的商品生产者的要求，而且适应了社会主义制度下商品经济体系的要求。如前所述，这一体系是由下列几部分组成的：社会主义国有经济处于主导地位；包括国有经济和集体经济的社会主义经济占主体地位；此外，还有一定数量的非社会主义经济作为社会主义经济的必要补充。这种商品经济体系的一个重要特征就是竞争。而保持平等竞争的一个重要条件，就是国有企业职工享用的医疗、工伤和退休等方面的费用由劳动报酬基金来支付。完全可以预期：随着我国社会主义集体经济的生产和劳动生产率的增长，他们也能以自己创造的劳动报酬基金的一部分作为社会保险税上交国家，由此他们的职工也可以享受国家支付的医疗、工伤和退休等费用。这样，如果国有企业职工享用医疗、工伤和退休等项费用仍像在传统经济体制下那样，由国家集中的剩余产品基金来支付，那么，相对于国有企业来说，集体经济就处于不平等的竞争地位。这显然不符合社会主义商品经济发展的要求。要适应这一要求，就必须让国有职工享用的医疗、工伤和退休等项费用来自他们创造的劳动报酬基金。

我们在分析了上述第一、第二两点以后，有必要对长期流行的一些观点提出商榷意见。

有一种观点认为，马克思在《哥达纲领批判》中指出，在社会主义社会实行按劳分配以前，要在社会总产品中做六项扣除。其中，有两项扣除是："用来满足共同需要的部分，如学校、保健设施等"；"为丧失劳动能力的人等等设立的基金。"他们据此认为，劳动者的医疗和退休等项费用，应该由社会主义国家集中的剩余产品基金支付，而不应该列入劳动报酬基金，并由这种基金支付。诚然，马克思确实设想过：社会主义社会劳动者的保健和社会成员丧失劳动能力后的生活费，需要由社会掌握的剩余产品基金支付。但这并不能成为我们这里讨论的问题的依据。因为，①马克思做这种设想的基本前提之一，是社会主义社会是在资本主义社会生产力高度发展的基础上建立的。而我国当前还处于社会主义社会的初级发展阶段，社会生产力水平还不高。②马克思做这种设想的另一个基本前提，是社会主义社会并不存在商品生产。而我国将长期存在社会主义的商品经济体系。③用马克思早在 100 多年以前对未来社会主义社会所做的某些设想，来匡正已经为某些社会主义国家的实践所证明的真理，在考察问题的方法论上就存在着根本的缺陷。④诚然，即使在社会主义商品经济条件下，社会主义国家也要用它集中的一部分剩余产品基金支付企业劳动者以外的没有劳动能力的社会成员的保健和生活费用。但这同支付企业劳动者的医疗、工伤和退休费用是不同的。因而，并不能以前者的存在来论证后者也存在。

长期以来，还有一种观点由于受到急于向共产主义社会过渡的"左"的思想的影响，把传统经济体制下由国家支付的医疗、工伤和退休等费用，说成是共产主义的按需分配的萌芽；而工资和奖金等是依据社会主义按劳分配原则分配的。这样，医疗、工伤和退休等费用就不属于劳动报酬基金的范畴了。但如前所述，在传统经济体制下，由国家集中的剩余产品基金来支付国有企业劳动者的医疗、工伤和退休等项费用，这本身既不能适应社会主义社会生产力发展的要求，又不适应社会主义商品经济体系的要求。显然，用这种事实来作为问题的依据，是不妥的。这是其一。其二，工资和奖金确实是依据劳动者提供的劳动量分配的，而医疗、工伤和退休等项费用是依据劳动者在这些方面的实际需要来享用的。但仍如前所述，无论是工资和奖金的分配，还是医疗、工伤和退休等项费用的分配，都要依据具有社会主义本质特征的不劳动者不得食的原则。因此，不论是前者，还是后者，同共产主义的按需分配都有原则的区别。

第三，这是适应正确处理积累和消费关系的需要。流行的观点认为，为了正确处理积累和消费的关系，职工工资的增长必须低于劳动生产率的增长。这样说，当然是可以的，但也不全面。因为它忽略了在劳动报酬基金中占有很大比重的医疗、工伤和退休等项费用的增长与劳动生产率增长的关系。下表可以说明这一点。

国有单位的劳保福利费

年份	劳保福利费（亿元）	相当于工资总额的%
1978	66.9	14.3
1979	92.1	17.4
1980	116.0	18.4
1981	132.4	20.0
1982	153.8	21.7
1983	179.6	24.0
1984	210.4	24.0
1985	266.8	26.1

可见，要全面地把握积累和消费的关系，就不能只是看到工资的增长和劳动生产率增长的关系，而必须看到包括工资以及医疗、工伤和退休费用在内的劳动报酬基金的增长与劳动生产率增长的关系。

总之，把医疗、工伤和退休等项费用列入劳动报酬基金的范畴，适应了社会主义经济发展的要求。

事实上，当前我国经济体制改革的实践已开始证明了这一点。

首先，开始进行国有企业职工退休费用社会统筹的试点。为了改变当前新老企业负担退休职工劳动保险费用畸重畸轻的不合理现象，使各类企业有一个平等的竞争环境，使退休职工劳动保险由企业保险向社会保险转变。1985年以来，江苏省无锡市在国有企业中实行了退休职工劳动保险统筹办法。办法规定：参加统筹的企业，暂按在职职工工资总额的23%，向市统筹委员会交纳统筹基金；市统筹委员会按原标准向参加统筹的企业的退休职工支付劳动保险费用。[①]1986年1月，国家体制改革委员会、劳动人事部转发了无锡市《实行退休职工养老保险统筹制度》的通知。要求各地区于近一两年内在有条件的城市参考无锡市的经验，结

---

①《中国经济体制改革》1986年第2期，第34~36页。

合具体情况研究实行职工退休养老保险费用的社会统筹。据不完全统计，到1986年底，除青海、西藏外，全国27个省、直辖市、自治区近400个市、县试行了退休费用的社会统筹。其中北京、上海、武汉、沈阳、大连、青岛、无锡等地实行了全市统筹，进展较快的广东省的大部分市、县都实行了统筹，并研究试行全省统筹。

其次，建立了劳动合同制工人的养老保险。1986年进行的劳动制度改革的一个主要内容，是在国有企业新招收的工人中实行劳动合同制。为免除劳动合同制工人的后顾之忧，同时建立了劳动合同制工人的养老保险制度。1986年7月，国务院制订了《国营企业实行劳动合同制暂行规定》，其中规定了合同制工人退休养老期间的待遇。退休养老金由企业和劳动合同制工人缴纳。企业缴纳的退休养老金，在缴纳所得税前列支，缴纳的数额为劳动合同制工人工资总额的15%左右；工人缴纳的退休养老基金数额不超过本人标准工资的3%，由企业按月在工资中扣除。劳动合同制工人退休养老待遇包括：退休费、医疗费等。劳动合同制工人退休后，按月发给退休费直至死亡。退休费标准根据缴纳退休养老基金时间长短、金额多少和本人一定期间平均工资收入的不同比例确定。

再次，建立了国有企业职工待业保险。为了适应劳动制度改革的需要，促进劳动力合理流动并保障国营企业职工在待业期间的基本生活需要，1986年7月国务院制订了《国营企业职工待业保险暂行规定》。凡宣告破产的企业的职工，濒临破产的企业在法定整顿期间被精简的职工，终止、解除劳动合同的工人，企业辞退的职工，在待业期间可以根据工龄和待业时间的长短，分别领取本人标准工资50%~76%的待业救济金。待业救济期限，工龄在五年以上的最多为二年；工龄在五年以下的最多为一年。待业保险基金由企业按其全部职工标准工资总额的1%交纳。待业职工和待业职工保险基金的管理和发放工作由当地劳动行政部门所属的劳动服务公司负责。

显然，上述改革办法还有待于进一步完善。但是，这些办法也都清楚地表明：国有企业职工的退休保险费用乃至待业保险费用，都是来自预先提取的工资，都是劳动报酬基金的组成部分。

上述的分析是从抽象的意义上说的，它舍弃了同社会主义商品经济和新的经济体制并无本质联系的、暂时的、次要的因素。如当前国有企业职工中普遍存在的、大量的与低房租相联系的住房补贴。这是同传统的经济体制下，把住房的建设和分配当做福利事业来举办相联系的。但伴随经济体制改革中住宅商品化的实现，这种状况就会基本改观。这时候，原来由国家和企业用剩余产品基金支付的房租补贴，就变成了由作为劳动报酬基金的职工工资来支付了。当然，即便在这时候，也不排除仍需由国家拿一部分剩余产品基金用做低收入职工的房租补贴。但这已是很次要的事情了，是可以存而不论的。而且，这种次要的事情也还是一种暂时的现象。伴随着职工收入的提高。这种补贴也将作为一种不必要因素而逐步消失。

这当然是就社会主义国有经济的范围来考察的。如果从包括社会主义集体经济和非社会主义经济的整个国民经济范围来考察，那么，完全取消房租补贴需要的时间可能还要长一些。但这又超出我们这里考察问题的范围了。

从这里我们又看到了与流行的观点不同的一种现象。按照流行的观点，随着社会主义社会生产的发展，福利事业似乎只有发展的一面。从总的趋势来看，确实是这样。但并不排除在某些范围内福利事业还有收缩的一面。实际上，这种现象在当前的经济生活中已经表现出来了。比如，党的十一届三中全会以来，由于城乡人民收入有了很大的增长，城乡社会救济费用不仅没有增加，反而减少了。在 1979 年至 1983 年间，城乡社会救济费由 19.6 亿元下降到 18.3 亿元，下降了 6.6%。① 这是一例。随着住宅商品化的进行和职工收入的增长，房租补贴也会大大减少。这又是一例。

三、国有企业拥有劳动报酬基金的所有权与分配权，以及与此相适应的改革的目标模式

（一）理论上的探索

总的说来，国有企业拥有劳动报酬基金的所有权与分配权，是由它们作为相对独立的商品生产者的经济地位决定的。

我们先从国有企业拥有劳动报酬基金的所有权分析起。

第一，这是国有企业作为相对独立的商品生产者实现其相对独立的

---

① 《中国社会统计资料》，中国统计出版社 1985 年版，第 134 页。

经济利益的要求。我们已经说过，在社会主义的历史阶段，生产资料的社会主义国家所有制并不是纯粹的国有制，而是带有部分的企业集体所有制的因素。与此相联系，国有企业具有相对独立的经济利益。这种相对独立的经济利益在产品所有权方面主要就是表现在它对劳动报酬基金拥有所有权。如果否定了这一点，就从主要方面否定了部分企业集体所有制因素及其相对独立的经济利益。

第二，这是在国有企业成为相对独立的商品生产者的条件下实现按劳分配的要求。在商品生产的条件下，生产产品耗费的劳动量，是不能直接用它的自然尺度——劳动时间来表示的，而只能迂回地通过凝结在商品中的价值量来表示。而在以社会化大生产作为物质基础的商品生产的条件下，商品并不是个别劳动者的劳动成果，而是集体劳动者集体劳动创造的。在国有企业成为相对独立的商品生产者的条件下，生产商品的经济主体，既不是作为社会主义国家所有制代表的国家，也不是国有企业单个的职工，而是国有企业劳动者集体。这就是说，提供体现劳动量的商品价值量的经济主体既不是国家，也不是职工个人，而是企业劳动者集体。因而，这种价值量中所包括的劳动报酬基金既不能归国家所有，也不能直接归劳动者个人所有，而应该归企业劳动者集体所有。这正是在国有企业成为相对独立的商品生产者的条件下实现按劳分配的要求。

第三，这是作为相对独立的商品生产者的国有企业实现劳动力再生产的需要。国有企业要真正成为相对独立的商品生产者就必须不断地实现扩大再生产，因而必须有劳动力的再生产。这也决定了它必须拥有劳动报酬基金的所有权，否则，也是不可能的。

国有企业不仅需要拥有劳动报酬基金的所有权，而且需要拥有劳动报酬基金的分配权。这种分配权虽然是由其所有权派生的，但它反过来又成为实现其所有权的保证。传统经济体制下劳动报酬基金分配的实践已经反复证明：由于劳动报酬基金的分配权完全操在社会主义国家手中，国有企业处于无权地位，因而经常发生应归企业所有的劳动报酬基金被侵占的情形。这里主要有两种情况：一是由于周期地发生基本建设投资的膨胀，导致积累率过高，以致挤了包括全部国有企业劳动报酬基金在内的消费基金。二是由于企业吃国家的大锅饭，以及经常地普遍地导致企业之间的平均主义和苦乐不均，即不论各个企业提供劳动量的多少，获得的劳动报酬量都一样多，甚至是提供劳动量多的企业，获得的劳动报酬量少，提供劳动量少的企业，获得的劳动报酬量反而多。这种分配权还是企业进一步实现其相对独立的经济利益、加强竞争地位的重要手段。企业只有拥有了这种分配权，才能主动地依据本企业的情况，确定适当的工资形式，以利于充分地调动劳动者的积极性，促进企业生产的发展和经济效益的提高；也才能灵活地依据企业的盈亏状况和盈利程度，确定各个年份工资的增长幅度，从而合理地确定成本水平，使其在竞争中处于有利的地位。

由此可见，国有企业拥有劳动报酬基金的所有权和分配权，既是它作为相对独立的商品生产者的经济要求，又是它实现这种要求的重要条件。

这样说，并不意味着作为社会主义国家所有制代表的国家不需要对国有企业劳动报酬基金的分配实行宏观管理了。问题在于：作为相对独立的商品生产者的国有企业是社会主义有计划的商品经济的一个细胞。由此提出了两项基本要求：一是国民经济有计划按比例地发展。为此首先需要实现国民经济基本比例关系的平衡，主要是生产资料生产与消费资料生产比例关系的平衡，以及积累和消费比例关系的平衡。而确定劳动报酬基金就直接涉及到这两项基本比例关系的平衡。但要使劳动报酬基金的确定，能够达到这两项基本比例的平衡，单靠企业的单个行为，是不可能的，必须依靠国家的宏观管理。二是要适应在社会主义国家所有制经济和企业作为相对独立的商品生产者的条件下实现按劳分配的要求，也不能只是依赖企业的单个行为，还需要有国家的宏观管理。

这样，社会主义国家还必须从以下几个重要方面对国有企业劳动报酬基金的分配实行宏观管理。①控制劳动报酬基金总额的增长，使其与消费品生产和消费性劳务总额的增长相适应。②控制劳动报酬基金平均水平的增长，使其低于劳动生产率的增长。③把各部门之间以及部门内部的各个企业之间的劳动报酬的相对水平控制在合理的限度内，使其与他们向国有经济提供的劳动量相适应，既避免平均主义，又避免差别悬殊。④引导、诱导和迫使企业走上国家与企业、企业与企业、企业与消费者、企业本身的长远利益与当前利益相结合的社会主义轨道，争取劳动报酬基金水平的提高，避免走坑害国家、其他企业、消费者和企业本身长远利益的邪路。

但这里所说的国家的宏观管理，并不是指的传统经济体制下那种以行政手段为主的管理。因为社会主义实践已经充分证明：这种管理体制不能适应国有企业作为相对独立的商品生产者对于劳动报酬基金的所有权和分配权的要求，扼制了企业生产经营的积极性和企业之间的竞争；同时也不利于国民经济的综合平衡和按劳分配原则的实现。

这里所说的国家的宏观管理像将建立的整个新经济体制一样，以间接管理为主，即主要运用经济手段和法律手段，并采取必要的行政手段，来控制和调节国有企业劳动报酬基金的分配。这种劳动报酬基金管理体制，既可以适应国有企业对于劳动报酬基金的所有权和分配权的要求，又能够使得按劳分配在社会主义国有经济范围内实现（在承认国有企业取得与自己的劳动成果相适应的收入的条件下），并有利于国民经济综合平衡的实施。比如，可以设想：通过设置资金占用税，按照社会中等利息率，把国家交给企业使用的资金价格（利息）收回来；设置资源税，按照作为超额利润的地租所占的生产价格的份额，把因国家交给企业使用自然资源而应支付的地租收回来；设置其他各税（包括产品税、增值税和所得税等），并按照平等税负的原则，把作为上层建筑的社会主义国家因满足共同事务需要而支付的费用收回来（这些都留待后面做分析）。通过这些，再加上采取各种措施，使得企业留下的经营收入能够真正用于发展生产，那么，各个企业所得的劳动报酬基金大体上就能限制在与它向国有经济提供的劳动量（在扣除了上述企业各项上缴以后）相适应的范围。又如，通过设置个人所得税，控制个人消费基金的增长，合理调节积累和消费的关系。

这样，对与将要建立的整个新经济体制相适应的劳动报酬基金的管理体制，可以做如下设想：在作为社会主义国有制代表的国家实行以间接控制为主的条件下，国有企业实行自主分配。

（二）对社会主义国家改革实践的剖析

在这方面，匈牙利工资改革的经验给人以有益的启示。匈牙利在1968年就开始了工资制度的改革。按照他们的设想，到1987年完成工资制度的根本改革。就工资管理体制的改革来说，已经进行的改革可以划分为三个阶段。

第一，从1968年开始，实行了以工资增长与利润、净产值指标挂钩为主要内容的改革。匈牙利在改革起步时，国家只控制平均工资的增长，不限制劳动力编制的增加。其目的在于通过工资管理体制的改革，同时吸收大量的农业剩余劳动力。这时，匈牙利采取平均工资调节制，即企业人均净产值每增长百分之一，平均工资水平也相应提高一定比例。到70年代以后，匈牙利鉴于农业劳动力转移过程已经完结，又转而采用工资总额调节制，即企业净产值每增长百分之一，工资总额也可相应提高一定比例。

但这一时期，由于只是采取了单一的挂钩指标，没有照顾到不同部门、不同企业的生产、经营特点，因而就在部门、企业之间发生了苦乐不均的现象，发生了全国的工资比例失调。因此，从1976年开始，实行多种形式并存的工资调节制，即依据各个企业的特点，分别对竞争性领域、半竞争性领域和非竞争性领域规定工资增长与不同的经济效益指标挂钩，以及不同的增长比例，并对有些企业实行特殊优惠政策。

但这项多种形式并存的调节制，仍然没有根本改变企业经济效益提高的自我比较性质，仍不是企业之间的相互比较。因此，尽管这种调节制具有简便易行、明显、直接等优点，但并不能真实反映企业经营管理水平和经济效益的高低，工资增长幅度也就不会真正合理；它只能缓解企业之间苦乐不均的状况，但却不能根本解决这个问题。

在这方面，企业之间经济效益指标的相互比较，无疑具有优越性。但这种办法的实行，需要具备一定的条件。主要是市场机制发育比较健全，生产部门结构比较合理，价格和税收制度比较合理等。于是，匈牙利经过几年准备和试点，并在各方面条件具备后，于1983年采取了企业工资增长与资金盈利率挂钩的工资调节制。这表明匈牙利的工资改革进入了第二阶段。

第二，这种工资调节制的具体内容是：以利润与资金之比求出资金利润率，再以资金利润率乘固定系数，得出企业免税提高工资的幅度。这种与企业之间相互比较相联系的工资调节制，比与企业自我比较相联系的工资调节制，虽然前进了一大步，但仍有不可克服的局限性。一是前者与后者一样，在国家和企业之间仍要在基数和系数等方面讨价还价。由此必然使得企业不能从根本上摆脱苦乐不均，企业财务预算的软约束，以及主管部门的行政干预。二是国家为了从宏观上控制消费基金的增长，不得不规定一个征税线。这又必然拉平了行业内部不同企业间的收入水平的差距，既损害了企业相对独立的经济利益，又不利于企业之间竞争的展开。

第三，为了解决上述矛盾，只有在国家实行间接控制下，把工资的分配权完全交给企业。在这一思想指导下，匈牙利的工资改革进入了第三阶段。1985 年，匈牙利开始实行个人消费基金调节税，即把职工的收入（包括工资、奖金和分红等）作为课税对象，实行分级超额累进税，由企业统一交纳。这个过渡性的办法，原来预计实行两年，到 1987 年，实行真正的个人所得税制，即国家和企业的收入分配确定以后，企业可以自己决定工资增长，国家只是通过调整个人所得税，在宏观上进行控制。做到了这一步，匈牙利的工资管理体制也就实现了根本性的改革。

可见，匈牙利工资管理体制改革的实践表明：各种形式的、并逐步趋于完善的工资增长与经济效益指标挂钩的办法，是从传统的工资管理体制向新的工资管理体制转变过程中必须采取的办法，并起了积极的作用。但它并不是工资管理体制改革的目标模式。可以成为这种目标模式的，是把工资分配权交给企业，并由国家通过实行个人所得税等办法，对企业实行间接控制。因为这种模式可以适应社会主义有计划商品经济的要求，可以适应国有企业作为相对独立的商品生产者的要求。

我国国情与匈牙利有很大的不同，但党的十一届三中全会以来已有的工资管理体制改革实践也预示着同匈牙利大体相同的道路。1978 年，我国国有企业试行企业基金制度。1979 年试行全额利润留成制度。1980 年试行基数利润留成加增长利润留成的制度。从 1981 年起，又实行了多种形式的利润留成和盈亏包干制度。1983 年到 1984 年相继实行了第一步和第二步利改税，部分企业实行了经营承包责任制（以上各项均留待后面做详细的分析）。1984 年在实行第二步利改税的同时对国有企业实行了奖金税。按照财政部的有关规定：奖金税实行超额累进税率，按年计征。企业全年发放奖金总额人均不超过四个月标准工资的免税；超过四个月至五个月的部分，税率为 30%；超过五个月至六个月的部分，税率为

100％；超过六个月的部分税率为300％。[①] 1985 年又在部分国有企业中进行了工资总额同经济效益挂钩的试点。主要方式有两种：一种是先核定企业工资总额，然后依据企业前一年上交国家税利情况，核定上交税利的基数及其增长与工资浮动的比例。即上交税利超过基数的，则工资总额按一定比例增加；上交税利不增不减的，工资总额不变；上交税利减少的，工资总额按一定比例减少。另一种是不预先确定企业工资总额，而只规定工资占产值（或产量）的比例系数，企业工资总额的多少随企业产值（或产量）的增减而增减。同时，对这些试点企业实行了工资调节税。工资调节税也实行超额累进税率，按年计征。企业全年工资增长总额占核定工资总额 7％ 以下的免征；占 7％~13％ 的税率为 30％；占 13％~20％ 的税率为 100％；占 20％ 以上的税率为 300％。[②] 上述情况表明：1979 年以来，我国国有企业的劳动报酬同他们创造的经济效益有着愈来愈紧密的联系。这意味着国有企业拥有越来越多的劳动报酬基金的所有权和支配权。而奖金税和工资调节税的实行，又表明国家运用经济手段实行宏观控制已经迈出了重要的一步。但即使就作为当前在这方面的改革前沿的工资总额与上交利税挂钩以及与此相联系的工资调节税来说，也都还是初步的改革，离我们前面所说的劳动报酬基金管理体制的目标模式，还有很大的距离。至于其他的改革，则更是如此了。然而，现有的这方面的改革已表明向着这个目标模式前进了。

（三）对几种目标模式的商榷意见

建国初期，我国建立的劳动报酬基金管理体制，像整个经济体制一样，是由国家高度集中控制的模式。在这种体制下，劳动报酬基金的分配完全由国家集中控制。不仅劳动报酬基金总额的增长及其与消费品和

---

①《国营企业奖金税暂行规定》（1984 年 6 月 28 日国务院发布，1985 年 7 月 8 日国务院修订发布），《税收与财务手册》，第 755~756 页。

②《国营企业工资调节暂行规定》（1985 年 7 月 3 日国务院批准），《税收与财务手册》，第 752~753 页。顺便指出，按照财政部规定，从 1987 年起，降低奖金税和工资调节税的税率。企业全年发放奖金总额不超过标准工资四个月的部分，继续免征奖金税；超过四个月至五个月的部分，奖金税率由 30％ 降至 20％；超过五个月至六个月的部分，税率由 100％ 降为 50％；超过六个月至七个月的部分，税率由 300％ 降为 100％；超过七个月以上的部分，税率定为 200％。试行工资总额同上交利税挂钩的企业，企业全年工资增长总额占核定工资总额 7％ 以下的继续免税；占 7％~13％ 的，工资调节税率由 30％ 降为 20％；占 13％~20％ 的，税率由 100％ 降为 50％；占 20％~27％ 的，税率由 300％ 降为 100％；占 27％ 以上的，税率定为 200％（《人民日报》1987 年 2 月 24 日第 2 版）。

劳务增长的比例关系，以及劳动报酬平均水平的增长及其与劳动生产率增长的比例关系等这样一些有关的宏观经济问题由国家控制，而且有关工资形式、等级标准、提级时间和提级幅度等这样一些有关的微观经济问题，也完全由国家统一规定。这种传统的、包括劳动报酬基金管理体制在内的经济体制，是以马克思的产品经济理论为依据的。马克思说过："每一个生产者，在作了各项扣除之后，从社会方面正好领回他所给予的一切。他所给予社会的，就是他个人的劳动量。……他从社会方面领得一张证书，证明他提供了多少劳动（扣除他为社会基金而进行的劳动），而他凭这张证书从社会储存中领得和他所提供的劳动量相当的一份消费资料。"① 马克思对社会主义社会所做的这种设想，是以社会主义社会不存在商品生产为前提的。但是，长达半个多世纪的社会主义国家的实践证明：在社会主义社会，不仅在社会主义国有经济与集体经济和非社会主义经济之间存在商品关系，而且在国有企业之间也存在着商品关系。因此，以这种传统理论为依据的传统体制在理论上是不能成立的。而且，社会主义实践也已充分证明：这种体制不仅不适合国有企业作为相对独立的商品生产者的要求，而且不利于按劳分配原则和国民经济有计划发展原则的贯彻。现在这种体制已经为我国学术界大多数人所否定了。

　　但是，党的十一届三中全会以来，随着我国经济体制改革的深入，学术界已经就我国劳动报酬基金管理体制的目标模式问题提出了多种意见，认识还很不统一。这是有关我国经济体制改革的重大理论问题和实践问题，值得进一步探讨。这里就几种值得重视的意见进行商榷。

　　第一，两级按劳分配模式。最先提出两级按劳分配模式的同志认为："在现代的高度社会化的大生产中，任何个人是不可能直接对社会作出贡献的。他的劳动只有通过企业集体的协作，形成社会产品，才能向社会提供贡献。因此事实上也只能首先由集体（企业）从社会方面正好领回这个集体（企业）所给予社会的一切。企业对社会所做的贡献大小不同，从社会领回来的收益也应当不同。然后再把这个收益在企业内部按个人贡献的大小进行一定比例的分配。"②

---

① 马克思：《哥达纲领批判》，《马克思恩格斯选集》第 3 卷，第 10~11 页。
②《试论全面的物质利益原则》，《人民日报》1980 年 7 月 14 日第 5 版。

应该说，这位作者的论据是无可非议的，在社会化生产条件下，国有企业劳动者只有通过集体协作形成产品，才能对国有经济提供劳动。但他由此得出的两级按劳分配却很值得斟酌。①如前所述，在国有企业成为相对独立的商品生产者的条件下，劳动报酬基金的所有权和分配权是归企业所有的，而不像在传统的经济体制下那样，包括劳动报酬基金在内的总产值首先归社会主义国家所有，然后再由国家来分配。忽略了这一基本特点，是两级按劳分配理论的根本缺陷。②与上述根本点相联系，在国有企业成为相对独立的商品生产者的条件下，劳动报酬基金的分配过程也有特点。在传统的经济体制下，国有企业在产品价值实现以后，除了按照国家规定把在产品成本中列支的工资部分留下，并按照国家规定分配给职工以外，产品价值的其他部分都要上交国家，其中用于提高工资的部分，由国家按规定拨给企业，并由企业按规定分配给职工。当然，在这里只是存在国家对职工工资的一级分配；企业完全是国家行政机关的附属物，并不存在国家对企业的一级分配。但在国有企业成为相对独立的商品生产者的条件下，企业通过商品交换实现了商品价值。其中的生产资料补偿基金归国家所有，但由企业使用；剩余产品基金一部分上交国家，归国家所有，另一部分作为企业经营收入留下使用，但仍归国家所有；劳动报酬基金归企业所有，并由企业自主地分给企业职工。在这里，根本不存在两级按劳分配论者所说的国家对企业实行分配这一级分配过程；存在的只是企业自主地对职工实行按劳分配的过程。但在这里，有必要划清两个问题的界限。其一，这样说，并不意味着社会主义国家对于国有企业劳动报酬基金的分配可以不实行宏观管理。正好相反，如前所述，对社会主义有计划的商品经济来说，实行以间接控制为主的宏观管理是完全必要的，并有重要的意义。但是，国家对企业实行以间接控制为主的宏观管理，同国家直接对企业实行按劳分配却是两种经济体制，是有原则区别的两件事。其二，这样说，也不意味着按劳分配原则在社会主义国有经济中的实现，也像在集体经济中那样，只是局限在企业的范围。正好相反，在这里仍然是要在国有经济范围内实现。但是，这种实现是可以通过国家实行以间接控制为主的管理来进行的；不仅不需要通过国家对企业直接进行按劳分配来实现，而且实践已经证明这样做只能造成企业之间的平均主义。有些同志之所以提出并宣传两级按劳分配理论，不仅同他们没有区分新旧两种经济体制下的分配过程有联系，而且同他们没有区别上述两个问题的界限有联系。③集中起来说，两级按劳分配理论还没有从根本上摆脱传统经济体制的基本框架；尽管这个理论的提出者和宣传者的目标是批判传统的经济体制。其主要表现是：他们把国家对企业实行按劳分配作为两级按劳分配的首要一环。这样，不仅在第一级上保留了旧体制的框架，而且由于第一级按劳分配制约着第二级按劳分配，从而必然使第二级也很难摆脱旧体制的影响。④不仅如此，两级按劳分配理论的不妥之处，还在于它把劳动报酬基金管理体制改革的目标模式，同改革中的一些过渡形式混同起来了。这一点，在后来那些继续宣传两级按劳分配的文章中表现得很明显。比如，有的文章提出："实行两级按劳分配是从根本上解决旧体制下企业吃国家'大锅饭'，职工吃企业'大锅饭'问题，建立起具有中国特色的工资制度基本模式的关键"。这篇文章所说的基本模式就是"目前正在进行的企业工资总额同经济效益挂钩浮动的改革试点。"还有一篇文章写道："把企业的工资同企业的经营成果挂钩的新模式，这就在理论和做法上出现了一系列突破。首先，新的模式把按劳分配作两个层次进行。"① 但是，实行企业工资总额与经济效益挂钩浮动的办法，尽管在工资体制改革过程中具有重要的作用，然而终究是一种过渡形式，并不是改革的目标。鉴于这种观点很有影响，我们拟在下面做专门的分析。

第二，企业工资总额与企业经济效益挂钩的模式。持有这种观点的同志提出以下理由：①这是《中共中央关于经济体制改革的决定》提出的新的按劳分配模式。② 显然，这是一种误解。诚然，这个重要决定曾经提出："今后还将采取必要的措施，使企业职工的工资和奖金同企业经济效益的提高更好地挂起钩来。"③ 但这只是作为进一步贯彻按劳分配原则的过渡性措施。如果把它理解为新的按劳分配模式，那就会同《决定》另一个基本论断对立起来。这个论断就是："总之，要使企业真正成为相对独立

①《国有工业企业工资制度模式的比较和改革目标》、《工资与企业经营成果挂钩是按劳分配理论的重大发展》，均见《中国工业经济研究》1987年第2期，第67、72页。

②《工资与企业经营成果挂钩是按劳分配理论的重大发展》，《中国工业经济研究》1987年第2期，第66页。

③《中共中央关于经济体制改革的决定》，第28~29页。

的经济实体，成为自主经营、自负盈亏的社会主义商品生产者和经营者，具有自我改造和自我发展的能力，成为具有一定权利和义务的法人。"① 而要使企业成为这样的商品生产者，就要相应地实现企业的自主分配。但实行企业工资总额与企业经济效益挂钩的办法，就意味着企业还没有真正做到自主分配。② 这种模式"在理论上就是按有计划的商品经济理论建立的。它在本质上是一种商品经济的按劳分配模式。"② 实行企业工资总额与企业经济效益挂钩的办法，确实比传统的经济体制更能适应社会主义有计划的商品经济的要求。但是，如果认为这种办法同社会主义有计划的商品经济的要求是完全吻合的，以致成为这种商品经济中实现按劳分配的模式，那并不符合实际。正像我们在分析匈牙利工资改革的经验时所说的那样，这种办法既不能使企业从根本上摆脱国家机关的行政干预，也不能使企业真正自负盈亏，更不能在国有经济范围内实现按劳分配。有的文章承认这种办法在当前存在这些缺陷，但认为只要"选择好挂钩指标"，"合理确定挂钩基数"，"适当确定挂钩比例"，就可以克服这些缺陷，成为工资改革的目标模式。③ 但这样就把由企业工资总额与企业经济效益挂钩制度本身产生的局限性，完全归结为推行这种制度的具体办法的缺陷了。改进推行这种制度的具体办法（包括"选择好挂钩指标"，"合理确定挂钩基数"，"适当确定挂钩比例"等），固然可以更好地发挥这种制度的积极作用，并缓解由这种制度引起的矛盾，但并不能从根本上克服这种制度的局限，因而并不能使这种制度成为工资改革的目标模式。

　　第三，企业自主分配的模式。④ 在国有企业成为相对独立的商品生产者的条件下，企业确实应该具有自主分配的权力。但如果只提这一方面，那就会面临一个无法解决的矛盾：没有把社会主义国家所有制企业工资分配模式与社会主义集体所有制企业工资分配模式区别开来。这种矛盾暴露了企业自主分配模式的片面性，忽略了作为社会主义国家所有制代表的国家需要实行以间接控制为主的宏观管理。这种片面性又来自持有

---

① 《中共中央关于经济体制改革的决定》，第13页。
② 《工资与企业经营成果挂钩是按劳分配理论的重大发展》，《中国工业经济研究》1987年第2期，第68页。
③ 《国有工业企业工资制度模式的比较和改革目标》，《中国工业经济研究》1987年第2期，第73页。
④ 《关于全民所有制企业工资模式》，《经济日报》1986年12月6日第2版。

这种观点的同志在探索国有企业工资分配模式根源上的片面性。他不是把这种根源全面地归结为社会主义国家所有制和国有企业是相对独立的商品生产者，而是片面地认为"企业工资模式的决定因素，是企业的商品生产性。"①这显然是不妥的。

四、劳动报酬基金量

（一）劳动报酬基金的构成及其量的规定因素

1.资本主义制度下劳动力价值的构成及其量的规定因素。长期以来，我国学术界流行的观点认为，社会主义经济不是商品经济，劳动力也不是商品，因而不重视马克思关于资本主义制度下劳动力商品价值构成及其量的决定因素的理论，以及它对于社会主义劳动报酬基金研究的指导意义。但在实际上，尽管社会主义经济制度根本区别于资本主义的经济制度，在资本主义制度下也不存在劳动报酬基金的范畴，并且即使抛开社会主义经济中劳动力是否是商品这一有争议的问题，仍然不能否定这种指导意义。这正如马克思说过的，在一切社会制度下，劳动者为维持和再生产自己所必需的劳动基金，都始终必须由劳动者本身来生产和再生产。②而且，社会主义商品生产和资本主义商品生产均是以社会化大生产作为物质基础的，其中有很多共同点。所以，我们首先需要阐述马克思关于资本主义制度下劳动力商品价值的构成及其量的决定因素。

第一，按照马克思的观点，在资本主义制度下，劳动力商品的价值，也是由生产和再生产这种商品所必要的劳动时间决定的。它包括：维持劳动者自身所必要的生活资料的价值；劳动者延续后代所必要的生活资料的价值；劳动者的教育训练费用。③马克思还说过：在资本构成不变、对劳动力的需求随积累的增长而增长的条件下，工人"能够扩大自己的享受范围，有较多的衣服、家具等消费基金。"④根据马克思的这些分析，我们可以把劳动力价值构成归结为四个方面：生存资料的价值、延续资料的价值、发展资料的价值和享受资料的价值。

第二，马克思认为，劳动力商品的价值决定于生产力、历史、道德

---

① 《关于全民所有制企业工资模式》，《经济日报》1986年12月6日第3版。
② 参见马克思：《资本论》，《马克思恩格斯全集》第23卷，第623页。
③ 参见马克思：《资本论》，《马克思恩格斯全集》第23卷，第193~196页。
④ 参见马克思：《资本论》，《马克思恩格斯全集》第23卷，第677页。

和自然等因素。[①] 其中最重要的是生产力因素。在资本主义制度下，社会生产力的发展对劳动力价值的变化有双重的影响。一方面，伴随社会生产力的发展，必然导致相对剩余价值的增长和劳动力价值的下降。当然，社会生产力的发展也有促进劳动力价值上升的作用。但是，由于下降作用的强度超过了上升作用的强度，因而总的趋势是下降的。另一方面，社会生产力又使作为这种降低了的劳动力价值的物质承担者消费资料和劳务总量增长，使得劳动力价值的构成发生变化，使构成其每一部分的生活资料和劳务的数量或质量上升。如果说，后一方面所包含的这些变化在资本主义生产的初期，甚至在第二次世界大战以前还不明显的话，那么在这以后，在当代发达的资本主义国家中，在社会生产力有了空前未有的巨大发展的条件下，就是比较充分的了，以致有的资产阶级学者也看到了这一点。按照他的说法，资本家与工人共同制造和分食一个经济馅饼，馅饼越大，每一方分得的那一份也就越大。[②] 这位学者从事情的本质上回避了资本对雇佣劳动的剥削。但也应该说，他对事情的现象还是做了大体正确的说明。为了说明这里的问题，我们先列三表于下。

表一　日本国民经济各部门职工实际平均工资指数的增长[③]

（以 1980 年为 100）

年份	1955	1960	1965	1970	1975	1980	1981	1982
实际平均工资指数	31.3	38.4	46.9	67.8	92.9	100.0	105.3	110.0

表二　日本职工家庭每户每月收支构成[④]

项目	1970 年		1982 年	
	绝对数（日元）	各项消费支出占消费支出总数的比重（%）	绝对数（日元）	各项消费支出占消费支出总数的比重（%）
实际收入	112949		393014	
实际支出	91897		323550	
消费支出	82582	100.0	266063	100.0
食品	26606	32.2	71046	26.7

---

① 参见马克思：《资本论》，《马克思恩格斯全集》第 23 卷，第 194 页。

② ［美］布鲁诺·斯泰因：《社会保险和年金制在转变中》，纽约 1980 年英文版，第 206 页。

③ 资料来源：《国际经济和社会统计资料（1950~1982）》，中国财政经济出版社 1985 年版（下同），第 437 页。

④ 资料来源：《国际经济和社会统计提要》(1985)，中国统计出版社版（下同），第 173 页。

续表

项目	1970 年		1982 年	
	绝对数（日元）	各项消费支出占消费支出总数的比重（%）	绝对数（日元）	各项消费支出占消费支出总数的比重（%）
住房	4364	5.3	12601	4.7
光、热、水	3407	4.1	15229	5.7
家具、家用器具	4193	5.1	11061	4.2
服装和鞋	7653	9.3	18915	7.1
保健医疗	2141	2.6	6250	2.3
交通通信	4550	5.5	23988	9.0
教育	2212	2.7	9985	3.8
文化娱乐	7619	9.2	22758	8.6
其他消费支出	19837	24.0	74230	27.9
非消费支出	9315		57488	
所得税	2989		17286	
结余	21052		69464	

表三　日本主要耐用消费品普及率 ①　　　　　　　　单位：%

项目	1970 年	1975 年	1980 年	1983 年
调查户数	8338	5504	5814	6008
缝纫机	84.5	84.7	83.1	80.2
电视机				
黑白电视机	90.2	48.7		
彩色电视机	26.3	93.7	98.5	99.2
录音机	30.8	55.9	62.7	70.2
照相机	64.1	78.1	85.2	85.7
洗衣机	91.4	98.1	99.2	98.4
吸尘器	68.3	92.7	95.4	96.7
电冰箱	89.1	97.9	99.2	98.7
录像机			5.1	18.7
立体声音响设备		53.8	58.5	58.0
小汽车		44.0	58.5	64.8
摩托车		21.7	28.1	33.5
自行车		78.1	80.2	78.2

　　如果把表一的数字换算一下，那么，1982 年日本国民经济各部门职工实际的平均工资指数，比 1955 年增长了 2.51 倍。可见在这期间日本职工实际消费的生活资料和劳务总量有了较大的增长。当然，表一反映的

———————
① 资料来源：《国际经济和社会统计提要》（1985），中国统计出版社版（下同），第 184 页。

是职工平均实际工资水平的变化，包括了高、中、低收入水平的全体职工在内，甚至部分地包括了名为职工、实际是资产者的人在内。因此，表一在某种程度上夸大了职工工资水平的提高，更不能全面真实地反映低收入水平的职工的生活变化。但是，在第二次世界大战后，日本广大职工生活水平有了迅速的提高，却是一个事实。

表二、表三则不仅反映了包括生存、延续、发展和享受四项资料的物质内容的变化、数量的增长和质量的提高，而且表现了其构成的变化。

就生存资料来说，在上述期间内，虽然日本职工食、衣、住、用四项支出在消费支出中的比重都下降了，但是，它们支出的数额都成倍地增长了。与此相联系，其物质内容、数量和质量也都起了变化。但在这方面，能够更为突出地反映现代物质和文化生活特征的，还是光、热、水，保健医疗，交通通信和文化娱乐四项支出的大幅度增长及在消费支出中所占比重的显著上升。表二表明：前四项支出占消费支出的比重为42.7%，后四项支出占25.6%，后四项比重为前四项比重的60%。这说明在现代化生产条件下，无产者生存资料的物质内容及其构成已经发生了资本主义生产初期所不可比拟的变化。

就发展资料来说，在上述期间内，日本职工家庭教育费用的支出增加了3.5倍，占消费支出的比重由2.7%上升到3.8%。如果把在某种程度上具有发展费用性质的文化娱乐支出也算在内，那么，1982年，发展费用的比重就达到了12.4%，大约相当于衣、住、用这三项基本物质生活支出比重的五分之四。这是同资本主义制度下现代化生产的发展相联系的。马克思在19世纪60年代说过："工厂法作为从资本那里争取来的最初的微小让步，只是把初等教育同工厂劳动结合起来。"[1]然而，在当代经济发达的资本主义国家，不仅已经普遍地把中等教育和社会的生产劳动结合起来，而且在相当大的、并日益扩展的范围内，把高等教育同社会的生产劳动结合起来。比如，日本中小学生入学率，由1965年的92%增加到1975年的95%；高等学校学生入学率由12.9%增加到24.6%。[2]在日本教育事业发展的基础上，新就业劳动者的文化水平大大提高了。日

① 马克思：《资本论》，《马克思恩格斯全集》第23卷，第535页。
②《国际经济和社会统计资料（1950~1982）》，第455~456页。

本 1965 年新就业的人员中，初中毕业生占 41.8%，高中毕业生占 46.8%，大学毕业生占 11.4%。到 1975 年，这个百分比就倒过来了，初中毕业生只占 9.1%，高中毕业生占 57.3%，大学毕业生占33.6%。[①]这种情况固然同工人阶级力量的壮大、雇佣劳动反对资本的斗争的发展有关系，但主要还是现代化生产发展的结果。

就享受资料来看，在资本主义生产的初期，工人家庭没有什么享受资料，发展资料也很少，有的只是低水平的生存资料。当时，即使少数工人家庭有一点享受资料，但为数很小，而且其物质内容也受到时代的限制。但在当代经济发达的资本主义国家，享受资料却是相当普遍的，并以逐步趋于扩大的势头进入了工人的家庭，而且，其物质内容也具有现代化的特征。表三所列的日本主要耐用消费品普及率证明了这一点。当然，表三反映的是主要耐用消费品在包括资产者和无产者在内的全部日本国民家庭的普及率。而其中多数耐用消费品在资产者家庭的普及率比无产者家庭要高得多。但是，除了两种耐用消费品（即录像机和摩托车）的普及率在 50% 以下以外，其余十种的普及率均在 50% 以上，有的甚至接近 100%。这表明许多耐用消费品在居日本国民家庭绝大多数的无产者家庭中已经有了很大范围的普及。

然而，长期以来有一种观点认为，在资本主义的劳动力价值构成中不包括享受资料的价值，享受资料也不进入工人生活家庭。这种看法，不符合我们在前面引证过的马克思的有关论述，尤其不符合当代资本主义国家的实际。但是，这种观点能够长期流行，并不是偶然的现象。这主要是由于过去长期存在的"左"的错误造成的。主要表现是：

其一，在"左"的错误的影响下，长期实行闭关锁国政策，以致不少人对第二次世界大战后发达资本主义国家工人生活所发生的巨大变化不甚了解，误以为还同资本主义生产初期差不多。

其二，在"左"的错误的影响下，有人对资本主义经济的研究并不是在马克思主义的指导下，从战后资本主义经济的实际出发，对新的经济现象做出新的理论说明，而是采取教条主义的态度，对马克思的某原理做了简单的理解。以致认为享受资料进入了劳动力价值构成，就会同

---

①《教育研究》1980 年第 3 期，第 93 页。

剩余价值理论相矛盾。其实，这也是一种误解。在现代化生产的条件下，相对剩余价值的增长、劳动力价值的下降在某种限度内同享受资料进入工人生活消费，是可以相容的。这一点在理论上是很清楚的。战后经济发达的资本主义国家的实践也是这样的。请看下表。

日本国民经济各部门实际平均工资的增长与劳动生产率增长的对比[①]

年份	劳动生产率指数（以1970年为100）	实际平均工资指数（以1980年为100）
1955	27	31.3
1960	42	38.4
1965	61	46.9
1970	100	67.8
1975	123	92.9
1980	148	100.0
1981	151	105.3

把上表的数字换算一下，就可以看出：在1955年到1981年期间，日本国民经济各部门的劳动生产率增长了559.26％，平均每年增长6.6％，而平均实际工资只增长了336.42％，平均每年增长4.6％。这意味着相对剩余价值的增长和劳动力价值的下降。但前述表三表明：在这个期间，日本主要耐用消费品在包括工人在内的日本居民家庭中得到了普及。因此，从根本上说来，这两件事并不是不可以相容的。可见，事情的本质仍像马克思说的那样："由于资本积累而提高的劳动价格，实际上不过表明，雇佣工人为自己铸造的金锁链已经够长够重，容许把它略微放松一点。"[②]

这是就剩余价值的生产来说的。就剩余价值的实现来说，就更是这样了。对资本主义商品生产来说，剩余价值的实现，是剩余价值再生产至关重要的一环。而由资本主义生产的基本矛盾派生的资本主义生产无限扩大的趋势和劳动者有支付能力的需求相对狭小的矛盾，周期性地导致生产过剩的经济危机。这样，在保持相对剩余价值增长的条件下，在某种限度内提高占人口大多数的无产者的实际生活水平，对于直接扩大

① 资料来源：《国际经济和社会统计资料（1950~1982）》，第432、437页。
② 马克思：《资本论》，《马克思恩格斯全集》第23卷，第678页。

消费品和消费性劳务的市场容量，间接扩大生产资料和生产性劳务的市场容量，对于实现包括剩余价值在内的资本主义总产品，对于促进资本主义扩大再生产，就具有重要的意义。下表可以说明这一点。

日本国内生产总值与职工实际平均工资年平均增长率的对比①　　　　单位：%

国内生产总值		职工实际平均工资	
时　期	年平均增长率	时　期	年平均增长率
1961~1970 年	10.4	1960~1970 年	5.9
1971~1979 年	4.6	1970~1979 年	4.5
1961~1979 年	8.0	1960~1979 年	5.2

上表表明：日本职工实际平均工资增长速度快的时期，也是日本国内生产总值增长快的时期，前者增长速度慢的时期，也是后者增长慢的时期。这种情况大体上反映了前者的增长速度在一定程度上对于后者增长速度的制约关系。

其三，在"左"的错误的影响下，有人对于资本主义经济制度的批判忽视了实事求是，似乎一说工人消费了享受资料，就否定了资本主义经济制度的腐朽性，以及无产者与资产者之间的阶级矛盾。其实，这也是一种误解。按照历史唯物主义的观点，资本主义经济制度腐朽性加深的根本标志，是它同社会生产力之间的矛盾尖锐化了。第二次世界大战后，尽管资本主义国家生产力有了空前未有的巨大发展，但这种发展程度还是远远落后于现代科学技术所提供的可能达到的限度。这方面的差距比过去不是缩小了，而是扩大了。而这一点，正是当代资本主义生产关系与社会生产力之间的矛盾尖锐化的最重要的标志。资本与雇佣劳动之间矛盾的尖锐化，实质是二者之间利益对立的加深。而相对剩余价值的提高，正是这种利益对立的加深在当代最主要的表现。所以，认为工人消费了享受资料，就否定了资本主义制度的腐朽性及其阶级对立，这无论在理论上或事实上都难以站得住。

第三，马克思说过："在一定的国家，在一定的时期，必要生活资料的平均范围是一定的。"②如前所述，劳动力价值水平决定于多种因素，其

---

① 资料来源：《国际经济和社会统计资料（1950~1982）》，第 32、437 页。
② 马克思：《资本论》，《马克思恩格斯全集》第 23 卷，第 194 页。

中最重要的是社会生产力的发展水平。因此，在不同国家，或同一国家的不同时期，劳动力价值水平以及与此相联系的必要生活资料的平均范围是不同的。但同一国家的同一时期，在社会生产力水平已定的条件下，劳动力价值水平及必要生活资料的平均范围却是一定的。下列二表可以证明这一点。

表一　日本国民经济各部门职工平均工资的对比关系①

(以矿业为100)

年份	矿业	制造业	建筑业	交通、邮电、仓库	商业	金融、保险业	不动产业	电力、煤气、自来水	服务业
1955	100	91	79	114					
1960	100	86	80	108					
1965	100	88	96	114	89	123	113	145	
1970	100	96	97	114	92	115	132	143	112
1975	100	83	80	101	84	105	122	122	103
1980	100	87	89	100	85	115	104	120	102
1981	100	87	91	100	84	122	104	128	100
1982	100	88	91	102	82	119	101	125	101

表一表明：①日本各经济部门职工平均工资与矿业虽有差距，但总的说来差距并不大。比如，1982年，低于矿业职工平均工资最多的制造业只低12个百分点，高于矿业职工平均工资最多的电力、煤气、自来水只高25个百分点。②在上述八个年份中，低于矿业职工平均工资的部门都低，低的幅度波动并不大。比如制造业在4~17个百分点之间波动。这是一方面。另一方面，高于矿业职工平均工资的部门都高，高的幅度波动也不大。比如，交通、邮电、仓库在1~14个百分点之间波动。

表二　日本国民经济各部门职工平均工资指数②

(以1955年为100)

年份	各部门平均	矿业	制造业	建筑业	商业	金融、保险业	运输、通信业	电力、煤气、自来水、供热	服务业
1955	100.0	100.0	100.0	100.0	100.0	100.0	100.0	100.0	—
1960	122.7	132.4	125.8	131.9	117.8	119.5	122.7	118.6	—
1965	149.8	156.6	151.8	187.0	143.9	139.2	153.3	149.2	—

① 资料来源：《国际经济和社会统计资料（1950~1982）》，第436页。
② 资料来源：《国际经济和社会统计资料（1950~1982）》，第437页。

续表

年份	各部门平均	矿业	制造业	建筑业	商业	金融、保险业	运输、通信业	电力、煤气、自来水、供热	服务业
1970	216.6	230.7	230.8	263.4	207.4	183.5	216.4	204.1	100.0
1975	296.8	339.7	306.0	349.6	290.5	264.3	299.4	262.0	142.4
1980	319.5	344.8	334.5	393.7	306.8	295.0	303.0	273.2	146.8
1981	336.4	365.9	353.2	422.0	316.0	316.5	322.7	295.9	153.0
1982	351.4	377.9	370.2	438.2	326.4	333.0	338.2	309.0	159.3
1955~1982年年平均增长速度	4.8	5.0	5.0	5.6	4.5	4.6	4.6	4.3	4.0

表二表明：在上述各个年度中，国民经济各部门职工平均工资增长速度与其平均数差距也不大。这一点，在1955年至1982年年平均增长速度方面表现得尤为明显。各部门的平均数为4.8%，高于这个平均数最多的建筑业只有5.6%，低于这个平均数最多的服务业只有4%，高的和低的都只差0.8个百分点。

可见，在上述期间内，由于各经济部门的情况不同，它们之间的职工平均工资水平有差异，但并不大。这表明在各个年度，日本职工平均工资水平是一定的。当然，工资是劳动力商品价值的转化形态，还不是劳动力商品价值本身。第二次世界大战后，资本主义国家社会生产力有了巨大的发展，工人阶级力量有了壮大，周期性的经济危机还是存在的，但由它引起的对经济的破坏作用和工人失业状况比过去有所缓和。而且，这里列举的又是长达27年的实际平均工资的状况。因此，可以把日本平均工资水平是一定的这一情况，看作劳动力商品价值是一定的。

2. 社会主义制度下劳动报酬基金的构成及其量的规定因素。我们在上面阐述了马克思关于资本主义制度下劳动力商品价值构成及其量的决定因素的三个主要观点。如果抛开资本主义经济制度与社会主义经济制度的根本区别不说，而只从一般的意义上说，那么，上述原理在社会主义社会也是适用的。第一，在社会主义经济制度下，劳动报酬基金也包括生存资料的价值、延续资料的价值、发展资料的价值和享受资料的价值。恩格斯说过：在社会主义和共产主义制度下，"通过有计划地利用和进一步发展现有的巨大生产力，在人人都必须劳动的条件下，生活资料、享受资料、发展和表现一切体力和智力所需的资料，都将同等地、愈益充分地交归社会全体成员支配"。①恩格斯这里没有提到延续资料，但他并不否定这一点。得到恩格斯完全赞许、并由他在马克思逝世后拿来公开发表的《哥达纲领批判》中就说过这样的意思：劳动者依据按劳分配原则取得的劳动报酬基金，是要用来支付子女的生活费用的。但由于各个劳动者的子女多少不等，因而劳动者的富裕程度是不等的。②可见，延续资料的价值也是劳动报酬基金的一个组成部分。

第二，在社会主义经济制度下，劳动报酬基金也决定于生产力、历史和自然等项因素。其中最重要的也是社会生产力。因为马克思关于生产"生产出消费的对象、消费的方式和消费的动力"的道理，③对社会主义社会也是适用的。

第三，正因为在社会主义制度下，劳动报酬基金主要决定于社会生产力，因此，虽然不同国家、不同时期的劳动报酬水平有差别，但同一国家同一时期的劳动报酬基金的平均水平，却是一定的。

这样说，并不意味着社会主义经济制度和资本主义经济制度没有根本区别了。在社会主义经济中，已经消灭了剥削，因而不存在资本主义制度下确定劳动力价值所受到的资本家追求剩余价值的限制。按照马克思的说法，"如果我们把工资归结为它的一般基础，也就是说，归结为工人本人劳动产品中加入工人个人消费的部分"，那么，就可以"把这个部分从资本主义的限制下解放出来，把它扩大到一方面为社会现有的生产力……所许可，另一方面为个性的充分发展所必要的消费的范围。"④当然，在我国现阶段的社会主义商品经济条件下，在运用马克思的这个原理的时候，需要注意以下几点：一是，马克思在这里只是一般地论述消灭资本主义制度以后的社会主义和共产主义社会劳动报酬基金的确定，并不是具体指社会主义制度，因而没有涉及到按劳分配原则，没有涉及到各个劳动者报酬水平的差别。二是，按照马克思的观点，社会主义社会不存在商品生产。因此，也不会涉及到作为商品生产者的企业之间的劳动报酬水平的差别。三是，在社会主义商品经济的条件下，从宏观经济观

① 恩格斯：《卡·马克思"雇佣劳动与资本"导言》，《马克思恩格斯全集》第22卷，第243页。
② 参见马克思：《哥达纲领批判》，《马克思恩格斯选集》第3卷，第12页。
③ 马克思：《〈政治经济学批判〉导言》，《马克思恩格斯选集》第2卷，第95页。
④ 马克思：《资本论》，《马克思恩格斯全集》第25卷，第990页。

点来看的劳动报酬水平的确定，固然需要社会主义国家的计划调节，但也离不开企业之间的竞争过程。四是，我国还处于社会主义社会的初级阶段，一般说来，劳动报酬基金还远远达不到"劳动者个性的充分发展所必要的范围"。然而，总的说来，马克思这里所说的，在社会主义制度下，劳动报酬基金的确定，摆脱了资本主义的局限，只是受到现有的社会生产力的限制，则是正确的。

这一点，是社会主义经济制度与资本主义经济制度在这方面的根本区别。与此相联系，还有以下一些区别：在同等的社会生产力水平下，社会主义制度下的劳动报酬水平有可能比资本主义高，并有可能得到稳步的、较快的增长。这里强调"同等"，是为了排除不可比的因素；否则，有些不可比的因素有可能掩盖社会主义经济制度对于资本主义经济制度的优越性。这里强调社会生产力水平，是因为它对劳动报酬水平的高低有决定的作用；忽视这一点，则很容易导致否定社会主义经济制度的优越性的结论。为了在这方面进行正确的比较，合理地选择指标是很重要的。在这里，"生活质量指数"这一指标体系很值得重视。因为用这个指标体系来进行比较，国与国之间的不可比因素比较少。因此，这个指标体系已经为有关的国际研究机构普遍采用。依据世界银行《1984年世界发展报告》提供的资料，1984年，我国每人平均国民生产总值为310美元，在世界百万人口以上的126个国家中居102位，属低收入水平的国家。但"生活质量指数"水平已经达到了中等收入国家的水平。其中：人均热量居62位，婴儿死亡率居60位，成人识字率居47位，预期寿命居46位，出生率（低）居26位。为了正确地进行对比，尽可能选择类似情况较多的国家，也是有必要的。在这方面，我国和印度有较多的可比性。我国和印度在解放或独立前，都是殖民地或半殖民地国家；解放或独立的时间也差不多（我国为1949年，印度为1945年）；国土面积都大，人口都多，等等。然而，由于解放或独立建国后的社会经济制度有根本的区别，导致经济发展有很大的差别，"生活质量指数"也呈现出较大的距离。依据《简明不列颠百科全书》的资料，1985年，每人每天可得热量，中国为3286卡，印度为1919卡；成人识字率，中国为77.1%，印度为36.2%；每千个活产婴儿死亡率，中国为40‰，印度为117‰。当然，并不能由此认为社会主义经济制度这方面的优越性，已经得到了充分的发挥。依据建国以后近 40 年的经验来看，要充分地发挥社会主义经济制度的优越性，还需要一系列的条件。主要是：党和国家的经济发展战略正确，经济体制合理，政治局面安定，经济长期稳定协调发展。还要着重指出：只有在社会主义国家的社会生产力水平超过了资本主义国家后，社会主义制度在这方面的优越性才可能最充分地表现出来。

(二) 企业之间职工劳动报酬基金水平的差别与一部分企业职工先富裕起来

1. 企业之间职工劳动报酬基金水平的差别。我们在前面说过，在一定时期内，劳动报酬基金水平是一定的。但这是就社会平均水平而言的，它并不意味着社会主义国有企业之间的职工劳动报酬水平是无差别的。恰恰相反，在国有企业成为相对独立的商品生产者的条件下，这种差别具有客观必然性。如前所述，在这种条件下，国有企业必然拥有劳动报酬基金的所有权和分配权。或者说，国有企业劳动者集体必然要取得与自己的生产经营成果相适应的收入。由于各种因素的作用，各个企业拥有的劳动报酬基金和它们的职工人数又不可能是成比例的。这样，各个企业的职工劳动报酬水平有差别，就是一件不可避免的事了。而且，这也是符合社会主义的按劳分配原则的。但是，有的同志提出：在国有企业成为相对独立的商品生产者的条件下，要让企业取得与自己的生产经营成果相适应的收入，就不能对全部国有企业实行统一的工资标准，按劳分配原则就不能在整个国有经济范围内实现。

这种看法是反映了我国原有的经济管理体制的。这种高度集中的、以行政管理为主的经济管理体制，有一个重要特点，就是由国家统一规定所有国有企业的工资标准。这种看法也是以传统的政治经济学作为理论依据的。按照这种理论，"在归全民所有的国营企业中，归工人个人消费的那一部分社会产品，以工资形式付给工人。国家预先规定单位制品或单位工时的劳动报酬的固定标准。"① 总之，这种看法是依据了马克思在《哥达纲领批判》中对于社会主义社会按劳分配模式所作的设想。按照马克思的设想，"每一个生产者，在作了各项扣除之后，从社会方面正好领回他所给予社会的一切。他所给予社会的，就是他个人的劳动量。"在这

---

① 苏联科学院经济研究所编：《政治经济学教科书》，第 428 页。

方面，"生产者的权利是和他们提供的劳动成比例的"。①所以，对待这个疑问的看法，实际上可以归结为对马克思设想的这个按劳分配模式的看法。就是说，如果马克思设想的按劳分配模式是完全合适的，那么，提出这个疑问，就是有根据的；如果这个模式有不切合当代社会主义建设实践的地方，那么，提出这个疑问就是欠妥的。

应该肯定，马克思关于社会主义社会按劳分配理论的基本内核，即向生产者分配个人消费品要依据他们提供的劳动；"生产者的权利是和他们提供的劳动成比例的"，是完全正确的。但如前所述，马克思设想整个社会主义社会是一个生产单位，没有预见到社会主义还存在商品生产。但当代社会主义建设实践已经充分证明：社会主义社会还必然存在商品生产，国有企业也是相对独立的商品生产者。国有企业的这种经济地位要求取得与自己生产经营成果相适应的收入。这样，国家对各个国有企业就不能实行统一的工资标准；像过去的那种做法是违反了国有企业作为相对独立的商品生产者的要求的。可见，这个问题赖以提出的前提就有值得斟酌之处。

那么，国有企业取得与生产经营成果相适应的收入，同按劳分配原则是否相容呢？

为了说明这一点，需要首先分析国有企业总产品分配的内容及分配后的经济归属。如前所述，生产资料补偿基金仍归社会主义国家所有，但归企业使用；劳动报酬基金归企业所有和分配。剩余产品基金则分解为两部分：一部分（包括使用国有资金的利息和国有自然资源的地租）由企业上交国家，一部分主要作为企业经营收入留给企业使用，但仍归国家所有（这一点，我们在后面做分析）。所以，从归企业劳动者集体所有这个角度来说，所谓企业要取得与生产经营成果相适应的收入，主要就是取得劳动报酬基金部分。显然，这是符合按劳分配原则的。诚然，在商品生产条件下，劳动量不能以劳动的自然尺度——劳动时间——来计量，而只能以价值量表示。而决定价值量的社会必要劳动时间，"是在现有的社会正常的生产条件下，在社会平均的劳动熟练程度和劳动强度下制造某种使用价值所需要的劳动时间。"②这样，尽管劳动是价值的唯一

① 马克思：《哥达纲领批判》，《马克思恩格斯选集》第3卷，第10~11页。
② 马克思：《资本论》，《马克思恩格斯全集》第23卷，第52页。

源泉，但优越的生产条件（包括优越的生产设备、自然资源和地理位置等）仍然是形成超额的剩余产品价值的物质条件。但是，问题的关键在于：在社会主义的国有经济中，国有企业只是相对独立的商品生产者。这样，企业总产品的分配不仅需要在国家的指导下进行，而且企业需要向作为生产资料所有者的社会主义国家上交一部分剩余产品基金。①一般说来，不仅所有企业都要比例于资金的占用量，向国家上交作为资金价格的利息，而且需要上交由自然资源占用形成的地租。这样，就可以把由优越的生产条件形成的超额剩余产品价值集中到国家手中。这是从原则的、主要的意义上说的。它并不排除国家从发展国民经济的需要出发，依据社会主义的物质利益原则，把适当部分的超额剩余产品价值（特别是由企业经营收入形成的级差土地收入）留给企业；也不排除由价格与价值的背离而形成的临时性的额外收入有一部分要留归企业。②所以，如果不是从价值量形成的角度，而是从价值量分配的角度来考察，那么，基本上是排除了生产资料占用差别的影响的，企业得到的主要是劳动报酬基金。因此，从原则的、主要的意义上说，国有企业取得与自己的生产经营成果相适应的收入，不仅同按劳分配原则不矛盾，还宁可说是在社会主义国有经济内部存在商品生产条件下实现按劳分配的具体形式。

为了进一步证明这一点，把这种按劳分配的具体形式同其他的分配作一下比较是有必要的。

这种分配同资本主义社会按劳动力商品价值分配的原则，是有根本区别的。前者体现的是在社会主义商品生产条件下按劳分配的原则；后者反映了资本主义的剥削关系。

这种分配同社会主义集体所有制企业的按劳分配也有重大的差别。如前所述，企业取得与自己的生产经营成果相适应的收入，基本上排除

---

① 这里也有一个概念需要辩明。我国学术界流行的一种观点，把企业的这种上交称做国家的社会扣除。这种社会扣除的提法，来自马克思在《哥达纲领批判》中的有关论述。而马克思的这个论述是以存在单一的社会主义社会公有制为前提的，其经济主体就是作为社会主义社会所有制代表的社会经济组织。而我国社会主义社会的现实是：存在着多种社会主义公有制形式和非社会主义所有制形式，其经济活动的主体是多种形式的企业。因此，在这里沿用马克思的社会扣除的提法是不妥的，而用企业上交的提法是符合我国的社会主义建设实践的。

② 这里说的背离不是指的在当前价格体系没有进行根本改革的情况下那种很不合理的价格和价值的背离，而是指的在改革完成以后仍然会发生的一定的背离。对由这种背离形成的额外收入，国家可以采取各种经济手段把它集中到自己手中，但并不能完全排除企业会占有一部分。

了生产资料占有差别的影响，国有企业得到的主要是限于与生产经营成果相适应的收入。但在集体所有制经济中，企业的所有收入（包括由占有优越的生产条件而形成的超额剩余产品价值）是归集体所有的。集体企业个人消费品分配的来源，除了包含本企业的生产经营成果以外，还注入了生产资料占有差别的因素。这是按劳分配规律在社会主义集体所有制经济中发生作用的重要特点。

这种分配同统收统支的经济管理体制下的分配也有原则的区别。后者在相当大的程度上体现了平均主义原则。这种平均主义不仅表现在企业内部劳动者个人的劳动报酬和劳动量是脱钩的，而且首先表现在企业劳动者集体的收入同他们的生产经营成果是脱钩的。

总之，从原则的、主要的意义上来讲，企业取得与自己的生产经营成果相适应的收入是在国有企业成为相对独立的商品生产者条件下，在国有经济范围内实现按劳分配的唯一可行的和适当的形式，这是生产资料的社会主义国家所有制在经济上得以实现的一个极重要的方面。有的同志对这一点持否定态度，是缺乏根据的。

既然国有企业要求取得与它的生产经营成果相适应的收入，是它对于劳动报酬基金所有权的实现，是社会主义商品经济条件下按劳分配规律作用的要求，那么，国有企业之间劳动报酬水平发生差别就具有客观必然性。

这里需要着重指出：由国有企业取得的与它的生产经营成果相适应的收入而引起的差别，是符合社会主义原则的合理差别。①如前所述它是符合社会主义按劳分配原则的。②它是符合国家利益、企业利益和劳动者个人利益三者相结合的社会主义原则的。至于在当前新旧经济体制交替的过程中，由于旧的经济体制（如价格体制）还未得到根本改革，新的经济体制还不完善（如第二步利改税中实行的调节税存在鞭打快牛的现象），企业之间劳动报酬水平的差别存在不合理的情况。这是改革过程中的暂时情况。我们这里所说的差别，是不包括这种情况在内的。在现实经济生活中，还有企业采取的损害国家利益（如偷税、漏税）和消费者（包括企业的生产消费、集团消费和个人生活消费）利益（如降低产品和劳务质量，乱提产品价格和劳务收费标准）的办法，是违反社会主义原则的，由此引起的企业之间劳动报酬水平的差别就是不合理的差别。我们这里讨论的企业之间劳动报酬水平的差别也不包括这种不合理的差别。

正确地认识这种合理差别存在的必然性，具有重要的意义。①传统的经济体制的一大弊端，就是平均主义。这包括两个方面：一方面是国有企业之间的平均主义；另一方面是国有企业内部的平均主义。但后一方面的平均主义在很大程度上是受前一方面制约的，而建立新的经济体制，最重要的是要使国有企业成为相对独立的商品生产者。其中，关键的一点是要使国有企业能够取得与自己的生产经营成果相适应的收入。所以，正确地认识这种差别存在的必然性，无论是对于改革旧经济体制，还是对于建立新经济体制，都是一个必要的思想前提。②正确地认识这一点，对于依据社会主义商品经济的特点贯彻按劳分配原则，以增强企业内部的动力以及作为企业外部压力的竞争力，从而发挥作为社会生产基本单位的企业的积极性，促进社会主义现代化建设也是十分必要的。

2. 一部分企业职工先富裕起来。一部分企业职工先富起来，是同企业职工劳动报酬水平有差别相联系的问题。鉴于这个问题极端重要，我们在这里拟按照邓小平提出的这个命题的原意在较广的范围内详细加以讨论。

邓小平在 1978 年 12 月 13 日中央工作会议的闭幕会上所作的《解放思想，实事求是，团结一致向前看》的报告中首次提出："在经济政策上，我认为要允许一部分地区、一部分企业、一部分工人农民，由于辛勤努力成绩大而收入先多一些，生活先好起来。"并强调说："这是一个大政策，一个能够影响和带动整个国民经济的政策。"①1980 年 1 月 16 日他在中央召集的干部会议上所作的《目前的形势和任务》的报告中又一次重申："我们提倡按劳分配，对有特别贡献的个人和单位给予精神奖励和物质奖励；也提倡一部分人和一部分地方由于多劳多得，先富裕起来。这是坚定不移的。"②这是一项具有重要意义的大政策。

（1）适应党的工作重点转移而在经济政策方面实现的一个最重要转折。过去长期存在的"左"倾错误的根本点，是没有在生产资料私有制的社会主义改造基本完成以后，及时地实现党的工作着重点的转移，反

---

① 邓小平:《解放思想，实事求是，团结一致向前看》,《邓小平文选（1975~1982）》,人民出版社 1983 年版（下同）, 第 142 页。

② 邓小平:《目前的形势和任务》,《邓小平文选（1975~1982）》, 第 222 页。

而继续奉行了以阶级斗争为纲的理论和实践。1978 年底相继召开的中央工作会议和三中全会的一个伟大历史功绩，就在于"提出了把全党工作的重心转到实现四个现代化上来的根本指导方针。"①

要贯彻这个根本指导方针，要实现四个现代化，就必须充分发挥社会主义经济制度在促进生产力发展方面的优越性。马克思主义从来认为，先进的生产关系是推动生产力发展的强大力量。新生的社会主义生产关系，尤其具有这样重要的作用。而所谓发挥社会主义经济制度的优越性，本质上就是要按照社会主义经济规律的要求办事。从根本上来讲，就是要按照在社会主义经济规律体系中居于主导地位的社会主义基本经济规律的要求办事，②同时要符合作为社会主义基本经济制度的按劳分配的要求。③

然而，由于"左"的错误影响，长期以来，实际上存在过为生产而生产的倾向，社会主义生产目的远没有得到充分的实现。在 1958 年至 1976 年期间，国民收入年平均增长速度为 4.8%，而全国居民年平均消费水平的增长速度仅为 1.6%，其中农民为 1.4%，非农业居民为 2.5%。如果仅就社会主义国家所有制职工平均实际工资的年平均增长速度来看，那么，在一个长时期内不仅没有上升，反而下降了。"二五"期间国有企业职工平均实际工资下降了 5.4%，"三五"期间下降了 1.2%，"四五"期间下降了 0.1%。仅仅由于就业面的扩大，才勉强维持了上述的非农业居民年平均消费水平缓慢的上升速度。

同时，由于长期存在的"左"的错误影响，按劳分配制度遭到了严重的破坏，平均主义几乎笼罩着整个个人消费品分配的领域。这表现在下列五个方面：①在国有企业内部，一种比较充分地体现按劳分配原则的、基本的劳动报酬形式——计件工资被破坏得荡然无存。另一种基本的劳动报酬形式——计时工资在相当大的程度上也变成了平均主义的东西。根据有关部门 1979 年的调查，在工人中，1958 年至 1960 年参加工作的，基本上是三级工；1967 年以后参加工作的，基本上是二级工。类

① 邓小平：《解放思想，实事求是，团结一致向前看》，《邓小平文选（1975~1982）》，第 130 页。

② 按照邓小平的说法："社会主义制度优越性的根本表现，就是能够允许社会生产力以旧社会所没有的速度迅速发展，使人民不断增长的物质文化生活需要能够逐步得到满足。"（《高举毛泽东思想旗帜，坚持实事求是的原则》，《邓小平文选（1975~1982）》，第 123 页）

③ 列宁说过："人类从资本主义只能直接过渡到社会主义，即过渡到生产资料公有和按劳分配。"（《无产阶级在我国革命中的任务》，《列宁文选》第 3 卷，第 62 页）可见，按劳分配是社会主义制度的一项基本内容。

似情况，在工程技术人员和管理人员中也是普遍存在的。这表明同年参加工作的人，不管他们提供的劳动已经发生了多大差别，但工资都是差不多的。就脑力劳动和体力劳动的报酬来说，50年代中期以后毕业的大学生和中专生，他们的工资不仅没有超过体力劳动者，反而存在着一种"倒挂"现象，即这部分脑力劳动者的工资低于体力劳动者。尽管1978年以来，多次调整了职工工资，但据有关部门对北京市企业、事业和机关单位5000多人工资抽样调查资料，直到1982年2月份，50岁以下的大学文化程度的脑力劳动者月平均收入普遍低于同年龄的中小学文化程度的体力劳动者，一般低10%~20%。50~60岁的脑力劳动者月平均收入比同年龄的体力劳动者要高1%~27%。这是因为其中包括了一部分高工资的老知识分子（其中最高的月工资达200多元），若剔除这部分人，这个年龄组的脑力劳动者的月平均收入同体力劳动者大体上是持平的。至于比较充分地体现按劳分配原则的劳动报酬的补充形式——奖金则一律变成了平均主义的附加工资。②在国有企业之间，"一五"时期曾经实行过企业完成国家计划规定的指标以后，从计划利润和超计划利润中分别提取一定比例的企业奖励金的制度。企业只要完成了国家规定的基本指标，提取的奖金数不应少于工资总额的6%，但也不能超过工资总额的12%。企业奖励金可以用于增加本企业的集体福利、加强劳动保护和奖励先进生产者。但就是这样一个只是在某种程度上使企业的奖励金和企业的生产经营成果有所联系、而远没有紧密联系起来的制度，在十年动乱开始以后，还向平均主义方面后退了。60年代中期，开始实行企业奖励基金按工资总额的2%到3%提取并直接进入成本的制度。这样一来，不仅企业奖励基金的相对量下降了，而且企业奖励基金的提取同企业的生产经营成果完全脱离了联系。③在农业的集体企业中，盛行平均主义的评工记分制度。④在农业集体企业之间，也流行着一种否定它们之间劳动报酬差别的做法，即把那些生产、收入水平高的农业企业的劳动日值限制在某种水平上，不允许超过。⑤与上述四个方面的平均主义表现相联系，经济先进地区与经济落后地区之间劳动报酬方面的平均主义也是存在的。

粉碎"四人帮"以后的头两年，上述人民生活提高速度缓慢和平均主义普遍存在的严重情况，已经开始有所改变。但无论在理论上、政策上，还是在实践上都还没有根本解决。这种情况，严重地妨碍了社会主义经济制度优越性的发挥，压抑了劳动人民的积极性，从而成为实现社会主义现代化的严重障碍。因此，要实现党的工作重点的转移，就要求在经济政策上有一个根本的转变。正是在这样的历史背景下，邓小平依据我国国情（这一点将在后面作详细分析），在上述的重要报告中，在经济政策方面单独地、突出地提出了允许一部分地区、企业和工人农民先富起来的要求。由此可见：这项大政策的提出，适应了党的工作重点转移的需要，是在经济政策方面由过去"左"的错误转到马克思主义原则轨道上来的一个最重要、最明显的标志。

（2）建设具有中国特色的社会主义的一个重要方面。在分析这个问题之前，首先需要明确两点：①要全面把握这项大政策的含义：一是不仅要求一部分工人、农民，而且要求一部分企业和地区由于多劳多得而先富裕起来；二是如果从首先富裕和共同富裕相互联系的意义上来考察，一部分人、企业和地区先富起来是一个手段，它的终极目的是全体人民的共同富裕。②所谓贯彻这项大政策，是建设具有中国特色的社会主义的一个方面，即是说，这项大政策的制定，是从我国的具体经济条件出发的，是反映了社会主义经济一般规律在我国作用的特点的。

现在就从这些含义出发，来说明我们这里的问题。按照社会主义基本经济规律的要求，社会主义生产的目的是为了提高人民的物质文化生活水平。因此，从问题的本质和发展趋势来说，随着社会主义生产的发展，人民的生活水平会不断得到提高，并走向共同富裕。这里需要区分两个概念：生活水平的提高和生活的富裕。诚然，这两个概念是有联系的。就是说，在生活还不富裕的条件下，生活水平的提高总会导致生活的富裕。但二者又是有区别的，因为并不是任何意义上的生活水平的提高都可以叫做生活的富裕。在一定的历史条件下，生活水平需要达到一定的高度才可以叫做生活的富裕。因此，一般说来，社会主义生产的发展，可以做到人民生活的提高，但并不是在任何条件下都可以做到人民生活的共同富裕。这样，由社会主义基本经济规律所决定的人民生活共同富裕的道路，在各个社会主义国家的不同的经济条件下，就会有不同的实现形式。

在我国具体的经济条件下，这条共同富裕的道路还只能通过一部分工人农民、企业和地区首先富裕起来的形式来实现。这些具体经济条件，重要的有下列五点：

第一，社会生产力发展水平比较低。问题在于：作为社会经济关系组成部分的消费关系，是同生产资料所有制形式相联系的；而消费水平则不仅会受到社会经济关系的影响，主要还是由社会生产力所决定的。这一点，对社会主义社会也是适用的。因此，生产资料的社会主义公有制的建立，只能摆脱资本主义所有制加给人民生活水平的限制，但没有、也不可能改变社会生产力发展状况给予人民消费水平的制约。

这种社会生产力对人民消费水平的限制，对那些原来经济落后、但已取得社会主义革命胜利的国家来说，在一个长时期内都会表现得很明显。在我国尤其如此。半殖民地半封建的中国，社会生产力发展水平是极为落后的。社会主义新中国建立以后，社会生产有了巨大的发展，人民生活有了显著的提高。但是，由于原来的生产底子很薄，再加上在一个长时期内犯了"左"的错误，特别是由于林彪、江青两个反革命集团在"文化大革命"中进行了长达十年的破坏，因而同当代经济发达国家比较起来，社会生产力的发展水平还是比较低的。为了说明这一点，我们列二表如下：

表一　1980年我国全社会劳动生产率　　　　　　　　单位：元

每一社会劳动者平均的国民收入	物质生产部门平均每一劳动者创造的国民收入	工业平均每一劳动者创造的国民收入	农业平均每一劳动者创造的国民收入
815	867	3155	353

表二　1980年我国每一社会劳动者劳动生产率与经济发达国家之比较

国　别	社会劳动者人数（万人）	国民生产总值（亿美元）	每一社会劳动者平均国民生产总值（美元）
中　国	41896	2833	676
美　国	10365	25825	24915
苏　联	13399	12120	9045
日　本	6004	11529	19202
联邦德国	2896	8287	28584
英　国	2602	4428	17018
法　国	2294	6277	27362

表一表明：1980年，虽然我国工业劳动生产率比较高，但在全部生产劳动者中占大部分的农业劳动者的生产率很低，大约只及工业的九分

之一。①因而整个物质生产部门和社会劳动者的劳动生产率的水平都是比较低的。

表二表明：1980 年美国、苏联、日本、联邦德国、英国和法国的社会劳动者的劳动生产率大大地超过了我国，这六国依次分别为我国的 37 倍、13 倍、28 倍、43 倍、25 倍和 40 倍。

这种较低的劳动生产率水平，从总体上决定了我国人民不可能在一个较短的时间内共同富裕起来。

第二，然而，问题不仅在于我国社会生产力发展水平比较低，而且在于人口多。旧中国原有人口就比较多，1949 年全国人口为 5.4 亿人。建国以后一个长时期内由于人口政策上的失误，人口急剧膨胀。70 年代以后虽然采取了计划生育的措施，人口增长率显著下降，但 1980 年仍然达到 9.9 亿人。这样，原来物质生产部门平均每个劳动者创造的国民收入就不多，按人口平均计算的国民收入就更少，按可比价格计算，1980 年只有 360 元。而且，在这 360 元中，约有 30% 用于积累基金。如果把余下的 70% 算作 100%，其中约有 10% 用于社会消费基金，用于个人的消费基金大约只占 90%。这就是说，在 360 元中，用于人民个人消费的还只有 227 元。

可见，社会生产力发展水平低和人口多这两个基本因素决定了我国人民不可能在短时间内实现共同富裕，正是因此提出了一部分人先富裕起来的问题。而下述三项条件又使得这一政策成为经济上的必要。

第三，现阶段社会主义公有制的特点。这里需要提出的有两点：

其一，社会主义国家所有制企业是归国家所有的，但这种企业又是相对独立的商品生产者。如前所述，国有企业的这种经济地位，要求取得与它的生产经营成果相适应的收入。这是按劳分配规律在社会主义国家所有制经济中作用的特点。可见，国有企业相对独立的商品生产者的经济地位，是促使一部分国有企业和国有企业的工人先富起来的一个重要因素。当然，由于原有的管理权限过于集中和"吃大锅饭"的经济体制还没有进行根本的改革，这项因素的作用也没有明显地表现出来。但

---

① 由于当前还存在着工农业产品交换价格的"剪刀差"，因而实际上农业劳动生产率低于工业劳动生产率的幅度没有这样大。

在近几年经济体制改革的过程中，也有了一定的表现，在将来经济体制改革完成以后，这项因素的作用一定会充分地表现出来。

其二，在我国社会主义公有制形式中，除了占主导地位的社会主义国家所有制以外，还存在集体所有制。在农业的社会主义集体所有制经济中，不仅由集体企业的劳动者多投入劳动而形成的纯收入和由较高的经营管理水平而形成的额外纯收入是归集体所有的，而且与土地肥沃程度的差别、土地距离市场远近的差别以及土地上追加投资的生产率的差别相联系的级差土地收入，也都是归集体所有的。当然，集体企业有向国家缴纳税收的任务，但这只占集体企业收入的一部分。这样，付出劳动多、生产条件好和经营管理水平高的企业，收入就多，企业集体和劳动者个人就可以先富起来。这是按劳分配规律在社会主义集体所有制经济中作用的特点。因此，在集体所有制经济正常发展的条件下，必然会促使一部分农业集体企业及其成员个人先富起来。但是，由于过去长期存在的"左"倾错误的影响，在生产资料所有制的变动、生产的经营管理、工业产品的交换和收入、分配等方面都严重地侵犯了集体所有权，因而这方面的作用也没有得到充分的发挥。然而在党的十一届三中全会以后，党对农业集体经济的一系列政策已经回到马列主义、毛泽东思想的科学轨道上来，农业的集体所有制经济在这方面的作用，已经日益充分、明显地表现出来。

第四，适合社会主义生产关系本质要求的经营形式。社会主义生产关系的本质是可以通过多种经营形式表现的。其中，有的经营形式可以较完满地体现社会主义生产关系的本质；有的经营形式则不能做到这一点。这样，尽管从根本上说来，各种社会主义的经营形式都是由社会主义生产关系的本质决定的，但一经形成之后，又会成为某种独立的因素，在增加企业和劳动者个人收入方面，起着不同的作用。因而，适合社会主义生产关系本质要求的经营形式，也会成为促使一部分企业和劳动者个人先富起来的一个重要因素。这种情况在当前新旧经济体制交替的过程中已经表现得很明显。但在经济体制改革基本完成以后，似乎也不能完全消除。

第五，地区之间的经济发展不平衡。社会主义新中国成立以后，半殖民地半封建旧中国存在的那种政治经济发展不平衡状态，已经有了改观。这种改观有两种不同的情况：就其经济、政治的社会关系方面来说，已经根本改变了。比如，"微弱的资本主义经济和严重的半封建经济同时存在"，"以及管理中央政府的大军阀和管理各省的小军阀同时存在"，[①]等等，早已不存在了；就各个地区生产力发展水平的差异来说，虽然已经发生了巨大的改变，但还不是根本的改变。按人口平均计算的工农业总产值是各个地区经济发展水平的一个综合指标，且以它为例说明如下。1982 年按人口平均计算的工农业总产值，经济发展水平最高的上海、天津、北京三个市分别为 5762 元、3020 元和 2742 元，经济发展水平较高的辽宁、江苏和黑龙江三省分别为 1590 元、1219 元和 1117 元，而经济发展水平最低的云南、西藏、贵州三省分别只有 446 元、396 元和 357 元。

显然，在上述四种条件存在的情况下，各个地区经济发展的不平衡，确乎是经济发展水平较高地区能够先富起来的一个因素。但是，当前学术界有人在论述这个问题时，只是孤立地提出这个条件，而没有把这个条件和其他条件（如上述的四个条件）结合起来进行分析，这并没有说明问题，因而是不妥的。比如说，随着我国社会主义建设发展到某个阶段，由于社会生产力大大提高了，因而全体人民可以达到共同富裕。这时尽管各个地区的经济发展水平还会有某种不平衡，并且这种不平衡还会成为各个地区生活水平差异的一个因素，但它并不构成一部分地区首先富裕起来的条件。因为这时大家已经共同富裕起来了。再比如说，即使到将来的共产主义社会，各个地区经济的发展水平也难以做到完全的均衡。但是，由于那时不存在作为相对独立的商品生产者的国有企业，不存在集体所有制企业，也不存在按劳分配，只存在共产主义的全民所有制和各尽所能、按需分配的原则。因而那时对一切社会成员来说都不像社会主义社会那样多劳就要多得。所以，那时各个地区经济发展的某些不均衡状态，不仅不能成为一部分地区先富起来的条件，甚至不能成为各个地区人民生活水平差别的条件。可见，只有在前述的各项条件都存在的情况下，各个地区经济发展不平衡，才成为一部分地区先富起来的条件；否则，它就不能成为这样的条件。

---

① 毛泽东：《中国革命战争的战略问题》，《毛泽东选集》第 1 卷，第 172 页。

综上所述，可以看到：正是以上各项条件决定了我国要达到全体人民的共同富裕，还必须通过一部分工人农民、企业和地区首先富起来的形式来实现。这是社会主义基本经济规律和按劳分配规律在我国经济条件下发生作用的重要特点。提倡一部分工人农民、企业和地区先富起来的重要政策，正是适合了我国的国情，正是反映了社会主义基本经济规律和按劳分配规律在我国作用的特点，因而成为建设具有中国特色的社会主义的一个重要方面。

（3）能够带动整个国民经济的发展。提倡一部分地区、企业和工人、农民先富起来，之所以能够带动整个国民经济的发展，首先在于它是促进整个国民经济发展的强大动力。因为提倡一部分地区、企业和工人、农民由于多劳多得而先富裕起来，就是自觉地利用作为生产发展动力的社会主义的物质利益原则来推动社会生产的发展。问题是：尽管在社会主义制度下，劳动者是为自己、为社会劳动，劳动已经成了光荣豪迈的事业，并且有愈来愈多的先进分子已经树立了共产主义的劳动态度，但就大多数劳动者来说，劳动还是谋生手段，不像共产主义社会那样，已经成为生活的第一需要。正是这种社会主义的劳动性质决定了要充分调动劳动者的积极性，就必须贯彻按劳分配原则，必须实行物质鼓励。当然，同时需要加强思想政治工作。但在这方面，物质鼓励起着思想政治工作所不能代替的三种作用：①保证作用。在任何社会制度（包括社会主义制度）下，劳动者为了维持和再生产劳动力，都需要有一定的生活资料基金。马克思把这种生活资料基金又叫做劳动基金。①而且，由于各个劳动者提供的劳动数量和质量有差别，需要的劳动基金的数量也是不等的。有的劳动者提供的劳动数量较多、质量较好，需要的劳动基金也会多些，反之亦然。可见，只有正确地贯彻按劳分配原则，实行物质鼓励，才能满足不同类型的劳动者在劳动基金方面的需要，为他们各尽所能地为社会劳动提供物质保证。②促进作用。贯彻按劳分配，实行物质鼓励，就要坚持多劳多得，少劳少得。多劳多得，首先是劳动者多劳，为国家或者集体多作贡献，其次才是多得；而多得首先又是国家或者集体，其次才是劳动者自己。少劳少得，首先是劳动者少劳，对国家或者

---

① 参见马克思：《资本论》，《马克思恩格斯全集》第 23 卷，第 623 页。

集体的贡献少，其次才是少得；而少得的首先也是国家或者集体，其次才是劳动者自己。所以，社会主义按劳分配原则本身就兼顾了国家、集体和个人三方面的利益，它是按照先国家、后集体、后个人的原则把三方面利益兼顾起来的一把尺子。这把尺子非常恰当地适应了社会主义劳动性质的要求，因而能够充分调动劳动者的积极性，促使他们各尽所能地为社会劳动。③巩固作用。前面谈到的物质鼓励的保证作用和促进作用，能够使劳动者的积极性稳定地、持久地保持下去。应当看到：思想政治工作在提高劳动积极性方面也有重要的作用。但是，如果单靠这一点，劳动积极性是不能持久的。这一点，已经为社会主义建设的实践充分证明了。

　　上述的分析可以说明邓小平这个极重要的论述："不讲多劳多得，不重视物质利益，对少数先进分子可以，对广大群众不行，一段时间可以，长期不行。"① 这既是对马克思主义关于按劳分配理论的进一步的发挥，又是我国社会主义建设经验教训的深刻总结。对这一点，我们在任何时候都应该坚信不疑，不能动摇。

　　这项大政策之所以能够成为促进整个国民经济发展的强大动力，还因为它是一种具有特殊重要意义的示范力量。这里说的"特殊"有三重含义：①与资本主义社会制度根本不同，在社会主义制度下，尽管人们之间也存在着局部利益上的矛盾，但根本利益是一致的。这样，示范作用就要比资本主义社会大得不可比拟。更何况推行这项大政策，是同社会主义劳动者的物质利益息息相关的。②我国曾经是一个小生产占优势的国家，现在小生产思想还有不可忽视的影响，因而有些人在提高生活水平问题上往往囿于小生产的眼光。③由于长期存在的"左"的错误的影响，特别是由于林彪、"四人帮"在十年动乱中荒唐地把富同资本主义联系起来，因而普遍有一种怕富的思想。这样，就正如邓小平所概括的，"一部分人生活先好起来，就必然产生极大的示范力量，影响左邻右舍，带动其他地区、其他单位的人们向他们学习。这样，就会使整个国民经济不断地波浪式地向前发展。"②

---

① 邓小平：《解放思想，实事求是，团结一致向前看》，《邓小平文选（1975~1982）》，第 136 页。
② 邓小平：《解放思想，实事求是，团结一致向前看》，《邓小平文选（1975~1982）》，第 142 页。

同时，这项大政策不仅是促进整个国民经济发展的强大动力，而且又为这种发展创造了一系列的条件。①在社会主义制度下，一部分地区、企业和工人、农民先富起来，是靠辛勤劳动，是靠提高经营管理水平和生产技术水平。这样，在他们先富起来的过程中，必然会创造出比较先进的经营管理水平和生产技术水平，而这些都是发展社会生产的重要条件。②在社会主义制度下，一部分地区、企业和工人、农民先富起来，就意味着他们为社会生产了更多的产品（包括生产资料和生活资料），为国家和本单位提供了更多的积累资金。这样，就从物质形态和价值形态两方面为发展社会生产提供了条件。③一部分地区、企业和工人、农民先富起来，必然扩大了生产资料和消费资料的市场。这也是发展社会生产的一个重要条件。

总起来说，正如邓小平指出的，允许和提倡一部分地区、企业和工人、农民先富起来，"这是一个大政策，一个能够影响和带动整个国民经济的政策"。①

3. 马克思主义的重大发展。为了说明这个问题，有必要做一番历史的考察。

马克思主义创始人马克思、恩格斯曾经认为，在生产资料的社会主义公有制条件下，在生产发展的基础上，全体社会成员的物质文化生活是可以得到不断提高的；同时，由于实行按劳分配原则，社会成员之间的生活富裕程度又是有差别的。

但是，当他们以机器大工业得到比较充分发展的资本主义国家（如英国）为背景来探讨未来社会主义社会的发展时，他们并没有把全体社会成员的共同富裕作为一个长时期内才能实现的战略任务提出来。这是因为，在这样的国家，大工业已经成为社会生产的主要物质技术基础，社会化大生产无论在工业或农业中都得到了比较充分的发展，整个社会生产力发展水平都比较高，因而在消灭资产阶级专政和资本主义私有制、建立无产阶级专政和社会主义公有制以后，在较短时期内就可以摆脱历史上资本主义制度给劳动人民带来的贫困，实现全体人民的共同富裕。他们对这一点做过多次论述，比较明显的是下面这段话："通过社会生

---

① 邓小平：《解放思想，实事求是，团结一致向前看》，《邓小平文选（1975~1982）》，第142页。

产，不仅可能保证一切社会成员有富足的和一天比一天充裕的物质生活，而且还可能保证他们的体力和智力获得充分的自由的发展和运用，这种可能性现在第一次出现了，但是它确实是出现了。"①当然，我们这里只是说他们没有把全体人民的共同富裕作为一个长时期才能实现的战略任务提出来，而不是说他们没有把提高人民生活作为社会主义生产目的提出来，也不是否定提高人民生活始终是社会主义生产的根本问题，更不是说不需要在全体人民共同富裕的基础上进一步提高人民的生活。

他们既然没有提出作为第一层次的、在一个长时期内才能实现的全体人民共同富裕的战略任务，当然也不会提出作为第二层次的、实现共同富裕的道路。

然而，当他们考察资本主义机器大工业还未得到充分发展，个体农民经济在国民经济中还占有较大比重的法、德两国未来社会主义的发展时，却从农业的范围提出了全体农业劳动者走合作社这条共同富裕道路的问题。关于这一点，恩格斯曾经写道："这里主要的任务是使农民明白地看到，我们要挽救和保全他们的房屋和土地，只有把他们变成合作社的占有和合作社的生产才能做到。正是以个人占有为条件的个体经济，使农民走向灭亡。如果他们要坚持自己的个体经济，那么他们就必然要丧失房屋和家园，大规模的资本主义经济将排挤掉他们陈旧的生产方式。情况就是如此。"②恩格斯的这个分析清楚地包含了这样的思想：农业的资本主义发展道路，是少数人发财致富、多数人贫困破产的道路；只有社会主义合作化道路，才是全体农业劳动者共同富裕的道路。但是，这里仍然没有提出在合作化的基础上实现共同富裕的具体形式。这一点是同当时革命的任务有联系的。就是说，当时面临的中心任务是推翻资产阶级专政、建立无产阶级专政，是消灭资本主义私有制、建立社会主义公有制，还不是在无产阶级专政保护下，在社会主义公有制的基础上进行社会主义建设。

恩格斯关于通过合作社实现全体劳动农民共同富裕的思想，后来为列宁、斯大林和毛泽东发展了。比如，斯大林曾经说过："事实上农业有

---

① 恩格斯：《反杜林论》，《马克思恩格斯选集》第 3 卷，第 322 页。
② 恩格斯：《法德农民问题》，《马克思恩格斯全集》第 22 卷，第 581~582 页。

两条发展的道路：资本主义的道路和社会主义的道路。资本主义的道路是使大多数农民陷于贫困而让城乡资产阶级上层发财致富的道路。恰恰相反，社会主义的道路则是使大多数农民的物质生活不断提高的道路。"①毛泽东明确提出："逐步地实现对于整个农业的社会主义的改造，即实行合作化，在农村中消灭富农经济制度和个体经济制度，使全体农村人民共同富裕起来。"②但是，他们也都没有从整个国民经济的范围内提出全体人民共同富裕的思想。而且，就中国的情况来看，尽管明确提出了使全体农村人民共同富裕的思想，但是由于"左"的错误和小生产思想的影响，把平均主义误认为共产主义原则而加以崇奉，把社会主义的按劳分配和商品生产误认为是同资本主义差不多的东西而加以限制甚至否定，从而在相当大的程度上把农村共同富裕的道路误解为平均主义的道路，束缚了农民的劳动积极性，阻碍了他们生活的提高。这样，也就在相当大的程度上把共同富裕的道路变成了共同守穷的道路。

邓小平在这个问题上的重大贡献就在于：

第一，不仅仅局限于农业，而是在整个国民经济范围内提出了共同富裕的思想，要求"使全国各族人民都能比较快地富裕起来"。③他还把避免两极分化，实现共同富裕，作为社会主义制度本身的一个"非常重要的方面"，作为社会主义的一项"根本原则"提出来。④

第二，他提出了一条真正地、有效地实现全体人民共同富裕的道路，即"允许一部分地区、一部分企业、一部分工人农民，由于辛勤努力成绩大而收入先多一些，生活先好起来"。⑤如前所述，这条道路是适合我国的具体经济条件的，是适合社会主义基本经济规律和按劳分配规律在我国作用的特点的，因而能够带动整个国民经济的发展，能够使全体人民比较快地富裕起来。这样，这条道路就同过去在"左"的错误影响下形成的，在相当大的程度上名为共同富裕、实为平均主义和共同守穷的道路，有了原则的区别。

第三，他还提出了旨在保证这条道路循着共同富裕这个社会主义方

① 斯大林：《俄共（布）第十四次代表会议的工作总结》，《斯大林全集》第7卷，第92页。
② 毛泽东：《关于农业合作化问题》，《毛泽东选集》第5卷，第187页。
③⑤ 邓小平：《解放思想，实事求是，团结一致向前看》，《邓小平文选（1975～1982）》，第142页。
④ 邓小平：《建设有中国特色的社会主义》（增订本），第117、121页。

向前进的一系列原则和措施。重要的有：

（A）他反复强调一部分地区、企业和工人、农民先富起来，是"由于辛勤努力成绩大"，是"由于多劳多得"，^①就是说，要遵循社会主义的按劳分配原则。

（B）他还提出："在社会主义制度之下，个人利益要服从集体利益，局部利益要服从整体利益，暂时利益要服从长远利益。"^②在论到国有企业的收入分配时，他又提出："多劳多得，也要照顾整个国家。"^③这就是要求一部分地区、企业和工人、农民先富起来时，必须遵循工人、农民的个人利益服从集体利益，企业和地区的局部利益服从国家的整体利益的社会主义原则。

（C）他强调要发扬社会主义的互助合作关系。他在论到允许一部分地区、企业和工人、农民先富起来时，着重提出："当然，在西北、西南和其他一些地区，那里的生产和群众生活还很困难，国家应当从各方面给以帮助，特别要从物质上给以有力的支持。"^④在社会主义制度下，国家从经济先进地区集中财力和物力以支援经济落后地区，是社会主义互助合作关系在地区之间的表现。根据邓小平这个论述的精神，在企业之间以及工人之间、农民之间也都要发扬社会主义的互助合作关系。而这种互助合作关系在促进全体人民走共同富裕道路方面也起着重要的作用。

（D）他指出要制订法令，要加强工商管理。他在论到坚持经济体制改革时说："仍然要继续把经济搞活，发挥地方、企业、职工的积极性。当然要防止盲目性，特别要防止只顾本位利益、个人利益而损害国家利益、人民利益的破坏性的自发倾向。在这方面，要规定比较详细的法令，以防止对自主权的曲解和滥用。"又说：要切实保障集体劳动者的合法利益，"同时加强工商业管理工作，防止非法活动"。^⑤邓小平这个论述，当然不只是涉及允许一部分地区、企业和工人、农民先富起来的问题，但是包括了这个问题，因而这里提出的原则对这个问题显然是适用的。

---

① 邓小平：《解放思想，实事求是，团结一致向前看》，《邓小平文选（1975~1982）》，第142页；《目前的形势和任务》，《邓小平文选（1975~1982）》，第222页。

② 邓小平：《坚持四项基本原则》，《邓小平文选（1975~1982）》，第161页。

③ 邓小平：《目前的形势和任务》，《邓小平文选（1975~1982）》，第223页。

④ 邓小平：《解放思想，实事求是，团结一致向前看》，《邓小平文选（1975~1982）》，第142页。

⑤ 邓小平：《贯彻调整方针，保证安定团结》，《邓小平文选（1975~1982）》，第322页。

（E）他重视加强思想政治工作，加强共产主义思想教育。邓小平强调说："没有这种精神文明，没有共产主义思想，没有共产主义道德，怎么能建设社会主义？党和政府愈是实行各项经济改革和对外开放的政策，党员尤其是党的高级负责干部，就愈要高度重视、愈要身体力行共产主义思想和共产主义道德。否则，我们自己在精神上解除了武装，还怎么能教育青年，还怎么能领导国家和人民建设社会主义！"他还指出：要"批判和反对资产阶级损人利己、唯利是图、'一切向钱看'的腐朽思想。"①显然，这项原则对于保证这条道路沿着社会主义方向前进，富有特殊重要的、直接的指导意义。

上述五项原则又使得这项大政策进一步同资产阶级自由化，同"一切向钱看"的腐朽思想，从原则上区别开来。就是说，这项大政策本身是社会主义的政策，起着巩固和发展社会主义经济的作用，而"一切向钱看"是腐朽的资产阶级意识形态，起着破坏社会主义经济的作用；现在有了上述五项原则就可以保证这项政策沿着共同富裕的社会主义方向前进，并防止"一切向钱看"现象的发生。可见，如果把允许和提倡一部分地区、企业和工人、农民先富起来，看做是资产阶级自由化，看做是"一切向钱看"，那是完全错误的。

（三）劳动报酬基金的增长

1. 劳动报酬基金增长的原因。劳动报酬基金的增长包括两个方面：一是国有企业职工劳动报酬基金平均水平的增长；二是这种基金总量的增长。在我国社会主义经济条件下，这两种增长均有其客观必然性。

长期以来（直到现在），我国学术界流行的一种观点认为，社会主义国有企业职工劳动报酬基金的增长，只是社会主义基本经济规律作用的结果，只是社会主义生产目的（即为了满足人民日益增长的物质文化生活的需要）的要求所致。②当然，从根本的、首要的意义上说，把国有企业职工劳动报酬基金的增长，归结为在社会主义经济规律体系中居于主导地位的基本经济规律作用的要求，无疑是正确的。但是，依据第二次

---

① 邓小平：《贯彻调整方针，保证安定团结》，《邓小平文选（1975~1982）》，第 326、328 页。

② 对于社会主义国有企业生产目的的提法，我在前面有关章节中已经专门做过论述。这里就不重复了。这里只是从国有企业职工劳动报酬基金增长原因与其生产目的的关系的角度做些分析。

世界大战后经济发达的国家的经验和社会主义各国的经验来看，如果仅仅做这种归结又是远远不够的。

第一，这种观点忽视了在社会化大生产条件下生产力的巨大发展对于提高劳动报酬基金水平的客观要求。前面说过，这种发展使得资本主义国家的无产者得到的生存资料、发展资料、延续资料和享受资料都在增长，特别是发展资料的增长尤为明显。因为这种发展既提高了脑力劳动者在全体劳动者中的比重，又普遍提高了体力劳动者的脑力劳动的成分。下表可以说明这一点。

日本企业装备率的提高与职工平均工资的增长

1965 年	装备率（千日元）	1850	1610	1410	1062	803	585	481	440
	平均工资（日元）	561	471	450	419	391	369	356	345
1975 年	装备率（千日元）	5490	4961	4296	3522	2763	2200	1965	1847
	平均工资（日元）	2510	2161	2076	1924	1739	1561	1498	1491
1978 年	装备率（千日元）	7457	6208	5790	4312	3453	2716	2467	2133
	平均工资（日元）	3361	2872	2754	2509	2273	2028	1944	1821

上表表明：①就同一年份看，装备率越高的企业，职工平均工资也越高；装备率越低的企业，职工平均工资也越低。②就不同年份看，伴随着企业装备率的提高，所有企业职工平均工资水平都增长了。可见，作为生产力发展最重要的标志的企业技术装备率的提高，要求提高职工的文化素质，使得职工培训费用增长，进而使得平均工资上升。这个一般道理对于社会主义社会也是适用的。

第二，这种观点忽视了贯彻按劳分配原则对于提高劳动报酬基金的客观要求。因为，①一般说来，随着工龄的增长，劳动者的劳动经验、技能和知识都会增长，因而他们提供的劳动量都在增长，要求得到的劳动报酬也要增加。②就劳动者所经历的时期来看，青年时期精力旺盛，但缺乏经验、技能和知识；到中年时期，既年富力强，又具有较丰富的经验、技能和知识；而老年时期虽然经验、技能和知识更丰富，但精力不足。所以，劳动者由青年时期到中年时期提供的劳动量增长较快，要求得到的劳动报酬量的增长也较快。在这方面，当代经济发达的资本主义国家也提供了可借鉴的经验。根据国外的资料，美国男职工工资最高的年龄组是 35~44 岁，工资最低的年龄组是 16~24 岁；女职工工资最高的年龄组是 25~34 岁，工资最低的年龄组是 65 岁以上的。日本大企业职工收入最高的年龄组是 45~55 岁，中小企业是 35~44 岁，基本上也是在中年阶段。这样说，并不意味着资本主义社会也存在按劳分配。在资本主义条件下，对资本家来说，是按资分配；对无产者来说，是按劳动力价值分配。但是，这个经验启示我们：劳动者在中年时期提供的劳动量多，劳动力再生产费用也多。③我们说，随着工龄的增长，劳动者的劳动经验、技能和知识也增长，并不是说他们是按相同的比例增长的，而是有差别地增长的。就是说，有些劳动者劳动的熟练程度或复杂程度提高得快些；有些则慢些。显然，要满足这些劳动量变化不等的劳动者对于增加劳动报酬量的不同需求，更需要增加劳动报酬基金量。

　　总之，要贯彻按劳分配原则，就要求增加劳动报酬基金；否则，就必然造成平均主义。我国社会主义建设的实践已经充分地证明了这一点（有关这方面的具体情况，我们将在后面列举）。当然，增加劳动报酬基金量仅仅是贯彻按劳分配原则的一个条件，而不是它的全部条件。比如，1978 年至 1985 年，国有经济单位工资总额由 468.6 亿元增加到 1064.8 亿元，增长了 127.2%。应该说，这种增长幅度是很高的，而且对克服过去长期存在的严重的平均主义起了一定的作用。但是，就国有企业职工之间的平均主义来说，还未得到根本的解决。这里存在着很复杂的原因。如传统的经济管理体制还未根本改革；实际工作中贯彻按劳分配原则还有不得力之处，原来存在的平均主义仍较严重，职工工资水平普遍较低。在这种情况下，即使这八年来工资总额增长幅度很大，也难以根本解决问题。

　　第三，这种观点特别是忽视了作为相对独立的商品生产者的国有企业对于增长劳动报酬基金量的客观要求。在国有企业成为相对独立的商品生产者的条件下，企业内在动力（追求与国有经济整体利益相结合的企业局部利益）增强，外在压力（企业之间的竞争）加大，市场机制已成为实现企业产品的决定性一环。这就使得各个国有企业为国有经济提供的有效劳动量的差别扩大。因此，国有企业不仅一般地要求拥有劳动报酬基金的所有权和分配权，而且特别地要求拥有劳动报酬基金增长量的所有权和分配权。在这种情况下，如果没有劳动报酬基金量的增长，企业就不可能实现其相对独立的经济利益。

可见，国有企业职工劳动报酬基金的增长既是社会主义生产目的的要求，又是社会化大生产条件下生产力发展的要求、贯彻社会主义按劳分配原则的要求、实现国有企业作为相对独立的商品生产者的要求；如果仅仅把它归结为社会主义生产目的的要求，那是很不全面的。正确认识这一点，对于在实际经济工作中正确处理劳动报酬基金的增长速度问题，也有重要意义。

我们在上面所做的分析，既可以用来说明国有企业职工劳动报酬基金平均水平的增长，又可以用来说明劳动报酬基金总量的增长。但是，要分析劳动报酬基金总量的增长，还需要考虑另外一个重要因素，即职工人数的增长。这一点，对于我国这样一个每年新增加的职工量很大的国家来说，尤其值得重视。比如，在 1978 年至 1983 年期间，职工工资总额（包括国有经济和集体经济）增加了 366 亿元。其中，由于增加职工而增加的标准工资达到 92 亿元，占 25.1%；其余由增加奖金、副食补贴、调整工资和津贴、加班费等而增加的工资基金为 274 亿元，占 74.9%。

2. 劳动报酬基金增长的速度。我国社会主义建设的经验表明：正确地确定国有企业劳动报酬基金的增长速度，对于国民经济按比例地发展、对于正确贯彻按劳分配原则，具有重要的意义。

要正确地确定国有企业劳动报酬基金的增长速度，需要使平均劳动报酬的增长速度适当低于社会劳动生产率（按每个劳动者每年创造的国民收入来计算）的增长速度。这是保证满足社会主义建设对于积累基金的需要以及社会消费基金的需要。但低的速度必须适当，这是贯彻"一要吃饭，二要建设"方针的需要。1982 年初，陈云明确提出了这一方针。[①]同年 9 月，党的十二大把这一点确定为指导我国经济工作的一项基本原则。这项原则是马克思主义的原则。因为它既符合马克思主义关于社会

---

① 见《人民日报》1982 年 1 月 26 日第 1 版。

主义生产目的的理论，又符合马克思主义关于生产是消费的基础的理论和现阶段我国的国情。我国目前是一个发展中的、处于初级阶段的社会主义国家，社会生产力还比较低，整个社会的剩余产品率不高，剩余产品总量也不多。而且，人民生活水平不高，人口又多。要贯彻这个方针，就必须使得平均劳动报酬的增长速度适当低于社会劳动生产率的增长速度。而且，关键的问题还在于：究竟低多少算适当？为了说明这一点，简要地回顾一下我国社会主义建设的历史，是有必要的。我们先列表如下：

社会劳动生产率的增长速度与国有单位平均实际工资的增长速度的对比关系

时期	①社会劳动生产率年平均增长速度（%）	②国有单位平均实际工资年平均增长速度（%）	③ ①：②（以①为1）	④积累率（%）
"一五"时期	6.5	5.4	1：0.83	24.2
"二五"时期	-4.6	-5.4	—	30.8
1963~1965年	11.1	7.2	1：0.65	22.7
"三五"时期	4.3	-1.2	—	26.3
"四五"时期	3.2	-0.1	—	33.0
"五五"时期	4.5	2.9	1：0.64	33.2
"六五"时期	5.6	4.3	1：0.77	30.8

首先需要说明：准确地进行这种对比，应该是国有经济中物质生产部门职工平均实际劳动报酬的增长速度与国有经济中社会劳动生产率（按物质生产部门每一劳动者创造的国民收入计算）的增长速度的比较。但由于受到我们掌握的材料的限制，这里是以包括国有经济中物质生产部门和非物质生产部门在内的职工平均实际工资的增长速度，与包括各种经济成分在内的社会劳动生产率（也是按物质生产部门每一劳动者创造的国民收入计算）进行对比。因而，这种对比不是很准确的。但是，把它作为一种大致的趋势来推断，还是可以的。

上表表明：在"二五"、"三五"和"四五"时期，职工平均实际工资的增长速度与社会劳动生产率的增长速度的对比关系，处于极不正常的状态。在"二五"时期，前者与后者都出现了负增长。在"三五"和"四五"时期，前者是正增长，后者是负增长。这一点，主要是由于这些时期经济工作中"左"的错误（在十年"文化大革命"中，还要加上林彪、江青两个反革命集团的破坏）造成的。这些时期在生产上盲目追求高速度，在分配上盲目追求高积累，以致挤了必要的消费。这本身就是违反社会主义生产目的和兼顾积累与消费的原则的。这种"左"的错误不仅造成了国民经济比例关系的严重失调，而且造成了分配上平均主义的泛滥；不仅降低了国民收入的增长速度，而且使得每年增加的国民收入，用于积累基金的部分过多，用于包括工资在内的消费基金过少。同时，每年增加的工资总额不多，但新增加的职工量很大。这样，在安排了新职工的工资以外，就没有多少余额用来依据按劳分配原则提高原有职工的工资级别；就是有，也为数不多，提级的面不大，难以拉开职工工资等级的档次。事实上，在1958年至1976年的近20年中，由国家统一安排的职工工资升级只有三次，每个职工平均提高一级左右。这就势必造成我们在前面列举过的职工工资级别与实际的肩负职责和劳绩严重脱节的状况。显然，"二五"、"三五"和"四五"时期平均实际工资和社会劳动生产率增长速度的对比关系，是不可取的，是应该坚决予以否定的。

1963年至1965年，是国民经济调整时期。就这个时期本身来看，平均实际工资与社会劳动生产率增长速度的对比关系，大体上是适宜的。但它具有调整时期的特殊性。因此，也不能作为经济正常发展时期的借鉴。

1976年粉碎了"四人帮"反革命集团，但经济工作指导思想方面的"左"的错误一直延续到1978年。1979年以后，开始了国民经济的调整。所以，"五五"时期平均实际工资与社会劳动生产率增长速度的对比关系，也不宜作为经济正常发展时期的借鉴。

能够成为这种借鉴的，是"一五"时期和"六五"时期的平均实际工资与社会劳动生产率增长速度的对比关系。看来，这两个时期的对比关系较为适当。其主要标志是：一方面，职工消费水平有较快的提高；另一方面，积累率也较为合适。但是，考虑到本世纪最后20年积累率不宜再像"一五"时期那样定为24.2%，而是宜于定在29%~30%。[①]因此，今后一个时期平均实际工资的年平均增长速度，似宜比"一五"时期低一些；社会劳动生产率与平均实际工资增长速度的对比关系的合理区间，也似宜定为1∶0.75~1∶0.8。

在这方面，苏联社会主义建设的经验也可以作为佐证，其情况如下表。

---

① 详见拙著：《中国积累和消费问题研究》，广东人民出版社1986年版，第144~229页。

苏联社会劳动生产率与国民经济各部门平均工资增长速度的对比关系[①]

年份	①社会劳动生产率增长速度（以1965年为100）	②国民经济各部门平均工资增长速度（以1965年为100）	③①：②（以①为1）	④积累率（%）
1965	100.0	100.0	—	26.3
1970	137.0	127.3	1：0.74	29.5
1975	171.2	154.0	1：0.76	26.4
1980	201.4	180.1	1：0.79	23.8

上表表明：长期以来，苏联社会劳动生产率与平均工资增长速度的对比关系在 1：0.74~1：0.79 之间波动。这种对比关系一方面使得职工的收入稳定地增长；另一方面使积累率稳定在 25% 上下（多数年份在 25%~30% 之间波动）。这个经验也启示我们：在本世纪最后 20 年内，在积累率为 29%~30% 的条件下，把社会劳动生产率与职工平均工资增长速度的对比关系定为 1：0.75~1：0.8 是可以的。

这是就本世纪最后 20 年的情况而言的。可以设想，到本世纪末或下世纪初，随着我国经济体制改革的基本完成以及社会主义现代化建设的巨大发展，我国社会劳动生产率的增长速度可能有较大的提高。在这种条件下，既可以提高平均工资的增长速度，使其与社会劳动生产率增长速度的差距缩小，又可以提高积累率。在这方面，第二次世界大战后日本经济的发展，提供了可借鉴的经验，其情况如下表。

日本国民经济劳动生产率与职工平均实际工资增长速度的对比关系[②]

年份	①劳动生产率增长速度（以1955年为100）	②平均实际工资增长速度（以1955年为100）	③①：②（以①为1）	④固定资本投资占国民收入的比重（%）
1955	100.0	100.0	—	21.8
1960	155.6	122.7	1：0.41	33.6
1965	225.9	149.8	1：0.40	34.8
1970	370.4	211.6	1：0.41	41.2
1975	455.6	296.8	1：0.55	37.4
1980	548.2	319.5	1：0.49	37.1

上表表明：在 1955 年至 1980 年期间，由于日本国民经济劳动生产率

---

① 资料来源：《国际经济和社会统计资料（1950~1982）》，第 43、432、434 页。
② 资料来源：《国际经济和社会统计资料（1950~1982）》，第 34、276、432、437 页。

有了巨大的增长，使得日本的资产阶级有可能在提高相对剩余价值，并以此为基础大大提高固定资本投资在国民收入中的比重的同时，大幅度提高了职工平均实际工资，并使其与劳动生产率增长速度的差距缩小。当然，我国的社会主义经济制度与日本的资本主义经济制度是有根本区别的。但正是由于有这个根本区别，由于从根本上消灭了剥削，因而更有可能做到在社会劳动生产率巨大提高的基础上，一方面大幅度提高平均工资，并使其与社会劳动生产率增长速度的差距缩小；另一方面还可使积累率上升。

在今后一个时期内，要使得平均实际工资的增长速度适当低于社会劳动生产率的增长速度，需要实行以间接控制为主的宏观经济管理，需要实现国有企业自负盈亏，需要建立完善的市场机制，以硬化企业的预算约束，克服企业的短期行为。

第三节　剩余产品基金的分配

一、剩余产品基金的分配，是国家和企业之间分配关系的最重要的方面

如前所述，作为社会主义国家所有制代表的国家与国有企业之间的分配关系，既包括生产资料补偿基金的分配，也包括劳动报酬基金的分配，还包括剩余产品基金的分配。但在这三方面分配关系中，剩余产品基金的分配是最重要的。说它"最重要"，包含两方面的意思：一方面，从实现生产资料的社会主义国家所有权的经济要求来说，最重要的就是对剩余产品基金的占有；另一方面，从国有企业作为相对独立的商品生产者所必须拥有的权利来说，最重要的就是具有扩大再生产的权利，具有自我积累的权利，从而具有占用剩余产品基金的权利。

然而，相当流行的观念认为，国家和企业之间的分配关系就是表现在利润（不是作为剩余产品基金完整形态的利润，只是作为剩余产品基金一部分的利润）的分配方面。这种观念是不全面的。其片面性，不仅在于它忽略了国家和企业之间的分配关系需要包括生产资料补偿基金和劳动报酬基金的分配，而且在于它忽略了作为剩余产品基金重要组成部

分的税金的分配也包括在国家和企业之间的分配关系中。当然，在前几年试行利润留成那段时间内，国家和企业之间的分配关系突出地反映在实现利润分配上。但是，并不能据此就认为国家和企业之间的分配关系只是表现在这方面。还要看到：在传统的经济体制没有改革以前，以及在改革开始以后试行利润留成的那段时间内，国有企业上交国家的利润在上交国家的收入中占了很大的比重。但在 1983 年 6 月实行第一步利改税以后，特别是在 1984 年 10 月实行第二步利改税以后，这个比重已经大大下降了。比如，在 1955 年至 1978 年期间，国有企业上交国家的利润占国家财政收入的比重，最低的年份为 41.1%，最高的年份达到 63.9%；而各项税收（主要是国有企业上交国家的税收）的比重，最低的年份为35.6%，最高的年份也只有 53.6%。但是，到了 1983 年和 1984 年，前者比重分别下降到 19.3% 和 18.4%，后者比重分别上升到62.1% 和 63.1%。[①]在这种情况下，把利润分配看做是国家和企业之间的全部分配关系，在事实上也没有多少根据了。当然，随着我国经济体制改革的进一步发展，国有企业上交国家的收入是否主要采取税金的形态，在当前我国学术界和经济界还有争论。但从税金这种形式所具有的优点和已有的改革实践来看，税收作为国有企业上交国家收入的一种重要形式，是不会改变的。所以，无论从理论上或实践上看，也无论从现状或将来的发展趋势看，把利润（不是作为剩余产品价值完整形态的利润，而是作为剩余产品价值一部分的利润）的分配看做是国家和企业之间的全部分配关系，都是站不住脚的。

二、剩余产品基金在国家和企业分配关系方面包含多种质的规定性

国家和企业在剩余产品基金方面的分配关系，像经济关系中一切比较复杂的具体事物一样，"具体之所以具体，因为它是许多规定的综合，因而是多样性的统一"。[②]就是说，这种分配关系包含着多方面的、不同的本质规定。但在现象形态上，这种分配关系又像其他复杂的具体事物一样，"是一个浑沌的关于整体的表象"。[③]因此，必须借助经济学研究中的抽象法，以这种表象为起点，对它进行剖析，才有可能把这种分配关系中所包括的多方面的、不同的本质规定揭示出来，才有可能揭示它们的

①《中国统计年鉴》（1986），第 598 页。

②③ 马克思：《〈政治经济学批判〉导言》，《马克思恩格斯选集》第 2 卷，第 103 页。

规律性；否则，就是不可能的。

如果我们依据抽象法来进行剖析，那么可以看到社会主义国家和国有企业在剩余产品基金的分配方面存在以下三种不同的关系：一是作为上层建筑的社会主义国家与作为社会生产基本单位的企业（不只包括国有企业，而且包括其他的社会主义企业和非社会主义的企业）的财政分配关系；二是作为自然资源所有者的社会主义国家与使用这些自然资源的企业（不只包括国有企业，也包括其他的社会主义的企业和非社会主义的企业）的经济分配关系；三是作为自然资源以外的生产资料及其价值形态的资金的所有者的社会主义国家与使用这些生产资料和资金的国有企业的同一所有制内部的经济分配关系（这三种不同的关系的形成原因，我们将在后面进行详细的分析）。

然而，长期以来人们并没有把社会主义国家和国有企业在剩余产品基金分配方面存在的这三种不同性质[1]的关系区分开来，只是笼统地把它们归结为作为生产资料所有者的社会主义国家与国有企业的分配关系。这并不是偶然的现象。因为这三种分配关系虽然是有区别的，但无论是现在和将来，由这三种分配关系形成的上交国家的收入，都是由国有企业上交国家预算的。这就很容易使人们忽略了三种分配关系的差别。而在以政企合一为重要特征的传统经济体制下，更不容易使人们看清这一点。

但在党的十一届三中全会以来，随着经济体制改革的深入发展，探讨社会主义国家与国有企业在剩余产品基金方面的分配关系，就作为一个重要的理论问题和实践问题提到了经济界和理论界的面前。在这种背景下，有的同志已经开始探讨社会主义国家和国有企业在剩余产品基金分配关系中所包括的不同的质的规定性。[2]这是这个问题研究方面的重要进展。但这方面的研究，还有待于充分展开。

---

① 按照列宁的说法，本质"由所谓初级的本质到二级的本质，这样不断地加深下去，以至于无穷"（《列宁全集》第 38 卷，第 278 页）。社会主义社会的分配关系的本质也是有不同层次的。就较深层次的本质来说，社会主义国家和国有企业之间的三种分配关系，都是国家整体利益与企业局部利益的关系，在这方面没有区别，是一样的。这里说它们是"三种不同性质的关系"，是就较浅层次的本质来说的，详见后面的分析。

② 参见《论国家与企业的分配关系》，《中国社会科学》1986 年第 1 期。

三、国家和企业参与剩余产品基金分配的原因

（一）第一种分配关系形成的原因

第一种分配关系，是作为上层建筑的社会主义国家与作为社会基本生产单位的国有企业的财政分配关系。这种分配关系既不是可以附属于第二、三种分配关系的，也不是无足轻重的，而是一种具有独立和重要意义的分配关系。为了说明这种分配关系形成的原因，我们需要对财政分配关系的产生和发展的历史过程作些简要的分析。列宁说过："为了解决社会科学问题，为了真正获得正确处理这个问题的本领而不被一大堆细节或各种争执意见所迷惑，为了用科学眼光观察这个问题，最可靠、最必需、最重要的就是不要忘记基本的历史联系，考察每个问题都要看某种现象在历史上怎样产生，在发展中经过了哪些主要阶段，并根据它的这种发展去考察这一事物现在是怎样的。"[1] 为了分析我们这里的问题，也需要采取这个方法。

按照我国许多财政学家的意见，财政一般的本质规定，就是社会再生产过程中，为满足社会共同事务需要而形成的社会集中化的分配关系。

这种分配关系在人类社会之初，即原始人群体时，是不存在的。因为对原始人群体来说，社会、生产单位和消费单位是三位一体的，社会事务也就是生产单位和消费单位的事务。除此之外，并不存在独立的社会共同事务及其需要。因而，不可能产生财政分配关系。但是，到了氏族社会阶段，就开始有了财政分配关系的萌芽。因为对氏族社会来说，一开始就是由两个以上的直系血缘关系为纽带形成的社会集团组成的。这就引起了社会与生产单位和消费单位的分离，产生了共同的事务，形成了执行这种共同事务职能的机构，即部落议事机构。于是，也就有了满足这种共同事务消费的需要。但这时的社会共同事务是由从事劳动的氏族社会成员兼任的，真正用于共同事务消费需要的东西很少。因而，还只是有了财政的萌芽。随着氏族社会的发展，这种共同事务及其需要有了进一步发展，财政萌芽也有进一步的发育。但整个说来，原始社会生产力很低，还没有产生剩余产品，因而也不存在严格意义上的财政分配关系。

社会发展到了奴隶社会阶段，建立了奴隶制的国家，社会经济文化

---

① 列宁：《论国家》，《列宁选集》第4卷，第43页。

已经有了初步的发展，因而，社会共同事务大大增加了；同时已经有了剩余产品。于是，产生了为满足社会共同事务需要而形成的集中化的分配关系，即财政分配关系。然而，由于在奴隶社会制度下，国王不仅是奴隶主国家的最高统治者，而且是最大的土地和奴隶占有者，因此，这时与奴隶制国家相联系的财政分配关系，在很大程度上是与奴隶制经济的分配关系联系在一起的。这一点，无论在奴隶制国家的收入方面或者支出方面都是如此。在收入方面，被国王分封的或者被征服的大小奴隶主对国王的进贡，就不只是因为国王是奴隶主国家的最高统治者，而且因为他是最大的土地和奴隶的占有者。因而，这种收入包含了两种分配关系：国王由直接占有土地和奴隶而获得的收入当然是明显的奴隶制经济的分配关系；而由作为自由民的手工业者和商人上交的税，当然明显是奴隶主国家的财政收入。这两种分配关系虽然是不同的，但在形式上都是奴隶制国家的收入。在支出方面，国王王室费用也包含着两重分配关系，既是作为奴隶主国家最高统治者的费用，又是作为最大的土地和奴隶占有者的费用。至于军事支出、祭祀支出、官吏俸禄支出和少量的用于兴修水利的农业生产支出，当然明显属于奴隶制国家的财政支出。但在形式上，这些财政支出与含有二重分配关系的王室支出都是作为奴隶主国家的支出。然而，所有这些并不妨碍我们依据事情的固有性质把它们区分为两种分配关系，即与奴隶制国家相联系的财政分配关系和奴隶主经济的分配关系。

在人类社会进入封建社会以后，其社会经济制度同奴隶制社会的经济制度虽然同属剥削压迫制度，但在性质上还是有区别的。然而，在实行封建领主经济的情况下（如西欧中世纪和我国战国以前），由于领主不仅是封建国家的最高统治者，而且是最大的封建领地所有者，因而同奴隶社会存在类似情况，即封建国家的财政分配关系在很大程度上与封建领主经济的分配关系是联系在一起的。只是在实行地主经济的情况下（如我国战国以后），由于土地是归地主私有的，国王不再是最大的土地所有者，因而封建国家的财政分配关系与地主经济的分配关系也就基本上分离开来，并获得了独立的形态。

到了自由竞争的资本主义时代，资产阶级国家的财政分配关系与资本主义经济的分配关系也是分离的。按照资产阶级古典政治经济学创始

人亚当·斯密的观点，这时政府职能有三方面：一是保护本民族不受其他
国家的侵犯；二是保护社会内部每个人的生命和财产的安全，使其不受
其他人的侵犯；三是建设并维持某些社会所必需的公共设施。亚当·斯密
的这个观点曾经为这个时代的资产阶级政府奉为信条，于是，适应这种
社会共同事务需要的财政支出也有三方面，即国防支出、司法支出以及
公共工程和公共机关的支出。至于资本主义经济的分配，主要是以资本
主义企业为单位进行的。因此，资产阶级国家的财政分配关系和资本主
义经济的分配关系，无论在内容上，还是在形式上都是独立的。

在资本主义进入帝国主义阶段以后，资产阶级国家的财政分配关系
又呈现出若干重要特点。在资本主义发展到垄断阶段以后，特别是1929
年到1933年的世界资本主义空前严重的经济危机爆发以后，资本主义制
度的基本矛盾达到了十分尖锐的程度，迫使资本主义国家加强对资本主
义经济生活的干预。于是，以反对经济自由放任和主张经济干预为特征
的凯恩斯主义就应运而生了。与此相联系，帝国主义阶段资本主义国家
的财政分配关系产生了两个重要特点：一是资产阶级国有企业的发展，
使得资本主义国家的财政分配关系在某种范围内又与资本主义经济的分
配关系联系在一起了。特别是在第二次世界大战以后的相当长的时期内，
由于资本主义国有化有了空前的发展，致使有的国家于若干年内在相当
大的范围里实现了这种联系。比如，在法国就有过这种情况。

当然，即使在这时候，私人资本主义还是主要的经济形式，因而从
主要方面说，这两种分配关系还是分离的。二是资产阶级国家财政支出
在资本主义国民收入中的比重大大增长了。下表可以说明这一点。

当代主要资本主义国家财政支出占国民收入的比重[①]　　　　　单位：%

年份	美国	日本	联邦德国	英国	法国
1950	16.24	13.40*	17.11***	26.45	27.20
1960	20.03	16.99	11.20	29.41	25.91
1970	22.32	13.25	14.25	33.54	23.33
1980	25.73	16.11**	17.35	43.47	24.46
1981	26.71		18.22	45.84	26.09
1982	27.36		18.50	46.53	

---

① 资料来源：《国际经济和社会统计资料（1950~1982）》，第34、391页；《国外经济统计资料（1949~
1976)》，中国财政经济出版社1979年版，第42、475页。*1952年数字。**1979年数字。***1951年数字。

上表表明：在上述的 30 多年中，当代主要资本主义国家财政支出在国民收入中的比重，除了个别国家个别年份以外，总的趋势是上升的。其中上升最多的英国，1982 年达到了 46.53%，美国也达到了 27.36%。这一点，是直接同资产阶级国家财政支出的增长速度快于国民收入增长速度相联系的，而财政支出之所以有较快的增长，除了军费支出这个重要因素以外，主要是由于社会保险、福利、教育和卫生以及经济建设支出的增长。下表可以说明这一点。

当代主要资本主义国家财政支出构成 [①]　　　单位：%

	财政支出合计	公共服务	军费	教育	卫生	社会保险、福利	住房和社团补贴	经济建设支出	其中：		
									农、林、牧、渔	交通、通信	工业、建筑
美国（1980 年）	100	5.8	21.2	2.6	10.4	34.1	2.8	10.4	1.2	5.3	1.2
联邦德国（1980 年）	100	4.4	9.6	0.9	19.8	48.5	0.4	7.9	0.5	6.1	1.1
法国（1979 年）	100	6.7	7.3	9.0	15.0	43.9	3.1	7.1	1.2	2.8	1.0
英国（1979 年）	100	7.1	14.5	2.6	12.8	26.1	4.3	8.0			

这里需要着重指出：资本主义国家的财政支出是为巩固资产阶级统治和加强资本主义剥削服务的，富有资产阶级的特性。但是，它在某种程度上也反映了以现代化生产作为物质技术基础的发达的商品经济的共同要求。在古代和中世纪农业成为社会生产主要部门的条件下，生产建设上的社会共同需要，主要还只限制在为农业服务的兴修水利方面。但在发达的商品经济的条件下，这方面的共同需要就不只限制在农业上，甚至主要还不是在农业上，其他方面特别是为社会直接生产服务的基础设施方面，也成了社会生产的共同需要。上表所表示的美国、联邦德国和法国的交通和通信支出在经济建设支出中占的比重最大，就清楚地证明了这一点。在手工劳动的条件下，劳动力的培训只要跟师傅学艺就可以了；在现代化生产条件下，则离不开教育事业的发展。在现代化生产

---

① 资料来源：《国际经济和社会统计资料（1950~1982）》，第 392 页。

条件下，劳动者劳动能力的维持，也有赖于卫生事业的发展。这些就使得教育和卫生事业的支出，成了社会生产的共同需要。资产阶级国家把社会保险和福利支出作为社会的共同需要承担起来，不仅是为了缓和阶级矛盾，以巩固其统治，同时也是为了维持其现代化生产。总之，在帝国主义阶段，为满足社会共同事务需要的资本主义国家财政支出的迅速增长，不仅反映了资本主义经济、政治的特殊需要，而且一般地反映了发达的商品经济的要求。

上述的历史分析表明：①一般说来，财政是为满足社会共同事务的需要而形成的社会集中化的分配关系。严格说来，这种分配关系只是在有了国家和剩余产品以后才形成的。在不同的社会制度下，这种分配关系具有不同的社会性质；在社会发展的某些历史阶段，这种分配关系还在不同范围内与一定经济制度下的分配关系结合在一起。但这些情况并没有改变财政一般的本质规定，也不能否定财政作为一种具有独立意义的分配关系的存在。②在发达的商品经济条件下，财政这种分配关系比已往的时代是大大向前发展了。③社会主义的财政是为社会主义的政治、经济服务的，它同一切剥削制度下的财政为剥削阶级的政治、经济服务，是根本不同的。但是，一般说来，上述两点道理对社会主义财政也是适用的。就是说，社会主义财政也是为满足社会共同事务需要而形成的社会集中化的分配关系。这里所说的社会共同事务的需要，就物质生产领域来说，不仅包括社会主义国有经济的需要，而且包括其他的社会主义经济和作为社会主义经济必要补充的非社会主义经济的需要；不仅包括物质生产领域的需要，而且包括非物质生产领域的需要。在社会主义制度下，财政分配关系与社会主义国有经济的分配关系是结合在一起的，在政企不分的传统经济体制下，这种结合表现得尤为明显。而且，即使在新的政企职责分开的经济体制建立以后，也不能完全改变这种结合状况。然而，这种结合状况并不能否定财政是一种具有某种独立意义的分配关系。还要看到：尽管当前社会主义各国的商品经济发展程度和科学、教育、文化的发展程度都还落后于发达的资本主义国家，但从长远的发展趋势看，前者会大大超过后者。从这些方面来说，财政这种作为满足社会共同事务需要而形成的集中化的分配关系，在社会主义制度下还有更为重大的意义。

（二）第二、三种分配关系形成的原因

按照马克思主义的观点，"一定的分配关系只是历史规定的生产关系的表现。"①或者说，"参与生产的一定形式决定分配的特定形式。"②因此，我们要说明国家和企业参与剩余产品基金分配的原因，就必须分析社会主义国有经济直接生产过程中的生产关系。这种生产关系的一个基本特点就是：生产资料是归社会主义国家所有的，但却是由作为相对独立的商品生产者的国有企业使用的。这正是国家和企业参与剩余产品基金分配的根本原因。

为了说明这一点，我们需要把这里所说的生产资料所有权与使用权的分离情况，同封建主义经济制度下和资本主义经济制度下生产资料所有权与使用权的分离情况作对比研究。鉴于马克思主义对资本主义制度下生产资料所有权与使用权分离的分析，对我们这里的研究，具有重要的指导意义，故在下面将较为详细地加以阐述。

在封建主义经济制度下，作为主要农业生产资料的土地是归地主阶级所有的，作为农业劳动力的农民在人身上依附于地主，是不自由的，但土地是由农民使用的。正是这种生产资料所有权与使用权分离的状况，决定了农民的剩余劳动或剩余劳动的产品是归地主占有的。还要看到：在封建制度下，地主对农民的剥削甚为残酷，几乎囊括了农民全部的剩余劳动，甚至一部分必要劳动。同时，"技术的极端低劣和停滞是上述经济制度的前提和后果，因为种地的都是些迫于贫困、处于人身依附地位和头脑愚昧的小农"。③这样，在封建时代，处于被剥削地位的农民不仅不可能占有一部分剩余劳动产品，而且从社会生产技术进步的发展状况来看，也提不出积累的要求，从而也提不出占有作为积累源泉的剩余劳动产品的客观要求。

按照马克思主义的观点，在资本主义生产方式的基础上，生产资料所有权与使用权分离方面发生了许多根本变化。主要有两方面：

第一，在资本主义经济制度下，虽然还存在着土地所有权与使用权的分离，因而还存在着作为土地所有权在经济上的实现形式的地租，但

①马克思：《资本论》，《马克思恩格斯全集》第25卷，第997页。
②马克思：《〈政治经济学批判〉导言》，《马克思恩格斯选集》第2卷，第98页。
③列宁：《俄国资本主义的发展》，《列宁全集》第3卷，第161页。

在这方面却呈现出许多特点。①封建社会条件下土地所有权与使用权的分离是在地主和农民之间发生的，而这时土地所有权与使用权的分离是在大土地所有者与经营土地的农业资本家之间发生的。②过去，这种分离和由此而来的地租，是在社会生产唯一的主要部门——农业中发生的。现在这种分离以及与此相联系的地租主要局限在作为社会生产主要部门之一的农业的范围内。此外，在采掘工业和建筑业方面也存在这种分离以及由此而来的地租，而在其他的主要部门，如除采掘工业以外的工业和交通运输业等，是不存在这种分离和地租的。③过去，土地是农业最主要的生产资料。与此相联系，主要的经济关系是地主和农民的关系，因而地租成了剩余劳动的主要形态。现在，由于近代机器大工业的发展，即使在农业中，土地也不是唯一的主要生产资料，而是出现了农业机器等主要生产资料。与此相联系，现在农业中的主要经济关系并不是大土地所有者和农业资本家的关系，也不是大土地所有者和作为雇佣劳动者的农民的关系，而是农业资本家与农民的关系。与此相联系，地租的实体并不是作为剩余价值主要转化形态的平均利润，而是平均利润的余额，即超额利润。在不同的地租形态下，这种超额利润有不同的表现形式。在与土地的资本主义经营垄断相联系的级差地租的场合，这种超额利润表现为农产品个别生产价格与社会生产价格的差额。在绝对地租的场合，这种超额利润表现为农产品价值与社会生产价格的差额。可见，同封建社会相比较，资本主义制度下土地所有权与使用权的分离，以及与此相联系的地租，不仅在社会性质上已经起了根本的变化，而且它在社会经济中的地位已经由过去的主要形态下降为次要的、从属的形态了。

　　第二，在资本主义经济制度下，还产生了一种全新的、具有资本主义本质特点的、占有主要地位的生产资料所有权与使用权分离的形态。这就是在职能资本家与借贷资本家之间发生的资本（即除自然资源以外的生产资料的价值形态）所有权与使用权的分离。这种分离使得职能资本家把他所获得的平均利润的一部分作为利息交给借贷资本家，余下的另一部分平均利润作为企业主收入留归自己。问题在于：资本不仅使得资本主义条件下一切产品商品化了，而且连资本本身也变成了商品，即资本商品。这种商品的使用价值就是生产的平均利润，其价格就是利息。就是说，借贷资本家把资本商品的使用价值借给职能资本家，他必然要求支付价格，即利息。这是一方面。另一方面，平均利润的取得又是与职能资本家发挥职能相联系的，他必然留下一部分平均利润作为企业主的收入。正如马克思所指出的，"利息是资本自身的果实，是与生产过程无关的资本所有权的果实，而企业主收入则是处在过程中的、在生产过程中发挥作用的资本的果实，因而是资本使用者在再生产过程中所起的能动作用的果实。"① 然而，职能资本家取得企业主收入，不仅是他在生产和再生产过程中发挥作用的果实，而且是他在生产和再生产过程中发挥作用的客观要求和必要条件。在这里我们看到了职能资本家和封建社会条件下农民的区别。这种区别不仅在于二者的经济地位是根本不同的，前者是剥削者，后者是被剥削者；而且在于前者需要在再生产过程中不断地实现资本增殖，后者只是维持简单再生产；还在于前者所依据的"现代工业的技术基础是革命的"，后者所依据的"技术基础本质上是保守的"。② 在存在着激烈竞争和技术基础不断革命的条件下，如果职能资本家不把一部分平均利润作为企业主收入留给自己，并不断地将其中一部分用于积累，以便在技术不断进步的基础上实现扩大再生产，那么，他不仅不能在再生产过程中不断地生产平均利润，而且连原有的资本也会在竞争中丧失掉。还需指出：正是由于在资本方面发生的所有权与使用权的分离，因而随着资本主义经济的发展，这种分离以及与此相联系的平均利润的分割（即分为利息和企业主收入）就遍及所有的资本主义经济部门。可见，相对于土地的所有权与使用权的分离以及由此形成的地租来说，资本的所有权与使用权的分离以及由此形成的利息，是一种具有资本本质特征的形态，并因此而成为占有主要地位的形态。

社会主义经济制度根本区别于资本主义经济制度，但前者同后者都是以现代化生产作为物质技术基础的、发达的商品经济。因而马克思主义对由资本主义制度下生产资料所有权与使用权分离形成的分配关系的分析，对于我们研究社会主义社会在这方面的问题，具有重要的启示意义。我们在下面也将遵循上述两条线索分析这方面的问题。

第一，由自然资源所有权与使用权在社会主义国家与国有企业之间

---

① 马克思：《资本论》，《马克思恩格斯全集》第 25 卷，第 420 页。
② 马克思：《资本论》，《马克思恩格斯全集》第 23 卷，第 533 页。

的分离所形成的分配关系。

这里首先涉及到社会主义制度下是否存在级差地租和绝对地租的问题。长期以来，我国学术界流行的一种观点，把级差地租形成的原因归结为土地的资本主义经营垄断，把绝对地租形成的原因归结为土地私有权的垄断，而在社会主义制度下并不存在这两种垄断，因而并不存在这两种地租。

依据社会主义各国发展商品生产的实践来看，这种观点是值得斟酌的。从主要方面来说，在社会主义制度下，确实不存在土地的资本主义经营垄断和土地私有权的垄断，因而确实不存在资本主义的级差地租和绝对地租。但是，在社会主义制度下，还存在着社会主义国家所有制。这种所有制的一个重要特点，即并不是纯粹的国家所有制，而是带有部分集体所有制因素的国家所有制。因而，国有企业还是相对独立的商品生产者。在社会主义公有制形式中，除了占主导地位的社会主义国家所有制以外，还存在着社会主义的集体所有制，而集体企业是独立的商品生产者。这样，在社会主义国家与国有企业、集体企业之间，国有企业之间，集体企业之间以及国有企业与集体企业之间，尽管根本利益一致，但也存在着利益差别，存在商品经济关系。因而不仅存在土地的集体企业经营垄断，而且存在着土地的国有企业经营垄断。同时，也正是因为社会主义国家与国有企业、集体企业之间，以及集体企业与集体企业、国有企业之间存在着利益差别，所以不仅存在着土地的集体所有权垄断，而且存在着土地的国家所有权垄断。因而，在社会主义制度下，既存在着与土地的国有企业经营垄断或集体企业经营垄断相联系的级差地租，[①]也存在着与土地的国家所有权垄断或集体所有权垄断相联系的绝对地租。

可见，就与土地的国有企业经营垄断或集体企业的经营垄断相联系来说，社会主义级差地租反映的社会经济关系，是国有企业与国有企业之间以及国有企业与集体企业之间的等价交换关系，或者是集体企业与集体企业之间以及集体企业与国有企业之间的等价交换关系。就与土地

①笔者在1962年发表的有关论文中（见汪涛、粟联：《关于社会主义级差地租产生原因的探讨》，《经济研究》1962年第2期，汪涛是笔者的笔名；实学：《关于社会主义级差地租的若干问题》，《中国经济问题》1962年第5期。实学是笔者和周叔莲的笔名）曾经指出：在社会主义的集体所有制农业中存在级差地租。现在看来，这是正确的。但当时否定了社会主义国有农业中存在级差地租，这就不对了。这主要是由于笔者当时把社会主义国家所有制看成了纯粹的国有制，没有看到它还带有部分的集体所有制因素，没有看到国有企业还是相对独立的商品生产者，因而没有看到还存在土地的国有企业的经营垄断。

的国家所有权垄断或集体所有权垄断相联系来说，社会主义绝对地租反映的社会经济关系，是社会主义国家对国有企业或集体企业的利益差别关系，或集体企业对集体企业、国有企业、社会主义国家的利益差别关系。

在社会主义国家所有制经济范围内，无论是与土地的国家所有权垄断相联系的绝对地租，还是与土地的国有企业经营垄断相联系的级差地租，原则上均应由国有企业上缴国家。这符合地租是土地所有权在经济上的实现形式的原理。

因此，由土地的所有权与使用权在社会主义国家和国有企业之间的分离所形成的地租（包括级差地租和绝对地租）分配关系，是根本区别于资本主义的。资本主义地租（包括级差地租和绝对地租）的分配关系，是在经济利益上有对立一面的地主和资本家瓜分雇佣工人创造的剩余价值的关系。社会主义地租的分配关系，是经济利益根本一致、但有局部利益差别的社会主义国家和国有企业分配作为经济关系主人的企业劳动者集体创造的剩余产品价值的关系。

上面对与土地有关的级差地租和绝对地租的形成原因及其分配所做的分析，对其他自然资源也是适用的。显然，所有这些分配关系都限制在使用国有的自然资源的经济领域内。

第二，由自然资源以外的生产资料及其价值形态（资金）的所有权与使用权在社会主义国家与国有企业之间的分离所形成的分配关系。

这种分离必然导致把平均利润分割为归国家所有的利息和归国有企业占用的企业经营收入。然而，长时期以来，我国学术界流行的观点认为利息是资本所有权与使用权分离的产物，因而社会主义制度下并不存在利息范畴；与此相对应，也就不存在企业经营收入的范畴。

现在看来，这种观点并不符合社会主义商品生产的实践。毫无疑问，在社会主义社会，作为经济关系的主要方面，并不存在资本主义的利息和企业主收入的范畴。但在社会主义商品经济条件下，还必然存在着利息以及与此相对应的企业经营收入的范畴。

就社会主义国家贷给国有企业资金必须取得利息来说，主要是基于以下两点原因：①在国有企业成为相对独立的商品生产者的条件下，社会主义国家和国有企业之间的经济关系，就不再是传统的经济体制下存在的那种供给制的关系，而是商品经济中的等价交换关系。②就社会主义经济是发达的商品经济来说，资金也变成了商品，并具有生产平均利润的使用价值。显然，当社会主义国家把具有这种使用价值的商品转让给国有企业的时候，不能是无代价的，而应是有代价的。国有企业向社会主义国家支付的这种商品的价格，就是利息。

这是问题的一方面。另一方面，即使是在社会主义国有经济中，企业也不可能把由资金带来的全部平均利润支付给国家，而必须占用一部分作为企业经营收入。这是国有企业作为相对独立的商品生产者内在的经济要求。①一般说来，在社会主义商品经济条件下，资金（包括国有企业使用的资金）是带来剩余产品价值的价值。国有企业只有自动地、不断地在实现扩大再生产过程中才能使资金完成这个职能。这就要求把剩余产品价值的一部分作为企业经营收入留给国有企业，以便作为扩大再生产的积累基金。②特殊地说来，国有企业的生产目的，主要是为了提高全体劳动者的物质文化生活水平，部分地是为了提高本企业劳动者的物质文化生活水平。这两方面目的的实现都离不开作为积累基金源泉的、留给企业使用的企业经营收入的增长。③在社会主义社会存在商品生产的条件下，企业之间（包括国有企业之间以及国有企业与其他社会主义企业和非社会主义企业之间）必然存在竞争关系。而国有企业要实现上述的职能和生产目的，一个重要条件就是在国有企业之间以及国有企业与其他社会主义企业和非社会主义企业之间存在平等的竞争关系。企业之间具有平等的积累权力和能力，是这种平等的竞争关系的一项最重要的内容。因此，实现这种平等的竞争关系的一个最重要的方面，就是把国有企业创造的剩余产品价值分解为上交国家的利息和留给企业使用的企业经营收入。为了说明这一点，回顾一下马克思的下述论述是有意义的。马克思写道：资本主义"总利润分为利息和企业主收入这种分割，一旦变为质的分割，就会对整个资本（包括借入资本和自有资本——引者注）和整个资本家阶级保持这个质的分割的性质"。"这是由于下面这种简单的由经验提供的情况：大多数产业资本家都按照不同的比例兼用自有资本和借入资本来从事经营，并且自有资本和借入资本之间的比例在不同时期会发生变动。"①在社会经济性质方面，社会主义商品经济根本

---

① 马克思：《资本论》，《马克思恩格斯全集》第25卷，第422页。

区别于资本主义商品经济。但是，随着社会主义商品经济的发展，特别是其中的信用关系的发展，大体上也会出现类似情况。在这种情况下，把国有企业创造的剩余产品价值的一部分作为企业经营收入留给企业，以便形成平等的竞争关系，其必要性就更为明显了。④如果说，资本主义生产的技术基础是革命的，那么，社会主义生产的技术基础就更是如此了。诚然，当前我国生产技术的许多方面（不是一切方面）还远远落后于发达的资本主义国家。但是，从长远的发展趋势看，社会主义制度必将越来越明显地表现为发展现代科学技术的旗手。因为资本主义私有制同现代科学技术社会化的矛盾越来越尖锐；资本家也只是在现代科学技术能够预示最大限度利润的时候，他们才会采用现代科学技术，否则，他们就会阻碍现代科学技术的发展和运用。社会主义公有制的建立，排除了现代科学技术发展及其运用上的这些障碍，因而社会主义国家的科学技术发展速度及其能够容纳的科学技术发展水平，有可能大大超过资本主义国家。恩格斯早就预言在社会主义和共产主义社会"这个新的历史时期中，人们自身以及他们的活动的一切方面，包括自然科学在内，都将突飞猛进，使已往的一切大大地相形见绌"。①恩格斯的这个预言，已经和正在成为现实。显然，国有企业要能动地适应其生产的技术基础不断革命的要求，也必须把剩余产品价值的一部分作为企业经营收入留下来。

在社会主义国有经济中，剩余产品价值虽然也分割为利息和企业经营收入，但其经济性质根本区别于资本主义制度下的利息和企业主收入。后者反映的是职能资本家和借贷资本家瓜分剩余价值的竞争关系，是二者对雇佣工人的剥削关系。前者反映的是在社会主义国家和国有企业之间分配由企业劳动者集体创造的剩余产品价值的关系。

这种分配关系是普遍地存在于社会主义国家与国有企业之间的。

我们在前面从直接生产过程的生产关系的基本特点方面，即生产资料所有权和使用权在社会主义国家和国有企业的分离方面，分析了地租以及利息和企业经营收入形成的原因。如前所述，这样做是必要的。但仅仅这样做又是不够的。因为这种分配关系像直接生产过程中的生产关

① 恩格斯：《自然辩证法》，《马克思恩格斯全集》第20卷，第375页。

系一样，归根结底取决于它是否适合生产力的性质和生产力发展的要求。现在我们就从这一方面做进一步分析。

社会主义商品经济条件下社会生产力的一个基本特点就是生产的社会化。国民经济按比例发展是社会化生产的客观要求。按比例地分配社会生产资源（包括自然资源和作为生产资料价值形态的资金），又是国民经济按比例发展的基本条件。而剩余产品基金以利息、地租和企业经营收入的形式在社会主义国家和国有企业之间分配，正是按比例地分配社会生产资源的重要保证。因为采取这样的分配形式，那些适合社会需要、经济效益好的生产部门和企业，在向国家缴纳利息和地租以后，还会有企业经营收入，甚至有较多的企业经营收入；而那些不适合社会需要、经济效益差的企业，在向国家缴纳利息和地租以后，就只有较少的企业经营收入，甚至没有企业经营收入。这样，就可以保证和促进前一类生产部门和企业的生产的发展，限制甚至淘汰后一类生产部门和企业，从而达到国民经济的均衡发展。

社会化生产的另一个客观要求，是要充分发挥作为社会生产基本单位的企业在经营管理生产方面的积极性。因为，在社会化生产的条件下，企业对生产的经营管理，是形成生产力的必要条件，是创造新的生产力的有利因素，是合理地、节约地、充分地、有效地使用各个生产要素的重要保证。而采取利息、地租和企业经营收入的形式在社会主义国家和国有企业之间分配剩余产品基金，也能适合社会化生产这一客观要求。因为，①采取这样的分配形式，那些占用国家资金较多，从而技术装备水平和劳动生产率较高的国有企业，虽然由于它的产品的个别生产价格低于社会生产价格，可以获得额外收入，但它要比例它的资金占用量向国家多交利息，它并不能因此而在资金占用方面或在支付劳动报酬方面比那些占用国家资金较少的企业处于优越的地位。②采取这样的分配形式，那些占有优等自然资源、从而劳动生产率较高的国有企业，虽然也由于它的产品的个别生产价格低于社会生产价格，可以获得额外收入，但它除了要同占用劣等自然资源的国有企业一样向国家缴纳绝对地租以外，还要缴纳级差地租，它也并不能因此而在资金占用方面或支付劳动报酬方面比那些占用劣等自然资源的企业处于优越地位。这样，一方面可以在国有企业之间贯彻等量劳动取得等量报酬的原则；另一方面又使各个国有企业在资金占用和支付劳动报酬方面处于相等的竞争地位，促进它们之间的竞争的展开。前者是提高企业经营管理积极性的内在动力，后者是增强企业经营管理积极性的外在压力，都会起到提高企业经营管理积极性的作用。

四、剩余产品基金在国家和企业之间分配后的经济归属

剩余产品基金分别采取税收（指作为社会主义社会基本生产单位的企业向作为上层建筑的社会主义国家上缴的税收）、利息、地租和企业经营收入的形式在社会主义国家和国有企业之间进行分配之后，税收、利息和地租是属于社会主义国家所有的。这种经济归属是不言而喻的。问题在于：企业经营收入是归国家所有呢，还是归国有企业集体所有呢？

曾经有一种观点认为，企业经营收入是全部属于国家所有的。现在又有另一种说法，它是全部属于企业集体所有的。还有一种说法，它是属于国家和企业共有的。这三种看法都有值得商榷的地方。

我们认为，由企业经营收入建立的生产发展基金，仍像原来的生产基金一样，属于社会主义国家所有，但也带有某些企业集体所有的因素，是由作为相对独立的商品生产者的国有企业使用的。因为，第一，按照马克思主义的观点，生产关系的性质总是由生产力的性质决定的。这一点，无论是对生产过程中的生产关系，或者是对再生产过程中的生产关系；无论是对原有的生产基金，或者是对由企业经营收入建立的生产发展基金，都是适用的。按照我们的分析，社会主义国有制带有某些集体所有制的因素。由生产力决定的这种状态在一个长时间内是不会改变的，因而提不出把带有某些集体所有制因素的社会主义国有制改变为单纯的社会主义国有制的要求。当然，更提不出改变为单纯的集体所有制的要求。因为生产的社会化程度是会不断提高的。

第二，马克思主义还认为，任何社会的再生产过程，都不只是物质资料的再生产过程，同时又是原有的生产关系的再生产过程。这是对各个社会（包括社会主义社会）都适用的普遍规律。从这方面说，由企业经营收入建立的生产发展基金也会保留同原来的生产基金一样的经济性质。它既不会变成单纯的国有制，也不会变成单纯的集体所有制。如果认为随着再生产过程的不断进行，归企业集体所有的资金越来越多，最终会变成企业集体所有制，那是悖理的。

第三，就实际经营使用及经营使用的目的来看，由企业经营收入建立的生产发展基金同原有的生产基金一样，都是在国家的指导下由企业经营使用的，其目的也是双重的，即主要为了提高全体劳动者的生活，局部地为了提高本企业劳动者的生活。

这一切表明：由企业经营收入建立的生产发展基金像原有的生产基金一样，是属于国有的，但带有某些企业集体所有制的因素，是由作为相对独立的商品生产者的国有企业使用的。它既不是单纯的国有制，也不是国家和企业的共有制，更不是企业集体所有制。

这里需要说明：我们这里所说的企业经营收入同通常所说的企业留利是有区别的。前者主要是积累基金，而且主要用于建立企业生产发展基金。它反映了社会主义国有经济较深层次的本质规定，是政治经济学的范畴；后者反映了经济生活中较浅层次的本质规定，是实际经济工作运用的概念，或者说是统计学的范畴。同时，后者也包含了许多不同性质的规定，按照当前我国实际经济工作的做法，它可以分解为：生产发展基金（或者还可以把它分解为生产发展基金和新产品试制基金）；职工奖励基金；职工集体福利基金；后备基金。因此，它既包括了积累基金，又包括了消费基金；在消费基金中，既包括了个人消费基金，又包括了集体消费基金。

这里的问题是：对企业留利经济归属的性质应该如何看待呢？我们认为，由企业留利建立的生产发展基金，同前述由企业经营收入形成的生产发展基金的经济归属性质是一样的，即属于国有，但带有企业集体所有制的因素，由作为相对独立的商品生产者的国有企业使用。

职工奖励基金则具有同生产发展基金不同的性质，它是属于企业集体所有的。①社会生产力的发展状况使得企业要求取得与它的经营成果相应的收入，使得国有企业带有某些集体所有制的因素。职工奖励基金归企业集体所有，正同生产力的发展要求是一致的，是国有企业带有某些集体所有制因素在分配方面的一个重要表现。②就职工奖励基金的实际用途来看，也是由企业依照按劳分配原则分给本企业劳动者个人使用的。

这种性质的分析，对集体福利基金中直接分给劳动者个人使用的部分也是适用的。但就集体福利设施（如职工住宅、职工医院等项建设）

部分来说，因为它是由企业劳动者集体消费的，因而具有较多的企业集体所有的因素，或者说事实上是归企业集体所有的。

至于后备基金，应视其用途而定。如用于生产发展基金，则属于国有，但带有某些企业集体所有制因素；如用于职工奖励基金和集体福利基金，则属于企业集体所有。

上述的前三种基金在经济发展中的作用是不等的，生产发展基金具有决定意义；而且从发展趋势看，生产发展基金（包括用于这项资金的后备基金）在企业留利中要占大部分。如果抛开各种基金的性质差别不说，仅从具有决定意义和主体意义上来看，似乎仍然可以说，企业留利是属于国有的，但带有某些集体所有制因素，是由作为相对独立的商品生产者的国有企业使用的。

五、剩余产品基金在国家和企业之间分配的量的界限及其规定因素

如前所述，社会主义国家与国有企业在剩余产品基金的分配方面存在三种不同的分配关系，即社会主义国家与作为社会生产基本单位的企业的财政分配关系，作为自然资源所有者的社会主义国家与使用这些自然资源的企业的分配关系，以及作为自然资源以外的生产资料及其价值形态的资金所有者的社会主义国家与使用这些生产资料和资金的企业的分配关系。在探讨这三种分配关系量的界限及其规定因素时，在方法上有三点是需要说明的。一是这三种分配关系的量的界限及其决定因素是不同的。因此，必须分别加以探讨。然而，当前我国学术界和经济界的流行观点并不是这样的。他们或者是不区别社会主义国家和国有企业在剩余产品基金分配方面所包含的三种不同的分配关系，把它们看作一个整体，并且，只是笼统地分析其量的规定；或者虽然看到了其中包含的三种不同的分配关系，但在分析量的规定时并没有分别分析这三种分配关系的量的界限及其决定因素，并且，也只是笼统地做了分析。显然，这种分析方法是不科学的。二是依据抽象法的要求，分析需要由简单到复杂。因此，我们按照从后往前的顺序，探讨这三种分配关系的量的界限及其规定因素。三是依据同一方法的要求，舍弃了经营形式对这种分配关系量的界限的影响。

（一）第三种分配关系的量的界限及其规定因素

就第三种分配关系的量的界限来说，就是平均利润在作为资金所有

者的社会主义国家与资金使用者的国有企业之间的分割，或者说是利息和企业经营收入在平均利润中各占多少份额。当然，只要确定了利息占多少份额，也就同时确定了企业经营收入占多少份额，而确定利息占多少份额的问题，就是确定利息率的问题。

那么，利息率应该如何确定呢？在资本主义商品经济制度下，利息率的最高界限是平均利润率，最低界限是零。尽管社会主义商品经济制度根本区别于资本主义商品经济制度，但在社会主义制度下，利息也是平均利润的一部分。因此，其最高界限也只能是平均利润率，其最低界限也不可能越过零。

在资本主义经济制度下，利息率是在平均利润率与零之间运动的，是由资本的供求关系决定的。这是就典型的资本主义自由竞争环境而言的。在第二次世界大战以后，在资产阶级国家加强了对经济生活的干预的情况下，事情也并不这样简单。因为这时利息率也成为资产阶级国家手中用来调节总供给与总需求以及其他经济比例关系的重要经济杠杆，成为他们缓解经济危机的重要手段。但是，即使在这时，他们的基本经济体制还是资本主义的市场经济，因而，作为资本价格的利息率，主要也还是由资本供求关系决定的。那么，能否说，国有企业向社会主义国家支付作为资金价格的利息率，也主要是由资金供求关系决定的呢？看来，不能简单地这样说。

如前所述，由于资金的所有权与使用权在社会主义国家与国有企业之间发生了分离，因而也存在着国有企业向社会主义国家支付资金价格——利息的关系。但这种关系同资本主义制度下借贷资本家与职能资本家之间的关系有根本的区别。在资本主义制度下，借贷资本家与职能资本家在剥削和压迫雇佣工人方面固然存在着根本利益的一致性，但在他们之间瓜分无产者创造的剩余价值方面又存在着利益对抗的一面。因而，借贷双方在确定利息率时都是从各自的利益出发的，利息率也就由这种争夺各自利益的竞争决定，由供求关系决定。但在社会主义制度下，社会主义国家与国有企业的关系，实质上是国有经济范围里全体劳动者的整体利益与企业劳动者集体的局部利益的关系，二者虽有差别，但在根本上是一致的。这是从总体上说的。具体说来，利息和企业经营收入各自的用途也存在着这种状况。就是说，国有企业上缴国家的利息将主要用于发展基础工业和基础设施，这对包括所有国有企业在内的整个国有经济都是有好处的；国有企业留下的企业经营收入，主要用做发展企业生产，这不仅对留下经营收入的企业有好处，对整个国有经济也是有好处的。因此，从问题的本质来说，作为这种经济关系承担者的社会主义国家和国有企业在确定利息率时，就不能只是考虑各自一方的特殊利益，需要同时兼顾对方的利益。

这样说，并不意味着这里利息率的确定根本不受供求关系的影响。问题在于：①社会主义国家与国有企业之间毕竟存在着局部利益差别的一面。②社会主义国有经济不是自然经济，而是商品经济。而且，这种商品经济是处在以它为主导的、包括社会主义集体经济和作为社会主义商品经济必要补充的非社会主义经济在内的社会主义商品经济体系之中，其特征就在于它不是封闭的、互相隔绝的经济，而是存在着密切的、多方面的横向经济联系，存在着相互影响。在利息率的确定方面也是这样。在发达的、以社会主义国有经济为主导的、由多种经济成分构成的社会主义商品经济体系的条件下，必然存在着相应的资金市场体系，存在着以中央银行为主导、专业银行为骨干、多种金融机构并存的金融体系。对这多种金融机构来说，它们的利息率受国家计划调节作用和市场供求关系调节作用的程度是不等的。但从总体上说，除中央银行的利息率主要受国家计划调节以外（当然，也会受到市场供求关系的一些影响），专业银行和其他金融机构的利息率的形成都是在国家计划的指导下，主要由市场供求关系制约的。这样，作为资金所有者的社会主义国家和作为资金使用者的国有企业的关系，与资金市场上的借贷关系虽有某种区别，但它们之间利息率的确定，也会受到资金市场上利息率的影响。这同时就意味着它在某种程度上受到市场供求关系的影响。

确定这种利息率，不仅要兼顾社会主义国家和国有企业的利益，不仅要考虑资金市场上的供求关系，而且要考虑作为相对独立的商品生产者的国有企业多方面的经济要求。比如，平等的竞争条件，是包括国有企业在内的一切商品生产者的内在的经济要求，是充分发挥它们的活力的基本因素之一，而利息率的均等化，是这种平等的竞争条件的一个重要方面。这种均等化包括两个方面：一是国有企业之间的利息率的均等化。这方面的均等化，使得国有企业在支付国家的资金价格方面的负担是均等的，并且使得它们能够依照资金占用量按比例取得企业经营收入。二是国有企业与其他企业（主要是集体企业）之间的利息率的均等化。这是国有企业与其他企业取得平等竞争条件的一个不容忽视的重要方面。

此外，确定这种利息率，还要考虑到：国有企业使用的社会主义国家的资金包括固定资金与流动资金两个部分，其中固定资金是主要的组成部分。其情况如下表：

1984 年国有企业年底固定资产净值和定额流动资金及其比重[①]

	总计	工业	农业	建筑业	运输和邮电	商业、粮食、外贸
一、绝对值（亿元）						
全部资金	8516.7	4392.2	235.5	252.3	956.2	2298.5
固定资产净值	5069.8	3103.9	142.8	151.7	886.1	457.8
定额流动资金	3446.9	1288.3	92.7	100.6	70.1	1840.7
二、比重（%）						
全部资金	100.0	100.0	100.0	100.0	100.0	100.0
固定资产净值	59.5	70.7	60.6	60.1	92.7	19.9
定额流动资金	40.5	29.3	39.4	39.9	7.3	80.1

上表表明：无论是就各个主要部门（商业、粮食、外贸部门除外）的国有企业来说，还是就其总体来说，固定资产在全部资金总额中都占了大部分，流动资金只占小部分。从发展趋势来看，这种情况不仅不会改变，而且会得到进一步增强。因为，①随着社会主义现代化建设的发展，固定资产在全部资金中的比重存在上升的趋势。②随着经济体制改革的进展，国有企业愈来愈在比较完全的意义上成为相对独立的商品生产者，资金市场也在形成和发展。这样，由企业经营收入形成的积累基金，将有一个较多的部分转化为新增固定资产。这种积累基金的一部分也会转化为追加流动资金，但有一个较多的部分来自资金市场。应该说，这种趋势即使在传统的经济体制下也已表现出来。下表可以说明这一点。

可见，在已往的 30 多年中，固定资产占全部资金的比重，由于各种因素的作用，尽管有过曲折的变化，但总的趋势是上升的。显然，随着社会主义现代化建设的发展和经济体制改革的完成，这种趋势还会更明

---

① 资料来源：《中国统计年鉴》（1986），第 33~34 页。

国有企业年底固定资产净值和定额流动资金及其比重①

年份	绝对值（亿元）			比重（%）		
	资金总额	固定资产净值	定额流动资金	资金总额	固定资产净值	定额流动资金
1952	334.5	167.1	167.4	100.0	50.0	50.0
1957	764.4	382.0	382.4	100.0	50.0	50.0
1962	1571.6	926.5	645.1	100.0	58.9	41.1
1965	1841.6	1078.0	763.6	100.0	58.5	41.5
1970	2696.7	1413.8	1282.9	100.0	52.4	47.6
1975	4461.5	2462.2	1999.3	100.0	55.2	44.8
1980	6497.7	3701.7	2796.0	100.0	57.0	43.0
1984	8516.7	5069.8	3446.9	100.0	59.5	40.5

显地表现出来。

现在需要进一步指出：除了某些特殊情况（如国有企业破产）以外，在正常情况下，国有的资金，特别是国有的固定资产，是要交给国有企业长期使用的。这种情况使得作为相对独立的商品生产者的国有企业要求利息率具有稳定性，以利其生产经营的发展。

显然，按照上述各项要求来确定由社会主义国家交给国有企业使用的资金的利息率，无论在理论上还是在实践上都是很复杂的事情，而且，又缺乏经验。这是一个有待于进一步探讨的难题。但是，这并不排除我们采取某些简便可行的办法，来实现这些要求。比如，从已有的和资金市场形成后即将有的各种利息率中选出某种利息率，作为确定这种利息率的借鉴，或者作为这种利息率的影子。

在我国资金市场形成并有了发展以后，必将出现以中央银行为主导的、专业银行为骨干的、多种金融机构并存的金融体系。与此相联系，也将形成中央银行利息率、专业银行利息率和各种民间借贷利息率的体系。再经过一段时间，还会形成社会中等利息率，即在一个较长时期内，资金市场上各种短期利息率和长期利息率的加权平均数。按照马克思的说法，"中等利息率在每个国家在较长时间内都会表现为不变的量，因为一般利润率——尽管特殊的利润率在不断变动，但一个部门的变动会被另一个部门相反的变动所抵消——只有在较长的期间内才会发生变动。

---

① 资料来源：《中国统计年鉴》（1986），第33~34页。

并且一般利润率的相对的不变性，正是表现在中等利息率的这种或大或小的不变性上。"① 马克思这个分析告诉我们：社会中等利息率之所以在一个较长的时期内是不变的，一是因为决定利息率最高界限的平均利润率在较长时期内是不变的；二是因为尽管各种特殊利息率是不断变化的，但一种特殊利息率的变动会被另一种特殊利息率相反的变动所抵消。马克思这里说的虽是资本主义社会的情况，但对社会主义的商品经济也是适用的。

现在的问题是：究竟哪种利息率，可以作为确定由社会主义国家交给国有企业使用的资金的利息率的借鉴，或作为其影子呢？

在各专业银行同中央银行有了分工以后，中央银行不具体办理对公众的信贷业务。因此，中央银行利息率主要是指中央银行对专业银行的再贷款利息率和再贴现利息率。这种利息率是社会主义国家实现宏观经济管理的重要经济杠杆。在社会主义有计划的商品经济条件下，这种利息率也要受到市场供求关系的重要影响，但主要是要体现国家计划的要求。国家计划在许多情况下可以体现国家整体利益与企业局部利益的统一，但有时则只是体现国家利益，同企业局部利益发生矛盾，并且也不都是可以反映企业平等竞争的要求。为了实现国家对经济生活的调节，这种利息率也要适应社会总供给和总需求以及经济结构的变化情况，经常做出调整。因此，这种利息率就不能较好地体现对上述的由社会主义国家交给国有企业使用的资金利息率的要求（即兼顾国家和企业两方面利益，体现平等竞争的要求，以及利息率的长期稳定性等）。

专业银行利息率的确定，则由于它们与中央银行不同，即不是国家金融管理机关，而是金融企业，因而必然受到平均利润率规律的支配，并在国家计划指导下主要由市场供求关系制约。至于其他金融机构的利息率的确定，就更是如此了。专业银行特别是其他金融机构利息率变动的频率高，幅度大。因而更难适合对上述的由社会主义国家交给国有企业使用的资金利息率的要求。

然而，唯独社会中等利息率能够在兼顾社会主义国家和国有企业双方利益，实现平等的竞争和利息率的长期稳定性等方面，较好地体现对

---

① 马克思：《资本论》，《马克思恩格斯全集》第 25 卷，第 410 页。

社会主义国家交给国有企业使用的资金利息率的要求，因而可以成为确定这种利息率的借鉴，或作为这种利息率的影子。

（二）第二种分配关系的量的界限及其规定因素

就第二种分配关系的量的界限来说，就是作为自然资源使用者的国有企业把地租（包括绝对地租和级差地租）的多大部分交给作为自然资源所有者的社会主义国家。在这里，上限是将全部地租上交，下限是将全部地租留下。按照原则来说，企业需将全部地租上交国家。然而，在实际上，由于多种因素的作用，还是有一部分地租留给企业了。重要的因素有：①在资本主义制度下，按照地租是土地所有权在经济上的实现的原理，地租也要由农业资本家交给大土地所有者。然而，由于在农业资本家和大土地所有者之间存在着竞争关系，前者总是力图用各种办法把一部分地租留在自己手中。在社会主义制度下，并不存在这种竞争关系。但是，由于社会主义国家与国有企业之间也存在着在根本利益一致基础上的局部利益的矛盾，企业也会设法把地租的一部分留下来。②如果社会主义国家用来征收国有企业地租的资源税没有开征，或者虽然开征了，但税法不健全，执行不严格，也会造成这种结果。③社会主义国家基于贯彻某种产业政策的需要，鼓励某些产业的发展，也需要把一部分地租留给某些产业部门的企业。

（三）第一种分配关系的量的界限及其规定因素

就第一种分配关系的量的界限来说，就是作为社会基本生产单位的企业（包括国有企业、集体企业以及非社会主义的企业），向作为社会主义上层建筑的国家（不是作为社会主义国家所有制代表的国家）上交旨在满足社会的共同事务需要（不只是旨在满足国有经济的需要）的收入，在由他们生产的剩余产品基金中占多大份额。由于国家征收这部分收入是遵循平等负担原则的，①因而也可以说是企业上交的收入总额在社会剩余产品基金总额中占多大份额。

企业上交国家收入总额在社会剩余产品基金中所占份额的下限，可以归结为：除了满足基期共同事务需要的实际支出的费用以外，还要加

①　这是就一般的情况说的。它并不排除国家基于贯彻某种产业政策的需要，鼓励有些产业部门的发展，因而采取诸如减免税收的办法，使某些部门的企业少负担上交国家收入的任务；同时，需要限制另一些产业部门的发展，因而采取诸如加重税收的办法，使这些部门的企业多负担上交国家收入的任务。

上：①在保持基期消费水平的条件下，由于本期人口的增长，需要国家相应增加的社会消费基金（包括用于增加社会文化、教育、科学和卫生以及行政管理的费用）。②由于需要增加社会生产，因而需要国家相应增加的用于基础设施和基础工业的投资。这样说，是以下列两点作为前提的。一是国际形势和国内经济的发展都是正常的。比如，国际形势趋于缓和，在国防费用上并不要增加特需的支出。又如，社会生产技术的发展没有重要的新突破，基础设施和基础工业方面也不要增加特需的支出。二是上述的国家各项支出的经济效益是不变的。因为如果效益提高了，即使不增加支出，原有的费用也可以办更多的事情；反之，如果效益降低了，即使增加了支出，也不能满足需要。

企业上交国家收入总额在社会剩余产品基金中所占份额的上限，可以归结为：从社会剩余产品基金中，减去作为社会基本生产单位的企业的下列投资，即在保持基期消费水平条件下，由于本期人口的增加，需要增加生产，从而需要相应增加的投资余额即是。

在社会主义经济正常发展的情况下，企业上交国家收入总额在社会剩余产品基金中所占的份额，是在上限和下限之间波动的。这个份额究竟在上限和下限之间的哪一个区间定下来，主要取决于它是否适合社会主义有计划的商品经济的要求，取决于它是否适合生产资源配置和使用效益优化的要求，取决于它是否能够满足作为上层建筑的社会主义国家因社会共同事务而形成的支出需要。

上述的分析表明：要从总体上考察剩余产品基金在国家和企业之间分配的量的关系，需要综合考虑上述三种分配关系的量的规定。

六、剩余产品基金在国家和企业之间分配的历史、现状、问题和对策

（一）剩余产品基金在国家和企业之间分配的历史和现状

我们在前面从理论上把剩余产品基金在国家和企业之间的分配关系区分为三种，并分别考察了三者的量的界限及其规定因素。但在实际经济工作中三者是结合在一起的，经济统计资料也没有分开。因此，我们在考察这种分配关系的历史和现状时，不能分别进行，而只能从三者的总体上去做分析。这虽然不能使我们看到三者量的变化的具体情况，但并不妨碍我们从总体上揭示这方面的历史、现状、问题及其解决的途径。还须说明：按照马克思主义的科学概念，剩余产品基金（即 m）是不包括劳动报酬基金(即 v) 的，按照我们在前面所做的分析，国有企业作为相对独立的商品生产者要求取得的企业经营收入，也主要是留给企业用做积累基金的 m 部分，不包括 v。但实际经济工作中的留利却包括了用于企业积累的 m，用于职工奖励的 v 以及用于诸如集体福利设施的 m。统计资料中的留利也包括这三部分，而且许多时期的留利实际上主要还是后两部分。这就使我们难以把主要用做企业积累的 m(即企业经营收入)单独抽出来专门分析。但我们分析的重点，还是力图放在这上面。特别是在分析剩余产品基金分配的现状、问题和对策时，更是这样。

在 1949 年中华人民共和国成立以来的长时期内，国家对国有企业生产的剩余产品基金的分配，基本上是实行统收统支的办法，即绝大部分剩余产品基金都以税收和上缴利润的形式上缴国家，企业扩大再生产需要的资金由国家财政拨款；企业亏损也由国家财政补贴。当然，在各个历史时期也或多或少留一小部分剩余产品基金交企业自己使用。

在国民经济恢复时期和"一五"时期，实行了企业奖励基金制度。按照《国营企业提用企业奖励基金暂行办法》的规定，[①]凡完成国家计划(生产、销售、财务计划等)的国有企业，按不同行业分别提取计划利润的 2.5%~5% 和超计划利润的 12%~20%，作为企业奖励基金。各企业全年提留的企业奖励基金总额，不得超过全年基本工资总额的 15%。奖励基金主要用于职工奖励和集体福利，但有一部分也可以用于购置安全卫生设备和生产设备。"一五"时期国家对企业奖励基金的提取比例做了一些调整，各行业的企业全年提留的企业奖励基金总额，不能超过全年工资总额的 6%~12%。此外，这个期间还实行了超计划利润分成的制度。按照《财政部关于一九五六年国营企业超计划利润分成和使用的规定》，[②]这项制度虽然是以国有企业主管部为单位实行的，但企业也可以从主管部得到一部分利润分成。分成主要用于发展生产，也可以部分地用于奖励。但这个比例也是不大的。据计算，"一五"期间，国有企业奖励基金和超计划利润留成两项五年合计仅有 12.4 亿元，相当于同期国有企业上

①《国营企业提用企业奖励基金暂行办法》(1952 年 1 月 15 日政务院财经委员会发布)，《中国工业经济法规汇编 (1949~1981)》，第 109~110 页，中国社会科学院工业经济研究所情报资料室编 (下同)。

②《财政部关于一九五六年国营企业超计划利润分成和使用的规定》(1956 年 10 月 11 日国务院转发)，《中国工业经济法规汇编 (1949~1981)》，第 111 页。

缴国家财政总数的 3.75%。

为了改变财权过于集中的状况，扩大企业的财权，"二五"期间的头四年（1958 年至 1961 年）实行过企业留成制度。按照《国务院关于实行企业利润留成制度的几项规定》，①企业利润留成（不分计划利润留成和超计划利润留成，系金额利润留成）比例，以主管部为单位计算确定。留成比例依据"一五"时期各主管部实际使用的"四项费用"（即技术组织措施费、新产品试制费、劳动安全保护费和零星固定资产购置费）、企业奖励基金和超计划利润提成的合计数占同期该部实现利润的百分比确定。留成比例确定以后，基本上五年不变。各主管部可在本部企业留成总数的范围内，按照各企业的具体情况，分别确定它们的留成比例，并可适量提取一部分，集中掌握，调剂使用。企业可将留成用于"四项费用"、流动资金和基本建设投资，也可以用于职工奖励和集体福利。但用于职工奖励和集体福利的部分，不得超过该企业职工工资总额的 5%。这项制度在扩大企业财权、调动企业积极性方面，是起了作用的。但企业财权仍然很小。据计算，在 1958 年至 1961 年期间，企业利润留成总额只占同期实现利润总额的 10.2%。

在 1962 年至 1965 年期间，适应国民经济调整时期集中财权的需要，又停止实行金额利润留成制度，恢复企业奖励基金制度。即国有企业除提取企业奖金外，其余利润全部上缴，企业所需的"四项费用"及其他生产开支由国家财政拨款。按照 1962 年 1 月财政部和国家经委颁发的《1962 年国营工业企业提取奖金的临时办法》规定：凡全面完成国家规定的产量、质量，新品种，工资总额，成本降低，资金周转，上缴利润等六项指标的企业，可按工资总额的 5% 提取企业奖金；每少完成一项指标，就少提奖金的六分之一；超额完成利润计划的，可从超计划利润中提取 10% 的奖金；亏损企业可从超计划降低成本额中提取 20% 的奖金。但在 1966 年"文化大革命"开始后，由于林彪、江青反革命集团的破坏，以及经济工作中的"左"倾错误，取消了企业奖金制度，企业利润全部上交，企业所需的生产资金由国家财政拨款。这样，在 1962 年至 1968 年

---

① 《国务院关于实行企业利润留成制度的几项规定》（1958 年 5 月 22 日），《中国工业经济法规汇编（1948~1981）》，第 118~119 页。

期间，企业提留的收入就大大下降了，仅占同期实现利润的 3.8%。

为了满足企业职工福利开支的需要，1969 年 11 月财政部发出《关于做好 1969 年决算编审工作的通知》，规定把按工资总额 3% 提取的企业奖励基金同按工资总额 8% 提取的医药卫生补助费和福利补助费合并，统称为职工福利基金，按工资总额的 11% 提取，并列入产品成本。这样，在1969 年至 1977 年期间，利润全部上交，企业没有从中提取任何收入，企业所需生产资金全由国家财政拨款。

粉碎"四人帮"之后，国家就开始纠正这种"左"的错误，1978 年试行了企业基金制度。按照《财政部关于国营企业试行企业基金的规定》，[①]凡是全面完成国家下达的产量，品种，质量，原材料、燃料、动力消耗，劳动生产率，成本，利润（包括实现利润和上交利润），流动资金占用等八项年度计划指标以及供货合同的工业企业，可按职工全年工资总额的5% 提取企业基金。没有全面完成计划指标，但完成产量、品种、质量、利润等四项指标和供货合同的工业企业，可按工资总额的 3% 提取企业基金；在完成产量、品种、质量、利润等四项指标和供货合同的前提下，其他指标每多完成一项，按工资总额增提 0.5% 的企业基金。没有完成产量、品种、质量、利润等四项指标和供货合同的，不能提取企业基金。企业基金主要用于职工福利和奖励。据计算，企业当年得到了 20 多亿元的企业基金。

为了扩大企业的财权，1979 年又试行全额利润留成制度。按照 1979年 7 月国务院颁发的《关于国营企业实行利润留成的规定》，[②]扩大企业经营管理自主权的试点企业试行全额利润留成制度。企业利润留成比例是按照 1978 年的新产品试制费、科研经费和职工技术培训费、职工福利基金和奖金占利润总额的比重确定的。利润留成用于建立生产发展基金、职工福利基金和奖励基金。1979 年，实行利润留成和盈亏包干的 2963 个工业企业，当年留利相当于同期上缴国家利润的 8.7%。这项制度对扩大企业的财权有一定的作用。但原来经营管理水平低，增产潜力大，占用

---

① 《财政部关于国营企业试行企业基金的规定》（1978 年 11 月 25 日国务院批转），《中国工业经济法规汇编（1949~1981）》，第 132~133 页。

② 《关于国营企业实行利润留成的规定》（1979 年 7 月 13 日国务院颁发），《中国工业经济法规汇编（1949~1981）》，第 138~139 页。

劳动力多的企业，利润留成比例高，得益多；而原来经营管理水平高，增产潜力小，占用劳动力少的企业，利润留成比例反而小，得益少。就是说，存在苦乐不均、鞭打快牛的现象。于是，1980 年改全额利润留成制度为基数利润留成加增长利润留成的制度。

按照《国家经委、财政部关于国营工业企业利润留成试行办法》的规定，[①]1980 年在扩大企业自主权的试点企业试行基数利润留成加增长利润留成的制度。基数利润留成比例参照新产品试制费、科研经费与职工技术培训费、职工福利基金、奖励基金和企业基金等五项资金占同年利润总额的比例确定。增长利润留成比例，按照不同行业，分别规定为10%~30%。企业必须完成产量、质量、利润和供货合同四项计划指标，才能提取全部利润留成资金。四项指标中，每少完成一项，扣减其应提的全部利润留成资金的 10%。全部利润留成资金，用于建立企业生产发展基金、职工福利基金和奖励基金。当年 6000 多个试点企业（其中包括200 多个试行以税代利、自负盈亏的企业）留利占实现利润的 10%。同全额利润留成制度相比较，基数利润留成加增长利润留成的制度，可以在一定程度上缓解苦乐不均、鞭打快牛的现象，但并不能根本解决这个问题。而且，在利润基数逐年增长的情况下，这种制度也不利于充分调动企业的积极性。

为了灵活适应各个部门和企业的不同情况，从 1981 年起，实行了多种形式的利润留成和盈亏包干办法。按照 1981 年财政部和国家经委《关于国营工交企业实行利润留成和盈亏包干办法的若干规定》，[②]对于生产正常、利润比较稳定的部门和企业，应当实行基数利润留成加增长利润留成的办法或全额利润留成的办法；对因调整期间生产任务不足，利润大幅度下降的部门和企业，可以实行超计划利润分成的办法；对潜力比较大的微利的部门和企业，可以实行上交利润包干、超收分成或留用的办法；对于确因客观原因发生亏损的部门和企业，可以实行亏损定额补贴包干的办法。这些办法有较大的适应性，避免了过去实行的利润留成办

---

①《国家经委、财政部关于国营工业企业利润留成试行办法》（1980 年 1 月 22 日国务院批转），《中国工业经济法规汇编（1949~1981）》，第 142~146 页。

②《关于国营工交企业实行利润留成和盈亏包干办法的若干规定》（1981 年 12 月 26 日财政部、国家经委颁发），《中国工业经济法规汇编（1981~1982）》，第 90~93 页。

法中一刀切的弊病。但仍不能由此使国有企业实现自负盈亏的目标。为了进一步向这个目标推进，1983 年又推行了利改税的办法。

按照《财政部关于国营企业利改税试行办法》，①国有企业从 1983 年 6 月起实行利改税。其中，凡有盈利的国有大中型企业，均依实现的利润，按 55% 的税率交纳所得税。税后的利润，一部分依企业的不同情况，分别采取递增包干上交、固定比例上交、交纳调节税和定额包干上交等办法上交国家，一部分按照国家核定的留利水平留给企业。凡有盈利的国有小型企业，应当依据实现的利润，按八级超额累进税交纳所得税。对税后利润较多的企业，国家可以收取一定的承包费，或者按固定数额上交一部分利润。大中小企业税后留利均用于建立新产品试制基金、生产发展基金、后备基金、职工福利基金和奖励基金。前三项基金的比例不得低于留利总额的 60%，后两项基金的比例不得高于 40%。这种利改税的办法，无疑比前述的利润留成办法前进了一大步。但实行此法以后，还在某种程度上存在着税利并存的局面。这显然不是完善的办法。于是，从 1984 年 10 月起又实行了第二步利改税。

按照《国营企业第二步利改税试行办法》，②第二步利改税将现行的工商税按照纳税对象，划分为产品税、增值税、盐税和营业税；将第一步利改税设置的所得税和调节税加以改进，增加资源税、城市维护建设税、房产税、土地使用税和车船使用税。国有大中型企业所得税税率适用 55% 的固定比例税率。其调节税税率的确定，以企业 1983 年实现的利润为基数，在调整由于税种、税率变化而增减的利润之后，作为核定的基期利润；再从基期利润中扣除所得税和 1983 年的合理留利；余下的部分占基期利润的比例，即为调节税税率。国有小型企业按新的八级超额累进税率缴纳所得税；对税后利润较多的企业，国家可以收取一定数额的承包费。③企业留利仍用于实行第一步利改税时要求建立的五项基金。但

---

① 《财政部关于国营企业利改税试行办法》（1983 年 4 月 12 日），《中国工业经济法规汇编（1983~1984）》，第 60~62 页。

② 《国营企业第二步利改税试行办法》（1984 年 9 月 18 日国务院批准公布），《税收与财务手册》，第 464~467 页。

③ 按照《中华人民共和国国营企业所得税条例（草案）》（1984 年 9 月 18 日国务院发布）规定：新的八级超额累进所得税税率依次分别为：10%、20%、28%、35%、42%、48%、53% 和 55%（《税收与财务手册》，第 688 页）。

企业从增长利润中留用的利润，一般应将 50% 用于生产发展，20% 用于职工集体福利，30% 用于职工奖励。第二步利改税是在第一步利改税的基础上发展起来的，因而有重大的进展。但它还明显地保留了第一步利改税乃至利润留成的某些痕迹，并不完善，还有待于进一步改进。

1981 年以来，随着利润留成和利改税等项制度的进一步推行，国有企业留利有了较大增长。①从企业新创造的净产值的分配看。全国7947个国营大中型企业的普查资料表明，1985 年创造净产值 1523 亿元，比 1980 年增长 59.7%。其中国家所得（含支付银行利息）增长 31%，企业所得增长 2 倍，职工所得增长 90.4%，税前还贷增长近 6 倍（由9.9 亿元提高到 57.7 亿元）。各自占总体的比例构成也发生了很大变化：国家所得由 72.7% 下降为 59.7%，企业所得由 7.7% 上升为 14.4%，职工所得也由 18.6% 上升到 22.1%。从 1985 年比 1980 年新增加的 569 亿元净产值分配看，国家所得仅占 37.8%，企业占25.7%，职工占 28.1%，企业和职工占 53.8%，大大超过了国家所得。②从实现利税的分配看。全国财政预算内工业 1985 年实现利税1183 亿元（其中利润 622 亿元，税金 561 亿元），比 1980 年增长 37.8%。上交税利 860 亿元，增长 13.8%；企业留利 241 亿元，增长2.5 倍。上交税利占实现利税的比重，由 1980 年的 88.1% 下降到 1985 年的 72.7%；企业留利则由 8.1% 上升到 20.3%。与实现利润相比，上交利润的比例由 81.5% 下降为 48.1%，企业留利的比例由 12.6% 上升到 38.7%。从 1985 年比 1980 年新增加的 325 亿元利税的分配看，主要用于扩大企业的财权。其中上交税利增加 104 亿元，占 32.1%；企业留利增加 171 亿元，占 52.7%。

我们在前面对剩余产品基金在国家和国有企业之间的分配量的历史和现状做了分析。我们从这个分析中要得出什么结论呢？

第一，从 1949 年新中国成立直到 1978 年，在统收统支的财政体制下，国有企业不仅留用的剩余产品基金少，由于折旧基金上交了，企业留用的生产资料补偿基金也不多。这是传统的经济体制不适合国有企业作为相对独立的商品生产者要求的一个主要表现，因而必须进行根本的改革。

第二，党的十一届三中全会以来，随着经济体制改革的进行，国有企业不仅留用的生产资料补偿基金增加了，企业留用的剩余产品基金也有了很大的增长。同时，由于实行产品税，缓解了因价格扭曲而造成的行业之间的苦乐不均的状况。这些在正确实现剩余产品基金在国家与企业之间的分配，使企业成为相对独立的商品生产者方面，前进了一大步，并对促进国有企业的技术改造和提高职工的劳动积极性，也起了积极作用。1981 年，由企业留利形成的生产发展基金以及留给企业的折旧基金和大修理基金三项合计为 201 亿元，1982 年为 243 亿元，1983 年为 281 亿元，1984 年为 292 亿元，1985 年达 300 多亿元。五年共计 1300 亿元，相当于同一时期固定资产平均值的 30% 左右。这就大大增强了企业的自我改造能力，使得企业完成的更新改造投资逐年增多，在更新改造投资总额中的比重不断上升。1981 年，国有工业企业完成更新改造投资 164.4 亿元，占更新改造投资总额的 43%；1982 年完成投资 206.8 亿元，比上年增长 25.8%，比重上升到 44%；1983 年完成投资 264.3 亿元，增长 27.8%，比重上升为 48%；1984 年完成投资 311.9 亿元，增长 18%，比重为 48%。据有关部门匡算，每投入一元更新改造资金，可以产出二元左右的工业产值，0.3~0.5 元的利税。据此计算，1981 年至 1984 年，在增加的产值中，大约有 50%，增加的利税中，大约有 60%，是依靠企业的技术改造及整顿实现的。企业留利的增长和在发放奖金方面自主权的扩大，调动了职工的积极性，提高了劳动生产率。1981 年至 1984 年的四年中，工业企业全员劳动生产率提高了 16.5%，平均每年提高 4%；1985 年 1 月至 11 月，又比上年同期增长了 9.8%。在 1981 年至 1984 年的四年中，由提高劳动生产率而增加的工业产值达到 717.9 亿元，占国有工业产值增加额的 58%。

（二）当前在国家和企业之间分配剩余产品基金方面存在的问题

如前所述，1979 年以来，剩余产品基金在国家和企业之间的分配已经有了很大的进展，但这并不是说这方面不存在问题了。目前，问题主要有三方面：

1. 第二步利改税以来，国有企业留用的剩余产品基金，并没有达到作为相对独立的商品生产者所需要的企业经营收入的水平。我们从前述的国有企业留利情况已经可以看到这一点。为了说明这一点，我们再列表于下：

1984 年国有工业企业人均留利与人均占用资金和人均工资之比较①

	绝对额（元）	为人均留利的倍数（以人均留利为 1）
人均留利	457.8	
人均占用固定资产净值	8641.1	18.9
人均占用定额流动资金	3586.6	7.8
人均占用全部资金	12227.7	26.7
人均工资	1071.0	2.3

如前所述，在实行第二步利改税以后，国有企业留利是用于建立新产品试制基金、生产发展基金、后备基金、职工集体福利基金和奖励基金的。而在人均留利同人均占用资金和人均工资相差如此悬殊的情况下，是远远不能满足上述五项基金需要的。这里还要考虑两点：一是这部分企业留利并不是全部用于建立五项基金的，还要从中扣除能源交通基金、建筑基金、国库券、奖金税、工资税和各种名目的集资、摊派等。据粗略估算，这些上缴和集资、摊派约占 1984 年国有企业全部留利的 40% 左右。二是这部分企业留利按其用途来说，真正构成企业经营收入的，主要还是前三项基金。这样，国有企业留利就更没有达到国有企业作为相对独立的商品生产者所需要的企业经营收入的水平。需要说明：限于我们手中的资料，这里列举的以及下面将要列举的（即论述剩余产品基金在国家和企业之间的分配存在的其他问题时列举的）多是 1984 年的情况。但近两年来，这方面的情况并无多大变化。②因而不影响我们在这里论述的问题的结论及其现实性。

陈云说过："研究问题，制定政策，决定计划，要把各种方案拿来比较。在比较的时候，不但要和现行的作比较，和过去的作比较，还要和外国的作比较。这样进行多方面的比较，可以把情况弄得更清楚，判断得更

---

① 资料来源：《中国统计年鉴》（1985），第 556 页；《中国统计年鉴》（1986），第 33、34、129 页。

② 据财政部财务决算资料，1985 年，工业企业留利 240.5 亿元，人均留利 782 元，除去钢铁、石油、化工、汽车等实行投入产出包干的行业，其他行业人均留利为 631 元。据企业反映，按现行政策，企业留利只能保两头（国家和职工），挤一头（企业）；一头要保能源交通基金、国库券、副食品提价补贴和地方摊派等，另一头要保职工奖金、自费调整工资、建宿舍和医疗费超支等。企业保这两头就需 600 元左右，余下用作发展生产基金的就不多了。据山东省对 2000 户预算内工业企业调查，1985 年企业名义上的税后留利润 7.7 亿元，占企业实现利润的 42%。经过七折八扣以后，真正留作生产发展基金的只有 4900 万元，占留利的 6%，每户企业不到 2.5 万元。现在，就多数企业来讲，只能维持简单再生产，还有相当一部分企业连简单再生产也难以维持（见《中国经济体制改革》1987 年第 8 期，第 4 页）。

准确。多比较，只有好处，没有坏处。"①为了进一步说明我们这里的问题，拟在下面把我国国有企业当前的留利情况和外国的有关情况做四种对比。

（1）我国国有企业所得税税率与资本主义国家企业所得税税率的比较。当前，某些发达的资本主义国家和发展中的资本主义国家一般的或最高的公司所得税税率如下表所示。

资本主义国家的公司所得税税率　　　　　　　　单位：%

国　别	税　率
美　国	34
日　本	42
联邦德国	50
法　国	45
英　国	52
意大利	30
比利时	45
奥地利	50
荷　兰	48
加拿大	46
印　度	55
巴基斯坦	30
菲律宾	35
印度尼西亚	35

上表表明：只有印度的公司所得税最高税率同我国国有大中型企业固定的所得税税率以及小型企业的最高税率是相等的，其余的国家（包括发达的资本主义国家和发展中的资本主义国家）的公司所得税税率都比我国低。当然，这里有许多不可比的因素。然而，在这些不可比的因素中，有我国国有企业税负较轻的因素，也有较重的因素。前者如资本主义国家都征收土地使用税，而我国过去是不征土地使用税的。后者如我国国有企业在交纳所得税以后，还要承受各种沉重的集资和摊派，这种情况在资本主义国家大约是难以发生的。还要看到，当前，在某些主要的发达资本主义国家中，还出现了公司所得税税率降低的趋势。比如，1987年以来，美国公司所得税最高税率由原来的46%下降为34%；法国

① 陈云：《怎样使我们的认识更正确些》，《陈云文选（1956~1985）》，第180页。

也从50%降低到45%；英国所得税基础税率从29%降到27%；日本和联邦德国所得税税率也都降低了。[①]所以，总的看来，似乎可以说，我国国有企业所得税税率较高，企业留利水平低。

（2）我国国有企业内筹资金的比重和发达的资本主义国家的企业的比较。

1975年至1977年主要资本主义国家的企业内筹资金与外筹资金的比例[②]

单位：%

国　别	内筹资金	外筹资金
美　国	64.7	35.3
日　本	49.9	50.1
联邦德国	64.5	35.5
英　国	76.1	23.9

上表表明：在当代主要资本主义国家的企业中，内筹资金占到近50%以至70%以上，而我国国有企业可支配的基金（包括企业留利、留用的基本折旧费和大修理折旧费）占当年企业资金的比例，尽管已由1980年的5.5%上升到1985年的8.5%，但与发达的资本主义国家的企业相比，仍相差甚远。依据一些典型材料看，即使近年来我国经营状况最好的国有企业，自己支配的资金在新增固定资产投资中也只占三分之一左右，其余三分之二要靠外部筹资来解决。

（3）我国国有企业留利中，用于发展生产的资金占剩余产品基金的比重与经济发达国家的（如美国）企业的比较。

1947年至1977年美国制造业投资额占剩余价值的比重[③]

年份	剩余价值（百万美元）	投资额（百万美元）	投资额占剩余价值的比重（%）
1947	34595	5998	17.3
1954	54096	8201	15.2
1963	98800	11370	11.5
1977	321153	47459	14.8

上表表明：美国制造业在1947年至1977年期间的投资额占剩余价值

①《世界经济导报》1987年3月16日第5版；《经济日报》1987年3月30日第4版。
②资料来源：《现代日本经济事典》，中国社会科学出版社1982年版，第780页。
③资料来源：《国际经济和社会统计资料（1950~1982）》，第228页。

的比重为 11.5%~17.3%。这里还只是投资额的比重，如果加上扩大再生产同时需要增加的流动资本，那比重还要高一些。我国国有企业相对应的比重是多少呢？按照我们在前面所列举的数字，1985 年国有工业企业留利占实现税利的比重为 20.3%。按照国家有关规定，留利是用于建立新产品试制基金、生产发展基金、后备基金、职工集体福利基金和职工奖励基金的；前三项基金不得低于 60%。依此计算，国有工业企业 1985年用于发展生产的资金最多只占实现税利的 12.2%。而在实际上比这还要少得多。

（4）我国国有企业留用的纯收入在纯收入总额中的比重与苏联、匈牙利和南斯拉夫等社会主义国家的比较。

本世纪 70 年代以来苏联、匈牙利和南斯拉夫企业留用的纯收入在纯收入总额中的比重

单位：%

国　别	国家集中的纯收入的比重	企业留用纯收入的比重
苏　联	80 左右	20 左右
匈牙利	70 左右	30 左右
南斯拉夫	60 左右	40 左右

如前所述，1985 年我国国有企业留利占实现税利的比重只有20.3%，不仅远远低于实行企业自治的南斯拉夫，也显著低于经济体制改革起步较早、并已取得重大成就的匈牙利，只是同经济体制改革发展缓慢的苏联差不多。如果再考虑到企业实际留利远远达不到 20.3%，实际上比苏联还要少。

上述几种对比都说明，当前我国国有企业的留利是低的，不能满足国有企业作为相对独立的商品生产者要求拥有的企业经营收入的水平。

2. 当前剩余产品基金的分配没有为国有企业之间以及国有企业与其他经济形式的企业之间的平等竞争创造条件，这也不符合作为相对独立的商品生产者的国有企业的要求。其主要表现有下列七方面：

（1）国有大中型企业与小型企业在竞争中处于不平等的地位。依据对全国6000 多个大中型国有工业企业的统计，上交税利占实现税利的比重过大，企业留利占实现税利的比重过小。1981 年，大中型企业上交税利占实现税利的比重为 87.8%，1982 年为 85.8%，1983 年为 85.3%，1984

年为 82.7%。与小型企业相比，大中型企业上交税利占实现税利的比重高于小型企业（1981 年高 14.2%，1982 年高 17.6%，1983 年高 2.2%，1984 年高 8.5%）。大中型企业留利占实现税利的比重，1981 年为 7%，1982 年为 9%，1983 年为 10.5%，1984 年为 12.9%，均低于小型企业（1981 年低 2.5%，1982 年低 2.6%，1983 年低 4.9%，1984 年低 5.4%）。留利的这种状况，显然是不利于大中型企业发展生产的。为了进一步说明这一点，我们再列表于下：

1984 年大中型企业重要指标与小型企业的比较[①]

项目	大中型企业	小型企业
一、职工年底人数（万人）	1984.21	3281.44
全部资金（亿元）	3362.77	2420.15
人均占用资金（元）	16947.65	7375.27
二、职工工资总额（亿元）	225.08	284.38
利润和税金总额（亿元）	820.66	542.56
工资利税率（%）	364.6	190.8

上表表明：大中型企业的工资利税率比小型企业高 0.9 倍。从这方面说，大中型企业上交税利占实现税利的比重似乎可能比小型企业高一些。然而上表同时表明：大中型企业的人均占用资金，即资金有机构成比小型企业要高 1.3 倍。如果考虑到这一点，那么，上述的留利状况是不适应大中型企业资金有机构成比较高，从而需要有更多的资金用于扩大生产的要求的。下述事实也可以作为这一点的佐证。在 1980 年到 1984 年期间，大中型企业固定资产占国有工业企业的 70% 以上，而它们完成的更新改造投资却只相当于国有工业企业的一半。

这种情况近两年来还是没有变化。据江苏省有关部门统计，1985 年，在该省地方国有独立核算的工业企业中，大型企业税后留利率为 22.1%，中型企业为 30.8%，小型企业为 37.3%。[②]可见，大型企业留利率最低。

（2）采取不同经营形式的国有企业也处于不平等的竞争地位。比如，普遍实行利改税的国有企业与实行利润递增包干的国有企业之间就存在

---

① 资料来源：《中国统计年鉴》（1986），第 330 页。
②《中国经济体制改革》1987 年第 5 期，第 31 页。

这种情况。1984 年，国有工业企业（主要是普遍实行利改税的国有工业企业）的留利占实现税利（不包括产品税和增值税）的 25.1％，而实行利润递增包干的 247 户国有工业企业高达 41.7％。下列机械工业部门的两个国有企业的情况，就可以具体地说明这一点。

1984 年实行利改税的洛阳轴承厂与实行利润递增包干的第二汽车制造厂的留利对比

项目	洛阳轴承厂	第二汽车制造厂
销售收入（万元）	19054.0	159687
成本费用（万元）	13606.8	115906
实现税利（万元）	5447.2	43781
上缴税利（万元）	4968.0	25500
1. 产品税、增值税	1043.2	8509
2. 所得税、调节税	3924.8	—
3. 利润	—	16991
企业留利（万元）	479.2	18281
企业留利占实现税利的比重（％）	8.8	41.6
人均留利（元）	278.5	3240.6

上表表明：1984 年，第二汽车制造厂企业留利占实现税利的比重及其人均留利分别为洛阳轴承厂的 4.7 倍和 11.6 倍，而这两个工厂同属机器制造工业，资金有机构成的差异并不悬殊。显然，企业留利的这种分配，使洛阳轴承厂处于很不利的地位。

（3）采取同一经营形式的企业之间也处于不平等的竞争地位。比如，实行利改税的企业之间在剩余产品基金的分配方面就存在这种状况。为了说明这一点，我们依据江苏省镇江市有关单位提供的调查资料，先列二表如下。

表一 调节税对镇江市塑料厂、印刷机械厂、合成纤维厂和发动机厂
1984 年企业留利率的影响 单位：％

厂名	调节税率	企业留利率
塑料厂	30.47	13.92
印刷机械厂	23.93	19.04
合成纤维厂	免	45.00
发动机厂	免	47.94

表一反映了两方面情况：一是合成纤维厂与发动机厂，1983 年处于微利状况，被豁免调节税。1984 年生产回升，利润明显增长，但由于免

表二　1984 年调节税对丹阳棉纺织厂和镇江棉纺织厂留利率的影响

厂名	职工人数（人）	资金利率税（%）	人均创税利（元）	调节税率（%）	企业留利率（%）
丹阳棉纺织厂	3512	66.17	4720	24.14	20.86
镇江棉纺织厂	3591	34.03	2731	8.24	36.76

缴调节税，税负轻，因而企业留利率分别高达 45% 和 47.94%。二是塑料厂与印刷机械厂，1983 年生产高涨，利润多，调节税分别核定为 30.47% 和 23.93%，税负重，因而 1984 年企业留利率分别只有 13.92% 和 19.04%。

表二表明：丹阳棉纺织厂和镇江棉纺织厂是两个生产规模大致相等的、生产同种产品的厂。但在 1983 年核定调节税时，由于前者的经济效益好，核定为 24.14%；而后者由于经济效益差，只核定为 8.24%。这样，尽管前者 1984 年的经济效益水平仍然远远超过了后者（资金利税率前者为后者的 1.95 倍，人均创税利前者为后者的 1.73 倍），但企业留利率，前者却比后者要低 15.9 个百分点。这就更加突出地表明调节税造成了企业之间严重的苦乐不均，使它们在竞争中处于很不平等的地位。

（4）国有工业内部各部门的企业处于不平等的竞争地位。其情况如下表。

1984 年国有工业各部门人均留利与人均占用固定资产之比 [①]

工业各部门	①人均留利（元）	②人均占用固定资产（元）	③①：②
电力工业	805.3	78471.6	1：97.4
冶金工业	892.7	24572.6	1：27.5
石油工业	933.3	43252.6	1：46.3
机械工业	506.5	13854.0	1：27.4
建材工业	340.2	16754.7	1：49.2
化学工业	529.9	22831.7	1：43.1
煤炭工业	95.6	13135.2	1：137.4
食品工业	381.3	12529.2	1：32.9
纺织工业	257.4	11592.8	1：45.0

就为各工业部门的企业创造平等的竞争环境这方面来说，各部门企

①《中国统计年鉴》（1986），第 333~334 页。

业人均留利大体上与人均占用的固定资产相适应，这无疑是一个重要的标志。然而，上表表明：就人均留利与人均占用固定资产的比值来说，只有冶金工业和机械工业是比较接近的。但这两个工业部门的比值与其他工业部门的比值以及其他工业部门相互之间的比值，相差都是很远的。这充分说明各工业部门的企业在留利方面是处于不平等地位的。这里，需要说明：我们是从剩余产品基金的分配没有形成企业之间平等的竞争条件来说的，这并不否定我们在前面说过的整个工业企业留利水平都低。因而冶金工业和机械工业的比值相近，既不说明它们的留利水平已经够高了，也不说明这种比值就是合理的了。

（5）国有经济各部门的企业处于不平等的竞争地位。1984年，国有工业企业留利占实现利润的比重为25.1%，交通邮电企业为28.1%，商业企业为50%，物资供销企业为51%，建筑企业为71.1%。但是，一般说来，工业和交通邮电企业人均占用的固定资产多，商业、物资和建筑企业人均占用的固定资产少。这种留利比重与人均占用固定资产不相适应的状况，说明工业和交通邮电企业在竞争中处于不利的地位。江苏省有关部门的调查资料也可以证明这一点。1985年该省预算内地方国有企业税后人均留利，工业企业是470元，商业企业是921元，物资企业是1745元，城市公用事业是791元。[①]可见，也是工业企业留利水平低于其他行业的企业。

（6）各地区之间的国有企业处于不平等的竞争地位。1984年，国有工业企业留利占实现利润的比重，上海市为16%，北京市为29.6%，前者低于后者；但每个职工平均装备率，上海市为6225元，北京市为5581元，前者高于后者。这种不相适应的状况，表明各地区之间的国有企业在竞争中处于不平等的地位。

（7）各种经济成分的企业处于不平等的竞争地位。据粗略计算，1984年，上海市企业实现利润在国家和企业之间的分配比例，国有大中型企业为八二开，大集体企业为五五开，乡镇企业为三七开，个体企业为二八开，中外合资企业为九一开。国有企业是使用国家资金的，从这方面来说，当前以至将来经济体制改革完成以后，国有企业纯收入中都有一

---

① 《中国经济体制改革》1987年第5期，第31页。

个较多的部分上缴国家。但是，国有企业（特别是大中型企业）的资金有机构成比大集体企业和个体企业要高得多。因此，当前企业纯收入在国家和企业之间的分配比例如此悬殊的状况，总是表明国有企业在竞争中处于不利的地位。这样说，并不否定中外合资企业所留纯收入的比重较大，是当前贯彻对外开放政策的需要。

3. 当前剩余产品基金分配方面存在的问题，还在于企业留利中用于发展生产的部分过少，用于职工集体福利和奖金的部分过多。按照1983年第一步利改税的有关规定，企业留利中用于发展生产的部分不得低于60%，用于职工集体福利和奖励的部分不得高于40%。1984年第二步利改税有关规定又提出：企业从增长利润中留用的利润，一般应将50%用于发展生产，50%用于职工集体福利和奖励。但近几年来实际执行的结果，远没有达到这些要求。依据对国有企业的匡算，1981年，企业留利中用于发展生产的比重为20%，1982年为25%，1983年为28%。1984年为20%。国有大中型企业在这方面的问题尤为突出。据计算，每个大中型企业平均占用固定资产6000多万元，而1981年至1984年四年累计用于发展生产的实际支出仅为72.7亿元，平均每个企业只有120多万元，每个企业平均每年只有30多万元，仅相当于每个企业占用固定资产的0.5%。就整个"六五"时期的情况来看，预算内国有工业企业留利780.1亿元，实际支付581.9亿元，其中用于发展生产、开发新产品的只有135.7亿元，仅占支出额的23.3%，用于福利和奖金的则多达422.5亿元，占72.6%。

应该指出：剩余产品基金分配存在的第三方面的问题，同第一、二两方面的问题（即企业留利没有达到作为相对独立的商品生产者需要的企业经营收入水平，以及没有为企业创造平等的竞争条件）是有原则区别的。前两方面问题是剩余产品基金分配没有满足作为相对独立的商品生产者的国有企业的两种基本需要，而第三方面的问题是国有企业超越本身的权限把属于国家所有的资金用到企业职工身上去了。因为，由企业留利建立的生产发展基金，像原有的生产资金一样，是归国家所有的，仅归企业使用；而职工的集体福利和奖励则是属于企业集体所有的。当然，第三方面的问题同前两方面的问题又是有联系的。企业留利水平低，很容易造成企业职工集体福利基金和奖励基金挤生产发展基金的情况。

没有形成平等的竞争环境，竞争开展不起来，也易于造成企业行为短期化。同时，第三方面的问题同前两方面问题导致的结果也有共同点。就是说，由于前两方面问题的存在，不适应国有企业作为相对独立的商品生产者的需要，会限制企业的积极性，这不仅会从根本上损害企业的利益，而且会从根本上损害国家的利益。同样，由于第三方面问题的存在，妨碍了企业的技术改造和生产发展，不仅从根本上损害了国家的利益，而且会从根本上损害企业的利益。

（三）解决当前剩余产品基金在国家和企业之间分配中的问题的途径

我们在前面分析了当前剩余产品基金在国家和企业之间分配中存在的三个主要问题（当然，不是一切问题）。那么，如何解决这些问题呢？总的说来，这些问题都是经济改革特别是生产和交换方面的改革有了进展、但又未根本完成的反映，都是我们经济体制改革前进过程中发生的问题。因此，它们的根本解决有待于新的经济体制框架的基本建立，只能在改革中逐步实现。我们在下面分别做出具体分析。

1. 要使剩余产品基金的分配满足国有企业作为相对独立的商品生产者对于企业经营收入的需要，实际上就是使企业成为自主经营、自负盈亏、自我积累、自我改造和自我发展的商品生产者的一项基本内容。首先，不从根本上做到自负盈亏，就很难解决这个问题。但这只能在改革过程中逐步实现。这是基本的一点。其次，1978 年以来，随着经济体制改革的进行，国家通过放权让利，国有企业留利已经有了很大的增加。但在当前条件下，要想再通过国家让利使企业增加留利，已经没有多少余地了。然而，随着经济体制改革的进一步发展，企业留利在促进经济效益提高方面的作用会得到进一步的发挥。当然，有些改革的这种作用在时间上是滞后的。但总的说来，只要改革步子稳妥，方法得当，它在这方面的作用是会逐步显示出来的。而且，随着改革的进一步发展，国家和企业以及中央政府和地方政府在投资方面可以做适当的分工。比如说，国家可以把投资逐步地主要集中到全国性的基础设施、公共工程和重点建设方面来，改变当前国家投资领域过多、财力负担过重的状况。在经济效益提高和投资适当分工的条件下，就可以用少增加企业上缴、多增加企业留利的办法，提高企业留利水平及其在剩余产品基金中的比重，逐步满足国有企业作为相对独立的商品生产者所需要的企业经营收入，并能同时做到满足作为国有制代表和上层建筑的社会主义国家的需要。再次，如果不改变当前名目繁多的、沉重的集资和摊派，那么，即使通过国家让利能够满足国有企业作为相对独立的商品生产者对于企业经营收入的需要，仍然不能在实际上保证企业扩大生产对于资金的需要。但是，随着经济体制改革的进一步发展，政企职责可以逐步分开，企业可以从根本上摆脱对于国家机关的行政隶属关系；再加上各种监督系统（包括财政、信贷、统计、会计、审计和工商管理等）和立法、司法的健全与完善，就可以保证企业留用的资金不受侵犯。最后，如果不从根本上解决当前国有企业普遍存在的行为短期化的问题，那么，即使通过国家让利能够满足国有企业作为相对独立的商品生产者对于企业经营收入的需要，也还是不能在实际上保证企业扩大生产对于资金的需要。然而，正像我们在后面将要详细论到的，随着经济体制改革的进一步发展，就可以逐步形成克服企业行为短期化的机制和条件，以保证企业留用的资金用于扩大生产。

　　这样说，并不意味着当前在增加企业留利方面是无所作为的，更不是说在增强企业活力方面就别无他途了。因为所谓满足国有企业对于经营收入的需要只能在改革过程中逐步实现，也是包括当前这个阶段在内的。就当前来说，可以采取的主要措施是：依据生产资料所有权与经营权分离的原则，推行各种有利于搞活企业的经营形式（当前主要是承包经营责任制），推行和完善厂长负责制，加强企业内部经济责任制，改革企业内部分配制度。这样，就可以提高企业的运营效益和生产要素的使用效益（当前在这些方面确实存在着巨大的潜力）；就可以大大增加剩余产品基金总量，就可以在不改变企业留利占剩余产品基金比重的条件下大大提高企业留利的绝对量。还需指出：所谓当前不能靠国家让利来增加企业留利，并不是从绝对意义上说的。实际上，当前国家也正在依据实际情况（如需要重点发展的行业以及技术改造任务重的企业等）逐步调减调节税，以增加这些企业的留利。还有，伴随着大量行政性公司的撤销，也就取消了公司对企业利润的提留。此外，依据当前情况采取各种可能采取的经济、行政和法律手段，制止对企业的集资和摊派，克服企业行为短期化等，也还是可以有所作为的。

　　2. 要在剩余产品基金的分配方面，为企业的平等竞争创造条件，也只能在经济体制改革的过程中逐步实现。因为做到这一点要有两个根本前提。①伴随企业自负盈亏的实现和市场体系的建立形成生产价格；同时，适应社会主义有计划的商品经济的要求和以间接控制为主的国家宏观管理的需要，价格管理体制实现由以国家统一定价为主向以市场价格为主的转变。这样，就可以使产品价格既能反映作为价值转化形态的生产价格的变化，又能反映供求关系的变化。但从长期的发展趋势来看，归根结底是要反映生产价格的变化。显然，只有做到了这一点，才能实现等量资金取得等量利润的要求，也才能在剩余产品基金的分配方面为平等竞争创造条件。为了完成价格管理体制的改革，当前需要采取调（调整价格）放（放开价格）结合、以放为主的办法，分步走，走小步，并与其他改革配套，逐步实现以市场价格为主的转变。②实现税制改革。从剩余产品基金的分配为企业的平等竞争创造条件这个角度来说，对税制改革可以做这样的设想：通过设置资金占用税，按照社会中等利息率把国家交给企业使用的资金价格（利息）收回来；设置资源税，按照作为超额利润的地租所占的生产价格的份额，把因使用国家交给企业的自然资源而应支付的地租收回来；设置其他税种（包括产品税、增值税和所得税等），并按照平等税负的原则，把作为上层建筑的社会主义国家承担的为满足社会共同事务需要而支付的费用收回来。这样，不仅国有企业之间，而且国有企业与集体企业以及非社会主义企业之间就处于平等的竞争地位了。这样说，是从抽象的意义上讲的。这有下列几点含义：一是只就剩余产品基金的分配为企业创造平等的竞争条件而言，舍弃了作为社会主义国家实现宏观控制的重要手段的税收所固有的奖限职能。而在实际上，这种奖限作用不仅在当前经济体制改革过程中，就是在经济体制改革完成之后，也还是存在的。比如说，依据各个时期产业政策的要求，需要奖励或限制某些产业部门的发展，因而需要相应地减少或增加某些税种（目），需要降低或提高某些税率。税收的这种奖限作用，不仅可以表现在各个产业部门上，而且可以表现在对待各种经济成分上。就是说，依据各个时期经济发展的需要，对各种经济成分可以采取不同的奖限政策，相应地采取不同的税收政策。二是从资金占用税、资源税和其他各种税收所负担的主要职能来说的，舍弃了实际经济生活中各税种负担职能存在的相互交叉的情况。三是以市场价格大体符合生产价格为前提，舍弃了当前价格与价值严重背离，因而仍需通过产品税等来缓解价格严重扭曲的情况。

为了实现上述税制改革的要求，需要采取以下措施：①增设资金占用税。这需要在提高企业经济效益的条件下，通过调整税种和税率来实行。②扩大资源税的征收范围。1984年已经开始对国有企业开征了资源税，但只限于原油、天然气、煤炭，其余的暂缓开征。至于对集体企业就是在这些方面，也还是减免的。显然，需要改变这种状况，积极扩大资源税的征收范围。同时，还要完善已经开征的资源税的征收办法。当前按销售利润率计征资源税的办法缺陷甚多。其表现是：由于规定销售利润率在12%以下的免征，于是有的纳税单位有意压低利润，逃避负税；由于规定销售利润率超过12%以上的按累进计算，又易于把因纳税单位主观努力而获得的收入也收上来，挫伤他们的积极性。因此，可以考虑改变按销售利润率计征的办法，实行从量计征。再有，由于我国自然资源矿藏贫富差别很大，盈利水平悬殊，似可考虑划分资源税目，分类确定税率。此外，1984年实行第二步利改税时已经规定设有土地使用税税种，但暂缓开征。适应上述税制改革的要求，需要开征土地使用税。1987年4月1日国务院发布了《中华人民共和国耕地占用税暂行条例》[①]开征耕地占用税。这是完全必要的。③实行统一累进税率的所得税。当前我国对各种经济成分的企业乃至同一所有制内部的企业实行的所得税税率是不等的。国有大中型企业的固定税率为55%，小型国有企业和乡镇企业为八级超额累进税率，中外合资企业在一般城市为33%，在经济特区、开放城市、开放区只有15%。这种情况适合当前各类企业的负担能力，并对保证国家财政收入和实行对外开放政策都有好处，具有某种合理性。但就平衡各类企业之间的税负来说，是不合理的。因此，需要积极创造条件，实现向统一累进税率的所得税的过渡。④取消调节税。1983年利改税以来，实行调节税，对保证国家财政收入是起了作用的。但当前调节税率是以1983年企业实现的利润为基础确定的。这样，当时经营管理水平越高，实现利润越多，增产潜力不大的企业，调节税越高；反之，就越低。因此，调节税的消极作用，不仅在于它降低了企业的留利水平，

---

① 《经济日报》1987年4月21日第2版。

而且起了鞭打快牛的作用，不利于贯彻平等税负的原则。因此，需要依据国家财政承受能力的提高逐步取消调节税。⑤取消企业奖金税和工资税。近年来实行的企业奖金税和工资税，对控制消费基金膨胀，实现社会总供给和总需求的平衡起了有益的作用。但对贯彻平等税负的原则也是不利的。为了保留它的积极作用并避免它的消极作用，似可考虑把从企业奖金税和工资税征得的税额逐步改由职工个人所得税征收。⑥完善产品税和增值税。当前，价格严重背离价值。而且，在价格改革过程中各种产品价格上升幅度不同，有些产品甚至会发生不合理的上升。因此，需要通过调整产品税率，把有些部门的企业因价格上升而增加的收入收归国家，以缓解因价格扭曲而造成的企业之间苦乐不均的状况。当前增值税税目少，新产品又在不断大量涌现。因而需要进一步划细某些产品的税目。不言而喻，这些也是贯彻平等税负原则所要求的。

　　3. 要在剩余产品基金分配方面保证企业生产发展基金真正用于扩大生产而不被挪做职工集体福利基金和奖励基金，也需要在完成经济体制改革过程中逐步实现。我国和其他社会主义国家经济体制改革的实践证明：克服企业行为短期化，是一件极为复杂、艰巨的事情，它有赖于具备一系列的条件。①实现企业自负盈亏和建立市场体系。这样，就可以形成一种内在的动力机制和外在的压力机制，促使企业把国家、企业和职工个人的利益以及长远利益和当前利益正确地结合起来，自动抵制短期行为，正确地处理企业留利中的发展生产基金和消费基金的比例关系。②实行把企业的责权利紧密结合起来的经营形式和健全的厂长负责制，把克服企业的短期行为作为企业和厂长的重要责任提出来，并和对厂长的奖惩结合起来，以便从经营形式和经营者这两方面来确保企业发展生产基金不被挪用。③国家要采取强有力的经济手段进行控制。比如，国家对企业因使用生产发展基金而增加的盈利部分，在一定时期内减免所得税；对挪用企业生产发展基金搞职工福利和奖励的，给予经济制裁（如不予贷款等）。又如，在金融体制改革有了进展、专业银行成为金融企业的条件下，严格金融企业与生产企业的信贷关系。随着我国经济体制改革的进行，已经实行了固定资金的"拨（即国家财政拨款）改贷（即银行贷款）"。但这种信贷关系并不严格。其主要表现：一是贷款企业与放款银行之间一般都不签订严格的合同。依据有关部门提供的资料，

1980 年到 1986 年，全国实行"拨改贷"的项目有 8600 多个，但签订贷款合同的只有 700 个，大约仅占 8.1%，其余的只有一个临时的借款协议，没有明确规定借贷双方的责权利。于是出现了许多贷款不能按期归还的现象。据统计，近几年，"拨改贷"项目累计发放贷款 700 多亿元，实际收回的只有 32 亿元，大约仅占发放总额的 4.6%。二是税前还款，实际等于国家财政代企业承担了相当大的一部分利息。三是利息率过低，甚至低于通货膨胀率。这种情况也刺激了企业挪用生产发展基金，资金不够则向银行贷款找出路。因此，必须严格银行和企业的信贷关系。就是说，要签订严格的合同，到期必须还款。同时，实行税后还款，适当提高利率。这样，就有利于堵塞企业依赖银行贷款、挪用生产发展基金的路子。④健全立法司法工作。主要是要在有关立法中明确规定：由企业留利形成的生产发展基金像原有的生产资金一样，也是国家的财产，企业和企业经营者有义务像保护原有的生产资金一样来保护由留利形成的生产发展基金；违者要受到法律的严厉制裁。同时，要坚决执行业已公布的企业破产法。在企业自负盈亏的条件下，企业挪用生产发展基金，搞职工福利和奖励，就会导致技术停滞和生产萎缩，就会在竞争中破产。在这种情况下，坚决执行破产法，就会有力地遏制企业的短期行为。⑤健全和完善各种监督系统的工作，充分发挥它们对企业的监督作用，这也是克服企业短期行为的一个重要条件。⑥在条件具备的情况下，要使企业的留利水平能够满足生产发展基金和职工福利、奖金的需要；同时要采取各种措施，坚决制止对企业的各种集资和摊派，以保证企业能够把留利真正用于这两方面的需要。这些也是保证企业生产发展基金不被挪用的重要条件。

根据上面的分析，我们可以作出这样的结论：既要采取积极的态度，来解决企业生产发展基金被用于职工福利、奖金的问题，又要看到这个问题的根本解决，有赖于新的经济体制的基本建立，就是说，只能在经济体制改革过程中逐步实现。

第八章　经济管理体制的改革

按照邓小平的说法，经济体制改革，"这是一件大事，表明我们已经开始找到了一条建设有中国特色的社会主义的路子。"①因此，经济体制②改革是一个具有极端重要意义的问题。

第一节　高度集中的经济管理体制的形成和沿革

一、高度集中的经济管理体制雏形的初步建立

在半殖民地半封建的中国，在国民党反动派长期实行恶性通货膨胀政策的条件下，投机资本十分猖獗。新中国成立后，经过 1949 年 11 月反对投机资本的斗争，取得了重大胜利，出现了暂时的物价稳定。但这种稳定既不是财政收支平衡的结果，也不是商品供求平衡的结果，因而基础是不牢靠的。于是，从 1949 年 11 月物价平稳时到 1950 年 1 月中旬，物价上涨了 30%，2 月底比 1 月又上升了一倍。当时解决这个问题，首先是要统一财政经济工作。正是在这种情况下，中央人民政府政务院于 1950 年 3 月做出了《关于统一国家财政经济工作的决定》。③这个决定的基本内容有三点：①统一全国财政收支，即国家的主要收入，如公粮、税

---

① 邓小平：《建设有中国特色的社会主义》（增订本），第 121 页。

② 这里先说明一个概念：按照我国许多经济学家的意见，经济体制包括两方面：一是生产资料所有制，二是经济管理体制。本章主要是讨论后一方面的问题，但在有些地方也涉及到前一方面的内容。

③《新华月报》1950 年 4 月号，第 1393~1395 页。

收和全部仓库物资，以及国有企业的收入，统归国库，并使其集中用于军事上消灭残敌和经济上的重点恢复。②统一全国的物资调度，即由国家的商业部门把归国家所有的重要物资，如粮食、纱布和工业器材等，从分散无力的状态中，集中起来，变为有效的力量。③统一全国的现金管理，即把所有属于政府的但分散在各企业、机关、部队的现金，由中国人民银行统一管理，集中调度。当时，这三种统一避免了财力物力的分散和浪费，达到了国家集中使用的目的。这个决定还就节约各项支出、整顿各项收入作了一系列规定。所有这些，对于平衡财政收支，避免通货膨胀，稳定物价，都起了重大的作用。与此同时，还做了保证充分的物资供应的工作，以实现商品的供求平衡。结果，从 1950 年 3 月以后，全国出现了物价稳定的局面。

现在需要着重指出：统一财政经济工作以及尔后的有关工作，实际上就是初步建立高度集中的社会主义管理体制雏形的过程。从《关于统一国家财政经济工作的决定》以及国民经济恢复时期的其他有关决定来看，这个雏形包括下列几个重要方面：

就中央和地方管理企业权限的划分来说，实行统一领导，分级管理。凡属国家所有的企业，分三种办法管理：一是归中央人民政府各部直接管理；二是暂时委托地方人民政府或军事机关管理；三是划给地方人民政府或军事机关管理。

就国家和企业的关系来看，开始实行高度集中的管理体制。①在财政方面，实行统收统支。国有企业需要的资金（包括固定资产投资和定额流动资金），按所属关系，由中央政府或地方政府的预算拨款。超定额的流动资金由中国人民银行贷款。国有企业除了均须依照中央人民政府财政部的规定交纳税收外，还需依所属关系把折旧基金和利润的大部分交中央人民政府财政部或地方政府。国有企业只能分别提取计划利润的 2.5%~5% 和超计划利润的 12%~20%，作为企业奖励基金。②在物资供应和产品销售方面，开始实行以计划调拨为主的物资供应和产品收购体制。当时是由中央人民政府贸易部承担这个物资调拨和产品收购任务。1950 年，对煤炭、钢材、木材、水泥、纯碱、杂铜、机床、麻袋八种主要物资实行计划调拨。到 1951 年，计划调拨的物资增加到 33 种；1952 年又增加到 55 种。③在劳动方面，也着手建立集中管理的体制。当时设立了中央和各大行政区、省、市的编制委员会，统一管理这方面的工作。规定各部门、各企业编外及多余的人员，不得擅自遣散，均由全国各级编制委员会统一调配使用；各部门、各企业如需增添人员，在经过适当机关批准之后，必须先向全国编制委员会请求调配，只有在调配不足时，才能另外招收。④在计划方面，开始对国有企业实行直接计划即指令性计划。在国民经济恢复时期，这项任务是由政务院财政经济委员会（以下简称中财委）承担的。其程序是：先由中财委提出年底的国营企业生产控制数字，报中央人民政府政务院批准，并责成中央各部和大行政区各部，根据此数字，分配给所属企业；然后再由基层企业开始，自下而上地编制本系统的生产、成本、劳动等项具体计划，逐级审查汇总，由中央各部分别审核后，综合送达中财委批准；最后再按系统逐级下达至基层企业贯彻执行。

建立这种高度集中的社会主义国有经济管理体制的雏形，是以在国民经济中居于主导地位的社会主义国家所有制经济为基础的，是符合社会生产发展水平低和生产结构较为简单的历史情况的，是适应当时解决财政经济困难的需要的。因此，在它建立以后，对于消除财政赤字，稳定市场，集中财力用于军事上和经济上重点恢复的需要，都起了重要的促进作用。

二、高度集中的经济管理体制的形成

（一）高度集中的经济管理体制形成的历史背景

前面已经说过，在国民经济恢复时期，已经确立了高度集中的经济管理体制的雏形。到了"一五"时期，这个雏形有了进一步的发展，形成了高度集中的经济管理体制。

高度集中的经济管理体制形成的历史背景，一是已往几千年封建社会形成的自然经济思想的影响。二是过去20多年革命根据地和解放区处于被包围、被分割的农村情况下形成的自给自足、各自为战的管理制度，以及战时共产主义供给制的影响。三是在缺乏社会主义建设经验的情况下，基本上学习了苏联斯大林时期实行的经济管理体制。这些因素都是重要的，但都是历史的或外在的因素，而不是现实的和内在的因素。四是现实的和内在的因素，就是这种体制适应了"一五"时期集中主要力量进行以重工业为主的重点建设的需要。

　　这种高度集中的经济管理体制有一个很大的优点，就是能够把社会的资金、物资和技术力量集中起来，用于有关国计民生的重点项目、国民经济发展中的薄弱环节和经济落后地区，从而比较迅速地形成新的生产力，克服国民经济各个部门之间和各个地区之间的发展不平衡状态，促使国民经济按比例地、迅速地发展。这一点，正好适应了实现"一五"计划基本任务的需要。

　　"一五"计划首要的基本任务，是集中主要力量进行以苏联帮助我国设计的 156 个建设项目为中心的、由限额以上的 694 个建设项目组成的工业建设，建立我国的社会主义工业化的初步基础。显然，要实现这项任务，需要大量的财力、物力和技术力量。1952 年，尽管我国国民经济已经得到了恢复，但经济力量仍然是很薄弱的，财力、物力和技术力量都很有限，不能充分适应建立社会主义工业化初步基础的需要。要使得有限的经济力量能够满足社会主义工业化建设的需要，就需要适当集中全国的经济力量。根据"一五"计划的规定，单是苏联帮助设计的建设项目在五年内的投资就达到 110 亿元，占工业基本建设投资 248.5 亿元的44.3%。而且，直接配合这些建设项目的，还有 143 个限额以上的建设项目，五年内对这些建设项目的投资是 18 亿元，占工业基本建设投资的7.2%。两项合计共占 51.5%。[①]这就表明，在"一五"期间，需要集中主要投资来保证苏联帮助设计的重点工程及其直接配套工程的建设。还要进一步看到：限额以上的 694 个建设项目，特别是苏联帮助我国设计的156 个建设项目，都是关系国民经济命脉的项目。它包括建立和扩建电力工业、煤矿工业和石油工业，建立和扩建钢铁工业、有色金属工业和基本化学工业，建立制造大型金属切削机床、发电设备、冶金设备、采矿设备和汽车、拖拉机、飞机的机器制造工业等。建设这些项目不是为了满足一个地区的需要，而是为了满足全国的需要。这些建设项目不仅技术复杂，而且投资量大。这种情况又决定了这些建设项目必须由中央集中统一管理。因而也需要由中央集中资金、物资和技术力量。显然，如果不实行由中央集中全国经济力量（包括资金）的高度集中的经济管理体制，是难以实现"一五"期间建立社会主义工业化初步基础的任务的。

---

　　① 《中华人民共和国发展国民经济的第一个五年计划（1953~1957）》，人民出版社 1955 年版，第 31 页。

发展手工业生产合作社，建立手工业的社会主义改造的初步基础，以及基本上把资本主义企业纳入各种形式的国家资本主义的轨道，建立对于私营企业的社会主义改造的基础，是"一五"计划的两项基本任务。为了实现这两项基本任务，需要国家掌握雄厚的财力和物力，为社会主义改造提供强大的物质力量。从这一点说，建立高度集中的经济管理体制，也是实现社会主义改造的要求。

（二）高度集中的经济管理体制的主要内容

在实行这种高度集中的经济管理体制的条件下，无论就中央政府和地方政府对国有企业的管理权限来说，还是就国家和企业的管理权限来说，都是高度集中在中央政府手中的。

1. 国有企业的管理。

如前所述，国民经济恢复时期，在国家对国有企业的管理方面，曾经实行了统一领导和分级管理的原则。当时除了在华北地区中央政府直接管理了一部分企业以外，在其他各大行政区，企业基本上是由各该大行政区直接管理的。但在"一五"期间，中央政府各部门直接管理的工业企业数大大增长了，即由1953年的2800多个增长到1957年的9300多个，大约占当年国有工业企业总数58000个的16%，工业产值接近国有工业总产值的一半。决定这一点的有三个基本因素：①有计划的经济建设的开展，要求进一步加强中央政府的集中统一领导。与此相联系，1954年6月19日中央人民政府决定撤销大区一级的行政机构。在国民经济恢复时期，各大行政区代表中央人民政府领导和监督地方政府，对于贯彻中央政府的政策，恢复国民经济，以及进行政治、文化等项工作方面，都起过很重要的作用。但随着国家进入有计划的经济建设时期以后，这种管理体制不适应进一步加强中央集中统一领导的要求。为了中央政府直接领导省、市以便于更能切实地了解下面的情况，减少组织层次，提高工作效率，克服官僚主义，有必要撤销大区一级的行政机构。随着大行政区的撤销，原来由各大行政区直接管理的国有企业就转到中央政府各部门手中了。②随着私人资本主义企业的社会主义改造的基本完成，原来的私营企业变成了公私合营的企业，其中一部分也由国家来直接管理了。③由国家投资兴建的企业投产以后，也由中央政府有关部门直接管理。

2. 基本建设项目的管理。

"一五"期间，基本建设项目（特别是大中型基本建设项目）投资的绝大部分都是由中央政府直接安排的。从"一五"计划实际执行的结果来看，国家预算内投资达到 531.18 亿元，占基本建设投资总额的 90.3%。[①]其中，属于中央政府直接管理的项目的投资占 79%，属于地方政府直接管理的项目的投资占 21%。

"一五"期间，基本建设项目的审批权也是高度集中的。依据有关文件规定，国务院各部门和省、市、自治区管理的各类基本建设项目在 500万元至 3000 万元间的，需经国家建设委员会审核，国务院批准；60 万元至 300 万元之间的各类基本建设项目需经国务院各部或各省、市、自治区人民委员会审核批准；60 万元以下的各类基本建设项目，其审核和批准程序，分别由国务院各部和各省、市、自治区人民委员会自行规定。[②]

在这期间，中央政府各主管部门对重点建设项目的管理权也很集中，从人、财、物的调度，到设计施工，到生产准备的安排，是一管到底的。

3. 计划管理。

国民经济恢复时期结束的时候，社会主义经济成分的比重是大大增长了，但各种私有制也还占有很大的比重。据统计，1952 年社会主义国家所有制工业产值占工业总产值的 41.5%，集体所有制工业产值占3.3%，公私合营工业产值占 4%，私人资本主义工业产值占 30.6%，个体工业产值占 20.6%。[③]依据这种实际经济状况，"一五"期间实行了直接计划与间接计划和市场调节相结合的计划管理制度。就是说，对国有企业和生产国家计划产品的一部分公私合营企业实行直接计划，由国家向这些企业下达指令性生产指标。指令性指标有 12 项：总产值、主要产品产量、新种类产品试制、重要的技术经济定额、成本降低率、成本降低额、职工总数、年底工人到达数、工资总额、平均工资、劳动生产率和利润。对多数公私合营企业和私人资本主义工业以及一部分手工业实行间接计划，主要由国家采用各种经济政策、经济合同和经济措施，把它们的经

---

①《中国统计年鉴》（1981），第 303 页。

② 国务院《关于基本建设工程设计和预算文件审核批准暂行办法》（1955 年 7 月 12 日发布），《中国工业经济法规汇编（1949~1981）》，第 209~210 页。

③《中国统计年鉴》（1984），第 194 页。

济活动引导到国家的计划轨道。至于对各类小商品生产，一般不列入国家计划，由市场进行调节。

在"一五"前期，有关国计民生的生产已经纳入国家的直接计划。但生产中的间接计划和市场调节部分仍占有很大的比重。1952 年，公私合营工业、私人资本主义工业和个体工业产值占工业总产值的 55.2%；直到 1955 年还占到 41%。[①] 所以，即使扣除了公私合营工业产值中已纳入国家直接计划的部分，在"一五"前期，间接计划和市场调节部分的比重仍然不小。这种直接计划与间接计划和市场调节相结合的计划管理制度，既具有宏观经济发展需要的统一性，又在某些方面（主要是私有经济中）具有微观经济发展需要的灵活性，从而成为这个时期经济发展的重要因素。

但到"一五"后期，工业生产中直接计划的部分大大增长了，而间接计划的部分大大缩小了。1953 年，国家计委统一管理、直接下达计划指标的产品是 115 种；1956 年增加到 380 多种，其产值占到工业总产值的 60% 上下。这部分地是由于重点建设的开展，需要中央政府集中更多的财力和物力；部分地是由于国民经济计划工作经验的积累，对各种生产条件的认识更加清楚，有可能制定更多的指令性计划指标；部分地是由于生产资料私有制的社会主义改造的基本完成，有可能把原来对国有企业的管理制度推广到更多的公私合营的企业中去。

4. 财务管理。

"一五"时期，国家对国有企业继续实行统收统支的财务管理制度。国有企业需要的资金（包括固定资产更新改造需要的技术措施费、新产品试制费和零星固定资产购置费，以及定额流动资金），按企业隶属关系，由中央政府或地方政府的财政拨款，超定额流动资金由国家银行贷款。国有企业除了需要依据中央人民政府财政部的规定缴纳税款外，还需要按照隶属关系把全部折旧基金和大部分利润上缴中央政府财政部或地方政府。企业只能按照国家规定提取一定比例的计划利润和超计划利润作为企业奖励基金。

---

①《中国统计年鉴》(1984)，第 194 页。

5. 物资管理。

"一五"时期，为了加强对物资的集中统一管理，将物资分为三类：一是统配物资，即关系国计民生的最重要的通用物资，由国家计划委员会组织生产和分配的平衡。二是部管物资，即重要的专用物资，由国务院各主管部门组织生产和分配的平衡。这些列入国家计划分配的物资，均由国家计委或国务院各主管部门统一组织生产和分配，生产企业、国务院其他部门和地方政府无权支配。三是地方管理物资，即第一、第二两项以外的工业品生产资料，不由国家计划分配，而是一部分由地方政府安排生产和销售，大部分由企业自产自销。

与这种物资管理体制相适应，在物资价格管理上，第一、二类物资都是按国家的计划价格组织调拨，第三类物资的价格由地方或企业自行规定。

同直接计划与间接计划相结合的计划管理体制相配合，计划物资也采取直接计划与间接计划相结合的分配方法，将需要第一、二类物资的企业分为两类。一是申请单位。包括中央政府各主管部门的直属企业、地方政府直属的大型企业以及生产国家计划产品的一部分公私合营企业。国家对这些企业的全部生产或部分生产实行直接计划，下达指令性指标；对它们需要的第一、二类物资也实行直接计划供应的办法。即由它们通过主管部门申请供应，并对它们的物资实行国家计划调拨。二是其他企业，为非申请单位。对它们需要的第一、二类物资，实行间接计划供应的办法，由商业部门依照市场牌价通过门市部供应。

前面说过，"一五"时期，国家直接计划生产的产品的范围不断扩大。与此相联系，计划分配物资的种类也在增长。1953 年，计划分配的物资为 227 种，其中一类物资为 112 种，二类物资为 115 种；1957 年，计划分配物资增长到 532 种，其中一类物资为 231 种，二类物资为 301 种。与此相对应，非计划分配的重要物资，不仅在品种上减少了，在供应的数量上也下降了。通过商业部门向非申请单位供应的钢材占全国钢材供应总量的比重，1953 年为 35.9%，1956 年下降到 8.2%。

6. 劳动工资管理。

在劳动管理方面，1954 年以前，是在中央统一政策指导下，以大行政区管理为主的。当时，不论是国有企业还是私营企业，都可以在国家政策允许的限度内自行增减职工；企业招工可以对职工进行考核，并可择优录用，还有辞退职工的权力。进入"一五"时期以后，1954 年撤销了大行政区，对劳动用工的管理，就逐步转到以中央集中管理为主了。同时，为了适应有计划的经济建设的需要，又逐步扩大了国家对职工统一分配的范围，从大学毕业生，到中专毕业生和技工学校毕业生，一直到复员退伍军人。而在全行业公私合营以后，对原来私营企业的职工又实行了包下来的政策。这就形成了能进不能出的"铁饭碗"的制度，同时也意味着企业的用工权利丧失殆尽了。

在工资管理方面也存在类似的情况。在国民经济恢复时期，工资也是以各大行政区的分散管理为主的。进入"一五"时期以后，1953 年已经开始对工资实行集中管理。但这时国家只控制工资总额和平均工资指标；而且这两个指标是逐年增加的。这样，地方、部门和企业都可以在国家规定的范围内安排部分职工升级，并依据需要实行计件工资和建立奖励制度。1954 年，大行政区撤销以后，工资管理就集中到中央政府劳动部手中。经过两年的准备，到 1956 年，进行了全国工资改革。从建立全国统一的国有企业工资制度来说，这次工资改革的内容主要包括：取消工资分制度和物价津贴制度，统一实行直接用货币规定工资标准的制度；分别按产业规定工人的工资等级数目和工资等级系数，统一制定或修改技术等级标准，实行等级工资制，对企业领导人员、工程技术人员和职员，实行职务或职称的等级工资制；地方国有企业职工的工资标准和工资制度，由各省、市、自治区依据企业的规模、设备、技术水平和现在的工资情况等条件，参照中央国有企业职工的工资标准和工资制度来规定。

这次工资改革，不仅涉及到中央国有企业和地方国有企业，而且涉及到公私合营企业。按照当时的有关规定，在全行业公私合营以前实行了公私合营的企业，一般与国有企业同时进行工资改革，使它们的工资标准和工资制度与同一地区性质相同、规模相近的国有企业大致相同，现行工资标准高于当地同类性质国有企业的，一律不予降低。全行业公私合营以后建立的公私合营企业的工资标准和工资制度，逐步向同一地区性质相同、规模相近的国有企业看齐。公私合营企业的职工和私方人员的现行工资标准，同当地同类性质的国有企业的工资标准相比较，高了的不减少，低了的依据企业生产、营业情况和实际可能，分期逐步增加。

这样，经过这次工资改革，不仅在国有经济内部建立了统一的工资制度（包括由中央政府统一规定职工工资标准以及职工定级、升级制度等方面），而且开始把这种统一的工资制度向公私合营企业推广了。

上述情况表明："一五"时期，我国在企业管理、基本建设项目管理、计划管理、财务管理、物资管理和劳动工资管理等方面都建立了高度集中的管理制度，从而形成了较完整的高度集中的经济管理体制。

当然，"一五"时期是我国高度集中的经济管理体制的形成时期，因而，在这方面，"一五"前期（即 1956 年生产资料私有制的社会主义改造基本完成以前）和"一五"后期（即 1956 年生产资料私有制的社会主义改造基本完成以后）就会出现阶段性的差别。

总的来说，"一五"前期的经济管理体制也已经是高度集中的管理体制，但相对"一五"后期来说，中央政府的集权程度还不是很高，地方政府和企业还有较多的管理权力。但到了"一五"后期，伴随着生产资料私有制的社会主义改造的基本完成，以及社会主义建设对于财力物力的需要和财力物力供应不足的矛盾的发展，这种高度集中的经济管理体制就进一步向前发展了，经济管理的权力更进一步集中在中央政府手中，地方政府和企业就没有多少活动余地了。

这一点，表现在经济体制的各个方面。在中央政府直接管理的国有企业的数量方面，"一五"后期比"一五"前期增长了。在计划管理方面，1956 年以后，列入国家直接计划的产品品种增长了，间接计划和市场调节的部分缩小了。在物资供应方面，1956 年以后，由国家计划分配的主要物资品种增长了，非计划分配的重要物资的品种减少了。在商品流通方面，"一五"后期，国家计划收购的部分大大增长了，而国有企业特别是私营企业自产自销部分大大减少了。[①]在劳动用工方面，1956 年由于对私营企业的职工实行包下来的政策，就最后形成了统包统配的制度。在工资方面，经过 1956 年的工资改革，尽管企业还有自行决定计件工资和奖励制度的权力，但由于要执行国家统一规定的工资标准和定级、升

---

① 据统计，私营企业自产自销部分的产值占私人资本主义工业产值总的比重，1952 年为 38.9%，1956 年不到 0.2%。

级等项制度，在这方面，企业的活动余地也就变得很狭小了。可见，"一五"后期，我国高度集中的经济管理体制是大大向前发展了。

（三）高度集中的经济管理体制的历史作用及其弊病

历史经验已经证明："一五"时期建立起来的高度集中的经济管理体制，对"一五"计划各项任务的实现，起了重要的促进作用。这种体制有利于集中主要力量进行以苏联帮助我国设计的 156 个建设项目为中心的、由限额以上 694 个建设项目组成的工业建设，建立我国的社会主义工业化的初步基础；有利于优先发展重工业，克服半殖民地半封建旧中国留下的农业、轻工业和重工业之间的比例失调状态；也有利于加快内地工业的发展，克服旧中国留下的沿海和内地之间的经济发展的严重不平衡状况，从而有利于实现国民经济有计划按比例的发展；有利于国家掌握雄厚的经济力量，为生产资料私有制的社会主义改造提供良好的物质条件；有利于保证国家财政收入的增长、市场价格的稳定和人民生活的提高。

历史经验表明：高度集中的经济管理体制固有的弊病，在"一五"时期也已经有了暴露。这包括：这种体制不适合国有企业作为相对独立的商品生产者的要求，束缚了企业的积极性；由这种体制造成的条块分割状态，割断了发展商品经济所要求的部门之间和地区之间的经济联系；这种体制容易造成基本建设投资膨胀，导致国民经济比例关系的失调；这些又会导致经济效益低等后果。

高度集中的经济管理体制虽然既有积极作用，也有消极作用，但二者并不是平分秋色的关系。上述情况表明：高度集中的经济管理体制，是适应了"一五"时期社会生产力发展的要求，并符合"一五"时期的具体情况，从而使它的积极作用成为主要方面。这是把"一五"时期作为一个整体说的，它并不意味着这种体制的积极作用和消极作用，在"一五"前期和后期都是同等的。实际上，由于前面已经论述过的原因，在"一五"前期，这种体制的积极作用更大些，消极作用要小些；而在"一五"后期，虽然积极作用还是主要的，但消极作用明显地增长了。正如党的十二届三中全会所总结的："建国初期和第一个五年计划期间，我国面临着实现全国财政经济统一、对资本主义工商业进行社会主义改造和开展有计划的大规模建设的繁重任务，逐步建立起全国集中统一的经济体制。那个时候，在许多方面还没有统得很死，而且在社会主义改造的方法和步骤上坚持了从中国实际出发，有很大的创造。但是，随着社会主义改造的基本完成和我国经济发展的规模越来越大，原来为限制和改造资本主义工商业所采取的一些措施已不再适应新的形势，经济体制方面某些统得过多过死的弊端逐渐暴露出来。"①

三、高度集中的经济管理体制的沿革

高度集中的经济管理体制在当时社会经济发展水平不高、经济结构较为简单的条件下，同社会生产力的发展要求还有较多的适应的一面。但是，另一方面，随着社会主义建设事业的发展，这种经济管理体制的弊病也越来越明显地暴露出来。于是，1958 年开始对这种体制进行了改革，改革的中心是扩大地方（省、市、自治区）的经济管理权限。其要点有：一是将中央各部直属企业大部分下放给地方管理，从 1958 年 3 月到该年年底，中央直属企业共下放了 8000 多个，中央各部只保留了 1000 多个重要的、特殊的以及"试验田"性质的企业，下放企业占到总数的 87%。二是实行中央和地方两级财政，实行"收支挂钩、比例分成、一定五年"的办法。三是减少了国家统一分配的物资，1958 年归中央统一分配的物资一度减少到 130 多种，比 1957 年减少了 75%。四是把招收临时工的权力下放给省、市、自治区，由地方根据需要自行安排。五是扩大了地方的计划权，规定地方在保证完成国家规定的生产、建设任务以及设备、原材料、消费品的调拨计划的前提下，可以对本地区的生产指标进行调整，允许地方搞生产上的第二本账，②基本建设项目的审批权也相应下放给地方。同时，实行计划体制的"双轨制"，即中央主管部负责制订全行业的全国统一计划，地方负责地区的全面计划，国家计委和国家经委根据这两个方面的计划，制订全国的统一计划。

如果仅仅就处理中央和地方的经济管理权限这个意义上来说，那么可以讲这次改革的方向是对的，并且是取得了一定的成绩的。经过这次改革，在某种程度上调动了地方的积极性。在一段时间内地方工业也确实发展得很快。

---

① 《中共中央关于经济体制改革的决定》，第 8~9 页。
② "第一本账"是中央规定的生产指标，是必成数；"第二本账"是地方调整后的生产指标，是期成数。

但是，中央经济管理权限的下放，是在"左"的思想指导下进行的，采取搞运动的方式，缺乏试点，发展过快，又没有一套行之有效的宏观控制的办法。于是，国民经济的发展就失去控制。特别是计划方面的"两本账"制度，造成生产指标层层加码，基本建设项目随便上马，职工人数任意增加，实际等于没有计划。这就导致了国民经济比例关系的严重失调，即是"乱"。但乱的主要原因还是当时经济工作指导方面的"左"的错误。其突出表现是生产、建设上的高指标，分配上的高积累。

然而，需要着重指出，就国家（包括中央和地方）和企业关系这个最基本方面来说，"死"的情况并没有根本改变。诚然，1958年国家对企业开始实行了利润留成制度。在此以前，企业所实现的利润，除了根据国家规定的条件提取一小部分奖励基金以外，全部上缴国家。1958年国家规定：根据各个企业第一个五年计划期间的奖励基金、超计划奖金和"四项费用"①的总和，参照同一时期实现的利润，确定企业利润留成的比例。企业根据这个比例分到的利润，主要用于四项费用、集体福利事业和发放奖金等开支。这对调动企业的积极性当然是有好处的。但是，企业作为国家行政机关（包括中央和地方）附属物的面貌仍然如故。所以，当时经济管理中存在的问题，不仅是"乱"，而且是"死"。

根据当时国民经济比例关系严重失调的情况，1961年开始实行"调整、巩固、充实、提高"的八字方针。为了适应调整国民经济的需要，又重申了中央的集中管理。过去在企业、计划、人财物权力等方面下放不当的一律收了上来，基本上又恢复到1957年以前的做法，有些方面甚至比那时还要集中。到1963年，中央部门直属企业达到10000多个，中央统一分配的物资达到500多种。在计划管理上，实行中央集中领导下的"条条为主、条块结合"②的计划体制。为了贯彻"八字"方针，1962年国家还规定：除商业企业外，国营企业暂停实行利润分成制度。但企业依照国家规定仍然可以按工资总额的一定比例从利润中提取奖励基金和超计划奖金。

这次经济管理权限的上收，对于迅速恢复比例失调的国民经济，是

①　即技术组织措施费、新产品试制费、劳动安全保护费和零星固定资产购置费。
②　"块块管理"是指地方（省、市、自治区）按地区进行的经济管理，"条条管理"是指中央各主管部门（如冶金部、石油部、化工部等等）按不同行业进行的经济管理。

起了重要作用的。但经济管理体制原有的弊病几乎原封不动地保存着。随着经济形势的好转，矛盾又更加突出起来了。于是从 1964 年开始，又把中央的一些管理权限陆续下放给地方。到 1970 年又决定进一步扩大地方权限，再次将中央各部（不包括军工各部）直属的大部分企业（包括像鞍钢、大庆油田那样的大企业）下放给地方管理。同时，减少了国家统一分配的物资（1972 年比 1966 年减少了 61%），并对钢材、水泥、木材、煤炭等 12 种产品在全国范围或部分地区试行"地区平衡、差额调拨"①的办法。在财政体制上增加了地方的机动财力，企业基本折旧基金随着企业下放全部留给地方和企业。1971 年到 1973 年实行了定收定支、收支包干、保证上交、结余留用的"财政收支包干"的办法。同时还扩大了地方对基本建设计划统筹安排的权限。

这次体制改革也取得了一定的成绩，对调动地方的积极性是起了重要作用的。但伴随着这次体制改革，也发生了国民经济比例关系的严重失调，出现了严重的混乱。当然，这种"乱"主要是由于林彪、"四人帮"一伙的反革命破坏活动和经济工作指导方面的"左"倾错误造成的。

通过这次改革，虽然在改善中央和地方的关系上有所前进，但对经济生活实行行政管理的体制并没有根本改变。区别只是在于：过去中央行政机关的经济管理权限大一些，现在地方行政机关的经济管理权限大一点。因此，这种管理体制的固有弊病在根本上还没有什么触动。而且，在"文化大革命"期间，由于林彪、"四人帮"一伙反革命的破坏，就连原来国家规定的企业可以从利润中提取一定奖金的制度也被取消了。

粉碎"四人帮"以后，为了克服国民经济中存在的半计划、半无政府状态，又强调了国家集中的统一领导。于是，中央下放的企业又陆续上收。仅 1978 年改为中央部门直接领导的企业、事业单位以及改由中央部门直接供给物资的生产科研单位就有近 1000 个；与此同时，下放地方管理的产品基本上也都收回来了。

可见，如果不算我国高度集中的经济管理体制的形成阶段（即国民

---

① 即根据各省、市、自治区上年的消费水平和当年的产需情况，由国家主管物资分配部门和省、市、自治区商定该种物资调出（或调入）数量后，在该省、市、自治区范围内的地方企业和中央企业（军工、铁道、外贸等特殊部门除外）生产建设需要的该类物资均由地方分配供应，国家不再直接管理，只对各地产品品种、规格进行余缺调剂。调出调入指标也可以一定几年不变。

经济恢复时期和第一个五年计划时期），那么二十多年来，我国经济管理体制基本上经历了两放、两收的过程。其中两放的过程也就是两次改革的过程。这些改革的中心主要是调整国家行政机构内部中央和地方的经济管理权限。对国家和企业的关系这个根本问题不仅没有什么触动，而且原有的弊端还进一步发展了。

第二节　对高度集中的经济管理体制进行改革的必要性

高度集中的经济管理体制，如果不讲目前已经进行的改革部分，只从它原来的基本形态来说，那么，它是从斯大林领导苏联时期实行的经济管理体制模仿来的。这种经济管理体制的主要特征是中央的高度集权和以行政管理为主。在计划方面，由中央制订指令性的计划指标，层层下达，各个地区和企业都必须执行。在财政方面，采取统收统支的办法。所有的财政收入除了中央按照国家计划拨给地方的以外，都要全部上缴中央财政部，中央只是划出很小的一部分地方税收，交地方支配；企业不仅全部利润要上交，连大部分折旧费也要上交。所有的扩大再生产投资和事业费，均归中央掌握，并由中央各部门按国家计划规定的项目，拨给各个地区和企业、事业单位，而且各个地区和企业、事业单位还只能专款专用。在物资供应方面，工业生产资料采取由国家物资部门计划调拨的办法。在产品销售方面，工业消费品采取由国家商业部门统购包销的办法。在劳动工资方面，采取由国家劳动部门统一分配劳动力，统一规定工资、奖金和集体福利标准的办法。

应该怎样看待改革这种经济管理体制的必要性呢？列宁曾经肯定过黑格尔关于形式和内容辩证统一的思想，他说："黑格尔则要求这样的逻辑：其中形式是具有内容的形式，是活生生的实在的内容的形式，是和内容不可分离地联系着的形式。"①就是说，一定的事物的形式，总是由一定的事物的内容决定的。社会主义的经济管理体制是社会主义的生产关系的具体表现形式。所以，我们应该依据社会主义国家所有制经济和国

① 列宁：《黑格尔〈逻辑学〉一书摘要》，《列宁全集》第38卷，第89页。

有企业作为相对独立的商品生产者的要求，去评价高度集中的经济管理体制，去探索现行经济管理体制改革的原因。

社会主义国家所有制经济要求国民经济有计划按比例地发展。高度集中的经济管理体制在一定的条件（这些条件我们将在后面做详细分析）下可以实现这一要求。因为，①这种高度集中的经济管理体制能够把社会的资金和物资集中起来，用于有关国民经济命脉的重点项目、国民经济发展中的薄弱环节和经济落后地区，从而比较迅速地形成新的生产力，克服国民经济各个部门之间和各个地区之间的发展不平衡状态，促使国民经济迅速地和按比例地发展。②这种以行政管理为主的经济管理体制，在一定的条件下也可以实现高效率，并可以迅速克服国民经济比例关系严重失调的状态。这些都是高度集中的经济管理体制的优点。这也就是高度集中的经济管理体制能够从苏联模仿而来的内部原因。

最近几年来，有的同志只是简单地说我国高度集中的经济管理体制是从苏联斯大林时期搬来的，而不分析它得以形成的内部原因。这不能认为是全面的。"唯物辩证法认为外因是变化的条件，内因是变化的根据，外因通过内因而起作用。"①我国现行的经济管理体制确实是从苏联模仿而来的，但这仅仅是外因，内因还在于高度集中的经济管理体制在一定的条件下能够实现社会主义国家所有制所要求的国民经济有计划的发展。上述的看法，不仅在理论上难以成立，在事实上也是说不通的。它不能解释这种经济管理体制为什么能在我国长期存在，并在某些时期起过重大的作用。

当然，高度集中的经济管理体制也存在着严重弊病。

第一，我们在上面只是说在一定的条件下，高度集中的经济管理体制可以实现社会主义国家所有制所要求的国民经济有计划的发展。但从长期来看，它不仅不能实现这一要求，而且成为阻碍国民经济有计划发展的一种消极力量。这表现在下列几个重要方面：①以社会化大生产作为物质技术基础的商品经济无论在生产方面，还是在市场方面，情况都是异常复杂的，并且是迅速多变的。在高度集中的经济管理体制下，管得过于集中和过死，否定了价值规律和市场调节的作用，势必造成产需

---

① 毛泽东：《矛盾论》，《毛泽东选集》第 1 卷，第 277 页。

脱节，产销脱节，势必造成国民经济比例关系的失调。②在社会主义民主制度还不健全的条件下，这种经济管理体制很容易使得经济发展的决策权集中在少数领导人手中，广大人民群众的要求有时得不到充分的反映。因而很容易造成宏观经济决策的失误；而一旦失误，又难以及时纠正。这就易于造成国民经济比例关系的长期严重失调。建国以后，我国三次（1958 年以后一次，1970 年以后一次，1978 年一次）发生急于求成的"左"的错误，盲目追求生产的高速度（主要是重工业、特别是钢铁工业的高速度）和高积累，严重忽视经济效益的提高和人民生活的改善。造成这种情况的原因自然是多方面的，但决定性的原因就是高度集中的经济管理体制。③在这种经济管理体制下，所谓中央对地方的集中统一领导，实际上是由中央各经济部门分口管理的。这里有综合性的委（如国家计划委员会、国家经济委员会等）和部（如财政部、劳动人事部等），也有分管各个经济部门的部（如各个工业部、农业部、商业部等），委内和部内又分许多专业局。中央这种数量众多的、机构重叠的、本身就很不协调的委、部、局分口实现对地方经济的领导，往往造成地方无法实现地区经济的综合平衡。而我国人口众多，地域辽阔，如果没有地区经济的综合平衡，也就不可能有全国经济的综合平衡，不可能保证国民经济有计划地发展。④在这种经济管理体制下，企业的各项经济技术指标均由国家计划规定，国家计划又往往脱离实际，企业无权变动。而且国家规定的各项经济技术指标，并不是由一个经济领导机关统一下达的，而是由许多经济部门分头下达的。这些指标之间也没有经过综合平衡，互相"打架"。这就造成作为国民经济细胞的企业无法落实国家的计划，无法实现国民经济的均衡发展。⑤在这种经济管理体制下，从国家的各级经济管理部门到基层企业都没有也不可能在投资方面建立责、权、利相结合的责任制。因而必然造成周期性的投资膨胀、周期性的经济比例失调和周期性的经济调整。

　　还要指出：我国不仅在计划管理体制方面存在着重大的缺陷，而且计划体系以及计划管理的手段和机构也都很不健全。长期以来，还没有提出一个经过科学论证的、完整的经济、社会发展的长远规划，中期计划也仅仅是第一个五年计划编制得比较好，执行得比较正常，就是年度计划也常常是"一年计划，计划一年"。长期以来，国家计划管理机关把注意力集中在下达指令性的计划指标以及人力、物力、财力的分配上，而没有把确定社会经济发展战略，编制中长期计划，制定重大经济政策，运用各种经济杠杆，制定经济立法，作为工作的重点。也不注意建立、健全实现国民经济计划管理所必需的机构，如统计、监督和预测等部门，以致这些部门力量很薄弱，有的部门甚至长期还未建立。这样，国家计划管理机关也就无法得到及时的、足够的、准确的经济资料，难以实行正确的决策。这些也是造成国民经济比例关系失调的重要原因。

　　第二，这种经济管理体制的主要缺陷还在于：它不能适应社会主义国家所有制企业作为相对独立的商品生产者的要求，严重地束缚了企业的积极性，这表现在：①这种经济管理体制否定了企业必须拥有微观决策权。②它也否定了企业必须具有的相对独立的经济利益。在这种经济管理体制下，企业不能取得与自己的生产、经营成果相适应的收入，企业的生产、经营好坏与企业相对独立的经济利益是脱钩的，企业生产、经营好坏一个样。在这里，盛行捧"铁饭碗"，吃"大锅饭"，搞平均主义。③它还窒息了企业之间的社会主义的竞争。这样，企业既无经营权力，又缺乏内在的动力和外在的压力，企业的活力和积极性就被严重地束缚住了。企业成了国家（包括中央和地方）行政机关的附属物，成为推一推动一动、不推不动的算盘珠。

　　第三，这种经济管理体制也不适合以社会化大生产作为物质技术基础的、整个社会主义商品经济发展的要求。这表现在：①随着生产专业化和协作化的发展，部门之间和地区之间的经济联系，越来越广泛，越来越密切，越来越复杂。而在这种经济管理体制下，国家按各经济部门分口实行的行政管理，主要是经济的纵向联系，缺乏经济的横向联系。这种部门分割的结果，必然妨碍部门之间经济联系的发展；而各地区的行政管理，主要是限制在一个地区范围内的经济联系。这种地区分割的结果，必然妨碍地区之间的经济联系的发展。我国工业生产中相当普遍地存在着"大而全"、"小而全"以及过多的重复建设和盲目生产的情况，其原因是多方面的，经济管理体制的不合理，是最根本的原因。②随着生产社会化的发展，一方面使得社会分工越来越细，作为社会分工发展的产物的行业越来越多，越来越复杂；另一方面，使得任何行业都包含有其他行业，使得这种行业之间的相互交叉、相互渗透的情况越来越普遍，以至在各个行业之间形成了你中有我、我中有你、犬牙交错的局面。我国经济管理体制的局限性，不仅在于这种按大行业分工实行的粗线条管理，不能适应由行业分工越来越细而产生的管理上的要求；而且在于中央各经济管理部门，即使对同一行业的企业，也只管本部门直属的企业，不管（也管不了）中央其他经济部门和地方所属的同一行业的企业，并造成了跨行业的企业无人管的局面；对于产品，也只管本部门单一产品的生产，而对于该产品生产过程中资源的综合利用则没有兴趣，甚至不予支持，不愿拿本部门掌握的人力、财力和物力，去生产其他部门和地方管理的产品。所以，这种经济管理体制和以社会化大生产为基础的社会主义商品经济发展的矛盾，不仅在于它不该管的管了，而且在于它该管的又管不了。这就必然引起社会生产资源的巨大浪费。③社会化大生产的技术基础是革命的，而这种经济管理体制必然造成技术停滞。

第四，既然这种经济管理体制从长期来看，不能适应由社会主义国家所有制所产生的有计划地发展国民经济的要求，特别不能适应国有企业作为相对独立的商品生产者的要求，不能适应以社会化大生产作为物质基础的社会主义商品经济发展的要求，那么，无论在宏观经济范围内，还是在微观经济范围内，社会资源都不仅不可能得到合理的、充分的、节约的使用，而且会造成巨大的浪费。这样，经济效益差就成为这种经济管理体制的必然结果。

尽管这种经济管理体制存在着重大的缺陷，但在建国以后的某些时期，对我国的社会主义建设还是起过积极作用的。

列宁在论述辩证法的要素时指出："每个事物（现象、过程等等）是和其他的每个事物联系着的。"① 因此，列宁认为，"要真正地认识事物，就必须把握、研究它的一切方面、一切联系和'中介'。我们决不会完全地做到这一点，但是，全面性的要求可以使我们防止错误和防止僵化。"② 同样的道理，这种经济管理体制在我国社会主义建设中所起的积极作用，固然同它本身的优点有联系，但要受到其他条件的制约；它所起的消极作用，当然同它本身固有的弊病有联系，但也要受到其他条件的制约。

---

① 列宁：《黑格尔〈逻辑学〉一书摘要》，《列宁全集》第 38 卷，第 239 页。
② 列宁：《再论工会、目前局势及托洛茨基和布哈林的错误》，《列宁选集》第 4 卷，第 453 页。

问题在于：在有的条件下，它的优点可以得到比较充分的发挥，而它的缺点受到了限制。这样，它所起的积极作用就突出了。反之，在有的条件下，它的优点受到了限制，而缺陷显得突出了。这样，它所起的消极作用就大了。所以，我们在探讨经济管理体制的作用时，不仅不能只是片面地依据经济管理体制的优点或缺陷，而且不能只是局限于它本身的范围，还必须联系到建国以后各个时期的具体情况来说明。

相对说来，高度集中的经济管理体制在第一个五年计划期间所起的积极作用，是比较明显的。这并不是偶然发生的现象。

半殖民地半封建旧中国产业结构是畸形的，农业比重过大，工业比重过小；轻工业固然落后，重工业尤其薄弱。建国以来，经过国民经济恢复时期的建设，这种畸形状态有了一定程度的改善，但并没有得到根本的改变。所以，在第一个五年计划期间，继续优先发展重工业，是一个正确的战略决定。它不仅是加速实现社会主义工业化的需要，而且是继续协调工业和农业、重工业和轻工业的比例关系的需要。这个时候我国工业基础仍然是很薄弱的，扩大再生产的主要形式还只好采取外延的形式，即主要依靠新建企业来进行。但相对于发展轻工业和进行内涵扩大再生产的形式（即通过对原有企业的技术改造实现扩大再生产）来说，发展重工业和进行外延扩大再生产，均需要较多的资金。而在第一个五年计划时期，社会拥有的财力仍然是很有限的。这就需要把社会有限的财力集中于国家手中，用于建设有关国计民生的重点项目，以加速工业和整个国民经济的发展。高度集中的经济管理体制，正好适应了经济发展的这一客观要求，并促进了生产的发展。这是第一。

第二，以行政管理为主的经济管理体制，它的运行机制是国家各级上级机关对各级下级机关以及国家行政机关对企业的行政命令，是国家各级下级机关对各级上级机关以及企业领导人对国家行政机关的行政责任，是维护行政命令和行政责任的行政纪律，是国家各级行政干部和企业领导人的责任心，是党的思想政治工作。而在第一个五年计划期间，党和政府的威信很高，党的作风正派，党的干部队伍比较年轻，官僚主义比较少，广大干部的政治激情高涨，党的思想政治工作也很有力。这一切就使得这种经济管理体制的运行机制是比较灵敏的，行政管理的效率也是比较高的。

　　在这里还要着重指出一点：第一个五年计划期间党和国家的宏观经济决策是正确的。在各种经济管理体制下，党和国家的宏观经济决策都是重要的。而在高度集中的、以行政管理为主的经济管理体制下，党和国家宏观经济决策的正确与否，其意义尤为巨大。很显然，在中央高度集权的条件下，如果宏观经济决策正确，对经济发展的积极作用是很大的；反之，对经济发展的消极作用也是很大的。只有宏观经济决策正确了，才能从根本上保证行政管理的效率；否则，就根本谈不上行政管理的效率。所以，第一个五年计划期间正确的宏观经济决策，是充分发挥当时经济管理体制积极作用的一个十分重要的条件。

　　上面分析的仅仅是问题的一个方面，即由于第一个五年计划期间的各种具体条件，使得这种经济管理体制的积极作用得到了较充分的发挥；另一方面，在这个期间，这种经济管理体制的消极作用受到了很大的限制。①我国生产资料私有制的社会主义改造基本上是在1956年下半年完成的。在这之前，社会主义经济虽然已经居于领导地位，但还存在着大量的资本主义经济以及个体的农民经济和手工业经济。而且，在这个期间，党和政府比较成功地通过运用价值规律，对这些私有经济实行了计划指导。所以，由这种经济管理体制产生的管理过于集中，管得过死，否定价值规律和市场调节作用等等缺陷，在范围上受到了限制。②在这个期间，生产社会化和社会主义商品经济的发展程度都很低；由于美帝国主义对我国实行封锁禁运，对外贸易也受到了很大的限制。这样，由这种经济管理体制带来的否定国有企业的相对独立的商品生产者的地位以及阻碍社会主义商品生产等消极作用，在这个期间也暴露得不甚明显。

　　正是由于上述两方面的原因，使得这种经济管理体制在第一个五年计划期间比较充分地发挥了促进经济发展的积极作用。

　　后来，主要由于1958年"大跃进"和尔后的"反右倾"的"左"倾错误，使得国民经济比例关系处于严重的失调状态。继起的调整时期的主要任务是调整国民经济。国家运用行政手段，大力压缩了基本建设规模，缩短了重工业生产战线，充实了轻工业，加强了农业，使得处于严重失调状态的农业、轻工业和重工业的比例关系以及积累和消费的关系，迅速地重新趋于协调。当时，由于1958年"左"的错误，党和国家的威信、党的作风和思想政治工作等方面，已经开始受到了损害，但基本情况是好的。因而，这个时期行政管理的运行机制还比较灵便，行政管理的效率也比较高。这个时期国家的财政经济状况很困难，但由于运用了高度集中的经济管理体制，集中了必要的财力和物力，加强了作为国民经济薄弱环节的石油工业的勘探和开发，所以，迅速地取得了成果。这一点，对当时国民经济的恢复和尔后的经济发展，起了重要的作用。应该说，在经济调整时期，这种经济管理体制也还是起了积极作用。

但是，从经济发展的总趋势来看，这种经济管理体制阻碍我国经济发展的消极作用，是越来越严重，越来越明显了。因为，①在我国重工业还很薄弱的时候，优先发展重工业的重要性是很突出的。但随着重工业逐步建设起来，这种重要性就相对减弱了。当然，生产资料的优先增长是一定的技术进步条件下扩大再生产的客观规律。但这并不是说，任何时候都要优先发展重工业，更不是说，总是要用很高的速度来发展重工业。②随着我国社会主义工业建设的发展，扩大再生产的主要形式也要由外延型转变为内涵型。③随着生产社会化的发展，整个社会的商品经济也进一步发展了。④随着对外开放政策的实行，对外贸易和其他的对外经济联系也发展了。⑤与上述的各种情况相联系，作为相对独立的商品生产者的国有企业的作用也增长了，发挥它们的积极性显得更加重要了。此外，还要指出一点：随着我国生产资料私有制的社会主义改造的基本完成，社会主义经济在国民经济中已经占了绝对优势，私人经济的比重已经不大了。这样，随着社会主义经济的发展，一方面高度集权越来越不必要了；另一方面，由管理集中，管得过死，否定价值规律和市场调节的作用而造成的国民经济比例关系的失调，束缚国有企业的积极性，限制社会主义商品经济的发展，等等，越来越突出了。

但是，这种经济管理体制的消极作用，除了主要由于它本身固有的缺陷以外，还由于1958年以后，党在经济工作指导思想方面屡犯"左"的错误，特别是由于"文化大革命"这样长期的、严重的、全局性的"左"倾错误和林彪、江青两个反革命集团进行了长达十年的破坏，党和国家的威信比过去大大下降了，党风受到的破坏严重了，干部的责任心差多了，国家机构重叠、组织臃肿的情况加剧了，干部老化的问题突出了，官僚主义作风严重了，行政纪律松弛了，思想政治工作削弱了。这一切，就使得行政管理的运行机制变得非常不灵便了，行政管理的效率大大下降了。

这样，改革这种经济管理体制就成为势在必行的事情了。

第三节　经济管理体制改革的目标模式

一、经济管理体制改革目标模式的形成过程

毛泽东在论到真理的认识过程时曾经说过：一个正确的认识，往往需要经过由物质到精神，由精神到物质，即由实践到认识，由认识到实践这样多次的反复，才能够完成。这就是马克思主义的认识论，就是辩证唯物论的认识论。在我们这样一个经济文化落后、地区发展很不平衡、人口众多、幅员辽阔的社会主义大国进行经济管理体制改革，是一个极为复杂的社会系统工程。因此，无论是这种改革目标模式的形成，还是它的进一步完善，更是需要经过由实践到认识，再由认识到实践的多次反复，才能够完成。我国经济管理体制改革的实践也是这样证明的。

如前所述，高度集中的经济管理体制的弊病在"一五"时期就有了暴露。于是，1956 年党中央就提出了经济体制改革问题，并于同年 9 月至 10 月召开的党的八届三中全会上基本上通过了《关于改进工业管理体制的规定（草案）》、《关于改进商业管理体制的规定（草案）》以及《关于改进财政体制和划分中央和地方财政管理权限的规定（草案）》。同年 11 月国务院讨论通过并公布了这三个规定。

《关于改进工业管理体制的规定（草案）》是一个历史性文件，它在我国高度集中的工业经济管理体制建立时间不长、还缺乏经验的条件下，已经开始提到了这种体制的两个重要弊病（地方政府管理工业的职权太小和企业主管人员对于本企业的管理权限太小），并相应地提出了改革措施。[①]这是改革我国工业经济管理体制的第一个方案，具有重要的历史意义。但是，由于当时条件和认识水平的限制，这个改革方案还有很大的局限性。《规定》虽然提到了高度集中的工业管理体制的缺点，但没有看到从发展趋势来说这种体制根本不能适应社会主义有计划的商品经济发展

---

① 参见国务院《关于改进工业管理体制的规定》，《新华半月刊》1957 年第 24 期，第 57~58 页。

的要求，因而也提不出进行根本改革的措施。诚然，《规定》也提到了企业主管人员对于本企业的管理权限太小，并提出了适当扩大企业主管人员对企业内部的管理权限的措施。但没有指出国有企业是相对独立的商品生产者，没有提出增强企业活力是经济体制改革的中心环节，没有提出措施使企业真正成为相对独立的经济实体。这样，即使《规定》提出的各项措施全面地付诸实现了，也只能使得高度集中的工业经济管理体制的弊病得到一定程度的缓解，而并不能获得根治。在尔后的一个长时间内，对经济管理体制改革的认识，基本上也是局限在这个范围内。这种认识上的局限性决定了改革实践的局限性。正如党的十二届三中全会所总结的，过去"多次权力下放，但都只限于调整中央和地方、条条和块块的管理权限，没有触及赋予企业自主权这个要害问题，也就不能跳出原有的框框。"①

　　然而，过去多次改革的实践，对人们认识经济管理体制改革的中心问题却起了有益的启示作用。这两次改革经济管理体制的实践说明了什么问题呢？它表明：在已往的二十多年里，人们已经觉察到经济管理体制上的问题，并试图加以改进。但在一个长时期内，体制改革主要限制在"条条"同"块块"的关系上，即中央集权和地方分权的关系上，而这种关系是属于国家行政机关内部的权力划分问题。在对经济活动仍然实行行政管理的条件下，即使把中央高度集权改为中央和地方分权，把大批企业下放给地方管理，由于没有改变国家行政管理的基本模式，这种改变只不过使企业从中央行政机关的附属物变成地方行政机关的附属物，并不能收到发挥企业的主动性和积极性，使整个经济生活活起来的效果。相反，在这种情况下，下放还往往由于中央的行政控制减弱、而又没有适当的经济控制来代替，容易造成生产指标层层加码，基本建设蜂拥而上，经济生活出现严重的混乱。这样，经济体制的改革也就免不了在放了收、收了放的老套套中兜圈子。但这种反复的实践，也启示人们逐渐认识到：要改革我们现行的过于集中、窒息活力的经济体制，根本的问题不在中央和地方之间的权力划分，而在于使得企业拥有自主权。所以，历史经验表明：进一步加强中央集权当然不能成为经济体制改革

---

① 《中共中央关于经济体制改革的决定》，第9页。

的关键，扩大地方分权也起不到这样的作用，只有在国家领导下，扩大企业自主权，才是经济体制改革的关键。

党的十一届三中全会在马克思主义指导下，总结了这个以及其他有关的历史经验，指出："现在我国的经济管理体制的一个严重缺点是权力过于集中，应该有领导地大胆下放，让地方和工农业企业在国家统一计划的指导下有更多的经营自主权；应该着手大力精简各级经济行政机构，把它们的大部分职权转交给企业性的专业公司或联合公司；应该坚决实行按经济规律办事，重视价值规律的作用，注意把思想政治工作和经济手段结合起来，充分调动干部和职工的生产积极性，应该在党的一元化领导之下，认真解决党政不分、以党代政、以政代企的现象，实行分级分工分人负责，加强管理机构和管理人员的权限和责任，减少会议公文，提高工作效率，认真实行考核、奖惩、升降等制度。采取这些措施，才能充分发挥中央部门、地方、企业和劳动者个人四个方面的主动性、积极性、创造性，使社会主义经济的各个部门各个环节普遍地蓬蓬勃勃地发展起来。"[1] 这里提出了我国经济体制改革一系列的根本任务，而且从它的整个精神来看，特别是从引者打了重点的行文来看，重点是在强调给予企业权力和利益，以增强企业的活力（尽管这时还没有明确提出增强企业活力是经济体制改革的中心环节的命题）。这样，就为我国经济管理体制改革指明了正确的方向。

正是在党的十一届三中全会的号召下，以扩大企业自主权作为改革的起点和重点的各项改革就在乡村和城市逐步开展起来。经过 1979 年到 1984 年经济体制改革的实践，我国在这方面的经验比过去丰富得多了。1984 年 10 月党的十二届三中全会依据马克思主义基本原理与中国实际相结合的原则，进一步总结了我国改革的经验，发展了社会主义商品经济的理论，主要是提出了国有企业是相对独立的社会主义商品生产者和经营者，以及社会主义经济是有计划的商品经济的基本论断。同时依据建设具有中国特色的社会主义的总要求，以及对内搞活经济、对外实行开放的总方针，规划了社会主义经济体制改革的蓝图，即增强企业活力是经济体制改革的中心环节；建立自觉运用价值规律的计划体制，发展社

---

[1]《中国经济年鉴》（1981），第 II–22 页。重点是引者加的。

会主义的商品经济，建立合理的价格体系，充分重视经济杠杆的作用；实行政企职责分开，正确发挥政府机构管理经济的职能；建立多种形式的经济责任制，认真贯彻按劳分配原则；积极发展多种经济形式，进一步扩大对外的和国内的经济技术交流；起用一代新人，造就一支社会主义经济管理干部的宏大队伍。①这样，党的十二届三中全会《关于经济体制改革的决定》，就成为指导我国经济体制改革的纲领性文件。

在这以后，我国以城市为重点的整个经济体制改革的步伐加快了，因而也就在这方面积累了更丰富的、更全面的经验。同时，在已经取得的成果的基础上，又进一步加强了对东欧社会主义各国经济体制改革的研究，并吸取了他们对我国有益的经验；还加强了对当代发达的资本主义国家在宏观经济管理方面的经验的研究，并借鉴了对我国有用的部分。在这个基础上，又经过在更高层次的理论抽象，中共中央在《关于制定国民经济和社会发展第七个五年计划的建议》中，就提出了这样一个完整的概念："建立新型的社会主义经济体制，主要是抓好互相联系的三个方面：①进一步增强企业特别是全民所有制大中型企业的活力，使它们真正成为相对独立的，自主经营、自负盈亏的社会主义商品生产者和经营者。②进一步发展社会主义的有计划的商品市场，逐步完善市场体系。③国家对企业的管理逐步由直接控制为主转向间接控制为主，主要运用经济手段和法律手段，并采取必要的行政手段，来控制和调节经济运行。要围绕这三个方面，配套地搞好计划体制、价格体系、财政体制、金融体制和劳动工资制度等方面的改革，以形成一整套把计划和市场、微观搞活和宏观控制有机地结合起来的机制和手段。"②这里需要着重指出：这个完整概念的提出，不仅是我国改革实践经验的科学总结，同时也反映了社会主义有计划的商品经济的要求。这无论从上述三方面的每一方面来说，还是从总体上来说，都是如此。这样，在我看来，这个完整概念的提出，标志着我国经济管理体制改革目标模式的形成。当然，这是从主要的意义上说的。它并不否认随着我国经济体制改革实践的发展，这个目标模式也会得到进一步的发展和完善。

---

① 参见《中共中央关于经济体制改革的决定》，第3~42页。
②《中国共产党十二届四中全会、全国代表会议、十二届五中全会文件汇编》，第63~64页。

二、实现目标模式需要正确处理的关系

要实现经济管理体制改革目标模式，需要正确处理一系列的关系。这些关系可以区分为经济管理体制改革各方面的关系，以及经济管理体制改革与其他方面的关系。前者可以称之为内部关系，后者可以称之为外部关系。

1. 就内部关系来说，主要是要正确处理以下几方面的关系：

首先，"企业活力的增强，商品市场体系的形成，间接控制手段的完善，三者必须互相配套。"[①] 在这三个环节中，增强企业活力是中心环节。因为，①就经济管理体制改革的根本目的来说，是要发展社会主义社会生产力。企业是社会生产力的基础。由于企业是社会生产的基本单位，生产力的各个要素是在企业里直接结合起来的。这样，各个企业生产力的总和就构成了整个社会的生产力，各个企业生产力水平的高低也决定着社会生产力水平的高低。就像细胞是人体的基本构成要素，细胞的活力越大，人的身体也越健壮一样。所以，要发展社会主义社会生产力，最根本的就是要增强企业的活力。②就高度集中的经济管理体制的弊病来说，最基本的一点也就在于它使企业成为国家行政机关的附属物，窒息了企业的活力。因而，经济管理体制改革的主要锋芒，也要相应地指向这一点。③就社会主义国家所有制经济来说，国有企业是相对独立的商品生产者。经济管理体制的改革正是适应这种商品经济关系的要求而进行的。这也必然使得增强企业活力成为经济管理体制改革的中心环节。④就这三个环节的相互关系来说，后两个环节是以第一个环节为基础的。很明显，如果国有企业不是相对独立的商品生产者，就提不出形成社会主义市场体系的要求，也提不出以间接控制手段为主的要求；而且，社会主义市场体系和间接控制手段的作用都缺乏微观基础。

这样说，并不意味着后两个环节是可有可无的，是不重要的；恰恰相反，二者都是整个经济管理体制目标模式中必要的和重要的环节。不言而喻，社会主义的市场体系是作为相对独立的商品生产者的国有企业生存和发展的基本条件，是形成企业外在的竞争压力的基本要素，是硬

---

① 赵紫阳：《关于制定"七五"计划建议的说明》，《中国共产党十二届四中全会、全国代表会议、十二届五中全会文件汇编》，第86页。

化企业的财务预算约束、克服企业短期行为的必要条件。至于实现以间接控制手段为主的宏观经济管理，则不仅是整个国民经济实现长期稳定、协调和高效发展的一个主要条件，也是作为相对独立的商品生产者的国有企业能够不断实现扩大再生产和企业活力得以正当发挥、持续发挥和充分发挥的宏观条件。

因此，在经济管理体制改革中，必须以增强企业活力为中心，并使这三个环节相互配套。这一点，已经为我国经济管理体制改革的实践所证明了。我国 1978 年以前所进行的多次经济管理体制改革，主要是在划分中央政府和地方政府管理经济权限上兜圈子，而没有把握扩大企业自主权、增强企业活力这个中心环节。因而，改革没有取得任何实质性的进展。1978 年以后的改革，是以扩大企业自主权、增强企业活力为起点，并且围绕这一中心展开的。因此，改革取得了重大的成就。然而，这个期间改革的经验也表明：如果微观搞活与宏观控制（以间接控制为主的宏观控制）不配套，如果微观搞活的程度与宏观控制能力的增强不相适应，企业的经营活动就会出现盲目性，就会产生短期行为，就会导致固定资产投资和消费基金的膨胀。其结果，不仅阻碍了社会主义国民经济长期稳定、协调和高效的发展，而且已经拟定的增强企业活力的改革措施难以出台，已经出台的改革措施也难以保住。因为在宏观经济失控，而一时又不可能实行以间接控制为主的宏观经济管理的条件下，往往需要恢复已经改革了的国家行政管理，使得改革的成果难以巩固。这个期间改革的实践还证明：如果增强企业活力与建立社会主义市场体系不配套，那么，不仅企业难以充分地活起来，而且由于缺乏必要的外在压力、正确的价格信号和正常的市场导向，使得企业活力不能在正常轨道上健康地发展，也会导致国民经济比例关系失调的结果。

其次，在增强企业活力方面，要使扩大企业自主权、增强企业利益与加强企业的责任结合起来，要使利益激励与利益制约机制结合起来。我国经济管理体制改革的实践证明：只有正确地实现这两种结合，才能全面地反映国有企业作为相对独立的、自主经营和自负盈亏的社会主义商品生产者的经济要求。也只有如此，以社会主义市场体系和间接控制手段为主的宏观经济管理的作用才有得以发挥的微观基础。这样，企业活力才能充分地、健康地发挥出来。反之，如果只是给予企业权力和利益，而不相应地加重企业的责任，如果只负盈，不负亏（或多负盈，少负亏），那并不能反映企业作为相对独立的商品生产者实现自负盈亏的要求，企业财务预算还是处于软化或半软化的状态，社会主义市场体系和以间接控制手段为主的宏观经济管理的作用就不可能得到充分发挥，企业也就不可能真正地、健康地活起来。

再次，在建立和完善社会主义市场体系方面，不仅要建立和发展产品市场，而且要建立和发展生产要素市场。在产品市场方面，不仅要发展一般消费品市场，而且要发展长期被排斥在市场以外的住宅市场；还要发展生产资料市场。在生产要素市场方面，也不仅要发展生产资料市场，而且要发展作为现代化生产要素的科学技术市场、信息市场和劳务市场，还要发展作为各生产要素的价值形态的资金市场。同时，还要依据社会主义有计划的商品经济的要求，改革高度集中的价格管理体制，使国家对价格从直接管理过渡到主要实行间接管理，并通过调放结合的办法，实现价格体系合理化，使得商品价格能够反映价值的变化和供求关系的变化。所有这些，不仅是作为相对独立的商品生产者不断实现其资金增值的经济要求和条件，也不仅是形成作为其本质特征的竞争的经济机制，而且还是国家实现以间接控制手段为主的宏观经济管理的必要的中间环节。

最后，在实现以间接控制手段为主的宏观经济管理方面，要把间接控制手段和必要的直接控制手段即行政手段结合起来，要把经济手段和法律手段结合起来，要把价格、信贷、税收和工资等经济手段结合起来。只有这样，才能保证企业活力和市场体系作用得到健康的、充分的发挥，也才能保证国民经济长期稳定发展。这里需指出：在我国，无论是国有企业作为相对独立的商品生产者的经济地位的确立，还是社会主义市场体系的发育健全，都需要经过一个过程。在这个过程中，需要充分估计作为直接控制手段的行政手段的作用。如果低估了这个作用，且不说间接控制手段的建立和完善一时难以做到，就是做到了，也因为缺乏微观基础和作为中间环节的传导手段，使得间接控制手段难以充分发挥作用。其结果，不仅不利于企业活力和市场体系作用的正常发挥，反而会助长企业生产经营的盲目性和企业的短期行为，造成市场供应紧张和经济比例关系的失调。因此，需要把直接控制手段的减弱与间接控制手段的加强、市场体系的发育、微观基础的改造恰当地结合起来。

我们在前面分别从四个方面论述了经济管理体制改革三个环节以及每一个环节内部诸方面的配套性。然而，这绝不是说各项改革可以齐头并进。实际上，由于各项改革的地位和作用不同，相互依存关系有别，以及它们赖以形成的条件各异，它们的改革必然呈现出先后继起的有序性。这种配套性和有序性的结合，无论是对改革的全过程，还是对改革的某一阶段，都是适用的。

2. 就外部关系来说，主要是要处理好经济管理体制改革与经济发展、政治体制改革、精神文明建设的关系。

为了正确处理这些关系，需要回顾一下党中央提出的下列论断。"我国社会主义现代化建设的总体布局是：以经济建设为中心，坚定不移地进行经济体制改革，坚定不移地进行政治体制改革，坚定不移地加强精神文明建设，并且使这几个方面互相配合，互相促进。全党同志必须从这个总体布局的高度，正确认识社会主义精神文明建设的战略地位。"①党中央的这个论断虽然是从正确认识社会主义精神文明建设的战略地位的角度提出的，但它主要说的是社会主义现代化建设的总体布局，而且，这个总体布局是符合历史唯物主义关于生产力决定生产关系以及经济基础决定上层建筑的基本原理的。因而，这个论断对我们这里考察的问题，是有指导意义的。就是说，①经济管理体制改革也要围绕社会主义经济建设这个中心来进行。这是因为，作为社会主义国有制生产关系的具体表现形式的经济管理体制的改革，是为促进社会主义经济建设服务的，而且这种改革能否起步、起多大步以及已经起步的改革能否巩固，也都取决于社会主义经济建设的状况。②传统的政治体制是与传统的经济体制相适应的。因而，改革传统的经济体制也必须同改革传统的政治体制相配合，并使其发挥相互促进的作用。③社会主义精神文明建设，是在经济管理体制改革中坚持社会主义方向的重要保证，并为改革提供精神动力和智力支持。因此，经济管理体制改革也必须与社会主义精神文明建设配套进行。

---

① 《中共中央关于社会主义精神文明建设指导方针的决议》，第2页。

三、实现目标模式的长期性

经济管理体制改革，是建设具有中国特色的社会主义的必由之路，是实现我国社会主义现代化的根本保证，对社会主义精神文明建设和政治体制的改革也有重要的促进作用。因此，无论对经济管理体制改革的全过程来说，还是对其某一发展阶段来说，都需要有紧迫感。但这只是问题的一方面。另一方面又必须如实地看到我国经济管理体制改革的长期性。

然而，我国经济管理体制改革的实践表明，这一点并没有普遍为人们认识到。如果说，在过去的长时期内，急于求成的思想曾多次表现在经济发展方面，那么，在改革起步以后，这种思想就不只是表现在经济发展方面，而且也表现在经济管理体制改革方面。当然，在党的十一届三中全会以后，作为党的集体的指导思想来说，已经回到马克思主义的正确轨道上来。但还不能说，在实际的经济工作中（包括经济发展和经济改革两方面）已经没有急于求成思想的影响了。仅就经济管理体制改革来说，这种急于求成思想的影响就有多方面的表现。比如，有的改革的步子迈大了。有的改革本来是作为试点来进行的，但试点还未充分进行，经验还未很好总结，就在面上铺开了。有的在面上铺开的改革的经济效益还未充分表现出来，又急忙向前推进了，甚至对新的经济管理体制基本框架建立的时间也预期得太短了。如此等等。应该说，改革中的这种急于求成的思想，对改革十分不利，本来想快，实际反而造成了慢的后果。因此，充分认识经济管理体制改革的长期性，是我国改革实践提出的需要解决的具有重大意义的问题。对于这一点，邓小平说过："自从党的十一届三中全会以来，我们一直在考虑长远的方针和政策。我们一心一意搞社会主义，四化建设。为了发展经济，必须改革，必须在经济、政治和其他领域搞改革。这不是几年的事情，而是 50 年、上百年的事情。"[1]邓小平这里说的建设和改革的长期性，是一个具有十分重要意义的论断。

那么，究竟为什么我国经济管理体制改革具有长期性呢？

第一，我国传统的经济管理体制弊病严重。第二次世界大战后，欧

---

[1]《经济日报》1987 年 6 月 29 日第 1 版。

亚两洲建立起来的、包括我国在内的、许多社会主义国家的经济管理体制，基本上都是承袭了苏联 30 年代创立的高度集中的经济管理体制。但相对东欧社会主义国家来说，我国建立的这种体制的弊病在某些方面显得更为严重一些。"这种模式的主要弊端是：政企职责不分，条块分割，国家对企业统得过多过死，忽视商品生产、价值规律和市场的作用，分配中平均主义严重。"[①]诚然，这些弊端在实行这种体制的其他社会主义国家也存在。但在我国，则尤为突出。这当然不是偶然的现象，而有多方面的复杂原因。①中国曾经经历了几千年的封建社会，与封建生产方式相联系的自然经济思想和小生产者的平均主义思想影响很广很深。②从 1928 年建立革命根据地到 1949 年建立新中国，中间经过了 20 余年。长期在革命根据地和解放区实行的党政军一体的领导体制、各解放区实行自给自足的财政体制以及干部中实行的供给制，在全国解放以后也有很大的影响。③1949 年新中国成立时，还负担着继续解放全中国的战争任务。1950 年又开始了抗美援朝战争。其后又长期面临着帝国主义的侵略威胁。这种长期的战争或战争威胁的环境，是培育和强化高度集中的经济管理体制的催化剂。④过去长期存在的经济、政治和思想等方面的"左"的错误，更是造成这种体制弊病的最主要、最直接的原因。⑤南斯拉夫在 40 年代末、50 年代初就开始对传统的经济管理体制进行了改革。匈牙利在 1968 年也开始了改革的进程。而我国的改革是在 1979 年才真正开始。我国改革起步晚，传统的经济管理体制存在的时间长，也是这种体制弊病加重的一个因素。显然，传统体制弊病严重表明我国改革的起点低，改革的任务重。

　　第二，我国国土广，人口多，各地经济文化发展又很不平衡，国情复杂。这种复杂的国情，一方面决定了我们不可能有完全现成的经验（包括改革起步较早的东欧某些社会主义国家的经验）可以运用；另一方面又决定了制定改革蓝图的任务异常艰巨。这也是我国改革任务重的另一个原因。

　　第三，国民经济、国家财政、国有企业、干部和职工对经济体制改革的承受能力低。由于过去长期存在的"左"的错误和传统的经济管理

---

①《中共中央关于经济体制改革的决定》，第 8 页。

体制的影响，我国国民经济曾经长期处于严重失调的状态。1979年以来，对国民经济进行了调整，农业、轻工业和重工业的关系，以及积累和消费的关系，基本上协调了。但是，基础工业和工业其他部门的关系，以及基础设施与国民经济其他部门的不协调关系，不仅没有根本的改变，甚至愈来愈成为工业和国民经济发展的"瓶颈"。同时，1979年以来，从党的集体指导思想来说，经济发展战略已经有了根本的转变。因而，两次制止了固定资产投资和消费基金的膨胀。但是，由于传统的经济管理体制没有得到根本改变，再加上新旧两种经济管理体制、两种经济发展战略转换过程中所特有的摩擦，固定资产投资和消费基金膨胀的趋势并没有根本扭转。上述两种情况表明：我国经济管理体制改革的环境并不宽松，而是相当紧张的。并且，在新旧两种体制和两种战略转换过程中，这种紧张的环境也只能得到相对的改善，而难以根本改变。这一点，不仅制约着我国经济发展的效益和速度，而且制约着经济体制改革的步伐。

与上述情况相联系，国家财政收支状况也并不宽裕，而是相当紧张的，财政对经济管理体制改革的承受能力也不大。

我国国有企业长期习惯于在传统的经济管理体制下运行，特别是微观基础还没有从根本上得到重新构造，再加上固定资产折旧率低，企业留利少，技术改造和产品更新的能力都低，因而对市场的应变能力低，对因生产资料价格上升和工资增加而引起的成本上升的消化能力低。特别要指出的是，企业管理干部素质差，是构成企业应变能力低的一个重要因素。

我国职工也是长期习惯于在传统经济体制下生活，对在社会主义有计划的商品经济条件下生活，心理准备也很不足，特别是在实行低工资的情况下对物价上升的承受能力很低。

上述各方面对经济管理体制改革的承受能力低的状况，不仅要求我们对改革采取十分慎重的态度，而且制约着改革的步伐。

第四，商品经济发育程度低。这集中地表现在市场体系很不健全。就是过去允许存在的消费品市场，也很不全，把作为基本生活资料的住宅排斥在市场之外。生产资料进入市场的范围很小，在作为国民经济主导的国有经济内部使用的生产资料是不当作商品看待的。而且产品市场价格又严重扭曲。至于劳务、资金、科技和信息等生产要素市场则基本上是不存在的，甚至是完全不存在的。这种状况不仅使得建立和健全市场体系成为经济改革的一项繁重的基本任务，而且制约着微观基础的重新构造，妨碍着间接控制手段的运用。因而，从总体上决定着经济管理体制改革的进程。

第五，经济管理体制的改革，要求政治、法律、科技和教育等项体制和制度的改革相配合，要求社会主义精神文明建设相配合。而这些相配合的改革和建设，也都是繁重的任务。从这种相互联系的意义上看，经济管理体制改革的任务更是异常复杂的。

第六，与上述各点相联系，我国经济管理体制改革的阻力也相当大。这无论是就由改革引起的权力和利益的再分配，还是就由改革引起的与习惯势力和旧的思想观念的冲突来说，都是如此。就利益再分配而引起的阻力来说，比如，由于价格扭曲和平均主义严重，给价格改革和分配改革带来更大的困难。就旧思想观念的阻力来说，不仅来自资产阶级思想，而且来自封建主义和小生产的思想。

总之，我国改革起点低，国情复杂，改革任务本身就很艰巨；改革的困难条件多，阻力大。这些就使得改革成为一个长期的任务。

当然，也要看到：党的十一届三中全会以来，已经确定了一条正确的改革路线，绘制了改革的蓝图，确定了改革的目标模式。八年改革，特别是农村改革已经取得了举世瞩目的成就，并且积累了丰富的经验。通过改革的实践，广大干部和群众已经看清了改革是振兴社会主义中国的根本出路。但所有这些都只表明：改革在我国已经成了不可扭转的历史发展趋势，并有可能在某种限度内加速改革的历史进程。然而，这并不能从根本上改变改革是一个长期的战略任务。

可见，在改革方面急于求成是不符合我国国情的，是不符合改革发展的客观规律的。但急于求成在这方面的暴露又不是偶然的现象。十年"文化大革命"的破坏，使得新中国与当代发达的资本主义国家在社会生产力和人民生活方面已经缩小了的差距又拉大了。当代世界新的科学技术革命又向我国提出了新的挑战，弄得不好，这些差距还会进一步拉大。这种严峻的社会主义制度与资本主义制度竞赛的形势，促使人们期望通过加快改革来加快社会主义现代化建设。近几年来，新老干部交替的形势大大加强了这种愿望。当前新旧体制交替中所发生的各种摩擦，也推动人们加快改革来消除这种摩擦。从认识论方面来说，对于我国改革复杂性和艰巨性的认识，也不是一次能够完成的，而是需要一个较长的过程。从这些方面的情况来看，在今后的改革中，着重警惕急于求成思想的干扰，积极而又稳妥地安排改革的步骤，对于保证改革的顺利进行和改革的成功，是十分重要的。

第四节　经济管理体制改革的社会主义性质

关于我国经济体制改革的性质，党中央早就明确指出："这种改革，是在党和政府的领导下有计划、有步骤、有秩序地进行的，是社会主义制度的自我完善和发展。"[①]这一论断已经成为党中央领导全党和全国人民进行经济体制改革的一个基本指导思想。但是，并不能认为这个问题在所有人的认识上都已解决了。比如，有些同志把企业承包看成是"搞私有制"，把租赁人的收入看成是"剩余价值"，把一部分人先富起来看做是"两极分化"，把厂长负责制看成是"取消党的领导"，把家庭联产承包看做是"破坏集体经济的基础"，等等。总之，在这些同志看来，经济体制改革不是社会主义经济制度的自我完善，而是在搞资产阶级的自由化。

因此，正确认识改革的性质是一个极为重要的问题。一般说来，革命的性质总是革命的基本问题；对作为革命的经济体制改革来说，其性质问题也是改革的基本问题。具体说来，正确认识改革的性质还有多方面特殊重要的意义。

首先，这是正确认识党的十一届三中全会以来的路线的大问题。大家知道，这条路线有两个基本点，一是坚持四项基本原则，一是实行改革、开放、搞活；前者是立国治国之本，后者是社会主义现代化建设的总方针、总政策。显然，只有如实地把改革看成是社会主义制度的自我完善，才符合后一个基本点的本来属性，才是用辩证统一的观点看待前后两个基本点的。反之，如果把改革看成是搞资产阶级的自由化，那么，不仅从根本上歪曲了后一个基本点，而且是孤立地看待了前后两个基本点的关系。

---

①《中共中央关于经济体制改革的决定》，第 10 页。

其次，这是团结和动员全党和全国人民为实现经济体制改革而奋斗的大问题。改革是社会主义制度的自我完善的论断，是实现这一目标的重要的思想基础，如果把改革说成是搞资产阶级自由化，并听任其泛滥，那就必然会在群众中造成极大的思想混乱，使得改革难以进行下去。

最后，这是正确地进行反对资产阶级自由化斗争的需要。要坚持四项基本原则，就必须进行反对资产阶级自由化的斗争；而这个斗争将在社会主义现代化建设过程中长期存在。但是，如果把改革看成是搞资产阶级自由化，那就会造成斗争的矛头不是指向资产阶级自由化本身，而是指向改革的后果。这不仅会使改革受到挫折，而且会把这种斗争搞乱。从这方面来说，明确改革是社会主义制度的自我完善，也是正确地进行反对资产阶级自由化斗争的一个必要条件。

当然，在改革的性质问题上，另外两种思想也值得注意。一种思想认为，要进行改革就必须放弃四项基本原则，实行"全盘西化"，把西方资本主义制度原封不动地搬到中国来。这是要把本来属于社会主义性质的改革引向资本主义邪路的思想，是资产阶级自由化的思想。但这种思想易于识破。事实上，经过近半年多反对资产阶级自由化的斗争，资产阶级自由化思潮泛滥的状况已经扭转，这种错误思想已经失去了公开的市场。另一种思想就是"左"的思想。由于长期以来"左"的影响很深，至今仍然严重地束缚着一些人的头脑，并顽固地表现自己，又不易看清，因而危害很大，是当前干扰人们正确认识改革性质的主要思想障碍，值得严重注意，并加以克服。

此外，明确改革是社会主义制度的自我完善，对于正确确定改革的方法，也是很重要的。按照邓小平的说法，进行包括经济改革在内的各项改革，"这需要认真调查研究，比较各国的经验，集思广益，提出切实可行的方案和措施。""历史经验证明，用大搞群众运动的办法，……而不是用扎扎实实、稳步前进的办法，去解决现行制度的改革和新制度的建立问题，从来都是不成功的。因为在社会主义社会中解决……具体的组织制度、工作制度问题，同革命时期……对反动制度的破坏，本来是原则上根本不同的两回事。"①

---

① 邓小平：《党和国家领导制度的改革》，《邓小平文选（1975~1982）》，第296页。

总之，明确改革是社会主义制度的自我完善，对于正确认识和执行党的十一届三中全会以来的路线，是十分必要的。

一、社会主义初级阶段基本矛盾的性质，决定了改革的性质

按照历史唯物主义的观点，一切社会革命最深厚、最基本的根源，都是生产关系与生产力之间的矛盾，以及经济基础与上层建筑之间的矛盾。历史经验表明：对旨在根本变革社会制度的革命是这样，对旨在保持社会基本制度的前提下进行部分改革的革命也是如此。

党的十一届六中全会以来，党中央多次指出：我国正处在社会主义的初级阶段。在这个历史阶段，我国社会基本矛盾的状况大致是这样：一方面，作为国民经济主体的社会主义经济制度、人民民主专政的社会主义政治制度和马克思主义在意识形态中的领导地位已经确立。这些社会主义的基本制度同社会生产力是相适应的，并要求把发展社会生产力作为社会主义的根本任务，要求集中力量进行社会主义现代化建设，事实上也已促进了社会生产力的巨大发展。另一方面，在社会生产力不发达状态下形成的现阶段我国社会主义生产关系和上层建筑的许多方面是不完善的，特别是由过去长期存在的"左"的错误而大大强化了的僵化的经济管理体制和单一的所有制结构，以及权力过分集中的政治体制，严重地束缚了社会生产力的发展，同实现社会主义现代化建设处于尖锐的矛盾状态中。正是现阶段我国社会主义社会基本矛盾的这种状况，决定了必须对社会主义生产关系和上层建筑不完善的方面进行改革，特别是要对僵化的经济、政治体制进行根本的改革。邓小平曾经指出：实现社会主义的现代化，"这场革命既要大幅度地改变目前落后的生产力，就必然要多方面地改变生产关系，改变上层建筑，改变工农业企业的管理方式和国家对工农业企业的管理方式，使之适应于现代化大经济的需要。"①

这就使得社会主义制度下的改革的性质，②根本区别于资本主义制度下的无产阶级革命。后者形成的原因是资本主义经济制度和社会生产力之间的对抗，以及反映这种对抗的资产阶级与无产阶级的利益对立。因而必须进行无产阶级革命，根本消灭资本主义制度，并建立全新的社会

---

① 邓小平：《工人阶级要为实现四个现代化作出优异贡献》，《邓小平文选（1975~1982）》，第125~126页。
② 这里所说的"性质"是侧重在不是根本改变社会主义制度，而是社会主义制度自我完善的意义上说的。

主义制度。与后者根本不同，前者是社会主义制度的自我完善。前者形成的原因是社会主义生产关系和上层建筑中的某些部分，特别是权力过分集中的经济、政治体制，不适合社会生产力发展的要求。解决这个矛盾，是符合作为社会主义生产关系和上层建筑主人的工人阶级和其他劳动群众的根本利益的。当然，社会主义制度下的改革也会触犯一些人的局部利益，但人们在根本利益上是一致的。因而这种改革能够成为他们的自觉要求。代表工人阶级和其他劳动群众根本利益的共产党以及在她领导下的人民民主专政的国家，也会成为领导、维护和支持这种改革的基本政治力量。这样，社会主义制度下的改革就完全可能做到：在党和国家的领导下，在维护社会主义基本制度的前提下，依靠社会主义制度以及作为这种制度的主人的人民群众的力量自觉地进行，使得社会主义制度达到完善的地步。

改革的这种性质，并不排除对封建主义和资本主义思想的批判，也不排除一定范围内的阶级斗争，而且这种批判和斗争是一定要进行的，因为二者是进行改革的必要条件。但是，就大多数情况来说，这种批判属于人民内部的思想教育；这种斗争局限在一定范围内。在这两种场合，都不存在一个阶级推翻另一个阶级的斗争，不存在对社会主义制度的根本否定，只存在使这种批判和斗争促进社会主义制度自我完善的因素。

二、改革使社会主义经济制度趋于完善

我国经济体制改革的社会主义性质，可以从多方面得到说明。但最基本、最直接的一点，就是改革使社会主义经济制度趋于完善。上述分析表明：这种完善有两个不同层次的内容：一是社会主义生产关系本身的部分完善；二是作为社会主义生产关系具体表现形式的经济管理体制的根本改革。当前有一种观点认为，经济体制改革对社会主义经济制度的完善，只是包括第二方面，而不包括第一方面。这并不完全符合实际。

我们首先分析经济体制改革对社会主义生产关系本身的完善的作用。应该肯定，在1956年生产资料私有制的社会主义改造基本完成以后，我国已经基本上建立了社会主义生产关系。如生产资料的社会主义公有制、计划经济和按劳分配等。但同时又要看到，这种社会主义生产关系很不完善。经济体制改革就是要使这些不完善的部分完善起来。

第一，经济体制改革以前，我国虽然已经存在着两种社会主义公有制形式，即社会主义的国家所有制和集体所有制，但在实际上，集体所有制也被搞成了准国家所有制。至于资本主义经济和国家资本主义经济则被彻底消灭了。个体经济，甚至作为集体农民的家庭副业也基本上被当做资本主义经济尾巴割掉了。所以，这时基本上就只存在单一的社会主义国家所有制和准国家所有制。经济体制改革完成以后，即使是社会主义国家所有制，也不是像改革以前那样被当做是纯粹的社会主义国家所有制，而是赋予了新的内容，即这种国有制带有集体所有制的因素。并且，正是这一点，使得国有企业成为相对独立的商品生产者。这是其一。其二，这时社会主义国家所有制虽然还是处于国民经济的主导地位，但集体所有制已经不再是什么准国家所有制，而是作为国民经济主体的社会主义经济的基本要素之一。其三，作为社会主义经济必要补充的个体经济、私人资本主义经济和国家资本主义经济将在一定范围内和一定程度上得到发展。这里说的只是社会主义社会所有制的几种基本形态，至于与商品经济发展相联系的各种派生的混合（或联合）所有制形态，就不涉及了。显然，第一、二两方面，可以看做是社会主义所有制本身的完善。第三方面虽不能看做是社会主义所有制本身的完善，但就其作为社会主义经济必要补充这种作用来说，它们也已经成为社会主义经济体系的组成部分，因而也可以看做是这种体系的完善。

第二，改革以前，社会主义的商品生产主要是存在于社会主义国家所有制和集体所有制之间，只包括部分的农产品和工业品（主要是工业消费品）。而且作为高度集中的经济管理体制的组成部分的统购包销制度，也囊括了这部分产品的生产。所以，即使对这部分产品的生产来说，实际上也不是完全意义上的商品生产。至于非社会主义的商品生产则基本上不存在了。改革完成以后，不仅社会主义企业（包括国有企业和集体企业）之间存在商品经济关系，而且社会主义企业与非社会主义企业之间也存在商品关系；不仅产品（包括住宅在内的消费品和生产资料）商品化了，而且生产要素（包括生产资料、资金、劳务、技术和信息等）也商品化了。显然，这些都可以看做是社会主义商品经济或社会主义商品经济体系的完善。

第三，改革以前，实行有计划的产品经济，主要由国家的指令性计划调节生产，根本排斥价值规律和市场机制的调节作用。这样，既束缚了企业的积极性，又造成了产需脱节；既降低了企业营运效益，又降低了资源配置效益。因而，这种计划制度很不完善。改革完成以后，实行有计划的商品经济，计划调节与价值规律调节、市场调节互相渗透，互相结合，互为补充。这样，既可以发挥企业的积极性，提高营运效益，又可以保证国民经济的均衡发展，提高资源配置效益。因而可以看做是计划制度的完善。

第四，改革以前，不承认国有企业是相对独立的商品生产者，不承认国有企业对于劳动报酬基金的所有权和支配权。这一点，从根本上决定了难以在国有企业之间克服平均主义，贯彻按劳分配原则。当然，在1956年工资改革以后建立起来的工资制度，是初步地在国有企业内部贯彻了按劳分配原则的。但后来由于"左"的错误的影响，把按劳分配原则等同于资产阶级法权，把它说成是资本主义的东西；再加上盲目追求高速度和高积累，以致挤了必要的消费。这样，不仅计件工资和奖金几次遭到了扼杀，就连计时工资在很大程度上也已经不体现按劳分配原则，而变成平均主义的东西了。改革完成以后，确立了国有企业的相对独立的商品生产者的地位，它拥有劳动报酬基金的所有权和使用权。这不仅为在国有企业之间贯彻按劳分配原则、克服平均主义创造了条件，而且也有利于在企业内部贯彻按劳分配，克服平均主义。这样，适合社会主义商品经济要求的按劳分配制度才能真正建立和完善起来。

第五，改革以前，也是要在社会主义经济制度的基础上实现共同富裕。但是由于上述各项社会主义经济制度的不完善，特别是由于没有建立与社会主义商品经济相适应的、完善的按劳分配制度，再加上社会主义建设方面曾经长期存在过为生产而生产的错误倾向，以及由平均主义思想影响而形成的把共同富裕当做同步富裕，以致共同富裕制度并未真正地、完整地建立起来，因而在这方面取得的成就也很不理想。改革完成以后，由于上述各项社会主义经济制度的完善，特别是由于建立了与社会主义商品经济制度相适应的按劳分配制度，找到了一条提倡一部分地区、企业和人先富起来以实现全体人民共同富裕起来的道路，再加上经过改革可以实现社会主义生产建设的长期稳定、协调、高效的发展，就可以真正有效地实现全体人民的共同富裕。这是完善社会主义生产关系的一个非常重要的、根本的方面。①

第六，改革以前，在实行有计划的产品经济条件下，也实行了国家（作为社会主义国家所有制代表的国家）利益与国有企业、职工个人利益的统一。但是，由于不承认国有企业相对独立的商品生产者的地位，企业被当做工厂内的车间，其相对独立的经济利益被抹煞了。而且由于国有企业利益直接涉及到职工个人利益，企业相对独立的经济利益被否定了，同时也就意味着在相当大的程度上否定了职工个人的利益。因此，这时并未真正全面地实现国家利益、企业利益与职工个人利益的统一。在改革完成以后，企业成为相对独立的商品生产者，其相对独立的经济利益被确认了。这同时又意味着职工个人利益得到了比较充分的体现。因而，能够真正全面地实现国家利益、企业利益和职工个人利益的统一。这是完善社会主义生产关系的重要方面。②

至于经济体制改革在根本完善经济管理体制方面的作用，那是很明显的事实。就是说，在传统的经济管理体制下，企业主要依据国家指令性计划生产，企业是国家行政机关的附属物，基本上不存在市场体系。这就不适合社会主义有计划商品经济的要求，使得本来生机盎然的社会主义经济制度失去了活力。而经过经济体制改革，增强了企业的活力，建立和完善了市场体系，建立和完善了以间接控制为主的宏观经济管理。这就能够适应社会主义有计划的商品经济的要求，使得社会主义经济制度恢复并发挥她的青春活力。

这里还需着重指出：党的十一届三中全会以来，已经把实行对外开放作为我国的基本国策。但同时我们也可以把它看做是经济体制改革的一个重要方面。在过去的长时期内，我们实行闭关锁国的政策，固然有复杂的原因（其中包括帝国主义的封锁禁运和侵略威胁）。但从政策和体制方面来考察，也可以把它看做是发展社会主义产品经济这一政策在对外经济关系方面的延伸，是以产品经济理论为基础的传统的经济体制在对外关系方面的要求。现在实行对外开放政策，既是发展社会主义商品经济这一基本政策在对外经济关系方面的延伸，又是以社会主义有计划

---

① 参见邓小平：《建设有中国特色的社会主义》（增订本），第 117、121 页。

② 按照马克思主义的观点，每一个社会的经济关系首先作为利益表现出来。社会主义的经济关系也是如此，而就社会主义国家所有制经济来说，这方面的根本特征就是国家利益、企业利益与职工个人利益的统一。

的商品经济理论为基础的新经济体制在对外经济关系方面的要求。当代存在着发达的国际分工和世界市场。我国又是处于社会主义的初级阶段，在很长的时间内，科学技术落后和资金短缺将成为制约我国社会主义现代化建设的"瓶颈"。即便就自然资源的占有情况而论，许多自然资源的占有总量是很高的，其中有不少还居于世界前列，但每人平均占有量却很低，远远落后于其他许多国家。在这种条件下，利用国外资源（包括科学技术、生产设备、资金和人才等）和国外市场，就成为促进我国社会主义商品经济和现代化建设的一个特别重要的因素，而实行对外开放就是利用国外资源和国外市场的正确途径。

1979 年以来的经济体制改革，尽管目前还没有完成，但已经取得了巨大的成就。这样，经济体制改革在完善社会主义经济制度方面的作用，也已初步地、但又是明显地表现出来。

第一，以社会主义国有经济为主导的多种经济成分有了发展；社会主义经济特别是国有经济的多种经营形式有了发展；由此，作为社会主义有计划的商品经济细胞的企业活力有了增强。

1980 年到 1986 年期间，在工业总产值中，社会主义国家所有制占的比重，由 78.7% 下降到 68.7%，集体所有制由 20.7% 上升到 29.2%，城镇个体所有制由 0.02% 上升到 0.3%，其他经济成分由 0.58% 上升到 1.8%；在建筑施工企业总产值中，社会主义国家所有制占的比重由 77.7% 下降到 70.1%，城镇集体所有制由 22.3% 上升到 29.9%；在货物周转量中，社会主义国家所有制占的比重由 97.8% 下降到 97%，集体所有制和其他经济成分由 2.2% 上升到 3%。①

1979 年以来，社会主义经济的多种经营形式已经有了很大的发展。在农村，早在 1983 年，实行联产承包责任制的户数就占到乡（社）总户数的 97.1%。农村的这项改革取得了极其巨大的成就，并对我国社会主义现代化建设和整个经济体制改革起了十分重要的作用。此外，到 1986 年为止，农村农业联合体达到 7.87 万个，从业人员达到 48.19 万人；乡村两级办的农业企业达到 24 万个，从业人员达到 241 万人。②

---

①《红旗》1987 年第 13 期，第 30~31 页。其他经济成分包括国有与集体合营、国有与私人合营、集体与私人合营、中外合营、华侨和港澳工商业者经营、外资经营等。

②《红旗》1987 年第 14 期，第 27~28 页。

在城市，社会主义国家所有制的多种经营形式也发展得甚为迅速。当前，在国有的大中型工业企业中，实行了多种形式的经营责任制。其中尤为重要的是承包经营责任制。承包经营责任制具有这样的基本特点：包死基数，确保上交，超收多留，歉收自补，自我积累，自我发展。它有利于实现所有权与经营权分离的原则，有利于企业实现自主经营和自负盈亏，有利于调动企业积极性和发挥企业的生产潜力，有利于国家增收和企业的自我积累。因而成为当前深化经济体制改革的一条极重要的途径。当前，这种经营责任制的形式主要有下列五种：①"两保一挂"。一保上缴税利，完不成包干指标的要用企业自有资金补足，二保"七五"期间国家已经批准的技术改造项目；一挂是工资总额和实现税利挂钩。此系北京市对一些大企业采取的办法。通常亦可称"双包一挂"，即一包上交利润，二包技术改造任务，工资总额同上交利税挂钩。②上缴利润递增包干。企业上缴产品税（或增值税）后，在核定上缴利润基数的基础上，逐年按规定的递增率向财政上缴利润。③上缴利润基数（或纳税目标）包干，超收分成。即确定企业上缴利润基数，超收部分按规定进行比例分成或分档分成。④微利、亏损企业的利润包干或亏损包干。根据不同企业的情况，确定包干基数。有的超收（或减亏）全部留给企业，有的按规定的比例分成。⑤行业投入产出包干。就是使大行业对国家财政用包的办法，将分配关系定下来，促使行业多收多得，用于行业发展，国家不再投入。目前已在石油、煤炭、石化、冶金、有色金属、铁道、邮电和民航等八个行业实行。此外，有些企业还实行了企业经营责任制（即基数利润上缴55％的所得税，超基数利润上缴30％的所得税）、资产经营责任制（即用招标的办法选定企业经营者，并依据实现利润和固定资产增值的多少，确定经营者的收入）和股份经营责任制。在国有的小型工业企业中，实行了集体所有和集体经营、租赁（包括个人租赁和集体租赁等）经营和个人承包经营等形式。据统计，到1987年6月为止，在12398个大中型国有工业企业中已有9270个实行了多种形式的经营责任制，约占总数的四分之三。其中，实行利润递增包干的企业有989个，占10.7％；实行亏损包干和减亏分成的523个，占5.6％；实行工资总额与上缴利润挂钩的1508个，占16.3％；实行其他经营形式的6250个，占67.4％。在43628个小型国有工业企业中，改为集体所有和集体经营、租赁经营和个人承包经营的已达 18765 个，占总数的 43%。[①]

　　由于在以社会主义国有经济为主导的前提下发展了多种经济成分，也由于发展了社会主义所有制企业的多种经营形式，使得各种所有制的企业在不同程度上成为商品生产者，因而在一定程度上增强了它们的活力。

　　第二，缩小了经济领域内国家的指令性计划和统一定价的范围，进一步开拓了物质产品市场。到 1986 年底，国家计委管的工业指令性计划产品已从原来的 120 种左右减少到 60 种，占工业产值的比例从 40% 缩小到 20% 左右。国家统一分配的物资已从原来规定的 256 种减少到 20 种，商业部计划管理的商品已从 188 种减少到 23 种。各类商品已经实行浮动价和市场价的比重，农副产品已经占到 65%，工业消费品占 55%，工业生产资料占 40%。[②]此外，资金市场、科技市场、信息市场和劳务市场也已开始建立。总之，建立和完善社会主义市场体系已经有了良好的开端。

　　第三，对外经济关系有了很大的发展，原来的封闭型经济已经开始向开放型经济转变。1979 年以来，对广东、福建两省实行特殊和灵活的政策，并建立了深圳、珠海、汕头和厦门四个经济特区；开放了沿海 14 个城市和海南行政区；还开放了长江、珠江三角洲和闽南三角地带。这就形成了从南到北、人口在两亿以上、工农业产值占全国工农业总产值 50% 以上的开放前沿地带。从 1979 年到 1986 年，实际利用外资总额达到 292.3 亿美元；引进技术一万多项；开办了 7700 多个外资、中外合资和中外合作企业；进出口贸易总额增长了两倍多，出口贸易额占国民收入总额的比重由 1978 年的 5.6% 上升到 1986 年的 12%；我国在国外开办了 277 个合营和独营企业，还有 50 多家公司经营了对外承包工程业务，完成对外承包工程和劳务合作营业额 34.01 亿美元。[③]

　　我们依据上述已有的事实，完全可以做出这样的结论：经济体制改革是社会主义经济制度的自我完善。

---

①《经济日报》1987 年 8 月 8 日第 1 版。原资料中相对数有错误，作者引用时做了更正。

②《人民日报》1987 年 6 月 12 日第 5 版。

③《红旗》1987 年第 15 期，第 37~38 页；《经济日报》1987 年 6 月 4 日第 2 版；《人民日报》1987 年 6 月 12 日第 5 版。

三、检验改革对完善社会主义经济制度的作用的根本尺度。改革的社会主义性质的另一重要表现

按照马克思主义的观点，经济体制改革是否完善了社会主义经济制度，只能由社会实践来检验；而在这方面，根本尺度又只能是是否促进了社会生产力的发展。

经济体制改革促进社会主义生产的作用，表现在许多方面。但集中起来说，似乎可以做这样的归结：进行经济体制改革，可以把发展作为社会主义国民经济主体的社会主义经济与作为社会主义经济必要补充的各种非社会主义经济结合起来，可以把计划与市场以及宏观管理与微观搞活结合起来，可以把企业的内在动力（实现企业的生产目的）与外在压力（竞争）结合起来，可以把企业的动力机制和约束机制结合起来，可以把差别富裕与共同富裕结合起来，可以把国家利益、企业利益和劳动者的个人利益结合起来。这样，就可以实现速度、比例和效益的统一，实现生产、交换、分配和消费的统一，因而可以实现社会主义再生产的良性循环，实现经济的长期、持续、稳定的发展。

党的十一届三中全会以来我国经济体制改革的实践，已经初步证明了这一点。

第一，经济体制改革促进了产业结构的调整。1980 年至 1985 年期间，我国第一、二、三产业产值占国民生产总产值的比重，由 34.5：46.5：19 变为 35.9：42.3：21.8。[①] 1978 年至 1985 年期间，农业、轻工业、重工业的产值占国民生产总值的比重，由 27.8：31.1：41.1 变为 34.3：30.7：35.0。[②] 这些数字表明：我国原来落后的第一、三产业已经有了较快的发展，使得第一、二、三产业很不协调的状况开始有了改变；而原来严重失调的农业、轻工业和重工业的比例关系已经基本趋于协调了。

第二，经济体制改革促进了宏观经济效益的提高。依据有关单位提供的资料，在 1953 年到 1978 年的 26 年中，国家用于发展农业、工业、建筑业、邮电运输业、商业、城市公用事业的属于国有企业的固定资产原值增加了 17.6 倍，而创造的国民收入只增加了 3.5 倍。就是说，每增加

---

① 《"六五"期间国民经济和社会发展概况》，第 15 页。
② 《中国统计年鉴》（1986），第 32 页。

一倍固定资产，只增加 0.2 倍国民收入。但在 1979 年至 1986 年的八年中，国有企业的固定资产原值只增加了 0.96 倍，而国民收入却增加了 0.94 倍。[①]可见，尽管我国长期以来存在的经济效益差的状况，当前还没有根本的改变，但宏观经济效益还是有较大提高的。

第三，经济体制改革促使经济以较高的速度增长。从 1953 年至 1978 年期间，我国国民收入的年平均增长速度为 6%；而 1979 年至 1985 年期间，上升到了 8.8%。[②]

第四，经济体制改革促进了国家经济实力的较快增长。按人口平均计算的国民收入是国家经济实力增长的一个综合指标。1978 年，我国人均国民收入是 315 元；1986 年上升到 735 元。[③]即使扣除了物价上涨因素，人均国民收入的增长也接近一倍。

第五，经济体制改革促进了经济持续稳定增长。1953 年至 1978 年的 26 年间，社会总产值平均每年增长 7.9%，但其中速度最高的年份增长 32.7%，速度最低的年份竟为负增长 33.5%，二者分别偏离年平均增长速度高达正 42.8 和负 41.4 个百分点；而且其中有四年是下降的，平均每六年就有一年下降。而 1979 年至 1986 年的八年间，社会总产值是逐年增长的，平均每年增长 10.1%，其中速度最高的年份增长 16.5%，速度最低的年份增长 4.6%，分别偏离年平均增长速度正 6.4 和负 5.5 个百分点。[④]可见，尽管我国长期以来存在的经济增长很不稳定的状况还没根本改变，但稳定程度确有很大的提高。总之，党的十一届三中全会以来的这八年时间，是建国以来国家经济发展最快，人民得到实惠最多的时期。这同 1957 年以后的 20 年期间经济发展大起大落，人民生活改善甚微的情况，形成了鲜明的对比。

第六，经济体制改革促进了人民生活水平稳定的、较快的增长。我国居民平均消费水平，1953 年至 1978 年的 26 年间，平均每年只增长 2.2%，而且其中有五年是下降的，差不多平均每五年就有一年下降；而

---

① 《人民日报》1987 年 8 月 10 日第 1 版。
② 《中国统计年鉴》（1986），第 53~54 页。
③ 《中国统计年鉴》（1986），第 52 页；《经济日报》1987 年 2 月 21 日第 1、3 版。
④ 《世界经济导报》1987 年 6 月 15 日第 14 版。

1979年至1985年的七年中，平均每年增长8.6%，而且都是逐年上升的。[①]

诚然，上述成就不只是1979年以来经济体制改革的成果，同时也是以速度为中心的传统经济发展战略向以效益为中心的新的经济发展战略转变的结果。还要看到：已有的改革也只是初步的，有些改革成效的发挥在时间上还有滞后性，有些改革由于措施并不完善，甚至有失误，因而成效并不理想，甚至有负效应。但无论如何，改革在促进我国这八年经济发展方面所起的巨大的作用，却是不容置疑的事实。完全可以预期，随着我国经济体制改革的深入发展及其基本实现，必将进一步充分证明："改革是中国发展生产力的必由之路"，是中国经济"长期、持续、稳定发展的条件"。[②]

需要进一步指出，社会主义社会生产力的发展，不只是检验改革在完善社会主义经济制度方面的作用的根本尺度，同时又是社会主义的根本任务。[③]

社会主义的根本任务就是发展生产力。首先，这可以作为一般命题来考察。从这方面看，重要的有以下几点：①从宏观经济角度看，社会主义的生产目的是为了提高人民的物质文化生活，而实现这个目的根本手段就是发展生产力。②实现社会主义，就是要彻底战胜资本主义。而按照列宁主义的观点，资本主义可以被彻底战胜，而且一定会被彻底战胜。因为社会主义可以创造新的高得多的劳动生产率。③社会主义社会一个长远的战略任务，是为将来实现共产主义创造物质基础。这更需要依靠社会生产力的极大发展。

但是，更为重要和现实的，也许是要把这个命题作为我国社会主义初级阶段的一个特殊命题来考察。从这方面看，重要的有以下各点：①我国社会主义初级阶段所面临的主要矛盾，是人民日益增长的物质文化需要同落后的社会生产之间的矛盾。这个矛盾的解决，对于比较充分地发挥社会主义经济制度的优越性，对于增强社会主义制度的吸引力，对于巩固社会主义制度，具有极重要的、迫切的意义。因而使得发展生产力

---

①《中国统计年鉴》（1986），第647页。

②邓小平：《建设有中国特色的社会主义》（增订本），第114、134页。

③按照邓小平的说法，"社会主义的任务很多，但根本一条就是发展生产力。"（《建设有中国特色的社会主义》（增订本），第116页）

也具有极重要的、迫切的意义。②在这个特殊历史阶段，社会主义的生产关系和上层建筑的许多方面还很不完善，特别是僵化的经济、政治体制亟待改革。显然，社会生产力的稳步增长，是顺利推行这些改革的基本条件。社会生产力的较高发展，正是这些改革最终实现的物质基础。比如，建立完善的市场体系，是经济体制改革的重要目标；而充分实现这一点，没有生产社会化的较高发展，以及在这个基础上的商品经济较充分的发展，是不可能的。又如，充分实现社会主义民主，是政治体制改革的重要目标；而充分实现这一点，没有社会生产力的较大发展，以及在这个基础上的人民群众文化水平的较大提高，也是做不到的。列宁曾经说过："今后在发展生产力和文化方面，我们每前进和提高一步，都必定同时改善和改造我们的苏维埃制度。"①列宁是在 1921 年苏俄开始实行新经济政策时说这番话的。但就其基本精神来说，对我国社会主义初级阶段也是适用的。

既然社会主义的根本任务是发展生产力，而改革是推动生产力发展的，那么，在这个相互联系的意义上，我们可以把由改革推动的生产力的发展，看做是改革的社会主义性质的一个重要表现。

还需指出，在生产资料的社会主义公有制作为既定前提的条件下，还可以把社会生产力的发展直接看做是社会主义的发展。问题在于：社会主义再生产不只是物质资料的再生产，同时又是社会主义生产关系的再生产。这样，生产资料归劳动群众所有，既是社会主义再生产的前提，又是社会主义再生产的结果。而在生产力发展的条件下社会主义的扩大再生产，同时也就是社会主义生产关系的扩大再生产。这正如在生产力发展的条件下资本主义的扩大再生产，就是资本主义生产关系的扩大再生产一样。当然，在这方面，社会主义扩大再生产同资本主义扩大再生产不仅在社会经济性质上是根本不同的，其后果也有原则的区别。资本主义扩大再生产尽管也是资本主义生产关系的扩大再生产，但同时又加深了资本主义社会的基本矛盾和阶级矛盾。而社会主义的扩大再生产，不仅是社会主义生产关系的扩大再生产，同时又为不断解决社会主义社会的矛盾创造了越来越雄厚的物质基础。当然，在社会主义社会存在多

① 列宁：《论黄金在目前和社会主义完全胜利后的作用》，《列宁全集》第 33 卷，第 89 页。

种经济成分的条件下，扩大再生产的过程，不只是社会主义生产关系扩大再生产的过程，同时又是非社会主义生产关系扩大再生产的过程。但是，前一过程是主要的；在非社会主义生产关系作为社会主义经济的必要补充的限度内，后一个过程也是有利于社会主义经济发展的。

既然在社会主义生产关系作为既定前提的条件下，可以直接把生产力的发展看做是社会主义的发展，而改革又是推动生产力发展的，那么，在这个直接的意义上，我们也可以把改革推动的生产力的发展，看做是改革的社会主义性质的一个重要表现。

四、改革是防止"文化大革命"再次重演的根本措施

改革的社会主义性质在政治领域内的一个最重要的表现，在于它是作为防止"文化大革命"再次重演的一项根本措施提出来的。

按照邓小平的说法，"对经济、政治、文化、社会都实行高度集权的管理体制"，"权力过分集中"，"家长制"，"干部领导职务终身制"，以及"形形色色的特权"等，曾经是"文化大革命"发生的最重要的根源。这"不是说个人没有责任，而是说领导制度、组织制度问题更带有根本性、全局性、稳定性和长期性"。问题在于："这些方面的制度好可以使坏人无法任意横行，制度不好可以使好人无法充分做好事，甚至会走向反面。"[1] 这里需要着重说明：把"文化大革命"发生的原因，不仅仅看做是同某些领导人的思想作风有关，而是从根本上归结为具体的经济、政治制度的弊端，这是历史唯物主义的命题。与历史唯心主义相反，历史唯物主义从来不把历史上发生的重大事件的原因归结为个别英雄人物的思想，而总是从社会制度中（特别是社会经济制度中）去探索它的终极根源。这个基本道理对于社会主义社会也是适用的。这里的特点仅仅在于："文化大革命"发生的原因，不在于社会主义的基本的经济、政治制度，而在于具体的经济、政治制度。因此，"如果不坚决改革现行制度中的弊端，过去出现过的一些严重问题今后有可能重新出现"。[2] 所以，包括经济体制改革在内的各项改革，是关系到党和国家是否改变颜色、社会主义经济制度能否巩固的大问题。

---

① 邓小平：《党和国家领导制度的改革》，《邓小平文选（1975~1982）》，第287、288、293页。
② 邓小平：《党和国家领导制度的改革》，《邓小平文选（1975~1982）》，第293页。

五、在认识改革性质方面，可以从历史经验中获得哪些有益的启示

为了说明经济体制改革的社会主义性质，回顾一下历史经验，是很必要的。有一种观点认为，经济体制改革只是社会主义社会特有的现象，在前社会主义社会是不存在的。这种观点并不符合历史事实。纵观经济发展的历史，经济体制改革在前社会主义社会也发生过。当然，前社会主义社会经济体制改革的情况和性质与社会主义社会有重大的和根本的区别。但是，按照唯物辩证法的观点，事物的共性包含于一切个性之中。这样，解剖一下前社会主义社会经济体制改革的性质，对认识我国经济体制改革的性质，是有启示意义的。

我国西周时期（公元前 1066 年～公元前 771 年）就开始建立了封建的领主经济制度。这种制度的基本特征是：作为农业基本生产资料的土地归领主所有，实行井田制度，农奴对领主存在人身依附关系，封建剥削的主要形态是劳役地租。到东周时期（公元前 770 年～公元前 403 年），地主经济逐渐代替了领主经济。到战国时期（公元前 403 年～公元前 221 年），地主经济占了主要地位。地主经济的基本特征是：土地归地主所有，实行土地私有制，农民对地主的关系主要是契约关系，封建剥削的主要形态是实物地租。

历史事实表明：由领主经济到地主经济的转变，是封建经济制度范围内一次重大的经济体制改革。然而，这种改革不仅没有根本改变封建经济制度，而且使得这种制度变得完善了。这里所说的完善，其根本含义就是改革后的地主经济制度，尽管不可能从根本上解决地主阶级和农民阶级的矛盾，但却适合当时生产力发展的要求。问题在于："只有把社会关系归结于生产关系，把生产关系归结于生产力的高度，才能有可靠的根据把社会形态的发展看做自然历史过程。"①按照历史唯物主义的这个基本观点，对完善的基本含义也只能是做这样的规定。历史事实也正是这样的。地主经济适合并推动当时社会生产力发展的主要表现是：作为劳动力来源的人口大大增加了；在作为社会主要生产部门的农业中，犁耕和牛耕以及施肥和灌溉等项生产技术得到了广泛的运用；冶铁工业有了很大的发展，铁器生产工具在社会生产各个领域得到相当普遍的使用；

---

① 列宁：《什么是"人民之友"以及他们如何攻击社会民主主义者?》，《列宁全集》第 1 卷，第 120 页。

商品经济有了较多的发展；等等。我国已故著名历史学家范文澜依据对历史资料的详细分析，对这段历史作了概括。他说："在这个阶段上，束缚在宗族里的农奴得到解脱，成为广大的农民阶级。由于农民阶级的出现，生产力前所未有地提高了。以农业生产为基础，工商业也跟着发展起来。"[①]当然，在封建经济制度下，社会生产力的发展，总是意味着地主阶级对农民阶级剥削的加深。但正因为这样，我们还可以从封建经济关系主人利益增长的意义上，把领主经济向地主经济的转变，看做是封建经济制度的完善。诚然，尽管领主经济和地主经济同属封建经济，但领主和地主有利益冲突的一面。因此，在我国历史上，在领主经济转变为地主经济的过程中，经历了长期的地主夺取领主政权的战争。但这种战争的目的及其结果，并不是用一个与封建经济制度根本不同的经济制度来代替领主经济制度，而是用一个同属封建经济制度的、但又适合生产力发展的地主经济来代替它。从这方面看，仍不妨碍我们说领主经济向地主经济的转变，是封建经济制度的完善。

也许正是这一点，可以从一个方面并在某种程度上说明下列两种历史现象。①依据历史资料，我国领主经济从产生到消灭，大约只经历了不到 600 年的时间；而地主经济从建立到灭亡，却经历了近 2400 年的时间。后者经历的时间约为前者的四倍。还要看到：尽管整个说来，封建社会生产力发展的重要特征是生产技术停滞，但地主经济时代社会生产力的发展比领主时代还是快得多。所以，这个历史现象证明：地主经济能够容纳的社会生产力的高度比领主经济要高得多。②下列历史现象也可以证明这一点。欧洲的封建庄园制度（类似中国的领主经济制度）只绵延了 1000 年，而中国的地主经济制度却延续了 2000 多年。决定这个差异的，当然有多方面的因素，但地主经济比庄园经济能够容纳更高的社会生产力，似乎也是一个重要因素。应该指出：史学论著在分析中国封建社会延续时间长的原因时，几乎还未注意到这一点。考虑到这个情况，提到这一点是有必要的。当然，我们在这里指出包括这一点在内的上述两种历史现象，还是为了从历史唯物主义的角度进一步说明由领主经济到地主经济的转变，是封建经济制度的完善。

---

① 范文澜：《中国通史》第一册，人民出版社 1978 年版，第 274 页。

　　资本主义社会从自由竞争阶段发展到垄断阶段，经济管理体制也发生了重大变化。在资本主义的自由竞争阶段，实行了自由放任的市场经济体制。到帝国主义阶段，在 1929 年到 1933 年的世界资本主义空前严重的经济危机发生以后，有些资本主义国家（如美国）转而以市场经济为基础，实行了国家的宏观经济管理。在这同时，德意日等法西斯国家为了适应帝国主义侵略战争的需要，把平时经济转向了战时经济，实行了统制经济的体制。但在第二次世界大战结束以后，所有参战的资本主义国家都把战时经济转变为和平经济。前一类国家以市场经济为基础，进一步加强了国家的宏观经济管理。后一类国家战后也都先后放弃了统制经济的体制，转而采用同前者在本质上相同的经济管理体制。

　　这种经济管理体制形成的原因是什么呢？一定的经济管理体制，总是一定的生产关系的表现形式。这种经济管理体制的基本特征，是带有一定程度的计划性的市场经济。这是国家资本主义经济关系的具体表现形态。按照列宁的说法，"在资本主义国家中，国家资本主义为国家所承认并受国家监督。"[①]实际上，国家资本主义就是受到资产阶级国家承认、监督、干预、管理的资本主义。资产阶级政府在自由市场经济基础上实行经济计划，就是资产阶级国家监督、干预、管理资本主义经济的综合表现，因而也可以说是国家资本主义的一个综合表现。

　　那么，这种国家资本主义形成的原因是什么呢？随着资本主义生产社会化的发展，随着资本主义基本矛盾的发展，就要求资产阶级国家干预、管理资本主义经济，以便资本主义的矛盾在资本主义制度的范围内能够得到缓和。恩格斯在 19 世纪 70 年代就曾指出：在社会化生产发展的一定阶段上，"资本主义社会的正式代表——国家不得不承担起对生产的领导。这种转化为国家财产的必然性首先表现在大规模的交通机构，即邮政、电报和铁路方面"。[②]然而，资产阶级国有化只是资产阶级国家管理经济的一个方面，只是国家资本主义的一种形式。资本主义生产社会化的发展，还要求资产阶级国家干预整个资本主义经济生活。特别是随着自由竞争的资本主义向垄断的资本主义的过渡，帝国主义国家之间的

---

　　① 列宁：《共产国际第三次代表大会》，《列宁全集》第 32 卷，第 477 页。
　　② 恩格斯：《反杜林论》，《马克思恩格斯选集》第 3 卷，第 317 页。

战争的发生，大大加速了国家垄断资本主义的进程。1929~1933 年空前严重的世界资本主义经济危机的爆发，把资产阶级国家干预经济问题异常尖锐地摆到资本主义世界的面前。作为资产阶级国家宏观经济管理的理论基础的凯恩斯经济学，正是适应国家垄断资本主义发展的这一要求而产生的。在第二次世界大战以后，随着现代科学技术的发展和运用，资本主义生产社会化得到了进一步发展，资本主义社会矛盾也大大加深了。在这个基础上，资本主义生产过剩的经济危机频繁了，并且同以通货膨胀作为主要表现形式的货币危机经常交织在一起。与此相联系，失业也成为资本主义世界更为严重的社会问题。通货膨胀的加剧和失业的增长，加深了资本主义社会的阶级矛盾，危及资本主义社会的稳定。所以，无论是从缓和资本主义的经济矛盾，还是从缓和资本主义的阶级矛盾来说，都要求实行资产阶级国家对经济生活的干预和管理。总之，资本主义生产社会化的发展及其各种社会矛盾的加深，是战后国家垄断资本主义发展的根本原因，从而也是在市场经济基础上实行宏观经济管理的根源。换句话说，战后资本主义国家实行这种经济管理体制，是国家垄断资本主义发展的要求，是生产社会化的发展以及由此引起的资本主义社会各种矛盾加深的反映，但这里所说的反映，是在不根本改变资本主义私有制的范围内的反映，因此，只能是部分的反映，而不可能是根本的反映。然而，就是这种部分的反映，对战后资本主义国家生产的发展，也明显地起了积极的推动作用。当然，生产的发展又会进一步加深资本主义社会的基本矛盾。但这种经济管理体制对生产的发展毕竟起了积极的推动作用。下表可以说明这一点。

主要资本主义国家经济管理体制变化前后工业发展速度的比较[①]　　　　单位：%

国别	时期	工业生产年平均增长速度
美国	1900~1914 年	4.2
	1915~1919 年	3.6
	1920~1937 年	3.0
	1938~1949 年	4.1
	1951~1980 年	3.7

① 资料来源：《英法美德日百年统计提要》，第 1~2 页；《国际经济和社会统计资料（1950~1982）》，第 119 页。

续表

国别	时期	工业生产年平均增长速度
英国	1901~1910 年	1.2
	1911~1937 年	1.5
	1938~1948 年	0.8
	1951~1980 年	2.2
法国	1901~1910 年	3.0
	1911~1937 年	0.5
	1938~1948 年	0.3
	1951~1980 年	4.9
德国	1901~1910 年	3.2
	1911~1920 年	—
	1921~1932 年	0.9
	1951~1980 年 *	5.7
日本	(1895~1899 年) ~ (1905~1909 年)	6.4
	(1905~1909 年) ~ (1915~1919 年)	8.8
	(1915~1919 年) ~ (1935~1938 年)	6.8
	1938~1948 年	—
	1951~1980 年	11.5

* 联邦德国的数字。

上表表明：第一，除美国外，其他主要资本主义国家第二次世界大战后工业发展速度都超过了战前。这种情况当然是由多方面的原因造成的。但他们在战后实行和加深的带有一定程度计划性的市场经济，显然是一个重要原因。

第二，美国战后工业发展速度低于 1900~1914 年和 1938~1949 年这两个时期，但并不能否定美国经济管理体制在促进经济发展方面的作用。因为，美国加强国家的宏观经济管理实际上在 1929~1933 年世界资本主义空前严重的经济危机以后就开始了。此其一。其二，这两个时期的许多年份是第一次世界大战和第二次世界大战的准备时期或进行时期，而美国在这两次战争中不仅没有受到破坏，而且发了战争财，因而工业发展较快。其三，如果说，在上述两个时期，美国工业发展较快是资本主义国家政治经济发展不平衡规律在当时的具体表现的话，那么，战后美国工业发展较慢，也是这个规律在战后的表现。其四，尽管美国战后工业发展较慢，但其带有一定程度计划性的市场经济的体制，对美国经济的发展仍然起了积极作用。其突出表现是：尽管战后美国资本主义经济危机频繁了，但生产下降程度减低了。比如，美国在第二次世界大战前发生的三次（即 1920~1921 年、1929~1933 年和 1937~1938 年）危机中工业生产依次分别下降了 22.9％、46.1％和 21.4％，而美国战后发生的 1948~1949 年、1953~1954 年、1957~1958 年、1969~1970 年、1974~1975 年、1979~1980 年这几次经济危机，工业生产依次分别下降了 7.2％、6.6％、11％、4.1％、9.2％和 3.5％。[①] 这种情况表明：美国资产阶级政府在战后加强宏观经济管理，虽然没有也不可能根本解决资本主义的基本矛盾和消除经济危机，但却使得美国经济发展相对稳定的程度提高了。

　　第三，战后日本工业之所以发展较快，其重要原因也是在实行带有一定程度计划性的市场经济体制方面比较成功。其表现是：①日本战后30 多年来逐渐形成了中长期计划和年度计划以及基本的经济计划和各个部门计划相结合的计划结构体系。②许多年份的日本经济计划在不同程度上是实现了的。这首先表现在作为实现计划极重要的手段的产业政策的实现上；其次表现为许多中长期计划和年度计划规定的经济增长率指标都超额完成了。这一点，同日本拥有的特殊条件是有关的。主要是：首先，日本较长时期的统制经济，为尔后在市场经济的基础上实行经济计划培训了干部，积累了经验。这是日本能够实行现行经济管理体制的一个重要历史条件。其次，更重要的还在于：日本政府掌握了财政和银行这两个综合性的经济部门。这是它能够在市场经济基础上实行经济计划的极重要的物质力量。再次，日本政府建立了一个比较完善的、有力的制定和执行经济计划的机构。最后，日本能够制定并执行比较符合实际情况的经济计划，除了他们在制定计划的过程中比较注意调查研究、统计资料和多方协商以外，同使用现代科学方法和使用计量经济模型也是有联系的。[②]

　　这样，我们可以看到：战后各主要资本主义国家在市场经济的基础

　　[①] 资料来源：《英法美德日百年统计提要》，第 140 页；《世界经济统计简编》，三联书店 1974 年版，第 55 页；《国际经济和社会统计资料（1950~1982）》，第 119 页。

　　[②] 以上有关日本经济管理体制的分析，详见拙著：《中国工业经济问题研究》，云南人民出版社 1984 年版，第 400~430 页。

上都加强了宏观经济管理，促进了经济发展。因此，可以把这些变化看做是资本主义经济管理体制的完善。上述情况表明，这种完善有两个方面：主要是部分地适应了生产社会化的要求；其次是适应了国家垄断资本主义经济的要求。

由此可见，无论是封建社会的经济改革，还是资本主义社会的经济改革，只要符合（或部分地符合）社会生产力发展的要求，并且是由各该社会的统治阶级在它们的政权保护下进行的，都只能导致各该社会经济制度的完善，而不可能引起其社会经济制度性质的变化。至于在中国领主经济向地主经济转变过程中发生的长期的战争，也因为是在作为封建生产关系主人的领主和地主之间进行的，而地主经济又适合当时社会生产力发展的要求，所以，其结果是实现了领主经济向地主经济的过渡，导致了封建经济制度的完善，而不是封建经济制度性质的改变。当然，由封建社会或资本主义社会的经济改革所导致的社会生产力的发展，最终会导致各该社会基本矛盾的发展，从而导致它们的灭亡。但这并不是改革的直接后果，而是改革以后的事了。

我们从分析前社会主义社会经济体制改革的历史经验中，可以获得哪些有益的启示呢？①社会主义社会经济管理体制也像前社会主义社会一样，可以而且必须发生变化。实际上，恩格斯早在1890年就做过这样的预言："我认为，所谓'社会主义社会'不是一种一成不变的东西，而应当和任何其他制度一样，把它看成是经常变化和改革的社会。"①②社会主义经济体制的改革，也会像前社会主义社会一样，不会导致社会主义经济制度性质的改变，而会导致它的完善。而且，社会主义社会由于有前社会主义社会无可比拟的、优越的经济条件和政治条件，更有可能做到这一点。因为社会主义经济管理体制的改革，与前社会主义社会的经济改革不同，即不是从占全社会人口少数的统治阶级的利益出发的，而是从占全社会人口多数的工人阶级和其他劳动人民的根本利益出发的，是在通晓马克思主义并全心全意为人民服务的共产党领导下进行的；是在以工人阶级为领导的，以工农联盟为基础的人民民主专政的保护和支持下进行的。同时，社会主义经济制度所能容纳的社会生产力发展的高

①《恩格斯致奥托·伯尼克》，《马克思恩格斯全集》第37卷，第443页。

度将会大大超过前社会主义社会，因而由改革所推动的社会生产力的发展，也可能达到前社会主义社会望尘莫及的地步。这种发展不仅不会像前社会主义社会那样最终导致它们的灭亡，而会使社会主义社会的矛盾不断地得到解决，使社会主义制度不断地得到完善，以至最终实现共产主义。

六、对把改革说成是资本主义性质的观点的原因的分析

在把我国经济体制改革说成是资本主义性质的人们当中，极少数人是属于敌对分子，他们这样说，反映了他们本阶级的世界观，对此暂且不论；但就其中的绝大多数人来说，是属于人民内部的思想问题。从认识方面说，这些思想问题的发生，主要是由于以下原因：

第一，他们忽视了四个基本事实。一是忽视了改革对社会主义经济制度的完善。二是忽视了检验改革性质的根本尺度是社会生产力的发展，同时又忽视了改革在促进社会生产力发展方面所表现的社会主义性质。三是忽视了党的十一届三中全会以来的路线的两个基本点（即作为立国之本的四项基本原则与作为社会主义现代化建设总方针和总政策的改革、开放和搞活）之间存在不可分割的联系。四是忽视了包括经济体制改革在内的各项体制改革是防止"文化大革命"重演的根本措施。

他们忽视以上基本事实，是一方面；另一方面，他们又把与改革相伴生的某些消极现象和资本主义现象（正像与食相伴生的噎一样），以及由改革的失误和措施不完善而助长的某些消极现象和资本主义现象，估计得过于严重了，并把它们一股脑儿地都归结为改革本身必然带来的结果。这样，他们就得出了改革导致资本主义的完全错误的结论。

第二，他们一方面还没有摆脱过去长期存在的、教条的、僵化的和"左"的观点（实际上就是脱离社会生产力而孤立地考察社会生产关系的历史唯心主义观点）的束缚。这主要是：把我国现阶段的社会主义社会，看做是马克思主义创始人曾经设想的、在资本主义社会生产力高度发展的基础上建立起来的发达的社会主义社会，是消灭了商品经济的产品经济的社会；同时，还把商品经济看做是资本主义经济特有的东西。另一方面，他们还没有树立起党的十一届三中全会以来发展了的马克思主义观点（这主要是：在半殖民地半封建旧中国的基础上经过新民主主义革命和社会主义革命建立起来的社会主义社会，这只能是社会主义社会的

初级阶段，社会主义经济还是有计划的商品经济）。这样，他们就把我们在前面提到的完善社会主义经济制度的经济体制改革颠倒地看成是搞资本主义。这当然是荒诞不经的。

由此可以做出一个重要结论：加强对党的十一届三中全会以来的发展了的马克思主义的宣传，继续清除过去长期流行的"左"的、僵化的错误观点，是顺利推进和实现经济体制改革的一个重要条件。